WAGNER

Eingriffsrecht Sachsen-Anhalt

Eingriffsrecht Sachsen-Anhalt

Grundlagenwissen für Polizeistudium und -praxis

Dr. iur. Philipp Wagner
Regierungsrat, hauptamtlicher Dozent
an der Fachhochschule Polizei Sachsen-Anhalt

BOORBERG

Bibliografische Information der Deutschen Nationalbibliothek |
Die Deutsche Nationalbibliothek verzeichnet diese Publikation in der Deutschen Nationalbibliografie; detaillierte bibliografische Daten sind im Internet über www.dnb.de abrufbar.

1. Auflage, 2024
ISBN 978-3-415-07671-6

Titelfoto: © PropCop Effects – stock.adobe.com | Satz: abavo GmbH, Nebelhornstraße 8, 86807 Buchloe | Druck und Bindung: Plump Druck & Medien GmbH, Rolandsecker Weg 33, 53619 Rheinbreitbach

Richard Boorberg Verlag GmbH & Co KG | Scharrstraße 2 | 70563 Stuttgart
Stuttgart | München | Hannover | Berlin | Weimar | Dresden
www.boorberg.de

meinem Bruder Alexander

Inhaltsverzeichnis

Vorwort

Dieses Lehrbuch beruht auf meinen Vorlesungen und Seminaren zum präventiven und repressiven Eingriffsrecht an der Fachhochschule Polizei Sachsen-Anhalt. Es richtet sich daher vor allem an Studierende und Auszubildende der Fachhochschule Polizei Sachsen-Anhalt und soll ihnen die eingriffsrechtsdogmatischen Grundlagen und damit ein Grundverständnis für das Eingriffsrecht vermitteln. Studierende und Auszubildende, die sich für eine polizeiliche Laufbahn entschieden haben, sind regelmäßig sehr überrascht, wie viel Jura ihnen im Studium und in der Ausbildung begegnet. Erfahrungsgemäß sind es dann auch die rechtswissenschaftlichen Lehr- und Lerninhalte, die für sie die unzugänglichsten und anspruchsvollsten des gesamten polizeilichen Studiums respektive der gesamten polizeilichen Ausbildung sind. Dieses Lehrbuch soll ihnen eine Hilfe sein, sich das Eingriffsrecht zu erarbeiten. Dabei sind die rechtlichen Ausführungen bewusst auf den Adressatenkreis zugeschnitten. Rechtswissenschaftliche Glasperlenspielerei wurde vermieden und akademische Meinungsstreitigkeiten sind nur dort geführt worden, wo es unumgänglich war. Es handelt sich damit um ein Lehrbuch, das jedenfalls nicht primär für Juristinnen und Juristen geschrieben wurde und das selbstverständlich keinen Anspruch auf Vollständigkeit erhebt. Es ist aber zugleich auch erkennbar das einzige Lehrbuch, das sich in der Tiefe mit dem SOG LSA befasst und daher natürlich von allen gelesen werden kann, die sich mit dem Polizeirecht des Landes Sachsen-Anhalt beschäftigen dürfen.

Meiner hochgeschätzten Kollegin Frau Prof. Dr. iur. Waltraud Nolden gebührt ein besonderer Dank für wertvolle Hinweise aus der Praxis der Strafverteidigung sowie für konstruktive Diskussionen.

Philipp Wagner
Aschersleben, im Mai 2024

Abkürzungsverzeichnis

A. A., a. A.	andere(r) Ansicht/Auffassung
AB SOG LSA	Ausführungsbestimmungen zum Gesetz über die öffentliche Sicherheit und Ordnung des Landes Sachsen-Anhalt
a. E.	am Ende
a. M.	andere(r) Meinung
Abs.	Absatz/Absätze
AG	Amtsgericht
Alt.	Alternative
Art.	Artikel
Aufl.	Auflage
Bay.	Bayern/Bayerisch(e/es)
BayObLG	Bayerisches Oberstes Landesgericht
Bbg.	Brandenburg/Brandenburgisch(e/es)
Bd.	Band
BeckRS	Beck Rechtsprechung
Begr.	Begründung
Beschl.	Beschluss
BGB	Bürgerliches Gesetzbuch
BGBl.	Bundesgesetzblatt
BGHSt	Entscheidungen des Bundesgerichtshofs in Strafsachen
BVerfG	Bundesverfassungsgericht
BVerfGE	Entscheidungssammlung des Bundesverfassungsgerichts
BVerwG	Bundesverwaltungsgericht
BVerwGE	Entscheidungssammlung des Bundesverwaltungsgerichts
bzw.	beziehungsweise
DÖV	Die Öffentliche Verwaltung
DPolBl	Deutsches Polizeiblatt
Drs.	Drucksache
DVBl.	Deutsches Verwaltungsblatt
DVP	Deutsche Verwaltungspraxis

etc.	et cetera
f.	folgende
ff.	fortfolgende
Fn.	Fußnote(n)
FS	Festschrift
gem.	gemäß
GG	Grundgesetz
ggf.	gegebenenfalls
grds.	grundsätzlich
GVG	Gerichtsverfassungsgesetz
h. M.	herrschende Meinung
Halbs.	Halbsatz
i. d. F.	in der Fassung
i. d. R.	in der Regel
i. R. d.	im Rahmen der/des
i. R. e.	im Rahmen einer/eines
i. R. v.	im Rahmen von
i. e. S.	im engeren Sinne
i. Erg.	im Ergebnis
i. H. v.	in Höhe von
i. S.	im Sinne
i. S. d.	im Sinne der/des
i. S. e.	im Sinne einer/s
i. S. v.	im Sinne von
i. V. m.	in Verbindung mit
IDF	Identitätsfeststellung
JA	Juristische Ausbildung
JR	Juristische Rundschau
JuS	Juristische Schulung
JZ	Juristenzeitung
Kfz	Kraftfahrzeug
m. w. N.	mit weiteren Nachweisen

n.F.	neue Fassung
NJW	Neue Juristische Wochenschrift
NJW-RR	Neue Juristische Wochenschrift – Rechtsprechungsreport
Nr./Nrn.	Nummer/Nummern
NRW	Nordrhein-Westfalen
NStZ	Neue Zeitschrift für Strafrecht
NVwZ	Neue Zeitschrift für Verwaltungsrecht
NVwZ-RR	Neue Zeitschrift für Verwaltungsrecht – Rechtsprechungsreport
OLG	Oberlandesgericht
OVG	Oberverwaltungsgericht
OWiG	Gesetz über Ordnungswidrigkeiten
RiStBV	Richtlinien für das Straf- und Bußgeldverfahren
Rn.	Randnummer(n)
Rspr.	Rechtsprechung
s.	siehe
S.	Seite(n)
sog.	sogenannt(e/er/es)
SOG LSA	Gesetz über die öffentliche Sicherheit und Ordnung des Landes Sachsen-Anhalt
StGB	Strafgesetzbuch
StPO	Strafprozessordnung
StVG	Straßenverkehrsgesetz
StVO	Straßenverkehrsordnung
u.a.	unter anderem
Urt.	Urteil
u.U.	unter Umständen
v.	von/vom
VG	Verwaltungsgericht
vgl.	vergleiche
VwGO	Verwaltungsgerichtsordnung
VwVfG	Verwaltungsverfahrensgesetz

VwVG	Verwaltungsvollstreckungsgesetz
VwZG	Verwaltungszustellungsgesetz
ZPO	Zivilprozessordnung
ZustVO PI	Verordnung über Polizeiinspektionen und besondere polizeiliche Zuständigkeiten

Kapitel A Einführung in das Eingriffsrecht

I. Die rechtsstaatlichen Grundlagen des Eingriffsrechts

Eingriffsrecht ist ein Oberbegriff. Es ist ein Oberbegriff für alle Normen, die es einem Hoheitsträger ermöglichen, in die Grundrechte der Bürger einzugreifen. Der Terminus „Eingriffsrecht" wird heute vor allem im Kontext der verschiedenen Rechtsnormen gebraucht, die in irgendeiner Art und Weise für die Polizei gelten und von denen zugleich eine beschränkende Wirkung auf die Grundrechte der Bürger ausgeht. Eingriffsrecht ist also streng genommen kein eigenständiges Rechtsgebiet, das über ein eigenes, abschließendes „Eingriffsgesetzbuch" verfügt. Wer beispielsweise das Handelsrecht verstehen möchte, der schaut im HGB nach. Wem es um die Durchsetzung eigener zivilrechtlicher Ansprüche geht, der konsultiert die ZPO. Und wer wissen möchte, unter welchen Bedingungen man eine Schusswaffe führen darf, der schlägt das WaffG auf. Für das Eingriffsrecht gibt es dieses eine Gesetz nicht. Es ist vielmehr so, dass sich das Eingriffsrecht aus verschiedenen Gesetzen zusammensetzt. Vor allem die jeweiligen Polizeigesetze der Länder und das Polizeigesetz des Bundes sowie die StPO bilden das polizeiliche Eingriffsrecht in Deutschland. Eingriffsrecht setzt sich also rechtsgebietsübergreifend zusammen. Dabei kommt es entscheidend auf den Sachverhalt an, ob sich die Polizei bei ihren Maßnahmen auf die Polizeigesetze oder die StPO stützt. Es ist zwar in beiden Fällen Eingriffsrecht, gleichwohl stellen die Polizeigesetze präventives Gefahrenabwehrrecht dar, wohingegen die StPO repressives Strafverfolgungsrecht ist. Präventives Gefahrenabwehrrecht ist als Besonderes Verwaltungsrecht ein Teilgebiet des öffentlichen Rechts. Das Recht der repressiven Strafverfolgung ist ein Teilgebiet des Strafrechts. Eingriffsrecht ist also sowohl öffentliches Recht als auch Strafrecht.

Diese Aspekte machen den Zugang zum Eingriffsrecht für Studierende des Polizeivollzugsdiensts erfahrungsgemäß etwas kompliziert. Um zu verstehen, was Eingriffsrecht ist und welche Bedeutung diesem rechtlichen Oberbegriff in der Rechtsordnung zukommt, empfiehlt es sich daher, sich zunächst einige rechtsstaatliche Grundlagen zu vergegenwärtigen.

1. Das staatliche Gewaltmonopol

Eine der zentralen Aufgaben des Staates besteht in der Gewährleistung von Sicherheit und Ordnung. In der Staatsphilosophie wird diese Gewährleistung als Legitimationsgrundlage und Ausgangspunkt der Staatlichkeit überhaupt betrachtet. In diesem Kontext hat sich vor allem der Staatsphilosoph Thomas Hobbes hervorgetan. In seiner staatsphilosophischen Abhandlung „Leviathan“ führt Hobbes grob zusammengefasst aus, dass die Menschen sich von Natur aus in einem Kriegszustand aller gegen alle befänden. Der Mensch sei des Menschen Wolf. Erst die Bildung eines Staats, des sog. Leviathan, ermögliche es den Menschen, ihren Kriegszustand verlassen zu können. Weil es nun einen Staat gibt, der über Gesetze für Sicherheit und Ordnung sorgt und diese Gesetze auch durchzusetzen vermag, müssen die Bürger nicht mehr selbst für ihre Sicherheit sorgen. Sie unterwerfen sich dem Staat, sie nehmen Abstand von Gewalt und befolgen die Gesetze, damit der Staat den Frieden schafft, den die Bürger untereinander nicht schaffen können. Der permanente Bürgerkriegszustand wird zugunsten eines bürgerlichen Friedens unter staatlicher Aufsicht aufgegeben. Der Bürger erkennt dabei das staatliche Gewaltmonopol an. Die Gewährleistung des innerstaatlichen Friedens in Form der Aufrechterhaltung der inneren Sicherheit und Ordnung ist eine der vornehmsten Staatsaufgaben. Eingedenk der staatsphilosophischen Einflüsse Hobbes, ist die Gewährleistung der inneren Sicherheit heute eine der fundamentalen Staatsaufgaben, die den Staat an sich überhaupt legitimiert und in seiner Existenz berechtigt.

Aus diesem Gewaltmonopol des Staats folgt, dass nur der Staat Gewalt gegen Menschen anwenden darf. Es ist allein der Staat, der zum Zwecke der Aufrechterhaltung der Rechtsordnung gegen Störer mit Gewalt vorgehen kann. Natürlich darf er in einem Rechtsstaat von seinem Gewaltmonopol nicht willkürlich Gebrauch machen. Er ist vielmehr seinerseits selbst an Gesetze – und hier vor allem an die Grundrechte – gebunden. Es ist aber wichtig, sich zu vergegenwärtigen, dass es vor dem Hintergrund des staatlichen Gewaltmonopols nicht der Bürger selbst sein kann, der seine Rechte selbst durchsetzt. Wird ein Bürger also beispielsweise von einem Dieb bestohlen, dann darf der Bürger den Dieb nicht selbst strafrechtlich verfolgen und am Ende bestrafen. Der Bürger muss sich vielmehr an die staatlichen Stellen wenden, die eine solche Strafverfolgung und anschließende Bestrafung durchführen dürfen. Aus dem Gewaltmonopol des Staats folgt also das Gewaltverbot des Bürgers.

2. Die Gesetzmäßigkeit der Verwaltung

In einem Rechtsstaat darf das staatliche Gewaltmonopol nicht willkürlich gegen Bürger ausgeübt werden. Der Staat kann also nicht nach Belieben in die Grundrechte der Bürger eingreifen. So ist ein Polizist in einem Rechtsstaat beispielsweise nicht befugt, aus reiner Langeweile heraus Bürger in Gewahrsam zu nehmen, zu durchsuchen oder andere grundrechtsbeeinträchtigende Maßnahmen durchzuführen. Aus dem Rechtsstaatsprinzip, das vor allem in Art. 20 Abs. 3 GG angelegt ist, folgt, dass die Gesetzgebung an die verfassungsmäßige Ordnung gebunden ist, wohingegen die vollziehende Gewalt und die Rechtsprechung an Gesetz und Recht gebunden sind. Die Gesetzgebung ist die Legislative, die vollziehende Gewalt die Exekutive und die Rechtsprechung die Judikative. Es gibt mithin gem. Art. 20 Abs. 2 GG eine Gewaltenteilung in drei Gewalten. Die Exekutive wiederum ist vor allem die öffentliche Verwaltung. Diese öffentliche Verwaltung unterteilt sich in die Verwaltung

- im organisatorischen Sinne,
- im formellen Sinne und
- im materiellen Sinne.[1]

Die **Verwaltung im organisatorischen Sinne** umfasst alle staatlichen Stellen, die in irgendeiner Art Verwaltungsaufgaben wahrnehmen. Damit sind Verwaltungsträger gemeint. Die **Verwaltung im formellen Sinne** umfasst die Handlungen der Verwaltungsbehörden. Bei der **Verwaltung im materiellen Sinne** geht es um den konkreten Inhalt der staatlichen Handlungen. Es geht also um die Frage, ob die staatliche Tätigkeit eine Verwaltungsangelegenheit betrifft.

Die Polizei ist als Teil der vollziehenden Gewalt gem. Art. 20 Abs. 3 GG an Recht und Gesetz gebunden. Für sie gilt demnach der **Grundsatz der Gesetzmäßigkeit der Verwaltung.**[2] Aus dem Grundsatz der Gesetzmäßigkeit der Verwaltung folgen der Vorrang des Gesetzes und der Vorbehalt des Gesetzes.

2.1 Der Vorrang des Gesetzes

Der Vorrang des Gesetzes besagt, dass es kein Handeln der Verwaltung gegen das Gesetz geben darf.[3] Die Verwaltung muss in der vom Gesetz vorgegebenen Art und Weise handeln und darf keine dem Gesetz zuwiderlaufenden Handlungen vornehmen. Sie darf also vom Gesetz nicht abweichen. Der Vorrang des Gesetzes bestimmt das gesamte Verwaltungshandeln. Sollte die Verwaltung einmal gegen diesen Vorrang verstoßen, ist

1 Maurer/Waldhoff, Allgemeines Verwaltungsrecht, § 1 Rn. 2.
2 Ausführlich etwa Maurer/Waldhoff, Allgemeines Verwaltungsrecht, § 6 Rn. 1 ff.; Will, Staatsrecht I, § 16 Rn. 36 ff.
3 Vgl. Will, Staatsrecht I, § 16 Rn. 38 ff.

ihre Maßnahme automatisch rechtswidrig. Daraus folgen ein Anwendungsgebot und ein Abweichungsverbot.

Definition

Der Vorrang des Gesetzes besagt, dass es kein Handeln *gegen* das Gesetz geben darf.

Hinweis

Selbstverständlich gilt der Vorrang des Gesetzes auch in verfahrensrechtlicher Hinsicht. Möchte beispielsweise ein Polizist eine Wohnung gem. § 43 SOG LSA durchsuchen, muss sich der Polizist vor allem an die Verfahrensvorschrift des § 44 SOG LSA halten. Danach dürfen Durchsuchungen von Wohnungen, außer bei Gefahr im Verzuge, nur durch den Richter angeordnet werden. Der Polizist verstößt also gegen den Vorrang des Gesetzes, wenn er die Durchsuchung selbst anordnet, obwohl keine Gefahr im Verzuge besteht.

2.2 Der Vorbehalt des Gesetzes

Der Vorbehalt des Gesetzes verlangt von der Verwaltung, dass sie nur dann handelt, wenn sie zu dieser konkreten Handlung durch ein Gesetz ermächtigt bzw. befugt worden ist. Das Gesetz enthält dabei eine bestimmte Norm, die ein bestimmtes Handeln ermöglicht. Diese Norm ist dann die Ermächtigungsgrundlage bzw. die Befugnisnorm. Im polizeilichen Eingriffsrecht kommt dem Vorbehalt des Gesetzes eine sehr wichtige Bedeutung zu.[4] Für einen Grundrechtseingriff muss es nämlich immer eine Ermächtigungsgrundlage geben, die der Verwaltung einen entsprechenden Grundrechtseingriff ermöglicht. Im Eingriffsrecht tritt neben den allgemeinen Gesetzesvorbehalt der grundrechtliche Gesetzesvorbehalt. Sofern nicht in spezielle Freiheitsgrundrechte eingegriffen wird, wird durch das Eingriffsrecht stets in die allgemeine Handlungsfreiheit aus Art. 2 Abs. 1 GG eingegriffen. Art. 2 Abs. 1 GG hat die Funktion eines Auffanggrundrechts. Hierdurch wird sichergestellt, dass dem Bürger im Kontakt mit dem Staat immer ein Mindestmaß an grundrechtlichem Schutz effektiv zukommt.

Die Polizei muss also für alle Maßnahmen, die dem Bürger in letztlich grundrechtsbeschränkender Wirkung eine Verhaltenspflicht auferlegen und somit den Schutzbereich verkürzen, eine Ermächtigungsgrundlage haben. Da jedenfalls Art. 2 Abs. 1 GG in Form der allgemeinen Handlungsfreiheit im Falle von hoheitlichen Eingriffsmaßnahmen immer betroffen ist, benötigen Polizisten konsequenterweise für ihr Handeln gegen den Willen

4 Vgl. Will, Staatsrecht I, § 16 Rn. 50.

des Bürgers auch stets eine Ermächtigungsgrundlage.[5] Für die polizeiliche Arbeit hat das eine ganz konkrete Folge: Bevor Polizisten in Grundrechte eingreifen (dürfen), müssen sie nach einer gesetzlichen Grundlage für diesen Eingriff suchen. Fehlt es schon an einer Ermächtigungsgrundlage, so kann die dennoch durchgeführte und in Grundrechte eingreifende Maßnahme nur rechtswidrig sein.

An dieser Stelle sei vorwegnehmend schon einmal betont, dass die polizeilichen Generalklauseln – in Sachsen-Anhalt ist das § 13 SOG LSA – mitnichten immer als Auffangnorm für Grundrechtseingriffe herangezogen werden dürfen. Der bisweilen anzutreffende (Praktiker-)Standpunkt, dass im Zweifel die Generalklausel schon irgendwie greife, ist rechtlich unzutreffend und grob falsch. Die Ermächtigungsgrundlage muss den konkreten Sachverhalt sowohl auf Ebene des Tatbestands als auch auf Ebene der Rechtsfolge erfassen können. Dabei verdrängen Standardmaßnahmen die Generalklausel unwiderruflich. Hat der Gesetzgeber also beispielsweise für die Durchsuchung und Untersuchung einer Person einen speziellen Paragrafen geschaffen – in Sachsen-Anhalt ist das § 41 SOG LSA –, so ist dieser Paragraf für die Durchsuchung und Untersuchung einer Person ein sog. lex specialis, mithin das im Verhältnis zur Generalklausel speziellere Recht. Scheitert die Durchsuchungsmaßnahme auf Tatbestandsebene, kann die Polizei nicht einfach auf die Generalklausel ausweichen. Auf die Generalklausel kann die Durchsuchung und Untersuchung einer Person also nicht gestützt werden. Die Generalklausel findet auf Standardmaßnahmen keine Anwendung.

Sie ist insbesondere nicht das Auffangnetz für solche Eingriffsmaßnahmen, bei denen die vom Gesetzgeber geschaffene Standardmaßnahme zwar im Grundsatz durchaus, im konkreten Fall aber schon tatbestandlich nicht anwendbar ist. Liegen also im Falle des § 41 SOG LSA die tatbestandlichen Voraussetzungen einer Durchsuchung nicht vor, weil beispielsweise die Tatsachen die Annahme gerade nicht rechtfertigen, dass die Person Sachen mit sich führt, die sichergestellt werden dürfen, oder weil die Person eben nicht hilflos ist, sich eben nicht an speziellen in § 41 Abs. 2 SOG LSA aufgeführten Orten oder Objekten aufhält und auch nicht festgehalten werden darf, darf die Polizei für ihre Durchsuchungsmaßnahme nicht auf § 13 SOG LSA ausweichen. § 41 SOG LSA ist insofern abschließend.

Dem Gesetzgeber kommt die Aufgabe zu, das Eingriffsrecht in seinen wesentlichen Zügen zu determinieren. Nach der Wesentlichkeitstheorie hat die Legislative die wesentlichen Fragen im Verhältnis von Bürger und Staat in Gesetzen zu regeln. Dies betrifft vor allem die Aspekte der Grund-

5 Vgl. Will, Staatsrecht I, § 16 Rn. 51.

rechtseingriffe. Dabei gilt, dass die gesetzlichen Vorschriften vom Gesetzgeber immer detaillierter ausgestaltet werden müssen, je intensiver sie in Grundrechte eingreifen. Dies wird im SOG LSA sehr schön deutlich anhand eines Vergleichs zwischen der Generalklausel, die funktional und kompakt ausgestaltet ist, und den Standardmaßnahmen, die intensiv in Grundrechte eingreifen und daher z. T. eine hochkomplexe Regelungsstruktur aufweisen. „Unwesentliches" kann dann von der Exekutive in Rechtsverordnungen gem. Art. 80 GG selbst geregelt werden.

Für das Polizeirecht als klassisches Eingriffsverwaltungsrecht[6] folgt aus dem Vorbehalt des Gesetzes ein **strenges Analogieverbot**.[7] Sofern der Polizei für bestimmte Handlungen Befugnisnormen fehlen sollten, können diese nicht im Wege einer analogen Anwendung bestehender Befugnisnormen „erzeugt" werden. Genügen die vorhandenen Befugnisnormen einer effektiven Gefahrenabwehr nicht (mehr), so kann nur der parlamentarische Gesetzgeber weitere Befugnisnormen erlassen und etwaige bestehende gesetzliche Lücken schließen. Die Polizei darf sich als Teil der Exekutive aber auf keinen Fall zum Ersatzgesetzgeber aufschwingen und eigenmächtig Befugnisnormen durch Analogien kreieren. Das Analogieverbot darf selbstverständlich auch nicht über eine entsprechend weite Auslegung der Generalklausel umgangen werden.

Definition

Der Vorbehalt des Gesetzes besagt, dass es kein Handeln *ohne* das Gesetz geben darf.

2.3 Gesetz

Unter dem Begriff „Gesetz" versteht man im deutschen Rechtsstaat jede geschriebene Norm. Die Formulierung „Bindung an das Gesetz" bedeutet also eine Bindung an das GG und die nationalen Rechtsvorschriften, einschließlich des anwendbaren Europäischen Rechts. Umfasst sind demnach alle Normen des Bundes- und des Landesrechts sowie des Europarechts. Hierbei unterscheidet man zwischen formellen und materiellen Gesetzen. Für die Unterscheidung zwischen formellem und materiellem Gesetz kommt es allein darauf an, wer der Urheber des Gesetzes ist.[8]

6 Zur Eingriffsverwaltung ausführlich etwa Maurer/Waldhoff, Allgemeines Verwaltungsrecht, § 6 Rn. 16ff.
7 Vgl. Dietlein/Hellermann, Öffentliches Recht in Nordrhein-Westfalen, § 3 Rn. 41.
8 Ausführlich etwa Maurer/Waldhoff, Allgemeines Verwaltungsrecht, § 4 Rn. 16f.; Will, Staatsrecht I, § 9 Rn. 5ff.

Ein **formelles Gesetz** liegt dann vor, wenn das zuständige Gesetzgebungsorgan des Bundes oder der Länder in dem für die Gesetzgebung vorgeschriebenen Verfahren ein Gesetz erlässt. Es kommt dabei also für ein formelles Bundesgesetz darauf an, dass das Gesetz vom Bundestag und ggf. auch vom Bundesrat verabschiedet und das Verfahren aus Art. 76ff. GG eingehalten wurde. Für ein formelles Landesgesetz ist es demgegenüber erforderlich, dass das jeweilige Landesparlament das Gesetz erlässt.

Beispiele für formelle Gesetze sind etwa das BGB, das GmbHG, das HGB, das OWiG, das StGB, das StVG und das VwVfG.

Zu beachten ist nun, dass die meisten formellen Gesetze zugleich auch materielle Gesetze sind. Das mag auf den ersten Blick etwas widersprüchlich klingen, ist aber dennoch rechtsmethodisch und rechtstheoretisch richtig. Der Begriff „**materielles Gesetz**" bedeutet nämlich lediglich, dass das Gesetz allgemein verbindlich ist. Nahezu alle formellen Gesetze sind auch materielle Gesetze. Es gibt aber eine Ausnahme. Das Haushaltsgesetz i. S. d. Art. 110 Abs. 2 Satz 1 GG ist klassischerweise nur ein formelles und kein materielles Gesetz, da es nur einen ganz speziellen Adressaten hat – nämlich die Bundesregierung – und sich daher nicht strukturell an die Bevölkerung wendet.[9] Somit fehlt ihm die Außenwirkung.

Demgegenüber gibt es aber auch Gesetze, die nur materielle Gesetze sind. Diese Gesetze wurden nicht vom Parlament – also der Legislativen – verabschiedet. Sie stammen vielmehr von der Exekutive selbst. Dass die Exekutive selbst materielles Recht schaffen kann, ist unter dem Gesichtspunkt der Gewaltenteilung nicht unproblematisch. Das in der deutschen Rechts- und Staatsordnung bestehende Demokratieprinzip und der Grundsatz der Gewaltenteilung verlangen vom Gesetzgeber, dass er die für den Staat wesentlichen Vorgaben selbst macht. Die Normsetzung ist daher die vornehme Aufgabe des Parlaments. Die Exekutive hat diese abstrakt-generellen Gesetze dann lediglich auszuführen bzw. zu exekutieren. In Ausnahmefällen kann die Legislative die Exekutive aber doch zur Normsetzung ermächtigen.

Beispiele für ausschließlich materielle Gesetze sind etwa Rechtsverordnungen und Satzungen. Unter **Rechtsverordnungen** versteht man gemeinhin eine bezogen auf den Regelungsgegenstand abstrakte und bezogen auf den Personenkreis generelle Norm, die von einem Exekutivorgan erlassen worden ist, weil die Legislative dem Exekutivorgan zuvor eine entsprechende Rechtsetzungskompetenz eingeräumt hat.

9 Vgl. Will, Staatsrecht I, § 9 Rn. 20.

Im Polizeirecht ist die StVO die wohl wichtigste Rechtsverordnung. Sie ist als Rechtsverordnung lediglich ein materielles und kein formelles Gesetz.

Satzungen werden stattdessen im Rahmen der „Satzungsautonomie" öffentlich-rechtlicher Hoheitsträger erlassen. So können etwa Gemeinden auf der Grundlage ihrer gemeindlichen Satzungsautonomie, die aus Art. 28 Abs. 2 GG folgt, in ihrem Gemeindegebiet Satzungen verabschieden.

2.4 Recht

Nachdem oben dargestellt wurde, was unter einem Gesetz zu verstehen ist, stellt sich nun die Frage, was unter Recht zu verstehen ist. Die Formulierung „Bindung an das Recht" knüpft an das Recht an und betritt damit eine abstrakte Ebene oberhalb der Geltung von Gesetzen. Ausgehend von der Rechtsordnung als einem Sinnganzen kann es ein „Mehr an Recht" geben, das über das Gesetz und das gesetzlich Normierte hinausgeht. Mit dem Begriff „Recht" i. S. d. Art. 20 Abs. 3 GG ist in der Sache die Idee der Gerechtigkeit gemeint.

Zugleich wird dadurch die Konzeption unserer Rechtsordnung als Gegenentwurf zum NS-Recht betont. Es geht darum, dass unser heutiges Recht im Gegensatz und in Abkehr zum damaligen NS-Recht ein gerechtes Recht sein soll. Wie das NS-Recht gezeigt hat, können Gesetz und Recht i. S. d. Gerechtigkeit durchaus voneinander abweichen. Das GG verbindet also die Idee der Gerechtigkeit mit den Gesetzen, in dem es an Recht und Gesetz anknüpft. Was unter Gerechtigkeit zu verstehen ist, ist in der Rechtswissenschaft allerdings sehr umstritten.[10]

3. Handlungsformen im Eingriffsrecht

Wenn man verstanden hat, dass die Verwaltung gesetzmäßig handeln muss und die Polizei Teil der Verwaltung ist, so stellt sich nun die Frage, wie die Polizei überhaupt handeln kann. Im Ausgangspunkt steht das Bedürfnis der Polizei, das Eingriffsrecht im Falle einer Maßnahme zur Gefahrenabwehr oder zur Strafverfolgung effektiv zu exekutieren.

Der Verwaltung stehen mit dem Verwaltungsakt, dem öffentlich-rechtlichen Vertrag, der Rechtsverordnung, der Satzung, der Verwaltungsvorschrift und dem Realakt verschiedene Handlungsformen zur Verfügung. Die Verwaltung kann **selbstständig** entscheiden, für welche Handlungsform sie sich in der konkreten Situation entscheidet. Ihr steht hier ein Wahlrecht

10 Vgl. Will, Staatsrecht I, § 16 Rn. 67 ff.

zu. Im Eingriffsrecht kommen dem Verwaltungsakt und dem Realakt zentrale Bedeutung zu.

3.1 Der Verwaltungsakt

Der Verwaltungsakt ist die klassische Handlungsform der Verwaltung.[11] Dies wird an § 9 VwVfG deutlich. Hier heißt es, dass das Verwaltungsverfahren i. S. d. VwVfG die nach außen wirkende Tätigkeit der Behörden ist, die auf die Prüfung der Voraussetzungen, die Vorbereitung und den Erlass eines Verwaltungsaktes oder auf den Abschluss eines öffentlich-rechtlichen Vertrags gerichtet ist. Dies schließt den Erlass des Verwaltungsaktes oder den Abschluss des öffentlich-rechtlichen Vertrags ein. Der Inhalt des Verwaltungsakts bestimmt sich nach dem konkreten Sachverhalt und dem betroffenen Rechtsgebiet. Man unterscheidet befehlende, gestaltende, feststellende, belastende und begünstigende Verwaltungsakte.[12]

Im polizeilichen Eingriffsrecht sind etwa folgende Maßnahmen ein Verwaltungsakt:
- Vorladung, § 35 SOG LSA
- Platzverweisung, § 36 SOG LSA
- Aufenthaltsanordnung und Kontaktverbot, § 36a SOG LSA

Der Begriff des Verwaltungsakts ist in § 35 Satz 1 VwVfG legaldefiniert. Ein Verwaltungsakt ist mithin jede Verfügung, Entscheidung oder andere hoheitliche Maßnahme, die eine Behörde zur Regelung eines Einzelfalls auf dem Gebiet des öffentlichen Rechts trifft und die auf unmittelbare Rechtswirkung nach außen gerichtet ist. Über den Verwaltungsakt i. S. d. § 35 Satz 1 VwVfG können die abstrakt-generellen Gesetze konkret-individuell auf den Einzelfall angewendet werden. Dabei gilt das VwVfG des Bundes in Sachsen-Anhalt über den in § 1 VwVfG LSA enthaltenen Verweis auf das VwVfG des Bundes.

Als Polizeivollzugsbeamter in Sachsen-Anhalt sollte man sich vergegenwärtigen, dass das VwVfG LSA zwar nur aus sieben Paragrafen besteht, über den Verweis in § 1 VwVfG LSA aber das gesamte VwVfG des Bundes in Bezug genommen wird und folglich in Sachsen-Anhalt Anwendung findet. Dieses Wissen ist nicht zuletzt wichtig mit Blick auf zwingend einzuhaltende verwaltungsrechtliche Verfahrensvorschriften, die im VwVfG LSA nicht unmittelbar enthalten sind, aber wegen des Verweises auf das VwVfG des Bundes dennoch in Sachsen-Anhalt unmittelbar gelten. Dies gilt allem voran für die Anhörung i. S. d. § 28 VwVfG. Allein aus Gründen

11 Siehe hierzu grundlegend Maurer/Waldhoff, Allgemeines Verwaltungsrecht, § 9 Rn. 1 ff.
12 Siehe hierzu ausführlich Maurer/Waldhoff, Allgemeines Verwaltungsrecht, § 9 Rn. 44 ff.

der Übersichtlichkeit wird der § 1 Satz 1 VwVfG LSA als Brückennorm in das VwVfG des Bundes in diesem Buch nachfolgend nicht mitzitiert.

Hinweis

Gerade von Studierenden wird immer wieder gefragt, woraus sich in § 1 VwVfG LSA der Verweis auf das VwVfG des Bundes ergebe. § 1 VwVfG LSA ist eine vergleichsweise komplizierte Norm, deren Regelungsgehalt sich nur durch gründliche Lektüre offenbart.

So lautet § 1 Satz 1 VwVfG LSA wie folgt: „Für die öffentlich-rechtliche Verwaltungstätigkeit der Behörden des Landes und der seiner Aufsicht unterstehenden Körperschaften, Anstalten und Stiftungen des öffentlichen Rechts gelten **dieses Gesetz** und **das Verwaltungsverfahrensgesetz in der Fassung der Bekanntmachung vom 23. Januar 2003 (BGBl. I S. 102)**, geändert durch Artikel 4 Abs. 8 des Gesetzes vom 5. Mai 2004 (BGBl. I S. 718, 833), in der jeweils geltenden Fassung mit Ausnahme der §§ 1, 2 und 61 Abs. 2 sowie der §§ 78, 94, 96, 100, 101 und 103, soweit nicht Rechtsvorschriften des Landes inhaltsgleiche oder entgegenstehende Bestimmungen enthalten."

Mit der Formulierung „dieses Gesetz" ist das VwVfG LSA gemeint. Das daneben erwähnte „Verwaltungsverfahrensgesetz in der Fassung der Bekanntmachung vom 23. Januar 2003 (BGBl. I S. 102)" ist das VwVfG des Bundes.

Funktionen des Verwaltungsakts

Nicht nur im Eingriffsrecht kommen dem Verwaltungsakt einige zentrale Funktionen zu. Die wohl wichtigste Funktion ist seine Titelfunktion. Der Verwaltungsakt ist selbst ein Vollstreckungstitel. Es bedarf also keiner rechtskräftigen gerichtlichen Entscheidung, aus der vollstreckt werden kann. Vielmehr steht der Behörde mit dem Verwaltungsakt ein Instrument zur zwangsweisen Rechtsdurchsetzung zur Verfügung.

Daneben hat der Verwaltungsakt gem. § 9 VwVfG noch eine Verfahrensfunktion, da er ein Verwaltungsverfahren abschließt. Er hat eine Regelungsfunktion, da er das abstrakt-generelle Gesetz für den Einzelfall anwendbar macht und dadurch sowohl die Behörde als auch den Bürger an den Inhalt des Verwaltungsakts bindet, wodurch Rechtssicherheit und Erwartbarkeit gewährleistet wird. Schließlich hat der Verwaltungsakt aber auch noch eine verwaltungsprozessuale Funktion, weil durch ihn die statthafte Rechtsschutzform bestimmt wird.

Hinweis

Der Verwaltungsakt hat **verschiedene Funktionen**:
- Titelfunktion
- Verfahrensfunktion
- Klarstellungsfunktion
- Bestandsfunktion
- Rechtsschutzfunktion

Tatbestandsmerkmale des Verwaltungsakts

Der Verwaltungsakt hat sechs Tatbestandsmerkmale, die kumulativ erfüllt sein müssen. Im Einzelnen muss
- eine hoheitliche Maßnahme
- einer Behörde
- auf dem Gebiet des öffentlichen Rechts
- zur Regelung
- eines Einzelfalls
- mit Außenwirkung

vorliegen.

Eine **hoheitliche Maßnahme** ist gegeben, wenn die Verwaltung auf der Grundlage einer öffentlich-rechtlichen Norm handelt.[13] Ein Unterlassen ist nicht erfasst. Die zentrale Frage ist hierbei aber, wann eine öffentlich-rechtliche Norm vorliegt. Nach der heute wohl herrschenden modifizierten Subjektstheorie ist eine Norm dann öffentlich-rechtlich, wenn sie einen Hoheitsträger einseitig berechtigt und/oder verpflichtet. Das Tatbestandsmerkmal der hoheitlichen Maßnahme verdeutlicht, dass man sich nicht im Privatrecht bewegt.

Hinweis

Gem. § 13 SOG LSA können die Sicherheitsbehörden und die Polizei die erforderlichen Maßnahmen treffen, um eine Gefahr abzuwehren. § 13 SOG LSA ermächtigt also nur die Sicherheitsbehörden und die Polizei als Hoheitsträger. Es handelt sich daher bei § 13 SOG LSA um eine Norm des öffentlichen Rechts.

Die hoheitliche Maßnahme muss von einer **Behörde** kommen. Hierbei geht es um das „Kreationsorgan".[14] Der Behördenbegriff ist in Sachsen-Anhalt in § 1 Abs. 2 VwVfG LSA definiert. Behörde i. S. d. VwVfG LSA ist jede Stelle, die Aufgaben der öffentlichen Verwaltung wahrnimmt. Man

13 Vgl. Maurer/Waldhoff, Allgemeines Verwaltungsrecht, § 9 Rn. 12.
14 Maurer/Waldhoff, Allgemeines Verwaltungsrecht, § 9 Rn. 23.

geht dabei heute von einem funktionellen Behördenbegriff aus.[15] Behörde sind danach alle Funktionseinheiten der Verwaltung, die Verwaltungsmaßnahmen hoheitlich mit Außenwirkung durchführen können. Was in Sachsen-Anhalt unter Polizeibehörden zu verstehen ist, regelt § 76 Abs. 2 SOG LSA. Danach sind Polizeibehörden die Polizeiinspektion Zentrale Dienste Sachsen-Anhalt, die Polizeiinspektionen, das Landeskriminalamt und die vom für öffentliche Sicherheit und Ordnung zuständigen Ministerium durch Verordnung bezeichneten Polizeidienststellen.

Unter den Behördenbegriff können aber auch sog. „Beliehene" fallen. Beliehene sind solche Privatpersonen oder Funktionseinheiten, die aufgrund eines Gesetzes (partiell) mit (eigenen) Hoheitsrechten ausgestattet werden. Sie haben eine eigene Verwaltungskompetenz und können auf öffentlich-rechtliche Handlungsformen zurückgreifen. Beliehen sind etwa der Bezirksschornsteinfegermeister, Notare und die Sachverständigen der DEKRA. Für die Arbeit der Polizei aber sind die wohl wichtigsten Beliehenen die Sachverständigen des TÜV. Über das Tatbestandsmerkmal „Behörde" wird das Verwaltungshandeln vom Handeln Privater sowie vom Handeln der Legislative und der Judikative abgegrenzt.

Hinweis

Der Beliehene ist vom bloßen Verwaltungshelfer abzugrenzen. Verwaltungshelfer werden von der Verwaltung buchstäblich als Helfer beauftragt. Sie sind dabei gegenüber der Verwaltung weisungsgebunden. Verwaltungshelfer sind keine Hoheitsträger. Ein Verwaltungshelfer ist etwa der Schülerlotse.

Für die alltägliche Arbeit der Polizei sind ferner die Privatunternehmen, mit denen die Polizei zur Erfüllung bestimmter Aufgaben einen zivilrechtlichen Vertrag abschließt, von großer Relevanz. Der Klassiker ist das private Abschleppunternehmen, das über einen Werkvertrag i. S. d. §§ 631 ff. BGB vom Staat bzw. der Polizei verpflichtet wird, bestimmte Kfz abzuschleppen.

Dass man sich **auf dem Gebiet des öffentlichen Rechts** bewegt, ist an sich schon durch die hoheitliche Maßnahme zum Ausdruck gebracht worden.

Die hoheitliche Maßnahme muss eine **Regelung** enthalten. Die Regelung ist auf die Setzung einer konkreten Rechtsfolge gerichtet.[16] Es werden mithin Rechte begründet, geändert oder aufgehoben. Dieses Merkmal dient zugleich der Abgrenzung zum rein tatsächlichen Verwaltungshandeln in Form eines Realakts, bei dem die konkrete Rechtsfolge fehlt.

15 Vgl. Maurer/Waldhoff, Allgemeines Verwaltungsrecht, § 9 Rn. 23.
16 Vgl. Maurer/Waldhoff, Allgemeines Verwaltungsrecht, § 9 Rn. 6.

Der Verwaltungsakt regelt einen **Einzelfall**. Die Rechtsnorm macht eine abstrakt-generelle Aussage. Sie richtet sich an einen zahlenmäßig unbestimmten Personenkreis (generell) und soll auf eine Vielzahl von Fällen (abstrakt) Anwendung finden. Der Verwaltungsakt i. S. d. § 35 Satz 1 VwVfG erfasst hingegen einen konkret-individuellen Fall. Er hat also einen bestimmten Personenkreis (individuell) im Blick und ist auf einen Einzelfall (konkret) bezogen.

Auch die Allgemeinverfügung i. S. d. § 35 Satz 2 VwVfG ist ein Verwaltungsakt.[17] Die Besonderheit der Allgemeinverfügung liegt im Personenkreis, der von ihr betroffen ist. Während der Sachverhalt noch konkret ist, ist der Personenkreis generell. Hier liegt daher auch der Unterschied zum Verwaltungsakt i. S. d. § 35 Satz 1 VwVfG. Man unterscheidet die adressatenbezogene, die sachbezogene und die benutzungsbezogene Allgemeinverfügung. Für die Polizei ist das Verkehrszeichen die wichtigste Allgemeinverfügung.

Die im Verwaltungsakt enthaltene begünstigende oder belastende Regelung muss den Bürger betreffen, demnach **Außenwirkung** entfalten. Die Regelung muss also den verwaltungsinternen Bereich verlassen und außen wirken.[18] An der Außenwirkung fehlt es im Falle einer innerdienstlichen Weisung. Zu beachten ist, dass die unmittelbare Rechtswirkung nach außen *gerichtet* sein muss. Die rein faktische Außenwirkung genügt nicht. Die Behörde muss mit einem erkennbaren Rechtsbindungswillen gehandelt und die hoheitliche Maßnahme bewusst aus dem verwaltungsinternen Bereich entlassen haben.

3.2 Der Realakt

Dem Realakt[19] fehlt die regelnde Wirkung, die eine konkrete Rechtsfolge setzt. Er erfasst vielmehr Fälle, in denen die Behörde schlicht hoheitlich tätig wird. Der Realakt wird daher auch als **nicht förmliches** Verwaltungshandeln bezeichnet. Während der Verwaltungsakt auf die Setzung einer Regelung abzielt, kommt es der Behörde beim Realakt auf den Eintritt eines tatsächlichen, faktischen Erfolgs an. Rechtlich betrachtet unterscheiden sich der Verwaltungsakt und der Realakt aber nur in der (fehlenden) Regelungswirkung. Im Übrigen ist auch der Realakt eine hoheitliche Maßnah-

17 Siehe zur Allgemeinverfügung ausführlich Maurer/Waldhoff, Allgemeines Verwaltungsrecht, § 9 Rn. 30 ff.
18 Vgl. Maurer/Waldhoff, Allgemeines Verwaltungsrecht, § 9 Rn. 24.
19 Siehe zum Realakt ausführlich Maurer/Waldhoff, Allgemeines Verwaltungsrecht, § 15 Rn. 1 ff.

me, die eine Behörde im Einzelfall auf dem Gebiet des öffentlichen Rechts trifft und die auf unmittelbare Außenwirkung gerichtet ist.

Polizeiliche Realakte sind etwa:
- die Streifenfahrt
- das bloße Suchen nach Vermissten und Sachen
- die Observation

3.3 Grenzfälle

Die Unterscheidung zwischen einem Verwaltungsakt und einem Realakt kann bei gewissen Maßnahmen schwierig werden. Als Faustformel kann man sich im Ausgangspunkt merken, dass jedenfalls polizeiliche Bescheide an den Bürger (im Großen und Ganzen) als Verwaltungsakte zu klassifizieren sind. Dies liegt an der möglichen Vollstreckbarkeit des Inhalts des Bescheids. Wird etwa ein Bürger gem. § 35 Abs. 1 SOG LSA polizeilich vorgeladen, dann handelt es sich hierbei wegen der Möglichkeit, diese Vorladung im Zweifel zu vollstrecken, also zwangsweise durchzusetzen, um einen Verwaltungsakt. Dies ist vor allem dann der Fall, wenn die zu beurteilende Maßnahme nicht aus einem bloßen polizeilichen Befehl oder in einer rein tatsächlichen polizeilichen Handlung besteht. So stellt sich beispielsweise bei
- der Befragung i. S. d. § 14 SOG LSA (i. E.: Realakt),
- bei der Identitätsfeststellung i. S. d. § 20 SOG LSA (i. E.: Realakt),
- bei der erkennungsdienstlichen Maßnahme i. S. d. § 21 SOG LSA (i. E.: Realakt),
- bei der Ingewahrsamnahme i. S. d. § 37 SOG LSA (i. E.: Verwaltungsakt),
- bei der Durchsuchung i. S. d. §§ 41 ff. SOG LSA (i. E.: Verwaltungsakt),
- bei der Sicherstellung i. S. d. § 45 SOG LSA (i. E.: Verwaltungsakt/Realakt)
- oder bei der Fesselung i. S. d. § 64 SOG LSA (i. E.: Realakt)

die Frage, um welche Maßnahmenart es sich hier handelt.

All diesen Maßnahmen ist gemein, dass sie an sich nicht auf die Setzung einer konkreten Rechtsfolge gerichtet sind. Zugleich erschöpfen sich diese Maßnahmen aber auch nicht in einem Ausmaß in einer rein tatsächlichen Handlung, wie man es bei der Streifenfahrt annimmt. Leider gibt es keine Zauberformel, mit der man rechtsmethodisch sauber zu einer rechtssicheren Einordnung kommen kann. Es mag etwas beruhigen, dass auch die Literatur und die Rechtsprechung bei der Einordnung zu unterschiedlichen Ergebnissen kommen – wobei manche polizei- und verwaltungsrechtlichen Lehrbücher dieses Problem gar nicht erst ansprechen.

Um dieser Misere im Polizeirecht zu entgehen, wird bisweilen vertreten, dass (sämtliche) polizeilichen Handlungen jedenfalls von einer konkludenten Duldungsverfügung, einem konkludenten Duldungsverwaltungsakt bzw. einem dem Realakt vorgeschalteten Verwaltungsakt begleitet werden. So würde beispielsweise bei der Sicherstellung, der Durchsuchung oder der Identitätsfeststellung eine begleitende Duldungsverfügung die Regelung gegenüber dem Bürger enthalten, sich ruhig zu verhalten und die Durchführung der Maßnahme nicht zu stören.

Diese Lösungen muten zwar charmant an, sie kommen aber in einem Fall zu einem paradoxen und mit Art. 1 Abs. 1 GG wohl unvereinbaren Ergebnis: Wendet ein Polizist nämlich unmittelbaren Zwang i. S. d. §§ 60 ff. SOG LSA gegen eine Person an und macht dabei sogar von der Schusswaffe Gebrauch (§ 66 SOG LSA), und unterstellt man nun, dass jedem Realakt eine konkludente Duldungsverfügung als Verwaltungsakt vorausgeht, dann würde dies bedeuten, dass es die Person im konkreten Fall dulden muss, dass auf sie geschossen wird. Die Duldungsverfügung würde dann tatsächlich lauten: „Lass es zu, dass auf dich geschossen wird.“ Eine solche Verfügung wäre aber mit den Wertungen des GG unvereinbar.

Zu empfehlen ist der Ansatz, der nach dem Schwerpunkt der Maßnahme fragt. Geht es der Polizei bei der Maßnahme um die Setzung einer Rechtsfolge, liegt ein Verwaltungsakt vor. Möchte die Polizei in der konkreten Situation lieber einen tatsächlichen, faktischen Erfolg erzielen, so handelt es sich um einen Realakt. Dies mag hier als Faustformel dienen.

3.4 Verwaltungsverfahrensrechtliche Grundkenntnisse

Es ist unumgänglich, sich im Zusammenhang mit dem Verwaltungsakt und dem Realakt einige verwaltungsverfahrensrechtliche Grundlagen vor Augen zu führen. Ohne diese Grundlagen wird es in der polizeilichen Rechtspraxis immer wieder zu verfahrensrechtlichen Fehlern kommen, die die Maßnahme formell rechtswidrig machen. Die Gefahr, dass die polizeiliche Maßnahme aus Gründen unbeachteter Verfahrensvorschriften rechtswidrig ist, ist vor allem im Kontext des Erlasses und Vollzuges von Verwaltungsakten relativ hoch.

Aus diesem Grund sollen nachfolgend einige basale Ausführungen zum Verwaltungsverfahrensrecht gemacht werden. Diese Ausführungen dürfen von Polizisten als das absolute Minimum dessen, was verfahrensrechtlich gewusst werden muss, angesehen werden. Da das vorliegende Lehrbuch ein Lehrbuch zum Eingriffsrecht und nicht etwa zum Allgemeinen Verwaltungsrecht darstellt, müssen sich die Ausführungen auf das Nachfolgende beschränken.

Der Ausgangspunkt ist § 9 VwVfG. Unter einem Verwaltungsverfahren ist die nach außen wirkende Tätigkeit der Behörden zu verstehen, die, bezogen auf die Polizei, vor allem auf die Prüfung der Voraussetzungen, die Vorbereitung und den Erlass eines Verwaltungsaktes gerichtet ist. Sobald die Polizei einen Verwaltungsakt erlassen möchte, bewegt sie sich nicht nur im SOG LSA, sondern auch im VwVfG LSA bzw. im VwVfG des Bundes. Sofern die polizeiliche Maßnahme einen Realakt darstellt, gelten die Vorschriften analog.

Hinweis

Wenn die Polizei einen Verwaltungsakt erlässt, wirkt dies auf den adressierten Bürger wie eine einzige Handlung. Dies liegt daran, dass der Bürger den polizeilichen Verwaltungsakt als eine Art „Endprodukt" wahrnimmt. Aufseiten der Polizei werden aber die einzelnen in § 9 VwVfG aufgeführten Stadien bis zum Erlass geprüft und durchdacht.

Das polizeiliche Eingriffsrecht kennt gerade bei Standardmaßnahmen eine Vielzahl von besonderen verfahrensrechtlichen Anforderungen, die über das hinausgehen, was das VwVfG verlangt (etwa: Richtervorbehalt). Diese besonderen Verfahrensanforderungen werden bei der jeweiligen Standardmaßnahme kontextbezogen erläutert.

3.4.1 Die Anhörung

Die wohl wichtigste verwaltungsverfahrensrechtliche Vorschrift im Alltag der Polizei ist **§ 28 VwVfG.**[20] Dieser Paragraf regelt die sog. **Anhörung.** Bevor ein Verwaltungsakt erlassen wird, der in die Rechte eines Beteiligten eingreift, ist diesem gem. § 28 Abs. 1 VwVfG Gelegenheit zu geben, sich zu den für die Entscheidung erheblichen Tatsachen zu äußern. Da die Polizei im Rahmen der Gefahrenabwehr vor allem in Grundrechte eingreift, muss sie in nahezu allen Fällen die Anhörung durchführen. Die Anhörung in § 28 Abs. 1 VwVfG garantiert dem Bürger, dass ihm rechtliches Gehör gewährt wird. Dass der Bürger auch im Verwaltungsverfahren einen Anspruch auf rechtliches Gehör hat, ist zwar verfassungsrechtlich geboten; der Anspruch folgt aber nicht aus Art. 103 Abs. 1 GG. Art. 103 Abs. 1 GG gilt nämlich nur für Gerichte („Vor Gericht hat jedermann Anspruch auf rechtliches Gehör.") und ist auf das Verwaltungsverfahren daher wegen des klaren Wortlauts nicht übertragbar.

20 Siehe zur Anhörung ausführlich Maurer/Waldhoff, Allgemeines Verwaltungsrecht, § 19 Rn. 28.

Der verwaltungsverfahrensrechtliche Anspruch auf rechtliches Gehör folgt aus dem Rechtsstaatsprinzip und der Menschenwürde. Der Adressat eines belastenden Verwaltungsakts muss sich zu diesem äußern und einlassen können. Er muss seine Sicht auf den Sachverhalt darlegen können. Dabei hat die Polizei den Inhalt der Anhörung in ihre Entscheidung für (oder u. U. auch gegen) eine Maßnahme einzubeziehen. Das heißt, dass die Anhörung nicht nur „pro forma" durchgeführt werden darf. Vielmehr muss die Polizei zum Zeitpunkt der Anhörung noch bereit sein, ihre geplante Maßnahme angesichts der Einlassungen des Adressaten anzupassen oder ganz zu ändern. Dem Adressaten muss von der Behörde dabei unmissverständlich kundgetan werden, was die Behörde zu tun gedenkt. Für das BVerwG muss einer Anhörung i. S. d. § 28 Abs. 1 VwVfG, „die Ankündigung entnommen werden [können], dass in einem konkreten Einzelfall der Erlass eines bestimmten Verwaltungsakts beabsichtigt sei."[21] Die Polizei muss dabei auch auf die einschlägigen rechtlichen Grundlagen und die konkrete Befugnisnorm hinweisen.

Umstritten ist, ob eine Anhörung in analoger Anwendung des § 28 Abs. 1 VwVfG auch für Realakte zwingend ist. Ausdrücklich regelt § 28 VwVfG nur den Fall des belastenden Verwaltungsakts. Von daher bedarf es bei Realakten keiner Anhörung. Dieses juristisch-akademische Problem verliert jedoch angesichts der Ausnahmetatbestände seine polizeipraktische Relevanz.

Die Anhörung ist nämlich nicht in jedem Fall zwingend. **§ 28 Abs. 2 VwVfG** enthält enumerativ aufgeführt Möglichkeiten, in denen die Behörde von einer Anhörung absehen kann. So kann von der Anhörung abgesehen werden, wenn sie nach den Umständen des Einzelfalls nicht geboten ist. Hier steht der Behörde also Ermessen (= kann) zu. Für die Polizei sind vor allem § 28 Abs. 2 Nr. 1 und Nr. 5 VwVfG relevant. So muss eine Anhörung nicht erfolgen, wenn eine sofortige Entscheidung wegen Gefahr im Verzug oder im öffentlichen Interesse notwendig erscheint oder wenn Maßnahmen in der Verwaltungsvollstreckung getroffen werden sollen. Gerade bei § 28 Abs. 2 Nr. 5 VwVfG ist zu beachten, dass der Adressat einer Vollstreckungsmaßnahme i. d. R. schon vor Erlass der Grundverfügung, die nun vollstreckt werden soll, Gelegenheit hatte, sich zu den entscheidungserheblichen Tatsachen zu äußern. Insofern ist der Adressat im Falle des § 28 Abs. 2 Nr. 5 VwVfG letztlich nicht schutzwürdig.

21 BVerwG, Urt. v. 22.03.2012 – 3 C 16/11, NJW 2012, S. 2823 (2824, Rn. 12).

Hinweis

Der Inhalt der Anhörung sind die „für die Entscheidung erheblichen Tatsachen". Entscheidungserheblich i. S. d. § 28 Abs. 1 VwVfG sind dabei lediglich solche Tatsachen, die nach der rechtlichen Einschätzung der entscheidenden Polizeibeamten für den Erlass des polizeilichen Verwaltungsaktes relevant sind. Alles, was im konkreten Fall nach Auffassung der Polizei nicht entscheidungsrelevant ist, muss die Polizei nicht berücksichtigen. Aus § 28 Abs. 1 VwVfG folgt für die Polizei insbesondere nicht die Verpflichtung, sich ausufernden, absurden oder schier endlosen Stellungnahmen des Adressaten, geschweige denn Diskussionen mit dem Adressaten auszusetzen. Die Polizei muss auch nicht in ein Rechtsgespräch mit dem Adressaten einsteigen.

3.4.2 Die Bekanntgabe und die Wirksamkeit

Die Frage, ob im konkreten Fall ein polizeiliches Einschreiten zwecks Gefahrenabwehr angezeigt ist, sowie die Entscheidung für eine Maßnahme und die Prüfung der Voraussetzungen dieser Maßnahme sind behördeninterne bzw. rein intellektuelle Prozesse, die sich im Kopf des Polizisten abspielen. Der Adressat der (späteren) Maßnahme spielt hier nur insofern mittelbar eine Rolle, als dass er der Verantwortliche bzw. der Störer ist, gegen den alsbald eine Maßnahme durchgeführt werden soll. Der Verwaltungsakt muss nun aber irgendwie aus der behördeninternen Sphäre des Polizisten in den Rechtskreis des Maßnahmenadressaten gelangen. Dieser Übergang aus der Behördensphäre in die Bürgersphäre wird als **Bekanntgabe** bezeichnet.[22] Gem. § 41 Abs. 1 Satz 1 VwVfG ist ein Verwaltungsakt demjenigen Beteiligten bekannt zu geben, für den er bestimmt ist oder der von ihm betroffen wird. Ein Verwaltungsakt kann gem. § 37 Abs. 2 Satz 1 VwVfG schriftlich, elektronisch, mündlich oder in anderer Weise erlassen werden. Die Bekanntgabe ist eine zwingende Voraussetzung für die formelle Rechtmäßigkeit des Verwaltungsakts. Das Verwaltungsverfahren ist mit der Bekanntgabe des Verwaltungsakts abgeschlossen.

Teilweise besteht seitens der Polizei dahingehend Unsicherheit, was genau bekannt gegeben werden muss. Die Bekanntgabe umfasst nur den Regelungsinhalt des Verwaltungsakts, also die eigentliche Verfügung. Eine Begründung und eine Rechtsbehelfsbelehrung zählen nicht zur Bekanntgabe. Die Polizei muss im Rahmen der Gefahrenabwehr den Verwaltungsakt individuell gegenüber dem Adressaten der Maßnahme bekannt geben. Eine polizeirelevante Ausnahme der individuellen Bekanntgabe regelt

22 Siehe zur Bekanntgabe ausführlich Maurer/Waldhoff, Allgemeines Verwaltungsrecht, § 9 Rn. 71 ff.

§ 41 Abs. 3 Satz 2 VwVfG, wonach eine Allgemeinverfügung[23] i. S. d. § 35 Satz 2 VwVfG (= Verkehrsschild) öffentlich bekannt gegeben werden darf.

Hinweis

Dass der Adressat der polizeilichen Maßnahme aus welchen Gründen auch immer der **deutschen Sprache nicht mächtig** ist, ist für die Bekanntgabe irrelevant. Die Amtssprache ist gem. § 23 Abs. 1 VwVfG Deutsch. Ein schriftlicher oder elektronischer Verwaltungsakt muss nach zutreffender Ansicht immer in deutscher Sprache erlassen werden.[24] Mündliche Verwaltungsakte können, müssen aber nicht in deutscher Sprache erlassen werden. Stellt sich also heraus, dass die mündliche Kommunikation zwischen der Polizei und dem Adressaten der Maßnahme nicht auf Deutsch erfolgen kann, so kann die mündliche Kommunikation auch in der jeweiligen Landessprache des Adressaten erfolgen, sofern der betreffende Polizist über entsprechende Sprachkenntnisse verfügt und alle Beteiligten damit einverstanden sind.[25] Einen Anspruch auf Kommunikation in der jeweiligen Landessprache hat der Adressat jedoch nicht. Aus Gründen der Effektivität der Gefahrenabwehr wird man von der Polizei heutzutage aber wohl zumindest verlangen dürfen, dass sie sich bereit erklärt, mit dem Adressaten jedenfalls Englisch zu sprechen.

Die Bekanntgabe ist die sog. „conditio sine qua non“ (notwendige Bedingung) für die **Wirksamkeit**. Ein Verwaltungsakt wird gem. § 43 Abs. 1 Satz 1 VwVfG gegenüber demjenigen, für den er bestimmt ist oder der von ihm betroffen wird, in dem Zeitpunkt wirksam, in dem er ihm bekannt gegeben wird. Die Wirksamkeit wird gemeinhin als die rechtliche Existenz des Verwaltungsakts definiert.[26] Die rechtliche Wirkung des Verwaltungsakts kommt zur Geltung. Die Wirksamkeit des Verwaltungsakts ist relativ. Trifft die Polizei etwa auf die Person A, die mit Steinen wirft, und untersagt die Polizei der Person A das Werfen der Steine, dann gilt diese Untersagung nicht zugleich auch für die Person B, die ebenfalls Steine wirft.

In diesem Kontext gibt es nun eine verwaltungsverfahrensrechtliche Besonderheit: auch der **rechtswidrige Verwaltungsakt** ist nach seiner Bekanntgabe wirksam. Er entfaltet, obwohl er rechtswidrig ist, seinen Regelungsgehalt, der vom Adressaten wie auch der Behörde trotz seiner Rechtswidrigkeit (!) verbindlich zu beachten ist. Gem. § 43 Abs. 3 VwVfG ist nur

23 Siehe zur Allgemeinverfügung ausführlich etwa Maurer/Waldhoff, Allgemeines Verwaltungsrecht, § 9 Rn. 30 ff.

24 Stelkens/Bonk/Sachs/Schmitz, 10. Aufl. 2023, VwVfG § 23 Rn. 48.

25 Siehe hierzu Stelkens/Bonk/Sachs/Stelkens, 10. Aufl. 2023, VwVfG § 41 Rn. 64; Stelkens/Bonk/Sachs/Schmitz, 10. Aufl. 2023, VwVfG § 23 Rn. 34.

26 HK-VerwR/Kyrill-Alexander Schwarz, 5. Aufl. 2021, VwVfG § 43 Rn. 6.

ein nichtiger Verwaltungsakt unwirksam. Die Nichtigkeit von Verwaltungsakten ist in § 44 VwVfG geregelt.

3.4.3 Die Bestimmtheit

Gem. § 37 Abs. 1 VwVfG muss ein Verwaltungsakt inhaltlich hinreichend bestimmt sein. Der Adressat der polizeilichen Maßnahme muss auf Anhieb erkennen und verstehen können, welches Tun, Dulden oder Unterlassen ihm von der Polizei aufgegeben wird. Dies ist dann der Fall, wenn der Verwaltungsakt präzise und eindeutig ist. Für eine Bestimmtheit reicht nicht aus, wenn die Polizei dem Adressaten einfach nur die Tatbestandsmerkmale der Befugnisnorm nennt oder die Befugnisnorm paraphrasiert, ohne dabei einen Einzelfallbezug zum konkreten Sachverhalt herzustellen.

So ist eine polizeiliche Verfügung gegenüber dem Grundstückseigentümer dann unbestimmt, wenn sie dem Grundstückseigentümer pauschal aufgibt, Bäume zu stutzen und Bäume wegzuräumen. Sofern die polizeiliche Maßnahme zu unbestimmt ist, ist die Maßnahme rechtswidrig.

3.4.4 Die Begründung

In verfahrensrechtlicher Hinsicht ist ferner zu beachten, dass der Verwaltungsakt hinreichend begründet ist.[27] Die Begründung ist in § 39 VwVfG geregelt. Die Begründung hat eine Legitimations-, Selbstkontroll-, Rechtsschutz- und Ergänzungsfunktion. Sie zielt insbesondere auf die Schaffung von Akzeptanz aufseiten des Bürgers. In der Begründung sind nämlich die wesentlichen tatsächlichen und rechtlichen Gründe mitzuteilen, die die Behörde zu ihrer Entscheidung bewogen haben. Sofern eine Ermessensentscheidung ergehen soll, hat die Begründung auch die angestellten Ermessenserwägungen zu enthalten. Daher muss ein schriftlicher oder elektronischer sowie ein schriftlich oder elektronisch bestätigter Verwaltungsakt grundsätzlich mit einer Begründung versehen werden.

Es gibt jedoch auch Ausnahmen vom Begründungserfordernis. Diese sind in § 39 Abs. 2 VwVfG normiert. Für die Polizei ist vor allem die Ausnahme des § 39 Abs. 2 Nr. 2 VwVfG relevant. Danach bedarf es einer Begründung nicht, soweit demjenigen, für den der Verwaltungsakt bestimmt ist oder der von ihm betroffen wird, die Auffassung der Behörde über die Sach- und Rechtslage bereits bekannt oder auch ohne Begründung für ihn ohne Weiteres erkennbar ist. Für die polizeiliche Verkehrsarbeit ist ferner § 39 Abs. 2 Nr. 5 VwVfG wichtig, da dieser an Allgemeinverfügungen anknüpft. Einer Begründung bedarf es also auch dann nicht, wenn eine Allgemeinverfügung öffentlich bekannt gegeben wird.

27 Siehe zur Begründung Maurer/Waldhoff, Allgemeines Verwaltungs-recht, § 10 Rn. 43 f.

§ 39 VwVfG knüpft an die Schriftlichkeit eines Verwaltungsakts an. Polizeiliche Handlungen werden sich aber oftmals als **mündliche Verwaltungsakte** darstellen. Dies ist unproblematisch, da ein Verwaltungsakt gem. § 37 Abs. 2 Satz 1 VwVfG schriftlich, elektronisch, mündlich oder in anderer Weise erlassen werden kann. Trifft die Polizei etwa in Magdeburg eine Person an, die mit Glasflaschen um sich wirft, so wird die Polizei gegenüber der Person ein mündliches Verbot, mit Glasflaschen zu werfen, aussprechen. Dies führt zu der Frage, ob auch mündliche Verwaltungsakte begründet werden müssen. Mündliche Verwaltungsakte bedürfen nach § 39 Abs. 1 VwVfG keiner Begründung. Selbstverständlich kann die Polizei aber dennoch eine mündliche Begründung vornehmen.

Gleichwohl muss die Polizei damit rechnen, dass sie an sich mündliche Verwaltungsakte am Ende doch begründen muss. Dies liegt an der Formulierung „schriftlich oder elektronisch bestätigter Verwaltungsakt" in § 39 Abs. 1 VwVfG. Gem. § 37 Abs. 1 Satz 2 VwVfG ist ein mündlicher Verwaltungsakt nämlich schriftlich oder elektronisch zu bestätigen, wenn hieran ein berechtigtes Interesse besteht und der Betroffene dies unverzüglich verlangt. Aus Gründen der Rechtssicherheit und Rechtsklarheit sowie zum Zweck der Beweissicherung muss ein Adressat unter bestimmten Voraussetzungen die Möglichkeit haben, dass auch mündliche Verwaltungsakte in Schriftform verwandelt und begründet werden. Um eine solche Begründung zu erhalten, muss der Adressat die schriftliche oder elektronische Bestätigung des mündlichen Verwaltungsakts verlangen. Für die Polizei folgt daraus, dass sie die an sich mündliche Maßnahme nun schriftlich bestätigen und begründen muss.

Hinweis

Gem. § 11 Abs. 1 VersammlG LSA kann die Polizei die Versammlung nur dann und unter Angabe des Grundes auflösen, wenn jedenfalls einer der in Nr. 1 bis 4 aufgeführten Tatbestände erfüllt ist. Hier muss die Polizei einen mündlichen Verwaltungsakt mündlich begründen.

3.4.5 Die Heilung

Sollte die Polizei in Ausübung ihrer Tätigkeit Verfahrens- oder Formvorschriften missachtet haben, so hat dies grundsätzlich die formelle Rechtswidrigkeit der Maßnahme zur Folge. Es gibt jedoch die Möglichkeit, gewisse Verstöße gegen das Verfahren und die Form zu heilen.[28] § 45 VwVfG regelt die Heilung von Verfahrens- und Formfehlern. Formelle Fehler sind

28 Siehe zur Heilung ausführlich Maurer/Waldhoff, Allgemeines Verwaltungsrecht, § 10 Rn. 57 ff.

unbeachtlich, wenn die entsprechende fehlerhafte oder unterbliebene Verfahrenshandlung korrigiert oder nachgeholt wird. Verfahrens- und Formfehler können geheilt werden, weil das Verwaltungsverfahren weder einen Wert an sich hat, noch ein Selbstzweck ist.[29] Es ist „nur" Mittel zum Zweck, um eine materiell rechtmäßige und zweckmäßige Maßnahme vorzubereiten.[30] Das Verwaltungsverfahrensrecht hat also einen rein dienenden Charakter.

Wird der Verfahrens- oder Formfehler nachträglich geheilt, so gilt die Maßnahme als von Anfang an formell rechtmäßig. Die Unbeachtlichkeit wirkt also ex tunc. Für die Polizei werden vor allem die Fälle relevant sein, in denen sie die erforderliche Begründung nicht gegeben und die Anhörung nicht durchgeführt hat. Diese Fehler sind aber dann unbeachtlich, wenn die erforderliche Begründung gem. § 45 Abs. 1 Nr. 2 VwVfG nachträglich gegeben wird und die erforderliche Anhörung eines Beteiligten gem. § 45 Abs. 1 Nr. 3 VwVfG nachgeholt wird. Es versteht sich dabei von selbst, dass in den Fällen, in denen gem. § 28 Abs. 2 VwVfG die Anhörung von vornherein entbehrlich war, eine Anhörung nicht nachgeholt werden muss. Insofern hat § 45 Abs. 1 Nr. 3 VwVfG nur § 28 Abs. 1 VwVfG im Blick.

Hinweis

Einem rechtlichen Missverständnis unterliegt gleichwohl derjenige Polizist, der meint, dass man es wegen der Existenz des § 45 VwVfG mit den Verfahrens- und Formvorschriften von vornherein „nicht so genau" nehmen müsse. Das Verwaltungsverfahren soll nicht erst im Gerichtsverfahren durchgeführt werden. § 45 VwVfG kommt also keine Dispensfunktion bezogen auf die Verfahrens- und Formvorschriften zu. Nichtsdestotrotz enthält das VwVfG keine Regelungen, die vor einem Missbrauch des § 45 VwVfG schützen. Sollten Polizisten also etwa die Anhörung bewusst nicht durchführen oder die Begründung bewusst nicht liefern, so widerspricht das zwar dem VwVfG, verwaltungsverfahrensrechtlich kann es aber keine Sanktionierung geben. Sanktionierungen können aber sehr wohl im Bereich des Staatshaftungsrechts und des Disziplinarrechts erfolgen.

4. Rechtsgrundlagen des polizeilichen Eingriffsrechts

Polizeiliches Eingriffsrecht ist der Oberbegriff für sämtliche Normen, die die Aufgaben und Ermächtigungen der Polizei enthalten, um zwecks Ge-

29 Vgl. BVerfGE 105, S. 48 (60 f.).
30 Vgl. BVerfGE 105, S. 48 (60 f.).

fahrenabwehr bzw. Strafverfolgung in Grundrechte einzugreifen.[31] Hierzu zählen zum einen das klassische Polizeirecht. In Sachsen-Anhalt ist das klassische Polizeirecht im „**Gesetz über die öffentliche Sicherheit und Ordnung des Landes Sachsen-Anhalt**“ (kurz: **SOG LSA**) geregelt. Zum anderen gehört zum Eingriffsrecht aber auch die StPO i. V. m. dem im StGB befindlichen sog. Kernstrafrecht sowie dem Nebenstrafrecht, das sich etwa in der AO oder im WaffG findet.

Für das Arbeiten im und mit dem Eingriffsrecht ist es wichtig, sich zu vergegenwärtigen, dass es verschiedene Normarten gibt. Diese haben unterschiedliche Funktionen und Aufgaben, und einige ermöglichen grundrechtseinschränkende Maßnahmen. Neben der selbstverständlichen Arbeit mit dem SOG LSA sollten stets auch die „**Ausführungsbestimmungen zum Gesetz über die öffentliche Sicherheit und Ordnung des Landes Sachsen-Anhalt**“ (kurz: **AB SOG LSA**) im Blick behalten werden.

4.1 Die Aufgabennorm

Im Ausgangspunkt steht, dass das Eingriffsrecht in Grundrechte als Abwehrrechte der Bürger eingreift. Nun ist es aber so, dass allein aus der Aufgabe der Polizei, präventive Gefahrenabwehr oder repressive Strafverfolgung zu betreiben, nicht automatisch (ipso iure) auch die Befugnis zum Eingriff in die Grundrechte der Bürger folgt. Aus der Aufgabe lässt sich also nicht die Eingriffsbefugnis ableiten. Die Aufgabennorm weist der Behörde lediglich eine Aufgabe zu – also etwa „Wehre Gefahren ab!“ oder „Verfolge Straftaten!“. Allenfalls dann, wenn die Aufgabe denklogisch zwingend nur mit einem Eingriff realisiert werden kann, folgt aus der Aufgabe auch die Eingriffsbefugnis.

Im Polizeirecht ist dies aber nicht der Fall. Gefahrenabwehr muss Bürger nämlich gerade nicht zwangsläufig immer belasten. Wenn ein Polizist beispielsweise einem kleinen Kind vom Baum hilft, auf den das Kind geklettert ist und allein nicht mehr herunterklettern kann, dann ist das auch Gefahrenabwehr, greift aber nicht in Grundrechte ein. Die **polizeiliche Aufgabennorm**, Gefahren abzuwehren, kann also nur dann als Rechtsgrundlage für das Handeln der Polizei dienen, wenn durch das Handeln nicht (!) in Grundrechte eingegriffen wird. So ist etwa das Streifefahren Bestandteil der polizeilichen Aufgaben und kann direkt auf die polizeilichen Aufgabennormen gestützt werden.[32]

31 Vgl. Nerlich, Eingriffsrecht Brandenburg, S. 23.
32 Vgl. Zähle, JuS 2014, S. 315 (316).

4.2 Die Befugnisnorm

Ganz anders verhält es sich mit der **polizeilichen Befugnisnorm**. Polizeiliche Befugnisnormen sind dann erforderlich, wenn die Polizei in Grundrechte eingreifen will bzw. muss. Aufgrund des Grundsatzes der Gesetzmäßigkeit der Verwaltung und der Ausprägung vom Vorbehalt des Gesetzes benötigt die Polizei im klassischen Eingriffsverwaltungsrecht stets eine Befugnisnorm oder Ermächtigungsgrundlage. Die Befugnisnorm muss die Art und Weise, wie in Grundrechte eingegriffen werden soll, regeln. Auch muss sie Angaben zum Zweck und Inhalt des Eingriffs enthalten. Die Befugnisnorm kann sowohl zum Erlass eines Verwaltungsakts ermächtigen als auch zur Durchführung eines Realakts. Sie kann also grundrechtsrelevantes rechtliches und tatsächliches Handeln der Polizei ermöglichen.

Die Befugnisnormen sind dabei vom Gesetzgeber so ausgestaltet, dass sie ein effektives Gefahrenabwehrrecht ermöglichen. Dies bedeutet, dass es Befugnisnormen für die Grundverfügung gibt und Befugnisnormen für die Vollstreckung dieser Grundverfügung. Das Eingriffsrecht ist also zweigeteilt. Der zweite Teil des SOG LSA ist mit „Allgemeine und besondere Befugnisse" überschrieben und enthält die Befugnisnormen der präventivpolizeilichen Grundverfügungen. Es reicht (oftmals) aber (leider) nicht aus, dass die Polizei eine grundverfügende Maßnahme erlässt, um eine Gefahr abzuwehren. So kann die Polizei zwar beispielsweise gem. § 36 Abs. 1 Satz 1 SOG LSA zur Abwehr einer Gefahr eine Person vorübergehend von einem Ort verweisen oder ihr vorübergehend das Betreten eines Ortes verbieten. Was aber macht die Polizei, wenn die Person diesem Verbot nicht nachkommt? Die Befugnisnorm des § 36 Abs. 1 SOG LSA hat hierauf keine Antwort. Sie regelt nur die Grundverfügung.

Für eine effektive Gefahrenabwehr muss die Grundverfügung im Zweifel also von der Polizei vollstreckt werden können. Neben die Grundverfügung tritt somit die Vollstreckungsverfügung. Da die Vollstreckungshandlung ihrerseits auch in Grundrechte eingreift, bedarf es auch für diese Vollstreckungshandlungen entsprechende vollstreckungsrechtliche Befugnisnormen. Der vierte Teil des SOG LSA regelt den Zwang. In diesem vierten Teil finden sich die entsprechenden Befugnisnormen für den Zwang. Gem. § 53 Abs. 1 SOG LSA kann der polizeiliche Verwaltungsakt, der auf die Vornahme einer Handlung oder auf Duldung oder Unterlassung gerichtet ist, mit Zwangsmitteln durchgesetzt werden, wenn er unanfechtbar ist oder wenn ein Rechtsbehelf keine aufschiebende Wirkung hat.

4.3 Die Verbotsnorm

Verbotsnormen enthalten das Verbot eines bestimmten Handelns. So heißt es etwa in § 2 Abs. 2 VersammlG LSA: „Bei öffentlichen Versammlungen und Aufzügen hat jeder Störungen zu unterlassen, die bezwecken, die ordnungsgemäße Durchführung zu verhindern."

5. Die Generalklausel, § 13 SOG LSA

5.1 Allgemeines

Die Polizei darf bekanntermaßen nur in Grundrechte eingreifen, wenn sie dazu über eine Befugnisnorm ermächtigt wurde. Nun stellt sich für das Polizeirecht vor diesem Hintergrund die Problematik, dass die Alltagssituationen, die ein gefahrenabwehrendes Einschreiten der Polizei erfordern, derart vielgestaltig sein können, dass der Gesetzgeber nicht für jede Eventualität und für jede noch so unwahrscheinliche, aber theoretisch dennoch mögliche Gefahrenlage eine eigene Befugnisnorm schaffen kann.

Um dem Grundsatz der Gesetzmäßigkeit der Verwaltung auf der einen Seite Genüge zu tun und zugleich handlungsfähig im Hinblick auf die im Alltag einer Gesellschaft vielen, verschiedenen, möglichen Gefahrenlagen zu sein, hat sich der jeweilige Landesgesetzgeber für die Schaffung einer sog. „polizeilichen Generalklausel" entschieden. In Sachsen-Anhalt ist die präventiv-polizeiliche Generalklausel § 13 SOG LSA.

Definition

§ 13 SOG LSA: Die Sicherheitsbehörden und die Polizei können die erforderlichen Maßnahmen treffen, um eine Gefahr abzuwehren, soweit nicht die folgenden Vorschriften des Zweiten Teils die Befugnisse der Sicherheitsbehörden und der Polizei besonders regeln.

§ 13 SOG LSA ermächtigt die Sicherheitsbehörden und die Polizei, die erforderlichen Maßnahmen zum Zwecke der Gefahrenabwehr zu ergreifen. § 13 SOG LSA ermächtigt als Befugnisnorm also zum Eingriff in Grundrechte. Dabei erfasst § 13 SOG LSA sowohl Verwaltungsakte als auch Realakte. Um welche Maßnahme es sich handelt, lässt § 13 SOG LSA offen. Die Generalklausel des § 13 SOG LSA ist die Befugnisnorm in Sachsen-Anhalt, die der Polizei die Durchführung solcher Maßnahmen erlaubt, die zur Abwehr einer Gefahr erforderlich sind.

5.2 Der Tatbestand

Der Tatbestand des § 13 SOG LSA greift die sich aus §§ 1 und 2 SOG LSA ergebende Aufgabe der Polizei auf und macht ausgehend von der Gefahrenabwehr die Gefahr zum Tatbestandsmerkmal. Die Generalklausel stellt den Anwender vor die nicht zu unterschätzende Herausforderung, mit einer Vielzahl unbestimmter Rechtsbegriffe umzugehen. Rechtsbegriffe sind dann unbestimmt, wenn sie auslegungsbedürftig sind. Dies wird am Begriff der Gefahr besonders deutlich. Hinzu kommt, dass die Gefahr als Schutzgüter die öffentliche Sicherheit sowie die öffentliche Ordnung enthält und damit ihrerseits zwei weitere unbestimmte Rechtsbegriffe einschließt.

Zwar enthält § 3 SOG LSA einen Katalog der gebräuchlichen Definitionen des SOG LSA und demnach auch eine Definition der Gefahr und der Gefahrenarten sowie der öffentlichen Sicherheit und Ordnung. Eine Definition macht den unbestimmten Rechtsbegriff aber nicht bestimmt. Vor diesem Hintergrund sollte man sich die Frage stellen, ob die Generalklausel überhaupt den verfassungsrechtlich gebotenen Anforderungen an eine in ausreichendem Maße bestimmte Rechtsnorm genügt. Die Bedenken gegen eine hinreichende Bestimmtheit sind heute aber nicht zuletzt auch deshalb verblasst, weil sich die Rechtsprechung und die Literatur intensiv mit den Begriffen der Gefahr und der öffentlichen Sicherheit und Ordnung befasst haben, sodass weitestgehend Einigkeit bezüglich ihrer Auslegung und ihrer Bedeutung besteht. Zu einem gewissen Grad sind sie zwar noch immer auslegungsbedürftig, aber sie sind jedenfalls so weit bestimmt, dass von einem Verstoß gegen das Bestimmtheitsgebot nicht gesprochen werden kann. Hinsichtlich dieser Frage hat das BVerfG in der sog. Entscheidung zum Taubenfütterungsverbot folgendes ausgeführt: „Die Verwendung der polizeirechtlichen Generalklausel ist unter diesem verfassungsrechtlichen Aspekt unbedenklich, weil sie in jahrzehntelanger Entwicklung durch Rechtsprechung und Lehre nach Inhalt, Zweck und Ausmaß hinreichend präzisiert, in ihrer Bedeutung geklärt und im [...] juristischen Sprachgebrauch verfestigt ist.“[33]

Gerade im Zusammenspiel mit den Standardmaßnahmen kommt dem Tatbestand der Generalklausel des § 13 SOG LSA lediglich noch eine Auffangfunktion zu. Dies darf aber nicht zu der Annahme verleiten, dass § 13 SOG LSA im polizeilichen Alltag keine Bedeutung mehr hätte. Ganz im Gegenteil zeigt die Notwendigkeit eines effektiven Gefahrenabwehrrechts, dass es eine Norm geben muss, die atypischen und vom Gesetzgeber so

33 BVerfGE 54, S. 143 (144 f.).

nicht antizipierten Gefährdungen schnell Rechnung tragen kann. Es gibt immer wieder Sachverhalte, die tatbestandlich keiner Standardmaßnahme zuzuordnen sind und in denen die Polizei gleichwohl eine Gefahr abwehren muss. Denkbar sind auch Fälle, in denen zwar eine (wiederholte) Gefahr besteht, der Gesetzgeber für diese Gefahrenlage aber keine eigene Standardmaßnahme verabschieden will. In diesen Fällen kommt § 13 SOG LSA Bedeutung zu.

5.3 Die Rechtsfolge

§ 13 SOG LSA räumt den Sicherheitsbehörden und der Polizei Ermessen ein. Sie dürfen aber nur die erforderlichen Maßnahmen treffen, um eine Gefahr abzuwehren. Diese Maßnahmen können Verwaltungsakte und Realakte sein. Durch den deutlichen Hinweis auf die Erforderlichkeit wird die zu beachtende Verhältnismäßigkeit der Maßnahme schon begrifflich deutlich. Letztlich darf die polizeiliche Maßnahme also nicht über den Zweck der Maßnahme hinausgehen. Art und Inhalt der Maßnahme sind damit stets im Lichte der tatsächlichen Gefahr zu betrachten. Die Rechtsfolgenseite umfasst das Entschließungsermessen („ob"), das Störerauswahlermessen („wen") und das Handlungsermessen („wie").

5.4 Die Subsidiarität

Sofern § 13 SOG LSA von den „erforderlichen Maßnahmen" spricht, ist dies ein eindeutiger Hinweis auf die Verhältnismäßigkeit der polizeilichen Maßnahme(n). Die Generalklausel kann als Generalermächtigung verstanden werden. Auf den ersten Blick ist § 13 SOG LSA eine umfassende Befugnisnorm, die gerade aufgrund ihres überschaubaren Tatbestands (letztlich handelt es sich nur um das Tatbestandsmerkmal „Gefahr") in allen denkbaren Fällen, in denen die Polizei zum Zwecke der Gefahrenabwehr tätig wird, herangezogen werden kann. Erst auf den zweiten Blick wird deutlich, dass § 13 SOG LSA subsidiär ist. Begibt man sich als Polizist also auf die Suche nach der einschlägigen Befugnisnorm, muss man den Grundsatz „lex specialis derogat legi generali" beachten: Es gilt der allgemeine Grundsatz, dass das speziellere Gesetz dem allgemeineren Gesetz vorgeht. Dies gilt sowohl für das Verhältnis von SOG LSA zu anderem Eingriffsrecht als auch innerhalb des SOG LSA selbst.

Zunächst muss man sich verdeutlichen, dass § 13 SOG LSA ausschließlich (!) für die präventive Gefahrenabwehr gilt. Ist bereits eine Straftat begangen worden, ist bezogen auf diese Straftat das SOG LSA gesperrt, und es sind das StGB und die StPO anzuwenden. Sofern im Rahmen der Strafverfolgung die Eingriffsmaßnahme(n) der StPO nicht anwendbar ist/

sind, kann daher nicht auf das SOG LSA zurückgegriffen werden. Es gilt mithin der etwas holzschnittartige, aber in der Sache richtige Satz: „Einmal StPO, immer StPO."

Dann ist § 13 SOG LSA aber auch in Bezug auf andere Befugnisnormen des SOG LSA subsidiär. Diese Subsidiarität wird deutlich durch die Formulierung „soweit nicht die folgenden Vorschriften des Zweiten Teils die Befugnisse der Sicherheitsbehörden und der Polizei besonders regeln". Standardmaßnahmen dürfen also nicht auf der Grundlage des § 13 SOG LSA erlassen werden. Die Standardmaßnahmen verdrängen die Generalklausel. Gibt es im SOG LSA einen Paragrafen, der eine spezielle Befugnis mit einer erstrebten Rechtsfolge (etwa: Durchsuchung, Sicherstellung, Gewahrsam) normiert, so ist ein Rückgriff auf § 13 SOG LSA für alle im SOG LSA geregelten Maßnahmen ausgeschlossen, die in Form einer Standardmaßnahme einen speziellen Tatbestand und eine spezielle Rechtsfolge enthalten.

Über den Grundsatz der Spezialität wird also ausgeschlossen, dass die speziellen Tatbestandsvoraussetzungen der Standardmaßnahmen über die Generalklausel umgangen werden, die ja als ein Weniger logischerweise in jeder Standardmaßnahme enthalten ist. Die Standardmaßnahmen sind eingriffsintensiver und haben daher auch höhere tatbestandliche Anforderungen als die Generalklausel.

Beispiel

So stellt etwa die Ingewahrsamnahme gem. § 37 Abs. 1 Nr. 1 SOG LSA gesteigerte Anforderungen an die Gefahr, da für den Gewahrsam eine Gefahr für Leib oder Leben bestehen muss. Diese gesteigerten Anforderungen stellt § 13 SOG LSA demgegenüber gerade nicht an die Gefahr.

Die Generalklausel des § 13 SOG LSA ist auch in solchen Fällen nicht anwendbar, in denen die Polizei eine Rechtsfolge erreichen möchte, die ihr an sich nur über eine Standardmaßnahme ermöglicht wird, die ihrerseits aber schon tatbestandlich nicht erfüllt ist. Wenn die Polizei eine Wohnungsdurchsuchung vornehmen möchte, die tatbestandlichen Voraussetzungen des § 43 SOG LSA aber im konkreten Fall nicht erfüllt sind, wird § 13 SOG LSA gleichwohl von § 43 SOG LSA verdrängt. Das mag auf den ersten Blick verwundern, weil § 13 SOG LSA tatbestandlich weniger verlangt als § 43 SOG LSA. Allerdings regelt § 43 SOG LSA die Wohnungsdurchsuchung typisierend. Dass § 13 SOG LSA nicht durch die sprichwörtliche Hintertür zur Anwendung gelangen kann, wenn die Standardmaßnahmen versagen, die Polizei aber an sich eine Rechtsfolge einer Standardmaßnahme erzielen wollte, folgt auch aus der Wesentlichkeitstheorie. Diese fordert, dass der Gesetzgeber das Wesentliche eines (schwerwiegenden) Grundrechtseingriffs regelt.

Anders ausgedrückt: Wenn schon die Standardmaßnahme im konkreten Einzelfall tatbestandlich nicht anwendbar ist, dann gilt dies erst recht für die Generalklausel.

Exkurs

Insbesondere das Verhältnis des SOG LSA zum **VersammlG LSA** ist kompliziert.

Das VersammlG LSA ist ein Spezialgesetz, das explizit Rechtsfragen der Versammlung regelt. Das VersammlG LSA sperrt konsequenterweise als lex specialis die Anwendung des SOG LSA. Die Versammlungsfreiheit ist „polizeifest". Man spricht auch von der Polizeifestigkeit des Versammlungsrechts. Dies ist allerdings in hohem Maße trügerisch. Das VersammlG LSA regelt die versammlungsrechtlichen Angelegenheiten nämlich nur (relativ) oberflächlich bzw. unvollständig. Vor dem Hintergrund, dass das VersammlG LSA das Versammlungsrecht eben nicht vollumfänglich regelt, gibt es gefahrenabwehrrechtliche Lücken. Man hat sich in der Literatur und der Rechtsprechung daher weitestgehend darauf verständigt, dass sich das VersammlG LSA auf die Abwehr versammlungsspezifischer Gefahren durch versammlungsrechtliche Maßnahmen beschränkt.

Anders verhält es sich bei sog. „Vorfeldmaßnahmen". Dies sind Maßnahmen, die zeitlich (und ggf. örtlich) vor der eigentlichen Versammlung stattfinden. Zu denken ist hier klassischerweise an die Anreise der Demonstranten. Zum Zeitpunkt dieser Vorfeldmaßnahmen sind die Adressaten der Maßnahmen noch nicht zeitlich und/oder räumlich mit der eigentlichen Versammlung verbunden. Sofern die Polizei also eine Identitätsfeststellung bei den zur Versammlung anreisenden Versammlungsteilnehmern durchführen möchte, kann sie dies – ceteris paribus – auf § 20 SOG LSA stützen. Eine Ausnahme gilt dabei allerdings für solche Vorfeldmaßnahmen, die in ihrer Dauer bewusst so angelegt werden, dass es den Adressaten der Vorfeldmaßnahmen faktisch nicht möglich ist, an der Versammlung teilzunehmen. In diesen Fällen soll dann wieder das VersammlG LSA gelten.

Eine ähnliche Frage stellt sich nach Beendigung der Versammlung. Wird die Versammlung vom Versammlungsleiter regulär beendet oder aber gem. § 11 VersammlG LSA oder gem. § 13 Abs. 4, 5 VersammlG LSA aufgelöst, besteht keine Versammlung mehr und das VersammlG LSA wird unanwendbar. Nun greift wieder das allgemeine Polizeirecht i. S. d. SOG LSA. Sofern die Versammlung aufgelöst ist, haben sich alle Versammlungsteilnehmer gem. § 11 Abs. 2 VersammlG LSA sofort zu entfernen. Kommt es nun zu der Situation, dass sich die Teilnehmer trotz der Auflösung nicht entfernen, wird die Polizei nach der Auflösung der Versammlung zur Räumung des Versammlungsorts ausdrücklich auffordern. In dieser Aufforderung zur Räumung des Versammlungsorts liegt eine Platzverweisung i. S. d. § 36 SOG LSA.

Juristisch wirklich kompliziert wird es aber dann, wenn das SOG LSA gemessen an der gänzlichen Auflösung der Versammlung eine mildere Minusmaßnahme enthält. Das Problem der Befugnisnormen zur Auflösung der Versammlung ist ihre „Alles-oder-Nichts-Wirkung". Entweder wird die Versammlung aufgelöst (dann ist die Versammlung erledigt) oder aber sie wird nicht aufgelöst (dann dauert die Versammlung fort). Zwischen diesen beiden Extremen gibt es versammlungsrechtlich nichts. Bezogen auf das SOG LSA greift hier nun ein rechtsmethodischer „Erst-recht-Schluss": Wenn man die Versammlung, die ja immerhin von Art. 8 GG geschützt ist, schon auflösen kann, dann kann man erst recht solche Maßnahmen durchführen, die milder als eine Auflösung sind.

Dies soll an folgendem Fall verdeutlicht werden:

In der Stadt S in Sachsen-Anhalt findet eine ordnungsgemäß angemeldete Demonstration statt. Während der Demonstration fällt auf, dass immer wieder Transparente mit einem nach § 130 StGB strafbaren Inhalt hochgehalten werden. Die zuständige Versammlungsbehörde löst die Versammlung daher gem. § 13 Abs. 4 Satz 1 VersammlG LSA i. V. m. § 13 Abs. 1 VersammlG LSA i. V. m. § 130 StGB auf. Der Verstoß gegen § 130 StGB ist eine Gefahr für die öffentliche Sicherheit. Hier hätte die Polizei als mildere Minusmaßnahme zur Auflösung auch die Transparente gem. § 45 Nr. 1 SOG LSA sicherstellen können.

Die rechtliche Schwierigkeit derartig gelagerter Fälle liegt darin, dass sich die Frage der Anwendung der Minusmaßnahme aus dem SOG LSA erst im Rahmen der Verhältnismäßigkeitsprüfung – und hier im Rahmen der Erforderlichkeit – der Auflösungsmaßnahme stellt. Man prüft also die Auflösungsmaßnahme i. S. d. VersammlG LSA. Nach der Prüfung des Tatbestands gelangt man zur Prüfung der Rechtsfolge. Hier prüft man Ermessensfehler, vor allem aber prüft man die Verhältnismäßigkeit. Dringt man dabei zur Erforderlichkeit vor, so muss man sich fragen, ob es mildere, aber gleich effektive Mittel zur Erreichung des legitimen Zwecks der Auflösungsmaßnahme (vorliegend: Schutz der öffentlichen Sicherheit) gibt bzw. gab. Hierbei stößt man dann auf § 45 SOG LSA und muss eine Sicherstellung als milderes Mittel nun inzident (!) im Rahmen der Erforderlichkeit der Auflösungsmaßnahme prüfen. Es kommt zu einer komplexen Schachtelprüfung. Am Ende ist die Sicherstellung aber das mildere Mittel. Die Auflösung ist also rechtswidrig.

6. Die Standardmaßnahme

6.1 Allgemeines

Standardmaßnahmen sind gesetzlich eindeutig geregelte Maßnahmen, die die Polizei in speziellen Befugnisnormen findet. Sie heißen Standardmaßnahmen, weil ihr Regelungsinhalt solche Maßnahmen erfasst, die standardmäßig im polizeilichen Alltag durchgeführt werden. Im SOG LSA finden sich die Standardmaßnahmen nach der Generalklausel des § 13 SOG LSA. Die Standardmaßnahmen knüpfen begrifflich nicht an die „erforderliche Maßnahme“ an, an welche die Generalklausel ihrerseits gerade anknüpfen muss, weil sie keine spezielle polizeiliche Maßnahme ist, sondern als Befugnisnorm mit Auffangcharakter strukturell unbestimmt zu sein hat. Die Standardmaßnahme kann ein Verwaltungsakt oder ein Realakt sein. Hier tauchen dann auch genau die Grenzfälle auf, bei denen man nicht genau sagen kann, welche Art des polizeilichen Handelns vorliegt. Letztlich bleibt für die Frage, ob eine Standardmaßnahme nun ein Verwaltungsakt oder ein Realakt ist, nur die einzelfallbezogene Auslegung.

Rechtliche Schwierigkeiten ergeben sich ferner bei der Beurteilung solcher Fälle, in denen eine Standardmaßnahme in ihrer polizeipraktischen Anwendung weitere Eingriffe in Form von **Begleitmaßnahmen** enthält, auslöst bzw. unumgänglich macht, die von der Standardmaßnahme an sich aber gar nicht ausdrücklich aufgegriffen werden.

Will die Polizei etwa eine Person gem. § 41 SOG LSA durchsuchen, dann stellt sich die Frage, ob aus § 41 SOG LSA auch folgt, dass die zu durchsuchende Person nicht weglaufen darf bzw. zum Zwecke der Durchsuchung polizeilich festgehalten werden kann. Ähnlich gelagert ist die Frage, ob § 42 SOG LSA auch das Zerstören des Safes, des abgeschlossenen Schreibtisches oder der abgeschlossenen Aktentasche erlaubt, um an die (vermeintlich) dort deponierten Dokumente und Papiere etc. zu gelangen und diese dann zu durchsuchen.

Besonders praxisrelevant wird diese rechtliche Thematik allerdings bei der Frage, ob aus § 43 SOG LSA folgt, dass die verschlossene Wohnungstür von der Polizei aufgebrochen werden darf. Leider gibt es auf diese Fragen bis heute keine einheitliche rechtliche Antwort.[34] Es wäre mit dem Grundsatz der Effektivität der Gefahrenabwehr aber unvereinbar, wenn die polizeiliche Maßnahme buchstäblich vor einer verschlossenen Tür enden würde. Nach hier vertretener Auffassung kann das Zerstören der Tür aber nicht auf § 43 SOG LSA gestützt werden, weil das Öffnen der Tür kein Betreten oder Durchsuchen einer Wohnung darstellt. § 43 SOG LSA erlaubt aber nur das Betreten und Durchsuchen einer Wohnung und gerade nicht das Zerstören der Wohnungstür. Rechtlich wird man hier auf die Generalklausel und den Befehl „Öffnen Sie die Tür!“ zurückfallen müssen. Wird die Tür nicht geöffnet, wird die Grundverfügung über den unmittelbaren Zwang gem. § 58 SOG LSA vollstreckt. Für eine Ersatzvornahme ist hier kein Raum. Das

34 Siehe hierzu auch Muckel, JA 2012, S. 272 (278).

Öffnen der Tür ist zwar eine vertretbare Handlung, allerdings hätte der Wohnungsbesitzer die Tür nicht selbst eingetreten.

Anders als die Generalklausel erteilen die Standardmaßnahmen der Polizei bezogen auf ganz konkrete Sachverhalte ganz spezielle Befugnisse zur Abwehr ganz spezieller Gefahren. Die Standardbefugnisse können dabei sowohl auf Ebene der formellen als auch auf Ebene der materiellen Rechtmäßigkeit vom klassischen Schema der Generalklausel abweichen.

6.2 Der Tatbestand

Vor allem auf der Ebene des Tatbestands wird deutlich, dass die Standardmaßnahmen die Schutzgüter konkreter fassen bzw. einen anderen Gefahrenbegriff zugrunde legen. So kann etwa die konkrete Gefahr als Tatbestandsvoraussetzung nicht mehr ausreichen. Erforderlich ist dann beispielsweise eine gegenwärtige Gefahr oder eine Gefahr für Leib und Leben. So kann die Polizei eine Person gem. § 36 Abs. 3 Satz 1 SOG LSA nur dann der Wohnung verweisen, wenn von ihr eine gegenwärtige Gefahr für Leib, Leben oder Freiheit von Bewohnern derselben Wohnung ausgeht. Der Schusswaffengebrauch gegen eine Person ist gem. § 66 Abs. 1 Nr. 1 SOG LSA nur erlaubt, um eine gegenwärtige Gefahr für Leib oder Leben abzuwenden. Hier genügt die einfache Gefahr nicht mehr.

Hinweis

Standardmaßnahmen können auch in **verfahrensrechtlicher Hinsicht** über das hinausgehen, was eigentlich für eine Generalklausel ausreichend wäre. Die beiden wohl wichtigsten Maßnahmen, für die es spezielle Verfahrensvorschriften gibt, sind die Ingewahrsamnahme durch die Polizei gem. § 37 SOG LSA und die Durchsuchung von Wohnraum durch die Polizei gem. § 43 SOG LSA.

Wird eine Person auf Grund von § 37 SOG LSA festgehalten, hat die Polizei gem. § 38 Abs. 1 SOG LSA unverzüglich eine richterliche Entscheidung über Zulässigkeit und Fortdauer der Freiheitsentziehung herbeizuführen. § 39 SOG LSA regelt im Detail verbindlich (!), wie die festgehaltene Person von der Polizei behandelt werden muss – nicht etwa behandelt werde kann, soll oder darf. Auch kann die Polizei die Person nicht nach Belieben festhalten. Die Dauer der Freiheitsentziehung wird speziell in § 40 SOG LSA geregelt.

Gem. § 44 Abs. 1 Satz 1 SOG LSA dürfen Durchsuchungen, außer bei Gefahr im Verzuge, nur durch den Richter angeordnet werden. Ferner hat der Wohnungsinhaber bei der Durchsuchung (s)einer Wohnung gem. § 44 Abs. 2 Satz 1 SOG LSA das Recht, anwesend zu sein. Ist er abwesend, und ist seine Anwesenheit nicht ohne unverhältnismäßig hohen Aufwand herbeizuführen, so ist, wenn möglich, gem. § 44 Abs. 2 Satz 2 SOG LSA sein Vertreter oder ein erwachsener Angehöriger, ansonsten ein Hausgenosse oder Nachbar hinzuzuziehen. Auch ist dem Wohnungsinhaber oder seinem Vertreter gem. § 44 Abs. 3 SOG LSA der Grund der Durchsuchung unverzüglich bekannt zu geben. Letzteres gilt aber nur, soweit dadurch der Zweck der Maßnahme nicht gefährdet wird.

Schwierigkeiten bereitet mitunter auch der **Verweis auf andere Standardmaßnahmen**. Häufig verweist eine Standardmaßnahme tatbestandlich auf eine andere Standardmaßnahme. Dies zeigt sich besonders anschaulich bei § 42 SOG LSA. Danach können die Sicherheitsbehörden und die Polizei unter anderem eine Sache durchsuchen, wenn sie von einer Person mitgeführt wird, die nach § 41 SOG LSA durchsucht werden darf, oder wenn Tatsachen die Annahme rechtfertigen, dass sich in ihr oder an ihr eine andere Sache befindet, die i. S. d. § 45 SOG LSA sichergestellt werden darf. Die Polizei muss nun im Rahmen von § 42 SOG LSA inzident §§ 41 und 45 SOG LSA prüfen.

Es versteht sich natürlich von selbst, dass im Falle von § 42 Abs. 1 Nr. 1 SOG LSA die Durchsuchung nur erfolgen kann, wenn § 41 SOG LSA im konkreten Fall einschlägig ist. Analog gilt für § 42 Abs. 1 Nr. 3 SOG LSA, dass eine Sicherstellung durchgeführt werden dürfte. Derartige Verweise verkomplizieren die Rechtsanwendung empfindlich, weil sie zur Vornahme von rechtlichen Schachtelprüfungen zwingen.

6.3 Die Rechtsfolge

Neben den besonderen Anforderungen auf Tatbestandsseite verlangt die Standardmaßnahme aber auch auf Ebene der Rechtsfolge etwas anderes als auf Ebene der Rechtsfolge der Generalklausel. Das Handlungsermessen wird aufgrund des Sinns und Zwecks der Standardmaßnahme reduziert. So kann die Polizei etwa bei der Durchsuchung einer Person gem. § 41 Abs. 1 SOG LSA, die auf das ziel- und zweckgerichtete sowie planmäßige Suchen am äußeren menschlichen Körper gerichtet ist, zwar noch in ohne Hilfsmittel einsehbare Körperöffnungen wie Nase und Ohren schauen. Sie kann aber über § 41 Abs. 1 SOG LSA nicht plötzlich auch in das Körperinnere eindringen. Derartige Maßnahmen sind als körperliche Untersuchungen nicht mehr von § 41 Abs. 1 SOG LSA erfasst.

Für die körperliche Untersuchung ist vielmehr § 41 Abs. 5 und 6 SOG LSA maßgeblich. Die Untersuchung knüpft mit einer Gefahr für Leib oder Leben an engere Tatbestandsvoraussetzungen an als die Durchsuchung. Je spezieller die Standardmaßnahme tatbestandlich gestaltet ist, desto spezieller (und also eingeschränkter bzw. konkretisierter) ist die Rechtsfolge.

6.4 Auffinden und Auswahl der Standardmaßnahme

Damit stellt sich nun die Frage, wie man die richtige polizeiliche Befugnisnorm bzw. Ermächtigungsgrundlage überhaupt findet. Bevor man eine polizeiliche Maßnahme durchführen kann, muss man logischerweise erst einmal prüfen, welche Maßnahme im konkreten Fall anzuwenden ist. Erfahrungsgemäß bereitet es Studierenden immer wieder Schwierigkeiten, die einschlägige Rechtsgrundlage für den Polizeieingriff zu finden, wenn der Fall vom klassischen Maßnahmenprogramm (etwa: Durchsuchung, Gewahrsam, Sicherstellung) abweicht.

Diese Schwierigkeiten speisen sich m. E. aus zwei Quellen. Zum einen sind die Kenntnisse der Normen des SOG LSA und also der Maßnahmenvielfalt des SOG LSA lückenhaft. Diesen Umstand kann man leicht durch die Lektüre des SOG LSA beheben. Dass Polizisten und Studierende das SOG LSA zumindest einmal gründlich in seiner Gänze durchlesen, sollte angesichts der überragenden Wichtigkeit des SOG LSA für die polizeiliche Berufstätigkeit eigentlich selbstverständlich sein.

Des Weiteren sollte man sich verdeutlichen, dass das Auffinden der richtigen Befugnisnorm nicht über den Tatbestand, sondern über die **Rechtsfolge** erfolgen muss. Der Polizist muss sich fragen, was er in der konkreten Situation gefahrenabwehrrechtlich erreichen möchte. Er muss sich also fragen, welche Rechtsfolge eintreten soll. Das Auffinden der Befugnisnorm erfolgt demgemäß über die passende Rechtsfolge. Hat man die passende Rechtsfolge gefunden, muss geprüft werden, ob auch der Tatbestand der Befugnisnorm im konkreten Einzelfall erfüllt ist. Daraus ergibt sich eine konditionale „Wenn-dann-Struktur“.

7. Die „falsche“ Rechtsgrundlage

Es kann vorkommen, dass die Polizei eine Maßnahme auf eine falsche Befugnisnorm stützt bzw. sich einfach über den Anwendungsbereich einer Befugnisnorm irrt. Hat die Polizei etwa einen Platzverweis gem. § 36 Abs. 1 Satz 1 SOG LSA ausgesprochen, und kommt der Adressat diesem nicht nach, so folgt der Gewahrsam zur Durchsetzung des Platzverweises nicht aus § 36 Abs. 1 Satz 1 SOG LSA selbst. Maßgeblich ist vielmehr § 37 Abs. 1 Nr. 3 SOG LSA. Sofern die Polizei nun aber fälschlicherweise davon ausgeht, dass sie sich auch für die Ingewahrsamnahme zum Zwecke der Durchsetzung des Platzverweises auf § 36 Abs. 1 Satz 1 SOG LSA stützen könne, ist fraglich, ob der Gewahrsam dann überhaupt rechtmäßig ist.

Hier hilft die Möglichkeit des nachträglichen Austauschs der Ermächtigungsgrundlage. Sofern sich im verwaltungsgerichtlichen Verfahren zeigen sollte, dass die polizeiliche Maßnahme zwar nicht auf die gegenüber dem Adressaten bekannt gegebene Ermächtigungsgrundlage, aber auf eine andere gestützt werden kann, so kann das VG (nicht die Polizei) die Ermächtigungsgrundlage heranziehen, die wirklich einschlägig ist. Das VG prüft nämlich die Vereinbarkeit des polizeilichen Handelns mit dem geltenden Polizeirecht und ist dabei an die von der Polizei angegebene Befugnisnorm nicht gebunden. Dies kann zu etwas kuriosen Konstellationen führen: Liegen die tatsächlichen und rechtlichen Voraussetzungen einer Standardmaßnahme vor, beruft sich der handelnde Polizist aber aus Unkenntnis oder Irrtum auf die Generalklausel, so dürfte die Maßnahme am Ende gleichwohl rechtmäßig sein.

8. Die Verhältnismäßigkeit

Aus dem Rechtsstaatsprinzip wird abgeleitet, dass eine in Grundrechte eingreifende hoheitliche Maßnahme verhältnismäßig sein muss. Einfachgesetzlich findet sich der Grundsatz der Verhältnismäßigkeit in § 5 SOG LSA. Sie muss also einem legitimen Ziel folgen und ferner geeignet, erforderlich und angemessen sein. Der Grundsatz der Verhältnismäßigkeit wird auch als **Übermaßverbot** bezeichnet. Das Übermaßverbot gilt sowohl im präventiven Gefahrenabwehrrecht als auch im repressiven Strafverfolgungsrecht. Ein polizeilicher Eingriff muss stets so intensiv wie nötig und zugleich so grundrechtsschonend wie möglich sein. Ein Verstoß gegen den Grundsatz der Verhältnismäßigkeit führt zur materiellen Rechtswidrigkeit und damit zur Rechtswidrigkeit der gesamten Maßnahme. Die Prüfung erfolgt in vier Schritten.

Verfolgung eines legitimen Zwecks

Mit dem Grundrechtseingriff muss die Polizei einen **legitimen Zweck** verfolgen. Dies sind Zwecke, die dem Allgemeinwohl zu dienen bestimmt sind. Die Polizei muss sich dabei fragen, weshalb sie in der konkreten Situation überhaupt handelt und was sie bewirken möchte. Gefahrenabwehr und Strafverfolgung sind immer legitime Zwecke.

Geeignetheit

Die Maßnahme muss ferner **geeignet** sein. Dies ist sie dann, wenn sie die Erreichung des legitimen Zwecks wenigstens fördert und sich so als ein „Schritt in die richtige Richtung" darstellt. Zu fragen ist hierbei, ob das gewählte Mittel die Wahrscheinlichkeit der Zweckerreichung erhöht. Der Begriff der Geeignetheit ist weit zu verstehen. Letztlich darf die Maßnahme jedenfalls nicht offensichtlich ungeeignet sein. § 5 Abs. 1 SOG LSA betont, dass die Maßnahme geeignet und möglich sein muss und knüpft damit an den schon im römischen Recht existierenden Grundsatz „impossibilium nulla obligatio est" an. Möglichkeit bedeutet also tatsächliche und rechtliche Möglichkeit. Ist das polizeilich Begehrte schon objektiv unmöglich, fehlt es ohne Weiteres an der Geeignetheit.

Die Polizei muss sich zudem mit der Frage der subjektiven Unmöglichkeit befassen, bevor sie eine Maßnahme erlässt. Der Adressat der Maßnahme muss nämlich selbst tatsächlich in der Lage sein, die Maßnahme zu befolgen. Hierbei kommt es auf die subjektiven Eigenschaften des Adressaten und also eine etwaige subjektive Unmöglichkeit an. Rechtlich möglich ist die Umsetzung einer Maßnahme dann, wenn sie „gesetzlich zugelassen" ist und sowohl objektiv als auch subjektiv keine juristischen Unmöglichkeiten verlangt.[35] Eine Maßnahme ist gem. § 5 Abs. 3 SOG LSA dabei nur so lange zulässig, bis ihr Zweck erreicht ist oder sich zeigt, dass er nicht erreicht werden kann.

Hinweis

Bei der Geeignetheit geht es zusammengefasst nur um die Frage, ob das Mittel (also die polizeiliche Maßnahme) den Zweck irgendwie fördert. In einer Klausur bzw. in der Praxis kann dieser Prüfungspunkt bisweilen zu sonderbaren Ergebnissen führen. Trifft die Polizei beispielsweise an einem Bahnhof einen Mann an, der mit Steinen und Flaschen um sich wirft und dadurch andere Menschen an Leib und Leben gefährdet, dann ist es für die Erreichung des legitimen Zwecks in Form der Gefahrenabwehr geeignet, diesen Mann zu erschießen. Die Gefahr ist mit dem Tod des Mannes nämlich abgewehrt.

Erforderlichkeit

Wie das obige Beispiel verdeutlicht, bedarf es eines Korrektivs, das die nahezu grenzenlose Geeignetheit begrenzt. Gem. § 5 Abs. 1 SOG LSA hat die Polizei diejenigen Maßnahmen zu treffen, die den Einzelnen und die Allgemeinheit voraussichtlich am wenigsten beeinträchtigen. Dieser Gedanke wird von § 6 Abs. 2 Satz 2 SOG LSA aufgegriffen und weitergeführt. Der betroffenen Person ist mithin auf Antrag zu gestatten, ein anderes, ebenso wirksames Mittel anzuwenden, sofern die Allgemeinheit dadurch nicht stärker beeinträchtigt wird. Grundrechtseinschränkungen dürfen also nur vorgenommen werden, sofern sie für die Erreichung der legitimen Ziele **erforderlich** sind. Hierbei gilt, dass in den Fällen, in denen mehrere

35 Kingreen/Poscher, Polizei- und Ordnungsrecht, § 10 Rn. 20f.

geeignete Maßnahmen zur Auswahl stehen, die am wenigsten grundrechtsbelastende Maßnahme zu wählen ist. Es darf demnach insbesondere kein anderes Mittel geben, das zur Zielerreichung genauso gut geeignet ist und weniger stark in Grundrechte eingreift. Die Polizei muss also zunächst einmal prüfen, ob überhaupt andere Mittel in Betracht kommen. Sofern sie dann entsprechende andere Mittel identifiziert hat, müssen diese exakt den gleichen Geeignetheitsgrad aufweisen, wie das von der Polizei ursprünglich ausgewählte Mittel. Es reicht mithin nicht aus, dass ein anderes Mittel nur annähernd so geeignet ist.

Je nach Sachverhalt wird man von der Polizei aber nicht erwarten dürfen, die mitunter relativ komplexe Suche und Prüfung etwaiger milderer, aber gleich effektiver Mittel über Gebühr zu betreiben. Die Effektivität der Gefahrenabwehr darf von der Pflicht zur Prüfung der Erforderlichkeit nur zu einem gewissen gefahrenabwehrrechtlich noch erträglichen Grad beeinträchtigt werden. Im Zweifel gibt es keine milderen Mittel. Die Polizei besitzt hier eine weite Einschätzungsprärogative.

Hinweis

Im obigen Beispiel wäre es aber durchaus ein ohne Weiteres zu erkennendes milderes Mittel, wenn die Polizei den Mann zunächst aufgefordert hätte, das Steine- und Flaschenwerfen zu unterlassen. Kommt er dem nicht nach, kann die Polizei ihn z. B. gem. § 37 SOG LSA in Gewahrsam nehmen.

Das **Abschleppen eines Falschparkers** ist keineswegs immer erforderlich. Ist der Fahrer etwa wenige Meter entfernt anzutreffen oder kann wegen eines Zettels mit Rufnummer und Aufenthaltsort an der Windschutzscheibe rasch kontaktiert werden, so besteht für das Rufen eines Abschleppdiensts nur dann ein Grund, wenn der Fahrer sich weigert, seinen Pkw zu entfernen.[36] Das voreilige und letztlich nicht erforderliche Abschleppen kann u. U. Staatshaftungsansprüche auslösen.

Angemessenheit

Polizeiliche Maßnahmen müssen schließlich auch **angemessen** sein. Eine Maßnahme darf gem. § 5 Abs. 2 SOG LSA nicht zu einem Nachteil führen, der zu dem erstrebten Erfolg erkennbar außer Verhältnis steht. Die sich gegenüberstehenden Interessen sind abzuwägen. Die Intensität des polizeilichen Eingriffs muss also derart gerechtfertigt werden können, dass die Grenzen des Zumutbaren gewahrt bleiben.[37] Damit trifft das Interesse des Adressaten an einem möglichst geringen Grundrechtseingriff auf das Interesse der Polizei an effektiver (und endgültiger) Gefahrenabwehr. Der

36 Vgl. Dietlein/Hellermann, Öffentliches Recht in Nordrhein-Westfalen, § 3 Rn. 130, 258.
37 BVerfGE 83, S. 1 (19).

polizeiliche Zweck darf nicht außer Verhältnis zu der Schwere des polizeilichen Mittels (also des Grundrechtseingriffs) stehen. Die Mittel-Zweck-Relation muss gewahrt werden.

Hinweis für Studierende

Gerade Studierende verstehen die Angemessenheitsprüfung oft fälschlicherweise als Einladung, ihre Gedanken und Ideen zum Klausurfall spätestens hier noch irgendwie unterzubringen. Dies mag auch daran liegen, dass es seitens der Studierenden Missverständnisse hinsichtlich der Funktion der Angemessenheitsprüfung i. R. d. Verhältnismäßigkeitsprüfung gibt. Die Angemessenheitsprüfung bietet keinen Raum für einen Besinnungsaufsatz. Vielmehr zwingt die Angemessenheitsprüfung gerade wegen ihres hohe Abstraktionsniveaus zu einer besonders strukturierten und juristisch sauberen Herangehensweise. Hier hilft erfahrungsgemäß eine Prüfung in drei Schritten:

1. Im ersten Schritt sollte aufgeführt werden, welche Rechtsgüter sich überhaupt im konkreten Fall gegenüberstehen. Hier kann auch schon eine Gewichtung vorgenommen werden. So kann etwa gefragt werden, ob es sich um Rechtsgüter von Verfassungsrang handelt.
2. Im zweiten Schritt ist zu fragen, wie intensiv die Beeinträchtigungen der Rechtspositionen des Maßnahmenadressaten tatsächlich sind, und wie hoch der Grad der Zweckerreichung der polizeilichen Maßnahme ist.
3. Im dritten Schritt ist die eigentliche Interessenabwägung vorzunehmen. Ausgehend von den ersten beiden Punkten muss nun sachverhaltsbezogen geprüft werden, welche Interessen aus welchen Gründen stärker oder schwächer ins Gewicht fallen. Es kommt also zu einer Gewichtung der konkret widerstreitenden Interessen der Polizei und des Bürgers.

II. Das Eingriffsrecht als Gefahrenabwehrrecht

1. Die Polizei als Behörde zur Gefahrenabwehr

Die Aufgabe der Polizei in Sachsen-Anhalt besteht gem. § 1 Abs. 1 Satz 1 SOG LSA in der Gefahrenabwehr. Ferner hat sie gem. § 2 Abs. 1 Satz 1 SOG LSA im Rahmen der Gefahrenabwehr auch zu erwartende Straftaten zu verhüten und für die Verfolgung künftiger Straftaten vorzusorgen und damit vorbeugend Straftaten zu bekämpfen. Die Polizei ist gem. § 76 Abs. 1 SOG LSA eine Angelegenheit des Landes.

1.1 Gesetzgebungskompetenz

Das allgemeine präventive Polizeirecht fällt in **die Gesetzgebungskompetenz und Verwaltungszuständigkeit des jeweiligen Bundeslandes.**[38] Dies folgt aus Art. 70 Abs. 1 GG. Danach haben die Länder das Recht der Gesetzgebung, soweit das GG nicht dem Bunde Gesetzgebungsbefugnisse verleiht. Das GG weist dem Bund mit Blick auf polizei- und sicherheitsrechtliche Inhalte auf dem Gebiet der **ausschließlichen Gesetzgebungskompetenz** etwa die Legislativkompetenz über die Verteidigung und den Schutz der Zivilbevölkerung (Art. 73 Abs. 1 Nr. 1 GG), über die Freizügigkeit, das Passwesen, das Melde- und Ausweiswesen, die Ein- und Auswanderung und die Auslieferung (Art. 73 Abs. 1 Nr. 3 GG), über den Luftverkehr (Art. 73 Abs. 1 Nr. 6 GG), über die Abwehr von Gefahren des internationalen Terrorismus (Art. 73 Abs. 1 Nr. 9a GG), über die Einrichtung eines Bundeskriminalpolizeiamtes und die internationale Verbrechensbekämpfung (Art. 73 Abs. 1 Nr. 10 GG) und über das Waffen- und das Sprengstoffrecht (Art. 73 Abs. 1 Nr. 12 GG) zu.

Hinsichtlich der **konkurrierenden Gesetzgebungskompetenz** weist das GG dem Bund mit Blick auf polizei- und sicherheitsrechtliche Belange etwa die Zuständigkeit über das Strafrecht (Art. 74 Abs. 1 Nr. 1 GG), das Aufenthalts- und Niederlassungsrecht der Ausländer (Art. 74 Abs. 1 Nr. 4 GG), über das Recht der Wirtschaft (Art. 74 Abs. 1 Nr. 11 GG), über das Straßenverkehrsrecht (Art. 74 Abs. 1 Nr. 22 GG) und über das Jagdwesen (Art. 74 Abs. 1 Nr. 28 GG) zu.

Das **allgemeine Polizeirecht** findet sich in den Art. 73ff. GG jedoch nicht. Es fällt daher in die ausschließliche Gesetzgebungskompetenz der Länder. Es ist daher die Aufgabe der Länder, Normen zum allgemeinen Polizeirecht zu erlassen. Sachsen-Anhalt ist dieser Aufgabe mit der Verabschiedung des SOG LSA nachgekommen. Die Polizei ist gem. § 76 Abs. 1 SOG LSA eine **Angelegenheit des Landes**.

1.2 Zuständigkeit

Damit die polizeiliche Maßnahme formell rechtmäßig ist, muss unter anderem die zuständige Behörde gehandelt haben. Die Zuständigkeit regelt die Kompetenz-, Aufgaben- bzw. Befugniszuteilung einer Behörde. Nur dann, wenn die zuständige Polizei(-behörde) gehandelt hat, ist die polizeiliche Maßnahme demokratisch legitimiert. Eine klare Zuständigkeitsverteilung vereinfacht das Zusammenarbeiten mit Bürgern und anderen Behörden.

38 Ausführlich zur Gesetzgebungskompetenz etwa Götz/Geis, Allgemeines Polizei- und Ordnungsrecht, § 3.

In Sachsen-Anhalt sind die Polizeibehörden gem. § 76 Abs. 2 SOG LSA die Polizeiinspektion Zentrale Dienste Sachsen-Anhalt, die Polizeiinspektionen, das Landeskriminalamt und die vom für öffentliche Sicherheit und Ordnung zuständigen Ministerium durch Verordnung bezeichneten Polizeidienststellen. Nachgeordnete Polizeidienststellen der Polizeiinspektionen sind gem. § 76 Abs. 3 SOG LSA die Polizeireviere. Man unterteilt die Zuständigkeit in eine sachliche, örtliche und instanzielle Zuständigkeit.

Zur Klärung polizeilicher Zuständigkeitsfragen sind in Sachsen-Anhalt neben dem SOG LSA auch

- die „Verordnung über Polizeiinspektionen und besondere polizeiliche Zuständigkeiten" (kurz: ZustVO PI) sowie
- die „Verordnung über die Zuständigkeiten auf verschiedenen Gebieten der Gefahrenabwehr" (kurz: ZustVO SOG)

zu beachten.

Bei der **sachlichen Zuständigkeit** geht es um die materielle Aufgabenverteilung zwischen verschiedenen Behörden. Es geht also um den Inhalt der zu erfüllenden Aufgaben. Die sachliche Zuständigkeit der Polizei folgt bereits aus den Aufgabennormen des SOG LSA. Dabei ist anzumerken, dass § 1 Abs. 1 Satz 1 SOG LSA die Gefahrenabwehr als gemeinsame Aufgabe der Sicherheitsbehörden und der Polizei festlegt, während die vorbeugende Bekämpfung von Straftaten gem. § 2 Abs. 1 Satz 1 SOG LSA eine ausschließlich polizeiliche Aufgabe ist. Diese Unterscheidung ergibt sich bereits aus den jeweiligen Überschriften der beiden Paragrafen.

Die **örtliche Zuständigkeit** betrifft das Gebiet, auf dem die sachlich zuständige Behörde ihre Hoheitsrechte ausüben und tätig werden darf. Für die Landespolizei in Sachsen-Anhalt ist hier § 88 Abs. 1 SOG LSA maßgeblich. Die Zuständigkeit der Polizeibehörden ist grundsätzlich auf ihren Bezirk beschränkt. Örtlich zuständig ist die Behörde, in deren Bezirk die zu schützenden Interessen verletzt oder gefährdet werden. Wird eine Gefahr, die sich in anderen Bezirken auswirkt, von einer Person verursacht, so ist auch die Behörde zuständig, in deren Bezirk die Person wohnt, sich aufhält oder ihren Sitz hat. Für die örtliche Zuständigkeit ist ferner § 78 Abs. 1 SOG LSA von Bedeutung, der das für öffentliche Sicherheit und Ordnung zuständige Ministerium ermächtigt, durch Verordnung Polizeiinspektionen einzurichten und ihren Bezirk festzulegen. Demgegenüber erstreckt sich jedoch der Bezirk des Landeskriminalamtes gem. § 79 Abs. 2 SOG LSA auf das Gebiet des gesamten Bundeslandes Sachsen-Anhalt.

Ist es erforderlich, dass zur Wahrnehmung von Aufgaben polizeiliche Maßnahmen auch in anderen Bezirken durchgeführt werden, so wirkt die Polizeibehörde des anderen Bezirks gem. § 88 Abs. 2 Satz 1 SOG LSA auf Ersuchen der nach § 88 Abs. 1 SOG LSA zuständigen Behörde mit. In bestimmten Fällen kann die zuständige Behörde die Maßnahmen im anderen Bezirk auch ohne Mitwirkung der Polizeibehörde des anderen Bezirks treffen. Dies ist allerdings gem. § 88 Abs. 2 Satz 2 SOG LSA ausschließlich bei Gefahr im Verzuge, zur Fortsetzung einer im eigenen Bezirk begonnenen Maßnahme oder mit Zustimmung der für den anderen Bezirk zuständigen Behörde möglich. Im Kontext der örtlichen Zuständigkeit verdient die sog. „**Nacheile**" besondere Erwähnung.[39] Diese ist in § 88 Abs. 4 Satz 1 SOG LSA geregelt. Die Polizeibeamten sind im Gebiet des Landes Sachsen-Anhalt danach befugt, Amtshandlungen auch außerhalb des Bezirks der Polizeibehörde, der sie angehören, vorzunehmen. Eine effektive Gefahrenabwehr darf im Zweifel nicht an den Grenzen des Bezirkes enden, für den die Polizeibeamten örtlich zuständig sind. Für die an sich bezirksgebundenen Polizeivollzugsbeamten muss es vielmehr die Möglichkeit geben, zur Gefahrenabwehr oder zur Strafverfolgung auch in andere Bezirke einzudringen. Wann dies möglich ist, wird in § 88 Abs. 4 Satz 1 SOG LSA durch die abschließende Aufzählung geregelt. So ist die Nacheile möglich:
- bei Gefahr im Verzuge,
- auf Anforderung oder mit Zustimmung der zuständigen Behörde,
- aus Anlass der Begleitung oder Bewachung von Personen oder Sachen,
- zur Verfolgung von Straftaten und Ordnungswidrigkeiten oder
- zur Verfolgung und Wiederergreifung Entwichener.

Hinweis

In Sachsen-Anhalt bestehen aktuell die Polizeiinspektionen „**Dessau-Roßlau**", „**Halle (Saale)**", „**Magdeburg**" und „**Stendal**".

Die Bezirke dieser Polizeiinspektionen umfassen folgende Gebiete:
- Dessau-Roßlau: Stadt Dessau-Roßlau und Landkreise Anhalt-Bitterfeld und Wittenberg,
- Halle (Saale): Stadt Halle (Saale) und Landkreise Burgenlandkreis, Mansfeld-Südharz und Saalekreis,
- Magdeburg: Landeshauptstadt Magdeburg und Landkreise Börde, Harz und Salzlandkreis,
- Stendal: Landkreise Altmarkkreis Salzwedel, Stendal und Jerichower Land.

Ferner gibt es noch die Polizeiinspektion „**Zentrale Dienste Sachsen-Anhalt**".

39 Thiel, Polizeirecht, § 7 Rn. 7.

Die **instanzielle Zuständigkeit** betrifft die hierarchische Aufteilung der sachlichen Zuständigkeit innerhalb der Behördenstruktur. Es geht dabei um die Frage, welche Ebene innerhalb der Polizeiverwaltung sachlich zuständig ist.

Für Amtshandlungen von Polizeibeamten des Landes Sachsen-Anhalt **außerhalb des Zuständigkeitsbereiches** macht § 92 SOG LSA Vorgaben. § 92 Abs. 1 Satz 1 SOG LSA enthält die Rechtsgrundlage für das Tätigwerden von Polizeibeamten des Landes Sachsen-Anhalt im Zuständigkeitsbereich eines anderen Bundeslandes oder des Bundes. In der Regel sind die Polizeibehörden örtlich an ihr jeweiliges Bundesland und dort an ihren jeweiligen Bezirk gebunden. Präventives Polizeirecht ist „Landessache“ und andere Bundesländer sind „Ausland“.[40] Die Zuständigkeiten und Ermächtigungen einer Landespolizei enden damit an der jeweiligen Landesgrenze.[41] Eine effektive Gefahrenabwehr macht es bisweilen aber erforderlich, dass über die Grenzen des jeweiligen Bundeslandes hinaus gefahrenabwehrrechtliche Maßnahmen durchgeführt werden. Auch dies wird teilweise als „Nacheile“ bezeichnet.[42]

In § 92 Abs. 1 Satz 2 SOG LSA findet sich dann die Regelung für das Tätigwerden im Zuständigkeitsbereich ausländischer Polizeibehörden oder ausländischer Polizeidienststellen. Amtshandlungen von sachsen-anhaltinischen Polizeivollzugsbeamten im Zuständigkeitsbereich anderer Bundesländer bzw. des Bundes dürfen nur in den Fällen des § 91 Abs. 1 Satz 1 Nr. 1 bis 5 SOG LSA und des Art. 91 Abs. 2 GG vorgenommen werden. Ferner muss das jeweilige Landesrecht bzw. das Bundesrecht eine solche Amtshandlung vorsehen. Ein Tätigwerden im Zuständigkeitsbereich eines anderen Bundeslandes bzw. des Bundes ist daher in folgenden Fällen möglich:
- auf Anforderung oder mit Zustimmung der zuständigen Behörde (Nr. 1),
- in den Fällen des Art. 35 Abs. 2 und 3 GG und des Art. 91 Abs. 1 GG (Nr. 2),
- zur Abwehr einer gegenwärtigen erheblichen Gefahr, zur Verfolgung von Straftaten auf frischer Tat sowie zur Verfolgung und Wiederergreifung Entwichener, wenn die zuständige Behörde die erforderlichen Maßnahmen nicht rechtzeitig treffen kann (Nr. 3),
- zur Erfüllung polizeilicher Aufgaben bei Gefangenentransporten (Nr. 4) oder
- zur Verfolgung von Straftaten und Ordnungswidrigkeiten sowie zur Gefahrenabwehr in den durch Verwaltungsabkommen mit anderen Ländern geregelten Fällen (Nr. 5).

40 Thiel, Polizeirecht, § 7 Rn. 7.
41 Thiel, Polizeirecht, § 7 Rn. 7.
42 BeckOK PolR NRW/Keller, POG NRW § 7 Rn. 7.

Umgekehrt können aber auch Polizeivollzugsbeamte eines anderen Landes im Gebiet des Landes Sachsen-Anhalt Amtshandlungen vornehmen. Die Voraussetzungen hierfür ergeben sich aus § 91 Abs. 1 SOG LSA.

1.3 Verhältnis zur Sicherheitsbehörde

Das SOG LSA regelt die gefahrenabwehrrechtlichen Zuständigkeiten und Befugnisse sowohl für die Polizei als auch für die Sicherheitsbehörden. Unter Sicherheitsbehörden versteht das SOG LSA die allgemeine oder die besondere Sicherheitsbehörde sowie die Verwaltungsvollzugsbeamten. Sicherheitsbehörde und Ordnungsbehörde sind Synonyme. Sachsen-Anhalt ist ein Bundesland, das sich dem sog. Trennsystem unterworfen hat. Dies bedeutet, dass die Gefahrenabwehr originäre Aufgabe der Sicherheitsbehörden ist. Zwar legt § 1 Abs. 1 Satz 1 SOG LSA fest, dass Sicherheitsbehörden und Polizei die *gemeinsame Aufgabe* der Gefahrenabwehr haben und sie ferner bei der Gefahrenabwehr *zusammenzuarbeiten* haben (§ 1 Abs. 1 Satz 2 SOG LSA). Gem. § 2 Abs. 2 SOG LSA wird die Polizei in Erfüllung der Aufgaben der Gefahrenabwehr außer in den Fällen des § 2 Abs. 1 SOG LSA aber nur tätig, soweit die Gefahrenabwehr durch die Sicherheitsbehörden nicht oder nicht rechtzeitig möglich erscheint. Daraus folgt, dass die Polizei gegenüber den Sicherheitsbehörden nur **subsidiär zuständig** ist. Erst recht ist die Polizei subsidiär zuständig gegenüber Sonderordnungsbehörden, wie etwa der Bauordnungsbehörde.

Aus § 2 Abs. 2 SOG LSA folgt daher die sog. **Eilkompetenz** oder Eilfallkompetenz der Polizei, die auch als „**Recht des ersten Zugriffs**" bezeichnet wird. Aus dem Grundsatz der Effektivität der Gefahrenabwehr ergibt sich, dass eine Gefahr im Zweifel schnellstmöglich abgewehrt werden können muss. Ist es der Sicherheitsbehörde angesichts ihrer mitunter sehr bürokratischen Strukturen nicht möglich, rechtzeitig einzuschreiten, muss die Polizei einschreiten. Anders als die Polizei haben die Sicherheitsbehörden feste Öffnungs- und damit verbundene Dienstzeiten. Tritt eine Gefahr außerhalb der Öffnungs- bzw. Dienstzeiten ein, können die Sicherheitsbehörden in der Regel keine personellen Ressourcen mehr zur Verfügung stellen. Die Polizei kennt derartige Öffnungszeiten nicht. Sie ist täglich vierundzwanzig Stunden erreichbar und einsatzbereit. Aber selbst innerhalb der Dienstzeiten der Sicherheitsbehörden ist die Polizei in den Fällen für die Gefahrenabwehr zuständig, in denen es auf rasche Behördenpräsenz ankommt oder in denen die Sicherheitsbehörden der Gefahr aus ihren eigenen personellen und sachlichen Mitteln nicht Herr werden können. Daraus folgt, dass vom Grundsatz der subsidiären Zuständigkeit der Polizei für die Gefahrenabwehr gem. § 2 Abs. 2 SOG LSA aufgrund von Zeit und Umfang Ausnahmen gemacht werden können.

Im Straßenverkehr sind die Sicherheitsbehörden für den ruhenden Verkehr zuständig, während die Polizei für den fließenden Verkehr zuständig ist. Dabei kommt es für die Zuständigkeitsverteilung grds. nicht darauf an, ob eine Gefahr nur mit physischer Gewalt gegen Personen oder Sachen abgewehrt werden kann. Die Sicherheitsbehörden können die Polizei um **Vollzugshilfe** ersuchen, die dann die Polizei gem. § 50 Abs. 1 SOG LSA leistet. Die Vollzugshilfe betrifft die Fälle, in denen unmittelbarer Zwang anzuwenden ist und die anderen Behörden nicht über die hierzu erforderlichen Dienstkräfte verfügen. Die Polizei ist allerdings gem. § 50 Abs. 2 SOG LSA im Falle der Vollzugshilfe nur für die Art und Weise der Durchführung verantwortlich.

Von der polizeilichen Subsidiaritätsklausel des § 2 Abs. 2 SOG LSA ist explizit die **vorbeugende Bekämpfung von Straftaten** ausgenommen. Aus § 2 Abs. 1 Satz 1 SOG LSA folgt, dass die Polizei im Rahmen der Gefahrenabwehr auch zu erwartende Straftaten zu verhüten und für die Verfolgung künftiger Straftaten vorzusorgen hat. Da es sich um *zu erwartende* Straftaten und somit noch nicht begangene Straftaten handelt, unterfällt die vorbeugende Bekämpfung von Straftaten auch der präventiven Gefahrenabwehr. Sobald eine Straftat jedoch begangen bzw. in strafbarer Weise versucht worden ist, und die Polizei daher als Strafverfolgungsbehörde tätig wird, ist der Anwendungsbereich des SOG LSA verschlossen. Aus Art. 74 Abs. 1 Nr. 1 GG folgt, dass sich die Eingriffsbefugnisse der Polizei nun aus repressivem Bundesrecht speisen. Allen voran gelten bei Straftaten das StGB und die StPO.

Maßgeblich ist hier vor allem § 163 Abs. 1 StPO, auf den die Polizeivollzugsbeamten in Sachsen-Anhalt über die Brückennorm des § 1 Abs. 3 SOG LSA ihre allgemeinen Erforschungs- und Ermittlungstätigkeiten stützen können. Die Behörden und Beamten des Polizeidienstes haben nämlich gem. § 163 Abs. 1 StPO Straftaten zu erforschen und alle keinen Aufschub gestattenden Anordnungen zu treffen, um die Verdunkelung der Sache zu verhüten. Sofern anstelle von Straftaten Ordnungswidrigkeiten begangen wurden, gilt die Unanwendbarkeit des SOG LSA gleichermaßen für die polizeiliche Ermittlungstätigkeit im Zusammenhang mit Ordnungswidrigkeiten. Über § 46 Abs. 1 OWiG finden die Vorschriften über das Strafverfahren auf das Bußgeldverfahren Anwendung, sodass sich das Eingriffsrecht auch bei Ordnungswidrigkeiten aus der StPO ergibt. Auch hierbei ist § 1 Abs. 3 SOG LAS zu beachten.

Damit bildet das **SOG LSA das präventive polizeiliche Eingriffsrecht** und die **StPO das repressive polizeiliche Eingriffsrecht**.

1.4 Die doppelfunktionale Maßnahme

Polizeiliches Eingriffsrecht ist der Oberbegriff für präventives Gefahrenabwehrrecht und repressives Strafverfolgungsrecht. In der Rechtspraxis zeigt sich, dass polizeiliches Handeln nicht immer ausschließlich präventiv oder repressiv sein muss. Vielmehr kann es im Einzelfall zu Überschneidungen kommen. Dies zeigt sich klassischerweise an Dauerdelikten. Wenn die Polizei eine Freiheitsberaubung i. S. d. § 239 Abs. 1 StGB durch Eingriffsmaßnahmen – etwa in Form der Festnahme des Täters – beendet, dann wehrt sie einerseits die Gefahr einer fortdauernden Freiheitsberaubung ab und wird damit präventiv tätig, andererseits verfolgt sie die begangene Freiheitsberaubung als Straftat und wird damit repressiv tätig. Der polizeiliche Eingriff ist damit vorliegend **doppelfunktional**.[43]

Die Festnahme kann hier auf § 37 Abs. 1 Nr. 2 SOG LSA und auf § 127 Abs. 2 StPO gestützt werden. Sofern man beide Ermächtigungsgrundlagen als einschlägig erachtet, untersteht der Polizist in exakt derselben Situation mit Blick auf das SOG LSA der Innenministerin des Landes Sachsen-Anhalt und zugleich mit Blick auf die StPO der zuständigen Staatsanwaltschaft.[44] Dieser Zustand erschwert die Weisungskompetenz gegenüber der Polizei in der konkreten Situation.

Hinzu kommt, dass einige Maßnahmen der Gefahrenabwehr verfahrensrechtlich weniger verlangen als ihre Schwestermaßnahmen der StPO. Zu denken ist hier etwa an die Durchsuchung i. S. d. § 41 SOG LSA, die ohne Beteiligung eines Richters erfolgen kann, während die Parallelnorm des § 105 Abs. 1 Satz 1 StPO normiert, dass Durchsuchungen grundsätzlich nur durch den Richter und nur ausnahmsweise bei Gefahr im Verzug auch durch die Staatsanwaltschaft und ihre Ermittlungspersonen angeordnet werden dürfen. Auch der Rechtsweg ist abhängig von der Ermächtigungsgrundlage. Doppelfunktionale Maßnahmen werfen daher die zentrale Frage nach der Ermächtigungsgrundlage auf, auf die die Maßnahme ausschließlich gestützt werden muss.

Bei der Entscheidung zugunsten der Vorschrift aus dem SOG LSA oder zugunsten derjenigen aus der StPO wird gemeinhin auf den **Schwerpunkt der polizeilichen Maßnahme** abgestellt. Zweifelsohne stellt sich dann die Frage, wer den Schwerpunkt bestimmen soll. Ob hierbei auf eine subjek-

43 Vgl. Kugelmann, Polizei- und Ordnungsrecht, Kapitel 1, Rn. 54 ff.
44 Vgl. Kingreen/Poscher, Polizei- und Ordnungsrecht, § 2 Rn. 11.

tive oder eine objektive Betrachtung abgestellt werden muss, ist umstritten. Letztlich wird sich der handelnde Polizist für die Ermächtigungsgrundlage entscheiden dürfen, die für ihn verfahrensrechtlich unproblematischer ist und ihm umfassendere Handlungsmöglichkeiten einräumt.[45]

Die zum Zweck der Abgrenzung bisweilen gerade von Polizeipraktikern vorgebrachten Ansichten „Einmal StPO, immer StPO“ bzw. „Gefahrenabwehr geht vor Strafverfolgung“ sind zu pauschal. Weder das SOG LSA noch die StPO enthalten eine entsprechende Vorrangrolle gegenüber dem jeweils anderen Gesetz. Das BVerfG hat sich zum „Leitgedanke[n] des Vorranges der Prävention vor der Repression“ bekannt.[46] Bei **Maßnahmen der Eigensicherung** stellen sich die gleichen Fragen.

1.5 Die Polizei und die private Rechtsdurchsetzung

Die Polizei hat auch die Aufgabe, private Rechte zu schützen. Gem. § 1 Abs. 2 SOG LSA obliegt der Schutz privater Rechte der Polizei aber nur dann, wenn gerichtlicher Schutz nicht rechtzeitig zu erlangen ist und wenn ohne sicherheitsbehördliche oder polizeiliche Hilfe die Verwirklichung des Rechts vereitelt oder wesentlich erschwert werden würde. Auch hier wird deutlich, dass die Polizei nur subsidiär zuständig ist. Private Rechte sind vom Zivilrecht gewährte Rechte und müssen als solche auf dem Zivilrechtsweg durchgesetzt werden. Private Rechte sind also ein Teil der subjektiven Rechte. § 1 Abs. 2 SOG LSA hat damit die Gewaltenteilung aus Art. 20 Abs. 2 GG im Blick. Die Polizei als Exekutive darf keine Aufgaben der Judikative wahrnehmen. Die Polizei darf lediglich sichernd tätig werden.

Sie darf etwa Gegenstände gem. § 45 Nr. 2 SOG LSA sicherstellen, um den Eigentümer oder den rechtmäßigen Inhaber der tatsächlichen Gewalt vor Verlust oder Beschädigung einer Sache zu schützen. Auch darf die Polizei den Dieb, Brandstifter etc. gem. § 37 Abs. 1 SOG LSA in Gewahrsam nehmen und so (weitere) Eigentums- und Brandstiftungsdelikte verhindern, die zivilrechtliche Schadenersatzansprüche gem. § 823 Abs. 1 BGB ausgelöst hätten. Die Polizei ist aber nicht zur Durchsetzung privater Rechte „vor Ort“ berechtigt.[47] Weigert sich also der Mieter, dem ordnungsgemäß gekündigt wurde, die Wohnung zu verlassen, darf die vom Vermieter herbeigerufene Polizei den Mieter nicht auf die Straße setzen. Macht der Käufer eines Kfz gegenüber dem Verkäufer Mängel am Kfz geltend und fordert

45 Vgl. Gusy/Eichenhofer, Polizei- und Ordnungsrecht, Rn. 169.
46 BVerfGE 39, S. 1 (44).
47 Thiel, Polizeirecht, § 4 Rn. 29.

einen Teil des Kaufpreises zurück, so darf die Polizei dem Verkäufer nicht den geminderten Differenzbetrag wegnehmen.

Vor besondere rechtliche Herausforderungen stellen sog. „**private Sicherheitsdienste**“. Bürger dürfen ihre Rechtsgüter selbst schützen. Zu diesem Zweck dürfen sie auch andere Private engagieren. Private Sicherheitsdienste dürfen dann das Hausrecht sowie Handlungen im Rahmen von Notwehr, Nothilfe und Notstand ausüben. Gem. § 127 Abs. 1 StPO haben sie auch das Jedermannsrecht zur vorläufigen Festnahme. Private Sicherheitsdienste haben – sofern sie keine entsprechend Beliehene sind – keine Hoheitsrechte. Die Ausübung hoheitsrechtlicher Befugnisse ist gem. Art. 33 Abs. 4 GG als ständige Aufgabe in der Regel Angehörigen des öffentlichen Dienstes zu übertragen, die in einem öffentlich-rechtlichen Dienst- und Treueverhältnis stehen.

Ein Ladendetektiv darf daher einen Ladendieb zwar gem. § 127 Abs. 1 StPO festnehmen, er darf ihn aber nicht durchsuchen. Gleiches gilt für eine pauschale Taschenkontrolle an der Kasse. Privat organisierte „**Nachbarschaftspatrouillen**“, die bestimmten Personengruppen willkürlich etwa den Zugang zu öffentlichen Parkanlagen verweigern, sind selbst Handlungsverantwortliche und stellen ihrerseits eine Gefahr i. S. d. SOG LSA dar. Wird einer Privatperson der Zutritt zu einer Diskothek, einem Kino etc. verweigert, fällt dies unter das **Hausrecht**. In Einzelfällen mag das Zutrittsverbot gegen das AGG verstoßen, die herbeigerufene Polizei kann sich aber nicht über das Hausrecht hinwegsetzen. Sie kann also der Person, welcher der Türsteher den Zutritt verwehrt hat, nicht mit Zwang Zutritt verschaffen.

2. Der Begriff der Gefahr

Der zentrale Begriff des präventiven Polizeirechts ist der der Gefahr. § 3 Nr. 3a SOG LSA definiert die Gefahr folgendermaßen: Gefahr ist danach „eine konkrete Gefahr, das heißt eine Sachlage, bei der im einzelnen Falle die hinreichende Wahrscheinlichkeit besteht, dass in absehbarer Zeit ein Schaden für die öffentliche Sicherheit oder Ordnung eintreten wird“. Diese Definition konkreter Gefahr prägt das Gefahrverständnis des SOG LSA – nicht nur in der Generalklausel, sondern auch in vielen polizeilichen Standardmaßnahmen (§ 36 SOG LSA) und im polizeilichen Vollstreckungsrecht (§ 53 Abs. 2 SOG LSA). Es handelt sich dabei um einen unbestimmten Rechtsbegriff, der es erforderlich macht, die einzelnen Definitionselemente begrifflich zu konkretisieren. Nur wenn eine Gefahr vorliegt, darf die Polizei, gestützt auf das SOG LSA, tätig werden. Es gibt dabei nicht den einen abschließenden Begriff der Gefahr. Vielmehr kennt das SOG LSA verschiedene Arten der Gefahr. Für die Annahme einer Gefahr muss ein Schadenseintritt drohen.

Eine strukturelle Herausforderung, vor die die Polizei durch das Gefahrenabwehrrecht gestellt wird, besteht darin, dass Gefahrenabwehr immer pro futuro – also für die Zukunft – zu erfolgen hat. Die Polizei hat eine Gefahrprognose vorzunehmen. Gefahrenabwehrrecht ist Prognoserecht: Ausgehend von Erkenntnissen der Vergangenheit und der Gegenwart muss die Polizei eine Aussage für zukünftige Ereignisse machen. Die Polizei hat dabei aber keinen Beurteilungsspielraum. Das heißt, dass der Begriff der Gefahr vollständig gerichtlich überprüfbar ist. Es kommt nicht darauf an, zu welcher Einschätzung der konkret betroffene Polizist in der konkreten Situation kommt. Vielmehr ist auf einen ordnungsgemäß ausgebildeten, sachkundigen Durchschnittsbeamten abzustellen. Es ist also eine objektivierte **Ex-ante-Perspektive** einzunehmen. Hier liegt einer der zentralen Unterschiede zum repressiven Eingriffsrecht, wo der Schaden an den rechtlich geschützten Gütern und Interessen bereits eingetreten und es dadurch schon zur Verwirklichung von Straftatbeständen gekommen ist.

§ 3 Nr. 3a SOG LSA stellt für den Gefahrbegriff u. a. auf eine **hinreichende Wahrscheinlichkeit** eines Schadenseintritts ab. Wann eine hinreichende Wahrscheinlichkeit gegeben ist, ist in der rechtswissenschaftlichen Literatur nicht abschließend entschieden. Jedenfalls dann, wenn der Schaden schon eingetreten ist, ist er nicht mehr hinreichend wahrscheinlich.[48] Sofern die Schwelle zur Gefahr noch nicht überschritten ist, gleichwohl aber ein Schadensrisiko besteht, kann sich der Gesetzgeber dazu entschließen, das Polizeirecht so auszugestalten, dass bereits dieses Risiko Grund für ein polizeiliches Aktivwerden ist.[49] Das hat der Gesetzgeber jedoch nicht getan. Das Recht der Risikovorsorge ist daher nach der aktuellen Rechtslage streng vom Recht der Gefahrenabwehr zu trennen.

Das SOG LSA ist gerade kein Risikoabwehrrecht. Es ist nicht die Aufgabe der Polizei, die Menschen vor jedem Risiko, das ihnen in ihrem Leben begegnet, zu schützen. Das Risiko als eine Vorstufe zur Gefahr muss eine Gesellschaft hinnehmen, um frei leben zu können. Die Grenzen zwischen Risiko und Gefahr sind jedoch fließend. Sachverhalte können sich derart entwickeln, dass Rechtsgüter nicht mehr nur dem allgemein hinnehmbaren Schadensrisiko ausgesetzt sind. Um von einer Gefahr sprechen zu können, muss das Schadensrisiko mithin so hoch sein, dass das „Rechts-

48 Vgl. Gusy/Eichenhofer, Polizei- und Ordnungsrecht, Rn. 109.
49 Vgl. Gusy/Eichenhofer, Polizei- und Ordnungsrecht, Rn. 109.

gut mehr als allgemein üblich gefährdet wird."[50] Der Schadenseintritt ist damit dann hinreichend wahrscheinlich, wenn das „**allgemeine Lebensrisiko**" überschritten wird.[51] Dabei gilt zwischen dem Schadensausmaß und der Schadenswahrscheinlichkeit der Grundsatz der umgekehrten Proportionalität. Je größer die Dimension des erwarteten Schadens ist, desto geringer sind die Anforderungen an die Schadenswahrscheinlichkeit. Umgekehrt gilt dann natürlich: Je kleiner der erwartete Schaden ist, desto höher müssen die Anforderungen an die Wahrscheinlichkeit sein.

Absehbare Zeit bedeutet nichts anderes, als dass der Schadenseintritt in überschaubarer Zukunft erfolgt. Dies ist natürlich einzelfallabhängig. Zu beachten ist, dass Gefahrenabwehrrecht gerade wegen seiner Zukunftsgerichtetheit immer Prognoserecht ist. Die Polizei kommt im präventiven Eingriffsrecht nicht umhin, eine auf die Zukunft gerichtete Gefahrenprognose anzustellen. Damit gehen Unsicherheiten einher, die auf dem Umstand beruhen, dass die Polizei im präventiven Eingriffsrecht stets nur vermuten kann, wie sich ein Sachverhalt entwickeln wird. Sie weiß es aber nie mit Gewissheit.

Sog. **sozialadäquate Handlungen** unterfallen nicht dem Gefahrbegriff des SOG LSA. Sozialadäquate Handlungen sind Handlungen, die gesellschaftlich gebilligt werden. Zu denken ist etwa an den Verkauf von Süßigkeiten, durch deren übermäßigen Verzehr Menschen mittel- bis langfristig zu Schaden kommen können.

2.1 Schaden, Befindlichkeit, Belästigung

Ein Schaden polizeilich geschützter Güter und Interessen ist dann gegeben, wenn es zu einer konkreten Verletzung gekommen ist. Die Gefahr, die an den Schaden anknüpft, muss von bloßen Befindlichkeiten oder Belästigungen abgegrenzt werden. § 3 Nr. 3a SOG LSA umfasst letztere nämlich gerade nicht. Hier kann § 118 OWiG als Maßstab herangezogen werden. Die Schwelle zur Gefahr ist jedenfalls dann noch nicht überschritten, wenn die zu beurteilende Handlung ihrerseits jedenfalls noch nicht § 118 OWiG unterfällt. Eine Belästigung ist ein Verhalten, das einem polizeilich geschützten Rechtsgut gegenüber misslich, hinderlich, störend, ungelegen etc. ist, das sich aber in den Grenzen des Verkraftbaren bewegt. Die Grundrechte gewähren den Bürgern durchaus die Ausübung gewisser Handlungen, die von anderen vielleicht als lästig und wenig angenehm empfunden werden, die aber die Schwelle zur Gefährdung eines friedli-

50 Gusy/Eichenhofer, Polizei- und Ordnungsrecht, Rn. 110.
51 Gusy/Eichenhofer, Polizei- und Ordnungsrecht, Rn. 110 (auch im Original hervorgehoben).

chen Miteinanders oder zur Strafbarkeit bzw. Ordnungswidrigkeit nicht überschreiten. In einer Gesellschaft ist man nie frei von irgendwie gearteten äußeren Einwirkungen. Vor diesem Hintergrund müssen angesichts unliebsamer Handlungen anderer Menschen zwar durchaus gewisse Unannehmlichkeiten und Beeinträchtigungen akzeptiert werden – aber eben auch nicht alle. Es kommt also maßgeblich auf die Intensität der Beeinträchtigung an, mit der den polizeilichen Schutzgütern zugesetzt wird.

Die Beeinträchtigung muss dabei aber objektivierbar sein. So stellt es etwa keine polizeirelevante Beeinträchtigung dar, wenn jemand zwar keine Hunde mag, aber in seiner Straße immer auf ordnungsgemäß geführte Hunde trifft. Eine bloße Belästigung wird man auch im Betteln erblicken können. Die bloße Belästigung wird aber dann überschritten, wenn etwa der Kampfhund nicht mehr ordnungsgemäß geführt wird und Passanten aggressiv anbellt oder der Bettler Passanten festhält, ihnen nachläuft und sie körperlich bedrängt. Befindlichkeiten sind demgegenüber rein subjektiv und unterfallen nicht dem Gefahrbegriff. Wenn sich die Belästigungen in dem Rahmen bewegen, den etwa Gesetze, Rechtsverordnungen, Satzungen oder allgemein anerkannte gesellschaftliche Konventionen vorgeben, dann besteht für die Polizei kein Grund zum Eingreifen. Gegen rechtmäßiges Handeln darf die Polizei nicht vorgehen.

2.2 Die konkrete Gefahr

Soweit es in Standardmaßnahmen nicht anders geregelt ist, versteht das SOG LSA unter der Gefahr eine **konkrete Gefahr**. Eine konkrete Gefahr ist eine Situation, bei der es im aktuellen Einzelfall zu einer Bedrohungslage rechtlich geschützter Güter und Interessen kommt, die sich jenseits des allgemeinen Lebensrisikos bewegt. Dabei kommt es auf die Einschätzung eines ordnungsgemäß ausgebildeten, pflichtbewusst und besonnen handelnden Polizisten an. Dieser muss in zeitlicher Hinsicht ex ante die situativen Umstände derart verständig würdigen, dass er zur Einschätzung gelangen kann, ob das Verhalten bzw. der Sachverhalt bei ungehindertem Geschehensverlauf mit hinreichender Wahrscheinlichkeit in die Schädigung der öffentlichen Sicherheit und/oder Ordnung führen wird. Je nach Einschätzung muss er dann ggf. entsprechende gefahrenabwehrrechtliche Maßnahmen einleiten.

Beispiel

A und B sitzen in einem öffentlichen Park auf einer Bank und unterhalten sich angeregt. Das Gespräch wird zunehmend heftiger, und vor allem B wird immer aggressiver. Die Situation eskaliert. B beginnt nun wild gegenüber A zu gestikulieren, tritt in Rage gegen die Parkbank, stampft auf den Blumenrabatten herum und pöbelt vorbeilaufende Passanten wüst an. Plötzlich greift B A mit Schlägen und Tritten sogar körperlich an.

Hier handelt es sich um eine konkrete Gefahr. Gegen B kann die herbeigerufene Polizei einen Platzverweis gem. § 36 Abs. 1 SOG LSA aussprechen. B kann vorliegend aber auch gem. § 37 SOG LSA in Gewahrsam genommen werden.

2.3 Die abstrakte Gefahr

Von der konkreten Gefahr zu unterscheiden ist die **abstrakte Gefahr**. Eine abstrakte Gefahr i. S. d. § 3 Nr. 3 f. SOG LSA ist eine nach allgemeiner Lebenserfahrung oder den Erkenntnissen fachkundiger Stellen mögliche Sachlage, die im Falle ihres Eintritts eine Gefahr i. S. d. § 3 Nr. 3a bis e SOG LSA darstellt. Die abstrakte Gefahr ist ein Spezialfall. Bei der abstrakten Gefahr geht es nicht um eine im aktuellen Einzelfall gegebene Gefahr. Vielmehr geht es bei der abstrakten Gefahr um theoretische bzw. hypothetische Sachverhalte, die in ihrer Realisierung aber typischerweise eine konkrete Gefahr darstellen.

Es ist damit unerheblich, ob ein derartiger Sachverhalt aktuell wirklich vorliegt. Es kommt nur darauf an, dass der hypothetische Sachverhalt im Falle seiner Realisierung eine Gefahr darstellen würde. Die abstrakte Gefahr abstrahiert also vom Einzelfall. Vor diesem rechtlichen Hintergrund ist die abstrakte Gefahr in Sachsen-Anhalt gem. § 94 SOG LSA die Voraussetzung für den Erlass von Gefahrenabwehrverordnungen und gem. § 94a SOG LSA insbesondere zum Festsetzen von Sperrzeiten für Schank- und Speisewirtschaften sowie für öffentliche Vergnügungsstätten.

2.4 Die weiteren Gefahrenbegriffe des SOG LSA

Neben der konkreten und der abstrakten Gefahr kennt das SOG LSA weitere Gefahrenarten. Da sie über das hinausgehen, was § 3 Nr. 3a SOG LSA verlangt, werden diese auch als qualifizierte Gefahrenarten bezeichnet. Diese werden z. T. ebenfalls in § 3 SOG LSA definiert.

Eine **gegenwärtige Gefahr** i. S. d. § 3 Nr. 3b SOG LSA ist eine Gefahr, bei der das schädigende Ereignis bereits begonnen hat oder unmittelbar oder in allernächster Zeit mit einer an Sicherheit grenzenden Wahrscheinlichkeit bevorsteht.

Eine **erhebliche Gefahr** i. S. d. § 3 Nr. 3c SOG LSA ist eine Gefahr für ein bedeutsames Rechtsgut, wie Leben, Gesundheit, Freiheit, wesentliche Vermögenswerte oder der Bestand des Staates.

Eine **Gefahr für Leib oder Leben** i. S. d. § 3 Nr. 3d SOG LSA ist eine Gefahr, bei der eine nicht nur leichte Körperverletzung oder der Tod einzutreten droht.

Eine **Gefahr einer schwerwiegenden Verletzung der körperlichen Unversehrtheit** i. S. d. § 3 Nr. 3e SOG LSA ist eine Gefahr, bei der eine schwere Körperverletzung (§ 226 StGB) einzutreten droht.

Was unter einer **dringenden Gefahr** zu verstehen ist, ist umstritten. Es geht hierbei um das Gewicht und die Nähe zur Schädigung. Dies erklärt sich mit der Verwendung des Begriffs in Art. 13 Abs. 4 Satz 1 und Abs. 7 GG. Man muss wohl von einer Gefahr ausgehen, die sich im Bereich der gegenwärtigen und erheblichen Gefahr bewegt. Darüber, ob die Voraussetzungen der Gegenwärtigkeit und Erheblichkeit im Falle der dringenden Gefahr nun aber kumulativ oder alternativ vorliegen müssen, lässt sich freilich trefflich diskutieren.[52] Aufgrund der hohen Bedeutung des Art. 13 GG sollte man aber von einem kumulativen Vorliegen der Gegenwärtigkeit und Erheblichkeit ausgehen.

Unter einer **allgemeinen Gefahr** (begrifflich teilweise auch: „gemeine Gefahr") versteht man eine Sachlage, bei der eine im Einzelfall nicht bestimmbare Personenanzahl in ihren rechtlich geschützten Gütern und Interessen verletzt zu werden droht.

Bei der Befassung mit dem polizeilichen Eingriffsrecht stößt man immer wieder auch auf die sog. „**latente Gefahr**". Dieser Gefahrbegriff beschreibt einen Zustand, bei dem es aktuell noch keinerlei Anzeichen für einen Schadenseintritt gibt und der damit die Schwelle zur Gefahr (jedenfalls aktuell noch) nicht überschritten hat. Das Besondere ist allerdings, dass dieser ungefährliche Zustand durch eine Änderung der Sachlage jederzeit in eine Gefahr umschlagen kann. In dogmatischer Hinsicht kann der latenten Gefahr mit gewisser Skepsis begegnet werden, denn eine Sachlage ist entweder gefährlich oder ungefährlich. Die latente Gefahr ist damit keine Gefahr, solange nicht weitere Umstände hinzutreten. Gefahren müssen immer kontextualisierend in einen Bezug zur Umwelt gestellt werden. Genau das macht die latente Gefahr aber nicht. Die Polizei kann auf die Annahme einer latenten Gefahr hin keine Grundrechtseingriffe vornehmen.

52 Zum Ganzen Thiel, Polizeirecht, § 8 Rn. 70.

2.5 Die Anscheinsgefahr

Bei der **Anscheinsgefahr** handelt es sich um einen Sachverhalt, bei dem der Polizist nach seiner subjektiven Wahrnehmung und Einschätzung von einer Gefahr ausgeht, bei dem aber objektiv gerade keine Gefahr vorliegt. Hier ist nur nach dem subjektiven Gefahrbegriff eine Gefahr gegeben. Geht der Polizist nun von diesem subjektiven Gefahrbegriff im konkreten Fall von einer Gefahr aus, so liegen für den Polizisten die tatbestandlichen Voraussetzungen vor. Die Gefahr und die Anscheinsgefahr sind für den handelnden Polizisten ex ante betrachtet identisch. Man kann auch sagen, dass aus der Ex-ante-Perspektive eine Situation als Gefahr eingestuft wurde, die sich aber aus der Ex-post-Perspektive nicht als Gefahr bestätigt hat. Anscheinsgefahren sind Gefahren i. S. d. SOG LSA. Geht die Polizei also von einer Gefahr aus, die sich im Nachhinein rechtlich nur als Anscheinsgefahr entpuppt, dann handelt die Polizei **gleichwohl rechtmäßig**.

Beispiel

Die Polizei hört Schreie aus einer Wohnung. Sie bricht die Tür auf und dringt in die Wohnung ein. Im Nachhinein stellt sich heraus, dass die Geräusche aus einem Kriminalfilm stammten, den sich die Bewohner der Wohnung im Fernsehen angeguckt haben.

Die Polizei sieht, wie eine Person mit einer Pistole auf eine andere Person anlegt und auf diese schießt. Es ertönt ein Knall, und das Opfer fällt schreiend zu Boden. Als der Schütze erneut anlegen will, um das Opfer endgültig zu töten, geht die Polizei sofort dazwischen. Im Nachhinein stellt sich heraus, dass es sich um Schauspieler gehandelt hat, die eine Szene geprobt haben.

In derartigen Fällen besteht objektiv gerade keine Gefahr. Für die Polizei ist dies aber nicht ersichtlich. Die Polizei hat vielmehr einen Sachverhalt angetroffen, bei dem sie im Entscheidungszeitpunkt von einer Gefahr ausgehen musste. Im Gefahrenabwehrrecht ist ausschließlich die Ex-ante-Perspektive maßgeblich.

Die Polizei darf also auch dann einschreiten, wenn sich für sie eine Gefahr darstellt, diese aber nicht gegeben ist.

2.6 Die Putativgefahr

Ganz anders sieht demgegenüber die Sach- und Rechtslage bei der sog. **Putativgefahr** aus. Die Putativgefahr liegt dann vor, wenn zwar der handelnde Polizist von einer Gefahr ausgeht, die konkrete Sachlage jedoch weder dem objektiven noch dem subjektiven Gefahrbegriff entspricht. Die Putativgefahr ist damit eine nur scheinbare Gefahr oder – in begrifflicher

Abgrenzung zur *Anscheins*gefahr – eine *Schein*gefahr. Der Polizist irrt sich also über die Gefährlichkeit einer Situation bzw. einer Handlung. Streng genommen irrt sich der Polizist hierüber aber auch bei der Anscheinsgefahr.

Der Unterschied zwischen diesen beiden Gefahrbegriffen liegt jedoch darin, dass bei der Putativgefahr sowohl aus der Ex-post-Perspektive als auch der Ex-ante-Perspektive (!) keine Gefahr vorliegt. Bei der Anscheinsgefahr liegt nur aus der Ex-post-Perspektive keine Gefahr vor. Man kann also sagen, dass der Polizist, der im Falle einer bloßen Putativgefahr gleichwohl polizeiliche Eingriffe vornimmt, die Sorgfalt des sachkundigen und umsichtigen Durchschnittsbeamten außer Acht lässt. Er handelt sorgfaltswidrig. Vor diesem Hintergrund sind polizeiliche Maßnahmen, die auf eine Putativgefahr gestützt werden, **ausnahmslos rechtswidrig**.

Beispiel

Der Polizist P kommt an einem Grundstück vorbei, vor dessen Einfahrt ein großer Lkw mit dem Logo eines bekannten Fernsehsenders steht. Überall laufen Menschen mit Klemmbrettern, Kabeln oder Scheinwerfern herum. Polizist P sieht auch einen Stuhl mit der Aufschrift „Regie". Auf einmal hört P den laut gerufenen Ausdruck „Und Action!". Als P den Kopf dreht, sieht er, wie ein Mann mit einem Schwert und in Ritterrüstung auf einen anderen Menschen zustürmt und theatralisch „Stirb!" schreit. P reagiert sofort und schießt auf den Ritter.

Hier ist der Schusswaffengebrauch, zu dem P über § 66 SOG LSA grundsätzlich durchaus berechtigt ist, im konkreten Fall rechtswidrig. Dies liegt daran, dass es vorliegend schon keine Gefahr gibt, die P abwenden muss. Ein durchschnittlicher, umsichtig handelnder Polizist hätte angesichts der Gesamtsituation (Lkw mit Logo des Fernsehsenders, Ausdruck „Und Action!", Regiestuhl, Mann in Ritterrüstung etc.) erkannt, dass er sich an einem Filmset befindet und ganz offensichtlich gerade eine Filmszene gedreht wird.

2.7 Der Gefahrverdacht

Häufig werden Polizisten in Ausübung ihres Dienstes nicht unmittelbar mit einer Situation konfrontiert, die die Schwelle zur Gefahr bereits überschritten hat. Gleichwohl bestehen seitens der Polizei Unsicherheiten mit Blick auf die weitere gefahrbegründende Entwicklung der Situation. Es fehlt damit zum gegenwärtigen Zeitpunkt an der hinreichenden Wahrscheinlichkeit eines Schadenseintritts. Es liegt damit keine Gefahr (insbesondere auch keine Anscheinsgefahr), sondern lediglich ein **Gefahrverdacht** vor.

Beispiel

Ein morscher Baum droht umzukippen. Ein Abhang droht abzurutschen. Ein über einem alten Bergwerksstollen gelegener Kinderspielplatz droht einzusacken. Ein Deich droht zu brechen.

In diesen Fällen stellt sich die Frage, ob die Polizei überhaupt handeln darf. Es besteht jedenfalls dahingehend Einigkeit, dass die Polizei nicht einfach „sehenden Auges" abwarten darf, was passieren wird. Sie befindet sich hier in einer Art Vor-Gefahrenlage. Die Polizei muss in derartigen Fällen daher zunächst weitere Ermittlungsmaßnahmen durchführen, um den Gefahrverdacht zu erhärten und so am Ende doch von einer Gefahr ausgehen zu können, oder aber ihn zu verwerfen. Die damit einhergehenden **Gefahrerforschungsmaßnahmen** können teilweise auf Standardmaßnahmen gestützt werden. In den Fällen, in denen das SOG LSA normiert, dass es für eine Maßnahme ausreichend ist, wenn ein Verdacht besteht, genügt das Vorliegen eines Gefahrverdachts für die Durchführung der Maßnahme. So können die Sicherheitsbehörden und die Polizei gem. § 14 Abs. 1 Satz 1 SOG LSA eine Person befragen, **wenn tatsächliche Anhaltspunkte die Annahme rechtfertigen**, dass die Person sachdienliche Angaben zur Aufklärung des Sachverhaltes in einer bestimmten sicherheitsbehördlichen oder polizeilichen Angelegenheit machen kann. Ein anderes Beispiel ist § 43 Abs. 2 Nr. 1 SOG LSA. Hiernach können die Sicherheitsbehörden und die Polizei eine Wohnung ohne Einwilligung des Inhabers betreten und durchsuchen, **wenn Tatsachen die Annahme rechtfertigen**, dass sich in ihr eine Sache befindet, die nach § 45 Nr. 1 SOG LSA sichergestellt werden darf.

Rechtlich problematisch ist der Fall, in dem keine Standardmaßnahme anwendbar ist. Hier ist dann fraglich, ob die Polizei auf die Generalklausel des § 13 SOG LSA zurückgreifen kann. Sofern mit den Gefahrerforschungsmaßnahmen in Grundrechte eingegriffen werden soll, ist ein Rückgriff auf § 13 SOG LSA gesperrt. Dies liegt daran, dass § 13 SOG LSA tatbestandlich von einer Gefahr ausgeht. Ein Gefahrverdacht ist aber gerade keine Gefahr. Damit ist schon der Tatbestand des § 13 SOG LSA nicht erfüllt. Solange die Gefahrerforschungsmaßnahme nicht in Grundrechte eingreift, ist dies unschädlich. Eine Ermächtigungsgrundlage ist in diesen Fällen nämlich nicht erforderlich. Erst dann, wenn die Gefahrerforschungsmaßnahme in Grundrechte eingreift und damit zu einem **Gefahrerforschungseingriff** wird, wird die Frage nach der Ermächtigungsgrundlage virulent.

Es ist relativ unumstritten, dass die Polizei aber auch dann in grundrechtsbeschränkender Weise auf einen Gefahrverdacht reagieren können muss, wenn Standardmaßnahmen keine entsprechende Befugnis darstellen. Hierzu werden diverse Ansichten und Lösungsmöglichkeiten im juristischen Schrifttum vertreten.[53] Am überzeugendsten ist die Ansicht, die die Grundrechtseingriffe bei Gefahrverdachtslagen trotz der fehlenden Gefahr dennoch auf die Generalklausel (und für Sachsen-Anhalt also auf § 13 SOG LSA) stützen möchte.[54] Das, was tatbestandlich zu weit gerät, kann durch eine (sehr) enge Rechtsfolge kompensiert werden.[55] Insbesondere die Verhältnismäßigkeitsprüfung sollte dann streng durchgeführt werden. Die Polizei darf also im Falle eines Gefahrverdachts Gefahrerforschungsmaßnahmen und auf der Grundlage von § 13 SOG LSA auch Gefahrerforschungseingriffe vornehmen.

Hinweis

Der Rückgriff auf den Untersuchungsgrundsatz des § 24 VwVfG ist in diesen Fällen verfehlt. Dies liegt daran, dass § 24 VwVfG nicht zu Grundrechtseingriffen ermächtigt. Ihm kann daher im polizeilichen Eingriffsrecht im Falle eines Gefahrverdachts keine Auffangwirkung zukommen.

Ein (seltener) Spezialfall ist der sog. **Putativgefahrverdacht**. Der Putativgefahrverdacht ist von der Idee her mit der Putativgefahr vergleichbar. Beim Putativgefahrverdacht geht der handelnde Polizist davon aus, dass eine Gefahr jedenfalls möglich ist. Dies ist aber in der konkreten Situation nicht vertretbar. Sofern der Polizist aufgrund des Putativgefahrverdachts schon Gefahrerforschungsmaßnahmen oder sogar Gefahrerforschungseingriffe vorgenommen haben sollte, sind diese allesamt rechtswidrig.

3. Die polizeilichen Schutzgüter

Ganz abstrakt formuliert hat das Gefahrenabwehrrecht die Aufgabe, Gefahren für die öffentliche Sicherheit oder für die öffentliche Ordnung abzuwehren. Dies zeigt sich deutlich an § 3 Nr. 1a SOG LSA: Danach ist eine konkrete Gefahr eine Sachlage, bei der im einzelnen Falle die hinreichende Wahrscheinlichkeit besteht, dass in absehbarer Zeit ein Schaden für die öffentliche Sicherheit oder Ordnung eintreten wird. Das SOG LSA schützt also umgekehrt die öffentliche Sicherheit und die öffentliche Ordnung. Aus diesem Grund werden die öffentliche Sicherheit und Ordnung

53 Zum Ganzen Thiel, Polizeirecht, § 8 Rn. 64f.
54 So allgemein etwa Thiel, Polizeirecht, § 8 Rn. 65.
55 Vgl. Thiel, Polizeirecht, § 8 Rn. 65.

auch als Schutzgüter des Gefahrenabwehrrechts bezeichnet. Präventives polizeiliches Eingriffsrecht ist zwar Landesrecht und damit dem legislativen Ausgestaltungswillen des jeweiligen Landesgesetzgebers unterworfen. Gleichwohl werden die öffentliche Sicherheit und die öffentliche Ordnung im gesamten Bundesgebiet einheitlich ausgelegt.

3.1 Die öffentliche Sicherheit

Was das SOG LSA unter dem Schutzgut der öffentlichen Sicherheit versteht, wird durch die in § 3 Nr. 1 SOG LSA enthaltene Definition deutlich.[56] Öffentliche Sicherheit ist die **Unverletzlichkeit der Rechtsordnung**, der **subjektiven Rechte und Rechtsgüter des Einzelnen** sowie des **Bestandes**, der **Einrichtungen** und **Veranstaltungen des Staates oder sonstiger Träger der Hoheitsgewalt**. Es fällt auf, dass das Schutzgut „öffentliche Sicherheit" seinerseits aus drei „Unterschutzgütern" besteht. Diese Schutzgüter stehen nicht in einem Exklusivitätsverhältnis nebeneinander. Es gibt vielmehr vielfältige inhaltliche Überschneidungen und Überlappungen. Das Paradebeispiel für die Überschneidung der Schutzbereiche sind die Grundrechte. Die Grundrechte sind sowohl die klassischsten subjektiven Rechte (es sind sogar subjektive Rechte mit Verfassungsrang) als auch Teil der Rechtsordnung. Die Sicherheit ist öffentlich, wenn sie im öffentlichen Interesse steht. Zu beachten ist, dass die Sicherheit selbst gerade kein Schutzgut ist. Sicherheit ist eine Zustandsbeschreibung und bedeutet „Abwesenheit von Gefahren". Das Sicherheitsgefühl der Landesbevölkerung in Sachsen-Anhalt unterfällt daher nicht dem SOG LSA.

Die **Unverletzlichkeit der Rechtsordnung** umfasst ausgehend vom GG bis hinab zur kleinen kommunalen Satzung die gesamte objektive Rechtsordnung. Umfasst sind also alle vorhandenen nationalen Rechtsnormen einschließlich der unmittelbar geltenden Normen des Unionsrechts. Die Rechtsordnung schließt auch Gewohnheits- und Richterrecht ein. Damit dringt das Schutzgut „objektive Rechtsordnung" derart in die Schutzbereiche der anderen beiden Schutzgüter ein, dass die objektive Rechtsordnung im Verhältnis aller Schutzgüter zueinander eine klare hegemoniale Stellung innehat. Die öffentliche Sicherheit schützt aber gerade nicht die Rechtsordnung an sich, sondern „nur" ihre Unverletzlichkeit. Zu einem gewissen Grad bewegt man sich hierbei jedoch zirkelschlüssig, denn die Rechtsordnung definiert (mittelbar) natürlich, wann sie verletzt wird. Ein **Verstoß gegen öffentlich-rechtliche Ge- oder Verbote** führt zur Verletzung der

56 Siehe zur öffentlichen Sicherheit auch Götz/Geis, Allgemeines Polizei- und Ordnungsrecht, § 10.

objektiven Rechtsordnung. Die öffentliche Sicherheit ist also schon dann beeinträchtigt, wenn sich nicht an eine öffentlich-rechtliche Verhaltensvorschrift gehalten wird. Zwar folgen aus den Ge- und Verbotsnormen keine Befugnisse, in Grundrechte einzugreifen, da allerdings mit dem (drohenden) Verstoß gegen die Ge- oder Verbotsnorm eine Gefahr für die Unverletzlichkeit der Rechtsordnung besteht und somit eine Gefahr für die öffentliche Sicherheit, liegt eine Gefahr vor, auf die jedenfalls mit der Generalklausel des § 13 SOG LSA reagiert werden kann.

Der klassische Fall ist das Falschparken. Ein verbotenes Parken ist selbst in den Fällen, in denen es keine konkrete Behinderung des Straßenverkehrs gibt, eine Störung der öffentlichen Sicherheit. Parkt das Kfz etwa im Geltungsbereich eines Halteverbotszeichens, so verstößt dies gegen das im Halteverbotszeichen enthaltene Wegfahrgebot. Auch Verkehrsschilder (= Allgemeinverfügungen), die letztlich auf dem StVG und der StVO beruhen, gehören zur objektiven Rechtsordnung. Für die Polizei sind im Rahmen der Rechtsordnung das **Straf- und Ordnungswidrigkeitenrecht** relevant. Wurden Straftaten oder Ordnungswidrigkeiten begangen, ist eine Verletzung der Rechtsordnung gegeben. Die Verletzung der Rechtsordnung ist bereits mit Erfüllung des Straftatbestands eingetreten. Ob es dabei nur auf den objektiven oder aber auch zusätzlich auf den subjektiven Tatbestand ankommen soll, ist nicht abschließend entschieden. Da es im Gefahrenabwehrrecht allerdings nicht auf Motive oder Vorstellungen eines Verantwortlichen ankommt, liegt es näher, es allein auf die Verwirklichung des objektiven Tatbestandes ankommen zu lassen. Das Abstellen auf den objektiven Tatbestand hat für die handelnden Polizeivollzugsbeamten überdies den Vorteil, dass sie sich nicht mit etwaigen Irrtümern des Verantwortlichen befassen müssen. Es kann gefahrenabwehrrechtlich keinen Unterschied machen, ob ein Verantwortlicher einem Tatbestandsirrtum unterliegt oder nicht, da der Verantwortliche durch die (versuchte) Erfüllung des objektiven Tatbestandes in jedem Fall eine Gefahr darstellt, die die Polizei abwehren muss.

Hinweis

In diesem Kontext taucht immer wieder die Frage auf, ob die Polizei auch dann gefahrenabwehrrechtlich einschreiten muss, wenn der (drohende) Schadenseintritt zur Tatbestandsmäßigkeit eines absoluten Antragsdelikts führt. Dies muss uneingeschränkt bejaht werden. Der Strafantrag ist nur für die Verfolgbarkeit der Straftat relevant, nicht jedoch für die Gefährlichkeit der Handlung.[57]

57 Zum Ganzen Thiel, Polizeirecht, § 8 Rn. 14.

An der **Unverletzlichkeit der subjektiven Rechte und Rechtsgüter des Einzelnen** zeigt sich die Überschneidung mit der Unverletzlichkeit der Rechtsordnung besonders deutlich. Alle normativ verbürgten subjektiven Rechte sind zugleich auch Bestandteil der Rechtsordnung. In Fällen, in denen zugleich auch die Rechtsordnung als Schutzgut betroffen ist, ist diese primär zur Unverletzlichkeit der subjektiven Rechte und Rechtsgüter des Einzelnen zu prüfen.

Hinweis

Wenn § 223 Abs. 1 StGB als Teil der Rechtsordnung die Körperverletzung unter Strafe stellt, dann will § 223 Abs. 1 StGB zugleich sicherstellen, dass Menschen weder körperlich misshandelt noch an der Gesundheit geschädigt werden. § 223 Abs. 1 StGB schützt also das subjektive Recht auf körperliche Unversehrtheit und Gesundheit. Kommt es nun aber zu einer körperlichen Misshandlung, dann sind direkt zwei Schutzgüter der öffentlichen Sicherheit betroffen. Zum einen ist das subjektive Recht auf körperliche Unversehrtheit berührt. Zum anderen ist zugleich auch die Rechtsordnung als Schutzgut der öffentlichen Sicherheit betroffen, weil der hier maßgebliche § 223 Abs. 1 StGB als Teil der Rechtsordnung verletzt ist.

Ein eigener Anwendungsbereich kommt den subjektiven Rechten als Bestandteil der öffentlichen Sicherheit allerdings bei außernormativen Verletzungen zu. Dies ist etwa bei **Umweltereignissen und -katastrophen** (Lawinen, Orkane, Überflutung etc.) der Fall, bei denen es zu einer Gefährdung von Leib, Leben, Freiheit oder Eigentum kommt. Das Schutzgut der subjektiven Rechte stellt sich im Großen und Ganzen als Zusammenfassung aller Grundrechte und einfachgesetzlicher subjektiver Rechte dar. Eine wichtige Ausnahme bildet zweifellos das Vermögen, das gerade nicht grundrechtlich geschützt ist. Wegen der allgemeinen Handlungsfreiheit aus Art. 2 Abs. 1 GG sind die subjektiven Rechte weitreichend. Die subjektiven Rechte, die keinen Verfassungsrang haben, sind vor allem zivilrechtliche, aber auch öffentlich-rechtliche Ansprüche. Hier muss gleichwohl beachtet werden, dass die Polizei bei der Durchsetzung privater Rechte zur größten Zurückhaltung verpflichtet ist. Wie sich aus § 1 Abs. 2 SOG LSA ergibt, obliegt der Schutz privater Rechte der Polizei nach dem SOG LSA nur dann, wenn gerichtlicher Schutz nicht rechtzeitig zu erlangen ist und wenn ohne sicherheitsbehördliche oder polizeiliche Hilfe die Verwirklichung des Rechts vereitelt oder wesentlich erschwert werden würde. Der Bürger, der einen zivilrechtlichen Anspruch durchsetzen möchte, muss sich daher vorrangig der Gerichte bedienen.

Einen weiteren Aspekt der Unverletzlichkeit der subjektiven Rechte bildet die sog. „**Selbstgefährdung**“. Selbstgefährdungen sind für Polizisten juristisch brisant. Dies liegt unter anderem daran, dass das Recht das Individuum nicht vor sich selbst schützen will. Man kann sich selbst verletzen und sogar töten. Dies wird von Art. 2 Abs. 1 bzw. Abs. 2 GG geschützt. Die Selbstgefährdung setzt eine Freiwilligkeit voraus. Dies bedeutet, dass die Person, die sich selbst gefährdet, um die Gefahren weiß, denen sie sich durch ihre Handlung auszusetzen gedenkt. Zu denken ist hierbei etwa an Fallschirmspringen, Bergsteigen, Motorradfahren, Eistauchen, spezielle sexuelle Praktiken, Drogenkonsum, freiwillige Obdachlosigkeit, Hungerstreik etc. Für die Polizei stellt sich in derartigen Fällen das rechtliche Problem, ob sie diesem Recht, sich selbst zu gefährden, mit einer „aufgedrängte[n] Gefahrenabwehr“ begegnen muss bzw. darf.[58] Für einen aufgedrängten polizeilichen Grundrechtsschutz und damit für eine aufgedrängte polizeiliche Gefahrenabwehr ist dann kein Raum, wenn man die Selbstgefährdung schon nicht als Gefahr versteht. Ein polizeiliches Einschreiten ist trotz des Rechts auf Selbstgefährdung aber jedenfalls in den Fällen zwingend, in denen es am freien Willen mangelt, in denen Dritte gefährdet werden und in denen in eklatanter Weise gegen das grundgesetzliche Wertesystem verstoßen wird.

Eine besondere, weil die Irreversibilität der Selbstgefährdung betreffende Rolle, nimmt hierbei die **Selbsttötung** ein. Einen grundrechtlichen Schutz hat sie nur in Fällen des sog. „Bilanzselbstmords“. Für die Polizei besteht das Problem darin, diesen nach Aufstellung einer Lebensbilanz durchgeführten Selbstmord als solchen zu erkennen. Ein polizeiliches Eingreifen ist daher immer dann erforderlich, wenn sich der Suizident in einem die freie Willensbildung ausschließenden Zustand befindet. Dies ist vor allem bei Suizidversuchen der Fall. Beim sog. „Appellselbstmord“ kommt es dem Suizidenten gerade auf die ausbleibende Vollendung an. Hierbei legt er es darauf an, doch noch gerettet zu werden und Hilfe für seine Probleme zu erhalten. Der Appellselbstmord bzw. besser Appellselbstmordversuch ist also eine Art Hilferuf. Der Suizident, darf daher gem. § 37 SOG LSA von der Polizei in Gewahrsam genommen werden. Sofern die Selbsttötung eine Gefahr für Dritte darstellt, darf auch diese polizeilich unterbunden werden. Dies gilt selbst für den Fall des Dritte gefährdenden Bilanzselbstmords. Zu denken ist dabei etwa an das Legen von Feuer, an das Öffnen des Gashahns, an Geisterfahrten oder das Verweilen auf Eisenbahnschienen in suizidaler Absicht.

58 Thiel, Polizeirecht, § 8 Rn. 30.

Hinweis

Die Abgrenzung von Bilanzselbstmord und Appellselbstmord kann im Einzelfall schwierig sein. Da die Polizei aber jedenfalls beim Appellselbstmord einschreiten muss, stellt sich die Frage, wie sie diesen erkennen kann. Derjenige, der sich wirklich selbst töten will, wird dies derart machen, dass die Polizei nicht mehr effektiv eingreifen kann. Er wird einen Weg finden, auf dem er seinen ernsthaften Todeswunsch ungehindert umsetzen kann. In den Fällen, in denen der Freitod öffentlichkeitswirksam begangen werden soll, wird man von einem Hilferuf und also einem Appellselbstmord ausgehen müssen (etwa das Verharren auf der Brüstung einer Autobahnbrücke, das Kaufen von Medikamenten in letalen Mengen etc.). Sofern man sich auf den Standpunkt stellt, dass jeder Selbstmordversuch zugleich auch ein Fall der unterlassenen Hilfeleistung ist, wäre über § 323c StGB ohnehin die Rechtsordnung betroffen und die Polizei müsste eingreifen.

Das dritte Schutzgut ist **die Unverletzlichkeit des Bestands, der Einrichtungen und Veranstaltungen des Staates oder sonstiger Träger der Hoheitsgewalt**. Der **Bestand** des Staats oder sonstiger Träger der Hoheitsgewalt ist gefährdet, wenn gegen die staatliche Territorialität oder die politische und völkerrechtliche Selbstständigkeit agitiert wird. Als Staat bzw. Hoheitsträger gelten der Bund, die Länder und die Kommunen sowie andere öffentlich-rechtliche Körperschaften, öffentlich-rechtliche juristische Personen, Anstalten und Stiftungen. Staatsgefährdende Handlungen sind in §§ 81 ff. StGB sowie in § 120 GVG aufgeführt. Hier zeigt sich die Überschneidung mit der Rechtsordnung wieder sehr deutlich. Wer den Bestand des Staats gefährdet, begeht in aller Regel zugleich ein Staatsschutzdelikt. **Einrichtungen** des Staats oder sonstiger Träger der Hoheitsgewalt sind die hoheitlichen Funktionseinheiten von einer gewissen Dauerhaftigkeit. Umfasst sind hier vor allem die körperlich-fassbaren Immobilien der jeweiligen Hoheitsträger. Hierzu zählen etwa die Gebäude der obersten, mittleren und unteren Bundes- und Landesbehörden, ferner etwa Bibliotheken, Schwimmbäder, Universitäten, Gerichte, Justizvollzugsanstalten, Kasernen, Krankenhäuser, Theater, Museen, Opernhäuser, Straßen, Park- und Grünanlagen, Asyl- und Obdachlosenwohnheime, das Kammersystem etc.

Beispiel

Eine selbsternannte „Nachbarschaftswache“ blockiert den Zugang zum öffentlichen Stadtpark in der Stadt S und lässt willkürlich nur bestimmte Personen in den Park. Da der Park aber als öffentliche Einrichtung konzipiert, gewidmet und daher für alle Menschen zugänglich ist, stellt die Blockade eine Gefahr für die Einrichtung „Stadtpark“ und somit eine Gefahr für die öffentliche Sicherheit dar. Die Polizei muss hier gegen die „Nachbarschaftswache“ vorgehen.

Unter **Veranstaltungen** versteht man gemeinhin „ad hoc gebildete Handlungskomplexe“.[59] Veranstaltungen sind etwa militärische Manöver (der große Zapfenstreich der Bundeswehr), Ausstellungen, Staatsbegräbnisse, Staatsbesuche, Staatsempfänge, Paraden, Gelöbnisse, Unterricht, Prüfungen an staatlichen (Hoch-)Schulen etc.

Beispiel

Das wohl bekannteste Problem im Rahmen der Gefahr für hoheitliche Einrichtungen ist die sog. „**Radarwarnung**“.

Dies soll an folgendem Beispiel verdeutlicht werden: Für A sind Radaranlagen und polizeiliche Geschwindigkeitskontrollen nur ein weiteres Mittel, um den Bürgern das Geld aus der Tasche zu ziehen. Er beschließt daher, dieses „System zu torpedieren“. Hierzu erstellt A ein großes Plakat, auf das er gut lesbar „Achtung! Blitzer!“ schreibt. Mit diesem Plakat stellt sich A 200 Meter vor ein im Gebüsch verstecktes Radargerät und „warnt“ die Kfz-Fahrer dadurch vor diesem. Tatsächlich bremsen die Kfz-Fahrer ab, sobald sie A sehen, und fahren sodann vorschriftsmäßig weiter. Geblitzt wird niemand. Die Polizei, die während einer Streifenfahrt auf A aufmerksam wird, fragt sich, ob und wie sie gegen A vorgehen kann.

Hier stellt sich zunächst die Frage, ob das Verhalten von A eine Gefahr für die öffentliche Sicherheit oder Ordnung darstellt. In Betracht kommt eine Gefährdung der Rechtsordnung als Teilschutzgut der öffentlichen Sicherheit. Dann müsste es eine Vorschrift geben, die es dem A verbietet, am Straßenrand zu stehen und ein Schild in die Luft zu halten. Eine derartige Vorschrift gibt es aber nicht. Da A gegen kein Verbot verstößt und demnach rechtmäßig handelt, muss erörtert werden, ob rechtmäßiges Handeln überhaupt eine Gefahr darstellen kann. Die allgemeine Handlungsfreiheit erlaubt letztlich alles, was nicht verboten ist. Vor diesem Hintergrund kann man vertreten, dass die Polizei gegen eine Warnung vor Radarkontrollen nicht vorgehen kann, wenn die Warnung „rechtmäßig“ ist.[60]

Dieser Standpunkt überzeugt jedoch nicht restlos. Wenn nämlich nur rechtswidriges Verhalten eine Gefahr begründen könnte, dann bräuchte es nur das Teilschutzgut der Unverletzlichkeit der Rechtsordnung. Die anderen beiden Teilschutzgüter der subjektiven Rechte und Rechtsgüter des Einzelnen sowie der Bestand, die Einrichtungen und Veranstaltungen des Staates oder sonstiger Träger der Hoheitsgewalt wären dann überflüssig. Rechtmäßiges Verhalten kann daher eine Gefahr für diese beiden Teilschutzgüter darstellen. Möglicherweise stellt das Verhalten von A daher eine Gefahr für subjektive Rechte und Rechtsgüter dar. Dies dürfte zu verneinen sein. A selbst stellt nicht nur keine Gefahr für an-

59 Kingreen/Poscher, Polizei- und Ordnungsrecht, § 7, Rn. 30.
60 So wohl Gusy/Eichenhofer, Polizei- und Ordnungsrecht, Rn. 83; Kingreen/Poscher, Polizei- und Ordnungsrecht, § 7 Rn. 38.

dere dar, sondern wehrt sogar noch Gefahren (etwa durch zu schnelles Fahren) für andere ab. Etwas anderes dürfte nur dann anzunehmen sein, wenn A derart auf den Straßenverkehr einwirkte, dass die Verkehrsteilnehmer abgelenkt und der Straßenverkehr gestört würden. Dann wäre streng genommen aber auch schon die Rechtsordnung betroffen. In Betracht kommt hier jedoch eine Gefahr für die staatliche Einrichtung bzw. Veranstaltung „Radarkontrolle“. Die Radarkontrolle ist eine Geschwindigkeitskontrolle. Sofern sie fest installiert ist, dürfte es sich um eine Einrichtung handeln. Ist sie mobil, liegt es näher, von einer Veranstaltung zu sprechen. Es ist aber fraglich, ob die Funktionsfähigkeit dieser Radaranlage dadurch beeinträchtigt wird, dass jemand vor ihr warnt. Derjenige, der vor Geschwindigkeitskontrollen warnt, erfüllt letztlich selbst die Funktion einer Geschwindigkeitskontrolle. Durch die Warnung werden die Kfz-Fahrer zu einem ordnungsgemäßen Fahrverhalten animiert.

Vor allem die Rechtsprechung sieht dies aber anders, „denn eine polizeiliche Geschwindigkeitskontrolle, die verdeckt durchgeführt wird, ist nicht dazu bestimmt, die Einhaltung der Verkehrsvorschriften auf der Überwachungsstrecke und für die Dauer der Kontrolle sicherzustellen; sie soll vielmehr der Feststellung und künftigen Abschreckung derjenigen Kraftfahrer dienen, die, wenn sie sich unbeobachtet glauben, manchen Verkehrsvorschriften keine genügende Beachtung schenken, und auf diese Weise über den örtlichen und zeitlichen Bereich der Kontrolle hinauswirken.“[61] Das Warnen beeinträchtige daher die Ziele der Radarkontrolle.[62] Die Polizei kann also gegen A vorgehen. Es stellt sich nun die Frage, wie sie das kann. Hier kommen mehrere Maßnahmen in Betracht. Die Polizei könnte A beispielsweise über § 13 SOG LSA seine Handlung untersagen. Als mögliche Maßnahme kommt daneben auch die Sicherstellung des Plakats gem. § 45 SOG LSA in Betracht. Sollte A sich uneinsichtig zeigen und sodann etwa durch Winken, Hüpfen oder Rufen die Kfz-Fahrer warnen wollen, so kann die Polizei gegen ihn auch einen Platzverweis gem. § 36 Abs. 1 Satz 1 SOG LSA aussprechen. Kommt A dem Platzverweis nicht nach, so kann die Polizei A gem. § 37 Abs. 1 Nr. 3 SOG LSA auch in Gewahrsam nehmen. Die Polizei kann eine Person nämlich auch dann in Gewahrsam nehmen, wenn dies unerlässlich ist, um eine Platzverweisung durchzusetzen. Selbstverständlich stehen der Polizei dabei die Mittel des Verwaltungszwangs (§§ 53 ff. SOG LSA) – insbesondere des unmittelbaren Zwangs (§ 58 SOG LSA) – zur Seite. Aus dem auf den ersten Blick relativ unspektakulären Warnen vor Radarkontrollen können sich also je nach Entwicklung des Sachverhalts durchaus anspruchsvolle polizeiliche Maßnahmen ergeben.

61 BayObLG, Urt. v. 26.06.1963, NJW 1963, S. 1884 (1885).
62 OVG Münster, Beschl. v. 17.01.1997, NJW 1997, S. 1596 (1596).

3.2 Die öffentliche Ordnung

Das andere Schutzgut ist die öffentliche Ordnung.[63] Öffentliche Ordnung i. S. d. § 3 Nr. 2 SOG LSA ist die Gesamtheit der im Rahmen der verfassungsmäßigen Ordnung liegenden ungeschriebenen Regeln für das Verhalten des Einzelnen in der Öffentlichkeit, deren Beachtung nach den jeweils herrschenden Anschauungen als unerlässliche Voraussetzung eines geordneten staatsbürgerlichen Zusammenlebens betrachtet wird. Die öffentliche Ordnung umfasst damit nicht-rechtliche Normen, die in einer Gesellschaft anerkanntermaßen gelten. Man kann hierbei auch von Sozialnormen sprechen, die die soziale und ethische Grundlage der Gesellschaft bilden. Das Schutzgut der öffentlichen Ordnung stellt die Polizei (letztlich aber auch die Verwaltungsgerichte) in einer pluralistischen Gesellschaft vor große rechtliche Herausforderungen. Indem die öffentliche Ordnung an gesellschaftliche Werte und Verhaltensweisen anknüpft, die sich wandeln, ist das Schutzgut selbst einer mehr oder weniger stetigen Anpassungs- und Wandlungsbedürftigkeit ausgesetzt.

Dies führt nahezu unmittelbar zu der Frage, ob dieses Schutzgut – trotz der im SOG LSA enthaltenen Definition – in einem derart verfassungsrechtlich ausreichenden Maße bestimmt ist, dass dieses Schutzgut die Grundlage für einen polizeilichen Grundrechtseingriff sein kann. Die Polizei darf ihre eigenen Anschauungen dabei gerade nicht als Grundlage und Auslegungshilfe für die öffentliche Ordnung heranziehen. Da es keine Normgebundenheit der öffentlichen Ordnung gibt, kann sie leicht ideologisch aufgeladen werden. Die Idee der rechtlich nicht kodifizierten Sozialnorm steht im Widerspruch zur freiheitlich demokratischen Grundordnung des Rechtsstaats. Recht muss Erwartbarkeit schaffen und gerade im Eingriffsverwaltungsrecht für den Bürger als Grundrechtsträger hoheitliche Eingriffe kalkulierbar machen. Diesem rechtsstaatlichen Imperativ läuft die öffentliche Ordnung zuwider.

Hinzu kommt, dass der Grundsatz der Gesetzmäßigkeit der Verwaltung gerade den Vorbehalt des Gesetzes im Eingriffsrecht verlangt. Es muss sich dabei um ein konkretes Gesetz handeln, das von den zuständigen Stellen in einem ordnungsgemäßen Verfahren erlassen, also demokratisch legitimiert worden ist. Insofern besteht zumindest ein Spannungsverhältnis zum Demokratieprinzip aus Art. 20 Abs. 2 GG. Hiernach geht alle Staatsgewalt vom Volke aus. Sie wird vom Volke in Wahlen und Abstimmungen und durch besondere Organe der Gesetzgebung, der vollziehenden Ge-

63 Siehe zur öffentlichen Ordnung auch Götz/Geis, Allgemeines Polizei- und Ordnungsrecht, § 11.

walt und der Rechtsprechung ausgeübt. Die Legitimation von Gesetzen erfolgt durch Verabschiedung im Parlament. Genau dies ist bezüglich der öffentlichen Ordnung fraglich. Möglicherweise sind Eingriffe aufgrund von Sozialnormen daher mit dem Demokratieprinzip unvereinbar. Da die Polizei über § 13 SOG LSA allein auf die öffentliche Ordnung gestützte Eingriffe vornehmen kann, stellt sich die Frage, ob dieser Zustand überhaupt mit der Wesentlichkeitstheorie vereinbar ist. Das BVerfG hat hinsichtlich der hinreichenden Bestimmtheit keine Zweifel.[64]

In diesem Kontext wird dann auch die Funktion der Grundrechte als Minderheitenschutzrechte relevant. Einer Minderheit dürfen von der Mehrheit nicht die Mehrheitssozialnormen aufgezwungen werden. Hier greifen dann nämlich die Sozialnormen der Mehrheit in die Grundrechte der Minderheiten ein und beschränken diese. Dies betrifft insbesondere weltanschauliche, religiöse, kulturelle und sexuelle Aspekte. Für die Ermittlung der Sozialnormen wird gemeinhin auf die herrschende Anschauung abgestellt. Die herrschende Anschauung ist empirisch zu ermitteln. Dies führt aber zu der Frage, welche und wessen Anschauung(en) bei der empirischen Ermittlung der herrschenden Anschauung zu berücksichtigen sind. Da es auf die *jeweils* herrschenden Anschauungen ankommt, können nur die gegenwärtigen Anschauungen relevant werden. Auszugehen ist dabei von einer deutschlandweiten Gesamtbetrachtung. In ländlichen Regionen kann es eine andere Haltung zur Religion und Sexualität geben als in Großstädten. Es darf aber für den Schutz der persönlichen Freiheit in Deutschland nicht davon abhängen, ob man auf der Reeperbahn oder in einem kleinen Dorf auf dem Land lebt. Würde man je nach Region auf die regionalen Sozialnormen abstellen, dann gäbe es eine regionalabhängige Freiheit, die dann polizeilich mal mehr und mal weniger stark eingeschränkt werden könnte. Was als jeweils herrschende Anschauung anzusehen ist, ergibt sich damit aus der Werteordnung des Grundgesetzes.

Ob es des Schutzguts der öffentlichen Ordnung gefahrenabwehrrechtlich überhaupt noch bedarf, kann durchaus hinterfragt werden. Ein Blick in das OWiG zeigt, dass hier in den §§ 116 ff. OWiG in vielfältiger Weise Verstöße gegen die öffentliche Ordnung aufgeführt sind. Hier kommt vor allem § 118 Abs. 1 OWiG Bedeutung zu, der normiert, dass ordnungswidrig handelt, wer eine grob ungehörige Handlung vornimmt, die geeignet ist, die Allgemeinheit zu belästigen oder zu gefährden und die öffentliche Ordnung zu beeinträchtigen. Es werden hier also genau solche Handlungen als Ordnungswidrigkeiten eingestuft, die man an sich als Teil der öffent-

64 BVerfGE 54, S. 143 (144 f.).

lichen Ordnung i. S. d. § 3 Nr. 2 SOG LSA ansehen würde. Bei einem rechtlichen Normverstoß – und ein solcher liegt bei der Begehung einer Ordnungswidrigkeit vor – ist man allerdings sowieso im Anwendungsbereich der öffentlichen Sicherheit, weil man gegen das Schutzgut der Rechtsordnung verstoßen hat. Durch §§ 116 ff. OWiG ist der Anwendungsbereich der öffentlichen Ordnung also beschränkt. Die Begehung des „Klassikers" des sozialanstößigen Verhaltens, also der Erregung öffentlichen Ärgernisses, unterfällt als Straftat gem. § 183a StGB ohnehin der öffentlichen Sicherheit. Hierdurch werden dem Anwendungsbereich der öffentlichen Ordnung schon von Gesetzes wegen all die Fälle entzogen, in denen jemand öffentlich sexuelle Handlungen vornimmt und dadurch absichtlich oder wissentlich ein Ärgernis erregt.

Für die öffentliche Ordnung hat sich eine Einzelfallkasuistik entwickelt. So soll ein Verstoß gegen die öffentliche Ordnung etwa in folgenden Fällen gegeben sein:

- Peepshows[65]
- Tötungsspiele[66]
- nacktes Spazierengehen[67]
- „Damen-Schlamm-Catch oben ohne"[68]
- öffentlicher Geschlechtsverkehr[69]
- aggressives Betteln[70]
- „Zwergenweitwurf"[71]
- sehr starker Alkoholgenuss[72]
- legaler Drogenkonsum vor Kindern[73]
- Bordellbetrieb in der Nähe von Kindergärten, Schulen, Kitas etc.[74]
- Führen eines Kleinkinds im Nietenhalsband mit eiserner Kette[75]
- extremistische Äußerungen unterhalb der Schwelle des § 130 StGB[76]
- Verspotten körperlich und/oder geistig beeinträchtigter Menschen[77]
- damals auch: Aufhängen von Kondom-Automaten[78]

65 BVerwGE 64, 274; BVerwGE 84, 314.
66 OVG NRW NWVBl. 1995, 473; OVG NRW NWVBl. 2001, 94.
67 OVG NRW 1997, 1180.
68 VGH Bayern NVwZ 1984, 254.
69 BVerwGE 64, 280.
70 BayVGH NVwZ 1999, 560.
71 VG Neustadt, NJW 1993, S. 952.
72 VGH BW VBlBW 1999, 101.
73 Fechner, JuS 2003, S. 734 (735 f.).
74 Fechner, JuS 2003, S. 734 (736).
75 Erbel, DVBl 2001, S. 1714 (1716).
76 Fechner, JuS 2003, S. 734 (736).
77 Fechner, JuS 2003, S. 734 (736).
78 Vgl. Dietlein/Hellermann, Öffentliches Recht in Nordrhein-Westfalen, § 3 Rn. 56 m. w. N.

4. Die Verantwortlichkeit

Bei der Lektüre der Generalklausel und auch einiger Standardmaßnahmen fällt auf, dass inhaltlich nur von einer Gefahr und entsprechenden erforderlichen Maßnahmen zur Gefahrenabwehr die Rede ist. Streng genommen sind diese Tatbestände unvollständig. Sie sind deshalb unvollständig, weil sie nicht regeln, gegen wen die erforderlichen Maßnahmen durchgeführt werden sollen. Die Generalklausel und viele Standardmaßnahmen schweigen mithin zur Frage der Verantwortlichkeit. Dabei ist die Frage, wer überhaupt für eine Gefahr verantwortlich ist, für den rechtmäßigen Maßnahmenvollzug von eminenter Bedeutung. Gefahrenabwehrrecht i. S. d. SOG LSA ist immer adressatenbezogen. Neutrales Gefahrenabwehrrecht ist nicht das Ziel des SOG LSA. Die Polizei kann gem. § 13 SOG LSA die **erforderlichen Maßnahmen gegen einen Verantwortlichen** treffen, um eine Gefahr abzuwehren. Sofern eine Maßnahme nicht gegen einen Grundrechtsträger gerichtet ist, bedarf die Polizei keiner Ermächtigungsgrundlage. Der Vorbehalt des Gesetzes ist für polizeiliches Handeln bekanntermaßen nur dann relevant, wenn die Polizei in Grundrechte eingreift. Erschießt die Polizei also beispielsweise einen tollwütigen herrenlosen Fuchs, dann wird sie zwar auch zum Zwecke der Gefahrenabwehr tätig, sie benötigt aber keine Befugnisnorm. Für die Polizei ist also im Rahmen ihres Handelns eine der zentralen Fragen diejenige nach dem Adressaten der Maßnahme.

Der Adressat der Maßnahme ist der polizeirechtlich Verantwortliche. Das SOG LSA kennt **drei Arten von Verantwortlichkeiten**. § 7 SOG LSA regelt die Verantwortlichkeit für das Verhalten von Personen, § 8 SOG LSA regelt die Verantwortlichkeit für den Zustand von Tieren und Sachen und § 10 SOG LSA regelt die Inanspruchnahme nicht verantwortlicher Personen. Es gibt also den Verhaltensverantwortlichen, den Zustandsverantwortlichen und (etwas paradox, gleichwohl für die Effektivität der Gefahrenabwehr relevant) den Nichtverantwortlichen. Bisweilen findet sich für den Verantwortlichen auch der Begriff „Störer“ und für die Verantwortlichkeit der Begriff „Polizeipflichtigkeit“. Die Art der Verantwortlichkeit ist deshalb relevant, weil sich die Polizei primär an den Verhaltens- und den Zustandsverantwortlichen zu halten hat. An den Nichtverantwortlichen darf sich die Polizei nur in den in § 10 SOG LSA aufgeführten Fällen halten. Die Voraussetzungen müssen dabei zwingend kumulativ erfüllt sein (dies wird durch das Wort „und“ in § 10 Abs. 1 Nr. 3 SOG LSA deutlich). Der Nichtstörer ist also nur subsidiär in Anspruch zu nehmen.

Sofern der Handlungsverantwortliche in ein und derselben Situation auch Zustandsverantwortlicher ist, spricht man vom **Doppelstörer**.[79] Zugleich ist der Zustandsstörer aber auch dann Verhaltensstörer, wenn er durch sein Verhalten dem gefahrbegründenden Zustand keine Abhilfe schafft. Die in § 7 Abs. 1 SOG LSA enthaltene Verursachung umfasst sowohl aktives Tun als auch passives Unterlassen. Verantwortlich i. S. d. SOG LSA können natürliche und juristische Personen sein. Auf die zivilrechtliche Deliktsfähigkeit kommt es dabei ebenso wenig wie auf die strafrechtliche Strafmündigkeit an. Mithin können **auch Minderjährige bzw. Geschäftsunfähige Verantwortliche** i. S. d. SOG LSA sein. Zu beachten ist dann aber **§ 12 VwVfG**. Die Handlungsfähigkeit schließt die Fähigkeit ein, Verwaltungsakte zu empfangen. Ist der Adressat aber nicht geschäftsfähig, fehlt ihm verwaltungsverfahrensrechtlich diese passive Handlungsfähigkeit. An sich müsste sich die Polizei in derartigen Fällen an den gesetzlichen oder rechtsgeschäftlichen Vertreter halten. Dies würde aber mitunter zu einer Lähmung der Gefahrenabwehr führen. Aus Gründen der Effektivität der Gefahrenabwehr ist daher jedenfalls dann von einer Handlungsfähigkeit der geschäftsunfähigen Person und somit ihrer Fähigkeit, Adressat von Verwaltungsakten sein zu können, auszugehen, wenn der Vertreter nicht oder nicht rechtzeitig erreicht werden kann. Jedenfalls kann aber auch gegen den geschäftsunfähigen Störer im Wege des Sofortvollzugs vorgegangen werden.

Aus dem Umstand, dass der Verantwortliche noch ein Kind ist, folgt nicht automatisch, dass ein strengerer Verhältnismäßigkeitsmaßstab an die polizeiliche Maßnahme anzulegen ist. Das präventive Eingriffsrecht des SOG LSA ist **verschuldensunabhängig**. Der Verantwortliche muss die polizeiliche Maßnahme weder kognitiv verstehen noch einsehen oder akzeptieren, dass er Störer ist. §§ 7, 8 und 10 SOG LSA sind gleichwohl keine Befugnisnormen. Sie ermächtigen für sich betrachtet also nicht zum Grundrechtseingriff. Die die Verantwortlichkeiten regelnden Paragrafen dehnen den Anwendungsbereich der Befugnisnormen weder aus noch schränken sie diesen ein. Umgekehrt folgt jedenfalls aus der Handlungs- und Zustandsverantwortlichkeit die Pflicht, durch sein Handeln bzw. das Schaffen eines Zustands keine Gefahren darzustellen.[80]

Hinweis

Die §§ 7, 8 und 10 SOG LSA sind von den Befugnisnormen isoliert. Dies liegt aber nur am Aufbau des SOG LSA. Der erste Teil des SOG LSA enthält vor die Klammer

79 Schenke, Polizei- und Ordnungsrecht, § 4 Rn. 300.
80 Treffend Schenke, Polizei- und Ordnungsrecht, § 4 Rn. 299.

gezogen die Aufgaben und allgemeinen Vorschriften, die für das gesamte SOG LSA gelten. Die Frage der polizeirechtlichen Verantwortlichkeit darf also nicht isoliert betrachtet werden, sondern muss in die Generalklausel und die jeweiligen Standardmaßnahmen hineingelesen werden.[81] Sie komplettieren damit die Befugnisnormen.[82] Die Prüfung der Verantwortlichkeit erfolgt daher schon auf der **Tatbestandsseite**. Auf der Rechtsfolgenseite muss geprüft werden, ob das Störerauswahlermessen fehlerfrei ist.

Neben den in §§ 7, 8 und 10 SOG LSA aufgeführten Verantwortlichen kennt das präventive Eingriffsrecht aber noch weitere Verantwortliche. So gibt es noch den Anscheinsstörer, den latenten Störer, den Zweckveranlasser, den Verdachtsstörer sowie den Zusatzverantwortlichen.

4.1 Der Handlungsverantwortliche, § 7 SOG LSA

Der Handlungsverantwortliche ist der klassische Verantwortliche des Polizeirechts. Verursacht eine Person eine Gefahr, so sind die Maßnahmen gem. § 7 Abs. 1 SOG LSA gegen diese Person zu richten. Der Handlungsverantwortliche kann sowohl durch ein Handeln als auch durch ein Unterlassen zum Störer werden. Zum Handlungsverantwortlichen wird man also allein wegen eines bestimmten Handelns (bzw. Unterlassens). Auf das Alter, die Einsichtsfähigkeit oder das Verschulden kommt es nicht an. Ist die Person noch nicht vierzehn Jahre alt, können die Maßnahmen gem. § 7 Abs. 2 Satz 1 SOG LSA auch gegen die Person gerichtet werden, die zur Aufsicht über sie verpflichtet ist. Ist für die Person ein Betreuer bestellt, so können die Maßnahmen gem. § 7 Abs. 2 Satz 2 SOG LSA konsequenterweise auch gegen den Betreuer im Rahmen seines Aufgabenkreises gerichtet werden. § 7 Abs. 2 SOG LSA regelt damit die sog. „**Zusatzverantwortlichkeit**“. Die Zusatzverantwortlichkeit tritt neben die Verantwortlichkeit des eigentlichen Handlungsstörers. Sie eröffnet der Polizei einen zusätzlichen (daher der Begriff) Adressaten für die Gefahrenabwehr.

Eine gewisse Zurückhaltung ist bei der Annahme einer Handlungsverantwortlichkeit durch **Unterlassen** angeraten. Anders als im Falle der Handlung, die jederzeit aus sich heraus eine Gefahr für die öffentliche Sicherheit oder Ordnung darstellen kann, muss im Falle des Unterlassens gegen eine an sich bestehende Handlungspflicht verstoßen werden bzw. worden sein. Der Klassiker ist hier die **Verletzung der Schulpflicht**. Der Besuch einer Schule ist für alle im Land Sachsen-Anhalt wohnenden Kinder und Jugendlichen gem. § 36 Abs. 1 SchulG LSA verpflichtend. Ein Schul-

81 Anschaulich Dietlein/Hellermann, Öffentliches Recht in Nordrhein-Westfalen, § 3 Rn. 75.
82 Vgl. Kingreen/Poscher, Polizei- und Ordnungsrecht, § 9 Rn. 3.

pflichtiger, der ohne berechtigten Grund seinen Verpflichtungen aus § 36 Abs. 1 SchulG LSA nicht nachkommt, kann der Schule auch gegen seinen Willen zugeführt werden. Die Polizei schreitet daher gem. § 44a Abs. 2 SchulG LSA gegen die ein Unterlassen darstellende Verletzung der Pflicht, zur Schule zu gehen, ein.

Hinweis

§ 44a Abs. 2 SchulG LSA ist damit eine wichtige polizeiliche Befugnisnorm, die nicht im SOG LSA normiert ist.

Es stellt sich jedoch die Frage, was § 7 Abs. 1 SOG LSA unter dem Begriff der **Verursachung** versteht. § 7 Abs. 1 SOG LSA spricht nur davon, dass eine Person eine Gefahr verursacht und somit kausal ist. Es wird aber nicht ausgeführt, wie diese Gefahr verursacht werden muss. Die Frage der Wesensart des Verursachungszusammenhangs ist also offen. Aus dieser Unbestimmtheit folgen im Einzelnen dogmatische Probleme und Anwendungsschwierigkeiten. Auf ein strenges Kausalitätsverhältnis zwischen Handlung und Gefahrschaffung kann im polizeilichen Eingriffsrecht nicht sinnvoll abgestellt werden. Dies zeigt sich deutlich an der **Äquivalenztheorie** mit ihrer Conditio-sine-qua-non-Formel. Für eine Gefahrschaffung ist danach jedes Verhalten ursächlich, das nicht hinweg gedacht werden kann, ohne dass der Erfolg – also die Gefahr – in seiner konkreten Gestalt entfiele. Die Äquivalenztheorie ermöglicht zwar eine grobe Eingrenzung möglicher Handlungen, sie ist für das präventive Polizeirecht aber zu unpräzise. Weil es im präventiven Polizeirecht kein Verschulden gibt, wird die Conditio-sine-qua-non-Formel nicht weiter eingehegt. In der Folge kommt man zwar zu kausal-logischen, in rechtspraktischer Hinsicht aber zu absurden Ergebnissen. So sind die bereits verstorbenen Eltern eines Straftäters selbstverständlich kausal für die durch ihren Sohn begangene Straftat. Sie sind aber angesichts ihres Todes ersichtlich keine polizeipflichtigen Störer mehr. Hier liegt auch der große Unterschied zum repressiven Eingriffsrecht. Im Strafrecht ist die Äquivalenztheorie vorherrschend. Sie wird im Strafrecht aber auch durch die objektive Zurechnung und auf Ebene der Rechtswidrigkeit und der Schuld immer weiter begrenzt.

Auch die vor allem im Zivilrecht vorherrschende **Adäquanztheorie** kann für das präventive Eingriffsrecht nicht vollumfänglich überzeugen. Ihr zur Folge sollen nur solche Handlungen ursächlich für eine Gefahr sein, die nach der allgemeinen Lebenserfahrung und dem zu erwartenden Kausalverlauf zur Gefahr führen müssen. Damit soll der sog. atypische Kausalverlauf ausgeschlossen werden. Polizeiliches Eingriffsrecht muss aber auch auf atypische Gefahren reagieren können.

Angesichts der Schwächen der Äquivalenz- und Adäquanztheorie für das Polizeirecht hat sich eine eigene Ursächlichkeitslehre für das Gefahrenabwehrrecht entwickelt. Heute dominiert die **Theorie der unmittelbaren Verursachung** das Kausalitätsverständnis im präventiven Eingriffsrecht. Handlungsverantwortlicher i. S. d. § 7 Abs. 1 SOG LSA ist damit nur derjenige, der die Gefahr unmittelbar auslöst und die Gefahrenschwelle selbst überschreitet.[83] Derjenige, der die Gefahr nur mittelbar verursacht – etwa die Eltern des Störers – ist kein Verantwortlicher. In der rechtswissenschaftlichen Literatur wird jedoch selbst diese Theorie bisweilen stark verkompliziert. So geht es u. a. um die Frage, ob die Unmittelbarkeit faktisch und bzw. oder zeitlich zu verstehen ist. Richtigerweise kommt es aber allein darauf an, wessen Handlung als das „**letzte Glied**" einer Kausalkette angesehen werden kann, die die Schwelle zur Gefahr überschritten und damit „**das Fass zum Überlaufen**" gebracht hat.[84]

Beispiel

Der Apotheker A entlässt den Mitarbeiter M, weil sich M wiederholt an Medikamenten bedient und diese dann unter der Hand verkauft hat. Um sich an A zu rächen, zündet M dessen Apotheke an. Hier wäre A nach der Äquivalenztheorie und wohl auch nach der Adäquanztheorie selbst für die Brandstiftung kausal und daher polizeirechtlich Handlungsstörer. Dieses Ergebnis lässt aber vollkommen außer Acht, dass A von seinem Kündigungsrecht als Arbeitgeber im vorliegenden Fall in rechtmäßiger Weise Gebrauch gemacht hat. Die Kündigung überschreitet gerade wegen ihrer arbeitsrechtlichen Legalität auch nicht die Schwelle zu einer Gefahr für rechtlich geschützte Güter und Interessen des M.

Derjenige, der von seinen Rechten in legaler Weise Gebrauch macht, kann niemals Handlungsverantwortlicher sein. Im Falle eines legalen Verhaltens fehlt es nämlich schon an einer Gefahr für die Rechtsordnung. Vorliegend überschreitet erst das Handeln des M unmittelbar die Gefahrenschwelle zulasten des A. Zwar liegen hier mit dem Diebstahl der Medikamente, der anschließenden Kündigung und der daran anschließenden Brandstiftung mehrere Akte vor, die als Elemente einer Kausalkette letztlich in die Gefahr münden. Gleichwohl ist erst die Brandstiftung des M das letzte Glied der Kausalkette, die redensartlich „das Fass zum Überlaufen bringt" und demnach eine Gefahr i. S. d. § 3 Nr. 3a SOG LSA darstellt. Handlungsverantwortlicher i. S. d. § 7 Abs. 1 SOG LSA ist daher nur M.

83 Vgl. Dietlein/Hellermann, Öffentliches Recht in Nordrhein-Westfalen, § 3 Rn. 79.
84 Treffend Thiel, Polizeirecht, § 8 Rn. 95.

4.2 Der Zustandsverantwortliche, § 8 SOG LSA

Neben dem Handlungsverantwortlichen kennt das SOG LSA den Zustandsverantwortlichen. Geht von einem Tier oder einer Sache eine Gefahr aus, so sind die polizeilichen Maßnahmen gem. § 8 Abs. 1 Satz 1 SOG LSA gegen den Inhaber der tatsächlichen Gewalt zu richten. Gem. § 8 Abs. 1 Satz 2 SOG LSA sind die Vorschriften über Sachen ebenfalls auf Tiere anzuwenden. Auch beim Zustandsverantwortlichen kommt es nicht auf das Alter, die Geschäftsfähigkeit oder das Verschulden an. Anders als im Falle des Handlungsverantwortlichen bedarf es im Falle des Zustandsverantwortlichen keines Zusatzverantwortlichen. Dies folgt aus § 8 Abs. 2 Satz 1 SOG LSA. Maßnahmen können danach auch gegen den Eigentümer oder einen anderen Berechtigten gerichtet werden. § 8 Abs. 2 Satz 1 SOG LSA garantiert damit hinsichtlich der Zustandsverantwortlichkeit eine effektive Gefahrenabwehr. Dies gilt aber gem. § 8 Abs. 2 Satz 2 SOG LSA nicht, wenn der Inhaber der tatsächlichen Gewalt diese ohne den Willen des Eigentümers oder Berechtigten ausübt. Der Zustandsstörer ist deshalb polizeipflichtig, weil sich in seiner Risikosphäre Tiere oder Sachen befinden, die die Gefahrenschwelle überschreiten. Die Gefahr kann dabei unmittelbar im Tier oder in der Sache angelegt sein. Dann sind das Tier und die Sache aus sich heraus gefährlich. Zu denken ist hier etwa an Gift. Die Gefahr kann sich aber auch aus der „Lage im Raum“ ergeben.[85] So kann eine eigentlich ungefährliche Sache in einer bestimmen Situation durchaus die Gefahrenschwelle überschreiten. Zu denken ist etwa an Dachpfannen, die sich aufgrund eines starken Sturms vom Dach gelöst haben und nun nach und nach auf den Gehweg vor dem Haus fallen. Das Tier oder die Sache muss die Gefahr unmittelbar verursachen. Tiere und Sachen stellen nicht aus sich heraus schon Gefahren dar. Sie bilden die Gefahr also nicht schon durch ihre bloße Existenz.

Problematisch ist der Fall der **Dereliktion**. Gem. § 959 BGB wird eine bewegliche Sache herrenlos, wenn der Eigentümer in der Absicht, auf das Eigentum zu verzichten, den Besitz der Sache aufgibt. Gibt der Eigentümer sein Eigentum demgemäß auf, so verliert er seine zivilrechtliche Eigentümerstellung. Der Eigentümer, der sein Eigentum derelinquiert hat, unterfällt nicht mehr § 8 Abs. 1 und 2 SOG LSA. Dadurch kann es zu Situationen kommen, in denen von einer Sache zwar eine Gefahr ausgeht, es wegen der Dereliktion aber keinen Zustandsstörer (mehr) gibt. Diese Lücke in der Polizeipflichtigkeit schließt § 8 Abs. 3 SOG LSA. Geht die Gefahr von einer herrenlosen Sache aus, so können die Maßnahmen gegen denjenigen gerichtet werden, der das Eigentum an der Sache aufgegeben hat.

85 Dietlein/Hellermann, Öffentliches Recht in Nordrhein-Westfalen, § 3 Rn. 91.

Die zivilrechtliche Dereliktion hat damit auf die Stellung als Zustandsstörer keine Auswirkung. Der Eigentümer, der die Dereliktion in einer Art und Weise vornimmt, dass vom Tier oder von der Sache (immer noch) eine Gefahr ausgeht, bleibt auch nach der zivilrechtlichen Dereliktionshandlung polizeirechtlich betrachtet Zustandsverantwortlicher.

Beispiel

A entrümpelt seinen Keller und stellt altes Mobiliar, kaputte Gartengeräte und einen alten Röhrenfernseher auf den Gehweg. Sein Eigentum an den Gegenständen gibt A auf. Als er am nächsten Morgen aus dem Haus geht, liegen die Sachen wahllos auf der Straße herum und blockieren den Straßenverkehr. Die herbeigerufene Polizei kann hier gegen A als Zustandsverantwortlichen vorgehen. Dass A die Gegenstände nicht selbst kreuz und quer auf die Straße gelegt hat, ändert an seiner Pflichtigkeit nichts. Die Dereliktion hat nämlich so zu erfolgen, dass durch sie keine Gefahr geschaffen wird.

Eine Dereliktion des Eigentums an Tieren durch Aussetzung ist gem. § 3 Satz 1 Nr. 3 TierSchG zu Recht ohnehin verboten. Die Dereliktion ist gem. § 134 BGB nichtig. Hier bleibt der Eigentümer in jedem Fall Zustandsverantwortlicher. Da der Eigentümer mit der Aussetzungshandlung zugleich gegen das TierSchG und somit gegen die Rechtsordnung verstößt, ist er zugleich auch Handlungsstörer. Das Zusammenspiel aus § 8 Abs. 1 und 2 SOG LSA ergibt die sog. „**Haftungsgabel**“.[86] Die Polizei kann die Maßnahmen sowohl gegen den Inhaber der tatsächlichen Gewalt als auch gegen den Eigentümer oder einen anderen Berechtigten richten. Die Polizei kann sich hierbei aussuchen, gegen wen sie vorgehen will. Dabei muss natürlich dem Grundsatz der Effektivität der Gefahrenabwehr und dem Grundsatz der Verhältnismäßigkeit Rechnung getragen werden. Der Grundsatz der Verhältnismäßigkeit spielt auch in den Fällen eine große Rolle, in denen jemand **unfreiwillig zum Zustandsverantwortlichen** geworden ist. Zu denken ist etwa an Naturkatastrophen, durch die ein Mehrfamilienhaus derart beschädigt wird, dass das gesamte Heizöl in den Erdboden gelangt.

4.3 Der Nichtverantwortliche, § 10 SOG LSA

Im Falle des **polizeilichen Notstands** können auch Personen in Anspruch genommen werden, die weder Verhaltens- noch Zustandsstörer sind. Es handelt sich in diesen Fällen also um Menschen, die gar nicht stören, also Nichtstörer bzw. Nichtverantwortliche sind. Die polizeiliche Inanspruchnahme eines vollkommen Unbeteiligten, der sich in jedweder Hinsicht ge-

86 Zum Begriff Thiel, Polizeirecht, § 8 Rn. 122.

setzeskonform verhält, ist grundrechtlich äußerst brisant. Aus diesem Grund bedarf es einer speziellen Regelung, die restriktivere und exaktere inhaltliche Vorgaben macht, als es die Vorschriften zum Handlungs- und Zustandsstörer machen. In Sachsen-Anhalt regelt § 10 SOG LSA die Inanspruchnahme nicht verantwortlicher Personen. Die Polizei kann gem. § 10 Abs. 1 SOG LSA Maßnahmen gegen andere Personen als die nach den §§ 7 oder 8 SOG LSA Verantwortlichen richten, wenn

- eine gegenwärtige erhebliche Gefahr abzuwehren ist,
- Maßnahmen gegen die nach §§ 7 oder 8 SOG LSA Verantwortlichen nicht oder nicht rechtzeitig möglich sind oder keinen Erfolg versprechen,
- die Sicherheitsbehörden oder die Polizei die Gefahr nicht oder nicht rechtzeitig selbst oder durch beauftragte Dritte abwehren können **und**
- die Personen ohne erhebliche eigene Gefährdung und ohne Verletzung höherwertiger Pflichten in Anspruch genommen werden können.

Es handelt sich sowohl in rechtsdogmatischer als auch in rechtspraktischer Hinsicht um eine durchaus anspruchsvolle Norm. Es muss zwingend beachtet werden, dass die in § 10 Abs. 1 Nr. 1 bis 4 SOG LSA aufgeführten Voraussetzungen **kumulativ** vorliegen müssen. Sofern in der Prüfung auch nur eine Voraussetzung verneint werden muss, ist die Inanspruchnahme des Nichtverantwortlichen nicht möglich. Der Rückgriff auf den Nichtstörer ist Ausdruck der „Solidarpflicht der Bürger“, in den Fällen aktiv an der Gefahrenabwehr mitzuwirken, in denen die Polizei die Gefahr durch Inanspruchnahme der Handlungs- bzw. Zustandsstörer nicht oder nicht mehr effektiv abwehren kann.[87]

Dass die Inanspruchnahme eines Nichtverantwortlichen nicht der Regelfall sein kann, zeigt sich bereits an der besonderen Gefahrenlage, die für eine entsprechende Polizeipflichtigkeit bestehen muss. Erforderlich ist eine **gegenwärtige erhebliche Gefahr**. Es handelt sich um eine Kombination aus § 3 Nr. 3b und c SOG LSA und demnach um eine Gefahr, bei der das schädigende Ereignis bereits begonnen hat oder unmittelbar oder in allernächster Zeit mit einer an Sicherheit grenzenden Wahrscheinlichkeit bevorsteht und zugleich eine Gefahr für ein bedeutsames Rechtsgut wie Leben, Gesundheit, Freiheit, wesentliche Vermögenswerte oder den Bestand des Staates darstellt. Die Inanspruchnahme der Verhaltens- und Zustandsverantwortlichen muss – aus welchen Gründen auch immer – **aussichtslos** sein. § 10 Abs. 1 Nr. 2 SOG LSA weist ausdrücklich auf die Subsidiarität der Inanspruchnahme des Nichtverantwortlichen hin. Insofern verdichtet sich das Störerauswahlermessen im Falle einer Wahl zwischen

87 Dietlein/Hellermann, Öffentliches Recht in Nordrhein-Westfalen, § 3 Rn. 102.

dem Handlungs- und dem Nichtverantwortlichen immer auf den Handlungsverantwortlichen. Wird hier dennoch auf den Nichtstörer zurückgegriffen, ist die Maßnahme materiell rechtswidrig.

Die Subsidiarität des Nichtstörers wird schließlich auch im Rahmen der Verhältnismäßigkeitsprüfung relevant, weil die Inanspruchnahme des Nichtstörers dann nicht das mildeste Mittel ist, wenn die Polizei auch auf den Handlungs- bzw. Zustandsverantwortlichen zugreifen kann. Aus einem Umkehrschluss aus § 10 Abs. 1 Nr. 3 SOG LSA folgt, dass die Polizei die Gefahr grds. aus eigener Kraft abwehren muss. Nur dann, wenn die Polizei selbst nicht in der Lage ist, die Gefahr abzuwehren, kann sie auf Unbeteiligte zugreifen. Ein etwaiges Kostenrisiko führt dabei jedenfalls nicht automatisch dazu, dass sich die Polizei auf § 10 Abs. 1 Nr. 3 SOG LSA berufen kann. Gleiches gilt für besonders aufwendige Polizeimaßnahmen. Vor allem der in § 10 Abs. 1 Nr. 2 und 3 SOG LSA enthaltene Ausdruck „nicht rechtzeitig" räumt der Polizei aber einen beachtenswerten Beurteilungsspielraum ein. Es ist nicht möglich, verallgemeinernd zu bestimmen, was „nicht rechtzeitig" eigentlich zeitlich meint. Dieser Ausdruck ist in gewisser Weise die Achillesferse der Subsidiarität des Nichtstörers. Die Polizei muss in jedem Einzelfall ermitteln, was noch und was nicht mehr rechtzeitig ist. Dies hat Auswirkungen auf das Störerauswahlermessen. Schließlich darf die Polizei den Nichtstörer nur dann in Anspruch nehmen, wenn damit weder eine erhebliche Eigengefährdung noch eine Verletzung höherwertiger Pflichten verbunden sind. Letztlich muss dem Nichtstörer dessen Inanspruchnahme **zumutbar** sein. Für die Abschätzung der erheblichen Eigengefährdung kommt es maßgeblich darauf an, ob mit dieser nach der allgemeinen Lebenserfahrung zu rechnen ist. So wird die hinter einem äußert gewaltbereiten Täter herrennende Polizei von Unbeteiligten nicht verlangen können, den flüchtenden Täter auf- bzw. festzuhalten. Die Inanspruchnahme muss ferner ohne Verletzung höherwertiger Pflichten erfolgen. Praxisrelevant ist hier vor allem der spontane Rückgriff auf einen unbeteiligten Arzt im Rahmen eines Unfalls.

Beispiel

Ausgangsfall: Nach einer Messerstecherei auf einer Kirmes sinkt A mit einer lebensgefährlichen Stichwunde im Oberbauch stark blutend zu Boden. Der herbeigerufene Polizist P sieht, dass sein Hausarzt H am Zuckerwattestand ansteht. Hier kann P H für die ärztliche Maßnahme an A in Anspruch nehmen. Eine Verletzung höherwertiger Pflichten seitens H ist nicht ersichtlich.

Abwandlung: Anders wäre der Fall jedoch dann zu beurteilen, wenn H bereits einem anderen lebensgefährlich verletzten Menschen auf der Kirmes helfen würde.

Gem. § 10 Abs. 2 SOG LSA dürfen die Maßnahmen nach § 10 Abs. 1 SOG LSA in zeitlicher Hinsicht nur aufrechterhalten werden, solange die Abwehr der Gefahr nicht auf andere Weise möglich ist. Im obigen Ausgangsfall darf H also nur so lange in Anspruch genommen werden, bis der Rettungswagen samt Notarzt eintrifft. Die Voraussetzungen der Inanspruchnahme des Nichtstörers müssen selbstverständlich die gesamte Zeit der Inanspruchnahme über kumulativ vorliegen.

Beispiel

Hier ist vor allem die **Einweisung von Obdachlosen** praxisrelevant. In einer eiskalten Dezembernacht trifft die Polizei den Obdachlosen O an, der unfreiwillig (!) auf der Straße lebt. Sofern er die Nacht über im Freien verbringen muss, wird er an einer Lungenentzündung erkranken. Die Polizei muss nun nach einer Unterkunft suchen. Aus Mangel an freien Plätzen in Obdachlosenunterkünften, entschließt sich die Polizei, O in die Gartenlaube von G einzuquartieren.

Die **unfreiwillige Obdachlosigkeit** stellt eine Gefahr für die öffentliche Sicherheit dar. Das unfreiwillige Leben auf der Straße führt zu einer Gefahr für die subjektiven Rechte des Obdachlosen. Hier ist vor allem auf die körperliche Unversehrtheit aus Art. 2 Abs. 2 Satz 1 GG abzustellen. Der unfreiwillig obdachlose Mensch ist damit Verantwortlicher i. S. d. SOG LSA. Eine Maßnahme gegen den Obdachlosen beseitigt aber die Gefahr nicht. Die Polizei muss sich daher an Dritte halten. Mit einem Obdachlosen werden Vermieter in aller Regel keinen Mietvertrag schließen. Dies müssen sie zivilrechtlich auch nicht machen. Die Polizei muss den Obdachlosen also in die Wohnung einweisen. Da die Vermietung als milderes Mittel ausscheidet, muss die Polizei die Wohnung zum Zwecke der Einweisung gem. § 45 SOG LSA sicherstellen. Eine Instandsetzung der Wohnung kann dem Vermieter über § 13 SOG LSA aufgegeben werden. Der Vermieter wird dabei über § 10 Abs. 1 SOG LSA als Nichtverantwortlicher in Anspruch genommen. Zugleich erwächst anderen Hausbewohnern dahingehend eine Duldungspflicht, dass der Obdachlose dann etwa den Garten oder die Waschküche mitbenutzen darf. Es ist dann mit Blick auf § 10 Abs. 2 SOG LSA vom Einzelfall abhängig, wie lange der Obdachlose in der Wohnung bleiben darf. Eine bewohnte Wohnung darf zu diesem Zweck aber nicht sichergestellt werden.

Obdachlose, die **freiwillig auf der Straße** leben, machen von ihrem Recht aus Art. 2 Abs. 1GG Gebrauch. Sie sind keine Störer und können gegen ihren Willen nicht in eine Wohnung eingewiesen werden.

4.4 Der Zweckveranlasser

Fraglich ist, ob die Polizei auch gegen denjenigen vorgehen kann, der die **Gefahr nur mittelbar verursacht** hat. Die im präventiven Eingriffsrecht vorherrschende Theorie der unmittelbaren Verursachung sieht dessen Inanspruchnahme nicht vor. Diese Zurechnungslehre kann aber den Fall nicht erfassen, in dem die Handlung einer Person für sich betrachtet zwar die Schwelle zur Gefahr überschreitet, diese Handlung aber eben nicht die zeitlich betrachtet letzte Handlung vor der Schadensrealisierung ist. Zugleich veranlasst die handelnde Person einen Dritten zweckgerichtet, durch die Handlung des Dritten die Schadensrealisierung herbeizuführen. Die Person, die die Gefahr mittelbar verursacht, wird als Zweckveranlasser bezeichnet. Der Zweckveranlasser bezweckt durch seine eigene Handlung subjektiv oder objektiv, dass ein Dritter eigenverantwortlich und vorsätzlich dazwischentritt und die Gefahrengrenze überschreitet. Dadurch wird der Zweckveranlasser vom Dritten in die Rolle des Hintermanns gedrängt, während sich der Dritte zum Vordermann aufschwingt.

Da der Dritte die Gefahrenschwelle überschreitet, ist es durchaus fraglich, ob es der Figur des Zweckveranlassers wirklich bedarf. Die Gefahrenabwehr kann über § 7 Abs. 1 SOG LSA gegen den Dritten als Handlungs- oder Zustandsstörer erfolgen. Der Hintermann bzw. „Zweckveranlasser" kann dann allenfalls als Nichtverantwortlicher über § 10 SOG LSA in Anspruch genommen werden. Gerade weil sich der Zweckveranlasser gesetzeskonform verhält, kann die Schaffung einer weiteren Zurechnungsfigur durchaus mit Skepsis betrachtet werden. Gleichwohl muss erkannt werden, dass der Zweckveranlasser polizeirechtlich nicht immer so harmlos wie ein Nichtstörer ist. Der Zweckveranlasser kann in gewisser Weise der Wolf im Schafspelz sein. Er verhält sich nach außen zwar rechtskonform, animiert aber andere (mal bewusst, mal unbewusst) zur Realisierung von Gefahren – nicht zuletzt auch zur Begehung von Straftaten. Fälschlicherweise wird hierbei immer auf „Liederabende" abgestellt, zu denen eine Kapelle die Melodie von solchen Liedern anstimmt, die unter § 86a StGB fallen, und zu der dann gesungen werden soll („Horst-Wessel-Lied", SA-Kampf-Lied „Es zittern die morschen Knochen", „Borkum-Lied"). Streng genommen ist es rechtlich aber schon schief, die Kapelle beim „Horst-Wessel-Lied" überhaupt als Zweckveranlasser zu betrachten. Denn bereits das Spielen der Melodie – und sei es auch in abgewandelter Form – ist strafbar. Hier handelt die Kapelle also schon gar nicht gesetzeskonform. Die Kapelle kann also schon gem. § 7 Abs. 1 SOG LSA als Handlungsstörer in Anspruch genommen werden. Anders ist die Sach- und Rechtslage zweifellos dann zu beurteilen, wenn die Kapelle ein tatsächlich „harmloses“ deutsches Volkslied mit dem Ziel intoniert, das Publikum zu antisemitischen, nationalsozialistischen etc. Äußerungen zu verleiten.

Zu denken ist aber auch an demagogische Redner, die in einer Art und Weise über politische, soziale oder gesellschaftliche Missstände reden, dass das Auditorium dazu gebracht wird, den vom Redner bewusst aufgebauten Frust durch Straftaten abzureagieren. Heutzutage kann dies natürlich auch im Internet und den sozialen Medien erfolgen. Die wahren Klassiker bleiben aber die „Schaufensterfälle“.

Beispiel

A betreibt in Magdeburg ein Bekleidungsgeschäft, das sich auf Bademode spezialisiert hat. Kurz vor Beginn der Sommerferien lässt A vor seinem Geschäft von attraktiven Models die aktuelle Bademode präsentieren. Dazu laufen die Models nur in Badekleidung vor dem Geschäft des A auf und ab. A beabsichtigt, dass viele Passanten stehen bleiben, die Models bewundern und dann die Bademode kaufen. Tatsächlich bildet sich eine so große Menschenmenge vor dem Geschäft des A, dass der Straßenverkehr zum Erliegen kommt.

Hier ist fraglich, ob die Polizei gegen A vorgehen kann. Die Gefahr für die Reibungslosigkeit des Straßenverkehrs geht von der Menschenmenge aus. Die Passanten sind Handlungsstörer. Sofern man sich nun auf den Standpunkt stellt und die Figur des Zweckveranlassers ablehnt, kann A nur als Nichtverantwortlicher gem. § 10 Abs. 1 SOG LSA in Anspruch genommen werden. § 10 Abs. 1 SOG LSA ist aber subsidiär zu §§ 7 und 8 SOG LSA. Die Polizei müsste sich daher zunächst zwingend an die Passanten halten. Dies ist angesichts des Gebots der Effektivität der Gefahrenabwehr aber unzweckmäßig. Es wäre für die Polizei viel einfacher, A aufzugeben, die Modenschau zu beenden.

A ist sowohl nach der objektiven als auch nach der subjektiven Ansicht Zweckveranlasser. Er ist objektiv Zweckveranlasser, weil die Modenschau des A als Handlung kausal für die Gefahr ist; subjektiv ist er Zweckveranlasser, weil er die Passanten vorsätzlich zum Verbleiben vor seinem Geschäft animieren wollte und dabei die Gefahr der Beeinträchtigung des Straßenverkehrs billigend in Kauf genommen hat. Die Polizei kann A daher als Zweckverantwortlichen in Anspruch nehmen.

4.5 Spezialfälle

Nachfolgend sollen einige spezielle Verantwortlichkeiten näher dargestellt werden, die zwar nicht im SOG LSA normiert sind, gleichwohl aber für die Polizei relevant sind. Es ist gesetzlich nicht geregelt, wie die **Rechtsnachfolge** in die Polizeipflichtigkeit erfolgt.[88] Grundsätzlich gilt, dass jedenfalls derjenige, der einen Verantwortlichen zivilrechtlich beerbt, auch die polizeirechtliche Verantwortlichkeit erbt, wenn diese bereits gegenüber dem Erblasser durch einen Verwaltungsakt festgesetzt, also ein Übergangstatbestand geschaffen wurde. Der Verwaltungsakt konkretisiert die Verantwortlichkeit, die nun auf den Erben übergeht. Sofern die Polizei also gegenüber dem Erblasser noch gar keine Maßnahme verfügt hat, gibt es hier keine Rechtsnachfolge. Natürlich kann der Erbe von der Polizei als Verantwortlicher i. S. d. §§ 7 und 8 SOG LSA nun erstmalig in Anspruch genommen werden. Die Verantwortlichkeit muss sich dabei aber auf einen Gegenstand oder Sachverhalt beziehen, der nachfolge- bzw. übergangsfähig ist. Gerade bei höchstpersönlichen Pflichten wird man diese Nachfolgefähigkeit verneinen müssen. Nur solche Pflichten, die an Handlungen anknüpfen, die von jedermann vorgenommen werden können (vertretbare Handlungen) sind nachfolgefähig.

Ein weiterer Spezialfall ist der sog. „**Anscheinsstörer**“. Nimmt die Polizei aus der Ex-ante-Perspektive eine Gefahrenlage an, die sich im Nachhinein (Ex-post-Perspektive) als gar nicht gefährlich herausstellt, dann liegt bekanntermaßen eine Anscheinsgefahr vor. Im Kontext der Anscheinsgefahr taucht der Begriff des Anscheinsstörers auf. Anders als die Anscheinsgefahr ist die Figur des Anscheinsstörers aber umstritten. Ein Anscheinsstörer ist eine Person, die aus der Ex-ante-Perspektive der Polizei bei verständiger Würdigung und Analyse des Sachverhalts den Anschein vermittelt, sie sei Verhaltens- oder Zustandsstörer. Hier kommen nun **drei Konstellationen** in Betracht. Zum einen ist der Anscheinsstörer derjenige, der die Anscheinsgefahr klassischerweise begründet. Dies wäre etwa der schwerhörige ältere Herr, der den Kriminalfilm so laut abspielt, dass die Polizei davon ausgeht, in der Wohnung käme es justament zu einer Straftat. Hier trifft die Polizei bei irrealer Gefahr auf einen Anscheinsstörer. Zum anderen kann jemand Anscheinsstörer sein, ohne dass lediglich eine Anscheinsgefahr vorliegt. Vielmehr kann sich der Anscheinsstörer auch einfach nur zur falschen Zeit am falschen Ort einer tatsächlichen Gefahr aufhalten.

---

88 Siehe zur Rechtsnachfolge grundlegend Dietlein, Nachfolge im öffentlichen Recht.

Beispiel

In der Weihnachtszeit wird die Polizei alarmiert, weil zwei als Weihnachtsmänner verkleidete Personen gerade eine Bank überfallen. Als die Polizei vor der Bank erscheint, sieht sie auf den ersten Blick, wie eine Person im Weihnachtsmannkostüm eilig davonläuft. Nachdem die Polizei diese Person festgenommen hat, stellt sich heraus, dass es eine völlig unbeteiligte Person ist, die nur eilig auf den nahegelegenen Weihnachtsmarkt wollte, weil sie dort einen Auftritt als Weihnachtsmann geben soll.

Tatsächlich liegt objektiv zwar eine Gefahr (Banküberfall) vor. Der festgehaltene Weihnachtsmann ist aber nur aus der Ex-ante-Perspektive und gerade nicht auch aus der Ex-post-Perspektive ein Störer. Hier trifft die Polizei bei realer Gefahr auf einen Anscheinsstörer.

Schließlich ist auch die Figur des hier aus reinen Klarstellungsgründen sog. **Anscheinsstörers hinter dem Anscheinsstörer** denkbar. Dies ist der polizeirechtlich weitaus schwierigste und umstrittenste Fall.[89] In diesem Fall behauptet eine Person gegenüber der Polizei bewusst oder unbewusst, dass eine konkrete andere Person eine Gefahrenlage schaffen würde, was diese aber gerade nicht macht.

Beispiel

Die Nachbarin N hört aus der gegenüberliegenden Wohnung des Ehepaars E laute Hilferufe, undefinierbares Geschrei, Schläge und das Zerbrechen von Geschirr. N geht davon aus, dass es zur häuslichen Gewalt kommt und ruft die Polizei. Im Nachhinein stellt sich heraus, dass das Ehepaar friedlich einen spannenden Kriminalfilm geschaut hat.

A wird von seiner Freundin F wegen eines neuen Freundes verlassen. Um sich an F zu rächen, behauptet A der Polizei gegenüber, dass F ihm gegenüber angekündigt habe, ihn mit ihrer Pistole erschießen zu wollen. Die Pistole trage F versteckt in einem Koffer. Als die Polizei zur Wohnung des A eilt, trifft sie tatsächlich auf F, die gerade das Haus mit einem Koffer verlässt. Im Koffer sind allerdings nur alte Bücher, die F aus der gemeinsamen Wohnung geholt hat.

In beiden Fällen liegt die Besonderheit darin, dass N (unbewusst) und A (bewusst) den Anschein, es würde tatsächlich eine Gefahr vorliegen, gesetzt haben. Die Adressaten der polizeilichen Maßnahmen waren aber E

89 Vgl. Kingreen/Poscher, Polizei- und Ordnungsrecht, § 9 Rn. 21; Thiel, Polizeirecht, § 8 Rn. 102 f. Zum Ganzen auch Dietlein/Hellermann, Öffentliches Recht in Nordrhein-Westfalen, § 3 Rn. 105 ff.

und F. Fraglich ist nun, wer in den Fällen eigentlich Störer ist. Dies ist nicht nur mit Blick auf die Primär- und Sekundärebene – also die Ebene der polizeilichen Gefahrenabwehrmaßnahme (Grundverfügung und Vollstreckung) –, sondern auch auf die Tertiärebene – also die Ebene der Kosten und Entschädigung – relevant. Man könnte hier auf die Idee kommen, in E und F die Anscheinsstörer zu sehen. Den Anschein einer Gefahr haben E und F nicht gesetzt. Dies waren vielmehr N und A. Anscheinsstörer ist aber nur derjenige, der eine Gefahr dem Anschein nach gesetzt hat. Insofern sind nur E und F Anscheinsstörer. Je nach Sachverhalt stehen ihnen Ansprüche gegen die Polizei bzw. das Land Sachsen-Anhalt zu.

Definition

„Anscheinsstörer ist nicht, wer den Anschein einer Gefahr verursacht hat, sondern wer eine Gefahr dem Anschein nach verursacht hat."[90]

Unter einem **Verdachtsstörer** versteht man im Eingriffsrecht denjenigen, der den Gefahrverdacht verursacht hat. Ist die Polizei zur Durchführung von Gefahrerforschungseingriffen befugt, kann sie sich an den Verdachtsstörer halten. Was die Polizei dann aber vom Verdachtsstörer verlangen darf, ist umstritten. Der Streit betrifft die Frage, wer die Gefahr näher erforschen muss. Während manche vertreten, dass die Polizei die Gefahr stets selbst erforschen müsse und der Verdachtsstörer die Gefahrerforschung zu dulden habe, meinen andere, dass die Polizei die gesamte Gefahrerforschung an den Verdachtsstörer delegieren dürfe. Da die Polizei (und die Sicherheitsbehörden) für die Gefahrenabwehr in einem umfassenden Verständnis zuständig ist, hat sie auch die entsprechenden Maßnahmen selbst durchzuführen. Sie darf sich also nicht darauf verlassen, dass Private die Gefahr für sie erforschen, und erst recht darf sie das Ergebnis dieser privaten Gefahrerforschung nicht auch noch ihren polizeilichen Entscheidungen zugrunde legen. Missglückt beispielsweise einem Hobby-Chemiker in einem Mehrfamilienhaus ein chemisches Experiment, dann kann die Polizei diesen nicht einfach damit beauftragen, zu überprüfen, ob von diesem missglückten Experiment Gefahren für die Hausbewohner ausgehen. Die Polizei muss sich hier vielmehr sach- und fachkundige Hilfe (etwa von der Feuerwehr) holen. Der Hobby-Chemiker hat dabei die entsprechenden Maßnahmen gem. § 13 SOG LSA zu dulden.

Schließlich muss der sog. **latente Störer** Erwähnung finden. Dieser geht auf den berühmten Schweinemäster-Fall zurück, in dem es um Störungen

90 Kingreen/Poscher, Polizei- und Ordnungsrecht, § 9 Rn. 21.

durch Geruchsbelästigungen ging.[91] Der latente Störer verursacht die sog. latente Gefahr. Er begegnet damit in der Sache den gleichen Vorbehalten, denen auch die latente Gefahr begegnet. Das SOG LSA bedarf seiner nicht. Schon im Schweinemäster-Fall konnte auf den Handlungs- bzw. Zustandsverantwortlichen zurückgegriffen werden. Der latente Störer sollte als Rechtsfigur gänzlich abgelehnt werden.

5. Das Ermessen

Gem. § 6 Abs. 1 SOG LSA treffen die Sicherheitsbehörden und die Polizei ihre Maßnahmen nach pflichtgemäßem Ermessen. Dass der Polizei ein Ermessen eingeräumt wird, folgt nicht nur aus § 6 Abs. 1 SOG LSA, sondern auch aus den einzelnen Befugnisnormen selbst. Indem die Tatbestände der Befugnisnormen die Formulierung „kann“ enthalten, wird deutlich, dass der Polizei ein Handlungs- bzw. Entscheidungsspielraum eingeräumt wird. Das Gefahrenabwehrrecht ist damit vom Opportunitätsprinzip durchzogen. Sofern der Polizei kein Ermessen eingeräumt wird, handelt es sich um eine gebundene Entscheidung. Im präventiven Eingriffsrecht besagt das Opportunitätsprinzip, dass es grundsätzlich im Ermessen der Polizei steht, ob und wie sie Gefahren abwehrt und gegen wen sie dabei ihre Maßnahme richtet. Von einem eingeräumten Ermessen spricht man dann, wenn die Behörde aus verschiedenen Rechtsfolgen, Maßnahmen und Adressaten wählen darf. Selbstverständlich besteht zwischen dem „Ob“ und dem „Wie“ auf der einen Seite und der Gefahr samt Schadensausmaß eine Korrelation. Je größer die Gefahr bzw. das drohende Schadensausmaß ist, desto eher wird die Polizei mit entsprechenden gefahrenabwehrrechtlichen Maßnahmen einschreiten.[92] Die Polizei hat dabei die Art der Rechtsgüter und die Anzahl möglicher Opfer einzukalkulieren.

Mit Blick auf das Ermessen bewegt sich das repressive Eingriffsrecht in einem diametralen Unterschied zum präventiven Eingriffsrecht. Im repressiven Eingriffsrecht herrscht das Legalitätsprinzip vor. Gem. § 163 Abs. 1 Satz 1 StPO haben die Behörden und Beamten des Polizeidienstes Straftaten zu erforschen und alle keinen Aufschub gestattenden Anordnungen zu treffen, um die Verdunkelung der Sache zu verhüten. Durch die Formulierung „haben“ wird deutlich, dass die Polizei hier kein Ermessen hat. Sie ist vielmehr zur Verfolgung von Straftaten verpflichtet. Es darf nicht zu Verwirrungen führen, dass § 1 Abs. 1 SOG LSA seinerseits durchweg von „haben“ spricht. Gleiches gilt für § 2 Abs. 1 Satz 1 SOG LSA, der von „hat“

91 OVG Münster OVGE 11, 250.
92 Vgl. Thiel, Polizeirecht, § 8 Rn. 159.

spricht. §§ 1 und 2 SOG LSA sind keine Befugnisnormen. Vielmehr regeln diese Paragrafen lediglich die allgemeine Aufgabenwahrnehmung der Polizei in Sachsen-Anhalt. So legen die Aufgabennormen zwar die polizeilichen Aufgaben verbindlich fest, ob und wie diese Aufgaben aber dann ausgeführt werden, richtet sich nach den Befugnisnormen, die ihrerseits gerade Ermessen einräumen. Aus dem Zusammenspiel von Aufgabennormen und Befugnisnormen folgt zwar die polizeiliche Pflicht zu prüfen, ob sie tätig werden soll. Aus ihm folgt aber nicht ipso iure, dass sie auch tätig wird. Die Polizei kann nicht alle Gefahren abwehren.

Das polizeiliche Ermessen unterteilt sich in das Entschließungsermessen, das Auswahl- bzw. Handlungsermessen sowie Störerauswahlermessen.

Das **Entschließungsermessen** bezieht sich auf die Frage, **ob** die Polizei überhaupt handeln soll (Entschließungsermessen = Ob).

Das **Handlungsermessen** betrifft die Frage, **wie** die Polizei handeln, mithin welche Maßnahmen die Polizei im konkreten Einzelfall treffen soll (Handlungsermessen = Wie).

Das **Störerauswahlermessen** betrifft schließlich die Frage, gegen **wen** die Polizei ihre Maßnahme richtet (Störerauswahlermessen = Wen).

§ 6 Abs. 1 SOG LSA betont, dass das Ermessen pflichtgemäß ausgeübt werden muss. Tatsächlich steht der Polizei also kein Ermessen dahingehend zu, ob sie das Ermessen pflichtgemäß ausübt. Die pflichtgemäße Ermessensausübung der Behörde ist obligatorisch und in einem Rechtsstaat selbstverständlich. Ist die Behörde ermächtigt, nach ihrem Ermessen zu handeln, hat sie ihr Ermessen gem. § 40 VwVfG entsprechend dem Zweck der Ermächtigung auszuüben und die gesetzlichen Grenzen des Ermessens einzuhalten. Aus dieser Pflicht, die polizeilichen Maßnahmen nach pflichtgemäßem Ermessen zu treffen, folgt ein Verbot von **Ermessensfehlern**. Das Ermessen ist dann nicht pflichtgemäß, sondern rechtswidrig ausgeübt worden, wenn die Polizei hinsichtlich des Entschließungsermessens, des Handlungsermessens oder (nicht: und) des Störerauswahlermessens ermessensfehlerhaft gehandelt hat. Es werden fünf Arten von Ermessensfehlern unterschieden.

Ermessensfehler

Der **Ermessensnichtgebrauch** erfasst den Fall, in dem die Polizei irrtümlich davon ausgeht, dass ihr gar kein Ermessen eingeräumt wurde und aus Sicht der Polizei damit also lediglich eine Rechtsfolge möglich zu sein scheint. Beim Ermessensnichtgebrauch verdichten sich irrtumsbedingt alle Rechtsfolgen zu einer einzigen, sodass die Polizei von einer konkreten Maßnahmenpflicht ausgeht. Die Polizei befasst sich daher auch überhaupt nicht mit Ermessenserwägungen. Konsequenterweise spricht man insofern auch von einem Ermessensausfall.

Die **Ermessensüberschreitung** erfasst den Fall, in dem die Polizei die gesetzlichen Grenzen des Ermessens überschreitet und sich für eine Maßnahme entscheidet, die von der Rechtsfolgenseite der Befugnisnorm nicht (mehr) gedeckt ist. Gem. § 56 Abs. 1 SOG LSA wird das Zwangsgeld von der Polizei auf mindestens fünf und höchstens 500 000 Euro schriftlich festgesetzt. Dies bedeutet, dass der Polizei bei der Festsetzung des Zwangsgeldes ein Ermessen hinsichtlich der Höhe des Zwangsgeldes insofern zusteht, als dass sich das Zwangsgeld zwischen fünf und 500 000 Euro bewegen muss. Setzt die Polizei also ein Zwangsgeld von 600 000 Euro fest, so überschreitet sie die Grenzen (= 500 000 Euro) ihres von § 56 Abs. 1 SOG LSA eingeräumten Ermessens.

Umgekehrt darf die Polizei ihr Ermessen aber auch nicht enger fassen, als es ihr gesetzlich vorgeschrieben wurde. Von einer **Ermessensunterschreitung** ist daher in den Fällen die Rede, in denen die Polizei von ihrem Ermessen in nicht ausreichendem Umfang Gebrauch gemacht hat. Sie hat gem. § 40 VwVfG die gesetzlichen Grenzen des Ermessens einzuhalten. Mit Blick auf § 56 Abs. 1 SOG LSA läge eine Ermessensunterschreitung also dann vor, wenn die Polizei das Zwangsgeld unterhalb von fünf Euro festsetzen würde.

Der **Ermessensfehlgebrauch** erfasst den Fall, in dem sich die Polizei von sachfremden Erwägungen leiten lässt und damit gerade nicht vom in § 40 VwVfG für verbindlich erachteten eigentlichen Zweck der Ermächtigung. Die Polizei missachtet beim Ermessensfehlgebrauch also den Sinn und Zweck des SOG LSA bzw. der konkreten Befugnisnorm. So liegt ein Ermessensfehlgebrauch etwa dann vor, wenn sich die Polizei nicht allein vom Recht, sondern von ideologischen, persönlichen, religiösen etc. Ansichten, Überzeugungen oder Aspekten leiten lässt. In der Fallbearbeitung sollte man begrifflich stets präzise zwischen dem Ermessensfehler und dem Ermessensfehl*gebrauch* unterscheiden. So ist zwar jeder Ermessensfehlgebrauch zugleich ein Ermessensfehler, umgekehrt ist aber nicht jeder Ermessensfehler zugleich auch ein Ermessensfehlgebrauch.

Schließlich darf die **Ermessensausübung nicht gegen höherrangiges Recht verstoßen**. Die polizeiliche Maßnahme muss also insbesondere grundrechtskonform und verhältnismäßig sein. Die Verhältnismäßigkeitsprüfung als Schranken-Schranke ist m.E. bei jeder in Grundrechte eingreifenden polizeilichen Maßnahme zwingend durchzuführen.

Einen besonderen Fall stellt die sog. „**Ermessensreduzierung auf null**" dar. Die Polizei hat zwar grundsätzlich einen Entscheidungsspielraum bezüglich der Rechtsfolgen, dieser kann aber in bestimmten Sachverhalten wegfallen. Das eigentlich bestehende Ermessen wird dann auf null reduziert und verdichtet sich quasi zu einer gebundenen Entscheidung. Da der Entscheidungsspielraum gänzlich wegfällt, er also de facto oder de iure nicht besteht, spricht man von einer Ermessensreduzierung auf null. In der Regel geht es dabei ausschließlich um das Entschließungsermessen. Die Polizei *muss* im Falle einer Ermessensreduzierung auf null handeln (= Ob). Es handelt sich dabei um Fälle, in denen eine erhebliche Gefahr für höherwertige Rechtsgüter (Leben, Leib, Gesundheit, Freiheit) besteht. Schreitet die Polizei in derartigen Fällen nicht ein und bleibt untätig, „handelt" sie rechtswidrig. Hier kommen dann u. U. Disziplinarmaßnahmen in Betracht. Geschieht die Untätigkeit sogar vorsätzlich, bewegt sich der untätige Polizist ggf. im Bereich des echten oder unechten Unterlassungsdelikts gem. § 13 StGB. Der untätige Polizist macht sich dann je nach Sachverhalt evtl. sogar strafbar.

In diesem Kontext stellt sich die Frage, ob es ein **subjektiv-öffentliches Recht auf polizeiliches Einschreiten** gibt. Es geht mithin um die für die Polizeipraxis sehr relevante Frage, ob der Einzelne einen Anspruch auf polizeiliches Einschreiten hat. Die Aufgaben- und Befugnisnormen sind drittschützend.[93] Aus der „Pflicht zum ermessensfehlerfreien Handeln" leitet sich jedenfalls ein Anspruch der Bürger „auf ermessensfehlerfreie Entscheidung über das Einschreiten" ab.[94] Eine polizeiliche Handlungspflicht besteht aber nur in den Fällen einer Reduzierung des Ermessens auf null. Konkretisiert bedeutet das: Sofern die Polizei die Pflicht zum Einschreiten hat, dann besteht auch ein Anspruch auf Einschreiten (= Auswahlermessen ist auf null reduziert); aus der Pflicht zur Vornahme einer ganz konkreten Maßnahme folgt dann ein Anspruch auf Vornahme dieser ganz konkreten Maßnahme (= Handlungsermessen ist auf null reduziert). Es ist also stets zu prüfen, für welche Ermessensart eine Reduzierung des Ermessens auf null angenommen werden kann. Besteht diese Ermessensreduzierung nicht, kann lediglich ein Anspruch auf ermessensfehlerfreie Entscheidung geltend gemacht werden. Für die polizeiliche Durchsetzung privater Rechte gilt als lex specialis § 1 Abs. 2 SOG LSA.

93 Kingreen/Poscher, Polizei- und Ordnungsrecht, § 10 Rn. 47.
94 Kingreen/Poscher, Polizei- und Ordnungsrecht, § 10 Rn. 47.

Hinweis

Ein **Anspruch auf polizeiliches Einschreiten** besteht also dann, wenn
1. ein subjektives Recht gefährdet ist,
2. die Tatbestandsvoraussetzungen der Befugnisnorm erfüllt sind,
3. eine Ermessensreduzierung auf null vorliegt,
4. keine anderweitigen Schutzmöglichkeiten gegeben sind und
5. das polizeiliche Einschreiten weder unmöglich noch unzumutbar ist.

Sofern die Pflicht zum Einschreiten verletzt wurde, können dem Anspruchsinhaber staatshaftungsrechtliche Ansprüche zustehen. Damit bleibt die Frage, auf welche Rechtsgrundlage sich der Inhaber des Anspruchs auf polizeiliches Einschreiten berufen kann. Hier kommen sowohl die Grundrechte als auch die polizeilichen Aufgabennormen selbst in Betracht. Die Frage ist bis heute allerdings nicht abschließend rechtsdogmatisch beantwortet. In der Fallbearbeitung genügt es daher, auf den dogmatischen Streit hinzuweisen, dann aber zu verdeutlichen, dass jedenfalls Einigkeit hinsichtlich der Voraussetzungen eines Anspruchs auf polizeiliches Einschreiten besteht.

Intendiertes Ermessen

Einen Spezialfall stellt das sog. **intendierte Ermessen** dar. Die Figur des intendierten Ermessens geht auf das BVerwG zurück.[95] Intendiertes Ermessen liegt dann vor, wenn der Behörde zwar ein Ermessen eingeräumt wird, der Gesetzgeber im Gesetz gleichwohl ausdrückt, wie das Ermessen im konkreten Fall auszuüben, also welche Maßnahme durchzuführen ist. Der Gesetzgeber möchte das behördliche Ermessen damit in eine bestimmte Richtung steuern. Über diese Ermessensart bringt der Gesetzgeber zum Ausdruck, dass er bei bestimmten Fällen eine bestimmte Rechtsfolge haben möchte. Befugnisnormen, die der Behörde ein intendiertes Ermessen einräumen, erkennt man in aller Regel am Wort „soll". Es handelt sich um sog. „Soll-Vorschriften". So heißt es in § 35 Abs. 2 SOG LSA etwa: „Bei der Vorladung soll deren Grund angegeben werden. Bei der Festsetzung des Zeitpunkts soll auf den Beruf und die sonstigen Lebensverhältnisse der Person Rücksicht genommen werden." Das intendierte Ermessen hat für die Behörde den Vorteil, dass sie keine Ermessenserwägungen anstellen muss.[96] Damit handelt es sich beim intendierten Ermessen letztlich um einen Spezialfall der gebundenen Entscheidung. Nur in den Fällen, die als atypisch anzusehen sind, kann die Behörde von der vom intendierten Er-

95 Vgl. BVerwGE 72, S. 1 (6).
96 Vgl. Detterbeck, Allgemeines Verwaltungsrecht, Rn. 322.

messen vorgegebenen Handlungsweise abweichen.[97] Zweifellos ist für die Behörde nicht immer klar erkennbar, was dieser „Normalfall" sein soll.[98] Sofern die Behörde einen atypischen Fall annimmt und aus dem „soll" ein „kann" macht, hat sie den Grund ihres Abweichens mit Blick auf § 39 Abs. 1 Satz 3 VwVfG besonders zu begründen.

6. Die Transmissionsklausel des § 4 Abs. 2 SOG LSA

Bei der Erforschung und Verfolgung von Straftaten und Ordnungswidrigkeiten sind die Vorschriften des § 35 Abs. 5 SOG LSA über die Entschädigung von Personen und der §§ 61 bis 68 SOG LSA über die Art und Weise der Anwendung unmittelbaren Zwanges anzuwenden, soweit die Strafprozessordnung keine abschließenden Regelungen enthält. Anders als das SOG LSA kennt die StPO keine speziellen Befugnisnormen für die Anwendung des Zwangs. Der StPO liegt vielmehr das Verständnis zugrunde, dass jede strafprozessuale Maßnahme, deren Durchsetzung den Einsatz von Zwang erfordert, zugleich selbst die Ermächtigungsgrundlage für den Zwang ist.

Dies ist im SOG LSA schon im Ansatz anders. Hier gibt es die Grundverfügung, die im Falle der Nichtbeachtung über das speziell geregelte Zwangsrecht umgesetzt werden kann. Das Problem ist nun aber, dass die strafprozessuale Befugnisnorm für die Grundverfügung zugleich auch die Befugnisnorm für den Zwang ist; jedoch fehlen der StPO trotz allem klare Vorgaben über die Art und Weise der Anwendung des unmittelbaren Zwangs. Diese Lücken soll § 4 Abs. 2 SOG LSA für Sachsen-Anhalt schließen.

97 Vgl. Detterbeck, Allgemeines Verwaltungsrecht, Rn. 322.
98 Vgl. Detterbeck, Allgemeines Verwaltungsrecht, Rn. 323.

7. Das Prüfungsschema

Eingedenk der gesamten obigen Ausführungen, ergibt sich damit das nachfolgende Prüfungsschema für polizeiliche Maßnahmen in Sachsen-Anhalt.

Prüfungsschema einer polizeilichen Maßnahme nach dem SOG LSA

I. Ermächtigungsgrundlage

1. Standardmaßnahme des SOG LSA als lex specialis
2. ggf. Generalklausel, § 13 SOG LSA, als lex generalis

II. formelle Rechtmäßigkeit

1. Zuständigkeit
   a) sachliche Zuständigkeit
   b) örtliche Zuständigkeit
   c) instanzielle Zuständigkeit
2. Verfahren
3. Form

III. materielle Rechtmäßigkeit

1. Tatbestand
   a) Gefahr, § 3 Nr. 3a SOG LSA
      aa) öffentliche Sicherheit, § 3 Nr. 1 SOG LSA
      bb) ggf. öffentliche Ordnung, § 3 Nr. 2 SOG LSA
   b) Adressat
      aa) Verhaltensverantwortlicher, § 7 SOG LSA
      bb) Zustandsverantwortlicher, § 8 SOG LSA
      cc) Nichtverantwortlicher, § 10 SOG LSA
2. Rechtsfolge
   a) Ermessen
      aa) Entschließungsermessen („Ob")
      bb) Handlungsermessen („Wie")
      cc) Adressatenauswahlermessen („Wen")
   b) keine Ermessensfehler
   c) Verhältnismäßigkeitsgrundsatz
      aa) legitimer Zweck
      bb) Geeignetheit
      cc) Erforderlichkeit
      dd) Angemessenheit

III. Das Eingriffsrecht als Strafverfolgungsrecht

Bisher wurde das polizeiliche Eingriffsrecht aus der präventiven Perspektive heraus betrachtet. Es handelte sich dabei stets um Gefahrenabwehrrecht. Grundlage hierfür ist das SOG LSA. Eingriffsrecht kann aber auch repressiv sein. Dann ist das Eingriffsrecht repressives Strafverfolgungsrecht. Dass die Polizei über das SOG LSA auch für die Abwehr von Straftaten zuständig ist, folgt aus § 2 Abs. 1 SOG LSA. Die Vorsorge für die Verfolgung von Straftaten obliegt der Polizei aber nur dann, wenn das SOG LSA dies besonders regelt. In diesen Fällen ist die (begangene) Straftat eine Tatbestandsvoraussetzung für eine präventive Maßnahme. Man bleibt damit rechtssystematisch trotz Straftat im präventiven Gefahrenabwehrrecht. Besonders deutlich wird dies bei den erkennungsdienstlichen Maßnahmen i.S.d. § 21 Abs. 2 Nr. 2 SOG LSA. Hiernach kann die Polizei erkennungsdienstliche Maßnahmen vornehmen, wenn dies zur Verhütung von Straftaten erforderlich ist, weil die betroffene Person verdächtig ist, eine Straftat begangen zu haben und wegen der Art oder Ausführung der Tat die Gefahr der Wiederholung besteht.

Wenn die Polizei ausschließlich repressiv tätig wird, ist für das SOG LSA mit Ausnahme der Transmissionsklausel und ihren rechtlichen Konsequenzen kein Raum mehr. Repressives Eingriffsrecht richtet sich nach der StPO. Die StPO ist Bundesrecht. Für die polizeiliche Praxis bedeutet dies, dass die polizeilichen Maßnahmen, die die StPO einräumt, nicht nur in Sachsen-Anhalt, sondern auch im Rest der Bundesrepublik gelten. Das SOG LSA gilt nur in Sachsen-Anhalt. Den Ausgangspunkt für das repressive Eingriffsrecht bildet § 163 Abs. 1 StPO. Danach haben die Behörden und Beamten des Polizeidienstes Straftaten zu erforschen und alle keinen Aufschub gestattenden Anordnungen zu treffen, um die Verdunkelung der Sache zu verhüten. Zu diesem Zweck sind sie befugt, alle Behörden um Auskunft zu ersuchen, bei Gefahr im Verzug auch, die Auskunft zu verlangen, sowie Ermittlungen jeder Art vorzunehmen, soweit nicht andere gesetzliche Vorschriften ihre Befugnisse besonders regeln.

Wird die Polizei repressiv tätig, hat sie gem. § 163 Abs. 2 Satz 1 StPO unverzüglich die Staatsanwaltschaft zu informieren. Erscheint die schleunige Vornahme richterlicher Untersuchungshandlungen erforderlich, so kann die Übersendung allerdings auch gem. § 163 Abs. 2 Satz 2 StPO unmittelbar an das Amtsgericht erfolgen. § 163 Abs. 2 StPO hat also den Fall im Blick, in dem die Polizei selbst Kenntnis von einer Straftat erlangt. Man spricht hierbei von einem **ersten repressiven Zugriff**. Je nach Sachverhalt kann die Polizei aber auch von der Staatsanwaltschaft zur Strafverfolgung verpflichtet werden. Dies folgt aus § 161 Abs. 1 StPO. Um der staatsanwaltschaftlichen Pflicht zur umfassenden Sachverhaltsaufklärung i. S. d. § 160 Abs. 1 bis 3 StPO nachzukommen, kann die Staatsanwaltschaft Ermittlungen jeder Art auch durch die Behörden und Beamten des Polizeidienstes vornehmen lassen. Das Ersuchen der Staatsanwaltschaft ist dabei nicht bloß eine Bitte; vielmehr sind die Behörden und Beamten des Polizeidienstes gem. § 161 Abs. 1 Satz 2 StPO verpflichtet (!), dem Ersuchen oder Auftrag der Staatsanwaltschaft zu genügen. Die Polizei ist also zur Verfolgung von Straftaten verpflichtet. Dies folgt aus dem **Legalitätsprinzip**. Die Polizei ist demnach der verlängerte Arm der Staatsanwaltschaft.

Von besonderer Bedeutung für die formelle Rechtmäßigkeit strafprozessualer Maßnahmen ist **§ 1 Abs. 3 SOG LSA**. Danach hat die Polizei des Landes Sachsen-Anhalt die ihnen durch andere Rechtsvorschriften zugewiesenen weiteren Aufgaben zu erfüllen. Es handelt sich um eine Vorschrift, die einen Teil der sachlichen Zuständigkeit der Landespolizeibeamten in Sachsen-Anhalt regelt. So sind der Polizei Aufgaben aus dem VersammlG LSA, der ZPO oder dem AufenthG übertragen.[99] Der Landespolizei zugewiesene Polizeiaufgaben sind allen voran aber natürlich solche der Aufklärung und Verfolgung von Straftaten.[100] § 1 Abs. 3 SOG LSA kann daher insbesondere als zuständigkeitsrechtliche Brückennorm in die StPO verstanden werden. Aus § 1 Abs. 3 SOG LSA ergibt sich daher auch die Pflicht der Landespolizei Sachsen-Anhalt zur Wahrnehmung von strafverfahrensrechtlichen Aufgaben, die aus der StPO als Bundesrecht folgen. § 1 Abs. 3 SOG LSA hat dabei gerade nicht nur Aufgaben der Gefahrenabwehr im Blick.[101] Die sachliche Zuständigkeit der Landespolizei für die Strafverfolgung folgt somit aus § 1 Abs. 3 SOG LSA i. V. m. § 163 Abs. 1 StPO.

Die Polizei ist im Rahmen der Strafverfolgung sog. **Ermittlungsperson der Staatsanwaltschaft**. Als solche hat sie gem. § 152 Abs. 1 GVG den Anordnungen der Staatsanwaltschaft ihres Bezirks und der dieser vorgesetzten Beamten Folge zu leisten. Zu beachten ist dabei aber, dass nicht jeder Polizist automatisch auch Ermittlungsperson der Staatsanwaltschaft ist. Wer tatsächlich Ermittlungsperson der Staatsanwaltschaft sein kann, regelt für Sachsen-Anhalt die **Verordnung über die Ermittlungspersonen der Staatsanwaltschaft** vom 9. August 2001. § 1 Abs. 1 Nr. 3 der Verordnung über die Ermittlungspersonen der Staatsanwaltschaft regelt, wer seitens der Polizei Ermittlungsperson sein kann. Im Einzelnen gelten dann aber weitere Einschränkungen. So sind etwa Polizeimeister nur dann Ermittlungspersonen der Staatsanwaltschaft, sofern sie mindestens vier Jahre in dem

99 Vgl. Martell, SOG LSA, § 1 Rn. 39.
100 BeckOK PolR NRW/Gusy/Worms, PolG NRW § 1 Rn. 264.
101 Vgl. Martell, SOG LSA, § 1 Rn. 37.

der Beamtengruppe entsprechenden Dienst oder im Polizeidienst des Bundes oder eines Landes tätig sind und das 21. Lebensjahr vollendet haben. Polizei- und Kriminalkommissare sind Ermittlungspersonen der Staatsanwaltschaft, sofern sie ihre Laufbahnprüfung abgelegt haben und mindestens ein Jahr in einer in dieser Verordnung bezeichneten Beamtengruppen tätig gewesen sind. Nicht abschließend geklärt ist die Frage, wie die Fälle zu beurteilen sind, in denen ein Polizist irrtümlich davon ausgegangen ist, er sei schon Ermittlungsperson der Staatsanwaltschaft, obwohl er es de iure zum Zeitpunkt der Maßnahme noch gar nicht war.

Anders als im Gefahrenabwehrrecht geht es bei der repressiven Strafverfolgung nicht mehr um Gefahren. Der zentrale Begriff des Strafverfolgungsrechts ist der des **Verdachts**. Die Polizei darf nur dann repressiv tätig werden, wenn sie einen **Anfangsverdacht** einer Straftat hat. Unter einem Anfangsverdacht versteht man gem. § 152 Abs. 2 StPO das Vorliegen zureichender tatsächlicher Anhaltspunkte für das Vorliegen einer Straftat. Es kommt dabei darauf an, dass die Polizei oder die Staatsanwaltschaft von einer Straftat Kenntnis erlangt hat. Auf die Art und Weise der Kenntniserlangung kommt es nicht an. Klassischerweise erlangt die Polizei aber Kenntnis durch die in § 158 StPO näher ausgeführte Strafanzeige oder den Strafantrag. Die Kenntnis kann aber auch durch eigenes Wahrnehmen der Polizisten, durch Zeugenaussagen, Spuren oder sonstige Hinweise erfolgen. Es genügt, dass der Polizist aufgrund der Tatsachengrundlage der Meinung ist, dass jedenfalls die Möglichkeit einer Straftat gegeben ist. Fehlt es jedoch an dieser Tatsachengrundlage, dann fehlt es am Anfangsverdacht. Insofern liegt dann eine Vermutung vor. Diese berechtigt nicht zur Vornahme von Ermittlungsmaßnahmen.

Neben dem Anfangsverdacht kennt die StPO noch zwei weitere Verdachtsgrade. Von einem **hinreichenden Tatverdacht** spricht man, wenn die Verurteilung des Beschuldigten bei vorläufiger Bewertung der Tat wahrscheinlicher als ein Freispruch ist. Der **dringende Tatverdacht** liegt dann vor, wenn die Wahrscheinlichkeit, dass der Beschuldigte eine Straftat begangen hat, groß ist. Die Wahrscheinlichkeit, dass der Beschuldigte eine Straftat begangen hat, muss beim dringenden Tatverdacht größer als beim hinreichenden Tatverdacht sein. So darf etwa gem. § 112 Abs. 1 Satz 1 StPO die Untersuchungshaft gegen den Beschuldigten nur dann angeordnet werden, wenn er der Tat dringend verdächtig ist und ein Haftgrund besteht. Hinreichender Tatverdacht genügt hier also nicht. Selbstverständlich können je nach Einzelfall die drei Verdachtsarten bzw. -grade zusammenfallen.

Wird die Polizei als Organ der Strafverfolgung tätig, so ändert sich auch die Bezeichnung ihres Gegenübers. Während man im SOG LSA vom Verantwortlichen, Störer oder Adressaten sprach, geht es nun um den Tatverdächtigen und Beschuldigten sowie evtl. um Zeugen. Der Tatverdächtige und der Beschuldigte sind zwei unterschiedliche Personen und werden rechtlich anders behandelt. Ein **Tatverdächtiger** ist derjenige, der als Täter i. S. d. § 25 StGB oder als Teilnehmer i. S. d. §§ 26 und 27 StGB für eine Straftat aufgrund von hinreichenden tatsächlichen Anhaltspunkten in Betracht kommt. Demgegenüber spricht man von einem **Beschuldigten** dann, wenn die Staatsanwaltschaft oder die Polizei gegen den Tatverdächtigen bereits konkrete Maßnahmen eingeleitet hat. In Anlehnung an § 397 Abs. 1 AO ist das Strafverfahren dann eingeleitet, sobald die Polizei, die Staatsanwaltschaft, eine ihrer Ermittlungspersonen oder der Strafrichter eine Maßnahme trifft, die erkennbar darauf abzielt, gegen jemanden wegen einer Straftat strafrechtlich vorzugehen. Die Stellung als Beschuldigter ist dabei auch deshalb relevant, weil die Polizei einige Maßnahmen der StPO nur gegenüber dem Beschuldigten vornehmen kann. Der Klassiker ist § 163a StPO, der die Vernehmung des Beschuldigten (und gerade nicht des bloßen Tatverdächtigen) regelt.

Bisweilen stößt man als Polizist auch auf den Angeschuldigten und den Angeklagten. Die Definitionen finden sich in § 157 StPO. **Angeschuldigter** ist der Beschuldigte, gegen den die öffentliche Klage erhoben ist. **Angeklagter** ist der Beschuldigte oder Angeschuldigte, gegen den die Eröffnung des Hauptverfahrens beschlossen ist. Das heißt, jeder Angeklagte und Angeschuldigte ist zugleich auch Beschuldigter. Demgegenüber ist aber nicht jeder Beschuldige automatisch auch Angeschuldigter, geschweige denn Angeklagter. Beschuldigter, Angeschuldigter und Angeklagter sind im Grunde drei selbstständige Personen der StPO, die man im Rahmen der polizeilichen Arbeit tunlichst nicht verwechseln darf.

Aus der Doppelnatur der Polizei folgt, dass sie in den Fällen, in denen sie als repressives Strafverfolgungsorgan tätig wird, als Teil der Justiz anzusehen ist. Die Polizei erlässt dann im Rahmen der Strafverfolgung keine Verwaltungsakte i. S. d. § 35 Satz 1 VwVfG mehr; vielmehr erlässt sie sog. **Justizverwaltungsakte**. Man bewegt sich dann nicht mehr im Verwaltungsrecht. Während Maßnahmen des SOG LSA vor den Verwaltungsgerichten angegriffen und überprüft werden können, ist der Verwaltungsrechtsweg für Justizverwaltungsakte versperrt. Ausgangspunkt ist dabei **§ 23 EGGVG**. Über die Rechtmäßigkeit der Anordnungen, Verfügungen oder sonstigen Maßnahmen, die von den Justizbehörden zur Regelung einzelner Angelegenheiten auf den Gebieten des bürgerlichen Rechts einschließlich des Handelsrechts, des Zivilprozesses, der freiwilligen Gerichtsbarkeit und der Strafrechtspflege getroffen werden, entscheiden auf Antrag die **ordentlichen Gerichte**.

Kapitel B Vorladung, Vorführung, Befragung, Vernehmung

I. Die Vorladung

Die Vorladung ist die polizeiliche Aufforderung an eine bestimmte Person, zu einer von der Polizei festgelegten Uhrzeit an einem von der Polizei festgelegten Ort zu erscheinen, um Tatsachen zu erörtern oder zu klären und dort so lange zu verweilen, bis die Erörterung bzw. Klärung aus Sicht der Polizei erfolgt ist.[102] In Sachsen-Anhalt wird die Vorladung in § 35 SOG LSA geregelt. Die Ermächtigungsgrundlage ist dann § 35 Abs. 1 SOG LSA. Danach können die Sicherheitsbehörden und die Polizei eine Person schriftlich oder mündlich vorladen, wenn Tatsachen die Annahme rechtfertigen, dass die Person sachdienliche Angaben machen kann, die für die Erfüllung einer bestimmten sicherheitsbehördlichen oder polizeilichen Aufgabe erforderlich sind. Die Polizei kann eine Person ferner schriftlich oder mündlich vorladen, wenn dies zur Durchführung erkennungsdienstlicher Maßnahmen erforderlich ist. Maßgeblich für eine Vorladung ist also die **Sachdienlichkeit der Angaben**, die die vorzuladende Person aus Sicht der Polizei machen kann.

In der Vorladung soll angegeben werden, weshalb die Person vorgeladen wird. Gem. § 35 Abs. 2 SOG LSA soll mithin der Grund für die Vorladung angegeben werden. § 35 Abs. 2 Satz 1 SOG LSA ist nur eine Soll-Vorschrift. Zu Recht wird betont, dass je nach Einzelfall und öffentlichem Interesse eine abweichende Handhabung möglich sein muss.[103] Man wird hier gleichwohl von einem intendierten Ermessen ausgehen müssen. Bei der Festsetzung des Zeitpunkts soll ferner gem. § 35 Abs. 2 Satz 2 SOG LSA auf den Beruf und die sonstigen Lebensverhältnisse der Person Rücksicht genommen werden. Zu beachten sind also beispielsweise die beruflichen und nebenberuflichen Arbeitszeiten, familiäre Umstände, Urlaub, Arzt-, Behörden- und Gerichtstermine, schulische oder universitäre Unabkömmlichkeiten etc. Allgemeine Freizeit und ausgeübte Hobbys sind keine berücksichtigungsfähigen Umstände.

Die Vorladung i. S. d. § 35 SOG LSA stellt jedenfalls einen Grundrechtseingriff in die allgemeine Handlungsfreiheit aus Art. 2 Abs. 1 GG dar. Sie ist ein belastender Verwaltungsakt i. S. d. § 35 Satz 1 VwVfG. Insofern sind die Verfahrens- und Formvorschriften des VwVfG (LSA) zu beachten.

102 Vgl. Thiel, Polizeirecht, § 10 Rn. 19.
103 Vgl. Martell, SOG LSA, § 35 Rn. 11.

Die Vorladung dient regelmäßig der Befragung i. S. d. § 14 SOG LSA. Inhaltlich überschneiden sich § 14 Abs. 1 SOG LSA und § 35 Abs. 1 SOG LSA dabei. Beide stellen auf die sachdienlichen Angaben ab. Die Vorladung dient aber gem. § 35 Abs. 3 Nr. 2 SOG LSA ausdrücklich auch der Durchführung erkennungsdienstlicher Maßnahmen i. S. d. § 21 SOG LSA.

Aus § 35 Abs. 1 SOG LSA folgt lediglich die Pflicht, der Vorladung Folge zu leisten. Eine Auskunftspflicht folgt aus § 35 Abs. 1 SOG LSA aber gerade nicht. Wird die Person vorgeladen, besteht erst gem. § 14 Abs. 2 SOG LSA eine Auskunftspflicht für die in den §§ 7 und 8 SOG LSA genannten Personen sowie für die unter den Voraussetzungen des § 10 SOG LSA genannten Personen. Unter den in §§ 52 bis 55 StPO genannten Voraussetzungen ist die betroffene Person zur Verweigerung der Auskunft berechtigt. Die betroffene Person ist über ihr Recht zur Verweigerung der Auskunft zu belehren. Die Polizei hat darauf zu achten, dass sich die von der vorgeladenen Person gemachten Auskünfte nur auf gefahrenabwehrrechtliche Aspekte beziehen. Sofern die Polizei davon ausgeht, dass die vorgeladene Person Auskünfte zu Straftaten und bzw. oder Ordnungswidrigkeiten machen wird, ist § 35 SOG LSA diesbezüglich nicht anwendbar. Hier ist dann § 163 Abs. 3 StPO maßgeblich. Gem. § 163 Abs. 3 Satz 1 StPO sind Zeugen verpflichtet, auf Ladung vor Ermittlungspersonen der Staatsanwaltschaft zu erscheinen und zur Sache auszusagen, wenn der Ladung ein Auftrag der Staatsanwaltschaft zugrunde liegt. Die in der Bevölkerung vielfach anzutreffende Auffassung, man müsse als Zeuge auf die Vorladung der Polizei nicht reagieren, geschweige denn dieser Folge leisten, ist also falsch.

Umstritten ist, ob über § 35 Abs. 1 Satz 2, Abs. 3 Nr. 2 SOG LSA auch zum Zwecke von erkennungsdienstlichen Maßnahmen beim Beschuldigten i. S. d. § 81b StPO vorgeladen werden kann. Unabhängig von der Frage, ob § 81b StPO selbst schon zur Vorladung berechtigt, sollte man wegen des Bezugs zum repressiven Eingriffsrecht („für die Zwecke der Durchführung des Strafverfahrens“) stets über die StPO, also über § 163 Abs. 3 StPO (Zeugen) bzw. § 163a Abs. 3 StPO (Beschuldigter) vorladen.

II. Die Vorführung

Die Vorführung ist ein Zwangsmittel und stellt eine freiheitsbeschränkende Maßnahme dar. Es handelt sich hierbei um unmittelbaren Zwang zur Durchsetzung der Vorladung. Über die Vorführung soll die vorgeladene Person zum Erscheinen gezwungen werden. Leistet eine betroffene Person der Vorladung ohne hinreichenden Grund keine Folge, so kann sie in

Sachsen-Anhalt gem. § 35 Abs. 3 SOG LSA unter gewissen Umständen auch zwangsweise durchgesetzt werden. Die Hürden für eine zwangsweise Durchsetzung sind dabei aber relativ hoch. So kommt eine zwangsweise Durchsetzung der Vorladung gem. § 35 Abs. 3 Nr. 1 SOG LSA nur dann in Betracht, wenn die Angaben der vorzuladenden Person zur Abwehr einer Gefahr für Leib, Leben oder Freiheit einer Person erforderlich sind oder gem. § 35 Abs. 3 Nr. 2 SOG LSA zur Durchführung erkennungsdienstlicher Maßnahmen. In verfahrensrechtlicher Hinsicht ist zwingend § 35 Abs. 4 SOG LSA zu beachten. Die zwangsweise Vorführung darf nämlich außer in den Fällen, in denen Gefahr im Verzuge vorliegt, nur durch den Richter angeordnet werden. Es besteht also ein Richtervorbehalt.

Der Gesetzgeber des SOG LSA sieht die Vorführung in § 35 Abs. 3 SOG LSA also als eine Freiheitsentziehung an und rekurriert auf Art. 104 Abs. 2 GG. Ob es sich bei der Vorführung aber wirklich um eine Freiheitsentziehung oder nicht vielleicht doch nur um eine Freiheitsbeschränkung handelt, ist umstritten.[104] Man wird wohl davon ausgehen können, dass das polizeiliche Verbringen zur nächsten Polizeidienststelle noch nicht die Schwelle zur Freiheitsentziehung überschreitet. Dies gilt insbesondre für Vorführungen von nur kurzer Dauer. Damit handelt es sich bei der Vorführung grds. nur um eine Freiheitsbeschränkung. Gleichwohl kann sich diese Freiheitsbeschränkung je nach Dauer auch zu einer Freiheitsentziehung ausweiten. Abzustellen ist dabei auf die zeitliche Üblichkeit. Damit ist natürlich die Frage aufgeworfen, was üblich ist. Letztlich muss man sich den konkreten Einzelfall ansehen. Bei Gefahr im Verzuge bedarf es keiner richterlichen Entscheidung. Für das Verfahren gilt im Rahmen der Vorführung § 38 Abs. 2 Satz 1 und 2 SOG LSA mit der Maßgabe, dass das Amtsgericht zuständig ist, in dessen Bezirk die Sicherheitsbehörde oder die Polizei ihren Sitz hat.

III. Die Befragung

Thematisch ist die Befragung eng mit der Vorladung verbunden. Die Polizei kann eine Person befragen, wenn tatsächliche Anhaltspunkte die Annahme rechtfertigen, dass die Person sachdienliche Angaben zur Aufklärung des Sachverhaltes in einer bestimmten sicherheitsbehördlichen oder polizeilichen Angelegenheit machen kann. Die Ermächtigungsgrundlage für die Befragung ist § 14 Abs. 1 Satz 1 SOG LSA. Ziel der Befragung ist die Informationsgewinnung. Ob es sich bei der Befragung aber stets um

104 Vgl. Thiel, Polizeirecht, § 10 Rn. 24.

einen Grundrechtseingriff handelt, für den dann eine Ermächtigungsgrundlage erforderlich wäre, ist umstritten. Eine polizeiliche Befragung darf sicherlich nicht als bloß zwanglose Plauderei mit dem Bürger missverstanden werden. Es muss streng zwischen dem Adressatenkreis, den die Polizei befragen kann, und dem Adressatenkreis, der dann rechtlich zur Auskunft verpflichtet ist, unterschieden werden. Hinsichtlich der Personen, die von der Polizei befragt werden können, ist § 14 Abs. 1 SOG LSA offen. Die Polizei kann danach eine Person – und letztlich also alle Personen – befragen. Die Person muss kein Verantwortlicher i. S. d. SOG LSA sein. Aber nicht alle Personen sind zur Auskunft verpflichtet. Gem. § 14 Abs. 2 SOG LSA besteht eine Auskunftspflicht nur für die in den §§ 7 und 8 SOG LSA genannten Personen sowie für den Nichtverantwortlichen i. S. d. § 10 SOG LSA.

Eine Ausnahme davon stellt § 111 OWiG dar. Über die in § 111 OWiG enthaltenen Angaben muss jede Person gegenüber der Polizei Auskunft geben. Der auskunftspflichtige Adressat gem. § 14 Abs. 1 Satz 2 SOG LSA kann für die Dauer der Befragung angehalten werden. Die Befragung i. S. d. § 14 Abs. 1 SOG LSA sollte man daher eher als eine Art „präventive Vernehmung" verstehen – wenngleich das SOG LSA die Rechtsfigur der Vernehmung nicht kennt und sie der Sache nach aus dem repressiven Strafverfahrensrecht stammt. Der Adressat hat die Befragung zu dulden. Insofern stellt die Befragung nur dann einen Eingriff dar, wenn sie gegen den Willen des Adressaten erfolgt. In dem polizeilichen Recht, den Adressaten anzuhalten, liegt eine Ermächtigung für einen Realakt.

Der Rechtscharakter der Befragung selbst ist umstritten. Es ist durchaus fraglich, wo sich in der Befragung die für einen Verwaltungsakt indispensable Regelungswirkung verbergen soll. Rechtspraktisch und letztlich vom Ende her gedacht dürfte es sich aber gerade unter Aspekten der Durchsetzbarkeit der Befragung um einen Verwaltungsakt handeln. Wäre die Befragung ein bloßer Realakt, bliebe unklar, wie man den Adressaten nach rechtsstaatlichen Grundsätzen „zum Reden bringen" könnte, denn Zwangsmittel des SOG LSA sind auf Realakte nicht anwendbar.

Weigert sich der Adressat auf die Fragen zu antworten, kann ggf. ein Zwangsgeld (§ 56 SOG LSA) als Beugemittel verhängt werden. Das Zwangsgeld ist aber zugleich das einzige Zwangsmittel, das überhaupt anwendbar sein kann. Da die Auskunft keine vertretbare Handlung ist, scheidet eine Ersatzvornahme aus. Unmittelbarer Zwang zur Abgabe einer Erklärung ist gem. § 58 Abs. 7 SOG LSA ausgeschlossen und wäre ohnehin mit § 136a StPO bzw. Art. 104 Abs. 1 Satz 2 GG unvereinbar. Nicht von ungefähr weist § 14

Abs. 5 SOG LSA allgemein dann auch darauf hin, dass § 136a StPO (verbotene Vernehmungsmethoden) im Rahmen der Befragung entsprechend gilt. Es sei an dieser Stelle ausdrücklich darauf hingewiesen, dass eine sog. „Präventionsfolter" zur Erzwingung einer Aussage selbstverständlich rechtswidrig ist.[105]

§ 14 Abs. 1 SOG LSA enthält in Satz 1 also die Ermächtigungsgrundlage für den Erlass eines Verwaltungsakts und in Satz 2 diejenige für die Vornahme eines Realakts. Inhaltlich muss die Befragung auf das Erlangen sachdienlicher Informationen gerichtet sein. Die Polizei muss also aus der Ex-ante-Perspektive beurteilen, ob die Person, die befragt werden soll, überhaupt das Informations- und Erkenntnisbedürfnis der Polizei befriedigen kann. Hierbei hat die Polizei einen relativ weiten Einschätzungsspielraum. Hier liegt dann auch ihre besondere Bedeutung als Gefahrerforschungsmaßnahme. Eine anlasslose Befragung ins Blaue hinein ist aber nicht von § 14 Abs. 1 SOG LSA erfasst. Die Polizei muss bei einer Befragung stets auch etwaige Zeugnis- und Auskunftsverweigerungsrechte beachten. Auch im Rahmen von § 14 Abs. 1 SOG LSA ist die betroffene Person gem. § 14 Abs. 2 Satz 2 SOG LSA unter den in §§ 52 bis 55 StPO genannten Voraussetzungen nämlich zur Verweigerung der Auskunft berechtigt und gem. § 14 Abs. 2 Satz 3 SOG LSA über ihr Recht zur Verweigerung der Auskunft zu belehren.

Von besonderer praktischer Bedeutung ist schließlich § 14 Abs. 3 SOG LSA, der die sog. **Schleierfahndung** für Sachsen-Anhalt normiert. Die Schleierfahndung ist eine Fahndungsart, bei der Personenkontrollen im öffentlichen Straßenverkehr durchgeführt werden, ohne dass von den kontrollierten Personen eine konkrete Gefahr ausgeht. Es handelt sich um eine „verdachts- und ereignislose Personenkontrolle".[106] Ihr Ziel ist die grenzüberschreitende Bekämpfung von Straftaten. Hierfür kann die Polizei eine auf einer Bundesfernstraße, einem Autohof sowie der Straßenverbindung zwischen Autobahn und Autohof angetroffene Person kurzzeitig anhalten, befragen und verlangen, dass mitgeführte Ausweispapiere zur Prüfung ausgehändigt werden, sowie mitgeführte Sachen in Augenschein nehmen. Bundesfernstraßen bestehen gem. § 1 Nr. 2 FStrG aus Bundesautobahnen und Bundesstraßen mit den Ortsdurchfahrten. Die Schleierfahndung ist gerade wegen des Umstands, dass es für ihre Durchführung keiner Gefahr und keines Anfangsverdachts bedarf, und sie damit letztlich anlasslos durchgeführt werden darf, sehr umstritten. Um den Rückgriff auf die Schleierfahndung etwas zu regulieren, darf diese nur dann durchgeführt werden, wenn jedenfalls auf Grund

105 Thiel, Polizeirecht, § 10 Rn. 12.
106 Martell, SOG LSA, § 14 Rn. 13.

von Lageerkenntnissen anzunehmen ist, dass Straftaten von erheblicher Bedeutung begangen werden sollen. Was unter Straftaten von erheblicher Bedeutung zu verstehen ist, wird in § 4 Nr. 4 SOG LSA definiert. Insbesondere ermöglicht § 14 Abs. 3 Satz 1 SOG LSA auch das Öffnen von Kofferräumen und Ladeflächen. Die dann vorgefunden Gegenstände dürfen gleichwohl nicht über § 14 Abs. 3 Satz 1 SOG LSA durchsucht werden. Die Durchsuchung richtet sich vielmehr nach §§ 41 und 42 SOG LSA.

IV. Die Vernehmung

Eine Vernehmung ist die gezielte Befragung einer Person durch ein staatliches Organ der Strafverfolgung in amtlicher Funktion. Die Polizei kann Zeugen und Beschuldigte vernehmen. Keine Vernehmung ist die sog. **informatorische Befragung**. Der einer informatorischen Befragung zugrunde liegende Sachverhalt sieht regelmäßig so aus, dass die Polizei zu einem Geschehen gerufen wird und sich nun erst einmal einen Überblick über die Sach- und Rechtslage verschaffen muss. Dazu führt sie Gespräche mit den beteiligten Personen. Bei einer informatorischen Befragung hegt die Polizei noch keinen Anfangsverdacht gegen eine oder mehrere bestimmte Personen. Eine Belehrung gem. § 136 StPO ist im Rahmen der informatorischen Befragung nicht erforderlich. Sobald aber die Polizei angesichts der von der befragten Person gemachten Auskünfte einen Anfangsverdacht gewonnen hat, muss die Polizei dies der Person mitteilen und sie entsprechend belehren. Alle Aussagen, die während der informatorischen Befragung gemacht werden, sind verwertbar. Für **Spontanäußerungen** gelten die gleichen Grundsätze. Bei einer Spontanäußerung äußert sich eine Person, die an sich ein Zeugnis- bzw. Auskunftsverweigerungsrecht hat, von sich aus zu einem bestimmten Geschehen, bestimmten Umständen etc. Hierbei kann sich die Person um „Kopf und Kragen" reden. Ob die Polizei den Redefluss ab dem Zeitpunkt unterbrechen muss, zu dem sich ihrerseits der Anfangsverdacht erhärtet, ist umstritten. Der Grundsatz „**nemo tenetur se ipsum accusare**" verbietet gerade nicht, sich freiwillig selbst zu belasten; vielmehr soll er nur sicherstellen, dass sich die befragte – oder besser: vernommene – Person aus Angst vor der Staatsgewalt nicht selbst belastet. Die Polizei ist also auch nicht angehalten, das im Rahmen einer Spontanäußerung Gesagte zu ignorieren. Der Inhalt der Spontanäußerung ist verwertbar. Sofern sich seitens der Polizei ein Anfangsverdacht aus der Spontanäußerung ergeben haben sollte, darf sie dann aber nach der Spontanäußerung nicht einfach weiter informatorisch befragen.

1. Die Vernehmung des Beschuldigten

Der Beschuldigte ist gem. § 163a Abs. 1 StPO spätestens vor dem Abschluss der Ermittlungen zu vernehmen. Sofern die Polizei die Vernehmung durchführt, ist zwingend auf die Einhaltung der in § 163a Abs. 4 Satz 1 StPO aufgeführten Verfahrensvorgaben zu achten. Insbesondere ist dem Beschuldigten bei seiner Vernehmung durch Beamte des Polizeidienstes zu eröffnen, welche Tat ihm zur Last gelegt wird. Der Polizeibeamte muss dabei aber gerade nicht auf die in Betracht kommenden Strafvorschriften hinweisen. Dies ergibt sich aus § 163a Abs. 4 Satz 2 StPO, der bei der Vernehmung des Beschuldigten durch Beamte des Polizeidienstes § 136 Abs. 1 Satz 2 bis 6 StPO für anwendbar erklärt und gerade nicht auch § 136 Abs. 1 Satz 1 StPO. Auf einen konkreten Tatbestand muss daher nicht eingegangen werden.[107] Dies wird in der strafprozessrechtlichen Literatur bisweilen missverständlich bzw. schlichtweg falsch dargestellt. Der juristisch nur bedingt geschulte Polizist soll letztlich auch im Interesse des Beschuldigten nicht zu rechtlich falschen Ausführungen verleitet werden.

Der Polizeibeamte muss den Beschuldigten mit den Folgen eines möglichen Beweisverwertungsverbotes nach §§ 163a Abs. 4 Satz 2 StPO, 136 Abs. 1 Satz 2 bis 5 StPO weiter zwingend belehren über: das Schweigerecht, das Recht auf Verteidigerkonsultation, im Fall einer Pflichtverteidigung über das diesbezügliche Antragsrecht mit dessen Kostenfolgen. Der Polizeibeamte muss dabei gem. § 163a Abs. 4 Satz 2 StPO i. V. m. § 136 Abs. 1 Satz 4 StPO auch auf bestehende anwaltliche Notdienste hinweisen. Demgegenüber sind die Belehrung über die Möglichkeit der schriftlichen Äußerung, das Beweisantragsrecht und den Täter-Opfer-Ausgleich (§§ 163a Abs. 4 Satz 2, 136 Abs. 1 Satz 5 und 6 StPO) nicht zwingend.

Hinweis

Daraus folgt, dass die Belehrung des Beschuldigten zwingend aus drei wesentlichen Komponenten bestehen muss:

1. Bei Beginn der Vernehmung ist dem Beschuldigten gem. § 163a Abs. 4 Satz 1 StPO zu eröffnen, welche Tat ihm zur Last gelegt wird.
2. Er ist gem. § 163a Abs. 4 Satz 2 StPO i. V. m. § 136 Abs. 1 Satz 2 StPO darauf hinzuweisen, dass es ihm nach dem Gesetz freisteht, sich zu der Beschuldigung zu äußern oder nicht zur Sache auszusagen.
3. Ferner ist er gem. § 163a Abs. 4 Satz 2 StPO i. V. m. § 136 Abs. 1 Satz 2 StPO darauf hinzuweisen, dass es ihm nach dem Gesetz freisteht, jederzeit, auch schon vor seiner Vernehmung, einen von ihm zu wählenden Verteidiger zu kon-

107 Vgl. MüKoStPO/Kölbel, § 163a Rn. 38; HK-GS/Kai Ambos, 5. Aufl. 2022, StPO § 163a Rn. 5.

sultieren und im Falle der notwendigen Verteidigung über die Staatsanwaltschaft einen Pflichtverteidiger zu beantragen. Die Belehrung muss auch die Kostenfolge des § 465 StPO umfassen und auf anwaltliche Notdienste hinweisen (sog. „doppelte Belehrung über den Verteidiger").
(Ggf. müssen bei hör- und sprachbehinderten Personen oder solchen, die der deutschen Sprache nicht mächtig sind, ferner gem. § 163a Abs. 5 StPO die §§ 186 und 187 Abs. 1 bis 3 GVG sowie § 189 Absatz 4 GVG beachtet werden und entsprechende Belehrungen erfolgen.)

Die Vernehmung darf nicht einseitig geführt werden, sondern soll sowohl belastende als auch entlastende Beweise zutage fördern. Die Vernehmung soll dem Beschuldigten mithin Gelegenheit geben, die gegen ihn vorliegenden Verdachtsgründe zu beseitigen und die zu seinen Gunsten sprechenden Tatsachen geltend zu machen. Die Polizei ist dabei in der Regel an Beweisanträge des Beschuldigten gebunden. Beantragt der Beschuldigte nämlich zu seiner Entlastung die Aufnahme von Beweisen, so sind sie gem. § 163a Abs. 2 StPO von der Polizei jedenfalls dann zu erheben, wenn sie von Bedeutung sind. Unklar ist dabei natürlich, wann Beweise „von Bedeutung" sind. Sicherlich darf sich die Polizei zwar nicht nur auf eine den Beschuldigten belastende Ermittlungshypothese beschränken, sie hat aber einen Einschätzungsspielraum dahingehend, inwiefern sie den Beweisanträgen des Beschuldigten Folge leisten will. Die Polizei hat gem. § 163a Abs. 4 Satz 2 StPO i. V. m. § 136 Abs. 3 StPO auf die Ermittlung seiner persönlichen Verhältnisse – nicht seiner wirtschaftlichen (!) – Bedacht zu nehmen. Als Anhaltspunkt kann dabei Nr. 13 RiStBV herangezogen werden. Die persönlichen Verhältnisse des Beschuldigten sind danach insbesondere die richtige Schreibweise seines Familien- und Geburtsnamens, sein Geburtstag und Geburtsort und seine Staatsangehörigkeit.

Missachtet die Polizei die Belehrungspflichten wirft dies je nach Einzelfall relativ komplizierte Rechtsfragen auf – insbesondere die der Verwertbarkeit. Hier muss dann geprüft werden, ob der Beschuldigte seine Rechte auch ohne Belehrung kannte, was klassischerweise bei Juristen anzunehmen sein dürfte, ob qualifiziert belehrt werden kann und ob der Beschuldigte der Verwertung ggf. widersprechen muss bzw. bereits widersprochen hat. Der Umgang mit einer fehlerhaften oder gänzlich unterbliebenen Belehrung ist nach hier vertretener Auffassung rechtlich derart kompliziert und umstritten, dass der Polizist in jedem Fall einen Juristen (etwa: polizeilichen Justiziar oder Staatsanwalt) konsultieren sollte. Keinesfalls sollte der Polizist die Vernehmung trotz fehlerhafter Belehrung einfach „sehenden Auges" fortsetzen.

In einem Rechtsstaat versteht es sich von selbst, dass bei der Vernehmung keine sog. „verbotenen Vernehmungsmethoden" zur Anwendung gelangen dürfen. Insbesondere darf die Willensentschließungs- und Willensbetätigungsfreiheit des Beschuldigten nicht beeinträchtigt werden. § 136a StPO enthält eine nicht abschließende Aufzählung der verbotenen Vernehmungsmethoden. Ein Verstoß gegen § 136a StPO macht die Aussage des Beschuldigten immer ipso iure (!) unverwertbar. Hier muss der Beschuldigte der Verwertung also nicht extra widersprechen.

Hinweis

Die Freiheit der Willensentschließung und der Willensbetätigung des Beschuldigten darf nicht beeinträchtigt werden

1. durch Misshandlung
2. durch Ermüdung,
3. durch körperlichen Eingriff,
4. durch Verabreichung von Mitteln,
5. durch Quälerei,
6. durch Täuschung oder
7. durch Hypnose

Ferner sind die Drohung mit einer nach § 136a StPO unzulässigen Maßnahme und das Versprechen eines gesetzlich nicht vorgesehenen Vorteils ebenso verboten wie Maßnahmen, die das Erinnerungsvermögen oder die Einsichtsfähigkeit des Beschuldigten beeinträchtigen.

Einen besonderen Hinweis verdient die sog. „**kriminalistische List**". Bei der kriminalistischen List stellt die Polizei dem Beschuldigten bewusst Fangfragen oder gibt mehrdeutige Erklärungen ab. Die kriminalistische List ist nicht von § 136a StPO verboten. Die Grenze zur verbotenen Täuschung ist aber dann überschritten, wenn die Polizei bewusst falsche Ausführungen zu rechtlichen Nachfragen des Beschuldigten macht, den Sachverhalt falsch bzw. entstellt wiedergibt oder die Wahrheit auch nur geringfügig verdreht. Die Vernehmungsmethode „**good cop, bad cop**" ist zwar an sich nicht verboten. Gleichwohl kann hierbei die Grenze zur Drohung mit einer unzulässigen Maßnahme (= bad cop) und das Versprechen eines gesetzlich nicht vorgesehenen Vorteils (= good cop) sehr schnell überschritten werden. In diesem Fall ist die Aussage des Beschuldigten dann gem. § 136a Abs. 1 Satz 2 StPO unverwertbar.

2. Die Vernehmung des Zeugen

Die Polizei darf Zeugen gem. § 163 Abs. 3 StPO vernehmen. Zeugen sind danach verpflichtet, auf Ladung vor Ermittlungspersonen der Staatsanwaltschaft zu erscheinen und zur Sache auszusagen, wenn der Ladung ein Auftrag der Staatsanwaltschaft zugrunde liegt. Fehlt es aus welchen Gründen auch immer am Auftrag der Staatsanwaltschaft, besteht die Pflicht zum Erscheinen gegenüber der Polizei nicht. Auch im Falle der Zeugenvernehmung muss die Polizei einen Anfangsverdacht haben. Ein „Zeuge ist eine Person, die über Tatsachen, die sie wahrgenommen hat, aussagen soll".[108] Er muss Auskünfte zum Geschehen, auf das sich der Anfangsverdacht bezieht, machen können. Ob und inwiefern diese Auskünfte sachdienlich sein müssen, ist etwas umstritten.

Sofern im Rahmen der Zeugenvernehmung seitens der Polizei plötzlich ein Anfangsverdacht dahingehend aufkommt, dass der Zeuge selbst Täter oder Teilnehmer der verfolgten Straftat oder einer anderen Straftat ist, muss die Polizei die Vernehmung der Person als Zeugen sofort unterbrechen und den „Zeugen" als Beschuldigten belehren und dann als Beschuldigten vernehmen. Insofern wird die Vernehmung des Zeugen als Beschuldigten nach der Belehrung auch nicht einfach fortgesetzt; vielmehr beginnt nun eine neue Belehrung als Beschuldigter.

Die Vernehmung des Zeugen beginnt gem. § 163 Abs. 3 StPO i. V. m. § 68 StPO mit der Vernehmung zur Person. Der Zeuge wird also über Vornamen, Nachnamen, Geburtsnamen, Alter, Beruf und vollständige Anschrift befragt. Danach folgt gem. § 163 Abs. 3 StPO i. V. m. § 69 StPO die Vernehmung zur Sache. Dabei ist der Zeuge zu veranlassen, das, was ihm von dem Gegenstand seiner Vernehmung bekannt ist, im Zusammenhang anzugeben. Die Polizei hat vor der Zeugenvernehmung dem Zeugen den Gegenstand der Untersuchung und die Person des Beschuldigten, sofern ein solcher vorhanden ist, zu bezeichnen. Selbstverständlich kann die Polizei stets Nachfragen bzw. weitere Fragen stellen.

Zu beachten ist, dass die Zeugen gem. § 58 Abs. 1 StPO einzeln und in Abwesenheit der später zu hörenden Zeugen zu vernehmen sind. Einem anwaltlichen Zeugenbeistand ist bei der Vernehmung des Zeugen die Anwesenheit gem. § 68b Abs. 1 Satz 2 StPO gestattet. Der Zeugenbeistand kann aber unter bestimmten Voraussetzungen auch von der Vernehmung ausgeschlossen werden. Dies ist etwa der Fall, wenn der Beistand an der zu untersuchenden Tat oder an einer mit ihr im Zusammenhang stehen-

108 Weber, Rechtswörterbuch, Zeuge.

den Datenhehlerei, Begünstigung, Strafvereitelung oder Hehlerei beteiligt ist, das Aussageverhalten des Zeugen dadurch beeinflusst wird, dass der Beistand nicht nur den Interessen des Zeugen verpflichtet erscheint, oder der Beistand die bei der Vernehmung erlangten Erkenntnisse für Verdunkelungshandlungen nutzt oder in einer den Untersuchungszweck gefährdenden Weise weitergibt.

Die Vernehmung kann gem. § 58a StPO aufgezeichnet werden. Sie soll gem. § 58a Abs. 1 Satz 1 StPO nach Würdigung der dafür jeweils maßgeblichen Umstände aufgezeichnet werden und als richterliche Vernehmung erfolgen, wenn damit die schutzwürdigen Interessen von Personen unter 18 Jahren sowie von Personen, die als Kinder oder Jugendliche durch eine der in § 255a Abs. 2 genannten Straftaten verletzt worden sind, besser gewahrt werden können, oder zu besorgen ist, dass der Zeuge in der Hauptverhandlung nicht vernommen werden kann und die Aufzeichnung zur Erforschung der Wahrheit erforderlich ist.

Wichtig

In verfahrensrechtlicher Hinsicht ist insbesondere zu beachten, dass

1. der Zeuge vor der Vernehmung zur Wahrheit ermahnt und über die strafrechtlichen Folgen einer unrichtigen oder unvollständigen Aussage belehrt werden muss (§ 57 Satz 1 StPO);
2. der Zeuge ggf. ein Zeugnisverweigerungsrecht hat (Zeugnisverweigerungsrecht der Angehörigen des Beschuldigten, Zeugnisverweigerungsrecht der Berufsgeheimnisträger, Zeugnisverweigerungsrecht der mitwirkenden Personen);
3. der Zeuge ggf. ein Auskunftsverweigerungsrecht i. S. d. § 55 StPO hat;
4. § 136a StPO auch für die Zeugenvernehmung gilt sowie
5. der Zeuge ggf. gem. § 406i StPO über seine Befugnisse im Strafverfahren zu unterrichten ist.

Kapitel C Durchsuchung

I. Allgemeines

Eine Durchsuchung ist das zielgerichtete und planmäßige Suchen nach Gegenständen oder Personen, die für die Polizei bei allein äußerer Wahrnehmung nicht erkennbar bzw. auffindbar sind. Sie dient damit dem Auffinden von Verborgenem. Die Durchsuchung ist eine Maßnahme, die sowohl präventiv zur Gefahrenabwehr als auch repressiv zur Strafverfolgung durchgeführt werden kann. Sofern es um eine Durchsuchung zum Zwecke der Gefahrenabwehr geht, sind §§ 41 ff. SOG LSA maßgeblich. Geht es um eine Durchsuchung zum Zwecke der Strafverfolgung, so sind §§ 102 ff. StPO einschlägig.

Im Großen und Ganzen gibt es drei Durchsuchungsobjekte: die Person, die Sache und die Wohnung. Mit der Durchsuchung gehen klassischerweise Grundrechtseingriffe in das Allgemeine Persönlichkeitsrecht (Art. 2 Abs. 1 GG i. V. m. Art. 1 Abs. 1 GG), das Recht auf informationelle Selbstbestimmung, in die Allgemeine Handlungsfreiheit (Art. 2 Abs. 1 GG), die Unverletzlichkeit der Wohnung (Art. 13 GG) sowie in die Eigentumsfreiheit (Art. 14 GG) einher. Welches Grundrecht bzw. welche Grundrechte im konkreten Fall betroffen sind, richtet sich dabei natürlich nach dem Durchsuchungsobjekt.

II. Durchsuchungen nach dem SOG LSA

Die Durchsuchung zum Zwecke der Gefahrenabwehr ist im SOG LSA geregelt. Hier werden folgende Durchsuchungen unterschieden:
- § 41 SOG LSA: Durchsuchung und Untersuchung von Personen
- § 42 SOG LSA: Durchsuchung von Sachen
- § 43 SOG LSA: Betreten und Durchsuchung von Wohnungen
- § 44 SOG LSA: Verfahren bei der Durchsuchung von Wohnungen

In dogmatischer Hinsicht ist zu beachten, dass die Polizei zum Zeitpunkt der Durchsuchung oftmals gar nicht weiß, ob sie die gesuchte Sache wirklich findet. Die Durchsuchung ist daher regelmäßig eine Gefahrerforschungsmaßnahme. Damit muss lediglich ein Gefahrverdacht vorliegen und noch keine Gefahr. Weil die Vorschriften zur Durchsuchung tatbestandlich gerade nicht an eine Gefahr anknüpfen, ist dies aber unschädlich. Die Frage, ob man über solche Befugnisnormen, die eine Gefahr als

Tatbestandsvoraussetzung erfordern, auch bloße Gefahrerforschungsmaßnahmen durchführen kann, stellt sich daher hier gerade nicht.

1. Durchsuchung von Personen

Die Durchsuchung von Personen ist die ziel- und zweckgerichtete Suche nach verborgenen körperfremden Sachen oder Spuren **am Körper selbst**, in, an oder unter der **unmittelbar am Körper getragenen Kleidung** oder in den **natürlichen, ohne Weiteres einsehbaren Körperöffnungen**. Unter den natürlichen Körperöffnungen versteht man die Nachschau im Mund (str.[109]), in der Nase, in den Ohren, im Bauchnabel und in den Achselhöhlen. Von der Durchsuchung von Personen sind auch die unmittelbar am Körper getragenen Kleidungsstücke umfasst. Für diese Gegenstände gelten dann die Vorschriften über die Durchsuchung von Sachen gerade nicht. Sofern die Gegenstände nur mitgeführt sind, muss die Durchsuchung über die Vorschriften zur Durchsuchung von Sachen erfolgen.

Rechtspraktisch ist die Beantwortung der Frage, welche Kleidungsstücke noch und welche nicht mehr unmittelbar am Körper getragen werden, schwierig. Unmittelbar am Körper getragene Kleidungsstücke sind etwa angezogene Unterwäsche, Socken, T-Shirts, Hemden, Pullover, Hosen, Kopfbedeckungen, Handschuhe etc. Bereits bei angezogenen Jacken, Mänteln, Westen oder auch den Schuhen kann man jedoch über die Unmittelbarkeit streiten, weil diese Kleidung ja gerade nicht in direktem Körperkontakt getragen wird. So befinden sich beispielsweise zwischen dem Fuß und dem Schuh in aller Regel die Socken. Man wird jedoch zugestehen müssen, dass unter der unmittelbar am Körper getragenen Kleidung nicht ausschließlich die „hautnächste" Kleidung zu verstehen sein darf.[110] Sofern der Adressat der Durchsuchung aber beispielsweise die Socken oder die Unterwäsche auszieht, verlieren diese Kleidungsstücke ihren Unmittelbarkeitsbezug zum Körper und können von nun an nur noch über die Vorschriften zur Durchsuchung von Sachen durchsucht werden.

Von der Durchsuchung ist die **Untersuchung** streng zu trennen. Während die Polizei mit der Durchsuchung auf das Äußere des Körpers zugreift, greift sie mit der Untersuchung in das Innere des Körpers ein. Mit der Untersuchung soll festgestellt werden, wie der Körper beschaffen ist und ob sich Gegenstände im Körperinneren befinden. Hierzu kann auch in die Körperöffnungen des Intimbereichs eingegriffen werden. Es handelt sich um eine ganz andere Eingriffsintensität. Die Ermächtigungsgrundlage für

109 Vgl. Dietlein/Hellermann, Öffentliches Recht in Nordrhein-Westfalen, § 3 Rn. 184.
110 BeckOK PolR NRW/Thiel, PolG NRW § 39 Rn. 10.

die körperliche Untersuchung ist § 41 Abs. 5 und 6 SOG LSA. Bei Gefahr für Leib, Leben oder Freiheit einer Person kann diese körperlich untersucht werden. Die körperliche Untersuchung darf außer bei Gefahr im Verzuge nur durch den Richter angeordnet werden. Eine Person kann ferner auch dann körperlich untersucht werden, wenn Tatsachen die Annahme rechtfertigen, dass von ihr eine Gefahr für Leib oder Leben einer anderen Person ausgegangen ist, weil es zu einer Übertragung besonders gefährlicher Krankheitserreger gekommen sein kann, die Kenntnis des Untersuchungsergebnisses zur Abwehr der Gefahr erforderlich ist und kein Nachteil für die Gesundheit der oder des Betroffenen zu befürchten ist. Gem. § 41 Abs. 5 Satz 5 SOG LSA darf die körperliche Untersuchung nur von Ärzten durchgeführt werden.

Die Durchsuchungshandlung von Personen ist ein Realakt. Mit der Durchsuchung gehen aber Begleiteingriffe bzw. Begleitmaßnahmen einher, die zu ihrer reibungslosen Durchführung erforderlich sind.[111] So kann die zu durchsuchende Person etwa aufgefordert werden, sich bis auf die Unterwäsche zu entkleiden, eine bestimmte Position einzunehmen oder auch einfach stehen zu bleiben und die Durchsuchungshandlung (in der Regel wird die Person dabei abgetastet) über sich ergehen zu lassen. Die Polizei kann die zu durchsuchende Person ggf. sogar mit zur Dienststelle nehmen. Personen dürfen dabei aber gem. § 41 Abs. 4 1. HS SOG LSA nur von Personen gleichen Geschlechts oder Ärzten durchsucht werden.

1.1 Die Tatbestandsvoraussetzungen des § 41 SOG LSA

Die Ermächtigungsgrundlage zur Durchsuchung und Untersuchung einer Person zum Zwecke der Gefahrenabwehr ist § 41 SOG LSA. Die Personendurchsuchung ist danach nur für bestimme abschließend aufgeführte Fallgruppen zugelassen.

So kann die Polizei eine Person in folgenden Fällen durchsuchen:
- Sicherstellung von Sachen (§ 41 Abs. 1 Nr. 1 SOG LSA)
- Hilflosigkeit einer Person (§ 41 Abs. 1 Nr. 2 SOG LSA)
- Identitätsfeststellung (§ 41 Abs. 2 SOG LSA)
- Festhaltung einer Person (§ 41 Abs. 2 Nr. 1 SOG LSA)
- Aufenthalt der zu durchsuchenden Person an gefährlichen Orten (§ 41 Abs. 2 Nr. 2 SOG LSA)
- Aufenthalt der zu durchsuchenden Person an gefährdeten Objekten (§ 41 Abs. 2 Nr. 3 SOG LSA)

111 Nimtz/Thiel, Eingriffsrecht NRW, Rn. 985.

- Ausschreibung der zu durchsuchenden Person zur gezielten Kontrolle (§ 41 Abs. 2 Nr. 4 SOG LSA)
- Aufenthalt der zu durchsuchenden Person im räumlichen Umfeld einer gefährdeten Person (§ 41 Abs. 2 Nr. 5 SOG LSA)
- Eigensicherung der Polizei bzw. Dritten (§ 41 Abs. 3 SOG LSA)

1.1.1 Durchsuchung zur Sicherstellung

Die Polizei kann eine Person gem. § 41 Abs. 1 Nr. 1 SOG LSA durchsuchen, wenn Tatsachen die Annahme rechtfertigen, dass sie Sachen mit sich führt, die sichergestellt werden dürfen. § 41 Abs. 1 Nr. 1 SOG LSA nimmt damit Bezug auf die Sicherstellung i. S. d. § 45 SOG LSA. Es darf sich daher nicht um eine Sicherstellung i. S. d. § 94 Abs. 1 StPO handeln. Die Polizei darf also die Durchsuchung gem. § 41 Abs. 1 Nr. 1 SOG LSA nicht zum Zwecke des Auffindens von solchen Sachen vornehmen, die als Beweismittel für eine strafverfahrensrechtliche Untersuchung von Bedeutung sein können. Als Sache ist jeder körperliche Gegenstand i. S. d. § 90 BGB anzusehen. Die Person führt die Sache mit sich, wenn sie die Sache derart in ihrer Körpersphäre trägt, dass die Person jederzeit unmittelbaren Zugriff auf die Sache hat. In jedem Fall müssen „tatsächliche Anhaltspunkte“[112] dafür vorliegen, dass die Person sicherstellungsfähige Sachen bei sich hat. Diese Anhaltspunkte kann die Polizei durch eigene Erkenntnisse, Hinweise Dritter, allgemein zugängliche Quellen oder das Verhalten des zu Durchsuchenden erlangen. Es ist damit nicht erforderlich, dass Tatsachen vorliegen. Die Schwierigkeit im Umgang mit § 41 Abs. 1 Nr. 1 SOG LSA besteht für die polizeiliche Praxis darin, dass der handelnde Polizist wissen muss, wann Sachen sichergestellt werden dürfen. Es genügt also gerade nicht, nur § 41 Abs. 1 Nr. 1 SOG LSA zu beherrschen, vielmehr müssen auch die Voraussetzungen des § 45 SOG LSA gekannt werden.

Beispiel

Die Polizeistreife erhält von einer Passantin den Hinweis, dass sich ein maskierter Mann ein Brecheisen in den Hosenbund gesteckt hat und in den Keller eines Mehrfamilienhauses gegangen ist. Als die Polizei den maskierten Mann im Keller antrifft, sieht sie, wie er ein Vorhängeschloss inspiziert. Hier kann die Polizei den Mann gem. § 41 Abs. 1 Nr. 1 SOG LSA durchsuchen, weil sie das Brecheisen gem. § 45 Nr. 4 SOG LSA sicherstellen darf.

112 Martell, SOG LSA, § 15 Rn. 9 (im Original hervorgehoben).

1.1.2 Durchsuchung wegen Hilflosigkeit

Die Polizei kann eine Person gem. § 41 Abs. 1 Nr. 2 SOG LSA durchsuchen, wenn es sich um eine hilflose Person handelt. Über § 41 Abs. 1 Nr. 2 SOG LSA darf nur die hilflose Person (!) durchsucht werden – und nicht etwa auch andere Personen wie Pfleger, Betreuer, Eltern etc. Eine Person ist dann in einer hilflosen Lage, wenn sie sich erkennbar in einem die freie Willensbildung und Willensbetätigung ausschließenden Zustand befindet. Die Person muss also außer Stande sein, einen freien Willensentschluss zu fassen. Hier sind physische und psychische Umstände denkbar. Sinn und Zweck der Durchsuchung gem. § 41 Abs. 1 Nr. 2 SOG LSA ist allerdings ausschließlich der Schutz der hilflosen Person. Die Durchsuchung soll also weitere Maßnahmen zum Schutz und zur Hilfeleistung der hilflosen Person ermöglichen. Insofern muss die Durchsuchung etwa dem Auffinden von Ausweispapieren, von Hinweisen über benötigte Medikamente und Krankheiten sowie der Ermittlung des Grundes der Hilflosigkeit dienen. Die hilflose Person kann dann ggf. auch in Schutzgewahrsam gem. § 37 Abs. 1 Nr. 1 SOG LSA genommen werden.

Eine hilflose Lage ist etwa anzunehmen bei
- Bewusstlosigkeit
- Epileptischen Anfällen
- (intensivem) Drogen- oder Alkoholrausch
- Schockzustand
- Fiebertraum
- Delirium
- Bedrohung, Nötigung
- Opfer einer (anderen) Straftat
- Säuglinge, Kleinst- und Kleinkinder, alte Menschen
- Suizidenten

Beispiel

Die Polizei trifft auf einen älteren Herrn, der im Schlafanzug und mit Hausschuhen auf einer viel befahrenen Kreuzung hin- und herläuft und ganz offensichtlich die Orientierung verloren hat. Hier kann die Polizei den älteren Herrn gem. § 41 Abs. 1 Nr. 2 SOG LSA durchsuchen, um etwa seine Adresse herauszufinden. Ggf. kann sie ihn dann auch gem. § 37 Abs. 1 Nr. 1 SOG LSA in Schutzgewahrsam nehmen.

1.1.3 Durchsuchung zur Identitätsfeststellung

Gem. § 41 Abs. 2 SOG LSA i. V. m. § 20 Abs. 4 SOG LSA kann die Polizei eine Person und die von ihr mitgeführten Sachen nach Gegenständen durchsuchen, die zur Identitätsfeststellung dienen, sowie die Person zur Feststellung der Identität zur Dienststelle bringen. Die Durchsuchung zur Identitätsfeststellung ist abschließend in § 20 Abs. 4 SOG LSA geregelt. § 41 Abs. 2 SOG LSA, der auf § 20 Abs. 4 SOG LSA verweist, ist daher bezogen auf die Durchsuchung zur Identitätsfeststellung keine Befugnisnorm.

1.1.4 Durchsuchung einer festgehaltenen Person

Die Polizei kann gem. § 41 Abs. 2 Nr. 1 SOG LSA eine Person auch dann durchsuchen, wenn die Person nach dem SOG LSA oder anderen Rechtsvorschriften festgehalten werden kann. Damit sind sämtliche freiheitsentziehenden Maßnahmen gemeint, zu denen die sachsen-anhaltinische Polizei befugt ist. Nach dem SOG LSA dürfen Personen gem. §§ 20 Abs. 4, 30 Abs. 1 Satz 4 oder 37 SOG LSA festgehalten werden (vgl. § 38 Abs. 1 Satz 1 SOG LSA). Sinn und Zweck dieser Durchsuchung ist neben der Eigensicherung der festhaltenden Polizisten auch der Schutz Dritter. Die Polizei soll sich nicht der Gefahr aussetzen müssen, eine unerkannt bewaffnete Person festzuhalten. Zu beachten ist dabei, dass die Durchsuchung zeitlich schon vor dem Festhalten erfolgen kann. Dies folgt aus dem Wortlaut des § 41 Abs. 2 Nr. 1 SOG LSA, der von „festgehalten werden kann" und nicht von „festgehalten ist" spricht. Tatbestandlich kommt es damit allein auf die rechtliche Möglichkeit des Festhaltens an und gerade nicht auf ein de facto bereits erfolgtes Festhalten.

Hier muss die Polizei also für die Vornahme einer Durchsuchung i. S. d. § 41 Abs. 2 Nr. 1 SOG LSA vorab die Voraussetzungen der §§ 20 Abs. 4, 30 Abs. 1 Satz 4 oder 37 SOG LSA prüfen. Die Person muss in rechtmäßiger Weise festgehalten werden. Dabei kommt es nicht nur auf den Tatbestand der Befugnisnorm zum Festhalten an, sondern auch auf die Rechtsfolge. Die Polizei muss damit den richtigen Adressaten für das Festhalten ausgewählt haben sowie im Ganzen auch verhältnismäßig handeln. Die Polizei hat bei § 41 Abs. 2 Nr. 1 SOG LSA mithin eine Inzidentprüfung vorzunehmen, die nicht zuletzt hinsichtlich der Relation von Mittel und Zweck rechtlich durchaus anspruchsvoll sein kann.

Hinweis

Als weitere freiheitsentziehende Maßnahmen kommen mit Blick auf § 41 Abs. 2 Nr. 1 SOG LSA etwa in Betracht:
- die körperliche Untersuchung des Beschuldigten i. S. d. § 81a StPO,
- erkennungsdienstliche Maßnahmen beim Beschuldigten i. S. d. § 81b StPO,

- die vorläufige Festnahme i. S. d. § 127 StPO,
- die repressive Identitätsfeststellung i. S. d. § 163b Abs. 1 Satz 2, Abs. 2 Satz 2 StPO
- Vorführungen des Beschuldigten zwecks Durchführung staatsanwaltschaftlicher Vernehmungen i. S. d. § 163a Abs. 3 StPO
- Vorführung des Zeugen und Sachverständigen zwecks Vernehmung durch die Staatsanwaltschaft i. S. d. § 161a Abs. 1 und 2 StPO

Die Durchsuchung selbst muss sich auf das Auffinden von Gegenständen beziehen, die für die Polizei mit Blick auf das (spätere) Festhalten gefährlich werden können. Zu denken ist etwa an Messer, Pistolen, Stöcke, spitze Stifte etc. Sofern die Polizei bei der Durchsuchung derartige Gegenstände findet, werden diese gem. § 45 SOG LSA sichergestellt. Die Abgrenzung zu § 41 Abs. 1 Nr. 1 SOG LSA gerät dann natürlich amorph. Für die Abgrenzung der originären Sicherstellungsdurchsuchung des § 41 Abs. 1 Nr. 1 SOG LSA von allen anderen Durchsuchungen, bei denen am Ende gefundene Gegenstände auch sichergestellt werden können, ist es hilfreich, sich zu vergegenwärtigen, dass es bei der Sicherstellungsdurchsuchung gezielt um das Auffinden von sicherstellungsfähigen Gegenständen geht, also die Sicherstellung das Ziel der Durchsuchung ist, während die Sicherstellung bei den restlichen Durchsuchungen nur eine rechtsreflexartige Folgemaßnahme ist.

1.1.5 Durchsuchung an verrufenen Orten

Die Polizei kann eine Person gem. § 41 Abs. 2 Nr. 2 SOG LSA durchsuchen, wenn sie sich an einem der in § 20 Abs. 2 Nr. 1 SOG LSA genannten Orte aufhält. Damit sind Orte gemeint, von denen aufgrund tatsächlicher Anhaltspunkte erfahrungsgemäß anzunehmen ist, dass dort Personen Straftaten verabreden, vorbereiten oder verüben oder sich Straftäter verbergen. Diese Orte werden als gefährlich oder verrufen bezeichnet. Es kann jede Person durchsucht werden, die sich an einem solchen Ort aufhält. Die Durchsuchung an gefährlichen Orten ermöglicht es der Polizei, im Rahmen der Gefahrenabwehr zu erwartende Straftaten zu verhüten und für die Verfolgung künftiger Straftaten vorzusorgen. Mit § 41 Abs. 2 Nr. 2 SOG LSA wird der Polizei also eine Befugnisnorm an die Hand gegeben, die im Besonderen der Umsetzung der polizeilichen Aufgabe aus § 2 Abs. 1 Satz 1 SOG LSA dient.

Neben dem tatsächlichen Auffinden von Gegenständen, dient die Durchsuchung an gefährlichen Orten auch der Abschreckung. Die Abschreckung erfolgt dabei über den Umstand, dass die Person, die durchsucht werden darf, subjektiv nichts anderes gemacht hat, als zu diesem gefährlichen Ort zu gehen bzw. sich an diesem aufzuhalten. Bereits und allein der Aufenthalt an einem bestimmten Ort ist hier tatbestandsmäßig. Unter einem „Sichaufhalten" ist dabei mehr als ein bloß kurzfristiges „Anwesendsein" zu verstehen. Die zu durchsuchende Person muss durch ihr Verhalten zum Ausdruck bringen, dass sie an diesem Ort für einige Zeit verweilen will. Ein derartiges Verhalten wäre z. B. gegeben, wenn die Person den verrufenen Ort nicht bloß zum Zweck der Erreichung eines anderen Ziels überquert, sondern an diesem Ort bummelt, schlendert oder sich etwa auf eine Bank setzt.

In der Konsequenz darf die Polizei ohne Betrachtung subjektiver Komponenten aus rein objektiven Gründen jede Person an diesem Ort durchsuchen. Dies ist aus grundrechtlicher Perspektive nicht unproblematisch. Die Weite des Tatbestands löst in gesteigertem Maße das Bedürfnis nach einer entsprechend restriktiven Rechtsfolge aus. Teilweise wird aber auch schon auf Ebene des Tatbestands eine Restriktion vorgenommen. So sollen etwa bestimmte Personen, die erkennbar keine Straftaten begehen werden, nicht durchsucht werden dürfen. Zu denken ist hier regelmäßig an ältere Menschen und Kinder. Auch solche Personen, die sich erkennbar rein zufällig an dem verrufenen Ort aufhalten, dürfen nicht durchsucht werden. In jedem Fall muss die Polizei neben dem Aufenthalt den Verdacht haben, dass sich die konkrete Person i. S. d. § 20 Abs. 2 Nr. 1 SOG LSA verhalten wird.

Beispiel

Eine aus 10 Personen bestehende Touristengruppe aus Südostasien macht mit ihrer Reiseleiterin an einem Kiosk halt und kauft sich Speisen und Getränke, die an Ort und Stelle verzehrt werden. Dabei setzen sich die Touristen auf die vorhandenen Bänke, während andere ein wenig vor dem Kiosk auf und ab gehen. Der Kiosk und der Bereich vor dem Kiosk sind polizeilich als Drogenumschlagplatz bekannt. Hier hält sich die Touristengruppe zwar an einem verrufenen Ort auf, gleichwohl darf die Polizei die Touristen nicht gem. § 41 Abs. 2 Nr. 2 SOG LSA durchsuchen. Für die Polizei ist ersichtlich, dass sich die Touristen rein zufällig an diesem Ort aufhalten und nicht wissen, dass dieser Ort ein verrufener ist.

1.1.6 Durchsuchung an gefährdeten Objekten

Gem. § 41 Abs. 2 Nr. 3 SOG LSA kann die Polizei eine Person auch dann durchsuchen, wenn sie sich in einem Objekt i. S. d. § 20 Abs. 2 Nr. 3 SOG LSA oder in dessen unmittelbarer Nähe aufhält, und tatsächliche Anhaltspunkte die Annahme rechtfertigen, dass in oder an diesen Objekten Straftaten begangen werden sollen, durch die in oder an diesen Objekten befindliche Personen oder diese Objekte selbst unmittelbar gefährdet sind, und dies aufgrund der Gefährdungslage oder auf die Person bezogener Anhaltspunkte erforderlich ist.

Die zu durchsuchende Person muss sich also in unmittelbarer Nähe eines gefährdeten Orts aufhalten. Gefährdete Orte sind gem. § 20 Abs. 2 Nr. 3 SOG LSA insbesondere

- Verkehrsanlagen,
- Versorgungsanlagen,
- Versorgungseinrichtungen,
- öffentliche Verkehrsmittel,
- Amtsgebäude.

Verkehrsanlagen sind Flughäfen, Bahnhöfe und Gleise. Unter Versorgungsanlagen und -einrichtungen versteht man gemeinhin etwa Gasspeicher, Wasser- und Elektrizitätswerke sowie Tankstellen. Öffentliche Verkehrsmittel sind Busse, Bahnen, Straßen- und U-Bahnen.

Diese in § 20 Abs. 2 Nr. 3 SOG LSA enthaltene Aufzählung ist nicht abschließend. Auch andere Objekte können je nach Einzelfall besonders gefährdete Objekte sein. So wird man insbesondere Synagogen sowie jüdische Gemeinde- und Kultureinrichtungen als besonders gefährdete Objekte einstufen müssen. Aber auch Banken, Wohnungen von Prominenten und Politikern sowie Botschaften und Konsulate. Es müssen tatsächliche Anhaltspunkte die Annahme rechtfertigen, dass in oder an diesen Objekten Straftaten begangen werden sollen, durch die in oder an diesen Objekten befindliche Personen oder diese Objekte selbst unmittelbar gefährdet sind und dies aufgrund der Gefährdungslage oder auf die Person bezogener Anhaltspunkte erforderlich ist.

§ 41 Abs. 2 Nr. 3 SOG LSA dient damit dem Schutz sensibler Infrastruktur und ist letztlich eine Maßnahme zum Schutz des Objekts und der Person. Wann sich eine Person in unmittelbarer Nähe des gefährdeten Ortes aufhält, ist eine Frage des Einzelfalls. Sicherlich kann es dabei nicht auf eine pauschal in Meter oder Kilometer anzugebende Distanz zum Objekt ankommen. Vielmehr muss darauf abgestellt werden, ob es der Person möglich ist, von ihrer Position aus das gefährdete Objekt tatsächlich zu gefährden. Zu denken ist etwa an Anschläge. Sofern tatsächliche Anhaltspunkte die Annahme rechtfertigen, dass in oder an diesen Objekten Straftaten begangen werden sollen, ist anzumerken, dass nicht schon jede beliebige Straftat zur Durchsuchung gem. § 41 Abs. 2 Nr. 3 SOG LSA berechtigt. Vielmehr muss die Straftat gerade einen Bezug zum gefährdeten Objekt haben.

1.1.7 Durchsuchung wegen Ausschreibung zur gezielten Kontrolle

§ 41 Abs. 2 Nr. 4 SOG LSA ermöglicht die Durchsuchung einer Person, die zur gezielten Kontrolle ausgeschrieben ist. § 41 Abs. 2 Nr. 4 SOG LSA trägt dem Umstand Rechnung, dass es innerhalb der Europäischen Union keine Grenzkontrollen mehr gibt. Die Ausschreibung zur gezielten Kontrolle findet sich in Art. 99 Schengener Durchführungsübereinkommen (SDÜ). Eine Ausschreibung zur gezielten Kontrolle ist gem. Art. 99 Abs. 2 SDÜ möglich, wenn konkrete Anhaltspunkte dafür vorliegen, dass der Betroffene in erheblichem Umfang außergewöhnlich schwere Straftaten plant oder begeht bzw. die Gesamtbeurteilung des Betroffenen, insbesondere aufgrund der bisher von ihm begangenen Straftaten, erwarten lässt, dass er auch künftig außergewöhnlich schwere Straftaten begehen wird. § 41 Abs. 2 Nr. 4 SOG LSA verlangt für die Durchsuchung insofern eine tatsächliche Ausschreibung zur gezielten Kontrolle. Ergänzend müssen aber auch tatsächliche Anhaltspunkte dafür vorliegen, dass die Maßnahme zur Abwehr einer Gefahr erforderlich ist.

1.1.8 Durchsuchung einer Person im räumlichen Umfeld einer gefährdeten Person

Die Polizei kann gem. § 41 Abs. 2 Nr. 5 SOG LSA auch dann eine Person durchsuchen, wenn sie sich im räumlichen Umfeld einer Person aufhält, die in besonderem Maße gefährdet erscheint, und tatsächliche Anhaltspunkte die Maßnahme zum Schutz der Person rechtfertigen. Die Polizei sollte bei der Anwendung dieser Vorschrift in ganz besonderem Maße den Grundsatz der Verhältnismäßigkeit beachten. Dies liegt neben der allgemein als hoch anzusehenden Eingriffsintensität, die jeder Durchsuchung innewohnt, vorliegend vor allem daran, dass die Tatbestandsmerkmale sehr – vielleicht sogar: zu – unbestimmt sind. So wird man nicht pauschal sagen können, wann eine Person in besonderem Maße gefährdet erscheint. Vielmehr kommt es auch hier auf den Einzelfall an. Unklar ist dabei aber schon, was überhaupt unter „gefährdet erscheint" zu verstehen ist, und wer feststellt, dass die Person gefährdet ist. Eine Gefährdung wird man jedenfalls dann annehmen können, wenn die körperliche Unversehrtheit, die Freiheit oder das Eigentum einer Person beeinträchtigt zu werden droht. Auch wird man verlangen müssen, dass die Person objektiv gefährdet ist und demnach Behörden die Person als gefährdet ansehen. Sie muss gegenüber einem Hoheitsträger als gefährdet erscheinen.

Auf ein subjektives Gefährdungsgefühl kann es nicht ankommen. Als in besonderem Maße gefährdete Personen dürften dabei regelmäßig Politiker und Personen des Zeitgeschehens anzusehen sein. Die von § 41 Abs. 2

Nr. 5 SOG LSA geforderten tatsächlichen Anhaltspunkte liegen zudem dann vor, wenn die Polizei belastbare, objektive Erkenntnisse hinsichtlich einer Gefährdung der Person hat. Da es immer um den Schutz der gefährdeten Person gehen muss, kann die Durchsuchungsmaßnahme auch nur zur Abwehr einer Gefahr für die gefährdete Person herangezogen werden. Personen, die sich zufällig im räumlichen Umfeld der gefährdeten Person aufhalten und erkennbar eine Gefahr für eine andere Person oder Sache darstellen, dürfen nicht über § 41 Abs. 2 Nr. 5 SOG LSA durchsucht werden. Dies führt dann auch zu der Frage, was unter dem Tatbestandsmerkmal „im räumlichen Umfeld“ zu verstehen ist. Auch hier wird man keine allgemeingültige Meter- oder Kilometerangabe machen können. Die Polizei hat vielmehr einen Einschätzungsspielraum hinsichtlich der Annahme eines Aufenthalts im räumlichen Umfeld.

1.1.9 Durchsuchung zur Eigensicherung

Die Polizei kann eine Person, deren Identität nach diesem Gesetz oder anderen Rechtsvorschriften festgestellt werden soll, gem. § 41 Abs. 3 Satz 1 SOG LSA nach Waffen, anderen gefährlichen Werkzeugen und Explosivmitteln durchsuchen, wenn dies nach den Umständen zum Schutz von Polizeibeamten oder Dritten gegen eine Gefahr für Leib oder Leben erforderlich ist. Dies gilt gem. § 41 Abs. 3 Satz 2 SOG LSA auch dann, wenn eine Person nach anderen Rechtsvorschriften vorgeführt oder zur Durchführung einer Maßnahme an einen anderen Ort gebracht werden soll. § 41 Abs. 3 SOG LSA dient damit der Durchsuchung zur Eigensicherung der Polizisten oder Dritter. § 41 Abs. 3 SOG LSA liegt eine Art Maßnahmenkombination zugrunde, bei der ausgehend von einer Grundverfügung die Durchsuchungsmaßnahme angekoppelt ist. So ist es für die Durchführung der Durchsuchung gem. § 41 Abs. 3 SOG LSA erforderlich, dass die Polizei die Identität einer Person über § 20 SOG LSA oder etwa §§ 111 Abs. 1, 163b Abs. 1 Satz 2 StPO feststellen bzw. die Person nach anderen Rechtsvorschriften – als denen des SOG LSA – vorführen darf. Eine Vorführung außerhalb des SOG LSA ist etwa in § 44 Abs. 2 Satz 1 WPFlG geregelt. Die Parallelen zu § 41 Abs. 2 Nr. 1 SOG LSA sind augenfällig. Beide Vorschriften dienen der Eigensicherung der Polizisten. Es gibt gleichwohl kleine Unterschiede. So folgt aus einem Umkehrschluss aus § 41 Abs. 2 Nr. 1 SOG LSA, dass es im Rahmen des § 41 Abs. 3 SOG LSA ausreicht, wenn die zu durchsuchende Person angehalten wird. Sofern die Polizei die Person dabei festhalten muss, rutscht sie in ihrer Durchsuchungsmaßnahme aus § 41 Abs. 3 SOG LSA in § 41 Abs. 2 Nr. 1 SOG LSA. Die Identität der zu durchsuchenden Person darf noch nicht bekannt sein. Ihre Feststellung muss bei § 41 Abs. 3 SOG LSA in jedem Fall das eigentliche Ziel sein. So heißt es in § 41 Abs. 3 Satz 1 SOG LSA ausdrücklich: „festgestellt werden *soll*". Die Durchsuchung ist auf die Objekte Waffen, andere gefährliche Werkzeuge und Explosivmittel beschränkt. Insbesondere nach Drogen darf über § 41 Abs. 3 SOG LSA nicht gesucht werden. Der wohl praxisrelevanteste Fall ist die Verbringung einer Person zwecks Durchführung einer körperlichen Untersuchung des Beschuldigten.[113] Hier ist die Ermächtigungsgrundlage § 41 Abs. 3 Satz 2 SOG LSA i. V. m. § 81a StPO. Hier dient die Durchsuchung dann zum einen dem Schutz der Polizisten, die den Beschuldigten ins Krankenhaus bringen, und zum anderen den behandelnden Ärzten sowie dem sonstigen Krankenhauspersonal. Letztere sind klassischerweise Dritte.

Die Durchsuchung darf aber nur durchgeführt werden, wenn das Auffinden der Waffen, anderer gefährlicher Gegenstände und Explosivmittel nach den Umständen zum Schutz von Polizeibeamten oder Dritten gegen eine Gefahr für Leib oder Leben *erforderlich* ist. Zwar spricht § 41 Abs. 3 SOG LSA von einer Gefahr, gleichwohl wird man es hier als ausreichend erachten können, wenn jedenfalls ein Gefahrverdacht vorliegt. Streng genommen weiß die Polizei zum Zeitpunkt der Durchsuchung i. S. d. § 41 Abs. 3 SOG LSA nämlich noch gar nicht, ob die zu durchsuchende Person tatsächlich eine Waffe oder einen anderen aufgeführten Gegenstand bei sich trägt. Der Gefahrverdacht kann sich aufgrund der Situation und des Verhaltens der zu durchsuchenden Person (Einsatz in der sog. „Unterwelt", Aggressivität, Gewaltbereitschaft etc.) einstellen. Wo die Schwelle zur Erforderlichkeit letztlich liegt, ist eine Frage des Einzelfalls, die der handelnde Polizist selbst beantworten muss. Er hat hierbei einen relativ großen Einschätzungsspielraum. Selbstverständlich darf die Polizei die Vorschrift des § 41 Abs. 3 SOG LSA aber auch nicht missbrauchen und die Grenze der Erforderlichkeit willkürlich zu tief ansetzen.

1.2 Verfahrensrechtliches

Die wichtigste Verfahrensvorschrift im Rahmen der Durchsuchung einer Person ist § 41 Abs. 4 SOG LSA. Danach dürfen Personen grundsätzlich nur von Personen gleichen Geschlechts oder Ärzten durchsucht werden. Von diesem Grundsatz gibt es indes eine Ausnahme. So gilt das Erfordernis der gleichgeschlechtlichen oder ärztlichen Durchsuchung dann nicht, wenn die sofortige Durchsuchung zum Schutz gegen eine Gefahr für Leib oder Leben erforderlich ist. Sinn und Zweck des § 41 Abs. 4 SOG LSA ist der Schutz der Menschenwürde. Sofern gegen § 41 Abs. 4 Satz 1 SOG LSA verstoßen wird und kein Fall der Ausnahme vorliegt, ist die Durchsuchung

113 Nerlich, Eingriffsrecht Brandenburg, S. 143.

rechtswidrig. Wie § 41 Abs. 4 Satz 2 SOG LSA zeigt, ist ein Verstoß gegen § 41 Abs. 1 Satz 1 SOG LSA indes nicht automatisch auch verfassungswidrig. Eine rechtswidrige Durchsuchung macht die darauffolgende Sicherstellung i. S. d. § 45 SOG LSA nicht ipso iure rechtswidrig.

Es handelt sich vielmehr um zwei letztlich separat voneinander durchgeführte Maßnahmen mit unterschiedlichen tatbestandlichen Voraussetzungen und jeweils eigenen Rechtsfolgen. Dies bedeutet, dass die Sicherstellung auch dann rechtmäßig sein kann, wenn die Durchsuchung, die dem Auffinden der später sichergestellten Gegenstände dient, ihrerseits gerade rechtswidrig ist. Der in § 41 Abs. 1 Satz 2 SOG LSA enthaltene Begriff „Gefahr" entspricht dem des § 3 Nr. 3 SOG LSA. Es muss damit eine konkrete Gefahr für die genannten Schutzgüter und Leben bestehen. Sofern es sich bei der zu durchsuchenden Person, um einen Menschen handelt, dessen amtlicher Personenstandseintrag divers oder keine Angabe zum Geschlecht als Geschlechtsangabe enthält, soll dem Wunsch, die Durchsuchung einer Person eines bestimmten Geschlechts zu übertragen, entsprochen werden.[114]

2. Durchsuchung von Sachen

§ 42 SOG LSA regelt die Durchsuchung von Sachen. Sachen sind alle körperlichen Gegenstände i. S. d. § 90 BGB. Der Unterschied zu § 41 SOG LSA besteht darin, dass über § 42 SOG LSA nach Sachen gesucht werden kann, die der Adressat der Durchsuchungsmaßnahe nicht an seinem Körper trägt. Sobald es also um die Suche nach Sachen am Körper geht, ist § 41 SOG LSA lex specialis. Sachen i. S. d. § 42 SOG LSA können sowohl beweglich als auch unbeweglich sein. Unbewegliche Sachen sind vor allem Immobilien. So kann die Polizei etwa eine Gartenlaube gem. § 42 SOG LSA durchsuchen.

Von § 42 SOG LSA ist jedoch nicht die Durchsuchung von Wohnungen umfasst. Die Durchsuchung von Wohnraum ist ihrerseits speziell in § 43 SOG LSA geregelt. Hierbei muss dann auch zwingend die Vorschrift zum Verfahren bei der Durchsuchung von Wohnungen (§ 44 SOG LSA) beachtet werden. Die rechtliche Einordnung, was im konkreten Einzelfall als Wohnung anzusehen ist, und wann von einer Wohnung i. S. d. Art. 13 GG gesprochen werden kann, ist mitunter schwierig. Hierauf wird näher im Rahmen von § 43 SOG LSA eingegangen werden. § 42 SOG LSA ist demnach stets dann einschlägig, wenn sich die Sache nicht unmittelbar am

114 Gesetz zur Anerkennung und zum stärkeren Schutz der Geschlechtervielfalt im Hamburger Justiz- und Maßregelvollzug, HmbGVBl. Nr. 12, S. 93 (94).

Körper des zu Durchsuchenden befindet, und es sich nicht um eine Wohnung handelt.

2.1 Die Tatbestandsvoraussetzungen des § 42 SOG LSA

Die Ermächtigungsgrundlage zur Durchsuchung und Untersuchung einer Sache zum Zwecke der Gefahrenabwehr ist § 42 SOG LSA. Die Sachdurchsuchung ist danach nur für bestimme abschließend aufgeführte Fallgruppen zugelassen.

So kann die Polizei eine Sache in folgenden Fällen durchsuchen:
- Sache wird von Person mitgeführt, die ihrerseits durchsucht werden darf (§ 42 Abs. 1 Nr. 1 SOG LSA)
- zwecks Auffindens einer Person (§ 42 Abs. 1 Nr. 2 SOG LSA)
- zwecks Sicherstellung einer anderen Sache (§ 42 Abs. 1 Nr. 3 SOG LSA)
- zwecks Identitätsfeststellung (§ 42 Abs. 2 SOG LSA)
- zwecks Ingewahrsamnahme einer Person (§ 42 Abs. 2 Nr. 1 SOG LSA)
- Sache befindet sich an gefährlichem Ort (§ 42 Abs. 2 Nr. 2 SOG LSA)
- Sache befindet sich in einem gefährdeten Objekt (§ 42 Abs. 2 Nr. 3 SOG LSA)
- Fahrzeug befindet sich an Kontrollstelle (§ 42 Abs. 2 Nr. 4 SOG LSA)
- Fahrzeug ist zur gezielten Kontrolle ausgeschrieben (§ 42 Abs. 2 Nr. 5 SOG LSA)

2.1.1 Durchsuchung von Sachen einer zu durchsuchenden Person

Sofern die Polizei eine Person gem. § 41 SOG LSA durchsuchen darf, wird sie von § 42 Abs. 1 Nr. 1 SOG LSA zur Durchsuchung der von der zu durchsuchenden Person mitgeführten Sachen ermächtigt. Oftmals kann die Gefahr nur dann effektiv abgewehrt werden, wenn zusätzlich zur Durchsuchung der Person auch die mitgeführten Sachen durchsucht werden dürfen. Für § 42 Abs. 1 Nr. 1a SOG LSA ist es nicht erforderlich, dass die Person tatsächlich durchsucht wird. Es kommt allein darauf an, dass die Polizei eine Durchsuchung gem. § 41 SOG LSA durchführen darf. Für die polizeiliche Praxis bedeutet dies zweifelsohne, dass § 41 SOG LSA quasi zum Tatbestandsmerkmal des § 42 Abs. 1 Nr. 1a SOG LSA wird und folglich stets vorliegen muss. Die Durchsuchung gem. § 42 Abs. 1 Nr. 1a SOG LSA ist also nicht streng akzessorisch zu derjenigen aus § 41 SOG LSA. Eine Person führt dann Sachen mit sich, wenn sie auf die Sachen unmittelbar zugreifen kann. Dies sind klassischerweise Taschen, Rucksäcke und Koffer. Eine mitgeführte Sache ist aber auch das Auto, das gerade geführt wird. Anders als in der polizeilichen Praxis bisweilen vertreten, sind Autos keine Wohnungen. Insofern sind Autos über § 42 SOG LSA zu durchsuchen.

2.1.2 Durchsuchung zur Auffindung einer Person

Die Polizei kann gem. § 42 Abs. 1 Nr. 2 SOG LSA auch dann eine Sache durchsuchen, wenn Tatsachen die Annahme rechtfertigen, dass sich in ihr eine Person befindet, die widerrechtlich festgehalten wird oder hilflos ist. § 42 Abs. 1 Nr. 2 SOG LSA dient damit dem Auffinden von Personen, die widerrechtlich festgehalten werden oder hilflos sind. Eine Person befindet sich in einer Sache, wenn sie räumlich in der Sache ist. Es muss sich um Raumgebilde handeln, die tatsächlich so groß sind, dass sie eine Person aufnehmen können. Man wird es dabei als ausreichend erachten müssen, wenn die Person nur irgendwie Platz in der Sache findet. Das Zusammenkauern, Krümmen oder „Klein-Machen" genügt. Zu denken ist etwa an das Verbergen von Kindern in Koffern. Weitere Beispiele sind etwa: Autos, Kofferräume, Fässer, Container. Die Person muss also gerade nicht aufrecht stehen und sich bequem bewegen können.

Hilflos ist eine Person dann, wenn sie es nicht vermag, sich aus eigener Kraft aus einer Lage zu befreien und eine ihr drohende Gefahr abzuwenden. Mit anderen Worten ist eine Person dann hilflos, wenn sie keinen eigenen Willen bilden kann oder einen gebildeten Willen (im Rahmen des Sozialtypischen) nicht umsetzen kann. Klassischerweise sind Alte, Kinder und Kranke hilflos. Eine Person ist dann widerrechtlich festgehalten, wenn sie in rechtswidriger Weise in ihrem Recht auf die Freiheit der Person aus Art. 2 Abs. 2 Satz 2 GG beeinträchtigt ist. Dies ist regelmäßig im Fall der Freiheitsberaubung gem. § 239 StGB gegeben. Zu beachten ist dabei, dass die Person tatsächlich widerrechtlich festgehalten wird. Insofern sind hier etwaige Rechtfertigungsgründe für eine Beschränkung aus Art. 2 Abs. 2 Satz 1 SOG LSA zu prüfen. Der Klassiker ist dabei die Rechtfertigung über das Jedermann-Festnahme-Recht aus § 127 Abs. 1 StPO.

2.1.3 Durchsuchung zur Sicherstellung einer anderen Sache

Die Polizei kann eine Sache ferner gem. § 42 Abs. 1 Nr. 3 SOG LSA durchsuchen, wenn Tatsachen die Annahme rechtfertigen, dass sich in ihr oder an ihr eine andere Sache befindet, die sichergestellt werden darf. Anders als bei § 42 Abs. 1 Nr. 1 SOG LSA geht es hier um Sachen, die von der Person nicht mitgeführt werden. Das Ziel der Durchsuchung i.S.d. § 42 Abs. 1 Nr. 3 SOG LSA muss in jedem Fall die Sicherstellung i.S.d. § 45 SOG LSA sein. Insofern muss die Polizei § 45 SOG LSA inzident im Rahmen des § 42 Abs. 1 Nr. 3 SOG LSA prüfen. Die Durchsuchung darf dann aber sowohl *in* als auch *an* der zu durchsuchenden Sache erfolgen. Es ist nicht abschließend geklärt, ob von § 42 Abs. 1 Nr. 3 SOG LSA auch die repressive Sicherstellung i.S.d. § 94 Abs. 1 StPO erfasst ist. Diese Frage wird gerade bei doppelfunktionalen Maßnahmen, mithin Maßnahmen, die sowohl präventiv als auch repressiv sind, relevant. Jedenfalls aber dann, wenn die Sicherstellung ausschließlich repressiven Charakter hat, ist § 42 Abs. 3 SOG LSA nicht anwendbar. Hier muss dann ganz auf die StPO zurückgegriffen werden.

2.1.4 Durchsuchung zur Identitätsfeststellung

Die Polizei kann eine Durchsuchung von Sachen auch zur Identitätsfeststellung durchführen. Dies wird durch den Verweis auf § 20 Abs. 4 SOG LSA in § 42 Abs. 2 SOG LSA deutlich. Die eigentliche Ermächtigungsgrundlage für die Durchsuchung ist aber § 20 Abs. 4 SOG LSA. Die Polizei kann danach die Person festhalten, sie und die von ihr mitgeführten Sachen nach Gegenständen durchsuchen, die zur Identitätsfeststellung dienen, sowie die Person zur Feststellung der Identität zur Dienststelle bringen. Der Verweis in § 42 Abs. 2 SOG LSA dient nur der Klarstellung.[115]

2.1.5 Durchsuchung zur Ingewahrsamnahme einer Person

Von großer rechtspraktischer Relevanz ist die Befugnis zur Durchsuchung von Sachen zwecks Ingewahrsamnahme einer Person. § 42 Abs. 2 Satz 1 Nr. 1 SOG LSA knüpft dabei an die Vorschrift zum Gewahrsam des SOG LSA (§ 37 SOG LSA) an. Die Polizei muss also vorab (!) prüfen, ob die Person, nach der sie sucht, überhaupt in Gewahrsam genommen werden darf. Stellt sich während der Durchsuchung heraus, dass die Person nicht oder nicht mehr in Gewahrsam genommen werden darf, so ist die Durchsuchung unverzüglich abzubrechen. Anders als im Rahmen von § 42 Abs. 1 Nr. 3 SOG LSA besteht bei § 42 Abs. 2 Satz 1 Nr. 1 SOG LSA dahingehend Einigkeit, dass die Ingewahrsamnahme ausschließlich präventiven Zwecken dienen muss.

2.1.6 Durchsuchung an verrufenen Orten

Die Polizei kann gem. § 42 Abs. 2 Satz 1 Nr. 2 SOG LSA eine Sache durchsuchen, wenn sie sich an einem der in § 20 Abs. 2 Nr. 1 SOG LSA genannten Orte befindet. Diese Orte wurden bereits im Rahmen von § 41 Abs. 2 Satz 1 Nr. 2 SOG LSA näher erläutert. Für § 42 Abs. 2 Satz 1 Nr. 2 SOG LSA ist es nicht relevant, ob die Sachen mitgeführt werden oder nicht. Es kommt hier allein auf die Durchsuchung von Sachen zwecks Abwehr von Gefahren an verrufenen bzw. gefährlichen Orten an. Abgesehen von dem Befinden am verrufenen Ort gibt es keine weiteren Tatbestandsvoraussetzungen. Vereinfacht ausgedrückt ermöglicht § 42 Abs. 2 Satz 1 Nr. 2 SOG LSA die Durchsuchung aller Sachen, die sich an einem verrufenen Ort befinden. Dazu zählen selbstverständlich bewegliche und unbewegliche

115 Vgl. Nerlich, Eingriffsrecht Brandenburg, S. 145.

Sachen. Die Polizei kann also ein Auto allein schon deswegen durchsuchen, weil es an einem gefährlichen Ort abgestellt wurde.

2.1.7 Durchsuchung in gefährdeten Objekten

Über § 42 Abs. 2 Satz 1 Nr. 3 SOG LSA kann die Polizei auch Sachen durchsuchen, die sich in oder an gefährdeten Objekten befinden. Erforderlich ist es dabei, dass Tatsachen die Annahme rechtfertigen, dass in oder an diesen Objekten Straftaten begangen werden sollen, durch die in oder an diesen Objekten befindliche Personen oder diese Objekte selbst unmittelbar gefährdet sind, und dies aufgrund der Gefährdungslage oder auf die Person bezogener Anhaltspunkte erforderlich ist. § 42 Abs. 2 Satz 1 Nr. 3 SOG LSA ist damit die Komplementärvorschrift zu § 41 Abs. 2 Satz 1 Nr. 3 SOG LSA. Die zu durchsuchenden Sachen müssen sich lediglich in oder an einem gefährdeten Objekt befinden. Die Sachen müssen also nicht von einer Person unmittelbar mitgeführt werden. Das bedeutet, dass auch abgestellte Gegenstände von der Polizei durchsucht werden können. Zu beachten ist aber, dass das Objekt gerade nicht durch die zu durchsuchende Sache gefährdet sein muss. Wann sich die Sache in unmittelbarer Nähe zum gefährdeten Objekt befindet, ist eine Frage des Einzelfalls und wird nicht pauschal auf eine bestimmte Meter- oder Kilometerangabe konkretisiert werden können. Die tatbestandliche Weite der Befugnisnorm macht es nach hier vertretener Auffassung aber erforderlich, eine durchaus strenge Verhältnismäßigkeitsprüfung durchzuführen.

2.1.8 Durchsuchung an Kontrollstelle

Die Polizei ist gem. § 42 Abs. 2 Satz 1 Nr. 4 SOG LSA auch dazu befugt, solche Sachen zu durchsuchen, bei denen es sich um ein Land-, Wasser- oder Luftfahrzeug handelt, in dem sich eine Person befindet, deren Identität an einer Kontrollstelle festgestellt werden darf. Die Vorschrift ist relativ kompliziert. In der Sache handelt es sich um eine Ergänzung zu § 20 Abs. 2 Nr. 6 SOG LSA. Sofern die Identität einer an einer Kontrollstelle angetroffenen Person gem. § 20 Abs. 2 Satz 1 Nr. 6 SOG LSA festgestellt werden darf, kann nun über § 42 Abs. 2 Satz 1 Nr. 4 SOG LSA zusätzlich das entsprechende Fahrzeug, in dem sich die Person befindet und mit dem sie in die Kontrollstelle gelangt, durchsucht werden. Die in § 42 Abs. 2 Satz 1 Nr. 4 SOG LSA aufgeführten Fahrzeuge dürfen also insbesondere zum Zwecke der Auffindung einer Person, deren Identität festgestellt werden soll, durchsucht werden.

Zu beachten ist, dass die Polizei über § 20 Abs. 2 Satz 1 Nr. 6 SOG LSA die Identität sämtlicher Personen in den Fahrzeugen feststellen kann. Dazu kann sie die Fahrzeuge auch nach sich versteckenden Personen durchsuchen. Die Befugnis zur Identitätsfeststellung gem. § 20 Abs. 2 Nr. 6 SOG LSA ist zugleich eine Voraussetzung für die Durchsuchung gem. § 42 Abs. 2 Satz 1 Nr. 4 SOG LSA. Nicht abschließend beantwortet ist die Frage, nach welchen Sachen die Fahrzeuge durchsucht werden dürfen. § 42 Abs. 2 Satz 1 Nr. 4 SOG LSA macht hier keine Einschränkungen. Vom Wortlaut der Norm aus betrachtet muss die Durchsuchung noch nicht einmal auf solche Sachen beschränkt werden, die ausschließlich zur Identitätsfeststellung der Person dienen. So kann die Polizei über § 42 Abs. 2 Satz 1 Nr. 4 SOG LSA i. V. m. § 42 Abs. 2 Satz 2 SOG LSA die Durchsuchung auch auf die in oder an dem Fahrzeug befindlichen Sachen erstrecken und damit etwa auch nach Waffen oder anderen gefährlichen Gegenständen suchen.

2.1.9 Durchsuchung wegen Ausschreibung zur gezielten Kontrolle

§ 42 Abs. 2 Satz 1 Nr. 5 SOG LSA ergänzt schließlich § 20 Abs. 2 Nr. 5 SOG LSA. So kann die Polizei gem. § 42 Abs. 2 Satz 1 Nr. 5 SOG LSA ein Fahrzeug durchsuchen, sofern es nach Artikel 99 Abs. 1, 2, 3 und 5 Satz 1 des Schengener Durchführungsübereinkommens zur gezielten Kontrolle ausgeschrieben wurde, und zusätzlich noch tatsächliche Anhaltspunkte dafür vorliegen, dass die Durchsuchung zur Abwehr einer Gefahr erforderlich ist. Auch hierbei kann sich die Durchsuchung gem. § 42 Abs. 2 Satz 2 SOG LSA auf die in oder an dem Fahrzeug befindlichen Sachen erstrecken.

2.2 Verfahrensrechtliches

Bei der Durchsuchung von Sachen hat der Inhaber der tatsächlichen Gewalt gem. § 42 Abs. 3 Satz 1 SOG LSA das Recht, anwesend zu sein. Er darf also von Beginn bis Ende der Maßnahme beiwohnen, die Polizei bei ihrer Tätigkeit kontrollieren und Nachfragen stellen. Aus diesem in § 42 Abs. 3 Satz 1 SOG LSA enthaltenen Kontrollrecht folgt nicht zuletzt auch, dass die Polizei dem Inhaber in aller Regel nicht pauschal auferlegen darf, das Durchsuchungsgeschehen nur aus einer bestimmten Distanz zu beobachten. Der Inhaber darf die Durchsuchung aus nächster Nähe verfolgen. Die rechtmäßige Durchsuchungsmaßnahme darf vom Inhaber der tatsächlichen Gewalt dabei aber zu keinem Zeitpunkt gestört werden. Insofern findet das Anwesenheitsrecht dann seine Grenzen, wenn die polizeiliche Arbeit bewusst, aber auch unbewusst behindert wird. Sofern es zu Störungen von einer gewissen, einzelfallabhängigen Intensität kommt, kann die Polizei gegenüber dem Inhaber gem. § 36 Abs. 1 Satz 1 SOG LSA einen Platzverweis aussprechen. Verletzt die Polizei § 42 Abs. 3 Satz 1 SOG LSA, so wird die Durchsuchung dadurch nicht rechtswidrig.

Gem. § 42 Abs. 3 Satz 3 SOG LSA ist dem Inhaber der tatsächlichen Gewalt auf Verlangen eine Bescheinigung über die Durchsuchung und ihren Grund zu erteilen. Dabei ist es unerheblich, ob die Durchsuchung erfolgreich oder erfolglos war. Die Polizei ist zur Erteilung einer solchen Bescheinigung zwar verpflichtet, sie muss dieser Verpflichtung gleichwohl nur auf Verlangen nachkommen. Die Bescheinigung muss schriftlich erteilt werden. Inhaltlich sind Angaben zu Zeit und Ort sowie zum Durchsuchungsgegenstand und dem Grund der Durchsuchung zu machen. Werden im Anschluss an die Durchsuchung sogar Sachen sichergestellt, muss ein separates Sicherstellungsprotokoll angefertigt werden. Stellt die Polizei dem Inhaber trotz entsprechender Aufforderung gleichwohl keine Bescheinigung aus, wird die Durchsuchung dadurch nicht rechtswidrig.

Hier zeigt sich anschaulich das Problem, dass selbst bewusste Verfahrensverstöße durch die Polizei im Gefahrenabwehrrecht keine Konsequenzen haben. Die Verwertbarkeitsfrage, die bei Verfahrensfehlern im repressiven Polizeirecht nahezu stante pede folgt, wird im präventiven Polizeirecht schon im Grunde nicht gestellt. Sofern der Zweck der Maßnahmen nicht gefährdet wird, wird man hier von der Polizei durchaus verlangen dürfen, dass sie eine gewisse einzelfallabhängige Zeit auf den Inhaber der tatsächlichen Gewalt wartet. Sofern der Inhaber der tatsächlichen Gewalt bei der Durchsuchungsmaßnahme aber tatsächlich auch nach einer gewissen Wartezeit noch abwesend ist, ist, wenn möglich, sein Vertreter oder ein anderer Zeuge gem. § 42 Abs. 3 Satz 2 SOG LSA hinzuzuziehen. Der ersatzweise konsultierte Vertreter oder Zeuge muss gleichwohl die Interessenvertretung des Inhabers der tatsächlichen Gewalt wahrnehmen, also als Kontrollinstanz fungieren. Bei § 42 Abs. 3 Satz 2 SOG LSA handelt es sich jedoch lediglich um eine Ordnungsvorschrift. Findet die Polizei keinen Vertreter oder Zeugen, so kann sie die Durchsuchung dennoch durchführen. Die Durchsuchung ist dann jedenfalls nicht schon wegen eines Verstoßes gegen § 42 Abs. 3 Satz 1 oder Satz 2 SOG LSA rechtswidrig. Polizisten sind keine Vertreter oder Zeugen i. S. d. § 42 Abs. 3 Satz 2 SOG LSA.

3. Betreten und Durchsuchung von Wohnungen

Das Betreten und Durchsuchen von Wohnungen ist eine der polizeilichen Maßnahmen, die ganz allgemein am intensivsten in Grundrechte der Adressaten eingreifen. Konkret greift die Polizei beim Betreten und Durchsuchen von Wohnungen in Art. 13 GG ein. Die Rechtmäßigkeit eines derartigen Polizeieingriffs richtet sich nach den Wertungen und rechtlichen Hürden, die Art. 13 GG aufstellt. Im Ausgangspunkt steht dabei stets, dass die Wohnung unverletzlich ist. Unter einer Wohnung sind all die Räume zu verstehen, „die der allgemeinen Zugänglichkeit durch eine räumliche Abschottung entzogen sind und zur Stätte privaten Lebens und Wirkens gemacht wurden.“[116]

Das BVerfG führt hierzu richtungsweisend aus:

> *„Der Schutz der Wohnung nach Artikel 13 GG soll […] Störungen vom privaten Leben fernhalten. Schutzgut ist die räumliche Sphäre, in der sich das Privatleben entfaltet. Artikel 13 Absatz 1 GG gewährleistet das Recht, in diesen Räumen in Ruhe gelassen zu werden […]. Er verbürgt dem Einzelnen mit Blick auf die Menschenwürde sowie im Interesse der Entfaltung der Persönlichkeit einen elementaren Lebensraum, in den nur unter den Voraussetzungen des Artikel 13 Absatz 2 und Artikel 13 Absatz 3 GG eingegriffen werden darf […]. Artikel 13 GG enthält insbesondere das grundsätzliche Verbot, gegen den Willen des Wohnungsinhabers in die Wohnung einzudringen oder darin zu verweilen.“*[117]

Die Befugnisnorm für das Betreten und Durchsuchen von Wohnungen ist § 43 SOG LSA. Der Wohnungsbegriff des SOG LSA ist weitergehend als derjenige der Alltagssprache und unterscheidet sich von letzterem grundlegend. Genau wie der Wohnungsbegriff des Art. 13 GG ist auch der des SOG LSA weit auszulegen. Die Wohnung umfasst gem. § 43 Abs. 1 SOG LSA damit nicht nur die klassischen Wohnräume, sondern auch Nebenräume, Arbeits-, Betriebs- und Geschäftsräume sowie anderes befriedetes Besitztum, das mit diesen Räumen in Verbindung steht.

Unter den Begriff „Wohnung“ fällt damit:
- die Wohnung im engeren, klassischen Sinne
- der zur Wohnung gehörende Hof
- die zur Wohnung gehörende Garage
- der zur Wohnung gehöhrende Dachboden
- das zur Wohnung gehörende Treppenhaus
- die zur Wohnung gehörenden Flure
- Hotelzimmer
- Krankenzimmer
- Zimmer im Seniorenheim
- Zimmer in einer Jugendherberge
- Zimmer im Studentenwohnheim
- Hausboote

116 BeckOK PolR NRW/Braun, PolG NRW § 41 Rn. 4.
117 BVerfGE 89, S. 1 (12).

- Campingwagen, Wohnmobile
- Club- und Vereinsheime
- Häftlingszellen
- allgemeines abgeschlossenes, befriedetes Besitztum

Entgegen einer relativ weitverbreiteten Meinung ist das Auto in aller Regel keine Wohnung. Das Auto unterfällt damit Art. 13 GG gerade nicht. Die Polizei muss sich für eine Durchsuchung eines Autos daher auch nicht auf § 43 SOG LSA stützen. Hier kann eine Durchsuchung schon über § 42 SOG LSA erfolgen. Etwas anderes kann (ausnahmsweise) nur dann gelten, wenn das Auto im Einzelfall als Wohnung genutzt wird.

Für die Annahme eines Raumgebildes als Wohnung ist dessen „Zweckbestimmung" von zentraler Bedeutung.[118] Die Polizei sollte sich also nicht zu sehr mit einer umfangreichen Einzelfallkasuistik in Rechtsprechung und Literatur zum Wohnungsbegriff auseinandersetzen, sondern vielmehr die Maßstäbe des BVerfG zum Wohnungsbegriff präzise auf den jeweiligen Einzelfall anwenden.

Eine trennscharfe Differenzierung zwischen Arbeits-, Betriebs- und Geschäftsräumen ist nicht immer möglich. Das sie einende Element ist ihr beruflicher Bezug. Der Arbeitsraum muss nicht immer in den Geschäftsräumen sein. Zu denken ist etwa an das Arbeitszimmer in der privaten Wohnung. Generell – und im Fall des Arbeitszimmers in der Wohnung sogar ganz speziell – stellt sich hierbei die Frage, ob Arbeits-, Betriebs- und Geschäftsräume den Schutz des Art. 13 GG genießen.[119]

Betriebs- und Geschäftsräume sind etwa:
- Fabriken
- Lagerräume
- alle Arten von Verkaufsräumen
- Werkstätten
- allgemeine Büroräume
- Kanzleiräume des Rechtsanwalts, Notars, Steuerberaters
- Sprech- und Wartezimmer des Arztes
- Restaurants, Gaststätten, Imbissbuden
- Supermärkte
- Bauwagen
- Tierstallungen, Gestüte

118 Treffend Nerlich, Eingriffsrecht Brandenburg, S. 150.
119 Siehe hierzu etwa BVerfGE 32, S. 54 (54 ff.).

3.1 Die Tatbestandsvoraussetzungen des § 43 SOG LSA

Die Polizei kann eine Wohnung ohne Einwilligung des Inhabers betreten und durchsuchen, wenn die in § 42 Abs. 2 SOG LSA näher dargelegten Voraussetzungen erfüllt sind. Die Wohnung umfasst die Wohn- und Nebenräume, Arbeits-, Betriebs- und Geschäftsräume sowie anderes befriedetes Besitztum, das mit diesen Räumen in Verbindung steht. Die Polizei **betritt** die Wohnung dann, wenn sie körperlich in die Wohnung eindringt, in ihr verweilt bzw. diese besichtigt. Damit ist das bloße ziellose und zweckungebundene Umschauen gemeint. Die Polizei darf dabei nicht nach Personen oder Sachen Ausschau halten, um diese zu ergreifen oder aufzufinden. Das Besichtigen im Rahmen des Betretens findet dort seine Grenzen, wo es den Charakter einer Durchsuchung annimmt. Das Betreten der Wohnung muss nicht zwangsläufig über den dafür regulär vorgesehenen Weg erfolgen, sondern kann auch über die Terrassentür, Fenster oder Luken im Dach erfolgen. Die Polizei darf über § 43 Abs. 2 SOG LSA auch auf Grundstücke fahren. Das Betreten ist damit weit zu verstehen und umfasst neben dem tatsächlichen Betreten zu Fuß oder zu Pferd auch das Befahren mit Fahrrad oder Kfz.

Die Polizei **durchsucht** eine Wohnung, wenn sie als Hoheitsträger ziel- und zweckgerichtet in einer Wohnung sucht, um dort planmäßig das aufzuspüren, was der Wohnungsinhaber in der Wohnung versteckt halten will und nicht freiwillig zeigt. Eine Durchsuchung zielt also stets darauf, etwas Verborgenes bzw. Verstecktes zu finden. Wird die Wohnung nach einer Person durchsucht, so darf die Polizei durchaus auch Schränke, Kommoden etc. öffnen. Zwar ist offensichtlich, dass sich die Person jedenfalls in der Kommode nicht befindet, gleichwohl können sich in ihr Hinweise auf den Verbleib der gesuchten Person befinden. Die Durchsuchung knüpft an das Betreten der Wohnung an. So heißt es in § 43 SOG LSA ausdrücklich: „Betreten und Durchsuchung von Wohnungen". Was auf den ersten Blick etwas spitzfindig klingen mag, hat große rechtspraktische Bedeutung: Eine Durchsuchung ohne Betreten kann nicht auf § 43 SOG LSA gestützt werden. Das bedeutet, dass die Online-Durchsuchung einer Wohnung (etwa über Abhörtechnologie) zum Auffinden einer Person oder Sache hiermit nicht möglich ist. Vom Begriff der Durchsuchung ist das Öffnen, Aufdecken, Abdecken, Umschlagen etc. von Gegenständen erfasst.

Schwieriger zu beurteilen ist, ob auch das Aufbrechen von Gegenständen zum Zwecke der Durchsuchung der in ihnen enthaltenen Sachen von § 43 SOG LSA gedeckt ist. Dieses Problem stellt sich letztlich bei jeder Art von Durchsuchung. Das Zerstören von Sachen ist von den Durchsuchungsvorschriften nicht umfasst. Die Polizei darf nicht das Glas der Vitrine einschlagen, um die darin gelegene Schatulle zu entnehmen. Vielmehr muss die Polizei sie ordnungsgemäß öffnen. Die Öffnung kann auch mit Zwang erfolgen und eine sachgerechte Beschädigung zeitigen. Das heißt, dass die Polizei etwa Schrauben und Knoten lösen oder Nähte auftrennen darf. Die in der Wohnung gefundenen Sachen müssen sodann über § 42 SOG LSA in der Wohnung durchsucht werden. § 43 SOG LSA – wie auch §§ 41 und 42 SOG LSA – ermöglichen nicht das Verbringen der zu durchsuchenden Sache an einen anderen Ort. Dies ermöglicht erst die Sicherstellung gem. § 45 SOG LSA. Durchsuchungen gem. §§ 41, 41 und 43 SOG LSA können zusammenfallen. So wird eine Wohnung gem. § 43 SOG LSA nach einer Person oder Sachen durchsucht, die ihrerseits gem. § 41 SOG LSA bzw. gem. § 42 SOG LSA durchsucht werden dürfen.

Die **verschlossene Wohnungstür** stellt vor gewisse rechtliche Fragen, die jedenfalls bisher nicht einmütig beantwortet wurden. Die erste Frage stellt sich mit Blick auf die Befugnisnorm, mit der die Polizei vom Wohnungsinhaber die Öffnung der Tür verlangen kann. Während manche auf die Generalklausel des § 13 SOG LSA abstellen, vertreten andere die Ansicht, dass das Öffnen der Wohnungstür als Begleitverfügung auch auf § 43 SOG LSA gestützt werden dürfe. Ob aber ein „Öffnen“ in eine Norm hineingelesen werden kann, die ausdrücklich und ausschließlich vom „Betreten“ und „Durchsuchen“ spricht, wirft angesichts des an sich klaren Wortlauts rechtsmethodisch begründete Zweifel hervor. Polizisten sollten sich hierzu schlicht merken, dass die Pflicht zum Öffnen der Tür *jedenfalls* auf § 13 SOG LSA gestützt werden kann.

Die zweite Frage ist, wie die Polizei das Öffnen der Tür mit Zwang durchsetzen kann. Hier kommt neben der Ersatzvornahme i. S. d. § 55 SOG LSA auch der unmittelbare Zwang i. S. d. § 58 SOG LSA in Betracht. Wird die Verpflichtung, eine Handlung vorzunehmen, deren Vornahme durch einen anderen möglich ist, nicht erfüllt, so kann die Polizei auf Kosten der betroffenen Person die Handlung selbst oder durch einen beauftragten Dritten ausführen. Maßgeblich ist dabei die Frage, ob das gewaltsame Öffnen der Tür eine vertretbare Handlung ist. Für die Beantwortung ist darauf abzustellen, was der Wohnungsinhaber machen würde. Dieser würde die Wohnungstür ordnungsgemäß und gewaltlos öffnen. Das gewaltsame Aufbrechen der Tür durch die Polizei vertritt damit nicht das Öffnen des Wohnungsinhabers i. S. d. § 55 SOG LSA. Sofern die Polizei die Tür i. S. e. Aufbrechens öffnet, liegt unmittelbarer Zwang vor. Anders ist die Sachlage zu bewerten, wenn die Polizei für das Öffnen der Wohnungstür einen

Schlüsseldienst kommen lässt. Dieser öffnet die Tür nämlich so, wie sie der Wohnungsinhaber geöffnet hätte. Insofern ist dann die Ersatzvornahme gegeben.

Ein Spezialfall ist der sog. „**Zufallsfund**“. Der Figur des Zufallsfunds i. S. d. SOG LSA liegen die Wertungen und die Dogmatik des § 108 StPO zugrunde. Ein Zufallsfund liegt vor, wenn die Polizei im Rahmen der eigentlichen Durchsuchungsmaßnahme zufällig auf eine andere Sache stößt, die sie gar nicht gesucht hat. Dogmatisch fällt auch das zufällige Auffinden einer Person unter den Begriff des Zufallsfunds. Mit Blick auf Art. 1 Abs. 1 GG sollte der Begriff „Zufallsfund“ m.E. aber hinsichtlich einer zufällig angetroffenen Person vermieden werden. Die rechtliche Behandlung eines Zufallsfunds wirft keine größeren Probleme auf. Zu fragen ist, ob im Zuge einer hypothetischen Ersatzmaßnahme nach der gefundenen Sache oder der angetroffenen Person hätte gesucht werden können. Mit anderen Worten: Hätte die Sache bzw. die Person zum Ziel der Durchsuchung gem. § 42 SOG LSA (Sachen) oder § 43 SOG LSA (Sachen und Personen) gemacht werden können und kann die Sache nun sichergestellt und die Person in Gewahrsam genommen werden?

3.1.1 Betreten und Durchsuchung zur Sicherstellung einer Sache

Die Polizei kann gem. § 43 Abs. 2 Nr. 1 SOG LSA eine Wohnung ohne Einwilligung des Inhabers betreten und durchsuchen, wenn Tatsachen die Annahme rechtfertigen, dass sich in ihr eine Sache befindet, die nach § 45 Nr. 1 SOG LSA sichergestellt werden darf. Die Polizei muss hier eine Prognose anstellen. Das Ziel der Durchsuchung i. S. d. § 43 Abs. 2 Nr. 1 SOG LSA muss in jedem Fall die Sicherstellung i. S. d. § 45 SOG LSA sein. Insofern muss die Polizei § 45 SOG LSA inzident im Rahmen des § 43 Abs. 2 Nr. 1 SOG LSA prüfen.

3.1.2 Betreten und Durchsuchung zur Abwehr einer gegenwärtigen Gefahr für bestimmte Rechtsgüter

Gem. § 43 Abs. 2 Nr. 2 SOG LSA kann die Polizei eine Wohnung ohne Einwilligung des Inhabers ferner in den Fällen betreten und durchsuchen, wenn dies zur Abwehr einer gegenwärtigen Gefahr für Leib, Leben oder Freiheit einer Person oder für Sachen von bedeutendem Wert erforderlich ist. Unter einer gegenwärtigen Gefahr versteht man gem. § 3 Nr. 3b SOG LSA eine Gefahr, bei der das schädigende Ereignis bereits begonnen hat oder unmittelbar oder in allernächster Zeit mit einer an Sicherheit grenzenden Wahrscheinlichkeit bevorsteht. Dabei muss eine Gefahr vorliegen, bei der mit Blick auf Leib und Leben eine nicht nur leichte Körperverletzung oder der Tod einzutreten droht. Hierbei kann auf die Wertungen des

§ 3 Nr. 3d SOG LSA zurückgegriffen werden, der die Gefahr für Leib oder Leben definiert. Die Freiheit ist dann gefährdet, wenn die Person am Verlassen des Orts gegen ihren Willen gehindert wird. Es handelt sich hier um eine Freiheitsberaubung i. S. d. § 239 StGB, die bereits begangen wurde und nicht andauert bzw. die unmittelbar bevorsteht. Wann eine Sache von bedeutendem Wert gegeben ist, kann nicht pauschal bestimmt werden, sondern ist stets eine Frage des Einzelfalls. Angesichts der im Übrigen aufgezählten hochrangigen Rechtsgüter, kann es sich nicht um einen bloßen Bagatellbetrag handeln. Auch kann es sich nicht um einen objektiv geringwertigen oder gar wertlosen Gegenstand handeln, dem allein ein Liebhaberwert zukommt. Der Wert muss objektiv messbar, also quantifizierbar sein und in einer Summenangabe ausgedrückt werden können.

In jedem Fall muss der Eingriff in das Grundrecht auf die Unverletzlichkeit der Wohnung aus Art. 13 GG bezogen auf die Abwehr der Gefahr für die Sache von bedeutendem Wert verhältnismäßig sein. Das Betreten und Durchsuchen der Wohnung ist dann erforderlich i. S. d. § 43 Abs. 2 Nr. 2 SOG LSA, wenn die gegenwärtige Gefahr nicht anders abgewehrt werden kann. Es darf keine milderen Mittel geben. Von mehreren möglichen und geeigneten Maßnahmen hat die Polizei gem. § 5 Abs. 1 SOG LSA immer diejenigen Maßnahmen zu treffen, die den Einzelnen und die Allgemeinheit voraussichtlich am wenigsten beeinträchtigen. Die Gefahr muss nicht aus der Wohnung, die betreten und durchsucht wird, stammen. Es genügt, wenn die Wohnung betreten werden muss, um die außerhalb der Wohnung bestehende Gefahr effektiv abwehren zu können. In diesem Fall ist der Wohnungsinhaber aber nur Nichtverantwortlicher i. S. d. § 10 SOG LSA.

3.1.3 Betreten und Durchsuchung zur Ingewahrsamnahme einer Person

Die Polizei kann eine Wohnung gem. § 43 Abs. 3 SOG LSA auch dann ohne Einwilligung des Inhabers betreten und durchsuchen, wenn Tatsachen die Annahme rechtfertigen, dass sich in ihr eine Person aufhält, die nach § 35 Abs. 4 SOG LSA vorgeführt oder nach § 37 SOG LSA in Gewahrsam genommen werden darf. Für § 43 Abs. 3 SOG LSA müssen die Voraussetzungen der §§ 35 Abs. 4, 37 SOG LSA aber bereits beim Betreten der Wohnung vorliegen. Letztlich muss die Polizei hier vorab isoliert, jedenfalls aber inzident die Prüfung der Rechtmäßigkeit der Ingewahrsamnahme durchführen. § 43 Abs. 3 SOG LSA hat die Aufgabe, die Ingewahrsamnahme effektiv durchführen zu können. Die Polizei kann zwar auch mit Prognosen arbeiten; sie muss diese aber auf belastbare Umstände stützen können. Ein Betreten und Durchsuchen ins Blaue hinein ist damit nicht möglich.

3.1.4 Betreten und Durchsuchung zur Auffindung einer Person

Die Polizei wird über § 43 Abs. 4 SOG LSA dazu ermächtigt, eine Wohnung zu betreten und zu durchsuchen, wenn Tatsachen die Annahme rechtfertigen, dass sich in einem Gebäude eine Person befindet, die widerrechtlich festgehalten wird oder hilflos ist und für die dadurch Gefahr für Leib oder Leben besteht. In diesem Fall kann die Polizei die in diesem Gebäude befindlichen Wohnungen ohne Einwilligung der Inhaber betreten und durchsuchen, wenn die Gefahr auf andere Weise nicht beseitigt werden kann. § 43 Abs. 4 SOG LSA hat den Fall im Blick, dass die Polizei zwar weiß, dass eine Person in einem Gebäude festgehalten wird, sie dabei aber nicht weiß, in welcher Wohnung des Gebäudes sich die Person befindet. Bei einem Zweifamilienhaus werden sich die Herausforderungen für die Polizei noch in Grenzen halten. § 43 Abs. 4 SOG LSA hat aber auch ganze Wohnblöcke im Blick. Der Polizei muss es zum Zwecke der Rettung der widerrechtlich festgehaltenen Person möglich sein, im äußersten Fall jede einzelne Wohnung des Gebäudes zu durchsuchen.

Wegen der hohen grundrechtlichen Hürden, die Art. 13 GG für Eingriffe in die Unverletzlichkeit der Wohnung aufstellt und des Umstands, dass hier quasi serienmäßig Wohnungsdurchsuchungen vorgenommen werden sollen, bedarf es einer eigenen über § 43 Abs. 2 und 3 SOG LSA hinausgehenden Ermächtigung. Die Maßnahme des § 43 Abs. 4 SOG LSA muss die für die Gefahrenabwehr einzig mögliche Maßnahme sein. Sobald die Gefahr anderweitig abgewehrt werden kann, ist der Weg über § 43 Abs. 4 SOG LSA gesperrt. Ob die Polizei die auf § 43 Abs. 4 SOG LSA gestützte Maßnahme abbrechen muss, wenn sich in deren Verlauf die Möglichkeit einer anderen Maßnahme zur Gefahrenabwehr auftut, ist nicht abschließend geklärt.

Beispiel

Der Banker B wird von einer antikapitalistischen Gruppierung entführt und in einem Gebäudekomplex mit 100 Wohneinheiten versteckt. Die Polizei kennt den Gebäudekomplex und weiß auch, dass B in diesem festgehalten wird. Sie weiß aber nicht, in welcher Wohnung genau B festgehalten wird. Hier kann die Polizei über § 43 Abs. 4 SOG LSA alle Wohnungen des Gebäudekomplexes betreten und nach B durchsuchen, bis sie B gefunden hat. Trifft die Polizei B schon in Wohnung 1 an, so darf sie aber selbstverständlich nicht auch noch die übrigen 99 Wohnungen betreten und durchsuchen. § 43 Abs. 4 SOG LSA ermächtigt die Polizei mithin nur dazu, so viele Wohnungen zu betreten und zu durchsuchen wie nötig und gerade nicht wie möglich.

3.1.5 Betreten und Durchsuchung zur Abwehr dringender Gefahren

Wohnungen dürfen zum Zwecke der Abwehr dringender Gefahren jederzeit betreten werden, wenn aufgrund tatsächlicher Anhaltspunkte erfahrungsgemäß anzunehmen ist, dass dort

- Personen Straftaten verabreden, vorbereiten oder verüben oder
- sich Straftäter verbergen.

§ 43 Abs. 6 SOG LSA ist mit Blick auf den gesamten § 43 SOG LSA in gleich zweifacher Hinsicht ein Spezialfall. Anders als die Abs. 2 bis 4 ermächtigt § 43 Abs. 6 SOG LSA **ausschließlich zum Betreten** der Wohnung. Derartige Wohnungen werden als verrufene oder gefährliche Orte bezeichnet und finden sich auch in § 20 Abs. 2 Nr. 1 SOG LSA. **Eine Wohnungsdurchsuchung kann auf § 43 Abs. 6 SOG LSA nicht gestützt werden.** Die Sicherheitsbehörden können sich auf § 43 Abs. 6 SOG LSA überhaupt nicht berufen, da es hierbei inhaltlich um die vorbeugende Bekämpfung von Straftaten i. S. d. § 2 Abs. 1 SOG LSA und um die Ingewahrsamnahme von (verurteilten) Straftätern i. S. d. § 37 Abs. 3 SOG LSA geht.[120] Es muss eine **dringende Gefahr** vorliegen.

Was unter einer dringenden Gefahr zu verstehen ist, ist nicht abschließend geklärt. Es geht hierbei um das Gewicht und die Nähe zur Schädigung der Schutzgüter. Dies erklärt sich mit der Verwendung des Begriffs in Art. 13 Abs. 4 Satz 1 und Abs. 7 GG. Man muss wohl von einer Gefahr ausgehen, die sich im Bereich der gegenwärtigen und erheblichen Gefahr bewegt. Darüber, ob die Voraussetzungen der Gegenwärtigkeit und Erheblichkeit im Falle der dringenden Gefahr nun aber kumulativ oder alternativ vorliegen müssen, lässt sich freilich trefflich diskutieren. Aufgrund der hohen Bedeutung des Art. 13 GG sollte man aber von einem kumulativen Vorliegen der Gegenwärtigkeit und Erheblichkeit ausgehen. Ist der Wohnungsinhaber abwesend, ist er gem. § 43 Abs. 6 Satz 1 SOG LSA über das Betreten in Kenntnis zu setzen, sobald dadurch der Zweck der Maßnahme nicht mehr gefährdet wird. Darüber hinaus betritt § 43 Abs. 6 SOG LSA auch verfahrensrechtlich eigene Wege, die vom eigentlichen System des § 43 SOG LSA abweichen. § 43 Abs. 6 SOG LSA unterfällt wegen des Wortes „jederzeit" gerade nicht der verfahrensrechtlichen Nachtzeitenregelung des § 43 Abs. 5 SOG LSA. Jederzeit heißt immer, also auch nachts.

§ 43 Abs. 7 SOG LSA ist inhaltlich eng mit § 43 Abs. 6 SOG LSA verbunden. So dürfen Arbeits-, Betriebs- und Geschäftsräume sowie andere Räume und Grundstücke, die der Öffentlichkeit zugänglich sind oder zugänglich waren und den Anwesenden zum weiteren Aufenthalt zur Verfügung ste-

120 Vgl. Martell, SOG LSA, § 43 Rn. 19.

hen, zum Zwecke der Gefahrenabwehr während der Arbeits-, Geschäfts- oder Aufenthaltszeit betreten werden. Auch hier gilt, dass § 43 Abs 7 SOG LSA lediglich zum Betreten ermächtigt, und eine Durchsuchung nicht auf § 43 Abs. 7 SOG LSA gestützt werden kann. Eine stets trennscharfe Unterscheidung zwischen Arbeits-, Betriebs- und Geschäftsräumen gibt es nicht. Es ist hier jeweils von einem weiten Begriffsverständnis auszugehen. § 43 Abs. 7 SOG LSA zeichnet sich im Unterschied zu den übrigen Absätzen des § 43 SOG LSA, die an die Wohnung und damit an das Private anknüpfen, durch einen sehr starken Bezug zur Öffentlichkeit aus.

§ 43 Abs. 7 SOG LSA hat Raumgebilde mit (hohem) Publikumsverkehr im Blick. Öffentlich zugänglich ist ein Raum dann, wenn er für jedermann zugänglich ist. Es kommt dabei nur darauf an, dass die Personen das Recht zum Betreten haben.[121] Ob sie es auch tatsächlich betreten können, ist nicht entscheidend (zu denken ist etwa an fehlende Barrierefreiheit). Ein jedermann zugänglicher Raum sind etwa Supermärkte, Einkaufszentren, Buchhandlungen etc.[122] Ein Raum ist aber auch dann noch öffentlich, wenn er nur von einem Publikum betreten werden darf, das etwa über das Alter, Mitgliedschaften, Beiträge, Eintrittsgelder etc. selektiert wurde.[123] Maßgeblich ist, dass alle Menschen zumindest die Möglichkeit haben müssen, Teil dieses Publikums zu werden. Zu denken ist etwa an Museen, Theater- und Opernhäuser, Zirkusveranstaltungen, Sportstudios etc.

Sind die Räume aber von vornherein nur für eine bestimmte Personengruppe vorgesehen, die als „geschlossene Gesellschaft“ anzusehen ist, so fehlt es an der Öffentlichkeit i. S. d. § 43 Abs. 7 SOG LSA.[124] Auch solche Räume, die zwar als Arbeits-, Betriebs- und Geschäftsräume anzusehen sind, die aber zugleich auch von Vertraulichkeit, Intimität und Verschwiegenheit geprägt sind, unterfallen nicht § 43 Abs. 7 SOG LSA. Hierzu zählen vor allem Praxen von Ärzten und Psychotherapeuten sowie Rechtsanwalts- und Steuerberaterkanzleien. Letztlich sind diese Räume aber auch schon deshalb nicht öffentlich, weil sie nur durch einen individualisierten Einlass in Form des Türöffnens durch das Sekretariat betreten werden können. Es kommt für § 43 Abs. 7 SOG LSA nur darauf an, dass die Räumlichkeiten dem Grunde nach öffentlich sind. Durch die Formulierung „Anwesenden zum weiteren Aufenthalt zur Verfügung stehen“ wird deutlich, dass sich Menschen auch noch nach Ablauf der Öffnungszeiten vorübergehend dort aufhalten können. Dies ist z. B. der Fall, wenn die Gäste

121 Vgl. Nerlich, Eingriffsrecht Brandenburg, S. 155.
122 Vgl. Nerlich, Eingriffsrecht Brandenburg, S. 155.
123 Vgl. Nerlich, Eingriffsrecht Brandenburg, S. 155.
124 Vgl. Nerlich, Eingriffsrecht Brandenburg, S. 155.

im Restaurant noch ihre letzten Speisen und Getränke verzehren oder wenn sich im Museum noch Menschen aufhalten, obwohl der Einlass schon geschlossen ist.

3.2 Verfahrensrechtliches

Neben den oben dargestellten materiellrechtlichen Aspekten gibt es beim Betreten und Durchsuchen von Wohnungen auch verfahrensrechtliche Vorgaben, die zwingend beachtet werden müssen. Während der Nachtzeit ist das Betreten und Durchsuchen einer Wohnung gem. § 43 Abs. 5 SOG LSA nur in den Fällen des § 43 Abs. 2 Nr. 2 und des Abs. 4 SOG LSA zulässig. Gem. § 43 Abs. 5 SOG LSA i. V. m. § 104 Abs. 3 StPO umfasst die Nachtzeit den Zeitraum von 21 bis 6 Uhr. § 43 SOG LSA steht damit unter der sog. „**Nachtzeitschranke**".[125] Sofern mit dem Betreten und Durchsuchen vor Beginn der Nachtzeitschranke angefangen wurde, so darf die Maßnahme auch in die Nacht fortdauern. Die Idee hinter § 43 Abs. 5 SOG LSA ist es gleichwohl, dass die Maßnahme spätestens um 21 Uhr beendet ist und der Adressat der Maßnahme seine Nachtruhe nach der Durchsuchung ungestört genießen kann. Ob die Nachtruhe im unmittelbaren Anschluss an eine polizeiliche Durchsuchung aber wirklich genossen werden kann, sei hier dahingestellt. Sofern der Adressat in die Durchsuchung nach 21 Uhr einwilligt, ist die Polizei nicht an § 43 Abs. 5 SOG LSA gebunden. Von § 43 Abs. 5 SOG LSA macht § 43 Abs. 6 SOG LSA dahingehend eine Ausnahme, dass Wohnungen hier zum Zwecke der Abwehr dringender Gefahren jederzeit – somit auch zur Nachtzeit – betreten werden dürfen. Die Nachtzeitschranke gilt im Falle von § 43 Abs. 6 SOG LSA also gerade nicht.

Das Verfahren bei der Durchsuchung von Wohnungen ist ausführlich in § 44 SOG LSA geregelt. Durchsuchungen dürfen, außer bei Gefahr im Verzuge, gem. § 44 Abs. 1 Satz 1 SOG LSA nur durch den Richter angeordnet werden. Das Durchsuchen steht also unter einem **Richtervorbehalt**. Hier muss § 44 Abs. 1 Satz 1 SOG LSA genau gelesen werden: Das Betreten der Wohnung steht gerade nicht unter Richtervorbehalt. Nichts anderes folgt aus Art. 13 GG. Auch Art. 13 Abs. 2 GG stellt nur das Durchsuchen unter Richtervorbehalt. Zuständig ist dabei gem. § 44 Abs. 1 Satz 2 SOG LSA das Amtsgericht, in dessen Bezirk die Wohnung liegt. Für das Verfahren gelten die Vorschriften des Gesetzes über das Verfahren in Familiensachen und in den Angelegenheiten der freiwilligen Gerichtsbarkeit entsprechend. Der richterliche **Beschluss muss nicht schriftlich** ergehen. Er

125 BeckOK PolR NRW/Braun, PolG NRW § 41 Rn. 66.

kann auch in einem Telefonat zwischen dem Polizisten und dem Richter, also mündlich ergehen. Sofern auf der Grundlage des Durchsuchungsbeschlusses die Durchsuchungsmaßnahme nicht innerhalb eines halben Jahres ausgeführt wird, verliert der Beschluss seine rechtliche Wirkung. **Gefahr im Verzuge** ist gem. § 3 Nr. 7 SOG LSA eine Sachlage, bei der ein Schaden eintreten würde, wenn nicht an Stelle der zuständigen Behörde oder Person eine andere Behörde oder Person tätig wird.

Bei der Durchsuchung einer Wohnung hat der Wohnungsinhaber gem. § 44 Abs. 2 Satz 1 SOG LSA das Recht, anwesend zu sein. Ihm steht also ein **Anwesenheitsrecht** zu. Er darf die Durchsuchung beobachten. Daraus folgt, dass sich die Polizei in der Regel nicht auf mehrere Räume in der Wohnung verteilen und diese simultan durchsuchen darf.[126] Ist der Wohnungsinhaber abwesend, und ist seine Anwesenheit nicht ohne unverhältnismäßig hohen Aufwand herbeizuführen, so ist, wenn möglich, sein Vertreter oder ein erwachsener Angehöriger, ansonsten ein Hausgenosse oder Nachbar gem. § 44 Abs. 2 Satz 2 SOG LSA hinzuzuziehen. In den Fällen, in denen die Polizei die Räume simultan durchsuchen will, muss sie für jeden Raum, in dem der Wohnungsinhaber die Durchsuchung nicht überwachen kann, einen Vertreter i. S. d. § 44 Abs. 2 Satz 2 SOG LSA hinzuziehen. Eine Ausnahme bildet auch hier die Gefahr im Verzuge („wenn möglich"). Ein Verstoß gegen § 44 Abs. 2 SOG LSA macht die Durchsuchung nicht rechtswidrig.[127]

Beispiel

Die Polizei will die 30 Räume umfassende Villa samt Nebengebäuden, Schuppen und Bootshaus mit angelegtem Hausboot eines Unterwelt-Bosses (U) durchsuchen. Hier kann die Polizei schon aus Gründen der Effektivität der Gefahrenabwehr nicht nacheinander Raum für Raum durchsuchen. Vielmehr muss sich die Polizei aufteilen und mehrere Räume simultan durchsuchen. Dass U der Durchsuchung natürlich nur in einem Raum beiwohnen kann, macht die Durchsuchung mit Blick auf § 44 Abs. 2 Satz 2 SOG LSA nicht rechtswidrig. Letztlich entscheidet die Polizei, ob es ihr möglich ist, andere Zeugen, Vertreter etc. für die Durchsuchung der anderen Räume zu finden. Sie kann dabei aber niemanden verpflichten, als Zeuge zu fungieren. Gerade bei Maßnahmen im Clan- oder Mafia-Milieu bzw. im Milieu der Organisierten Kriminalität muss die Polizei zudem auf die Sicherheit der Durchsuchungszeugen achten.

126 Treffend Martell, SOG LSA, § 44 Rn. 3.
127 Vgl. BeckOK PolR NRW/Braun, PolG NRW § 42 Rn. 24.

Dem Wohnungsinhaber oder seinem Vertreter ist gem. § 44 Abs. 3 SOG LSA der Grund der Durchsuchung unverzüglich bekannt zu geben, soweit dadurch der Zweck der Maßnahme nicht gefährdet wird. Unverzüglich bedeutet unter Bezug auf § 121 Abs. 1 BGB ohne schuldhaftes Zögern. Dabei muss der Durchsuchungsgrund jedenfalls mündlich mitgeteilt werden. Liegt sogar ein schriftlicher Durchsuchungsbeschluss vor, so ist dieser dem Wohnungsinhaber auszuhändigen. Die Bekanntgabe des Durchsuchungsgrundes soll es dem Wohnungsinhaber ermöglichen, der Polizei die gesuchte Sache (freiwillig) zu übergeben. Dadurch kann er der Durchsuchung und dem damit einhergehenden Eingriff in die Privat- und Intimsphäre zuvorkommen.

Über die Durchsuchung ist schließlich gem. § 44 Abs. 4 SOG LSA eine Niederschrift zu fertigen. Sie muss die verantwortliche Behörde, den Grund, die Zeit, den Ort und das Ergebnis der Durchsuchung enthalten. Die Niederschrift ist von einem durchsuchenden Bediensteten und dem Wohnungsinhaber oder der hinzugezogenen Person zu unterzeichnen. Wird die Unterschrift verweigert, so ist hierüber ein Vermerk aufzunehmen. Dem Wohnungsinhaber oder seinem Vertreter ist auf Verlangen eine Durchschrift der Niederschrift auszuhändigen. Die Niederschrift über die Durchsuchung dient als Beweis für die Rechtmäßigkeit des polizeilichen Handelns.[128] Ist die Anfertigung der Niederschrift oder die Aushändigung einer Durchschrift nach den besonderen Umständen des Falles nicht möglich oder würde sie den Zweck der Durchsuchung gefährden, so sind der betreffenden Person gem. § 44 Abs. 5 Satz 1 SOG LSA lediglich die Durchsuchung unter Angabe der verantwortlichen Behörde sowie Zeit und Ort der Durchsuchung schriftlich zu bestätigen. Ist der Zweck der Durchsuchung nicht mehr gefährdet, ist dem Wohnungsinhaber eine Durchschrift der Niederschrift nachzureichen.

Sofern die in § 44 Abs. 4 und 5 SOG LSA aufgeführten Verfahrensvorgaben nicht beachtet werden, ist die Durchsuchung formell rechtswidrig. Hier ist dann aber eine Heilung über § 45 VwVfG möglich.

128 Vgl. BeckOK PolR NRW/Braun, PolG NRW § 42 Rn. 31.

III. Durchsuchungen nach der StPO

1. Grundlagen

Auch die StPO kennt als repressive Maßnahme zur Strafverfolgung die Durchsuchung. Die normative Ausgestaltung des Rechts der Durchsuchung folgt in der StPO gleichwohl einem anderen Duktus als im SOG LSA. Während das SOG LSA bekanntermaßen zwischen der Durchsuchung von Personen, Sachen oder der Wohnung unterscheidet, differenziert die StPO nur danach, ob die Durchsuchung beim Verdächtigen/Beschuldigten oder bei einer anderen Person erfolgen soll. Die andere Person ist der Nichtbeschuldigte. Damit muss man sich für die Durchsuchung zwecks Strafverfolgung also fragen, ob man beim Verdächtigen/Beschuldigten oder beim Nichtbeschuldigten durchsuchen will. Zu beachten ist, dass § 102 StPO vom Verdächtigen spricht und § 103 StPO vom Beschuldigten. Rechtlich sind es zwar zwei Begriffe, tatsächlich ist es aber ein und dieselbe Person. Beschuldigter ist der Tatverdächtige, gegen den das Strafverfahren eben als Beschuldigter betrieben wird.[129] Hierfür ist erforderlich, dass sich der subjektive Verfolgungswille der Strafverfolgungsbehörde in einem objektiven Willensakt manifestiert.[130] Dieser Willensakt liegt in der förmlichen Einleitung eines Ermittlungsverfahrens. Er ist aber auch dann anzunehmen, wenn die Staatsanwaltschaft eine Person als Beschuldigten vernimmt. Verdächtiger ist dabei schon jeder, der „nach kriminalistischer Erfahrung oder aufgrund tatsächlicher Anhaltspunkte als Täter oder Teilnehmer einer verfolgbaren Straftat in Betracht kommt“.[131]

Gleichwohl findet man dann auch die Personen-, Sach- und Wohnungsdurchsuchung als Durchsuchungsmaßnahmen wieder. So heißt es etwa in § 102 StPO, dass eine Durchsuchung der Wohnung des Verdächtigen und anderer Räume sowie seiner Person und der ihm gehörenden Sachen sowohl zum Zweck seiner Ergreifung als auch dann vorgenommen werden kann, wenn zu vermuten ist, dass die Durchsuchung zur Auffindung von Beweismitteln führen werde. In § 102 StPO werden die drei Durchsuchungsziele klar benannt. Mit diesem Verständnis aus § 102 StPO muss man dann auch § 103 StPO lesen. Auf den ersten Blick ist § 103 Abs. 1 Satz 1 StPO etwas missverständlich. Dies liegt daran, dass allein aufgrund des Lesens des Normtexts nicht wirklich klar wird, was die Polizei beim Nichtbeschuldigten eigentlich alles durchsuchen darf. Ausdrück-

129 Meyer-Goßner/Schmitt/Schmitt, StPO, Einl. Rn. 76.
130 Meyer-Goßner/Schmitt/Schmitt, StPO, Einl. Rn. 76.
131 Müller, Strafverfahrensrecht, Rn. 415.

lich genannt sind nur die zu durchsuchenden Räume. Durchsucht werden können aber auch die Person des Nichtbeschuldigten selbst und seine Sachen. Inhaltlich ergibt sich damit kein Unterschied zu § 102 StPO. Dies liegt daran, dass beide Paragrafen den Begriff der Durchsuchung im selben Sinne verwenden.[132]

Das Ziel der repressiven Durchsuchung kann zum einen die Ergreifung des Verdächtigen bzw. des Beschuldigten sein. Hierbei spricht man von der **Ergreifungsdurchsuchung**. Der Verdächtige ist der Beschuldigte. Die Durchsuchung kann aber auch zum Auffinden und Sichern von Spuren durchgeführt werden. Dies ist die **Ermittlungsdurchsuchung**. Darüber hinaus erlaubt die StPO auch für andere Ziele Durchsuchungsmaßnahmen. So ist gem. § 163b Abs. 1 Satz 3 StPO die Durchsuchung der Person des Verdächtigen und der von ihm mitgeführten Sachen als Maßnahme zur Identitätsfeststellung zulässig. Im Rahmen der Beschlagnahme zur Sicherung der Einziehung oder Unbrauchbarmachung wird auf das Recht zur Durchsuchung in § 111b Abs. 2 StPO verwiesen.

Mit Blick auf die Rechtsfolge ist, anders als bei §§ 41 und 42 SOG LSA, nicht nur die Durchsuchung der Person bzw. der Sache, sondern auch das Betreten der Wohnung umfasst. Die Befugnis zur Wohnungsbetretung zum Zwecke der Durchsuchung ist damit in §§ 102 und 103 StPO enthalten. Die StPO kennt keine dem § 43 SOG LSA vergleichbare Norm, die das Betreten der Wohnung explizit regelt.

2. Die Durchsuchung beim Beschuldigten, § 102 StPO

Eine Durchsuchung gem. § 102 StPO erfordert, dass ein Anfangsverdacht einer zu verfolgenden Straftat vorliegt, und es einen Verdächtigen gibt. Die Durchsuchung darf also nicht erst auf den Gewinn eines Anfangsverdachts gerichtet sein, sondern muss vielmehr an diesen anknüpfen und auf diesem aufbauen. Mit Einleitung der Durchsuchungsmaßnahme wird der Verdächtige zum Beschuldigten. Der Adressat der Durchsuchungsmaßnahme i. S. d. § 102 StPO muss als Täter oder Teilnehmer einer Straftat oder der Datenhehlerei, Begünstigung, Strafvereitelung oder Hehlerei verdächtig sein. Kinder und andere Strafunmündige können keine Beschuldigten sein. In der Konsequenz kann sich auch kein Anfangsverdacht ergeben. Eine Durchsuchung ist nur über das SOG LSA möglich.

Bei der **Ergreifungsdurchsuchung** soll der Beschuldigte durch die Durchsuchungshandlung gefunden und ergriffen werden. Umfasst ist jede Form

132 Meyer-Goßner/Schmitt/Köhler, StPO, § 103 Rn. 3.

der Festnahme. Eines Haftbefehls – etwa gem. § 112 StPO oder § 230 Abs. 2 StPO – bedarf es nicht. Sofern ein solcher vorliegt, ist dies natürlich unschädlich. Es genügt schon eine vorläufige Festnahme i. S. d. § 127 StPO. Das Ziel der Ergreifung kann auch auf einem Vorführungsbefehl gem. §§ 134, 236 oder § 329 Abs. 4 StPO oder einem Unterbringungsbefehl gem. § 126a StPO fußen. Ein Ergreifen ist aber auch zum Zwecke der Identitätsfeststellung gem. § 163b StPO oder zwecks Durchführung einer körperlichen Untersuchung gem. § 81a StPO bzw. erkennungsdienstlicher Behandlung für die Durchführung des Strafverfahrens nach § 81b StPO möglich. In jedem Fall muss ein ziel- und zweckgerichtetes Suchen erfolgen. Von § 102 StPO ist daher nicht das polizeiliche Warten auf den Beschuldigten in der Wohnung umfasst.[133]

Bei der **Ermittlungsdurchsuchung** geht es um die Auffindung von Beweismitteln beim Verdächtigen bzw. Beschuldigten. Umfasst sind auch Spuren, die ihrerseits zwar ausdrücklich nur in § 103 StPO genannt werden, nach denen aber auch im Rahmen des § 102 StPO gesucht werden darf. Von der Ermittlungsdurchsuchung sind aber von vornherein solche Gegenstände nicht umfasst, die einem Beschlagnahmeverbot unterliegen. Am Ende einer Durchsuchung muss es also rechtlich möglich sein, die gefundenen Sachen auch sicherzustellen bzw. zu beschlagnahmen. Sogar Personen dürfen gesucht werden, solange diese zu Beweiszwecken in Augenschein genommen werden sollen. Dies darf nicht mit dem Zeugen verwechselt werden. Nach Zeugen darf nicht über § 102 StPO gesucht werden.

Die Durchsuchung darf indes nur durchgeführt werden, wenn zu vermuten ist, dass die Durchsuchung zur Auffindung von Beweismitteln führen wird. Diese als **Erfolgsvermutung** oder auch **Auffindungsvermutung** bezeichnete Schranke macht es erforderlich, dass unter Berücksichtigung der Umstände des Einzelfalls eine gewisse Wahrscheinlichkeit besteht, die Person oder Sache auch tatsächlich aufzufinden.[134] Die Polizei muss sich hierbei nicht zwingend auf Tatsachen berufen können; sie wird aber auf der Grundlage ihrer kriminalistischen Erfahrung von einem Erfolg ausgehen müssen. Bloße Durchsuchungen ins Blaue hinein oder Mutmaßungen sind nicht ausreichend.

Die Polizei darf den Verdächtigen/Beschuldigten selbst, seine Wohnung und seine Sachen durchsuchen. Die Sachen gehören dem Verdächtigen, wenn er sie mit sich führt und somit die tatsächliche Sachherrschaft i.S.e Besitzers ausübt. Auf eine zivilrechtliche Eigentümerstellung kommt es nicht an.

133 Vgl. Müller, Strafverfahrensrecht, Rn. 416.
134 Siehe hierzu Park, Durchsuchung, Rn. 47.

3. Die Durchsuchung bei anderen Personen, § 103 StPO

Die Polizei kann auch bei anderen Personen Durchsuchungen vornehmen. Aus der Systematik der §§ 102 und 103 StPO ergibt sich, dass unter „anderen Personen" alle verstanden werden, die nicht Verdächtigter/Beschuldigter sind. Es handelt sich mithin um natürliche Personen, die weder tat- noch teilnahmeverdächtig sind bzw. wegen des Vorliegens von Straf- oder Schuldausschließungsgründen keiner strafrechtlichen Verfolgung ausgesetzt werden können. Hier ist mit Blick auf § 19 StGB vor allem an Kinder zu denken. Bei anderen Personen sind Durchsuchungen nur zur Ergreifung des Beschuldigten oder zur Verfolgung von Spuren einer Straftat oder zur Beschlagnahme bestimmter Gegenstände und nur dann zulässig, wenn Tatsachen vorliegen, aus denen zu schließen ist, dass die gesuchte Person, Spur oder Sache sich in den zu durchsuchenden Räumen befindet.

Auch die Durchsuchung bei anderen Personen kennt die Ergreifungs- und Ermittlungsdurchsuchung. So muss sie auf die Ergreifung des Beschuldigten zielen bzw. das Auffinden von Beweismitteln und Spuren bezwecken. § 103 StPO differenziert zwischen der Durchsuchung des Nichtverdächtigen (§ 103 Abs. 1 Satz 1 StPO) und der Wohnungsdurchsuchung (§ 103 Abs. 1 Satz 2 StPO). Durchsuchungen nach § 103 Abs. 1 Satz 2 StPO können gem. § 105 Abs. 1 Satz 2 StPO niemals von der Polizei, sondern nur vom Richter angeordnet werden. Zwingende Voraussetzung für eine Durchsuchung beim Nichtverdächtigen ist ein Anfangsverdacht einer Straftat. Dieser Anfangsverdacht richtet sich nicht gegen den Nichtverdächtigen; nicht zuletzt würde man sich sonst nicht im Anwendungsbereich des § 103 StPO, sondern in dem des § 102 StPO bewegen. Anders als bei § 102 StPO muss es sich bei § 103 StPO aber schon um einen Beschuldigten handeln. Sofern strafverfahrensrechtlich bloß von einem Verdächtigen ausgegangen werden kann, ist § 103 StPO an sich nicht eröffnet. Die Eröffnung erfolgt dann regelmäßig durch die Einleitung einer Durchsuchungsmaßnahme gegen den Verdächtigen, der dadurch ipso iure zum Beschuldigten gemacht wird.

Genau wie bei § 102 StPO können auch bei § 103 Abs. 1 StPO die Wohnungen und alle anderen Räume der anderen Person, deren Sachen und deren Person selbst durchsucht werden. Ein relativ großer Unterschied zur Durchsuchung beim Beschuldigten besteht darin, dass die Erfolgs- bzw. Auffindungsvermutung nicht mehr ausreicht. Vielmehr müssen nun Tatsachen vorliegen, aus denen zu schließen ist, dass die gesuchte Person, Spur oder Sache sich in den zu durchsuchenden Räumen befindet. Der Konkretisierungsgrad ist also höher. Mit anderen Worten muss der Erfolg der Ergreifung oder Auffindung durch die Durchsuchungsmaßnahme greifbar im Raum stehen. Die Beschränkungen des § 103 Abs. 1 Satz 1 StPO gelten indes nicht für Räume, in denen der Beschuldigte ergriffen worden ist oder die er während der Verfolgung betreten hat. Hier ist es ausreichend, wenn zu vermuten ist, dass das Ziel der Durchsuchung realisiert werden kann. Ausreichend ist irgendein Durchsuchungszweck. Dieser kann also auch im Auffinden von weiteren Zeugen liegen. Auf konkrete Tatsachen kommt es dabei nicht mehr an.

4. Verfahrensrechtliches

Analog zur präventiven Durchsuchung i. S. d. SOG LSA, sind auch im Rahmen der repressiven Durchsuchung einige verfahrensrechtliche Aspekte zu beachten. Im Ausgangspunkt bedürfen alle (!) Durchsuchungen gem. § 102 und § 103 StPO einer richterlichen Anordnung. Durchsuchungen dürfen gem. § 105 Abs. 1 StPO nur durch den Richter angeordnet werden und stehen damit unter einem **Richtervorbehalt**. Diese Wertungen folgen auch aus Art. 13 Abs. 2 GG. In rechtspraktischer Hinsicht ist relevant, dass § 105 StPO für die richterliche Anordnung kein bestimmtes Formerfordernis verlangt. Die richterliche Anordnung kann mithin schriftlich, mündlich, per Fax, per E-Mail oder telefonisch ergehen. Sofern die Durchsuchungsanordnung aber nicht schriftlich ergeht, ist dies zeitnah zu dokumentieren.[135]

Einer Anordnung bedarf es dann nicht, wenn der Betroffene in die Durchsuchung eingewilligt hat. Diese Einwilligung muss frei von Willensmängeln sein. Der Adressat muss über die Freiwilligkeit in Kenntnis gesetzt werden. Allein bei **Gefahr im Verzug** können auch die Staatsanwaltschaft und ihre Ermittlungspersonen eine Durchsuchung anordnen. Gefahr im Verzug liegt dann vor, wenn ein Schaden einträte oder ein Beweismittel verloren ginge, wenn nicht an Stelle der zuständigen Behörde oder Person eine andere Behörde oder Person tätig würde. Dass der Gefahr im Verzuge nur noch in der Theorie der Ausnahmecharakter als behördliche Eilentscheidung zukommt, zeigt sich daran, dass in der Praxis ca. 90 % aller Durchsuchungen wegen Gefahr im Verzuge von Strafverfolgungsbehörden angeordnet werden.[136] Angesichts des Zwecks des Richtervorbehalts, **eine vorgelagerte rechtliche Kontrolle der behördlichen Maßnahme** sicherzustellen, sind diese Ausmaße der Annahme von Gefahr im Verzug bedenklich.

135 Vgl. Müller, Strafverfahrensrecht, Rn. 427.
136 Vgl. Müller, Strafverfahrensrecht, Rn. 427.

Gefahr im Verzug darf seitens der Strafverfolgungsbehörden nicht vorschnell angenommen werden. In jedem Fall muss zumindest ernsthaft versucht werden, telefonisch mit dem zuständigen Richter in Kontakt zu treten. Es gibt richterliche Eil- und Notdienste, die auch außerhalb der regulären Geschäftszeiten und insbesondere auch an Feiertagen und am Wochenende besetzt sein müssen. Hier kann es dann zwar durchaus passieren, dass ein Richter eines zivilrechtlichen Dezernats über strafverfahrensrechtliche Maßnahmen zu entscheiden hat; als Volljurist wird er dies indes durchaus schaffen. Den Richter aber gar nicht erst anzurufen, weil er sowieso kein Strafrechtler sei, stellt einen groben Verfahrensfehler dar, der die gesamte Maßnahme ins Wanken bringt. In dem Fall, in dem derjenige, der in die Durchsuchungsmaßnahme zunächst eingewilligt hat, diese Einwilligung bei der Durchführung der Durchsuchung dann aber widerruft, handelt es sich automatisch um Gefahr im Verzug, sodass ein Kontakt mit dem Richter nicht hergestellt werden muss.[137]

Besondere Verfahrensvorgaben gelten gem. § 104 StPO bei der Durchsuchung von Räumen zur **Nachtzeit**. In aller Regel dürfen die Wohnung, die Geschäftsräume und das befriedete Besitztum zur Nachtzeit gar nicht durchsucht werden. Die Nachtzeit umfasst gem. § 104 Abs. 3 StPO den Zeitraum von 21 Uhr bis 6 Uhr. **Für die Durchsuchung von Personen und Sachen gilt die Nachtzeitschranke nicht.** Diese können also zu allen Zeiten durchsucht werden. Sofern die Durchsuchung bis in die Nachtzeit hineinreicht, darf sie fortgesetzt werden. Etwas anderes gilt nur dann, wenn mit der Durchführung der Durchsuchungsmaßnahme willkürlich erst so spät begonnen wurde, dass ganz bewusst die Grenze zur Nachtzeit überschritten wird. Grundrechtsdogmatisch betrachtet handelt es sich bei der Regelung zur Nachtzeit um eine Schranken-Schranke. Diese Nachtzeitregelung gilt dabei von vornherein nicht für Räume, die gerade zur Nachtzeit jedermann zugänglich sind oder die der Polizei als Herbergen oder Versammlungsorte bestrafter Personen, als Niederlagen von Sachen, die mittels Straftaten erlangt sind, oder als Schlupfwinkel des Glücksspiels, des unerlaubten Betäubungsmittel- und Waffenhandels oder der Prostitution bekannt sind.

Ausnahmsweise dürfen die Wohnung, die Geschäftsräume und das befriedete Besitztum aber auch zur Nachtzeit durchsucht werden. Die Nachtzeitschranke gilt gem. § 104 Abs. 1 StPO daher nicht

- bei Verfolgung auf frischer Tat,
- bei Gefahr im Verzug,
- im Falle der Wiederergreifung eines entwichenen Gefangenen.

137 Vgl. Müller, Strafverfahrensrecht, Rn. 431.

Dem Adressaten der Durchsuchungshandlung steht gem. § 106 Abs. 1 Satz 1 StPO ein **Anwesenheitsrecht** zu. Der Adressat der Maßnahme kann sich frei bewegen und muss der Durchsuchung nicht beiwohnen. Das Anwesenheitsrecht dient der Kontrolle und Überwachung der Maßnahme. Dabei darf sich der Adressat durchaus anwaltlichen Beistand hinzuholen. Er darf die Strafverfolgungsbehörden aber nicht stören. Kommt es zu Störungen, können Maßnahmen nach **§ 164 StPO** gegen den Störer ergriffen werden. Ist er abwesend, so ist sein Vertreter oder ein erwachsener Angehöriger, Hausgenosse oder Nachbar hinzuzuziehen, sofern dies möglich ist. Was hierbei im Einzelfall möglich ist, müssen die Strafverfolgungsbehörden pflichtgemäß selbst entscheiden. Von Unmöglichkeit kann ausgegangen werden, wenn sich etwaige Zeugen weigern, als Zeugen zur Verfügung zu stehen, oder wenn das Warten auf mögliche Zeugen die gesamte Maßnahme in zeitlicher Hinsicht gefährden würde. Richter und Staatsanwalt haben ein Anwesenheitsrecht, aber keine Anwesenheitspflicht.

Dem Adressaten der Durchsuchung bzw. der hinzugezogenen Person ist vor Beginn der Durchführung der Durchsuchung ihr Zweck **bekannt** zu geben. Sofern die Durchsuchungsanordnung in Gestalt eines Durchsuchungsbeschlusses in schriftlicher Form vorliegt, ist eine Ausfertigung des Beschlusses dem Adressaten auszuhändigen. Grundsätzlich muss die Durchsuchung begründet werden. Vom Erfordernis der Begründung kann ausnahmsweise abgesehen werden, wenn der Erfolg der Maßnahme dadurch gefährdet würde. Die Pflicht zur Bekanntgabe gilt dabei gem. § 106 Abs. 2 Satz 2 StPO ausdrücklich nicht für den Fall des § 104 Abs. 2 StPO und nach wohl h. M. auch nicht für § 103 Abs. 2 StPO.[138]

Da Gegenstände, die als Beweismittel für die Untersuchung von Bedeutung sein können, in Verwahrung zu nehmen oder in anderer Weise sicherzustellen sind, knüpft oftmals eine **Sicherstellung** (§ 94 Abs. 1 StPO) oder **Beschlagnahme** (§ 94 Abs. 2 StPO) an die Durchsuchung an. Hierbei müssen dann auch spezielle Verfahrensvorschriften beachtet werden, die im entsprechenden Kapitel näher dargelegt werden.

5. Der Zufallsfund, § 108 StPO

Im Rahmen einer Durchsuchung kann es passieren, dass die Strafverfolgungsorgane nicht nur die gesuchte Sache auffinden, sondern auch eine andere Sache, die ihrerseits nahelegt, dass eine weitere Straftat begangen wurde. Solche Gegenstände, die bei Gelegenheit einer Durchsuchung ge-

138 So etwa Meyer-Goßner/Schmitt/Köhler, StPO, § 106 Rn. 5.

funden werden und dabei in keiner Beziehung zu der Untersuchung stehen, können gem. § 108 Abs. 1 Satz 1 StPO einstweilen beschlagnahmt werden, wenn sie auf die Verübung einer anderen Straftat hindeuten. Für § 108 Abs. 1 StPO ist auch dann Raum, wenn die Auffindesituation verdächtig ist. Der Staatsanwaltschaft ist von diesen Zufallsfunden Kenntnis zu geben. Die Beschlagnahme des Zufallsfunds kann jeder vornehmen, der mit der Durchsuchung wegen der Anlasstat betraut ist. Es ist dabei nicht erforderlich, dass die einstweilige Beschlagnahme von Ermittlungspersonen der Staatsanwaltschaft angeordnet wird.[139] Auf die Befugnis, eine Beschlagnahme nach § 98 Abs. 1 Satz 1 StPO anzuordnen, kommt es hierbei gerade nicht an. Insofern dürfen selbst Polizeikommissaranwärter einen Zufallsfund einstweilen in Beschlag nehmen.

Einer Gefahr im Verzug bedarf es nicht. § 108 Abs. 1 Satz 1 StPO gilt nicht im Falle der Ergreifungsdurchsuchung des § 103 Abs. 1 Satz 2 StPO. Werden bei einem Arzt Gegenstände i. S. d. § 108 Abs. 1 Satz 1 StPO gefunden, die den Schwangerschaftsabbruch einer Patientin betreffen, ist ihre Verwertung zu Beweiszwecken in einem Strafverfahren gegen die Patientin wegen einer Straftat nach § 218 StGB gem. § 108 Abs. 2 StPO indes unzulässig. Ein weiteres Verwertungsverbot gilt gem. § 108 Abs. 3 StPO für die einstweilige Sicherstellung von solchen Zufallsfunden, die von Presseangehörigen i. S. d. § 53 Abs. 1 Satz 1 Nr. 5 StPO besessen werden. Das gezielte Suchen nach Zufallsfunden ist nicht erlaubt.

In verfahrensrechtlicher Hinsicht ist zu beachten, dass die Staatsanwaltschaft nach Vorlage der einstweilen beschlagnahmten Zufallsfunde in angemessener Frist darüber zu entscheiden hat, ob sie die Gegenstände freigibt oder für ein andere Ermittlungsverfahren beschlagnahmt. Sofern die Staatsanwaltschaft die Zufallsfunde für ein anderes Verfahren benötigt, muss sie die Verfahrensvorschrift des § 98 StPO beachten. Die Staatsanwaltschaft kann dann die endgültige Beschlagnahme beim Richter beantragen.

139 Meyer-Goßner/Schmitt/Köhler, StPO, § 108 Rn. 6.

Kapitel D Körperliche Untersuchung

I. Körperliche Untersuchung nach dem SOG LSA

1. Allgemeines

§ 41 Abs. 5 und 6 SOG LSA regelt die körperliche Untersuchung. Dass in einem Polizeigesetz eines Bundeslandes die Befugnis zur allgemeinen körperlichen Untersuchung enthalten ist, darf mit Blick auf entsprechende polizeirechtliche Regelungen in den restlichen Bundesländern als Ausnahme betrachtet werden. Zwar halten einige Bundesländer eine spezialgesetzliche Befugnis für molekulargenetische Untersuchungen zur Identitätsfeststellung vor (so auch Sachsen-Anhalt mit § 20a SOG LSA), jedoch ist eine § 81a StPO vergleichbare polizeirechtliche Landesvorschrift erkennbar nur in Hamburg, Hessen, Mecklenburg-Vorpommern, dem Saarland und eben Sachsen-Anhalt bekannt. In den großen Bundesländern Bayern, Baden-Württemberg und Nordrhein-Westfalen hat die Polizei auf dem Gebiet der Gefahrenabwehr dieses Recht nicht.

Die körperliche Untersuchung muss zwingend sowohl begrifflich als auch inhaltlich von ihrer hier so bezeichneten „Schwestermaßnahme", der Durchsuchung, unterschieden werden. Die körperliche Untersuchung zielt auf die Betrachtung des Zustands, der Disposition und der Teile des Körpers.[140] Mit der Untersuchung sollen spezielle Charakteristika des Körpers ermittelt werden können. Zu denken ist etwa an Tätowierungen, Vernarbungen, Leberflecke, Wunden, Mageninhalt, Blutwerte etc. Zu Recht wird der Ausweitung der Durchsuchung auf pauschal jene Körperöffnungen, die ohne Hilfsmittel zugänglich sind, mit Skepsis begegnet.[141] Dass der geschlossene Mund eine ebenso ohne Hilfsmittel zugängliche Körperöffnung wie etwa die Nasen- und Ohrlöcher, die man auf natürlichem Wege gerade nicht schließen kann, sein soll, erschließt sich nicht zwingend. Nicht abschließend geklärt ist ferner, ob die äußere Betrachtung des Afters noch als Durchsuchung oder schon als Untersuchung gilt.

Mit Blick auf eine rechtssichere und vor allem rechtmäßige Polizeiarbeit muss mit Blick auf das Verhältnis und die Abgrenzung von Durchsuchung und Untersuchung konstatiert werden, dass hier vieles umstritten und amorph ist.[142] Als Faustformel sollten sich Polizisten merken, dass die kör-

140 Vgl. Martell, SOG LSA, § 41 Rn. 17.
141 Vgl. Dietlein/Hellermann, Öffentliches Recht in Nordrhein-Westfalen, § 3 Rn. 184.
142 Vgl. MüKoStPO/Trück, § 81a Rn. 7

perliche Durchsuchung auf die Körperoberfläche beschränkt ist, während das Körperinnere den Gegenstand der körperlichen Untersuchung bildet.[143] Die Nachschau in Körperöffnungen des Oral-, Anal- und Vaginalbereichs kann nur über die körperliche Untersuchung erfolgen.

Erkennungsdienstliche Maßnahmen (§ 21 SOG LSA)
Von der Durchsuchung und der Untersuchung sind die erkennungsdienstlichen Maßnahmen i. S. d. § 21 SOG LSA abzugrenzen. Erkennungsdienstliche Maßnahmen sind die Abnahme von Fingerabdrücken und Abdrücken anderer Körperpartien, die Aufnahme von Abbildungen sowie Messungen und Feststellungen äußerer körperlicher Merkmale. Erkennungsdienstliche Maßnahmen können dann durchgeführt werden, wenn die Polizei einen Menschen anhand bestimmter körperlicher Charakteristika identifizieren möchte, oder wenn diese Maßnahmen zur Verhütung von Straftaten erforderlich sind, weil die betroffene Person verdächtig ist, eine Straftat begangen zu haben, und wegen der Art oder Ausführung der Tat die Gefahr der Wiederholung besteht.

Die gegenseitige Abgrenzung der Durchsuchung (§§ 41 Abs. 1 bis 4, 42, 43 SOG LSA), der körperlichen Untersuchung (§ 41 Abs. 5 und 6 SOG LSA) und der erkennungsdienstlichen Maßnahme (§ 21 SOG LSA) erfolgt am effektivsten über das Ziel der Maßnahme.[144]

- Das Ziel der körperlichen Durchsuchung ist das Auffinden körperfremder Gegenstände.
- Das Ziel der körperlichen Untersuchung ist die Exploration des Zustands und der Beschaffenheit des menschlichen Körpers.
- Das Ziel der erkennungsdienstlichen Maßnahme ist die Identitätsfeststellung.

2. Die Tatbestandsvoraussetzungen des § 41 Abs. 5 und 6 SOG LSA

§ 41 SOG LSA regelt nicht nur die Durchsuchung von Personen, sondern in den Absätzen 5 und 6 auch die körperliche Untersuchung. Bei Gefahr für Leib, Leben oder Freiheit einer Person kann diese gem. § 41 Abs. 5 Satz 1 SOG LSA körperlich untersucht werden.

§ 41 Abs. 5 Satz 1 SOG LSA ermächtigt nur dazu, dass zum Zwecke der Gefahrenabwehr der Körper des Adressaten untersucht wird. Eine konkrete Behandlungsart, -methode oder -maßnahme kann dabei nicht erzwun-

143 Vgl. BeckOK StPO/Goers, StPO § 81a Rn. 5.
144 Anschaulich Nerlich, Eingriffsrecht Brandenburg, S. 165 f.

gen werden.[145] Bereits hier sei ausdrücklich darauf hingewiesen, dass eine körperliche Untersuchung niemals von einem Polizisten vorgenommen werden darf. Die körperliche Untersuchung darf vielmehr gem. § 41 Abs. 5 Satz 5 SOG LSA nur (!) von Ärzten durchgeführt werden. Die Verfahrensvorschrift des § 41 Abs. 4 SOG LSA, wonach Personen nur von Personen gleichen Geschlechts oder Ärzten durchsucht werden dürfen, sofern nicht ausnahmsweise die sofortige Durchsuchung zum Schutz gegen eine Gefahr für Leib oder Leben erforderlich ist, gilt für die körperliche Untersuchung nicht. § 41 Abs. 4 SOG LSA ist auch nicht entsprechend auf § 41 Abs. 5 und 6 SOG LSA anwendbar. § 41 Abs. 5 und 6 SOG LSA erfasst nur die körperliche Untersuchung zum Zwecke der Gefahrenabwehr. Sofern der Körper aus Gründen der Strafverfolgung untersucht werden soll, muss die Maßnahme auf § 81a StPO gestützt werden. Im Fall des § 41 Abs. 5 SOG LSA wird der Maßnahmenadressat zu seinem „eigenen Schutz untersucht".[146]

Die Anordnungskompetenz für die körperliche Untersuchung hat gem. § 41 Abs. 5 Satz 2 SOG LSA grundsätzlich der Richter. Es besteht also ein Richtervorbehalt. Die Polizei hat die Anordnungskompetenz nur ausnahmsweise in den Fällen, in denen Gefahr im Verzug vorliegt. Gefahr im Verzug ist gem. § 3 Nr. 7 SOG LSA eine Sachlage, bei der ein Schaden eintreten würde, wenn nicht an Stelle der zuständigen Behörde oder Person eine andere Behörde oder Person tätig wird. Mit der Annahme einer Gefahr im Verzug sollte die Polizei allgemein zurückhaltend sein. Es mag mit Arbeitsaufwand verbunden sein, den zuständigen Richter u. U. mehrmals kontaktieren zu müssen; gleichwohl muss der Richtervorbehalt beachtet werden. Er darf nicht dadurch ausgehöhlt werden, dass die Polizei vorschnell eine Gefahr im Verzug annimmt. Um es ganz deutlich zu machen: Die Gefahr im Verzug ist eine Ausnahme und nicht die Regel. Dies gilt in besonderem Maße für die erheblichen Grundrechtseingriffe, die mit einer (ggf. sogar unter Zwang durchgeführten) körperlichen Untersuchung einhergehen.

Sofern die Polizei in einem konkreten Fall aber doch einmal die Befugnis zur Anordnung der körperlichen Untersuchung haben sollte, muss sie sich zwingend intensiv mit der Frage der Verhältnismäßigkeit auseinandersetzen. Von mehreren möglichen und geeigneten Maßnahmen hat die Polizei gem. § 5 Abs. 1 SOG LSA diejenigen Maßnahmen zu treffen, die den Einzelnen und die Allgemeinheit voraussichtlich am wenigsten beeinträchtigen. Die Polizei sollte sich im Falle einer Anordnung zur Durch-

145 Vgl. Martell, SOG LSA, § 41 Rn. 17.
146 Martell, SOG LSA, § 41 Rn. 20.

führung einer körperlichen Untersuchung § 340 StGB in all seinen Erscheinungsformen und den Möglichkeiten einer Beteiligung an der Körperverletzung im Amt vor Augen führen. Die Körperverletzung im Amt kann auch fahrlässig begangen werden. Dies folgt aus § 340 Abs. 1 und 3 StGB i. V. m. § 229 StGB.

Eine Person kann gem. § 41 Abs. 6 SOG LSA aber auch dann körperlich untersucht werden, wenn Tatsachen die Annahme rechtfertigen, dass von ihr eine Gefahr für Leib oder Leben einer anderen Person ausgegangen ist, weil es zu einer Übertragung besonders gefährlicher Krankheitserreger gekommen sein kann, die Kenntnis des Untersuchungsergebnisses zur Abwehr der Gefahr erforderlich ist und kein Nachteil für die Gesundheit der oder des Betroffenen zu befürchten ist. Anders als bei § 41 Abs. 5 SOG LSA geht bei § 41 Abs. 6 SOG LSA die Gefahr von dem Maßnahmenadressaten aus.[147] § 41 Abs. 6 SOG LSA hat damit auch die Eigensicherung der Polizei, der Feuerwehr und der Rettungskräfte im Blick, die zur Gefahrenabwehr tätig werden.[148]

Es muss die Gefahr bestehen, dass es zu einer Übertragung besonders gefährlicher Krankheitserreger gekommen sein kann. Dazu zählen allen voran HIV und Hepatitis. Der Regelungsgehalt des § 41 Abs. 6 SOG LSA beendet einen Zustand, in dem es für eine entsprechende Untersuchung auf die Freiwilligkeit der zu untersuchenden Person ankam.[149] Aus juristischer Sicht kann dabei durchaus von einer „für die Gefährdeten ggf. überaus wichtigen Untersuchung“[150] gesprochen werden, weil die „Kenntnis des Untersuchungsergebnisses für die Entscheidung von Einleitung oder Fortführung von medizinischen Maßnahmen bei der gefährdeten Person benötigt wird“.[151] Auch diese körperliche Untersuchung darf nur durch den Richter angeordnet werden. Die Untersuchungsdaten dürfen ausschließlich für den in § 41 Abs. 6 Satz 1 SOG LSA genannten Zweck verwendet werden und sind unverzüglich zu löschen, wenn sie zu diesem Zweck nicht mehr benötigt werden.

147 Vgl. Martell, SOG LSA, § 41 Rn. 20.
148 Vgl. Martell, SOG LSA, § 41 Rn. 20.
149 Vgl. Martell, SOG LSA, § 41 Rn. 21.
150 Martell, SOG LSA, § 41 Rn. 21.
151 Martell, SOG LSA, § 41 Rn. 20.

II. Körperliche Untersuchung nach der StPO

Dass ein Bundesland für sein Gefahrenabwehrrecht eine körperliche Untersuchung vorsieht, ist die Ausnahme. In der Regel kennt das präventive Polizeirecht keine Untersuchung. An sich handelt es sich um eine klassische Maßnahme der Strafverfolgung. Die Zentralnorm der körperlichen Untersuchung des Beschuldigten ist § 81a StPO. Es können aber auch Nichtbeschuldigte körperlich untersucht werden. Hier ist dann § 81c StPO maßgeblich.

1. Die körperliche Untersuchung des Beschuldigten

Bei der körperlichen Untersuchung wird der Körper des Beschuldigten zum Augenscheinsobjekt gemacht. Für die Stellung als Beschuldigter ist es nicht erforderlich, dass es schon zur Einleitung eines Ermittlungsverfahrens gekommen ist. Über die Anordnung der körperlichen Untersuchung kann das Ermittlungsverfahren aber eingeleitet werden und sich die Stellung als Beschuldigter ergeben. Es ist jedoch nicht erlaubt, die Untersuchung mit dem Ziel durchzuführen, einen Anfangsverdacht überhaupt erst festzustellen. Die Straftat darf also durch die Untersuchung nicht erst entdeckt werden.

Weil § 81a StPO von einem Beschuldigten ausgeht, kann die körperliche Untersuchung nicht bei Personen durchgeführt werden, die rechtlich keine Beschuldigten sein können. Hier ist vor allem an § 19 StGB zu denken. Das Ziel der Untersuchung muss die Feststellung verfahrenserheblicher Tatsachen sein.[152] Es handelt sich dabei um Tatsachen, die zumindest mittelbar eine Straftat oder eine bestimme Beteiligungsform beweisen sollen. Hierfür kommen die Beschaffenheit des Körpers und dessen Bestandteile in Betracht.[153] Es kommt mithin auf die „äußere und innere Seinsweise des Körpers" an.[154]

1.1 Die Tatbestandsvoraussetzungen des § 81a StPO

In tatbestandlicher Hinsicht unterscheidet § 81a Abs. 1 StPO zwischen der einfachen körperlichen Untersuchung und sonstigen einfachen körperlichen Eingriffen. Bei der **einfachen körperlichen Untersuchung** werden die Beschaffenheit des Körpers, der physische und psychische Zustand, die Arbeitsweise des Gehirns sowie körperliche Funktionen durch

152 Meyer-Goßner/Schmitt/Schmitt, StPO, § 81a Rn. 6.
153 Meyer-Goßner/Schmitt/Schmitt, StPO, § 81a Rn. 6.
154 BGH, Urt. v. 16.02.1954 – 1 StR 578/53, NJW 1954, S. 649 (650).

sinnliche Wahrnehmung getroffen. Umfasst ist auch die Suche nach Fremdkörpern in den natürlichen Körperöffnungen. Ziel dieser Maßnahme ist insbesondere das Erkennen von Merkmalen durch äußere Betrachtung des Körpers wie Narben, Warzen, Leberflecke, Tätowierungen, aber auch Tatspuren (Wunden, Verletzungen, Hämatome). Von der einfachen körperlichen Untersuchung werden aber auch die Abnahme von Speichelproben, Blutdruckmessung, EKG sowie Ultraschalluntersuchung erfasst.

Von der einfachen körperlichen Untersuchung ist der **andere körperliche Eingriff** zu unterscheiden. Der zentrale Unterschied besteht darin, dass es bei den körperlichen Eingriffen zu Verletzungen des Körpers kommt. Es kommt also nicht etwa darauf an, dass Schmerzen zugefügt werden oder bestimmte ärztliche Apparate zum Einsatz kommen. Maßgeblich ist einzig und allein, dass die Substanz des Körpers des Beschuldigten geschädigt wird. Dies kann auch nur ganz geringfügig sein. Vor diesem Hintergrund sind alle Maßnahmen, die die Haut durchdringen, körperliche Eingriffe. Hierzu zählen neben der extra aufgeführten Blutentnahme etwa die Entnahme von Samen, Liquor, Harn oder Körperzellen. Umstritten ist die Frage, ob die Speichelentnahme einen Eingriff darstellt oder nur als einfache körperliche Untersuchung zu werten ist. Anders als bei der Blut- oder Samenentnahme fehlt es bei der Speichelentnahme am Durchdringen der Haut. Es ist daher naheliegender, von einer bloßen Untersuchung auszugehen.[155] Die Exkorporation durch Verabreichung von Abführ- oder Brechmittel ist unter strengster Einhaltung des Verhältnismäßigkeitsprinzips möglich.

Der Adressat der körperlichen Untersuchung muss an dieser nicht aktiv mitwirken. Dies gilt gerade auch für den Fall, in dem sich der Adressat durch ein Mitwirken selbst belasten würde. Insofern kann man niemanden zu einem Atemalkoholtest zwingen. Auch die Prüfung etwaiger körperlicher Ausfallerscheinungen durch Gehen oder andere Bewegungsabläufe kann nicht zwangsweise durchgesetzt werden. Der Adressat hat aber eine passive Duldungspflicht. Das heißt, dass er sich gegen die Maßnahme nicht wehren darf, sich ggf. entkleiden und eine bestimmte für die Untersuchung relevante Position einnehmen muss. Diese **Duldungspflicht** kann mit Zwang durchgesetzt werden. Der Beschuldigte kann also direkt zum Arzt verbracht oder auf der Polizeiwache so lange festgehalten werden, bis ein Arzt kommt. Schließlich kann die Polizei den Beschuldigten zum Zwecke der Durchführung der Untersuchung auch fixieren.

155 Siehe zu dieser Frage Müller, Strafverfahrensrecht, Rn. 341.

1.2 Die Verhältnismäßigkeit

Bei der körperlichen Untersuchung handelt es sich um eine sehr weite Maßnahme, die kaum tatbestandliche Restriktionen enthält. Zu dieser tatbestandlichen Weite tritt – gerade beim körperlichen Eingriff – eine hohe grundrechtliche Eingriffsintensität. Dies macht es in besonderem Maße erforderlich, dem hoheitlichen Handeln über den Grundsatz der Verhältnismäßigkeit klare Grenzen zu setzen. Insbesondere gesundheitliche Nachteile müssen daher mit an Sicherheit grenzender Wahrscheinlichkeit ausgeschlossen sein. Der aktuelle Gesundheitszustand des Beschuldigten ist zwingend zu berücksichtigen. Im Einzelfall muss unter gewissen Umständen vorab von einem Sachverständigen geprüft werden, ob die Untersuchung angesichts des Krankheitsbildes des Beschuldigten überhaupt möglich ist.

Von einem gesundheitlichen Nachteil ist die Rede bei einer „erheblich über die Untersuchungsdauer hinauswirkenden Beeinträchtigung des körperlichen Wohlbefindens“.[156] Der Maßnahme geschuldete, also zwangsläufige Schmerzen und temporäres Unwohlsein genügen hier nicht. Je intensiver die Untersuchungsmaßnahme in die körperliche Unversehrtheit eingreift, desto konkreter und höher müssen die Anforderungen an den Anfangsverdacht gestellt werden. Hierbei sind auch das begangene Unrecht sowie Art und Ausmaß der Straftat einzubeziehen.

1.3 Verfahrensrechtliches

Die einfache körperliche Untersuchung darf von einem Polizeibeamten durchgeführt werden. Körperliche Eingriffe dürfen demgegenüber nur von einem **Arzt nach den Regeln der ärztlichen Kunst** zu Untersuchungszwecken vorgenommen werden. Es muss sich um einen approbierten Arzt handeln. Zahnärzte können eine Untersuchung nicht durchführen. Je nach Art der Untersuchung muss diese ggf. von einem Facharzt durchgeführt werden. Dies gilt vor allem für besonders gefährliche oder medizinisch-anspruchsvolle Untersuchungen. Der Krankenpfleger, die Krankenschwester oder der noch nicht approbierte Mediziner dürfen die Untersuchung nur dann durchführen, wenn der Beschuldigte einwilligt. Führen diese Personen die Untersuchung durch, obwohl der Beschuldigte nicht eingewilligt hat, stellen sich anspruchsvolle Fragen der Verwertbarkeit. Diese sollen an folgendem Beispiel verdeutlicht werden.

156 Meyer-Goßner/Schmitt/Schmitt, StPO, § 81a Rn. 17.

Beispiel

Nach einer Trunkenheitsfahrt bringt die Polizei A zur Blutentnahme zwecks Messung der BAK ins Krankenhaus. Angesichts dessen, dass der diensthabende Arzt im OP ist, erklärt sich eine seit vielen Jahren tätige Krankenschwester zur Durchführung der Blutentnahme bereit. A verlangt, dass die Blutentnahme von einem Arzt durchgeführt werden soll.

Fraglich ist, wie es sich auswirkt, dass die Blutentnahme ohne Einwilligung von A durch die Krankenschwester S nach den Regeln der ärztlichen Kunst vorgenommen wurde, weil der diensthabende Arzt im OP ist. Es ist also fraglich, ob eine Blutentnahme durch eine Krankenschwester von § 81a StPO umfasst ist. Grundsätzlich sieht § 81a StPO für die Blutentnahme einen approbierten Arzt vor. Sofern derjenige, dem Blut entnommen werden soll, aber in die Entnahme durch eine Krankenschwester einwilligt, ist auch eine Blutentnahme durch eine Krankenschwester rechtmäßig. Sofern derjenige, dem Blut von einer Krankenschwester entnommen werden soll, nicht in diese Entnahme einwilligt, darf die Blutentnahme nicht von einer Krankenschwester vorgenommen werden. Wird dies dennoch gemacht, so liegt ein Verstoß gegen § 81a Abs. 1 Satz 2 StPO, also gegen eine Beweiserhebungsnorm vor. Vorliegend wird A ohne seine Einwilligung durch S Blut abgenommen. Ein Verstoß gegen § 81a Abs. 1 Satz 2 StPO, also gegen ein Beweiserhebungsverbot, liegt damit vor. Fraglich ist nun, ob diese gegen den Willen von A durch die Krankenschwester S entnommene Blutprobe in einem Strafverfahren verwertet werden kann. Es ist also fraglich, ob aus dem Verstoß gegen eine Beweiserhebungsvorschrift automatisch auch ein Verwertungsverbot folgt.

Zunächst muss beachtet werden, dass das deutsche Strafverfahrensrecht die amerikanische Figur der „fruit of the poisonous tree" nicht kennt. Beweismittel werden also nicht automatisch dadurch kontaminiert, dass sie entgegen einer Beweiserhebungsvorschrift erhoben werden. Gerade mit Blick auf § 81a Abs. 1 Satz 2 StPO ist diese Frage der Verwertbarkeit umstritten. Aufgrund des erheblichen Grundrechtseingriffs in Art. 2 Abs. 2 GG, der mit einer Blutentnahme einhergeht, wird bisweilen vertreten, dass zwingend ein Arzt die Blutentnahme vornehmen muss. Der BGH folgt seiner Abwägungslehre. Für ihn kommt es allein darauf an, ob die Blutentnahme nach den Regeln der ärztlichen Kunst erfolgte. Es kommt dem BGH auf die Gesundheit desjenigen an, der körperlich untersucht werden soll. Sofern eine Krankenschwester die Blutentnahme nach den Regeln der ärztlichen Kunst durchführt, sei die Gesundheit nicht mehr oder weniger gefährdet, als wenn die Blutentnahme ein Arzt durchführen würde.

Der Beschuldigte muss nicht für die Erprobung neuer medizinischer Erkenntnisse herhalten. Er kann darauf vertrauen, dass lege artis gehandelt wird. Ein Privatarzt kann von der Polizei nicht zur Durchführung der Untersuchung gezwungen werden. Kann die körperliche Untersuchung das **Schamgefühl** verletzen, so wird sie gem. § 81d Abs. 1 Satz 1 StPO von einer Person gleichen Geschlechts oder von einer Ärztin oder einem Arzt vorgenommen. Aber bereits bei berechtigtem Interesse soll dem Wunsch, die Untersuchung einer Person oder einem Arzt bestimmten Geschlechts zu übertragen, entsprochen werden. Schließlich kann auch eine **Vertrauensperson** hinzugezogen werden. Die Polizei muss dem Wunsch nach einer bestimmten Person des Vertrauens aber dann nicht nachkommen, wenn zwingende Gründe gegen die Anwesenheit der Vertrauensperson sprechen. Zwingende Gründe sind etwa zeitliche Verzögerungen von einigem Gewicht. Als Vertrauenspersonen kommen vor allem Angehörige oder der Rechtsanwalt in Betracht. § 81d Abs. 1 StPO gilt auch dann, wenn die betroffene Person in die Untersuchung einwilligt.

Die Anordnungsbefugnis hat der Richter. Es besteht also ein **Richtervorbehalt**. Nur bei Gefahr im Verzug dürfen auch die Staatsanwaltschaft und ihre Ermittlungspersonen die Untersuchung anordnen. Die richterliche Anordnung kann schriftlich und mündlich ergehen. Eine für die strafverfolgungsbehördliche Praxis wichtige Ausnahme vom Richtervorbehalt findet sich in § 81a Abs. 2 Satz 2 StPO. Danach bedarf die Entnahme einer Blutprobe abweichend von § 81a Abs. 2 Satz 1 StPO keiner richterlichen Anordnung, wenn bestimmte Tatsachen den Verdacht begründen, dass eine Straftat nach § 315a Abs. 1 Nr. 1 StGB, § 315 Abs. 2 und Abs. 3, § 315c Abs. 1 Nr. 1a, Abs. 2 und Abs. 3 StGB oder § 316 StGB begangen worden ist.

Sofern der Beschuldigte in die Untersuchung **einwilligt**, ist die Anordnung nicht mehr erforderlich. Die Einwilligung muss aber wirksam sein. Sie muss insbesondere frei von Willensmängeln sein und ausdrücklich erklärt werden. Dies setzt voraus, dass der Einwilligende die rechtlichen Konsequenzen seiner Einwilligung überblicken kann und er die Maßnahme versteht. Soll eine Untersuchung wegen Alkohol- oder Drogenkonsums durchgeführt werden, liegen die Spannungen zwischen der erforderlichen Einwilligungsfähigkeit und etwaiger tatsächlicher, Abusus bedingter kognitiver Aussetzer auf der Hand. Ob man hier die Einwilligungsfähigkeit noch annehmen kann, ist eine Frage des konkreten Einzelfalls.[157] Eine grundsätzliche Skepsis ist aber angezeigt.

157 Vgl. Müller, Strafverfahrensrecht, Rn. 346.

Indem der Adressat die Untersuchung **schweigend über sich ergehen lässt**, willigt er nicht in diese Maßnahme ein.[158] Es fehlt dann an einer Einwilligung und an einer Anordnung. Die Strafverfolgungsbehörde hat den Adressaten auf sein Weigerungsrecht hinzuweisen.[159] Wird die Einwilligung während der Untersuchung widerrufen, kann nicht einfach auf Gefahr im Verzug rekurriert werden. Vielmehr wird man die Maßnahme unter- oder sogar ganz abbrechen und, im Falle eines erneuten Ansetzens, auf die Einhaltung des § 81d Abs. 2 Satz 1 StPO achten müssen. Die Strafverfolgungsbehörden sind gut beraten, bei Untersuchungen lieber direkt eine richterliche Anordnung einzuholen.[160]

§ 81a Abs. 3 StPO macht Vorgaben zur Datenverarbeitung. So dürfen dem Beschuldigten entnommene Blutproben oder sonstige Körperzellen nur für Zwecke des der Entnahme zugrunde liegenden oder eines anderen anhängigen Strafverfahrens verwendet werden. Sind sie für diesen Zweck nicht mehr erforderlich, so sind sie unverzüglich zu vernichten.

2. Die körperliche Untersuchung des Nichtbeschuldigten

Die StPO kennt aber auch die körperliche Untersuchung des Nichtbeschuldigten. § 81c StPO ermöglicht die Untersuchung anderer Personen, sofern sie als Zeugen in Betracht kommen. Auch § 81c StPO unterscheidet zwischen der einfachen körperlichen Untersuchung (Abs. 1) und der Befugnis zur Vornahme körperlicher Eingriffe (Abs. 2). Die systematischen und inhaltlichen Parallelen zu § 81a StPO sind augenfällig. Dies ist angesichts der Normhistorie aber auch wenig überraschend. Die körperliche Untersuchung des Nichtbeschuldigten war ursprünglich (also seit 1933) zusammen mit der Untersuchung des Beschuldigten in § 81 StPO geregelt. Erst 1950 kam es zu einer Trennung der Untersuchungen. Seit den 1950er Jahren findet sich der noch heute maßgebliche sog. „**Zeugengrundsatz**" in § 81a Abs. 1 StPO und der nicht weniger relevante sog. „**Aufklärungsgrundsatz**" in § 81a Abs. 2 StPO.

2.1 Die Tatbestandsvoraussetzungen des § 81c StPO

In tatbestandlicher Hinsicht ist § 81c Abs. 1 StPO vom **Zeugengrundsatz** und seinen Wertungen durchdrungen. Der Zeugengrundsatz besagt, dass, mit Blick auf körperliche Untersuchungen, eine Duldungspflicht nur für solche Personen bestehen kann, die als Zeugen in Betracht kommen. Die

158 Vgl. Nerlich, Eingriffsrecht Brandenburg, S. 170.
159 Vgl. Müller, Strafverfahrensrecht, Rn. 346.
160 So auch Nerlich, Eingriffsrecht Brandenburg, S. 170.

Untersuchung dient dabei der Feststellung von Spuren und Tatfolgen am Körper des Opferzeugen. Man spricht insoweit vom **Spurengrundsatz**. Es reicht aus, wenn diese Spuren für die Strafzumessung von Relevanz sind. Für den Nachweis eines Tatbestandsmerkmals oder gar eines Erfolgs müssen sie nicht herhalten können.

Als **Spuren** werden gemeinhin die unmittelbar durch die Tat verursachten Änderungen am Körper bezeichnet, die Rückschlüsse auf den Täter oder die Tatausführung ermöglichen.[161] Auf ihre Dauerhaftigkeit kommt es dabei nicht an. Spuren sind etwa Wunden, Verletzungen, Blutergüsse, Knochenbrüche, Blut- und Spermaspuren, Einschusskanäle, Hautreste unter Finger- und Fußnägeln etc. **Tatfolgen** sind demgegenüber alle unmittelbaren und mittelbaren Veränderungen am Körper des Opfers, die durch die eigentliche Tat entstanden sind und als solche gerade keine Rückschlüsse auf den Täter oder die Tatausführung ermöglichen.[162] Hierunter fallen Zahnlücken, allgemeine Hautabschürfungen, eine bestimmte Erkrankung etc.

Spuren und Tatfolgen sind gem. § 81c Abs. 1 StPO am und nicht im Körper festzustellen. Von der körperlichen Untersuchung ist daher die Begutachtung der äußeren Verletzungen und die Betrachtung von natürlichen Körperöffnungen umfasst. Körperliche Eingriffe sind nicht erlaubt. Unter körperlichen Eingriffen sind alle Maßnahmen zu verstehen, bei denen es zur (marginalen) Verletzung des Körpers kommt oder kommen kann. Sofern die natürlichen Körperöffnungen nur mit ärztlicher Hilfe sichtbar gemacht werden können, sind die Grenzen des § 81c Abs. 1 StPO überschritten. Es ist nicht nachvollziehbar, weshalb das gewaltsame Öffnen des Mundes noch als Untersuchung angesehen werden können soll. Nicht erfasst sind das Auspumpen des Magens oder die Untersuchung unter Narkose. Auch psychische Untersuchungen sind nicht möglich.

Ob es sich um Opferzeugen oder normale Zeugen handelt, ist für § 81c Abs. 1 StPO unerheblich. Vielmehr will § 81c Abs. 1 StPO garantieren, dass **jeder Nichtbeschuldigte**, der vermutlich Spuren oder Tatfolgen am Körper trägt, untersucht werden darf. Für den Zeugengrundsatz i. S. d. § 81c StPO kommt es damit nicht darauf an, dass der Zeuge entwicklungspsychologisch überhaupt eine Zeugenaussage machen kann. Maßgeblich ist allein, dass die Person strafverfahrensrechtlich als Zeuge angesehen werden kann. Insofern können auch Säuglinge, Kinder, Bewusstlose oder psychisch beeinträchtige Menschen einer Untersuchung zugeführt werden.[163]

161 Meyer-Goßner/Schmitt/Schmitt, StPO, § 81c Rn. 12.
162 Meyer-Goßner/Schmitt/Schmitt, StPO, § 81c Rn. 13.
163 Meyer-Goßner/Schmitt/Schmitt, StPO, § 81c Rn. 10.

Aus dem Wort „soweit" folgt aber, dass die Untersuchung des Zeugen zur Erforschung der Wahrheit notwendig ist. Angesichts des Umstands, dass gewisse Spuren ihren Beweiswert nach einiger Zeit verlieren oder ganz verschwinden, stehen die Ermittlungsbehörden unter einem gewissen Erhebungszeitdruck. Es ist nicht hinnehmbar, dass die Behörden auf andere Spuren warten und sehenden Auges dem Verlust bzw. der Kontamination der Spuren beiwohnen, die durch die Untersuchung hätten gewonnen werden können.[164] Die Untersuchung muss nicht unumgänglich sein, sondern kann auch zwecks Stärkung anderer, bereits erhobener Beweise durchgeführt werden. Nicht mehr notwendig ist eine Untersuchung allerdings dann, wenn das Ergebnis der Untersuchung für das Ermittlungsverfahren irrelevant sein wird.

Der Nichtbeschuldigte hat die Untersuchung zu dulden. Es besteht also eine **Duldungspflicht**. Eine aktive Mitwirkungspflicht an ihr besteht nicht. Ob man aber auch bezogen auf die mit einer Untersuchung zwangsläufig einhergehenden und diese vorbereitenden Handlungen lediglich von einer Duldungspflicht sprechen kann, ist fraglich. Von der Duldungspflicht ist daher nach h. M. auch das aktive Erscheinen umfasst.[165] Dies mag sprachlich paradox klingen, ist aber sachgerecht.

Beim Nichtbeschuldigten dürfen gem. **§ 81c Abs. 2 StPO** auch **Blutprobenentnahmen** und **Abstammungsuntersuchungen** vorgenommen werden. Es handelt sich bei § 81c Abs. 2 StPO um einen Spezialfall, der eine Abweichung vom Zeugen- und Spurengrundsatz darstellt. § 81c Abs. 2 StPO ist vielmehr vom **Aufklärungsgrundsatz** durchdrungen. Nur für die Blutprobenentnahme und die Abstammungsuntersuchung sind körperliche Eingriffe möglich. Die h. M. geht davon aus, dass die Blutprobenentnahme der einzig zulässige körperliche Eingriff sei, den § 81c Abs. 2 Satz 1 StPO ohne Einwilligung erlaube. Letztlich wird nämlich auch die Blutprobenentnahme zwecks Abstammungsuntersuchung durchgeführt. Sie kann aber auch für andere Ermittlungsziele entnommen werden. Zu denken ist etwa an den BAK-Wert oder die Infizierung mit Krankheiten, allen voran HIV. Im Rahmen der Abstammungsuntersuchung können ferner Lichtbildaufnahmen gefertigt, Fingerabdrücke abgenommen oder sonstige zielführende Messungen durchgeführt werden. Am Ende wird man ein erbbiologisches Gutachten erstellen müssen, bei dem der Sachverständige mitteilt, welche Daten noch zu erheben sind.

164 Treffend MüKoStPO/Trück, § 81c Rn. 13.
165 So etwa MüKoStPO/Trück, § 81c Rn. 23.

Die Maßnahme i. S. d. § 81c Abs. 2 StPO muss zur Erforschung der Wahrheit **unerlässlich** sein. § 81c Abs. 2 StPO stellt insofern höhere Anforderungen als § 81c Abs. 1 StPO an die Zulässigkeit der Durchführung. Die Wertungen legen es daher nahe, Untersuchungen zur Feststellung der Abstammung und die Entnahme von Blutproben als Ultima Ratio anzusehen. Gleichwohl darf man die Anforderungen des § 81c Abs. 2 StPO auch nicht derart übersteigern, dass für diese Maßnahmen kein oder kaum Raum ist.

Schließlich darf durch die Maßnahme **kein Nachteil für die Gesundheit** des Betroffenen zu befürchten sein. Damit sind nur die unmittelbaren Folgen gemeint. Auf mittelbare Beeinträchtigungen oder etwaige ausgelöste psychische Probleme kann es nicht ankommen. Die in der strafverfahrensrechtlichen Literatur hier tatsächlich thematisierte „Spritzenphobie" steht der Durchführung von Maßnahmen des § 81c Abs. 2 StPO nicht im Wege.[166]

2.2 Die Verhältnismäßigkeit

Die körperliche Untersuchung und der körperliche Eingriff sind gem. § 81 Abs. 4 StPO unzulässig, wenn sie dem Betroffenen bei Würdigung aller Umstände nicht zugemutet werden können. Es handelt sich hierbei um eine rechtsstaatliche Selbstverständlichkeit und einen wohl eher deklaratorischen Verweis auf das Verhältnismäßigkeitsprinzip. Im Einzelnen hat eine Abwägung des Interesses an der Aufklärung der Tat mit dem Interesse des Adressaten der Maßnahme nach § 81c Abs. 1 und 2 StPO zu erfolgen. Wirtschaftliche Nachteile spielen dabei keine Rolle. Zu beachten ist, dass § 81d StPO auch für § 81c StPO gilt. Insbesondere ist dabei zu beachten, dass die körperliche Untersuchung von einer Person gleichen Geschlechts oder von einer Ärztin oder einem Arzt vorgenommen wird, sofern die Untersuchung das Schamgefühl verletzen kann. Vor diesem Hintergrund wird daher in der Regel von der Zumutbarkeit auszugehen sein, wenn die Maßnahmen von einem Arzt nach den Regeln der ärztlichen Kunst durchgeführt werden.

2.3 Verfahrensrechtliches

In verfahrensrechtlicher Hinsicht ist zu beachten, dass die in § 81c Abs. 5 StPO normierte **Anordnungsbefugnis** im Großen und Ganzen der des § 81a Abs. 2 Satz 1 StPO entspricht. Im Grunde besteht also ein **Richtervorbehalt**. Bei Gefährdung des Untersuchungserfolgs durch Verzögerung steht die Anordnungskompetenz aber auch der Staatsanwaltschaft und ihren Ermittlungspersonen zu. Einer Anordnung bedarf es dann nicht, wenn

166 Meyer-Goßner/Schmitt/Schmitt, StPO, § 81c Rn. 19.

der Nichtbeschuldigte in die Untersuchung bzw. den Eingriff einwilligt. Die Einwilligung muss selbstverständlich rechtlich wirksam sein. Sie muss insbesondere frei von Willensmängeln und in Kenntnis der Sachlage vor der Durchführung der Maßnahme erfolgen. Sofern der Nichtbeschuldigte die Einwilligung vor Abschluss der Untersuchung widerruft, ist die Fortführung der Maßnahme unzulässig. Die bis dahin gewonnenen Beweise sind nur dann verwertbar, wenn eine Belehrung durch den Richter über das Weigerungsrecht erfolgt ist.

Hinsichtlich der einfachen Untersuchung i. S. d. § 81c Abs. 1 StPO haben die Polizeivollzugsbeamten und natürlich der Arzt die **Durchführungsbefugnis**. Untersuchungen zur Feststellung der Abstammung und die Entnahme von Blutproben dürfen nur von einem Arzt nach den Regeln der ärztlichen Kunst vorgenommen werden. Auch für § 81c StPO gilt § 81d StPO. Die Durchführung körperlicher Untersuchungen hat im Zweifel also durch Personen gleichen Geschlechts zu erfolgen.

In § 81c Abs. 3 StPO ist ein **Untersuchungsverweigerungsrecht** normiert. Danach können Untersuchungen oder Entnahmen von Blutproben aus den gleichen Gründen wie das Zeugnis verweigert werden. Es handelt sich um eine Referenz allein an § 52 StPO, da die §§ 53, 53a und 55 StPO kein Weigerungsrecht enthalten. Das Weigerungsrecht umfasst aber nur die Untersuchung durch einen Sachverständigen. Eine richterliche Inaugenscheinnahme muss in jedem Fall geduldet werden. Für Minderjährige entscheidet der gesetzliche Vertreter über das Weigerungsrecht, sofern jene wegen mangelnder Verstandesreife oder wegen einer psychischen Krankheit oder einer geistigen oder seelischen Behinderung von der Bedeutung ihres Weigerungsrechts keine genügende Vorstellung haben. Gleiches gilt für Betreute. Ab welchem Alter man Verstandesreife besitzt, kann nicht pauschal gesagt werden. Sofern der Minderjährige jünger als 14 Jahre alt ist, wird man die Verstandesreife verneinen müssen. Je nach Sachverhalt muss ggf. ein Sachverständiger die Verstandesreife begutachten. Das Zeugnis- und das Untersuchungsverweigerungsrecht können unabhängig voneinander ausgeübt werden.[167] So kann der Nichtbeschuldigte entweder nur das Zeugnis oder die Untersuchung oder aber beides verweigern.

Die **zwangsweise Durchsetzung** der körperlichen Untersuchung des Nichtbeschuldigten regelt § 81c Abs. 6 StPO. So erklärt § 81c Abs. 6 Satz 1 StPO die Zwangsmittel des § 70 StPO für entsprechend anwendbar. Hier kommen dann die Auferlegung der verursachten Kosten, ein Ordnungsgeld und für den Fall, dass das Zwangsgeld nicht beigetrieben werden kann,

167 Vgl. Müller, Strafverfahrensrecht, Rn. 352.

auch die Ordnungshaft in Betracht. Die Zwangsmittel setzt der Richter fest. Unmittelbarer Zwang darf gem. § 81c Abs. 6 Satz 2 StPO ohnehin nur auf besondere Anordnung des Richters angewandt werden. Wegen der Existenz von § 81c Abs. 6 Satz 2 StPO wird gemeinhin davon ausgegangen, dass die Verhängung von Beugehaft nicht möglich ist.[168] Der Nichtbeschuldigte kann für die Dauer der Durchführung der Maßnahme festgehalten und sogar an einen anderen Ort verbracht werden.

Gem. § 81c Abs. 5 Satz 2 StPO gelten die in § 81a StPO gemachten Ausführungen zur Datenverarbeitung.

168 MüKoStPO/Trück, StPO § 81c Rn. 54.

Kapitel E Identitätsfeststellung

I. Allgemeines

Die Identitätsfeststellung ist die wohl klassischste Maßnahme der polizeilichen Datenerhebung. Sie ist eine „informationelle Standardmaßnahme“[169] und in **§ 20 SOG LSA** normiert. Die Identitätsfeststellung ist eine Methode zur Erhebung und Ermittlung der Personalien, wodurch der Adressat der Maßnahme für die Polizei individualisiert wird und somit aus der polizeiunbekannten, anonymen Masse der Bevölkerung verschwindet. Im präventiven Bereich dient dies der Vorbeugung von Straftaten und Gefahren durch Abschreckung. Die Polizei wird den Adressaten der Identitätsfeststellung in der Regel zu seiner Identität und seinen Personalien befragen. Hierzu wird sie den Adressaten zum Aushändigen seines Personalausweises auffordern.[170]

„Identität“ ist der Oberbegriff für alle personenbezogenen Merkmale. Letztlich kommt es der Polizei auf die Erhebung der identitätsstiftenden Daten an. Für diese Daten kann sich die Polizei an § 111 Abs. 1 OWiG orientieren. So sind personenbezogene und identitätsstiftende Daten etwa der Vor-, Familien- oder Geburtsname, der Ort oder Tag der Geburt, der Familienstand, der Beruf, der Wohnort, die Wohnung oder die Staatsangehörigkeit. Zu diesen Daten muss der Befragte Auskunft geben. Verweigert er eine entsprechende Auskunft, begeht er eine Ordnungswidrigkeit. Erfasst sind ferner beispielsweise auch die Größe, die Augen- und Hautfarbe, Ordens-, Künstler- und Aliasnamen, Doktorgrad und das Geschlecht. Mit der Identitätsfeststellung wird in das Grundrecht auf informationelle Selbstbestimmung aus Art. 2 Abs. 1 GG i. V. m. Art. 1 Abs. 1 GG eingegriffen. Zum Zwecke der Identitätsfeststellung ermächtigt § 20 Abs. 3 bis 5 SOG LSA die Polizei zu relativ weitreichenden und vor allem eingriffsintensiven Begleitmaßnahmen.

Die Identitätsfeststellung kann nicht nur auf dem Gebiet der Gefahrenabwehr, sondern auch auf dem Gebiet der Strafverfolgung durchgeführt werden. Für eine repressive Identitätsfeststellung stellt **§ 163b StPO** die einschlägige Befugnisnorm dar. Während § 163b Abs. 1 StPO den Verdächtigen im Blick hat, schaut § 163b Abs. 2 StPO auf den Nichtverdächtigen.

169 Dietlein/Hellermann, Öffentliches Recht in Nordrhein-Westfalen, § 3 Rn. 219.
170 Dietlein/Hellermann, Öffentliches Recht in Nordrhein-Westfalen, § 3 Rn. 219.

II. Die Tatbestandsvoraussetzungen des § 20 SOG LSA

1. Identitätsfeststellung zur Abwehr einer konkreten Gefahr

Im Ausgangsfall kann die Polizei gem. § 20 Abs. 1 Var. 1 SOG LSA die Identität einer Person feststellen, wenn dies zur Abwehr einer Gefahr erforderlich ist. Hierbei ist eine konkrete Gefahr i. S. d. § 3 Nr. 3a SOG LSA gemeint. Es kommt damit allein auf das Vorliegen einer derartigen Gefahrenlage für die öffentliche Sicherheit oder Ordnung an. Der Adressat der Maßnahme wird hier nicht näher erwähnt. Insofern ist auf die allgemeinen Vorschriften zur Verantwortlichkeit zurückzugreifen.

2. Identitätsfeststellung zum Schutz privater Rechte

Die Polizei ist gem. § 20 Abs. 1 Var. 3 SOG LSA auch dazu befugt, eine Identitätsfeststellung zum Schutz privater Rechte durchzuführen. Für den Schutz privater Rechte ist die Polizei nur dann zuständig, wenn gerichtlicher Schutz nicht rechtzeitig zu erlangen ist und wenn ohne die polizeiliche Hilfe die Verwirklichung des Rechts vereitelt oder wesentlich erschwert werden würde. § 20 Abs. 1 Var. 3 SOG LSA verweist insofern auf § 2 Abs. 2 SOG LSA. Die Identitätsfeststellung zum Schutz privater Rechte muss sich daher zwingend im Rahmen der durch § 2 Abs. 2 SOG LSA aufgestellten polizeilichen Ausnahmezuständigkeit bewegen.

3. Identitätsfeststellung an verrufenen Orten

Die Polizei kann die Identität einer Person gem. § 20 Abs. 2 Nr. 1 SOG LSA auch dann feststellen, wenn die Person sich an einem Ort aufhält, von dem aufgrund tatsächlicher Anhaltspunkte erfahrungsgemäß anzunehmen ist, dass dort Personen Straftaten verabreden, vorbereiten oder verüben oder sich Straftäter verbergen. Es handelt sich dabei um die Identitätsfeststellung an verrufenen Orten. Derartige Orte können etwa Bahnhöfe, öffentliche Parkhäuser, Parkanlagen oder spezielle Plätze und Passagen sein.[171] Dass der Ort verrufen bzw. gefährlich ist, muss das Ergebnis aus entsprechenden vorangegangenen polizeilichen Maßnahmen und einer polizeilichen Lagebeurteilung sein. Ein verrufener Ort kann auch eine Wohnung sein. Sofern der verrufene Ort eine Wohnung ist und in dieser polizeiliche Maßnahmen durchgeführt werden sollen, muss auf die Wertungen von Art. 13 GG und §§ 43, 44 SOG LSA Rücksicht genommen werden.

171 Martell, SOG LSA, § 20 Rn. 9.

Ein Aufenthalt liegt dann vor, wenn sich das Verhalten des Adressaten der Identitätsfeststellung als ein Verweilen darstellt. Es kommt darauf an, wie die Polizei das Verhalten des Adressaten wahrnimmt. Da es tatbestandlich nur auf ein Aufhalten ankommt, ist die Befugnisnorm auf der Voraussetzungsseite sehr weit gefasst. Ob man diese tatbestandliche Weite angesichts des Ziels, mögliche Verantwortliche abzuschrecken, rechtlich akzeptieren muss, oder aber ob man auf Tatbestandsseite von einem restriktiven Verständnis des Aufhaltens ausgehen muss, ist ebenso umstritten wie die Frage, ob man auf Rechtsfolgenseite eine strenge Verhältnismäßigkeitsprüfung durchzuführen hat. Wegen der Weite des Tatbestands stellen sich bei § 20 Abs. 2 Nr. 1 SOG LSA letztlich die gleichen Rechtsfragen, die an entsprechender Stelle auch bei der Durchsuchung auftreten. Am Ende hat die Polizei hier einen großen Einschätzungsspielraum, der lediglich eindeutig unbeteiligte Personen nicht umfasst.

4. Identitätsfeststellung zur Leistung von Vollzugshilfe

Eine Identitätsfeststellung kann gem. § 20 Abs. 2 Nr. 2 SOG LSA ferner durchgeführt werden, wenn dies zur Leistung von Vollzugshilfe erforderlich ist. Gem. § 2 Abs. 3 SOG LSA leistet die Polizei anderen Behörden Vollzugshilfe. Die Vollzugshilfe ist in §§ 50 ff. SOG LSA näher geregelt. Zu denken ist hier etwa an die polizeiliche Identitätsfeststellung einer abzuschiebenden Person im Rahmen der Amtshilfe zugunsten der Ausländerbehörde.[172] Letztlich leistet die Polizei aber allen anderen Behörden auf Ersuchen Vollzugshilfe, wenn unmittelbarer Zwang anzuwenden ist, und die anderen Behörden nicht über die hierzu erforderlichen Dienstkräfte verfügen.

5. Identitätsfeststellung an gefährdeten Orten

Gemeinsam mit anderen Befugnisnormen soll § 20 Abs. 2 Nr. 3 SOG LSA eine effektive Objektsicherung gewährleisten. Diese Vorschrift ist relativ kompliziert.[173] Für die Identitätsfeststellung gem. § 20 Abs. 2 Nr. 3 SOG LSA ist es erforderlich, dass sich eine Person in oder in unmittelbarer Nähe

- einer Verkehrs- oder Versorgungsanlage oder -einrichtung,
- einem öffentlichen Verkehrsmittel, Amtsgebäude
- oder einem anderen besonders gefährdeten Objekt aufhält
- und tatsächliche Anhaltspunkte die Annahme rechtfertigen, dass in oder an diesen Objekten Straftaten begangen werden sollen, durch die

172 Treffend Martell, SOG LSA, § 20 Rn. 14.
173 Siehe für eine anschaulich Darstellung Nerlich, Eingriffsrecht Brandenburg, S. 69.

in oder an diesen Objekten befindliche Personen oder diese Objekte selbst unmittelbar gefährdet sind

– und dies aufgrund der Gefährdungslage oder auf die Person bezogener Anhaltspunkte erforderlich ist.

Die Sicherheit des Luftraums sowie der Schutz des Luftverkehrs sind hiervon nicht erfasst. Zuständig sind insoweit die Luftverkehrsbehörden. Wann sich eine Person in der tatbestandlichen „unmittelbaren Nähe" befindet, kann nicht pauschal gesagt werden. Hier kommt es auf den Einzelfall sowie die Art des Objekts und die Straftat, die zu erwarten ist, an. Die Polizei muss dabei auch einschätzen, wie schnell eine Person, die sich zum Zeitpunkt der ersten polizeilichen Wahrnehmung noch in mittelbarer Nähe befindet, in den Bereich der unmittelbaren Nähe vordringen kann. Letztlich müssen Tatsachen die Annahme rechtfertigen, dass in oder an diesen Objekten Straftaten begangen werden sollen, durch die in oder an diesen Objekten befindliche Personen oder diese Objekte selbst unmittelbar gefährdet sind. Genau wie bei der Durchsuchung i.S.d. § 41 Abs. 2 Nr. 3 SOG LSA muss es sich dabei um Straftaten handeln, die einen Bezug zum Objekt haben. An diesem Objektsbezug wird es in aller Regel dann fehlen, wenn die Nähe zum Objekt rein zufällig ist.

Beispiel

Nach einem feucht fröhlichen Abend gehen A und B stark alkoholisiert aus der Kneipe. Dabei gesteht A B, dass A seit einigen Monaten eine Affäre mit der Frau von B hat. B fängt daraufhin an, auf A einzuschlagen. Dieser rennt die Straße entlang und kommt zufällig vor einer Synagoge zum Stehen und Luftholen. B verfolgt A und verprügelt ihn vor der Synagoge weiter. Hier besteht zwar eine unmittelbare Nähe zu einem gefährdeten Objekt, allerdings fehlt es an einer Straftat, die in einem Bezug zum Objekt steht. Die Schlägerei soll gerade nicht die Funktion oder Aufgabe der Synagoge als Gotteshaus gefährden. Die Gefährdung des Objekts muss durch die Straftat unmittelbar erfolgen.

Von besonderer Bedeutung ist schließlich das Erfordernis der Erforderlichkeit der Identitätsfeststellung, welches ausdrücklich in § 20 Abs. 2 Nr. 3 SOG LSA erwähnt wird. Die Gefährdungslage muss die Durchführung der Maßnahme erforderlich machen. Dabei ist das Merkmal der Erforderlichkeit (wohl) nicht als Referenz auf die Verhältnismäßigkeitsprüfung zu verstehen,[174] sondern als Ausdruck schlichter polizeilicher Notwendig-

174 So aber offenbar Martell, SOG LSA, § 20 Rn. 19.

keit.[175] Insofern ist es angezeigt, von einer Notwendigkeit zur Durchführung der Identitätsfeststellung zu sprechen, die sich etwa aus Terrorwarnungen, bekannt gegebenen Anschlagszielen oder einem auffälligen Verhalten von Personen ergeben kann.[176]

6. Identitätsfeststellung an gefährdeten Personen

Die Polizei kann die Identität einer Person gem. § 20 Abs. 2 Nr. 4 SOG LSA feststellen, wenn die Person, die sich im räumlichen Umfeld einer Person aufhält, die in besonderem Maße als gefährdet erscheint und tatsächliche Anhaltspunkte die Maßnahme zum Schutz der Person rechtfertigen. Als gefährdete Personen können etwa Politiker, Prominente aus Kultur, Wirtschaft oder Religion, ausländische Staatsgäste, hochrangige Beamte etc. angesehen werden. Es muss sich um sog. „Risikopersonen" handeln.[177] Die Struktur und die Zielrichtung des § 20 Abs. 2 Nr. 4 SOG LSA sind mit denen des § 20 Abs. 2 Nr. 3 SOG LSA vergleichbar. Bei § 20 Abs. 2 Nr. 4 SOG LSA kommt es indes nicht auf eine unmittelbare Nähe, sondern auf ein räumliches Umfeld an. Eine unmittelbare räumliche Nähe zur Risikoperson ist damit nicht erforderlich. Es reicht vielmehr aus, dass trotz einer gewissen Distanz eine Gefährdungslage zulasten der ohnehin schon gefährdeten Person geschaffen wird.

Zu denken ist hier etwa an Scharfschützen auf Dächern. Wo die Grenzen des räumlichen Umfelds zu ziehen sind, ist eine Frage des Einzelfalls. Hier hat die Polizei eine Prognose anzustellen. Die Identitätsfeststellung muss aber dem Schutz der gefährdeten Person dienen, also überhaupt zur Gefahrenabwehr geeignet sein. Diese Geeignetheit wird man aber nur für die Identitätsfeststellung eines überschaubaren Personenkreises annehmen können. Zu denken ist etwa an Restaurantgäste, Hotelpersonal oder Theaterbesucher.

7. Identitätsfeststellung bei Ausschreibung zur gezielten Kontrolle

§ 20 Abs. 2 Nr. 5 SOG LSA ermöglicht die Identitätsfeststellung einer Person, wenn die Person sich in einem Fahrzeug befindet, das zur gezielten Kontrolle ausgeschrieben ist. § 20 Abs. 2 Nr. 5 SOG LSA trägt dem Umstand Rechnung, dass es innerhalb der Europäischen Union keine Grenzkontrollen mehr gibt. Die Ausschreibung zur gezielten Kontrolle findet sich in Art. 99 Schengener Durchführungsübereinkommen (SDÜ). Eine

175 Vgl. BeckOK PolR NRW/Ogorek, PolG NRW § 12 Rn. 25.
176 Vgl. Nerlich, Eingriffsrecht Brandenburg, S. 70.
177 Martell, SOG LSA, § 20 Rn. 20.

Ausschreibung zur gezielten Kontrolle ist gem. Art. 99 Abs. 2 SDÜ möglich, wenn konkrete Anhaltspunkte dafür vorliegen, dass der Betroffene in erheblichem Umfang außergewöhnlich schwere Straftaten plant oder begeht bzw. die Gesamtbeurteilung des Betroffenen, insbesondere aufgrund der bisher von ihm begangenen Straftaten, erwarten lässt, dass er auch künftig außergewöhnlich schwere Straftaten begehen wird. § 20 Abs. 2 Nr. 5 SOG LSA verlangt für die Durchführung der Identitätsfeststellung insofern eine tatsächliche Ausschreibung zur gezielten Kontrolle des Fahrzeugs. Ergänzend müssen aber auch tatsächliche Anhaltspunkte dafür vorliegen, dass die Maßnahme zur Abwehr einer Gefahr erforderlich ist.

8. Identitätsfeststellung an Kontrollstellen

Die Polizei kann die Identität einer Person auch dann feststellen, wenn die Person an einer Kontrollstelle angetroffen wird, die von der Polizei auf öffentlichen Straßen oder Plätzen oder an anderen öffentlich zugänglichen Orten eingerichtet worden ist, um eine Straftat von erheblicher Bedeutung oder eine Straftat nach § 26 Abs. 1 und 2 Nr. 3a VersammlG LSA zu verhüten. Die entsprechende Befugnisnorm ist § 20 Abs. 2 Satz 1 Nr. 6 SOG LSA. Zu beachten ist, dass die Polizei über § 20 Abs. 2 Satz 1 Nr. 6 SOG LSA die Identität aller Fahrzeuginsassen an den Kontrollstellen feststellen kann.

Die Befugnis zur Identitätsfeststellung gem. § 20 Abs. 2 Satz 1 Nr. 6 SOG LSA ist zugleich eine Voraussetzung für die Durchsuchung gem. § 42 Abs. 2 Satz 1 Nr. 4 SOG LSA. Diese Kontrollstellen können in der Regel nur mit Zustimmung des für öffentliche Sicherheit und Ordnung zuständigen Ministeriums oder einer von ihm benannten Stelle eingerichtet werden. Ausnahmsweise kann hiervon aber im Falle von Gefahr im Verzuge abgesehen werden.

III. Begleitmaßnahmen

§ 20 SOG LSA regelt in Abs. 1 und 2 die Identitätsfeststellung. Der Gesetzgeber in Sachsen-Anhalt hat aber hellsichtig erkannt, dass die Identitätsfeststellung oftmals nicht ohne unterstützende Begleitmaßnahmen erfolgen kann. So räumt der Gesetzgeber der Polizei (und auch der Sicherheitsbehörde) in § 20 Abs. 3 Satz 1 SOG LSA die Befugnis ein, die zur Feststellung der Identität erforderlichen Maßnahmen treffen zu können. Es handelt sich hierbei um eine Generalklausel, die ganz abstrakt die störungsfreie Identitätsfeststellung garantieren soll. In § 20 Abs. 3 Satz 2 SOG LSA werden die Maßnahmen, die auf die Generalklausel gestützt werden können, näher dargelegt.

Die Polizei kann insbesondere
- die Person anhalten,
- den Ort der Kontrolle absperren,
- die Person nach ihren Personalien befragen,
- verlangen, dass die Person mitgeführte Ausweispapiere aushändigt und
- erkennungsdienstliche Maßnahmen anordnen.

Diese Aufzählung ist nicht abschließend. Dies wird durch das Wort „insbesondere" deutlich gemacht. Die Polizei kann die Person gem. § 20 Abs. 4 SOG LSA schließlich auch
- festhalten,
- sie und die von ihr mitgeführten Sachen nach Gegenständen durchsuchen, die zur Identitätsfeststellung dienen, sowie
- die Person zur Feststellung der Identität zur Dienststelle bringen.

Zum Zwecke der Durchführung der Identitätsfeststellung kann die Polizei das **Aushändigen** der Ausweispapiere verlangen. Ein bloßes Vorzeigen der Papiere muss die Polizei nicht akzeptieren. In diesem Zusammenhang sind einige spezielle Regelungen des Pass-, Personalausweis-, Asyl- und Aufenthaltsrechts relevant, auf die hier kurz hingewiesen werden soll.
- **Passpflicht**: Deutsche i. S. d. Art. 116 Abs. 1 GG, die aus dem Geltungsbereich dieses Gesetzes aus- oder in ihn einreisen, sind gem. § 1 Abs. 1 Satz 1 PassG verpflichtet, einen gültigen Pass mitzuführen und sich damit über ihre Person auszuweisen. Als Pass gelten gem. § 1 Abs. 2 PassG sodann Reisepass, Kinderreisepass, vorläufiger Reisepass sowie amtliche Pässe (Dienstpass, Diplomatenpass, vorläufiger Dienstpass, vorläufiger Diplomatenpass).
- **Personalausweispflicht**: Deutsche i. S. d. Art. 116 Abs. 1 GG sind gem. § 1 Abs. 1 Satz 1 PAuswG verpflichtet, einen gültigen Ausweis zu besitzen, sobald sie 16 Jahre alt sind und der allgemeinen Meldepflicht unterliegen oder, ohne ihr zu unterliegen, sich überwiegend in Deutschland aufhalten. Der Ausweispflichtige muss den Ausweis gem. § 1 Abs. 1 Satz 2 PAuswG auf Verlangen einer zur Feststellung der Identität berechtigten Behörde (etwa der Polizei) vorlegen und es ihr ermöglichen, ihr Gesicht mit dem Lichtbild des Ausweises abzugleichen. An diesem zweiten Satz entzünden sich in der polizeilichen Praxis oft Missverständnisse. § 1 Abs. 1 Satz 2 PAuswG verpflichtet den Ausweispflichtigen lediglich zur Vorlage auf Verlangen. Es besteht indes keine rechtliche Verpflichtung, den Ausweis immer physisch mit sich zu führen und sich allzeit durch sofortige Vorlage des Ausweises ausweisen zu

können.[178] Unter „Besitz“ wird daher allein das Innehaben bzw. Verfügen eines gültigen Ausweises, nicht aber das „Mit-sich-Führen“ verstanden. Der Ausweispflichtige muss aber stets in der Lage sein, den Ausweis „innerhalb einer angemessenen Frist“ vorzulegen.[179] Was angemessen ist, ist wiederum eine Frage des Einzelfalls.

Eine Ausnahme von der allgemeinen Befreiung von der Mitführungspflicht des Ausweises innerhalb Deutschlands ist § 2a SchwarzArbG. Dieser regelt eine Mitführungs- und Vorlagepflicht von Ausweispapieren bei der Erbringung von Dienst- oder Werkleistungen in bestimmten Wirtschaftsbereichen oder Wirtschaftszweigen.

- **Aufenthaltsrecht**: Ausländer dürfen gem. § 3 Abs. 1 Satz 1 AufenthG nur in das Bundesgebiet einreisen oder sich darin aufhalten, wenn sie einen anerkannten und gültigen Pass oder Passersatz besitzen, sofern sie von der Passpflicht nicht durch Rechtsverordnung befreit sind. Ausländer ist jeder, der nicht Deutscher i. S. d. Art. 116 Abs. 1 GG ist. Auch hier beinhaltet die Verpflichtung zum Besitz nicht die Pflicht zur Mitführung des Passes; selbstverständlich aber zum Holen des Passes in angemessener Zeit.
- **Asylrecht**: Gem. § 64 Abs. 1 AsylG genügt der Ausländer für die Dauer des Asylverfahrens seiner Ausweispflicht mit der Bescheinigung über die Aufenthaltsgestattung.

Letztlich kann sich der konkret mit der Identitätsfeststellung befasste Beamte selbst für eine effektive Maßnahme entscheiden. Gleichwohl geben die aufgeführten Maßnahmen der Polizei eine Richtung vor und setzen der an sich völlig konturlosen Generalklausel Grenzen. Gerade mit Blick auf § 20 Abs. 4 SOG LSA muss konstatiert werden, dass die Polizei zu relativ eingriffsintensiven Maßnahmen berechtigt wird. § 20 Abs. 1 und 2 SOG LSA berühren dabei vor allem das Recht auf informationelle Selbstbestimmung aus Art. 2 Abs. 1 GG i. V. m. Art. 1 Abs. 1 GG.

In grundrechtlicher Hinsicht muss mit Blick auf § 20 Abs. 3 und 4 SOG LSA zwischen dem Anhalten (§ 20 Abs. 3 Satz 2 SOG LSA) und dem Festhalten (§ 20 Abs. 4 SOG LSA) streng unterschieden werden. Das Anhalten beschreibt eine polizeiliche Maßnahme, die die Fortbewegung unterbricht. Das Anhalten ist für eine Identitätsfeststellung schon rein praktisch erforderlich, weil die Polizei die Personalien abfragen muss und sich etwaige Dokumente vorzeigen bzw. aushändigen lassen muss. Hierfür muss der Adressat zumindest vorübergehend stehen bleiben. In diesem vorüberge-

178 Vgl. Beimowski/Gawron/Beimowski/Gawron, PAuswG § 1 Rn. 12.
179 Beimowski/Gawron/Beimowski/Gawron, PAuswG § 1 Rn. 2.

henden Stehenbleiben bzw. kurzzeigen Anhalten ist noch keine Freiheitsentziehung zu sehen. Art. 104 Abs. 2 GG ist also noch nicht betroffen. Dies ist für die polizeiliche Arbeit relevant, weil es für das bloße Anhalten als Freiheitsbeschränkung keiner richterlichen Entscheidung bedarf. Demgegenüber wird beim polizeilichen Festhalten i. S. d. § 20 Abs. 4 SOG LSA die Grenze zur Freiheitsentziehung überschritten. In der Konsequenz muss hier eine richterliche Entscheidung eingeholt werden. Art. 104 Abs. 2 GG ist damit betroffen. Einfachgesetzlich findet dies in § 38 Abs. 1 SOG LSA Ausdruck.

Sofern eine Person auf Grund von § 20 Abs. 4 SOG LSA festgehalten wird, hat die Polizei unverzüglich eine richterliche Entscheidung über Zulässigkeit und Fortdauer der Freiheitsentziehung herbeizuführen. Die handelnde Polizei muss nun in ganz besonderem Maße auf die sich in verfahrensrechtlicher Hinsicht (plötzlich) ergebenden besonderen Anforderungen achten, da die polizeiliche Maßnahme, die an sich als recht harmlose Identitätsfeststellung eingeleitet wurde, auf einmal eine Freiheitsentziehung darstellt. Hier muss dann zwingend das in §§ 38 ff. SOG LSA beschriebene Verfahren (richterliche Entscheidung, Behandlung festgehaltener Personen, Dauer der Freiheitsentziehung) eingehalten werden. Gem. § 121 Abs. 1 BGB bedeutet „unverzüglich", dass kein schuldhaftes Zögern vorliegt. Der Adressat darf dabei auch zur Dienststelle mitgenommen werden. Man spricht dann von einer „Sistierung".[180] Insbesondere das Mitnehmen zur Dienststelle darf als Ultima Ratio angesehen werden. Die Person darf nämlich gem. § 20 Abs. 5 Satz 1 SOG LSA nur dann festgehalten bzw. zur Dienststelle mitgenommen werden, wenn die Identität auf andere Weise nicht oder nur unter erheblichen Schwierigkeiten festgestellt werden kann. Gleiches gilt für die Durchsuchung.

An dieser Stelle sei auf §§ 41 Abs. 2 und 42 Abs. 2 SOG LSA hingewiesen, die auf § 20 Abs. 4 SOG LSA Bezug nehmen. Die Durchsuchung darf im Falle von § 20 Abs. 4 SOG LSA aber nur (!) mit dem Ziel der Feststellung der Identität durchgeführt werden. Die Polizei darf hierfür die Person selbst und die von ihr mitgeführten Sachen durchsuchen. Sachen sind dann mitgeführt, wenn die Person diese bei sich hat und somit unmittelbar, mithin ohne zeitliche und räumliche Zäsur auf sie zugreifen kann. Insofern ist § 20 Abs. 4 SOG LSA zu §§ 41 ff. SOG LSA lex specialis. Eine Ausnahme gilt hierbei für die Regelungen zum Verfahren bei der Durchsuchung. Insofern muss etwa § 41 Abs. 4 SOG LSA auch bei § 20 Abs. 4 SOG LSA beachtet werden. Schließlich können auch erkennungsdienst-

180 Martell, SOG LSA, § 20 Rn. 37.

liche Maßnahmen gem. § 21 SOG LSA angeordnet werden. Die Begleitmaßnahmen haben nicht nur den Fall im Blick, in dem sich der Adressat aktiv weigert, an der Identitätsfeststellung mitzuwirken. Vielmehr geht es auch um Fälle, in denen der Adressat physisch oder psychisch nicht in der Lage ist, seine Identität zu offenbaren. Zu denken ist etwa an die Bewusstlosigkeit.

IV. Verfahrensrechtliches

In verfahrensrechtlicher Hinsicht ist die betroffene Person gem. § 20 Abs. 6 SOG LSA bei Maßnahmen zur Identitätsfeststellung auf den Grund für die Identitätsfeststellung hinzuweisen, sofern der Zweck der Maßnahmen hierdurch nicht beeinträchtigt wird. Die Polizei muss ferner die Vorschrift zur Erhebung personenbezogener Daten (§ 15 SOG LSA) sowie die Grundsätze des Verarbeitens personenbezogener Daten (§ 22 SOG LSA) beachten. Die personenbezogenen Daten müssen dabei grundsätzlich bei der betroffenen Person selbst unmittelbar und vor allem offen erhoben werden. Der Adressat muss wissen, dass die Polizei Daten erhebt und welche Daten sie erhebt. Gem. § 40 Abs. 2 SOG LSA darf eine Freiheitsentziehung zum Zwecke der Feststellung der Identität die Dauer von insgesamt zwölf Stunden nicht überschreiten.

V. Identitätsfeststellung nach der StPO

Wird eine Identitätsfeststellung im Rahmen der Strafverfolgung durchgeführt ist zwischen der **Identitätsfeststellung des Verdächtigen** und **der des Nichtverdächtigen** zu unterscheiden. Sobald eine Identitätsfeststellung aus Gründen der Strafverfolgung durchgeführt werden soll, kann nicht mehr auf das SOG LSA zurückgegriffen werden. Von daher ist auch eine Maßnahmenkombination aus § 163b StPO mit präventiven Polizeimaßnahmen zwecks Identitätsfeststellung nicht möglich. Davon unbenommen ist aber eine Durchsuchung aus Gründen der Eigensicherung gem. §§ 41, 42 SOG LSA durch die die Durchsuchung gem. § 163b Abs. 1 Satz 3 StPO durchführenden Polizisten. Die Identitätsfeststellung i. S. d. § 163b kann über **§ 46 Abs. 1 OWiG** auch im Bußgeldverfahren durchgeführt werden. Die praktische Bedeutung für das Bußgeldverfahren ist dabei sogar relativ hoch. So kommt der Identitätsfeststellung große Relevanz bei Geschwindigkeitsmessungen und Kennzeichenerfassungen zu.[181]

181 Vgl. MüKoStPO/Kölbel/Neßeler, StPO § 163b Rn. 4.

1. Die Identitätsfeststellung des Verdächtigen

1.1 Die Tatbestandsvoraussetzungen des § 163b Abs. 1 StPO

Ist jemand einer Straftat verdächtig, so kann die Polizei die zur Feststellung seiner Identität erforderlichen Maßnahmen gem. **§ 163b Abs. 1 Satz 1 StPO** treffen. § 163b Abs. 1 Satz 1 StPO ist eine Generalklausel, die zur Vornahme aller Maßnahmen ermächtigt, die für die Identitätsfeststellung unumgänglich sind. Es darf sich nur nicht um Eingriffe handeln, die in § 163b Abs. 1 Satz 2 und 3 StPO näher beschrieben werden. Die Identitätsfeststellung wird in der Regel folgendermaßen durchgeführt:[182]

1. Der Verdächtige wird angehalten.
2. Der Verdächtige wird nach seinen Personalien befragt.
3. Der Verdächtige wird aufgefordert, seine mitgeführten Ausweisdokumente auszuhändigen.

Die Identitätsfeststellung orientiert sich inhaltlich stark an **§ 111 OWiG.**[183] Zu beachten ist, dass es sich nur um einen **Verdächtigen** handeln muss. Als Verdächtiger ist jede Person anzusehen, gegen die möglicherweise ein Strafverfahren geführt werden kann. Dies setzt voraus, dass sich aus den Umständen des Einzelfalls zureichende tatsächliche Anhaltspunkte für einen **Anfangsverdacht** i. S. d. § 152 Abs. 2 StPO ergeben. Es ist ausweislich des klaren Wortlauts nicht erforderlich, dass der Adressat einer repressiven Identitätsfeststellung auch Beschuldigter ist. Der Unterschied zwischen dem Status als Verdächtiger und dem als Beschuldigter liegt in der Inkulpation. Die Beschuldigteneigenschaft beginnt mit der Inkulpation. Neben den Anfangsverdacht muss mithin der Willensakt der Strafverfolgungsbehörden treten, das Strafverfahren gegen den Verdächtigen als nunmehrigen Beschuldigten einzuleiten und zu betreiben.

Vor dem Hintergrund, dass es nur auf den Status als Verdächtiger ankommt, reicht es aus, dass die Handlung zumindest **tatbestandsmäßig** und **jedenfalls nicht offensichtlich gerechtfertigt** ist. Oftmals werden Rechtfertigungs- und Entschuldigungsgründe nämlich erst im weiteren Gang des Ermittlungsverfahrens geprüft. Die Identitätsfeststellung kann also auch gegenüber einem Schuldunfähigen angeordnet werden. Für die Einleitung eines Strafverfahrens kommt es nicht auf die Schuld an. Dies liegt daran, dass das Strafverfahren nicht zwingend mit einer Verurteilung wegen einer tatbestandsmäßigen, rechtswidrigen und schuldhaften Tat enden muss. Vielmehr kann das Strafverfahren auch mit Maßnahmen zur Besserung

182 BeckOK StPO/von Häfen, StPO § 163b Rn. 8.
183 Müller, Strafverfahrensrecht, Rn. 315.

und Sicherung i. S. d. § 61 ff. StGB enden. Gerade bei Verkehrsdelikten kann es gem. §§ 69 ff. StGB auch zur Entziehung der Fahrerlaubnis kommen.

Von dem Grundsatz, dass es für den Anfangsverdacht, also für die Durchführung der Identitätsfeststellung, nicht auf die Schuld ankommen kann, ist jedoch eine große Ausnahme zu machen. Menschen, die offensichtlich als Strafunmündige i. S. d. § 19 StGB anzusehen sind, können niemals Adressat einer auf § 163b Abs. 1 StPO gestützten Identitätsfeststellung sein.[184] Für Kinder ist daher nur Raum für eine Identitätsfeststellung i. S. d. § 163b Abs. 2 StPO.[185]

1.2 Die Rechtsfolge

Wie stets folgt auf die Erfüllung des Tatbestands die Rechtsfolge. Die Polizei kann mithin gem. § 163b Abs. 1 Satz 1 StPO alle **erforderlichen Maßnahmen** treffen, um die Identität des Verdächtigen festzustellen. Die möglichen Rechtsfolgen des § 163b Abs. 1 Satz 1 StPO müssen jedoch im Lichte der Rechtsfolgen des § 163b Abs. 1 Satz 2 und 3 StPO betrachtet werden. Die auf § 163b Abs. 1 Satz 1 StPO gestützte Maßnahme muss in ihrem Umfang und der Eingriffsschwere erkennbar hinter § 163b Abs. 1 Satz 2 und 3 StPO zurückbleiben. § 163b Abs. 1 Satz 2 StPO trägt dem Verhältnismäßigkeitsgebot insofern Rechnung, als er verdeutlicht, dass eingriffsintensivere Maßnahmen nur dann erlaubt sein sollen, wenn die Identität nicht oder nur unter erheblichen Schwierigkeiten festgestellt werden kann. Von § 163b Abs. 1 Satz 1 StPO sind also nur leichte Maßnahmen zur Identitätsfeststellung umfasst.

Hinweis

Von § 163b Abs. 1 Satz 1 StPO sind etwa folgende Maßnahmen umfasst:[186] Anhalten des Verdächtigen, Frage nach seinen Personalien, Aufforderung, sich auszuweisen, Aushändigung der mitgeführten Ausweisdokumente, Kontrolle der Echtheit des Ausweisdokuments, Abgleich mit Daten in polizeilichen Systemen, Rückfragen aufgrund eines durchgeführten Datenabgleichs in polizeilichen Systemen, Nachfragen bei anderen Personen und Stellen, Nachfragen beim Verdächtigen aufgrund von Unstimmigkeiten oder sonstigen Widersprüchen.

Neben diesen von der Generalklausel ermöglichten Maßnahmen kann ergänzend von den Maßnahmen i. S. d. § 163b Abs. 1 Satz 2 und 3 StPO Gebrauch gemacht werden. Der Verdächtige darf also auch **festgehalten** werden, wenn die Identität sonst nicht oder nur unter erheblichen Schwierig-

184 Zum Ganzen MüKoStPO/Kölbel/Neßeler, StPO § 163b Rn. 9.
185 Müller, Strafverfahrensrecht, Rn. 313.
186 Auflistung angelehnt an KK-StPO/Weingarten, StPO § 163b Rn. 13.

keiten festgestellt werden kann. Das Festhalten des Verdächtigen ist jeder Eingriff in dessen Bewegungsfreiheit und geht in zeitlicher Hinsicht über das bloße Anhalten hinaus.[187] Es stellt einen groben Fehler dar, wenn man das Anhalten mit dem Festhalten gleichsetzt.

Hinweis

Anhalten zwecks Identitätsfeststellung: § 163b Abs. 1 Satz 1 StPO.
Festhalten zwecks Identitätsfeststellung: § 163b Abs. 1 Satz 2 StPO.

Umstritten ist, ob das Festhalten je nach Dauer eine Freiheitsbeschränkung oder eine Freiheitsentziehung darstellen kann oder aber immer als Freiheitsentziehung anzusehen ist.[188] Die Existenz des § 163c StPO spricht jedoch dafür, im Festhalten i. S. d. § 163b Abs. 1 Satz 2 StPO eine Freiheitsentziehung zu sehen. Bei einer Freiheitsentziehung zur Identitätsfeststellung muss nämlich zwingend § 163c StPO beachtet werden. Das Festhalten liegt klassischerweise bei der Sistierung vor. Als Sistierung wird die unfreiwillige Verbringung des Maßnahmenadressaten auf die Dienststelle bezeichnet. Das Festhalten i. S. d. § 163b Abs. 1 Satz 2 StPO ist keine Beugehaft.

Unter den Voraussetzungen des § 163b Abs. 1 Satz 2 StPO sind auch die **Durchsuchung** der Person des Verdächtigen und der von ihm mitgeführten Sachen sowie die Durchführung erkennungsdienstlicher Maßnahmen zulässig. Das Ziel der Durchsuchung des Verdächtigen bzw. seiner Sachen muss aber im Auffinden von Ausweispapieren oder sonstigen Dokumenten liegen, die es ermöglichen, die Identität des Verdächtigen zweifelsfrei festzustellen. Das gezielte Suchen nach Waffen, Drogen oder Diebesgut kann nicht auf § 163b Abs. 1 Satz 3 StPO gestützt werden. Sofern Gegenstände, die auf eine andere Tat hindeuten, bei Gelegenheit gefunden werden, sind diese gem. § 108 Abs. 1 Satz 1 StPO als Zufallsfunde einstweilen in Beschlag zu nehmen.

Für die Frage der Rechtmäßigkeit der Durchsuchungsmaßnahme kommt es auf die Ex-ante-Perspektive an. In diesem Kontext wird bisweilen verlangt, dass die Suche nur auf solche Bereiche erstreckt werden dürfe, an oder in denen sich Ausweispapiere in der Regel, also erfahrungsgemäß befinden.[189] Andere nehmen hier keine Restriktion vor. So soll etwa das gesamte Kfz durchsucht werden können, wenn der Fahrer verdächtig i. S. d. § 163b Abs. 1 Satz 3 StPO ist.[190] Der sehr weite Wortlaut des § 163b Abs. 1

187 Vgl. Müller, Strafverfahrensrecht, Rn. 318.
188 Vgl. MüKoStPO/Kölbel/Neßeler, StPO § 163c Rn. 5.
189 So etwa Nerlich, Eingriffsrecht Brandenburg, S. 62.
190 So etwa MüKoStPO/Kölbel/Neßeler, StPO § 163b Rn. 17.

Satz 3 StPO spricht wohl eher für die zweite Auffassung. In jedem Fall wird die Durchsuchung aber durch die Verhältnismäßigkeit beschränkt werden. Als mitgeführt gelten Sachen, über die der Betroffene zurzeit der Durchsuchung die tatsächliche Sachherrschaft ausübt und auf die er in zeitlicher sowie räumlicher Hinsicht unmittelbaren Zugriff hat. Ohne Bedeutung sind die zivilrechtlichen Eigentums- und Besitzverhältnisse. Die Durchsuchung der **Wohnung** zwecks Auffindens von Ausweispapieren kann nicht auf § 163b Abs. 1 Satz 3 StPO gestützt werden. Hier muss auf § 102 StPO zurückgegriffen werden. Zu beachten ist dabei, dass für § 102 StPO der Adressat der Maßnahme den Status eines Beschuldigten haben muss. Insofern genügt der Status als Verdächtiger nicht.

Die Polizei kann ferner **erkennungsdienstliche Maßnahmen** durchführen. Dazu zählen etwa die Abnahme von Fingerabdrücken, das Fertigen von Lichtbildern, das Vermessen des Betroffenen sowie das Feststellen anderer äußerer körperlicher Merkmale.

1.3 Verfahrensrechtliches

Die Anordnungs- und Durchführungskompetenz der Identitätsfeststellung liegt bei der Staatsanwaltschaft und der Polizei. Es muss sich gerade nicht um eine Ermittlungsperson der Staatsanwaltschaft handeln. Bei der Identitätsfeststellung i. S. d. § 163b StPO handelt es sich um eine repressive Maßnahme, bei der das Gericht ausnahmsweise keine Anordnungskompetenz hat. Gem. § 163b Abs. 1 Satz 1 Halbsatz 2 StPO i. V. m. § 163a Abs. 4 Satz 1 StPO ist dem Verdächtigen zu Beginn der Feststellungen zu eröffnen, welche Tat ihm zur Last gelegt wird. Die Identitätsfeststellung ist rechtswidrig, wenn § 163a Abs. 4 Satz 1 StPO nicht beachtet wird. Die Strafnormen müssen nicht genannt werden. Diese Belehrung ist aber entbehrlich, wenn der Verdächtige den Grund für die Feststellung offensichtlich kennt, weil er beispielsweise auf frischer Tat gestellt wurde.

Sobald die Strafverfolgungsbehörden den Verdächtigen i. S. d. § 163b Abs. 1 Satz 2 StPO festhalten, müssen sie **§ 163c StPO** beachten. Eine von einer Maßnahme nach § 163b StPO betroffene Person darf mithin in keinem Fall länger als zur Feststellung ihrer Identität unerlässlich festgehalten werden. In aller Regel ist die festgehaltene Person auch unverzüglich dem Richter bei dem Amtsgericht, in dessen Bezirk sie ergriffen worden ist, zum Zwecke der Entscheidung über Zulässigkeit und Fortdauer der Freiheitsentziehung vorzuführen. Eine Ausnahme besteht nur in den Fällen, in denen die Herbeiführung der richterlichen Entscheidung voraussichtlich längere Zeit in Anspruch nehmen würde, als zur Feststellung der

Identität notwendig wäre. Weil das Festhalten als Freiheitsentziehung i. S. d. Art. 104 Abs. 2 GG anzusehen ist, muss der festgehaltene Verdächtige auch über die §§ 114a ff. StPO belehrt werden. Ihm ist also der Grund des Festhaltens mitzuteilen, er muss über seine Rechte aufgeklärt werden und ihm muss Gelegenheit gegeben werden, einen Angehörigen oder eine Vertrauensperson zu kontaktieren.

Gem. § 163c Abs. 2 StPO darf eine Freiheitsentziehung zum Zwecke der Feststellung der Identität die Dauer von insgesamt **zwölf Stunden** nicht überschreiten. Ist die begonnene Identitätsfeststellung nach zwölf Stunden immer noch nicht abgeschlossen, so ist der Verdächtige gleichwohl sofort in die Freiheit zu entlassen. Dass die Polizei insofern einen offenen Vorgang nicht abschließen kann, ist unerheblich. Aus dieser Vorschrift folgt umgekehrt aber, dass die Polizei die zwölfstündige Höchstdauer sehr wohl unterschreiten darf. Ist also die Identität des Verdächtigen nach vier Stunden zweifelsfrei festgestellt, so darf die Polizei diesen nicht noch weitere acht Stunden festhalten.

Sofern die Strafverfolgungsbehörden eine Personendurchsuchung oder eine erkennungsdienstliche Behandlung beim Verdächtigen durchführen, ist **§ 81d StPO** zu beachten. § 81d StPO gilt für die Durchführung körperlicher Untersuchungen, zu denen auch die Durchsuchung i. S. d. §§ 102 ff. StPO zählt. Dass § 81d StPO auch für Durchsuchungen gilt, kann man dem Wortlaut des § 81d StPO nicht entnehmen.[191] Sofern die körperliche Untersuchung oder Durchsuchung das Schamgefühl verletzen kann, wird sie von einer Person gleichen Geschlechts oder von einer Ärztin oder einem Arzt vorgenommen.

2. Die Identitätsfeststellung des Nichtverdächtigen

Eine Identitätsfeststellung kann nicht nur beim Verdächtigen, sondern auch beim Nichtverdächtigen durchgeführt werden. Die Identität des Nichtverdächtigen kann über **§ 163b Abs. 2 StPO** festgestellt werden.

2.1 Die Tatbestandsvoraussetzungen des § 163b Abs. 2 StPO

Die Identitätsfeststellung des Nichtverdächtigen ist gem. § 163b Abs. 2 StPO zulässig, wenn und soweit dies zur Aufklärung einer Straftat geboten ist. **Nichtverdächtiger** ist jeder, der kein Verdächtiger ist. Diese Negativdefinition ist so weit, dass von § 163b Abs. 2 StPO auch solche Personen betroffen sein können, die in keiner Weise auch nur ansatzweise mit irgendeiner Straftat in Verbindung stehen. Das Gesetz schränkt den perso-

191 Vgl. BeckOK StPO/Goers, StPO § 81d Rn. 1.

nellen Anwendungsbereich über sachliche Erwägungen ein. So muss die Identitätsfeststellung des Nichtverdächtigen jedenfalls für die Aufklärung einer Straftat geboten sein. Es muss also zumindest ein Anfangsverdacht für eine Straftat vorliegen. Vor diesem Hintergrund sind Nichtverdächtige in der Regel **Opfer** und **Zeugen** einer Straftat.

2.2 Die Rechtsfolge

Gegenüber einem Nichtverdächtigen sind die Maßnahmen i. S. d. § 163b Abs. 1 Satz 1 StPO zulässig. Liegen die tatbestandlichen Voraussetzungen des § 163b Abs. 2 Satz 1 StPO vor, darf der Nichtverdächtige angehalten und nach dessen Personalien befragt werden. Ferner kann er aufgefordert werden, seine Ausweisdokumente auszuhändigen. Unter den Voraussetzungen des § 163b Abs. 2 Satz 2 Halbsatz 1 StPO ist auch ein Festhalten zulässig.

Das **Festhalten** darf aber zur Bedeutung der Sache nicht außer Verhältnis stehen. Insofern wäre ein Festhalten des Nichtverdächtigen etwa im Falle eines kleinen Verkehrsunfalls, bei dem es nur zu Blech-, aber nicht zu Personenschäden gekommen ist, unverhältnismäßig. Gleiches gilt für ähnliche Bagatelldelikte. Maßgeblich sind die Art der Straftat und das Schadensausmaß. Vollkommen unerheblich ist die Qualität der Aussage des Nichtverdächtigen oder seine spätere Rolle im Ermittlungsverfahren.[192] Sofern es sich nur um Ordnungswidrigkeiten handelt, darf ein Nichtverdächtiger in keinem Fall festgehalten werden.[193]

Durchsuchungen und erkennungsdienstliche Behandlungen dürfen gem. § 163b Abs. 2 Satz 2 StPO nicht gegen den Willen des betroffenen Nichtverdächtigen durchgeführt werden. Es reicht dabei aus, dass der entgegenstehende Wille nach außen erkennbar ist. Dies kann ausdrücklich oder konkludent geschehen. Unklar ist, ob die Rechtmäßigkeit der Maßnahmen i. S. d. § 163b Abs. 1 Satz 3 StPO beim Nichtverdächtigen dessen ausdrückliche Einwilligung in diese Maßnahmen erfordert.[194] Die wohl vorherrschende Auffassung verlangt keine ausdrückliche Einwilligung.[195] Bisweilen wird aber auch vertreten, dass eine ausdrückliche Einwilligung zu verlangen sei, da mit dieser letztlich eine größere „Handlungssicherheit der agierenden Polizeibeamten" einhergehe.[196] Dies setzt zweifelsohne eine ordnungsgemäße Belehrung voraus.

192 Vgl. Nerlich, Eingriffsrecht Brandenburg, S. 64.
193 Vgl. MüKoStPO/Kölbel/Neßeler, StPO § 163b Rn. 24.
194 Siehe hierzu nur KK-StPO/Weingarten, StPO § 163b Rn. 31.
195 So etwa MüKoStPO/Kölbel/Neßeler, StPO § 163b Rn. 25.
196 Nerlich, Eingriffsrecht Brandenburg, S. 65.

Sofern der Nichtverdächtige sich **unkooperativ** zeigt und er ferner einer Durchsuchung oder erkennungsdienstlichen Maßnahme nicht zustimmt, läuft § 163b Abs. 2 StPO im Grunde ins Leere. Ob man § 163b Abs. 2 StPO mit Zwang durchsetzen kann, ist nicht abschließend entschieden.

Sofern sich die Strafverfolgungsbehörden mit einem unkooperativen Nichtverdächtigen konfrontiert sehen, können sie jedenfalls die Daten i. S. d. § 111 OWiG erfragen. Sollte der Nichtverdächtige auch hier das Angeben der Daten verweigern, so begeht er eine Ordnungswidrigkeit. Es ist juristisch spitzfindig, wenn man ausgehend von der nunmehr begangenen Ordnungswidrigkeit den vormals Nichtverdächtigen nun als Verdächtigen i. S. d. § 163b Abs. 1 StPO ansehen will und demnach eine Identitätsfeststellung gegen den Willen des ehemals Nichtverdächtigen auf § 163b Abs. 1 StPO stützen möchte.[197] Ob dieses Vorgehen rechtmäßig ist, ist unklar. Soweit es ersichtlich ist, wurde dieser Fall noch nicht durch ein Gericht entschieden. Ob man durch dieses Vorgehen den Einwilligungsvorbehalt des § 163b Abs. 2 StPO in rechtsstaatswidriger Weise umgeht, ist zweifelhaft.[198] Immerhin begeht der Nichtverdächtige durch sein Verhalten selbst eine Ordnungswidrigkeit, womit der Anwendungsbereich des § 163b Abs. 1 StPO eröffnet ist. Angesichts dessen ist für § 163b Abs. 2 StPO kein Raum mehr. Überdies ist der Nichtverdächtige dann auch nicht schutzbedürftig.

2.3 Verfahrensrechtliches

In verfahrensrechtlicher Hinsicht ist zu beachten, dass die Staatsanwaltschaft und die Polizei die **Anordnungs- und Durchführungsbefugnis** innehaben. Die Polizei muss keine Ermittlungsperson der Staatsanwaltschaft sein. Das Gericht hat keine Anordnungskompetenz. § 69 Abs. 1 Satz 2 StPO gilt gem. § 163b Abs. 2 Satz 1 Halbsatz 2 StPO für die Identitätsfeststellung des Nichtverdächtigen entsprechend. Vor der Identitätsfeststellung des Nichtverdächtigen ist diesem mithin der Gegenstand der Untersuchung und die Person des Beschuldigten, sofern ein solcher vorhanden ist, zu bezeichnen. Der Nichtverdächtige ist ferner zu belehren. Unterbleibt die Belehrung ist die Maßnahme rechtswidrig. Sofern der Nichtverdächtige festgehalten wird, muss § 163c StPO beachtet werden.

197 Vgl. Nerlich, Eingriffsrecht Brandenburg, S. 65.
198 So aber wohl Nerlich, Eingriffsrecht Brandenburg, S. 65.

Kapitel F Prüfung von Berechtigungsscheinen und sonstigen Urkunden

Im vorangegangenen Kapitel 5 wurde die in § 20 SOG LSA normiere Identitätsfeststellung dargestellt. § 20 SOG LSA stellt darüber hinaus aber auch die Befugnisnorm für eine weitere polizeiliche Maßnahme dar, die mit der Identitätsfeststellung nicht zwingend etwas zu tun haben bzw. mit dieser zusammenfallen muss. Etwas versteckt, in **§ 20 Abs. 7 SOG LSA**, findet sich die Ermächtigungsgrundlage für die Prüfung von Berechtigungsscheinen und sonstigen Urkunden. Gem. § 20 Abs. 7 SOG LSA kann die Polizei verlangen, dass Berechtigungsscheine, Bescheinigungen, Nachweise oder sonstige Urkunden zur Prüfung ausgehändigt werden. Damit handelt es sich bei § 20 Abs. 7 SOG LSA nicht um einen Fall der Identitätsfeststellung, wohl aber um einen der sog. „Personenkontrolle“.[199]

Der **Normzweck** besteht damit nicht in der Überprüfung der Identität, sondern in der Kontrolle der Einhaltung von spezialgesetzlichen Erlaubnispflichten. Die Polizei soll mit § 20 Abs. 7 SOG LSA in die Lage versetzt werden, zu überprüfen, ob eine Person, die in Ausübung einer bestimmten erlaubnispflichtigen Aktivität angetroffen wird, im Besitz einer entsprechenden Erlaubnis ist. Sachsen-Anhalt hat sich in seinem SOG LSA dazu entschieden, die Identitätsfeststellung und die Prüfung von Berechtigungsscheinen in einem Paragrafen zu normieren. Zwischen beiden Maßnahmen muss aber sowohl inhaltlich als auch systematisch sauber unterschieden werden. Dies betrifft neben dem Unterschied im Normzweck vor allem die fehlende Möglichkeit, die Prüfung von Berechtigungsscheinen durch Begleitmaßnahmen zu unterstützen. Insbesondere § 20 Abs. 3 SOG LSA ist in keiner Weise auf § 20 Abs. 7 SOG LSA anwendbar.

Ein Berechtigungsschein ist ein von einer Behörde ausgestellter Nachweis über die Berechtigung, dass die im Berechtigungsschein genannte Person bestimmte Tätigkeiten ausüben darf. Berechtigungsscheine sind etwa:
- die (Fahrzeug-)Zulassungsbescheinigung Teil I gem. § 11 Abs. 6 FZV,
- der Führerschein gem. § 4 Abs. 2 Satz 2 FeV,
- der Fahrlehrerschein gem. § 5 FahrlG,
- die Mofa-Prüfbescheinigung gem. § 5 Abs. 4 Satz 2 FeV,
- der Fischereischein gem. § 28 Abs. 1 FischG LSA,
- der Jugendfischereischein gem. § 29 Abs. 1 FischG LSA,
- der Sonderfischereischein gem. § 29 Abs. 2 FischG LSA,

199 Martell, SOG LSA, § 20 Rn. 43.

- der Friedfischfischereischein gem. § 29 Abs. 3 FischG LSA,
- der Erlaubnisschein des Fischereiberechtigten gem. § 26 Abs. 1 FischG LSA,
- der Jagdschein gem. § 15 Abs. 1 Satz 1 BJagdG,
- die Reisegewerbekarte gem. § 60c Abs. 1 Satz 1 GewO,
- der Waffenschein und die Waffenbesitzkarte gem. § 38 Abs. 1 Satz 1 Nr. 1a WaffG.

Demgegenüber sind Aufenthaltstitel, der Personalausweis und der Reisepass keine Berechtigungsscheine.

Die **tatbestandliche Voraussetzung** für diese Maßnahme ist, dass die betroffene Person auf Grund einer Rechtsvorschrift verpflichtet ist, diese Urkunde mitzuführen. Die **Mitführungspflicht** der Urkunden folgt damit nicht aus § 20 Abs. 7 SOG LSA. Vielmehr ergibt sich eine solche aus dem jeweiligen Fachrecht. Im Einzelnen kann sich die Pflicht zur Mitführung der Urkunde aber auch aus einer sofort vollziehbaren Auflage gem. § 36 Abs. 2 Nr. 4 VwVfG ergeben. In diesen Fällen erlässt die zuständige Behörde nicht nur eine Erlaubnis für eine bestimmte Aktivität, sondern parallel dazu als Nebenbestimmung auch die Auflage, diese Erlaubnis bei der Ausübung der Aktivität immer mitzuführen. Die Zuständigkeit zum Erlass der Auflage hat die Behörde, die für die Erteilung der Erlaubnis zuständig ist. Es handelt sich insofern um eine Annexkompetenz der Erlasskompetenz.

Die Polizei kann sich von der zur Mitführung der Berechtigungsscheine verpflichteten Person diese Urkunden **vorzeigen** und vor allem **aushändigen** lassen. Unter einem Aushändigen des Berechtigungsscheins wird das tatsächliche Übergeben der Urkunde an den Polizeivollzugsbeamten verstanden, sodass dieser den Berechtigungsschein in seinen Händen hält. Im Gegensatz dazu behält der Inhaber des Berechtigungsscheins beim bloßen Vorzeigen die tatsächliche Sachherrschaft über die Urkunde, weil er diese gerade nicht aus seiner Hand gibt. Indem § 20 Abs. 7 SOG LSA in seinem Wortlaut unmissverständlich auf das Aushändigen abstellt, wird deutlich gemacht, dass das bloße Vorzeigen für eine ordnungsgemäße Prüfung von Berechtigungsscheinen nicht ausreichend sein kann.

In den speziellen Rechtsgrundlagen des besonderen Verwaltungsrechts fehlt es diesbezüglich an Einheitlichkeit. Mal wird ein Vorzeigen für ausreichend erachtet (etwa § 15 Abs. 1 BJagdG), mal muss die Urkunde ausgehändigt werden (etwa § 38 Abs. 2 WaffG). Indem der Berechtigungsschein auszuhändigen ist, kann sich der Polizeivollzugsbeamte durch das Anfassen und eingängige Betrachten auch von der **Echtheit der Urkunde** überzeugen. Da es sich um eine Urkunde handelt, ist neben dem Sinn und Zweck des § 20

Abs. 7 SOG LSA immer auch an mögliche Urkundendelikte des StGB zu denken. Sofern der Berechtigungsschein gefälscht ist, stellt er ein Beweismittel dar, das gem. §§ 94 und 98 StPO sichergestellt bzw. beschlagnahmt werden kann.

Die Mitführungspflicht ist das einzige Tatbestandsmerkmal. Die Prüfung von Berechtigungsscheinen kann **anlasslos** erfolgen. Es ist mithin nicht erforderlich, dass eine Gefahr vorliegt und der Inhaber des Berechtigungsscheins als Verhaltens-, Zustands- oder Nichtverantwortlicher anzusehen ist. Anlasslos bedeutet zudem, dass der Inhaber sich in Ausübung dieser Berechtigung nicht etwa strafbar gemacht oder eine Ordnungswidrigkeit begangen haben muss. Umgekehrt kann aber das Nichtmitführen der Urkunde eine Ordnungswidrigkeit darstellen. Für die Prüfung von Berechtigungsscheinen ist es vielmehr ausreichend, dass der Inhaber die Tätigkeit, zu der er berechtigt wurde, gerade beendet hat, noch ausübt bzw. in absehbarer Zeit mit der Ausübung beginnen wird. Die Ausübung muss also gegenwärtig sein.

Zu beachten ist aber, dass sich die Polizei je nach Einzelfall dazu entschließen kann, es bei einem Vorzeigen bewenden zu lassen. Auch das Vorzeigen ist nämlich, wenn auch nicht ausdrücklich, so doch als Minusmaßnahme in § 20 Abs. 7 SOG LSA enthalten. Dies folgt aus einem „Erst-recht-Schluss“: Wenn die Polizei schon befugt ist, sich eine Urkunde aushändigen zu lassen, dann ist sie in jedem Fall befugt, sich die Urkunde nur vorzeigen zu lassen.[200] Das Vorzeigen ist nämlich mit Blick auf die Schwere des Grundrechtseingriffs weniger eingriffsintensiv. Für das Aushändigen oder Vorzeigen kann der Inhaber **angehalten** werden. Das Anhalten ist für die effektive Durchführung der Prüfung notwendig und bedarf keiner eigenen Befugnisnorm. Dabei ist es umstritten, ob die Polizei in die grundrechtlich geschützte Freiheit der Person aus Art. 2 Abs. 2 Satz 2 GG oder aber nur in die allgemeine Handlungsfreiheit des Art. 2 Abs. 1 GG eingreift. Weil die Maßnahme in aller Regel nur von relativ kurzer Dauer ist, wird auch die körperliche Bewegungsfreiheit nur kurz eingeschränkt. Es handelt sich also um eine Freiheitsbeschränkung und nicht um eine Freiheitsentziehung.[201]

Sofern der Inhaber des Berechtigungsscheins nicht anhalten und die Urkunde nicht aushändigen will, kann die Polizei die Maßnahme des § 20 Abs. 7 SOG LSA mithilfe von **Zwangsmaßnahmen** durchsetzen. So kann sie dem Berechtigten den Berechtigungsschein etwa mit unmittelbarem

200 So auch BeckOK PolR NRW/Ogorek, PolG NRW § 13 Rn. 13.
201 Vgl. Nerlich, Eingriffsrecht Brandenburg, S. 78.

Zwang aus der Hand nehmen. Die Polizei ist aber dann vor ein größeres rechtliches Problem gestellt, wenn für sie gar nicht erkennbar ist, ob derjenige, der die erlaubnispflichtige Tätigkeit ausübt, den Berechtigungsschein überhaupt bei sich hat. Damit ist die Frage aufgeworfen, ob die Polizei in diesen Fällen über § 20 Abs. 7 SOG LSA auch eine **Durchsuchung** der Person und ihrer Sachen zwecks Auffindung des Berechtigungsscheins durchführen darf. Für die Prüfung von Berechtigungsscheinen fehlt eine § 20 Abs. 4 SOG LSA vergleichbare Vorschrift.

Es würde die vom Vorrang und Vorbehalt des Gesetzes gezogenen Grenzen überschreiten, läse man in eine Befugnisnorm alle nur erdenklichen Begleitmaßnahmen hinein, die für ihre effektive Durchsetzung vonnöten wären. Insofern sind Begleitmaßnahmen nur dann von der Befugnisnorm umfasst, wenn der eigentliche Normzweck der Befugnisnorm ohne die Begleitmaßnahme schlechterdings nicht erfüllt werden könnte. Dies ist hinsichtlich der Begleitmaßnahme des Anhaltens gerade noch der Fall. Sofern im Rahmen von § 20 Abs. 7 SOG LSA allerdings weitere Begleitmaßnahmen erforderlich sind, bedürfen diese einer eigenen Befugnisnorm.[202] Eine Durchsuchung kann daher nicht mehr auf § 20 Abs. 7 SOG LSA gestützt werden. Hier muss die Polizei auf § 41 und § 42 SOG LSA ausweichen.

§ 20 Abs. 7 SOG LSA ist nur einschlägig, wenn die Prüfung von Berechtigungsscheinen nicht schon von Spezialvorschriften des besonderen Gefahrenabwehrrechts ermöglicht wird. Insofern greift der Grundsatz „lex specialis derogat legi generali". Das speziellere Gesetz geht dem allgemeinen also vor. Häufig ergibt sich die Mitführungspflicht sowie die Vorzeige- bzw. Aushändigungspflicht aus den Spezialvorschriften. Nur dann, wenn die Spezialvorschrift hinter dem Aushändigen zurückbleibt, ist Raum für § 20 Abs. 7 SOG LSA. Spezialvorschriften, die § 20 Abs. 7 SOG LSA vorausgehen, sind etwa:
- § 4 Abs. 2 Satz 2 FeV
- § 48 Abs. 3 Satz 2 FeV
- § 46 Abs 3 Satz 3 StVO
- § 38 Abs. 2 WaffG
- § 17 Abs. 4 Satz 1 PBefG

Demgegenüber geht § 20 Abs. 7 SOG LSA beispielsweise den folgenden Vorschriften vor, weil diese nur das Vorzeigenlassen ermöglichen und damit hinter § 20 Abs. 7 SOG LSA zurückbleiben:
- § 15 Abs. 1 BJagdG
- § 60c Abs. 1 Satz 1 GewO

202 Vgl. BeckOK PolR NRW/Ogorek, PolG NRW § 13 Rn. 16.

Kapitel G Erkennungsdienstliche Maßnahmen

I. Allgemeines

Bei **erkennungsdienstlichen Maßnahmen** handelt es sich um das Erheben, Abnehmen, Aufnehmen, Messen, Feststellen und Analysieren äußerer, körperlicher und persönlicher Merkmale. Hierunter fallen vor allem die Abnahme von Finger- und Handflächenabdrücken und Abdrücken anderer Körperpartien (etwa Ohr- und Zahnabdrücke), die Aufnahme von Abbildungen, das Feststellen der Augenfarbe und das Messen der Körpergröße, des Blutdrucks und des Pulses.[203] Ferner dürfen einzelne Haare (ggf. auch aus dem Intimbereich) entnommen werden. Erfasst sind darüber hinaus das Feststellen und Ablichten von Verletzungen, Narben, Wunden, Tätowierungen, soweit dies für das mit der erkennungsdienstlichen Maßnahme verfolgte Ziel erforderlich ist. Auch die sog. „Nackt-ED-Behandlung" stellt eine erkennungsdienstliche Maßnahme dar.[204] All diese erhobenen Informationen dienen der Feststellung der Identität der Person. Zugleich können diese Daten der Polizei bei der Charakterisierung der Person helfen.

Erkennungsdienstliche Maßnahmen sind nicht auf das bloße Betrachten und Wahrnehmen des äußeren Körpers beschränkt. Sie können sich bis zu einem gewissen Grad auch auf Eingriffe am Körper (aber wohl nicht im Körper) erstrecken. So ist es etwa gemeinhin anerkannt, dass der Adressat der erkennungsdienstlichen Maßnahme die Veränderung seiner Haare und seines Barts zu dulden hat, sofern die Polizei diese Veränderung für einen Datenabgleich benötigt.[205] Auch wird man verlangen können, dass sich der Adressat je nach Sachverhalt die Brust, die Beine etc. rasiert, um ein besonderes Merkmal besser zu erkennen. Es ist nicht abschließend entschieden, ob auch der **genetische Fingerabdruck** zum Zwecke einer DNA-Analyse abgenommen werden darf. Dagegen spricht, dass der genetische Fingerabdruck nicht mehr äußerlich erkennbar ist.

Hier wird die Abgrenzung zwischen erkennungsdienstlicher Maßnahme und körperlicher Untersuchung besonders deutlich. Die Grenze zur körperlichen Untersuchung darf zweifellos nicht übertreten werden. Die Polizei darf also eine körperliche Untersuchung nicht unter dem Deckmantel der erkennungsdienstlichen Maßnahme durchführen. Erkennungsdienst-

203 Vgl. Thiel, Polizeirecht, § 10 Rn. 35.
204 So etwa OVG Lüneburg, Beschl. v. 22.4.2015 – 11 ME 58/15.
205 Vgl. Thiel, Polizeirecht, § 10 Rn. 36.

liche Maßnahmen stellen Grundrechtseingriffe dar, für die es wegen des Vorbehalts des Gesetzes einer Befugnisnorm bedarf.

Im Einzelnen muss zwischen der erkennungsdienstlichen Behandlung, der Personendurchsuchung und der körperlichen Untersuchung differenziert werden. Die Unterscheidung kann je nach Sachverhalt mitunter durchaus schwierig sein. Überzeugend ist folgende Abgrenzung:[206]

- Die **erkennungsdienstliche Behandlung** zielt auf das Feststellen bestimmter unveränderlicher körperlicher Merkmale des Adressaten.
- Die **Personendurchsuchung** zielt auf das Auffinden von körperfremden Gegenständen auf dem Körper des Adressaten.
- Die **körperliche Untersuchung** zielt auf die Feststellung der psychischen und physischen Konstitution des Adressaten.

Auch bei der erkennungsdienstlichen Behandlung muss man zwischen der präventiven und der repressiven erkennungsdienstlichen Behandlung unterscheiden. In Sachsen-Anhalt ist **§ 21 Abs. 2 SOG LSA** die zentrale Ermächtigungsgrundlage für erkennungsdienstliche Maßnahmen zum Zwecke der Gefahrenabwehr. Hierbei ist vor allem das aus Art. 2 Abs. 1 GG i. V. m. Art. 1 Abs. 1 folgende Grundrecht auf informationelle Selbstbestimmung betroffen. Die auf § 21 SOG LSA gestützten Grundrechtseingriffe können im Einzelfall durchaus intensiv sein. Dies wäre etwa anzunehmen, wenn die Polizei das Entfernen der gesamten Bart- bzw. Haartracht verlangt. Auch die Nackt-ED-Behandlung greift in gesteigertem Maße in das Allgemeine Persönlichkeitsrecht ein. Demgegenüber sind etwa die Entnahme eines Haares, das Ablichten einer Tätowierung am Oberarm oder die Aufnahme eines Ohrabdrucks in aller Regel keine schwerwiegenden Grundrechtseingriffe.

Die Polizei darf mit Blick auf § 21 Abs. 1 SOG LSA zwar alle dort genannten erkennungsdienstlichen Maßnahmen durchführen. Sie ist aber selbstverständlich auch hier an den Grundsatz der Verhältnismäßigkeit gebunden. So wird man von der Polizei durchaus verlangen dürfen, dass sie sich vor der Durchführung mit den verschiedenen Arten der erkennungsdienstlichen Maßnahmen auseinandersetzt und sich für diejenige entscheidet, die am Ende erforderlich und angemessen ist.[207]

Die Befugnisnorm für die repressiven erkennungsdienstlichen Maßnahmen ist **§ 81b StPO**. Hierbei ist zu beachten, dass § 81b Abs. 1 StPO eine Besonderheit aufweist. Er enthält nämlich nicht nur eine Befugnisnorm für eine repressive, sondern auch für eine präventive erkennungsdienstliche Maß-

206 Die nachfolgende Darstellung folgt Nerlich, Eingriffsrecht Brandenburg, S. 96.
207 Treffend Martell, SOG LSA, § 21 Rn. 2.

nahme. Vor diesem Hintergrund ist ein exaktes Zitieren der Befugnisnorm unumgänglich. **§ 81b Abs. 1 Alt. 1 StPO** berechtigt zur Vornahme einer erkennungsdienstlichen Behandlung für die Zwecke der Durchführung des Strafverfahrens. Es geht hierbei um die Gewinnung von Beweisen für das Strafverfahren. § 81b Abs. 1 Alt. 1 StPO ermöglicht damit eine repressive Maßnahme.

Demgegenüber ermöglicht **§ 81b Abs. 1 Alt. 2 StPO** erkennungsdienstliche Maßnahmen, soweit sie für die Zwecke des Erkennungsdienstes notwendig sind. Es handelt sich dabei um eine Maßnahme der „Strafverfolgungsvorsorge".[208] § 81b Abs. 1 Alt. 2 StPO hat damit gerade nicht das Erheben von Beweisen für ein Strafverfahren im Blick, sondern vielmehr eine zukünftige Strafverfolgung. Er dient der Erweiterung und dem Ausbau polizeilicher und strafverfolgungsbehördlicher Datensammlungen, auf die die Polizei bzw. die Staatsanwaltschaft dann zur Bekämpfung und Vorbeugung von Straftaten zugreifen kann. Angesichts dessen ist § 81b Abs. 1 Alt. 2 StPO eine Befugnisnorm für präventives Handeln und zählt als Bestandteil des materiellen Gefahrenabwehrrechts zum besonderen Verwaltungsrecht.[209]

Ferner ermächtigt **§ 20 Abs. 3 Satz 2 SOG LSA** zur Durchführung erkennungsdienstlicher Maßnahmen zwecks Feststellung der Identität.

In Sachsen-Anhalt kann die Polizei bzw. die Staatsanwaltschaft vor allem nach den folgenden Befugnisnormen erkennungsdienstliche Maßnahmen durchführen:

- § 21 SOG LSA
- § 20 Abs. 3 und 5 SOG LSA i. V. m. § 21 SOG LSA
- § 81b Abs. 1 Alt. 1 StPO (repressiv)
- § 81b Abs. 1 Alt. 2 StPO (präventiv)
- § 88 Abs. 1 Satz 2 StPO
- § 163b StPO

II. Erkennungsdienstliche Maßnahmen nach dem SOG LSA

1. Die Tatbestandsvoraussetzungen des § 21 SOG LSA

Zunächst definiert § 21 Abs. 1 SOG LSA, was erkennungsdienstliche Maßnahmen i. S. d. SOG LSA überhaupt sind. Hier werden die zentralen und regelmäßig durchgeführten Maßnahmen aufgelistet. Die Polizei darf mit-

208 Zu diesem Begriff MüKoStPO/Trück, StPO § 81b Rn. 2 (im Original hervorgehoben).
209 BVerwG, Beschl. v. 14.7.2014 – 6 B 2/14, NVwZ-RR 2014, S. 848 (849).

hin Fingerabdrücke und Abdrücke anderer Körperpartien abnehmen, Abbildungen aufnehmen und äußere körperliche Merkmale messen und feststellen. Anders als in anderen Bundesländern ist **diese Aufzählung** in Sachsen-Anhalt **abschließend**. Im Gegensatz zu anderen Landespolizeigesetzen fehlt im SOG LSA nämlich an dieser Stelle das Wort „insbesondere“, dessen Verwendung auf nicht abschließend aufgeführte Regelbeispiele hinweist.

Dieser restriktive Umgang mit erkennungsdienstlichen Maßnahmen in Sachsen-Anhalt wird dann auch in § 21 Abs. 2 SOG LSA deutlich. § 21 Abs. 2 SOG LSA ist die Befugnisnorm für erkennungsdienstliche Maßnahmen und beschränkt die Durchführung auf zwei ebenfalls abschließend geregelte Fälle. Erkennungsdienstliche Maßnahmen dürfen nur zum Zwecke der Identitätsfeststellung (Nr. 1) und zum Zwecke der Verhütung von Straftaten (Nr. 2) durchgeführt werden. Für die Durchführung erkennungsdienstlicher Maßnahmen ist ausschließlich die Polizei zuständig. Die Sicherheitsbehörden haben keine entsprechende Befugnis.

Die Polizei kann erkennungsdienstliche Maßnahmen gem. § 21 Abs. 2 Nr. 1 SOG LSA vornehmen, wenn dies nach § 20 Abs. 3 und 5 SOG LSA zur **Feststellung der Identität** angeordnet ist. Erkennungsdienstliche Maßnahmen können gem. § 20 Abs. 5 SOG LSA nur in den Fällen angeordnet werden, in denen die Identität auf andere Weise nicht oder nur unter erheblichen Schwierigkeiten festgestellt werden kann. In dieser Formulierung kann mithin die Prüfung der Erforderlichkeit als Element der Verhältnismäßigkeitsprüfung buchstäblich wiedergefunden werden. Die Identität kann beispielsweise durch ein bloßes Befragen, Anhalten oder das Vorzeigen des Personalausweises bzw. Passes leichter festgestellt werden. Die erkennungsdienstlichen Maßnahmen sind damit hinsichtlich der Identitätsfeststellung **Ultima Ratio**.

Hier ist § 21 Abs. 2 Nr. 1 SOG LSA eine Ergänzung von § 20 SOG LSA. Im Ausgangspunkt muss die Polizei für eine erkennungsdienstliche Maßnahme damit überhaupt zur Durchführung einer Identitätsfeststellung berechtigt sein. Die Prüfung der Identitätsfeststellung ist also (gedanklich) vorgelagert. Spätestens im Rahmen der Angemessenheitsprüfung muss sich der handelnde Polizeivollzugsbeamte die Frage stellen, ob das polizeiliche Interesse an der Durchführung einer erkennungsdienstlichen Maßnahme das Interesse des Adressaten an der Nichtdurchführung dieser Maßnahme rechtlich überwiegt. So können etwa dann Zweifel am überwiegenden polizeilichen Interesse an der Durchführung der Maßnahmen bestehen, wenn der Adressat glaubwürdige mündliche Angaben zu seiner

Person gemacht hat und die Gesamtsituation eine Kontrolle der Angaben nicht angezeigt sein lässt. Wann dies der Fall ist, lässt sich hier nicht pauschal sagen. Es handelt sich vielmehr um eine Frage des jeweiligen Einzelfalls, bei dem die Polizei die konkreten Umstände (durchaus kritisch) einbeziehen muss. So ist nach hier vertretener Ansicht eine erkennungsdienstliche Maßnahme durchzuführen, wenn der Adressat erkennbar Fantasienamen oder Namen von Prominenten nennt.

Die Polizei kann erkennungsdienstliche Maßnahmen aber gem. § 21 Abs. 2 Nr. 2 SOG LSA auch dann vornehmen, wenn dies zur **Verhütung von Straftaten** erforderlich ist, weil die betroffene Person verdächtig ist, eine Straftat begangen zu haben und wegen der Art oder Ausführung der Tat die Gefahr der Wiederholung besteht. Es besteht ein gewisses Spannungsverhältnis zu § 81b Abs. 1 Alt. 2 StPO. Hier muss zunächst erkannt werden, dass § 21 Abs. 2 Nr. 2 SOG LSA nur für die Verhütung, nicht aber auch für die Erforschung von Straftaten gilt. Im letzten Fall ist ausschließlich § 81b Abs. 1 Alt. 2 StPO maßgeblich. Aber selbst bei der Verhütung von Straftaten ist § 81b Abs. 1 Alt. 2 StPO zu § 21 Abs. 2 Nr. 2 SOG LSA dann lex specialis, wenn es sich um einen Beschuldigten handelt.[210] Dies gilt auch dann, wenn der Beschuldigte aus gefahrenabwehrrechtlichen Gründen erkennungsdienstlichen Maßnahmen zugeführt werden soll. An dieser Stelle durchbricht § 81b Abs. 1 Alt. 2 StPO also den Grundsatz, dass sich repressives Polizeirecht nach den Vorschriften der StPO und präventives Polizeirecht nach denen des SOG LSA richtet. Lediglich in den Fällen, in denen der Adressat der Maßnahme aus rechtlichen Gründen nicht zugleich Beschuldigter ist und die erkennungsdienstlichen Maßnahmen aus Gründen der Gefahrenabwehr durchgeführt werden sollen, verdrängt § 21 Abs. 2 Nr. 2 SOG LSA die Befugnisnorm aus § 81b Abs. 1 Alt. 2 StPO.

An der Beschuldigteneigenschaft fehlt es etwa dann, wenn der Adressat strafunmündig, das Ermittlungsverfahren gem. §§ 153 ff., 170 Abs. 2 StPO bereits eingestellt oder eine rechtskräftige Verurteilung erfolgt ist. Von daher können selbstverständlich auch strafunmündige Menschen erkennungsdienstlich behandelt werden. Dass es sich bei diesen Menschen mitunter noch um Kinder handelt, sollte die Polizei gerade mit Blick auf bestimmte kriminelle Vorgehensweisen, bei denen Kinder ganz bewusst eingesetzt werden, nicht tangieren. Der Umstand, dass der Maßnahmenadressat nach Durchführung der Maßnahme die Eigenschaft als Beschuldiger verliert, ist für § 81b Abs. 1 Alt. 2 StPO irrelevant. Sofern die erkennungsdienstliche Maßnahme auf § 21 Abs. 2 Nr. 2 SOG LSA gestützt wer-

210 Vgl. Martell, SOG LSA, § 21 Rn. 5.

den soll, muss erkannt werden, dass neben dem Verdacht, überhaupt eine Straftat begangen zu haben, zwingend die Gefahr der Wiederholung bestehen muss. Obwohl man sich im Gefahrenabwehrrecht bewegt, ist unter der Wiederholungsgefahr keine Gefahr im präventiv-polizeirechtlichen Sinne zu verstehen. Es kommt also nicht darauf an, ob eine hinreichende Wahrscheinlichkeit besteht oder sich eine Gefahr in absehbarer Zeit realisieren wird. Die Wiederholungsgefahr besteht vielmehr schon in den Fällen, in denen „begründete Anhaltspunkte“ für die Annahme gegeben sind, dass der Adressat der Maßnahme auch zukünftig Straftaten begehen wird.[211] Hierbei kann beispielsweise auf polizeiliche, staatsanwaltschaftliche oder kriminalistische Erfahrungen und Feststellungen rekurriert werden.

2. Verfahrensrechtliches

In verfahrensrechtlicher Hinsicht ist § 21 Abs. 3 und 4 SOG LSA zu beachten. Sofern die Identität festgestellt und die weitere Aufbewahrung der angefallenen Unterlagen nicht erforderlich ist, sind die angefallenen Unterlagen in der Regel allesamt zu vernichten. Von der Vernichtung der Unterlagen kann ausnahmsweise dann abgesehen werden, wenn ihre weitere Aufbewahrung nach anderen Rechtsvorschriften zulässig ist. Die Vernichtung der Unterlagen kommt dabei aber ohnehin nur dann in Betracht, wenn die Identität sicher festgestellt worden ist. Solange es also Zweifel an der Identität gibt oder diesbezüglich in sonstiger Hinsicht polizeilicher Aufklärungsbedarf besteht, ist die Vernichtung der Unterlagen nicht angezeigt. Mit Blick auf § 21 Abs. 2 Nr. 2 SOG LSA kann von der Vernichtung der Unterlagen so lange Abstand genommen werden, bis die Straftat tatsächlich verhütet ist und die Unterlagen mithin nicht mehr zur Straftatverhütung benötigt werden.

Die Unterlagen sind auch dann zu vernichten, wenn die tatbestandlichen Voraussetzungen für die erkennungsdienstlichen Maßnahmen nicht mehr gegeben sind. Dies gilt erst recht für die Fälle, in denen die Voraussetzungen zu keinem Zeitpunkt vorgelegen haben. Die Vernichtung erfolgt von Amts wegen. Gem. § 21 Abs. 4 Satz 1 SOG LSA ist die betroffene Person bei Vornahme der erkennungsdienstlichen Maßnahme über die Vernichtungspflicht zu unterrichten. Sind die Unterlagen ohne Wissen der betroffenen Person angefertigt worden, so ist ihr gem. § 21 Abs. 4 Satz 2 SOG LSA mitzuteilen, welche Unterlagen aufbewahrt werden, sobald dies ohne Gefährdung des Zwecks der Maßnahme geschehen kann. Dass erkennungsdienstliche Maßnahmen ohne Wissen der betroffenen Person erfolgen, ist

211 BeckOK PolR NRW/Ogorek/Molitor, PolG NRW § 14 Rn. 10.

nicht ungewöhnlich. Zu denken ist etwa an fotografische oder filmische Aufnahmen im Rahmen von Bewusstlosigkeit[212], Demonstrationen[213] oder sonstigen Großveranstaltungen.

III. Erkennungsdienstliche Maßnahmen nach der StPO

1. Die erkennungsdienstliche Maßnahme i. S. d. § 81b Abs. 1 Alt. 1 StPO

Soweit dies für die Zwecke der Durchführung des Strafverfahrens notwendig ist, dürfen gem. **§ 81b Abs. 1 Alt. 1 StPO** Lichtbilder und Fingerabdrücke des Beschuldigten auch gegen seinen Willen aufgenommen und Messungen und ähnliche Maßnahmen an ihm vorgenommen werden. Neben dem Anfangsverdacht i. S. d. § 152 Abs. 2 StPO für das Vorliegen einer Straftat muss der Adressat der Maßnahme den Status eines Beschuldigten haben. Von einem Beschuldigten spricht man in der Regel dann, wenn ein Ermittlungsverfahren förmlich eingeleitet wurde. Die Einleitung des Ermittlungsverfahrens ist aber keine zwingende Voraussetzung. So kann sich die Beschuldigteneigenschaft auch aus anderen Umständen ergeben. Zwingend ist allein ein für Dritte erkennbarer Verfolgungswille der Strafverfolgungsbehörden.[214]

In der Beschuldigteneigenschaft des Adressaten liegt der wesentliche Unterschied zwischen § 81b Abs. 1 Alt. 1 StPO und § 163b Abs. 1 StPO. Gegen Verdächtige, die keine Beschuldigte sind, können nur Maßnahmen i. S. d. § 163b Abs. 1 StPO eingeleitet werden. Auch ein sich im Vollstreckungsverfahren befindender Verurteilter ist Beschuldigter. Gleiches gilt für den Schuldunfähigen, da gegen diesen beispielsweise Maßregeln der Besserung und Sicherung i. S. d. §§ 61 f. StGB angeordnet werden können. Lediglich der Strafunmündige kann über § 81b Abs. 1 Alt. 1 StPO keiner erkennungsdienstlichen Behandlung zugeführt werden.

Von der Befugnisnorm des § 81b Abs. 1 Alt. 1 StPO sind sämtliche Maßnahmen umfasst, die der Feststellung der körperlichen Beschaffenheit dienen. Dies sind beispielsweise:

- Aufnahme von Lichtbildern (Ganzkörper-, Porträt- und Spezialaufnahme),
- Aufnahme von Fuß-, Finger-, Handflächen- und Handkantenabdrücken,
- Messungen der Körpergröße und des Gewichts.

212 Martell, SOG LSA, § 21 Rn. 19.
213 Nerlich, Eingriffsrecht Brandenburg, S. 101.
214 Vgl. KK-StPO/Hadamitzky, StPO § 81b Rn. 2.

2. Die erkennungsdienstliche Maßnahme i. S. d. § 81b Abs. 1 Alt. 2 StPO

Gem. **§ 81b Abs. 1 Alt. 2 StPO** können erkennungsdienstliche Maßnahmen auch für die Zwecke des Erkennungsdienstes durchgeführt werden. Zu beachten ist, dass § 81b Abs. 1 Alt. 2 StPO als Teil des Verwaltungsrechts tatbestandlich dennoch einen Beschuldigten verlangt. Im Ausgangspunkt hat § 81b Abs. 1 Alt. 2 StPO also ein gegen den Beschuldigten geführtes konkretes Ermittlungsverfahren im Blick, aus dem heraus sich die Notwendigkeit einer erkennungsdienstlichen Behandlung ergeben muss.

Genau wie im Falle des § 81b Abs. 1 Alt. 1 StPO umfasst der Begriff des Beschuldigten bei § 81b Abs. 1 Alt. 2 StPO auch Schuldunfähige, jedoch keine Kinder. Die konkreten Anhaltspunkte, die diese präventive Maßnahme erforderlich machen, müssen sich aus dem Ermittlungsverfahren selbst ergeben. Daraus folgt, dass die erkennungsdienstliche Behandlung i. S. d. § 81b Abs. 1 Alt. 2 StPO unzulässig ist, wenn das Ermittlungsverfahren bei Maßnahmenanordnung schon eingestellt bzw. ein rechtskräftiges Urteil in der Sache ergangen ist.[215]

3. Verfahrensrechtliches

Bei der **Anordnungskompetenz** ist zwischen § 81b Abs. 1 Alt. 1 StPO und § 81b Abs. 1 Alt. 2 StPO zu unterscheiden. Die Anordnungskompetenz für Maßnahmen nach § 81b Abs. 1 Alt 1 StPO haben im Ermittlungsverfahren die Staatsanwaltschaft und die Beamten des Polizeidienstes. Es ist nicht erforderlich, dass die Polizisten zugleich auch Ermittlungspersonen der Staatsanwaltschaft sind. Nach Anklageerhebung fällt die Anordnungskompetenz dem mit der Sache befassten Gericht zu. Präventive Maßnahmen i. S. d. § 81b Abs. 1 Alt. 2 StPO können nur von der Kriminalpolizei angeordnet werden. Hierbei ergibt sich die Besonderheit, dass die Kriminalpolizei in keiner Weise von der Staatsanwaltschaft gesteuert werden kann. Dies liegt daran, dass die Kriminalpolizei hier ausnahmsweise gefahrenabwehrrechtlich tätig wird. Die Schutzpolizei, die polizeiorganisatorisch betrachtet eigentlich für die Gefahrenabwehr zuständig ist, kann keine Maßnahmen i. S. d. § 81b Abs. 1 Alt. 2 StPO anordnen.

Mit Blick auf § 81b Abs. 1 Alt. 2 StPO ergeben sich weitere Besonderheiten. Ordnet die Polizei eine auf diese Befugnisnorm gestützte erkennungsdienstliche Maßnahme an, so nimmt die Polizei ihre Aufgaben i. S. d. §§ 1 und 2 SOG LSA wahr und bewegt sich **im besonderen Verwaltungsrecht**.

215 Vgl. Meyer-Goßner/Schmitt/Schmitt, StPO, § 81b Rn. 7.

Die Anordnung der erkennungsdienstlichen Maßnahme ist dann ein Verwaltungsakt i. S. d. § 35 Satz 1 VwVfG. Damit müssen alle verwaltungsverfahrensrechtlichen Anforderungen und Voraussetzungen beachtet werden, die für die Rechtmäßigkeit eines Verwaltungsakts erforderlich sind. Die Polizei hat also insbesondere eine Anhörung gem. § 28 Abs. 1 VwVfG durchzuführen. Bei einer schriftlichen Vorladung zur Durchführung erkennungsdienstlicher Maßnahmen i. S. d. § 81b Abs. 1 Alt. 2 StPO ist daher auch an die Anordnung der sofortigen Vollziehung gem. § 80 Abs. 2 Nr. 4 VwGO zu denken. Ggf. sieht sich die Polizei andernfalls mit der aufschiebenden Wirkung eines Widerspruchs bzw. einer Anfechtungsklage konfrontiert. Es kommt mithin zu einer für die polizeiliche Praxis ungewohnten Vermischung von StPO und VwVfG bzw. VwGO.

Hinweis

Im Rahmen von erkennungsdienstlichen Maßnahmen i. S. d. § 81b Abs. 1 Alt. 2 StPO muss auf die Einhaltung der verfahrensrechtlichen Vorgaben geachtet werden, die sich aus dem VwVfG ergeben.

Kapitel H Platzverweisung, Aufenthaltsverbot, Wohnungsverweisung und Meldeauflage

I. Allgemeines

Einige Befugnisnormen des SOG LSA knüpfen an einen bestimmten Ort an. So reicht etwa der bloße Aufenthalt an einem gefährlichen Ort für eine Personen- oder Sachdurchsuchung aus. In gewissen Fällen ist es aber auch erforderlich, dass ein bestimmter Ort zum Zwecke der Gefahrenabwehr schlicht und ergreifend geräumt wird. Hier werden dann die Platzverweisung und das Aufenthaltsverbot relevant. Wenn die Polizei das Verlassen eines bestimmten Orts anordnet, dann greift sie damit in Art. 2 Abs. 2 Satz 2 GG bzw. Art. 11 Abs. 1 GG ein. Bisweilen dient es aber auch der Gefahrenabwehr, dass sich ein Verantwortlicher an bestimmten Tagen zu bestimmten Zeiten auf einer Dienststelle meldet. Die Meldeauflage stellt auch einen Eingriff in Art. 2 Abs. 2 Satz 2 GG dar.

Die Platzverweisung und das Aufenthaltsverbot enthalten zwei Befehle: Zum einen gebieten sie es, einen Ort zu verlassen. Dies wird als Entfernungsgebot bezeichnet. Zum anderen verbieten sie es, den Ort wieder zu betreten. Dabei handelt es sich um das sog. Betretungsverbot.

Die Platzverweisung kann sowohl aus präventiven Gründen als auch aus repressiven Gründen erfolgen. Die Befugnisnorm im Gefahrenabwehrrecht ist § 36 Abs. 1 SOG LSA, im Strafverfolgungsrecht ist es § 164 StPO. Das Aufenthaltsverbot ist in § 36 Abs. 2 SOG LSA normiert. Die Meldeauflage findet sich in § 35a SOG LSA.

II. Platzverweisung nach dem SOG LSA

1. Tatbestandsvoraussetzungen

Die Platzverweisung bzw. der Platzverweis ist eine in § 36 Abs. 1 Satz 1 SOG LSA normierte Befugnis, mit der die Polizei eine Person von dem Ort, an dem sie sich gerade aufhält, vorübergehend verweisen kann. Es handelt sich um einen Verwaltungsakt i. S. d. § 35 Satz 1 VwVfG. Auf Tatbestandsseite verlangt die Platzverweisung eine Gefahr i. S. d. § 3 Nr. 3a SOG LSA. Es muss mithin eine Gefahr für die öffentliche Sicherheit oder Ordnung bestehen.

§ 36 Abs. 1 Satz 2 SOG LSA normiert, dass eine Platzverweisung auch dann erfolgen kann, wenn eine Person den Einsatz der Feuerwehr oder andere Hilfs- oder Rettungsmaßnahmen behindert. Die Behinderung allein genügt indes tatbestandlich nicht, um einen Platzverweis zu erteilen. Durch den Ausdruck „kann ferner“ wird deutlich, dass auch im Falle von § 36 Abs. 1 Satz 2 SOG LSA eine Gefahr vorliegen muss.

2. Rechtsfolge

Unter einem Ort ist allgemein ein bestimmter räumlich definierter Bereich zu verstehen. Der Bereich muss gemeinhin überschaubar sein. So kann die Polizei einen Verantwortlichen etwa nicht pauschal der Stadt Magdeburg verweisen, wohl aber des Platzes vor dem Magdeburger Dom. Die Polizei muss bei der Erteilung eines Platzverweises beachten, dass sie es dem Adressaten ermöglichen muss, in dessen Wohnung zu gelangen.[216] So greifen Platzverweisungen in Art. 13 GG ein, wenn vom Platzverweis in räumlicher Hinsicht auch die Wohnung des Adressaten umfasst ist. Ein Platzverweis, der die Rückkehr zur eigenen Wohnung rechtlich unmöglich macht, wird in der Regel unverhältnismäßig und also rechtswidrig sein. Eine Ausnahme bildet hier etwa die zwangsweise Evakuierung einer Straße, eines Viertels oder sogar einer ganzen Stadt, wenn eine Bombe entschärft werden muss.[217] Von der Platzverweisung sind auch die vom Adressaten bei sich geführten Sachen umfasst. Er muss seine Sachen also mitnehmen, wenn er dem Platzverweis Folge leistet, und kann sie nicht einfach an Ort und Stelle zurücklassen. Das gilt insbesondere auch für mitgeführte Tiere.

Die Verweisung darf ferner nur vorübergehend sein. Das Tatbestandsmerkmal „vorübergehend“ ist ein unbestimmter Rechtsbegriff. Von welcher zeitlichen Dimension dieses Merkmal ausgeht, ist unklar. Es wird jedenfalls deutlich, dass der Platzverweis nicht mit ewiger Wirkung erteilt werden kann und es zumindest gewisse zeitliche Beschränkungen geben muss. Diese Erkenntnis hilft bei der Auslegung indes nicht weiter. Da die Platzverweisung gem. § 36 Abs. 1 Satz 2 SOG LSA aber auch gegen eine Person angeordnet werden kann, die den Einsatz der Feuerwehr oder andere Hilfs- oder Rettungsmaßnahmen behindert, kann man als Auslegungshilfe die Dauer eines (durchschnittlichen) Feuerwehreinsatzes heranziehen. Dieser dauert in der Regel einige Stunden, aber keine Tage, Wochen oder gar Monate. Dies bedeutet, dass es sich um einen alles in allem eher kurzen Zeitraum handeln muss.

216 Vgl. Dietlein/Hellermann, Öffentliches Recht in Nordrhein-Westfalen, § 3 Rn. 158.
217 Vgl. Kingreen/Poscher, Polizei- und Ordnungsrecht, § 15 Rn. 2.

In systematischer Hinsicht ermöglicht ferner § 36 Abs. 2 Satz 2 SOG LSA eine Auslegung des Begriffs „vorübergehend" dahingehend, dass er als absolute zeitliche Grenze jedenfalls weniger als 12 Monate umfassen muss. Diese Grenzziehung ist zwar in rechtsmethodischer Hinsicht richtig, sie ist aber rechtspraktisch immer noch viel zu weit und unbestimmt. Im rechtswissenschaftlichen Schrifttum wird der vorübergehende Zeitraum i. S. d. § 36 Abs. 1 SOG LSA gemeinhin in Stunden gemessen.[218] Vereinzelt findet sich aber auch die Ansicht, dass das zeitliche Maximum bei vier Tagen liegen soll.[219]

Sofern die Polizei ein besetztes Haus räumen muss, kann sie die Räumung nicht auf § 36 Abs. 1 SOG LSA stützen. Der Platzverweis ist hier eine untaugliche Maßnahme, weil die Hausbesetzer das Haus nicht nur vorübergehend verlassen sollen, sondern für immer.[220] Der bloße Aufenthalt von Obdachlosen im Stadtgebiet eröffnet den Anwendungsbereich des § 36 Abs. 1 SOG LSA nicht.[221] Aufgrund der Polizeifestigkeit des Versammlungsrechts spielt die Platzverweisung im Versammlungsrecht eine allenfalls untergeordnete Rolle. Bereits aus § 11 Abs. 2 VersammlG LSA folgt nämlich, dass sich alle Teilnehmer sofort zu entfernen haben, sobald eine Versammlung für aufgelöst erklärt ist. Die Platzverweisung kann aber im Rahmen einer Versammlung selbstverständlich bei versammlungsfremden Gefahren erteilt werden.[222] Dies wäre etwa der Fall, wenn die Versammlung auf einem ehemaligen Bergbaugebiet stattfindet und der ausgehöhlte Erdboden wegen der Masse an Teilnehmern einzustürzen droht.

Vor Herausforderungen stellt schließlich die Frage, wie die Polizei eine Platzverweisung effektiv durchsetzen kann, wenn der Adressat dieser nicht Folge leistet. Zwar kann die Polizei auf die klassischen Zwangsmittel zurückgreifen; insbesondere die sonst so effektive Anwendung unmittelbaren Zwangs will hier aber nicht recht überzeugen. Die Polizei kann den Adressaten schließlich nicht so lange vor sich „hertreiben", bis der Adressat den räumlichen Bereich des Platzverweises verlassen hat. Dies ist erst recht nicht möglich, wenn der Radius mehrere Kilometer beträgt. Das SOG LSA löst dieses Problem elegant, indem es einen Durchsetzungsgewahrsam zum Zwecke der Durchsetzung des Platzverweises vorsieht. Von besonderer praktischer Relevanz ist daher § 37 Abs. 1 Nr. 3 SOG LSA. Die Polizei kann eine Person in Gewahrsam nehmen, wenn dies unerlässlich ist, um eine Platzverweisung durchzusetzen.

218 Dietlein/Hellermann, Öffentliches Recht in Nordrhein-Westfalen, § 3 Rn. 157.
219 Gusy/Eichenhofer, Polizei- und Ordnungsrecht, Rn. 277.
220 Gusy/Eichenhofer, Polizei- und Ordnungsrecht, Rn. 277.
221 Vgl. Thiel, Polizeirecht, § 10 Rn. 82.
222 Vgl. Gusy/Eichenhofer, Polizei- und Ordnungsrecht, Rn. 277.

Insofern verdrängt § 37 Abs. 1 Nr. 3 SOG LSA dann die Vorschriften des allgemeinen Vollstreckungsrechts.[223] Zur Durchsetzung des Durchsetzungsgewahrsams darf dann aber natürlich wieder auf die allgemeinen Zwangsvorschriften zurückgegriffen werden. Die räumlichen Grenzen des Durchsetzungsgewahrsams werden von den räumlichen Grenzen des Platzverweises gezogen. Sofern also ein Platzverweis auf dem Platz vor dem Magdeburger Dom mittels Ingewahrsamnahme durchgesetzt werden soll, darf die Polizei den Adressaten hierfür nicht etwa bis nach Halle bringen. Ein derartiges Verbringen ist schon deshalb rechtswidrig, weil es an einer entsprechenden Befugnisnorm fehlt.[224] § 37 Abs. 1 Nr. 3 SOG LSA deckt diesen sog. Verbringungsgewahrsam[225] gerade nicht mehr.

In verfahrensrechtlicher Hinsicht stellt der Platzverweis vor keine Herausforderungen. Es gibt insbesondere keinen Richtervorbehalt. Das heißt, dass der jeweils handelnde Polizeivollzugsbeamte die Maßnahme selbst anordnen und durchführen darf. Die allgemeinen Vorschriften über die Verantwortlichkeit finden direkt Anwendung.

III. Platzverweisung nach der StPO

Eine § 36 Abs. 1 Satz 1 SOG LSA entsprechende Norm enthält die StPO nicht. Es findet sich also keine ausdrückliche Regelung zur repressiven Platzverweisung. Gem. § 164 StPO kann die Polizei aber auf Störungen aller Art mit der Festnahme des Störers reagieren. Der Störer muss sich dann ggf. bis zur Beendigung der polizeilichen Amtsverrichtungen festhalten lassen; dies jedoch nicht über den nächstfolgenden Tag hinaus. § 164 StPO ermöglicht also die Festnahme. Von einer Platzverweisung wird dabei nicht gesprochen. Der Regelungsinhalt des § 164 StPO wird aber gemeinhin so verstanden, dass er auch eine Platzverweisung umfasst. Dies lässt sich rechtsmethodisch überzeugend mit einem „Erst-recht-Schluss“ begründen. Wenn schon ein derart schwerwiegender Grundrechtseingriff wie eine Festnahme – immerhin eine Freiheitsentziehung i. S. d. Art. 104 Abs. 2 GG – möglich ist, dann muss es erst recht möglich sein, weniger eingriffsintensive Maßnahmen auf § 164 StPO zu stützen. Der Platzverweis kann damit als eine Art „Minusmaßnahme“ zur Festnahme angesehen werden.

223 Vgl. Thiel, Polizeirecht, § 10 Rn. 90.
224 Vgl. Dietlein/Hellermann, Öffentliches Recht in Nordrhein-Westfalen, § 3 Rn. 157.
225 Zum Begriff siehe Thiel, Polizeirecht, § 10 Rn. 91.

Es ist zu bezweifeln, dass man angesichts des § 164 StPO auch vertreten kann, dass bei einer Störung der Polizei als Strafverfolgungsorgan eine Gefahr für die öffentliche Sicherheit vorliegt und man also doch auf § 36 Abs. 1 Satz 1 SOG LSA rekurrieren kann. Mit dieser Argumentation könnte man letztlich aber auch sagen, dass auf die Störung einer repressiven Polizeimaßnahme mit der Ingewahrsamnahme i. S. d. § 37 SOG LSA reagiert werden könne. Wenn das aber richtig wäre, bräuchte es § 164 StPO gerade nicht. Insofern ist es überzeugender, einen Rückgriff auf das SOG LSA nur dann zuzulassen, wenn es vom Gesetzgeber erkennbar gewollt ist. Hier ist etwa an die Transmissionsklausel zu denken. Das Verhältnis von § 36 Abs. 1 Satz 1 SOG LSA und § 164 StPO spielt auch bei der Frage eine Rolle, wie auf Störungen im Rahmen von Ordnungswidrigkeiten zu reagieren ist. Hier ist jedoch § 46 Abs. 1 OWiG maßgeblich. Für das Bußgeldverfahren gelten danach sinngemäß die Vorschriften der allgemeinen Gesetze über das Strafverfahren und damit die StPO. § 164 StPO ist also auch bei Störungen im Zusammenhang mit der Aufklärung von Ordnungswidrigkeiten maßgeblich.

1. Tatbestandsvoraussetzungen

Eine Festnahme von Störern kommt dann in Betracht, wenn bei Amtshandlungen an Ort und Stelle eine Person die amtliche Tätigkeit vorsätzlich stört oder sich den von Polizisten innerhalb ihrer Zuständigkeit getroffenen Anordnungen widersetzt. Vom Begriff der Amtshandlung i. S. d. § 164 StPO ist jede rechtmäßige strafprozessuale Maßnahme umfasst. Die Störung muss unmittelbar sein. Eine bloß mittelbare Störung genügt hier nicht. Auf etwaige Drohungen im Vorfeld der polizeilichen Maßnahme kann daher nicht mit § 164 StPO reagiert werden. Für die Störung ist zumindest ein Eventualvorsatz erforderlich. Fahrlässiges Handeln ist unschädlich. Die Amtshandlung muss auch nicht verhindert werden. Es reicht aus, dass die polizeiliche Maßnahme durch aktives oder passives Verhalten erschwert wird. Ein Widersetzen liegt nicht erst dann vor, wenn die Grenzen zu §§ 113, 114, 240 oder 241 StGB überschritten werden.

Das Verhalten kann aber nur dann als Störung klassifiziert werden, wenn es rechtswidrig ist. So wird man es einem Maßnahmenadressaten selbstverständlich nicht über § 164 StPO unmöglich machen dürfen, sich eines Rechtsbeistands zu bedienen und diesen zu kontaktieren.

2. Rechtsfolge

Bei Amtshandlungen an Ort und Stelle ist der Beamte, der sie leitet, befugt, Personen, die seine amtliche Tätigkeit vorsätzlich stören oder sich den von ihm innerhalb seiner Zuständigkeit getroffenen Anordnungen widersetzen, festzunehmen und bis zur Beendigung seiner Amtsverrichtungen, jedoch nicht über den nächstfolgenden Tag hinaus, festhalten zu lassen. Als Minusmaßnahme ist davon auch der Platzverweis umfasst.

IV. Aufenthaltsverbot

1. Tatbestandsvoraussetzungen

Sofern Tatsachen die Annahme rechtfertigen, dass eine Person in einem bestimmten örtlichen Bereich eine Straftat begehen wird, so kann ihr gem. § 36 Abs. 2 SOG LSA von der Polizei für die zur Verhütung der Straftat erforderliche Zeit verboten werden, diesen Bereich zu betreten oder sich dort aufzuhalten. Hierbei handelt es sich um das Aufenthaltsverbot. Bisweilen wird es auch als Erweiterung des Platzverweises angesehen.[226] Beim Aufenthaltsverbot handelt es sich um einen Verwaltungsakt i. S. d. § 35 Satz 1 VwVfG. Die Polizei muss sich daher an die Verfahrens- und Formvorschriften halten, die das VwVfG aufstellt. Sie muss den Adressaten also vor allem anhören und das Aufenthaltsverbot in ausreichendem Maße begründen. In tatbestandlicher Hinsicht müssen Tatsachen dafür vorliegen, dass eine Person in einem bestimmten örtlichen Bereich eine Straftat begehen wird. Die Tatsachen müssen konkret sein. Sofern die Polizei lediglich Anhaltspunkte hat, ist der Tatbestand nicht erfüllt. Bloße Vermutungen oder polizeiliche Erfahrungssätze reichen erst recht nicht aus. Der Gesetzgeber hat deutlich gemacht, dass es nur auf zu verhindernde Straftaten ankommen kann.

Der polizeiliche Wunsch, im Einzelnen auch Ordnungswidrigkeiten über ein Aufenthaltsverbot zu verhüten, ist zwar nachvollziehbar, rechtlich aber nicht umsetzbar. Ordnungswidrigkeiten kann nicht über § 36 Abs. 2 SOG LSA begegnet werden. Sofern entsprechende konkrete Tatsachen vorliegen, muss die Polizei eine Prognose dahingehend anstellen, dass es auch wirklich zu einer solchen Straftat kommen wird. Die Begehung der Straftat muss also hinreichend wahrscheinlich sein. Die Begehung umfasst dabei alle Arten der strafrechtlichen Beteiligung. Insbesondere darf auch gegen (zukünftige) Teilnahmetaten vorgegangen werden, die eine

226 Martell, SOG LSA, § 36 Rn. 11.

Straftat fördern. Aus dem Umstand, dass eine Person ein verurteilter Straftäter ist, folgt allerdings nicht, dass gegen diese an jedem Ort ein Aufenthaltsverbot ausgesprochen werden kann. Der Straftäter muss vielmehr an einem bestimmten Ort (erneut) eine Straftat begehen wollen.

Das Aufenthaltsverbot des § 36 Abs. 2 SOG LSA dient der Gefahrenabwehr. Insofern spielt es keine Rolle, ob es sich bei der Straftat um eine solche handelt, die nur auf Antrag hin verfolgt werden darf. Für das Aufenthaltsverbot muss die Polizei stets einen Ortsbezug herstellen. Das bedeutet, dass sich die Straftat mit hinreichender Wahrscheinlichkeit in einem bestimmten örtlichen Bereich ereignen muss. Was unter einem örtlichen Bereich zu verstehen ist, definiert das SOG LSA selbst. Örtlicher Bereich ist gem. § 36 Abs. 2 Satz 3 SOG LSA ein Ort oder ein Gebiet innerhalb einer Gemeinde oder auch ein gesamtes Gemeindegebiet.

2. Rechtsfolge

Das Aufenthaltsverbot darf sich nur auf diesen bestimmten örtlichen Bereich erstrecken. Verkauft ein Täter etwa Drogen vor dem Hauptbahnhof, dann darf sich das Aufenthaltsverbot nicht auf den mehrere Kilometer entfernten Spielplatz erstrecken, sondern ist auf den Bereich vor dem Hauptbahnhof beschränkt. Auch sog. „Stadtverbote“, also sich auf eine ganze Stadt erstreckende Aufenthaltsverbote, sind grundsätzlich nicht rechtmäßig. § 36 Abs. 2 Satz 2 SOG LSA legt ferner fest, dass der erweiterte Platzverweis nicht mehr als zwölf Monate betragen darf. Genau wie beim klassischen Platzverweis aus § 36 Abs. 1 SOG LSA kann es auch beim erweiterten Platzverweis nach § 36 Abs. 2 SOG LSA zu Spannungen mit Art. 13 GG kommen. Dies ist etwa dann der Fall, wenn die Polizei ein Aufenthaltsverbot ausspricht, dessen räumlicher Geltungsbereich auch die Wohnung des Adressaten umfasst. Diesen Konflikt löst das SOG LSA zugunsten des Rechts des Adressaten auf die Unverletzlichkeit der Wohnung auf. Das Aufenthaltsverbot darf mithin nicht erlassen werden, wenn der Adressat im örtlichen Bereich des Aufenthaltsverbots seine Wohnung hat.

Auch hier ist der Wohnungsbegriff weit zu verstehen und umfasst den Hauptwohnsitz und etwaige Nebenwohnsitze. In grundrechtsdogmatischer Hinsicht handelt es sich dabei um eine Schranken-Schranke, weil das Aufenthaltsverbot als Grundrechtsschranke seinerseits beschränkt wird. Sofern aber keine Wohnung im Gebiet des Aufenthaltsverbots gelegen ist und demnach der Ausnahmetatbestand des § 36 Abs. 2 Satz 1 SOG LSA nicht greift, gilt umfassend, dass der Adressat den Bereich weder betreten noch sich dort aufhalten darf. Dies umfasst insbesondere auch das Durchfahren oder Durchqueren des Bereichs mittels öffentlicher Verkehrsmittel.[227] Unter einem Betreten versteht man gemeinhin „jedwedes Eindringen in ein bestimmtes Gebiet".[228] Ein Aufhalten liegt demgegenüber erst dann vor, wenn der Adressat in dem vom Aufenthaltsverbot umfassten Gebiet verweilt.[229]

Schließlich muss das Aufenthaltsverbot aber auch verhältnismäßig sein. Diese Verhältnismäßigkeitsprüfung kann sich für die Polizei je nach Einzelfall als rechtlich durchaus anspruchsvoll darstellen. Die Polizei muss nämlich prüfen, in welche Grundrechte sie mit dem Aufenthaltsverbot eingreift. Dabei ist schon im Ansatz umstritten, ob das Aufenthaltsverbot in die allgemeine Handlungsfreiheit aus Art. 2 Abs. 1 GG oder in das Recht auf Freizügigkeit aus Art. 11 GG eingreift. Je nach Sachverhalt kann das Aufenthaltsverbot aber auch in die Religionsfreiheit aus Art. 4 Abs. 1 und 2 GG oder die Berufsfreiheit aus Art. 12 GG eingreifen.

Ein Aufenthaltsverbot, das die Wohnung des Adressaten umfasst, ist nicht zuletzt auch deshalb rechtswidrig, weil der Adressat ein berechtigtes Interesse am ungehinderten Zugang zur Wohnung hat. Es gibt weitere berechtigte Interessen, die ein diese Interessen einschränkendes Aufenthaltsverbot rechtswidrig machen. Allen voran ist hier der Arztbesuch anzuführen. Der Adressat eines Aufenthaltsverbots kann durch dieses nicht daran gehindert werden, zu dem Arzt seines Vertrauens zu gehen. Auf etwaige Ärzte außerhalb der Verbotszone muss sich der Adressat nicht verweisen lassen. Dies gilt auch für Rechtsanwälte und Steuerberater. Regelmäßig hat der Adressat auch ein berechtigtes Interesse an der ungestörten Ausübung seines Berufs, sodass ein Aufenthaltsverbot mit Blick auf Art. 12 GG unverhältnismäßig sein wird. Die Vorschriften des Versammlungsrechts bleiben von § 36 Abs. 2 SOG LSA ohnehin unberührt.

V. Wohnungsverweisung

§ 36 Abs. 3 SOG LSA dient dem Schutz von Opfern häuslicher Gewalt. Unter häuslicher Gewalt versteht man alle physischen und psychischen Gewaltanwendungen in einer häuslichen Gemeinschaft. Es geht in der Regel um Körperverletzungsdelikte, Nötigung, Beleidigung, Bedrohung, Freiheitsberaubung sowie um Delikte gegen die sexuelle Selbstbestimmung. Obwohl es sich hierbei um Straftaten handelt und somit das repressive

227 Martell, SOG LSA, § 36 Rn. 13.
228 BeckOK PolR NRW/Ogorek, PolG NRW § 34 Rn. 45.
229 BeckOK PolR NRW/Ogorek, PolG NRW § 34 Rn. 45.

Polizeirecht in Form von StGB und StPO maßgeblich ist, zielt polizeiliches Handeln im Rahmen häuslicher Gewalt vielfach auf unmittelbare Gefahrenabwehr, sodass (zusätzlich) das SOG LSA einschlägig ist. Zwar gibt es seit 2002 das GewSchG, die gerichtlichen Maßnahmen zum Schutz der Opfer kommen aber zeitverzögert. Zwischen dem Zeitpunkt der Anrufung des Gerichts und dem Zeitpunkt der gerichtlichen Entscheidung klafft eine zeitliche Lücke. Aus dieser zeitlichen Lücke folgt eine „Schutzlücke"[230], die für das Opfer häuslicher Gewalt verheerende Konsequenzen haben kann – insbesondere, wenn der „Haustyrann" von der Anrufung des Gerichts erfährt. Oftmals ist daher ein schnelles Handeln notwendig. Deshalb kann die Polizei eine Person bis zu einer richterlichen Entscheidung über zivilrechtliche Schutzmöglichkeiten ihrer Wohnung und des unmittelbar angrenzenden Bereichs verweisen, wenn dies erforderlich ist, um eine von ihr ausgehende gegenwärtige Gefahr für Leib, Leben oder Freiheit von Bewohnern derselben Wohnung abzuwehren.

§ 36 Abs. 3 SOG LSA regelt also die Wohnungsverweisung bzw. (synonym) die Wohnungswegweisung. Über die Wohnungsverweisung wird dem nicht sachgerechten Zustand, dass sich das Opfer häuslicher Gewalt zwecks Schutzes vor dem „Haustyrannen" zusätzlich noch um eine Flucht- und Unterbringungsmöglichkeit kümmern und demnach die gemeinsame Wohnung verlassen muss, dahingehend abgeholfen, dass nunmehr das Opfer in seiner vertrauten Umgebung bleiben kann und vielmehr der Täter diese verlassen und sich nach einer neuen Unterkunft umsehen muss. § 36 Abs. 3 SOG LSA dient damit der Bekämpfung häuslicher Gewalt und dem Schutz des Opfers häuslicher Gewalt. Die Einführung des § 36 Abs. 3 SOG LSA war erforderlich, weil die Schließung dieser „Schutzlücke"[231] von den sonstigen Maßnahmen des SOG LSA nicht effektiv geleistet werden konnte. Gerade bei gemeinsamen Wohnungen scheitert ein Platzverweis bzw. ein Aufenthaltsverbot an diversen Grundrechten, auf die sich der „Haustyrann" trotz allem berufen kann. Zu beachten ist aber, dass die häusliche Gewalt nicht zu Hause stattfinden muss.[232] Verprügelt ein Mann seine Frau in einem Park, und ruft die Frau daraufhin die Polizei, so kann die Polizei gegen den Mann eine Maßnahme gem. § 36 Abs. 3 SOG LSA noch im Park erlassen.[233]

230 Dietlein/Hellermann, Öffentliches Recht in Nordrhein-Westfalen, § 3 Rn. 168.
231 Dietlein/Hellermann, Öffentliches Recht in Nordrhein-Westfalen, § 3 Rn. 168.
232 Vgl. Bialon/Springer, Eingriffsrecht, Kap. 38 Rn. 14.
233 Vgl. Bialon/Springer, Eingriffsrecht, Kap. 38 Rn. 14.

1. Betroffene Grundrechte

Bei der Wohnungsverweisung handelt es sich um eine polizeiliche Maßnahme, bei der es zu intensiven Eingriffen in verschiedene Grundrechte kommt. Betrachtet man die Grundrechte, in die durch eine Wohnungsverweisung eingegriffen werden könnte, wird man sich impulsartig wohl direkt auf das Grundrecht der Unverletzlichkeit der Wohnung aus **Art. 13 GG** fokussieren.

Bei genauerer Betrachtung fällt dann indes auf, dass der sachliche Schutzbereich des Art. 13 GG im Falle der Wohnungsverweisung schon nicht betroffen ist. Art. 13 GG schützt den Grundrechtsträger vor einem hoheitlichen Eindringen in die Wohnung, also einem Eindringen in seine räumliche Privatsphäre. Die Wohnungsverweisung greift aber gerade nicht in die Privatheit der Wohnung ein. Außer im Falle der Durchsetzung der Wohnungsverweisung im Wege des unmittelbaren Zwangs muss die Polizei die Wohnung für § 36 Abs. 3 SOG LSA noch nicht einmal betreten. Art. 13 GG schützt über die Privatheit der Wohnung hinaus gerade nicht die Nutzung der Wohnung. Auch vor einem Entzug der Wohnung schützt Art. 13 GG nicht. **Damit ist Art. 13 GG bei der Wohnungsverweisung nicht maßgeblich.** Umgekehrt ist zu beachten, dass § 36 Abs. 3 SOG LSA keine Befugnisnorm für das Betreten der Wohnung darstellt.[234] Hierfür ist allein § 43 SOG LSA einschlägig.

Sofern derjenige, der der Wohnung verwiesen werden soll, der Wohnungseigentümer ist, greift die Wohnungsverweisung aber in die Eigentumsfreiheit aus **Art. 14 GG** ein. Die Eigentumsfreiheit schützt neben dem Bestand des Eigentums an sich auch das Recht, das Eigentum im Rahmen des rechtlich Erlaubten zu nutzen. Wenn der Eigentümer aus seiner Wohnung verwiesen wird, ist der Grundrechtseingriff mithin offensichtlich. Zu beachten ist aber, dass das aus dem Mietvertrag folgende Besitzrecht des Mieters an der gemieteten Wohnung ebenfalls als Eigentum i. S. d. Art. 14 Abs. 1 Satz 1 GG angesehen wird.[235] Die Polizei greift mithin auch dann in Art. 14 GG ein, wenn sie einen Mieter der Wohnung verweist. § 36 Abs. 3 SOG LSA ist eine Inhalts- und Schrankenbestimmung i. S. d. Art. 14 Abs. 1 Satz 2 GG.

Eine Wohnungsverweisung kann auch in **Art. 6 Abs. 1 GG** eingreifen. Art. 6 Abs. 1 GG schützt in einem umfassenden Sinne die Ehe und Familie. Umfasst ist daher gerade auch das familiäre, eheliche Zusammenleben in einer Wohnung. Auf dieses Recht kann sich der „Haustyrann" trotz

234 Vgl. Martell, SOG LSA, § 36 Rn. 18.
235 BVerfG, Beschl. v. 26.05.1993 – 1 BvR 208/93, Rn. 24.

allem berufen. Der Familienschutz kann dabei in gewissen Fällen sogar schutzwürdiger sein als das Interesse des Opfers häuslicher Gewalt an der Wohnungsverweisung des „Haustyrannen".[236] Besonders anspruchsvoll wird die rechtliche Bewertung dann, wenn der „Haustyrann" durch die Maßnahme des § 36 Abs. 3 SOG LSA von seinen Kindern getrennt wird, denen er keinerlei Leid zu gefügt hat. Vor allem in den Fällen, in denen sich der (letztlich nur vermeintliche) „Haustyrann" tatsächlich lediglich mit Gewalt gegen den anderen Elternteil zu Wehr setzt, weil dieser die Kinder misshandelt, „dürfte das Kindeswohl Vorrang vor dem Opferschutz haben".[237] Eine Wohnungsverweisung gegenüber dem „Haustyrannen" wäre dann rechtswidrig. Dass Art. 6 Abs. 1 GG vorbehaltlos gewährleistet ist, ist mit Blick auf § 36 Abs. 3 SOG LSA insofern nicht von Relevanz, als § 36 Abs. 3 SOG LSA die Verfassungsgüter Leib, Leben oder Freiheit i. S. d. Art. 2 Abs. 2 GG schützt, die ihrerseits wiederum verfassungsimmanente Schranken für Art. 6 Abs. 1 GG darstellen.

Sofern der Adressat der Wohnungsverweisung seiner beruflichen Tätigkeit in der Wohnung nachgeht, liegt auch ein Eingriff in **Art. 12 GG** vor. Gerade Selbstständige arbeiten häufig in ihrer Wohnung. Vor dem Hintergrund der Drei-Stufen-Theorie handelt es sich dabei aber regelmäßig um Eingriffe in die Berufsausübungsfreiheit. Eingriffe sind hier schon bei zweckmäßigen Interessen des Allgemeinwohls gerechtfertigt. Eine Rechtfertigung des Eingriffs in Art. 12 GG wird bei den Sachverhalten, für die § 36 Abs. 3 SOG LSA geschaffen wurde, regelmäßig der Fall sein.

Die Wohnungsverweisung stellt auch einen Eingriff in **Art. 11 GG** dar. Das Grundrecht auf Freizügigkeit beinhaltet die Freiheit, an jedem Ort innerhalb des Bundesgebiets Wohnsitz oder Aufenthalt zu nehmen. Dieses Recht darf gem. Art. 11 Abs. 2 GG nur durch Gesetz oder auf Grund eines Gesetzes und nur für die Fälle eingeschränkt werden, um strafbaren Handlungen vorzubeugen. § 36 Abs. 3 SOG LSA verstößt nicht gegen Art. 11 Abs. 2 GG, weil er nur Eingriffe zur Abwehr einer gegenwärtigen Gefahr für Leib, Leben oder Freiheit von Bewohnern derselben Wohnung erlaubt.

Im Rahmen der Wohnungsverweisung kann je nach Sachverhalt auch die Religionsfreiheit aus **Art. 4 Abs. 1 GG** betroffen sein. Dies ist insbesondere dann der Fall, wenn sich in der Wohnung etwa ein Altar, eine Gebetsnische etc. befinden, die verdeutlichen, dass der Adressat der Wohnungsverweisung dort seinen Glauben praktiziert. Hinsichtlich der vorbehaltlosen Gewährleistung der Religionsfreiheit ist zu beachten, dass sich bei der

236 Vgl. Krugmann, NVwZ 2006, S. 152 (155).
237 Krugmann, NVwZ 2006, S. 152 (155).

Wohnungsverweisung die verfassungsimmanenten Schranken aus Art. 2 Abs. 2 GG ergeben.

2. Formale Aspekte

Die Polizei hat im Rahmen der Gefahrenabwehr auch zu erwartende Straftaten zu verhüten und für die Verfolgung künftiger Straftaten vorzusorgen. Damit ist sie (neben den Sicherheitsbehörden) auch für den Erlass und die Durchsetzung einer Wohnungsverweisung zuständig. Die Wohnungsverweisung ist ein Verwaltungsakt i. S. d. § 35 Satz 1 VwVfG. Die Polizei muss also die für Verwaltungsakte geltenden Verfahrens- und Formvorschriften beachten und den Adressaten der Wohnungsverweisung insbesondere anhören. Die Anhörung ist hier wegen der Schwere der Maßnahme und vor dem Hintergrund der relativ anspruchsvollen grundrechtlichen Rechtslage besonders gründlich durchzuführen. Von den Ausnahmetatbeständen etwa des § 28 Abs. 2 Nr. 1 und Abs. 3 VwVfG sollte auch im Falle häuslicher Gewalt eher zurückhaltend Gebrauch gemacht werden.

Die Polizei kann die Wohnungsverweisung mündlich oder schriftlich erlassen. Sie muss dann aber auf die sich anschließenden Formvorschriften achten. Dies betrifft generell die inhaltlich hinreichende Bestimmtheit gem. § 37 Abs. 1 VwVfG und im Falle einer schriftlichen Wohnungsverweisung eine tragfähige Begründung i. S. d. § 39 VwVfG. Der Adressat der Wohnungsverweisung muss ohne Weiteres erkennen können, wie lange er der Wohnung fernbleiben muss, und wie weit er sich von der Wohnung zu entfernen hat.

Gerade bei häuslicher Gewalt, wo tatsächliche Brutalität auf Emotionalität trifft, ist die Polizei in besonderem Maße gefordert, ihre Maßnahme unter Beachtung der wesentlichen tatsächlichen und rechtlichen Gründe zu begründen, die die Polizei zu ihrer Entscheidung bewogen haben. Hierbei darf sich die Polizei nicht nur auf die Aussagen des (vermeintlichen) Täters und des (vermeintlichen) Opfers stützen. Sie muss vielmehr auch weitere Zeugen in der Nachbarschaft, im Freundeskreis etc. befragen und sich über ähnliche Vorkommnisse in der Vergangenheit informieren.[238]

Schließlich muss die Polizei die Wohnungsverweisung als Verwaltungsakt auch bekannt geben. Die Bekanntgabe muss zwingend gegenüber dem Adressaten der Wohnungsverweisung erfolgen. Dies folgt schon aus § 41 Abs. 1 Satz 1 VwVfG, wonach ein Verwaltungsakt demjenigen Beteiligten bekannt zu geben ist, für den er bestimmt ist oder der von ihm betroffen

238 Vgl. Nerlich, Eingriffsrecht Brandenburg, S. 191.

wird. Schwierigkeiten ergeben sich dabei vor allem dann, wenn sich die in einer Wohnung befindlichen Personen gegenseitig körperlich misshandeln oder an der Gesundheit schädigen. Hier ist anzuraten, die Wohnungsverweisung gegenüber derjenigen Person zu erlassen, die von dieser Maßnahme am wenigsten beeinträchtigt wird.

3. Tatbestandsvoraussetzungen

Die Polizei kann eine Person bis zu einer richterlichen Entscheidung über zivilrechtliche Schutzmöglichkeiten gem. § 36 Abs. 3 Satz 1 SOG LSA ihrer Wohnung und des unmittelbar angrenzenden Bereichs verweisen, wenn dies erforderlich ist, um eine von ihr ausgehende gegenwärtige Gefahr für Leib, Leben oder Freiheit von Bewohnern derselben Wohnung abzuwehren. In tatbestandlicher Hinsicht muss also eine **häusliche Gemeinschaft** zwischen dem Verantwortlichen und dem Opfer bestehen, innerhalb derer häusliche Gewalt ausgeübt wird.[239] Häusliche Gemeinschaft ist in einem weiten Sinne zu verstehen. Sie umfasst eheliche und nicht eheliche Lebensgemeinschaften, das Zusammenleben von Geschwistern oder auch das Zusammenleben von Menschen unterschiedlicher Generationen. Der Besucher oder Gast ist regelmäßig kein Teil der häuslichen Gemeinschaft. Abzustellen ist auf die Verkehrsanschauung. So wird man eine Person als Teil der häuslichen Gemeinschaft ansehen müssen, wenn sie einen Wohnungsschlüssel besitzt, persönliche Hygieneartikel im Badezimmer aufbewahrt oder sich sonstige Gegenstände in der Wohnung befinden, die auf ein nicht nur temporäres Verweilen in der Wohnung schließen lassen.

Auf mietrechtliche Aspekte kommt es dabei weniger an. Diese können aber natürlich auch als Anhaltspunkte für die Annahme einer häuslichen Gemeinschaft herangezogen werden. Im Grunde ist es für § 36 Abs. 3 SOG LSA aber irrelevant, wer Mieter oder Eigentümer der Wohnung ist. § 36 Abs. 3 Satz 1 SOG LSA stellt nämlich begrifflich nur auf das tatsächliche Bewohnen derselben Wohnung ab, wobei mit derselben Wohnung die Wohnung des Adressaten der Wohnungsverweisung gemeint ist. Letztlich kommt es noch nicht einmal darauf an, dass der Adressat die Miete der Wohnung alleine bezahlt.[240]

Neben dieser häuslichen Gemeinschaft muss in tatbestandlicher Hinsicht eine **gegenwärtige Gefahr für Leib, Leben oder Freiheit** von Bewohnern derselben Wohnung bestehen. Hierbei ist zu beachten, dass eine bloß konkrete Gefahr für die Wohnungsverweisung nicht ausreicht. An die Gefahr

239 Bialon/Springer, Eingriffsrecht, Kap. 38 Rn. 14.
240 Vgl. Nerlich, Eingriffsrecht Brandenburg, S. 193.

ist mit dem Erfordernis der Gegenwärtigkeit in zeitlicher Hinsicht eine gesteigerte Anforderung zu stellen. Hierbei kann auf § 3 Nr. 3b SOG LSA zurückgegriffen werden. Eine gegenwärtige Gefahr ist eine Gefahr, bei der das schädigende Ereignis bereits begonnen hat oder unmittelbar oder in allernächster Zeit mit einer an Sicherheit grenzenden Wahrscheinlichkeit bevorsteht. Damit verlangt § 36 Abs. 3 SOG LSA eine Situation, bei der die Polizei nicht mehr abwarten kann, sondern sofort handeln muss, um die Gefahr abzuwehren. Bei häuslicher Gewalt muss immer mit einer erneuten Gewalttat gerechnet werden, was in rechtlicher Hinsicht dazu führt, dass ein schädigendes Ereignis jedenfalls immer unmittelbar bevorsteht.[241] Der Polizei wird das Merkmal der Gegenwärtigkeit daher in aller Regel keine Schwierigkeiten bereiten.

Die Wahrscheinlichkeit des Schadenseintritts und das betroffene Rechtsgut stehen überdies in einem „Je-desto-Verhältnis“. Je höher das in Rede stehende Rechtsgut ist, desto geringer sind die Anforderungen an die Wahrscheinlichkeit. Hier macht § 36 Abs. 3 SOG LSA mit dem Bezug auf die Rechtsgüter Leib, Leben und Freiheit deutlich, dass es bei der Wohnungsverweisung stets um den Schutz der höchstrangigen Rechtsgüter gehen muss, die die Rechtsordnung kennt. Dass wirklich nur der Schutz der absolut höchstrangigen Rechtsgüter eine Wohnungsverweisung legitimieren kann, wird nicht zuletzt dadurch deutlich, dass § 36 Abs. 3 SOG LSA das Eigentum nicht erwähnt. Das Eigentum ist ein Rechtsgut, das im deutschen Recht sonst oft in einem Atemzug mit Leib, Leben und Freiheit als den klassischen Schutzgütern genannt wird.

Eine Gefahr für Leib oder Leben ist gem. § 3 Nr. 3d SOG LSA eine Gefahr, bei der eine nicht nur leichte Körperverletzung oder der Tod einzutreten droht. Von einer Gefahr für den Leib kann gerade in Fällen häuslicher Gewalt auch bei gravierenden psychischen Beeinträchtigungen und Angstzuständen des Opfers ausgegangen werden, die durch immer wiederkehrende Beleidigungen, abwertende Äußerungen, Drohungen oder auch Erniedrigungen ausgelöst werden.[242] Eine Gefahr für die Freiheit der Person ist dann anzunehmen, wenn sie gegen ihren Willen eingesperrt oder auf sonstige Art ihrer Freiheit beraubt wird.

Vor rechtliche Herausforderungen stellt der Fall, in dem der „Haustyrann“ die Wohnung bereits verlassen hat, bevor die herbeigerufene Polizei eintrifft. Dabei besteht ein Problem darin, dass die Polizei den (vermeintlichen) „Haustyrannen“ nicht selbst anhören kann. Das OVG NRW hat be-

241 Vgl. Bialon/Springer, Eingriffsrecht, Kap. 38 Rn. 12.
242 Vgl. VG Köln, Beschl. v. 05.12.2018 – 20 L 2762/18, Rn. 9, juris.

tont, „dass die Polizei bei Gewalttaten, die sich im häuslichen Bereich und damit typischerweise unter Ausschluss der Öffentlichkeit abspielen, für ihre Beurteilung der Sachlage in besonderem Maße auf Feststellungen angewiesen ist, die sich bei den unmittelbar beteiligten Personen treffen lassen."[243] Für die Annahme einer gegenwärtigen Gefahr auch in dem Fall, in dem der Täter zum Zeitpunkt des Polizeieinsatzes nicht in der Wohnung angetroffen wird, muss die Polizei eine Gefahrprognose anstellen.[244] Sie muss mithin entscheiden, ob sie gegen den nicht anwesenden „Haustyrannen" eine Maßnahme nach § 36 Abs. 3 SOG LSA erlässt. Dabei hat sie auf der Grundlage von Erkenntnissen aus der Vergangenheit und der Gegenwart die Situation für die Zukunft zu bewerten. Eine Wohnungsverweisung erfordert eine von Gewalttaten geprägte Beziehung mit konkreten, für die Polizei erkennbaren Anzeichen für wiederholte körperliche Misshandlungen bzw. eine erstmalige Gewalttat, bei der der Angriff jedoch derart intensiv war, dass er als Auftakt einer Gewaltspirale[245] gewertet werden kann.[246]

4. Rechtsfolge

Liegen die Tatbestandsvoraussetzungen des § 36 Abs. 3 SOG LSA vor, so kann die Polizei den Verantwortlichen seiner Wohnung und des unmittelbar angrenzenden Bereichs verweisen. Unter den gleichen Voraussetzungen kann gem. § 36 Abs. 3 Satz 2 SOG LSA ein Betretungsverbot angeordnet werden. Die Wohnung umfasst gem. § 36 Abs. 3 SOG LSA i. V. m. § 43 Abs. 1 SOG LSA die Wohn- und Nebenräume, Arbeits-, Betriebs- und Geschäftsräume sowie anderes befriedetes Besitztum, das mit diesen Räumen in Verbindung steht. Die Polizei kann als Minusmaßnahme die Wohnungsverweisung auf spezielle Räumlichkeiten der Wohnung beschränken. Dies ist unter dem Aspekt des Grundsatzes der Verhältnismäßigkeit insbesondere dann angezeigt, wenn der Verantwortliche in gewissen Räumen seiner existenzsichernden Berufsausübung nachgehen muss. In jedem Fall muss das Opfer aber wirksam vor dem Täter geschützt werden können. Dies ist dann nicht der Fall, wenn die Räumlichkeiten der Wohnung derart beschaffen sind, dass man sich zwangsläufig immer begegnet. Insofern fällt die Beschränkung auf bestimmte Räumlichkeiten umso leichter, je größer die Wohnung, das Haus oder gar das Anwesen ist.

243 OVG NRW, Beschl. v. 15.02.2002 – 5 B 278/02, Rn. 6, juris.
244 Siehe hierzu OVG Mecklenburg-Vorpommern, Beschl. v. 11.02.2004 – 3 M 33/04, juris.
245 VG Lüneburg, Beschl. v. 13.06.2003 – 3 B 47/03, Rn. 8, juris.
246 Vgl. OVG NRW, Beschl. v. 23.12.2014 – 5 E 1202/14, juris.

Die Wohnungsverweisung und das Betretungsverbot dürfen die Dauer von **14 Tagen** nicht überschreiten. Die 14 Tage sind das zeitliche Maximum. Das heißt, dass die Wohnungsverweisung zwar höchstens 14 Tage andauern, diese Tage aber natürlich unterschreiten kann. Die Berechnung der Frist bestimmt sich nach § 31 VwVfG i. V. m. §§ 187 ff. BGB. Gem. § 31 Abs. 3 VwVfG endet die Frist mit dem Ablauf des nächsten Werktags, wenn das Ende einer Frist auf einen Sonntag, einen gesetzlichen Feiertag oder einen Sonnabend fällt. Die Polizei hat den Adressaten über die Dauer zu informieren. Abgesehen von dieser Frist und den allgemeinen aus dem Rechtsstaatsprinzip folgenden Grenzen eines jeden hoheitlichen Eingriffs werden der Polizei mit Blick auf die Rechtsfolge keine weiteren Vorgaben gemacht.

Während in anderen Bundesländern die Wohnungsverweisung in umfangreichen eigenen Paragrafen sehr detailliert geregelt wird, räumt das SOG LSA dieser Maßnahme einen kurzen Absatz ein. In Sachsen-Anhalt stellen sich damit einige praktische Anwendungsfragen, für die andere Bundesländer eigene Absätze geschaffen haben.

Von grundlegender Bedeutung ist dabei die Frage, ob der Adressat der Wohnungsverweisung Gegenstände aus der zu verlassenden Wohnung mitnehmen darf. Schon aus Gründen der Verhältnismäßigkeit darf der Adressat der Maßnahme jedenfalls dringend benötigte Gegenstände des persönlichen Bedarfs mitnehmen. Um welche Gegenstände es sich dabei im Einzelnen handelt, ist stark vom Einzelfall abhängig. Derjenige, der der Wohnung verwiesen wird, wird aber zumindest Bekleidung, Geld, Hygiene- und Kosmetikartikel, Medikamente, persönliche Dokumente sowie ein Mobiltelefon immer mitnehmen dürfen. Diese Aufzählung ist aber nicht abschließend. Sofern der Adressat der Wohnungsverweisung überzeugend darlegt, dass er weitere Gegenstände benötigt, muss die Polizei hierauf Rücksicht nehmen und wird die Mitnahme auch dieser Gegenstände nicht verwehren dürfen. Auch wird man der Mitnahme von Arbeitsunterlagen und sonstigen Gegenständen, die zur Berufsausübung dienen, nicht widersprechen können. Die Polizei kann hier aber auf eine gewisse Glaubhaftmachung bestehen.

Vor gewisse rechtliche Schwierigkeiten stellt der Fall, in dem der Adressat einen Gegenstand mitnehmen möchte, den die Polizei aber nicht als dringend benötigt ansieht. Hier stellt sich die Frage, ob die Polizei (ggf. sogar mit Zwang) die Mitnahme verhindern kann. Sofern es sich um Gegenstände handelt, die im Alleineigentum desjenigen stehen, der die Wohnung zu verlassen hat, wird die Polizei wegen Art. 14 GG die Mitnahme nicht verhindern dürfen. Die Polizei sollte den Adressaten der Wohnungsverweisung auffordern, eine Anschrift oder eine zustellungsbevollmächtigte Person zum Zweck von Zustellungen behördlicher oder gerichtlicher Entscheidungen zu benennen. Dies erleichtert die weitere Kommunikation und gibt der Polizei eine Anlaufstelle, wo sie den der Wohnung Verwiesenen antreffen kann.

Im Einzelnen kann sich die Frage stellen, ob die Wohnungsverweisung trotz Vorliegens der tatbestandlichen Voraussetzungen nicht **von vornherein unverhältnismäßig** ist und die Polizei stattdessen auf andere Maßnahmen, wie etwa die Ingewahrsamnahme, ausweichen muss. Von einer Unverhältnismäßigkeit der Wohnungsverweisung wird man dann ausgehen dürfen, wenn der Adressat der Maßnahme dadurch in die Obdachlosigkeit getrieben würde. Auch darf demjenigen, der der Wohnung verwiesen wird, nun nicht seinerseits eine Gefahr für Leib oder Leben drohen. Demgegenüber ist eine Wohnungsverweisung nicht schon deshalb unverhältnismäßig, weil sich der „Haustyrann" in ein teures Hotel einmieten oder sich um eine sonstige Unterkunft kümmern muss. Auch dass der Weg zur Arbeit oder die Teilhabe am sozialen Leben durch die Wohnungsverweisung erschwert wird, macht diese nicht unverhältnismäßig.

Schließlich hat die Polizei auf eine **effektive Durchsetzung der Wohnungsverweisung** und insbesondere auch des Rückkehrverbots zu achten. Es muss sichergestellt werden, dass der „Haustyrann" nicht unmittelbar, nachdem die Polizei die Wohnung mit ihm verlassen hat, in diese zurückkehrt. Gerade dieser Aspekt ist von sehr großer praktischer Relevanz. Hierbei kommen von den klassischen Zwangsmitteln das Zwangsgeld und der unmittelbare Zwang in Betracht. Auch kann gem. § 37 Abs. 1 Nr. 3 SOG LSA die Ingewahrsamnahme erfolgen. § 37 Abs. 1 Nr. 3 SOG LSA verweist im Ganzen auf § 36 SOG LSA, also auch auf § 36 Abs. 3 SOG LSA. Darüber hinaus kann die Polizei aber auch den Haustürschlüssel des Adressaten sicherstellen.[247] Hier ist dann § 45 Nr. 4 SOG LSA maßgeblich, weil tatsächliche Anhaltspunkte die Annahme rechtfertigen, dass der Haustürschlüssel zur Begehung einer Straftat gebraucht oder verwertet werden soll.

Sofern sich die Partner der häuslichen Gemeinschaft ausgesöhnt haben, bevor das Rückkehrverbot endet, kann eine vorzeitige Aufhebung der Maßnahme erfolgen.[248] Hierbei sollte die Polizei die Aussöhnung aber zuvor gründlich auf ihre Echtheit überprüfen.

247 Vgl. Nerlich, Eingriffsrecht Brandenburg, S. 199.
248 Vgl. Dietlein/Hellermann, Öffentliches Recht in Nordrhein-Westfalen, § 3 Rn. 170.

VI. Meldeauflage

Seit 2018 kennt das SOG LSA die Meldeauflage. Sie ist in § 35a SOG LSA normiert. In Sachsen-Anhalt schließt § 35a SOG LSA eine Lücke auf dem Gebiet der Effektivität der Gefahrenabwehr. Ziel der Meldeauflage ist, den Adressaten zu zwingen, sich zu einer gewissen Uhrzeit an einem Ort zu melden, um zu verhindern, dass er zur gleichen Zeit an einem anderen Ort Straftaten begeht. Im Blick von präventiven Meldeauflagen sind regelmäßig gewaltbereite Demonstranten oder Fußballhooligans. Vor der Einführung des § 35a SOG LSA musste dies auf die Generalklausel des § 13 SOG LSA gestützt werden. In § 35a Satz 1 SOG LSA wird die Meldeauflage nunmehr legaldefiniert. Es handelt sich um eine schriftliche polizeiliche Anordnung gegenüber einer Person, sich an bestimmten Tagen zu bestimmten Zeiten bei einer bestimmten Polizeidienststelle zu melden. Diese Anordnung kann ergehen, wenn Tatsachen die Annahme rechtfertigen, dass die Person eine Straftat begehen wird und die Meldeauflage zur vorbeugenden Bekämpfung dieser Straftat erforderlich ist. Die Meldeauflage dient also dazu, zu erwartende Straftaten zu verhüten und für die Verfolgung künftiger Straftaten vorzusorgen. Sie ist damit eine Maßnahme, die den polizeilichen Aufgaben i. S. d. § 2 Abs. 1 SOG LSA entspricht.

Tatbestandlich knüpft § 35a SOG LSA nicht an eine Gefahr an. Gem. § 35a Satz 2 SOG LSA i. V. m. § 35 Abs. 2 Satz 2 SOG LSA soll bei der Festsetzung des Zeitpunkts auf den Beruf und die sonstigen Lebensverhältnisse der Person Rücksicht genommen werden. Die Polizei soll also persönliche Interessen des Adressaten der Meldeauflage berücksichtigen. Es handelt sich hierbei um intendiertes Ermessen, von dem nur in atypischen Fällen ausnahmsweise abgewichen werden darf. So sind etwa die Berufsausübung, Kinderbetreuung, der Besuch von Ärzten, Anwälten etc. zu berücksichtigen. Bei der Meldeauflage handelt es sich um einen Verwaltungsakt i. S. d. § 35 Satz 1 VwVfG. Da es sich hierbei um einen belastenden Verwaltungsakt handelt, hat insofern eine Anhörung gem. § 28 Abs. 1 SOG LSA zu erfolgen. Im Rahmen dieser Anhörung ist es die Aufgabe der Polizei, die in § 35a Satz 2 SOG LSA i. V. m. § 35 Abs. 2 Satz 2 SOG LSA aufgeführten Umstände in Erfahrung zu bringen und in die Maßnahme einfließen zu lassen.

Natürlich gelten auch die sonstigen einschlägigen Verfahrens- und Formvorschriften des VwVfG. Von zentraler Bedeutung ist dabei, ob die Meldeauflage mündlich oder schriftlich erlassen wurde. Sofern sie schriftlich erlassen wurde, muss die Polizei diese begründen. Sie sollte dann auch gem. § 80 Abs. 2 Nr. 4 VwGO für sofort vollziehbar erklärt werden. Eine Verbindung mit einer Zwangsgeldandrohung für jeden Fall der Zuwiderhandlung ist ratsam. Die Meldeauflage ist gem. § 35a Satz 3 SOG LSA auf höchstens einen Monat zu befristen. Ausnahmsweise ist eine Verlängerung um jeweils nicht mehr als denselben Zeitraum aber dann zulässig, sofern die Voraussetzungen der Anordnung weiterhin vorliegen. Über die Verlängerung muss ein Richter entscheiden. Die Polizei darf die Verlängerung also nicht selbst anordnen.

Kapitel I Freiheitsentziehende Maßnahmen

I. Allgemeines

Freiheitsentziehende Maßnahmen greifen in die grundrechtlich verbürgte Freiheit der Person gem. Art. 2 Abs. 2 Satz 2 GG ein und zählen zu den eingriffsintensivsten Maßnahmen, die das Polizeirecht kennt. Die Freiheit der Person ist gem. Art. 2 Abs. 2 Satz 2 GG unverletzlich.

In sachlicher Hinsicht wird jede Person vor Freiheitsbeschränkungen und vor Freiheitsentziehungen geschützt. Nach der Rechtsprechung des BVerfG ist eine **Freiheitsbeschränkung** dann gegeben, „wenn jemand durch die öffentliche Gewalt gegen seinen Willen daran gehindert wird, einen Ort oder Raum aufzusuchen oder sich dort aufzuhalten, der ihm an sich (tatsächlich und rechtlich) zugänglich ist“.[249] Eine **Freiheitsentziehung** definiert das BVerfG wie folgt: „Eine Freiheitsentziehung als schwerste Form der Freiheitsbeschränkung ist nur dann gegeben, wenn die tatsächlich und rechtlich an sich gegebene körperliche Bewegungsfreiheit durch staatliche Maßnahmen nach jeder Richtung hin aufgehoben wird.“[250]

Um der überragenden Bedeutung der Freiheit der Person gerecht zu werden, sind neben hohen tatbestandlichen Anforderungen für die Vornahme einer Freiheitsentziehung auch umfangreiche Verfahrensvorschriften zu beachten.

II. Freiheitsentziehende Maßnahmen nach dem SOG LSA

1. Allgemeines

Im Recht der Gefahrenabwehr werden freiheitsentziehende Maßnahmen als Gewahrsam bezeichnet. Eine Person befindet sich dann in Gewahrsam, wenn sie sich gegen ihren Willen aufgrund eines Hoheitsakts in einem umgrenzten Raum befinden muss und also daran gehindert wird, ihre körperliche Fortbewegungsfreiheit auszuüben.[251] Pointiert definierte das OVG Münster Gewahrsam wie folgt: „Als Gewahrsam wird ein Rechtsverhältnis bezeichnet, das mit hoheitlicher Gewalt hergestellt wird und kraft dessen einer Person in der Weise die Freiheit entzogen wird, dass sie von dem Hoheitsträger in einer dem hoheitlichen Zweck entsprechenden Wei-

249 BVerfG, NVwZ 2011, S. 743 (744).
250 BVerfG, NVwZ 2011, S. 743 (744).
251 Vgl. Kingreen/Poscher, Polizei- und Ordnungsrecht, § 16 Rn. 1.

se verwahrt und daran gehindert wird, sich fortzubegeben."[252] Bisweilen wird daher auch von „Verwahrung" gesprochen. Während „Gewahrsam" eine von der Polizei bewirkte Situation charakterisiert, versteht man unter „Ingewahrsamnahme" die auf die Schaffung eines Gewahrsams gerichtete polizeiliche Handlung. Gewahrsam ist mithin das Ziel und Ingewahrsamnahme der Weg. Im Unterschied zum die Freiheit nur kurzzeitig beschränkenden Anhalten zwecks Durchführung einer Durchsuchung, einer Identitätsfeststellung oder aber einer Befragung ist der Gewahrsam bzw. die Ingewahrsamnahme angesichts ihres verwahrenden Charakters längerdauernd. Der Freiheitsentziehung kommt also eine andere Intensität und Qualität als der Freiheitsbeschränkung zu.[253]

Beim umgrenzten Raum kann es sich um die klassische Polizeizelle, das Polizeifahrzeug, die polizeiliche Eskortierung oder auch die polizeiliche Einkesselung handeln. Gewahrsam kann damit also auch unter freiem Himmel erfolgen. Im präventiven Polizeirecht des Landes Sachsen-Anhalt kommt der Ingewahrsamnahme gem. **§ 37 SOG LSA** eine überragend wichtige Bedeutung zu. Die Ingewahrsamnahme kann angesichts ihrer hohen Eingriffsintensität in Art. 2 Abs. 2 Satz 2 GG nicht bloß auf die Generalklausel des § 13 SOG LSA gestützt werden, sondern bedarf einer eigenen Erwähnung in den Standardmaßnahmen des SOG LSA. Der Gewahrsam bzw. die Ingewahrsamnahme ist die Maßnahme an sich. Gewahrsam hat gerade nicht die Aufgabe, die Vollstreckung einer anderen Maßnahme zu fördern. Von diesem Grundsatz gibt es jedoch eine wichtige Ausnahme: Gem. § 37 Abs. 1 Nr. 3 SOG LSA kann die Polizei eine Person in Gewahrsam nehmen, wenn dies unerlässlich ist, um eine Platzverweisung nach § 36 SOG LSA durchzusetzen. Auf die Generalklausel des § 13 SOG LSA kann eine Ingewahrsamnahme bzw. ein Gewahrsam niemals gestützt werden. Sofern § 37 SOG LSA also tatbestandlich in keiner Weise eröffnet ist, kann nicht hilfsweise auf § 13 SOG LSA rekurriert werden.

Bei der Ingewahrsamnahme i. S. d. § 37 SOG LSA handelt es sich um eine Freiheitsentziehung i. S. d. Art. 104 Abs. 2 Satz 2 GG und damit gerade nicht mehr um eine bloße Freiheitsbeschränkung. Die Ingewahrsamnahme ist eine sog. **Self-executing-Norm**. Das bedeutet, dass sich die Ingewahrsamnahme selbst vollzieht, weil sie ein eigenes Vollstreckungselement enthält. Es bedarf daher keines Vollzugaktes mehr. Das Zwangsrecht i. S. d. §§ 53 ff. SOG LSA findet auf die Ingewahrsamnahme nach herrschender Auffassung keine Anwendung. Bisweilen wird aber auch ver-

252 OVG Münster NJW 1980, S. 138 (138 f.).
253 Vgl. Kingreen/Poscher, Polizei- und Ordnungsrecht, § 16 Rn. 8.

treten, dass das Zwangsrecht auf die Ingewahrsamnahme anzuwenden sei. Ob es sich bei der Ingewahrsamnahme um einen Verwaltungsakt oder aber um einen Realakt handelt, ist umstritten. Letztlich liegt es näher, die Ingewahrsamnahme bzw. den Gewahrsam als Realakt anzusehen. Bei der Ingewahrsamnahme kommt es auf die Schaffung eines tatsächlichen Erfolges an und gerade nicht auf die Setzung einer konkreten Rechtsfolge. Nicht zuletzt vor dem Hintergrund, dass die VwGO auch effektiven Rechtsschutz gegen Nicht-Verwaltungsakte bietet, besteht keine Notwendigkeit (mehr), über immanente Duldungsverfügungen einen Verwaltungsakt quasi zu „konstruieren".

2. Die Tatbestandsvoraussetzungen des § 37 SOG LSA

§ 37 SOG LSA regelt fünf abschließend aufgeführte Anwendungsfälle für die Ingewahrsamnahme bzw. den Gewahrsam. Innerhalb dieser Anwendungsfälle gibt es einzelne regelbeispielartig dargestellte besondere Fälle, die zum Gewahrsam befugen. § 37 SOG LSA unterscheidet zwischen dem Schutzgewahrsam, Gewahrsam zur Verhinderung von Straftaten und Ordnungswidrigkeiten, Gewahrsam zur Durchsetzung eines Platzverweises, dem Obhutsgewahrsam sowie dem Anstaltsgewahrsam. Die Figur des „Verbringungsgewahrsams" wird in § 37 SOG LSA nicht ausdrücklich aufgegriffen.

2.1 Der Schutzgewahrsam

Gem. § 37 Abs. 1 Nr. 1 SOG LSA kann die Polizei eine Person in Gewahrsam nehmen, wenn dies zum Schutz der Person gegen eine Gefahr für Leib oder Leben erforderlich ist. Dies ist insbesondere bei einer hilflosen Person anzunehmen. Es handelt sich dabei um den sog. „Schutzgewahrsam". Beim Schutzgewahrsam erfolgt der Gewahrsam im Interesse des Adressaten der Maßnahme. In tatbestandlicher Hinsicht muss eine Gefahr für Leib oder Leben i. S. d. § 3 Nr. 3d SOG LSA vorliegen. Es muss also eine Gefahr bestehen, bei der eine nicht nur leichte Körperverletzung oder der Tod einzutreten droht. Für die Anwendung des § 37 Abs. 1 Nr. 1 SOG LSA kommt es nicht darauf an, warum die Gefahr für Leib oder Leben besteht. Es ist mithin irrelevant, ob der Zustand vom Adressaten der Maßnahme verschuldet oder unverschuldet herbeigeführt wurde. Zu denken ist hier etwa an stark alkoholisierte oder unter Drogeneinfluss stehende Menschen oder an Ohnmächtige und Bewusstlose. Auch das Handeln Dritter und höhere Gewalt können den Tatbestand verwirklichen und also eine Gefahr darstellen, die mit dem Schutzgewahrsam abgewehrt werden soll. So kann etwa das Opfer häuslicher Gewalt vor dem Haustyrannen in Schutzgewahrsam genommen werden. Sofern sich das Opfer aber aus freien Stücken an die Polizei wendet und diese um Schutzgewahrsam ersucht, ist für § 37 Abs. 1 Nr. 1 SOG LSA kein Raum, weil es sich dann nicht um einen Eingriff in die Grundrechte des Opfers handelt.

§ 37 Abs. 1 Nr. 1 SOG LSA ist insbesondere dann einschlägig, wenn der Schutzgewahrsam zugunsten einer **hilflosen Person** erfolgen soll. Eine Person ist dann hilflos, wenn sie sich in einem die freie Willensbildung- und Willensbetätigung ausschließenden Zustand befindet. Die Person muss also außer Stande sein, einen freien Willensentschluss zu fassen. Die Gründe hierfür können sowohl physische als auch psychische Ursachen haben.

Für den Schutzgewahrsam ist regelmäßig dann kein Raum, wenn sich die angetroffene Person in erkennbarer Weise freiverantwortlich selbstgefährdet und für Rechtsgüter Dritter keine Gefahr besteht. Die Grundrechte schützen den Grundrechtsträger nicht vor sich selbst. Selbstgefährdung, -verletzung und sogar -tötung sind daher rechtlich möglich. Die Polizei kann die sich selbstgefährdende Person erst dann in Schutzgewahrsam nehmen, wenn die Person die Gefährlichkeit und das Risiko ihrer Handlung sowie den drohenden Schaden in ihren Ausmaßen nicht (mehr) überblicken kann. Im Rahmen einer versuchten Selbsttötung stellt sich die Frage, ob es sich um einen Appell- oder um einen Bilanzselbstmordversuch handelt. Hierauf wurde weiter oben bereits eingegangen. Sofern die Polizei Zeuge eines Selbstmordversuchs wird, ist von einem Appellselbstmordversuch auszugehen, der eine Ingewahrsamnahme über § 37 Abs. 1 Nr. 1 SOG LSA ermöglicht.

Der Schutzgewahrsam muss aber **erforderlich** sein. Die Erwähnung der Erforderlichkeit ist ein bloßer Hinweis auf die ohnehin immer durchzuführende Prüfung der Verhältnismäßigkeit als Schranken-Schranke hoheitlicher Grundrechtseingriffe. Keinesfalls darf die Erwähnung dahingehend missverstanden werden, dass es nur auf die Erforderlichkeit ankäme. Die Verhältnismäßigkeitsprüfung ist vielmehr wie üblich in vier Schritten durchzuführen. So muss der Schutzgewahrsam einem legitimen Zweck dienen, geeignet, erforderlich und angemessen sein. Der Schutzgewahrsam ist regelmäßig dann nicht das mildeste Mittel, wenn die Gefahr für die schutzbedürftige Person effektiv etwa durch fürsorgliche Angehörige, Freunde, Ärzte etc. abgewehrt werden kann. Sofern die hilfsbedürftige Person Opfer von Straftaten ist, hat die Polizei primär die Aufgabe, gegen den Straftäter vorzugehen. Nur dann, wenn die vom Straftäter ausgehenden Gefahren nicht effektiv abgewehrt werden können, darf die Polizei die Maßnahme nach § 37 Abs. 1 Nr. 1 SOG LSA gegen das Opfer durchführen.

2.2 Der Gewahrsam zur Verhinderung von Straftaten und Ordnungswidrigkeiten

Die Polizei kann eine Person aber auch in Gewahrsam nehmen, wenn dies unerlässlich ist, um die unmittelbar bevorstehende Begehung oder Fortsetzung einer Straftat oder einer Ordnungswidrigkeit von erheblicher Bedeutung für die Allgemeinheit zu verhindern. Dieser Gewahrsam wird auch als „Präventivgewahrsam" oder „Unterbringungsgewahrsam" bezeichnet.[254] Der Präventivgewahrsam bezweckt die vorbeugende Verhinderung einer bevorstehenden Straftat bzw. die Beendigung einer bereits begonnenen Straftat. Dies gilt in gleichem Maße für Ordnungswidrigkeiten. Wichtig ist dabei, dass die Straftat bzw. die Ordnungswidrigkeit nicht schon beendet sein darf. Sofern die Tat nämlich schon beendet ist, kann der Gewahrsam diesbezüglich nicht mehr präventiv sein. Er ist dann repressiv und unterfällt den Vorgaben der StPO. Die Straftat bzw. die Ordnungswidrigkeit stellen die durch den Präventivgewahrsam zu verhindernde Gefahr i. S. d. § 3 Nr. 3a SOG LSA dar. Es handelt sich also um eine Sachlage, bei der im einzelnen Falle die hinreichende Wahrscheinlichkeit besteht, dass in absehbarer Zeit ein Schaden für die öffentliche Sicherheit oder Ordnung durch die Straftat bzw. Ordnungswidrigkeit eintreten wird. Zwar ist die Polizei in dem von § 37 Abs. 1 Nr. 2 SOG LSA beschriebenen Fall mit solchen Taten konfrontiert, die an sich den Anwendungsbereich der StPO eröffnen, die Polizei hat im Rahmen der Gefahrenabwehr aber gerade auch zu erwartende Straftaten und Ordnungswidrigkeiten zu verhüten und für die Verfolgung künftiger Straftaten und Ordnungswidrigkeiten vorzusorgen. Mit Blick auf den im Strafrecht vorherrschenden dreistufigen Deliktsaufbau stellt sich für das SOG LSA die Frage, ob unter einer Straftat solche Taten zu verstehen sind, die tatbestandsmäßig und rechtswidrig oder aber tatbestandsmäßig, rechtswidrig und schuldhaft begangen werden sollen. Da es im Gefahrenabwehrrecht kein Verschulden und schon gar nicht das das Strafrecht beherrschende Schuldprinzip gibt, kann es auf eine schuldhafte Tat nicht ankommen. Es reicht also aus, wenn die Polizei aus der Ex-ante-Perspektive eine tatbestandsmäßige und rechtswidrige Tat erkennt. Insofern ist auch der Gewahrsam nicht rechtswidrig, der aufgrund einer vermeintlichen Straftat angeordnet und durchgesetzt wurde, bei der sich erst aus der Ex-post-Perspektive eine fehlende Tatbestandsmäßigkeit oder aber eine tragfähige Rechtfertigung ergibt. Der sich in Gewahrsam befindende Adressat ist im Falle einer Anscheinsstraftat sofort freizulassen.

254 Dietlein/Hellermann, Öffentliches Recht in Nordrhein-Westfalen, § 3 Rn. 175.

Die Begehung der Straftat bzw. der Ordnungswidrigkeit muss **unmittelbar bevorstehen**. Das bedeutet, dass mit der Tat sofort, zumindest aber in allerkürzester Zeit zu rechnen ist. Vermutungen genügen hierfür nicht. Die Polizei muss vielmehr auf der Grundlage einer auf Tatsachen oder Erfahrungswissen beruhenden Gefahrenprognose zu der Erkenntnis kommen, dass die drohenden Taten als gegenwärtige Gefahr zu bewerten sind. Erforderlich ist also, dass der Schaden mit an Sicherheit grenzender Wahrscheinlichkeit eintreten wird, wenn eine Ingewahrsamnahme unterbleibt.

Es ist nicht abschließend entschieden, ob jede Form der Beteiligung für § 37 Abs. 1 Nr. 2 SOG LSA ausreichend ist.[255] Dass der Präventivgewahrsam gegen Täter bzw. Mittäter ergehen kann, ist gewiss. Es fragt sich aber, ob dieser auch für Teilnehmer möglich sein kann. Da § 37 Abs. 1 Nr. 2 SOG LSA von einer „Begehung" und „Fortsetzung" spricht, ist wohl nur die Täterschaft umfasst, denn der die Täterschaft regelnde § 25 StGB verwendet seinerseits auch das Wort „begehen". § 37 Abs. 1 Nr. 2 SOG LSA hat das aktive, tatherrschaftliche Handeln im Blick, sodass der Präventivgewahrsam gegenüber bloßen Teilnehmern unzulässig ist.

Mit Blick auf den Wortlaut ist unklar, worauf sich das Tatbestandsmerkmal „**von erheblicher Bedeutung für die Allgemeinheit**" bezieht. Nach erkennbar einmütiger Ansicht bezieht sich dieses Tatbestandsmerkmal ausschließlich auf die zu verhindernden drohenden oder zu erwartenden Ordnungswidrigkeiten. Sofern der Gewahrsam zur Verhinderung von drohenden oder zu erwartenden Straftaten erfolgen soll, genügt hierfür jede Straftat. Es ist also unerheblich, ob es sich um ein Vergehen oder ein Verbrechen handelt oder welche Tatschwere vorliegt. Für § 37 Abs. 1 Nr. 2 SOG LSA kommt es ferner nicht darauf an, ob es sich um ein absolutes oder relatives Antragsdelikt handelt. Fragen der Tatschwere können aber auf Ebene des Ermessens und vor allem im Rahmen der Verhältnismäßigkeitsprüfung relevant werden. So wird man einen Dieb, der auf dem Wochenmarkt einen Apfel klaut und gerade dabei ist, eine Banane zu stehlen, nicht in Gewahrsam nehmen können, um die Gefahr des Diebstahls abzuwenden. In Literatur und Rechtsprechung ist die Frage, was Ordnungswidrigkeiten von erheblicher Bedeutung für die Allgemeinheit sein sollen, nicht abschließend geklärt. Letztlich kommt es hierbei auf den Einzelfall an. Lediglich geringfügige Ordnungswidrigkeiten i. S. d. § 56 OWiG sind jedenfalls nicht erfasst. Für die Annahme einer Erheblichkeit kann die Sanktionsart „Verwarnung" also nicht ausreichen. Man wird zumindest eine Ordnungswidrigkeit fordern müssen, die mit einem Bußgeld geahndet wird. Die ange-

255 Siehe zu dieser Frage BeckOK PolR NRW/Basteck, PolG NRW § 35 Rn. 42.

drohte Höhe des Bußgeldes kann dann aber nur ein Indiz sein. Es kommt nämlich nicht darauf an, gegen welchen Tatbestand verstoßen wird, sondern wie gravierend die Auswirkungen des Verstoßes für die Schutzgüter der öffentlichen Sicherheit bzw. für die öffentliche Ordnung sind.[256] So kann es Fälle geben, in denen Ordnungswidrigkeiten zwar nur mit einem geringen Bußgeld geahndet werden können, diese aber trotzdem erhebliche Bedeutung für die Allgemeinheit haben.[257]

Dass eine Person eine Straftat oder einer Ordnungswidrigkeit von erheblicher Bedeutung für die Allgemeinheit begehen oder zu ihrer Begehung beitragen wird, erfordert eine **auf Tatsachen basierende Annahme** der Polizei. § 37 Abs. 1 Nr. 2a bis 2c SOG LSA führt dafür regelbeispielartig drei Fälle auf, die nicht abschließend sind:

- Diese Annahme kann sich danach insbesondere auf entsprechende tatbezogene Ankündigungen oder Aufforderungen stützen. Das Ankündigen und Auffordern können dabei auch durch mitgeführte Transparente oder sonstige Gegenstände erfolgen.
- Die polizeiliche Annahme kann aber auch auf einem Auffinden von Waffen, Werkzeugen oder sonstigen Gegenständen beruhen, die ersichtlich zur Tatbegehung bestimmt sind oder erfahrungsgemäß bei derartigen Taten verwendet werden. Gleiches gilt für das Mitführen solcher Gegenstände durch Begleitpersonen.
- Schließlich ist es für einen Gewahrsam zur Verhinderung von Straftaten und Ordnungswidrigkeiten aber auch ausreichend, dass die Person bereits in der Vergangenheit mehrfach aus vergleichbarem Anlass bei der Begehung von Straftaten oder Ordnungswidrigkeiten von erheblicher Bedeutung für die Allgemeinheit als Störer betroffen worden ist und nach den Umständen eine Wiederholung dieser Verhaltensweise zu erwarten ist.

Die Ingewahrsamnahme muss gem. § 37 Abs. 1 Nr. 2 SOG LSA für die Gefahrenabwehr **unerlässlich** sein. Die Freiheitsentziehung muss das letzte Mittel sein und also Ultima Ratio sein. Die Unerlässlichkeit betont das Erfordernis, dass vor der Ingewahrsamnahme eine Prüfung etwaiger milderer Mittel zu erfolgen hat. Die Polizei ist dadurch zu einer umfassenden Sachverhaltsaufklärung und -bewertung gezwungen. Dabei muss sie zu der Erkenntnis kommen, dass andere polizeiliche Maßnahmen die Gefahr nicht ebenso effektiv abwehren. Vor der Ingewahrsamnahme sind insbesondere der Platzverweis und die Sicherstellung der Transparente, Waffen,

256 BayObLG, Beschl. v. 28.5.1998 – 3Z BR 66–98, NVwZ 1999, S. 106 (106).
257 Vgl. Dietlein/Hellermann, Öffentliches Recht in Nordrhein-Westfalen, § 3 Rn. 175.

Werkzeuge oder anderen Gegenstände als weniger eingriffsintensive Maßnahmen zu prüfen. In dogmatischer Hinsicht ist jedoch unklar, ob die Unerlässlichkeit auf Tatbestandsseite oder auf Rechtsfolgenseite zu prüfen ist.[258] Angesichts des engen Bezugs zur Erforderlichkeit und damit zur Verhältnismäßigkeit ist es naheliegender, die Unerlässlichkeit als Element der Rechtsfolge zu bewerten. Für die polizeiliche Arbeit kommt es auf die Verortung zweifelsohne nicht an. Hier ist allein maßgeblich, dass sie sich mit der Frage der Unerlässlichkeit überhaupt ernsthaft befasst.

Der Präventivgewahrsam darf nicht zur sog. „**Ketteningewahrsamnahme**“ werden.[259] Unter der Ketteningewahrsamnahme versteht man die wiederholte Ingewahrsamnahme notorischer Straftäter. Dabei erfolgt die Ingewahrsamnahme fortlaufend so oft, dass eine freiheitsstrafen- bzw. unterbringungsähnliche Situation für den Adressaten der Maßnahme geschaffen wird. Es ist unverhältnismäßig und letztlich nicht mit Art. 104 Abs. 2 GG vereinbar, wenn dem Adressaten die Freiheit über nahtlos aneinander anknüpfende Ingewahrsamnahmen de facto entzogen wird.

2.3 Der Durchsetzungsgewahrsam

Gem. § 37 Abs. 1 Nr. 3 SOG LSA kann die Polizei eine Person in Gewahrsam nehmen, wenn dies unerlässlich ist, um eine Platzverweisung nach § 36 SOG LSA durchzusetzen. Hierbei handelt es sich um den sog. „**Durchsetzungsgewahrsam**“.

In tatbestandlicher Hinsicht muss zunächst ein Platzverweis i. S. d. § 36 SOG LSA erteilt worden sein, dem der Adressat aber keine Folge leistet. Dieser Platzverweis muss **rechtmäßig** sein. Das bedeutet, dass die formellen und materiellen Voraussetzungen erfüllt sein müssen und insbesondere auch die Verhältnismäßigkeit gewahrt sein muss. Ein rechtswidriger Platzverweis darf nicht durchgesetzt werden. Durchsetzungsgewahrsam ist dann **unerlässlich**, wenn der Adressat einem gegen ihn erteilten Platzverweis i. S. d. § 36 SOG LSA keine Folge leistet und die Polizei keine andere Möglichkeit hat, den Platzverweis effektiv durchzusetzen. Der Gewahrsam i. S. d. § 37 Abs. 1 Nr. 3 SOG LSA ist also Ultima Ratio.

Damit stellt sich regelmäßig die Frage, ob der Platzverweis mit den klassischen Zwangsmitteln des SOG LSA durchgesetzt werden kann und ob diese nicht milder als der Gewahrsam sind. Das Verhältnis des Durchsetzungsgewahrsams zum **Vollstreckungsrecht** ist im Detail unklar. Dies betrifft insbesondere die Frage, wie diese Gewahrsamsart zum unmittelba-

258 Vgl. Dietlein/Hellermann, Öffentliches Recht in Nordrhein-Westfalen, § 3 Rn. 175.
259 LG Berlin, Beschl. v. 28.9.2000 – 84 T XIV 101/00 B (ASOG), NJW 2001, S. 162 f.

ren Zwang steht. Der Grund für die Existenz dieses rechtlich durchaus anspruchsvollen Problems liegt darin, dass die Polizei den Platzverweis über das Vollstreckungsrecht der §§ 53 ff. SOG LSA oftmals nur bedingt durchzusetzen vermag. Dies betrifft insbesondere das Problem, dass das Vollstreckungsrecht nicht effektiv gegen die sofortige Rückkehr des Störers zu dem Platz schützt, von dem der Störer soeben verwiesen wurde.[260] Sofern die Polizei den Störer unter Anwendung von unmittelbarem Zwang i.S.d. § 58 SOG LSA vom Platz eskortiert, bewegt man sich zudem in einem Graubereich aus Freiheitsentziehung und Freiheitsbeschränkung. Die wohl herrschende Meinung geht davon aus, dass der Durchsetzungsgewahrsam selbst unmittelbarer Zwang und den Regeln des Vollstreckungsrechts unterworfen sei.[261] Es handelt sich bei § 37 Abs. 1 Nr. 3 SOG LSA um einen **Spezialfall des unmittelbaren Zwangs.** Es ist dabei aber nicht abschließend entschieden, ob der Durchsetzungsgewahrsam nur dann Anwendung finden kann, wenn die klassischen Zwangsmittel zuvor vergeblich angewendet wurden. Vor dem Hintergrund, dass der Durchsetzungsgewahrsam als Ultima Ratio anzusehen ist, wird man durchaus verlangen können, dass sich die Polizei zumindest gedanklich mit einer effektiven Gefahrenabwehr durch die §§ 53 ff. SOG LSA auseinandergesetzt hat, bevor sie sich für die Anwendung des Durchsetzungsgewahrsams entscheidet.[262] Da die Polizei gem. § 63 SOG LSA den unmittelbaren Zwang androhen muss, wird man ein Androhen auch für den Durchsetzungsgewahrsam verlangen müssen. In vollstreckungsrechtsdogmatischer Hinsicht ist es zumindest schief, den Durchsetzungsgewahrsam als Spezialfall des unmittelbaren Zwangs und also als Zwangsmittel anzusehen, es dann aber für dessen Anwendung auf die zwingende Rechtmäßigkeit des Platzverweises als Grundverfügung ankommen zu lassen.[263] Wenn man den Durchsetzungsgewahrsam als Zwangsmittel ansieht, kann es mit Blick auf den zugrunde liegenden Platzverweis an sich nicht auf dessen Rechtmäßigkeit, sondern allein auf dessen Wirksamkeit ankommen.

Mit Blick auf den **Anwendungsbereich** des § 37 Abs. 1 Nr. 3 SOG LSA ist festzustellen, dass es sich um eine Platzverweisung nach § 36 SOG LSA handeln muss. § 36 SOG LSA besteht aus drei Absätzen, die den klassischen Platzverweis (Abs. 1), das Aufenthaltsverbot als erweiterten Platzverweis (Abs. 2) und die Wohnungsverweisung (Abs. 3) regeln. Jedenfalls der klassische Platzverweis i.S.d. § 36 Abs. 1 SOG LSA und das Aufent-

260 So auch BeckOK PolR Bayern/Grünewald, PAG Art. 17 Rn. 66.
261 So etwa BeckOK PolR NRW/Basteck, PolG NRW § 35 Rn. 50.
262 Vgl. BeckOK PolR Bayern/Grünewald, PAG Art. 17 Rn. 71.
263 Zum Ganzen Thiel, Polizeirecht, § 10 Rn. 143.

haltsverbot als erweiterter Platzverweis i. S. d. § 36 Abs. 2 SOG LSA sind vom Anwendungsbereich des § 37 Abs. 1 Nr. 3 SOG LSA erfasst. Ob auch die Wohnungsverweisung vom Anwendungsbereich des § 37 Abs. 3 SOG LSA umfasst ist, ist auslegungsbedürftig. Da § 37 Abs. 1 Nr. 3 SOG LSA nicht pauschal auf § 36 SOG LSA verweist, sondern nur auf die Platzverweise des § 36 SOG LSA, wird man die Wohnungsverweisung nicht mittels Durchsetzungsgewahrsams vollziehen können.[264] Für § 36 Abs. 3 SOG LSA bleibt dann nur das klassische Zwangsrecht.

2.4 Der Obhutsgewahrsam

Gem. § 37 Abs. 2 SOG LSA kann die Polizei Minderjährige, die sich der Obhut der Sorgeberechtigten entzogen haben, in Gewahrsam nehmen, um sie den Sorgeberechtigten oder dem Jugendamt zuzuführen. Hierbei handelt es sich um den sog. „**Obhutsgewahrsam**". Als Ausgangspunkt für diesen Gewahrsam steht die Personensorge gem. §§ 1631 ff. BGB, die als Teil der Rechtsordnung ein Schutzgut der öffentlichen Sicherheit ausmacht. In tatbestandlicher Hinsicht ist es erforderlich, dass sich ein Minderjähriger der Obhut seiner Sorgeberechtigten entzogen hat. Minderjährig ist, wer nicht volljährig ist. Die Volljährigkeit tritt gem. § 2 BGB mit der Vollendung des 18. Lebensjahres ein. Die Personensorge umfasst gem. § 1631 Abs. 1 BGB insbesondere die Pflicht und das Recht, den Aufenthalt des Kindes zu bestimmen. Dies ist ein Bestandteil der elterlichen Sorge i. S. d. § 1626 Abs. 1 Satz 1 BGB. Sorgeberechtigt sind also allen voran die Eltern des Minderjährigen. Bei ehelichen Kindern steht das Sorgerecht beiden Elternteilen zu. Sind die Eltern bei der Geburt des Kindes nicht miteinander verheiratet, so steht ihnen die elterliche Sorge gem. § 1626a Abs. 1 BGB nur dann gemeinsam zu, wenn sie erklären, dass sie die Sorge gemeinsam übernehmen wollen, wenn sie einander heiraten oder soweit ihnen das Familiengericht die elterliche Sorge gemeinsam überträgt. Bei Zweifeln und im Übrigen hat gem. § 1626a Abs. 3 BGB nur die Mutter die elterliche Sorge. Die Kenntnis der familienrechtlichen Vorgaben gerade bei nicht verheirateten Eltern ist von zentraler Bedeutung für die Frage, ob ein Sorgerechts- und also ein Obhutsverhältnis besteht oder nicht. Es stellt keine Straftat oder Ordnungswidrigkeit dar, wenn sich der Minderjährige der Obhut der Sorgeberechtigten entzieht. Von daher kann eine Ingewahrsamnahme nicht über § 37 Abs. 2 Nr. 1 SOG LSA erfolgen. Der Obhut des Sorgeberechtigten hat sich der Minderjährige dann entzogen, wenn er sich jedenfalls für eine gewisse Dauer ohne das Wissen des Sorgeberechtigten von diesem entfernt hat und wenn dem Sorgeberechtigten der aktuelle

264 Vgl. Martell, SOG LSA, § 37 Rn. 13.

Aufenthaltsort des Minderjährigen nicht bekannt ist.[265] Ob sich der Minderjährige auch dann der Obhut der Sorgeberechtigten entzogen hat, wenn sich der Minderjährige in Kenntnis der Sorgeberechtigten und gegen ihren Willen an einem Ort aufhält, ist zweifelhaft.[266] Für § 37 Abs. 2 SOG LSA wird man verlangen müssen, dass den Sorgeberechtigten der aktuelle Aufenthaltsort des Minderjährigen unbekannt ist. Von § 37 Abs. 2 SOG LSA ist nur der Fall erfasst, in dem sich der Minderjährige selbst aktiv der Obhut entzieht. Wenn der Minderjährige der Obhut auch nur eines Sorgeberechtigten durch eine andere Person entzogen wird, ist dies gem. § 235 StGB strafbar.

Der Polizei steht das **Zuführungsrecht** zu. Ob sie den in Gewahrsam genommenen Minderjährigen den Sorgeberechtigten oder dem Jugendamt zuführt, steht mithin im pflichtgemäßen Ermessen der Polizeivollzugsbeamten. § 42 Abs. 1 Nr. 2 SGB VIII ändert daran nichts.[267] Die Polizei kann einen Minderjährigen aber auch gem. **§ 8 Nr. 2 JuSchG** den Erziehungsberechtigten zuführen, wenn sich der Minderjährige an einem Ort aufhält, an dem ihm eine unmittelbare Gefahr für das körperliche, geistige oder seelische Wohl droht.

Ob § 37 Abs. 2 SOG LSA auch auf Volljährige, aber **unter Betreuung stehende Personen** Anwendung finden kann, ist nicht abschließend entschieden. Ein Betreuer wird gem. § 1896 Abs. 1 BGB dann bestellt, wenn ein Volljähriger auf Grund einer psychischen Krankheit oder einer körperlichen, geistigen oder seelischen Behinderung seine Angelegenheiten ganz oder teilweise nicht besorgen kann. Im Einzelnen kann ein Betreuer auch über den Aufenthaltsort des Betreuten entscheiden. Letztlich kann man § 37 Abs. 2 SOG LSA aber angesichts des klaren Wortlauts nur auf Minderjährige anwenden. Auf eine Betreuung kommt es tatbestandlich überhaupt nicht an. Volljährige Betreute können aber ggf. gem. § 37 Abs. 1 Nr. 1 SOG LSA in Schutzgewahrsam genommen werden.

Auf **Rechtsfolgenseite** muss die Polizei bei der Ausübung ihres Zuführungsrechts das Alter, die Einsichtsfähigkeit und den Entwicklungsstand des Minderjährigen berücksichtigen. Es empfiehlt sich auch, nach Gründen für die Entziehung zu suchen. Dabei muss sich die Polizei die Frage nach etwaigen familiären Problemen stellen und ermitteln, ob dem Minderjährigen nach einer erfolgten Zuführung von Seiten der Sorgeberechtigten Strafen oder gar körperliche Misshandlungen drohen. Es ist ferner

265 BeckOK PolR NRW/Basteck, PolG NRW § 35 Rn. 63.
266 Vgl. Nerlich, Eingriffsrecht Brandenburg, S. 211.
267 Vgl. Martell, SOG LSA, § 37 Rn. 19.

zu prognostizieren, ob sich der Minderjährige der Obhut erneut entziehen wird.

2.5 Der Anstaltsgewahrsam

Das SOG LSA kennt auch den **Anstaltsgewahrsam** bzw. **Rückführungsgewahrsam**. Gem. § 37 Abs. 3 SOG LSA kann die Polizei eine Person, die aus dem Vollzug von Untersuchungshaft, Freiheitsstrafen oder freiheitsentziehenden Maßregeln der Besserung und Sicherung oder einer sonstigen durch richterliche Entscheidung angeordneten oder genehmigten Freiheitsentziehung entwichen ist, oder sich sonst ohne Erlaubnis außerhalb der Einrichtung aufhält, in Gewahrsam nehmen und in die Einrichtung zurückbringen. § 37 Abs. 3 SOG LSA stellt also die Befugnisnorm zur Ingewahrsamnahme in den Fällen des Untersuchungshaftbefehls i. S. d. § 114 StPO, der Unterbringungsbefehle nach § 126a StPO oder § 72 JGG, des Vollzugs von Freiheitsstrafen gem. §§ 38, 39 StGB sowie §§ 17 f. JGG und schließlich auch freiheitsentziehender Maßregeln der Besserung und Sicherung i. S. d. §§ 63, 64 und 66 StGB dar.[268] Auf den Vollstreckungshaftbefehl i. S. d. § 457 StPO ist § 37 Abs. 3 SOG LSA aber nicht anwendbar.

Die **Selbstbefreiung** aus einer Freiheitsentziehung ist für sich betrachtet nicht strafbar. Etwas anderes gilt mit Blick auf die Straffreiheit der Selbstbefreiung auch dann nicht, wenn dabei Personen oder Sachen zu Schaden kommen. Hier ist dann aber ggf. eine Strafbarkeit wegen Körperverletzungsdelikten und Sachbeschädigung gegeben. Der Straftatbestand der Gefangenenbefreiung (§ 120 Abs. 1 StGB) verlangt, dass eine andere Person befreit wird. Eine Person ist gem. § 37 Abs. 3 SOG LSA entwichen, wenn sie sich ohne Erlaubnis der zuständigen Stellen aus der Freiheitsentziehung entfernt und also geflohen oder ausgebrochen ist. Eine Person hält sich sonst ohne Erlaubnis außerhalb der Einrichtung auf, wenn sie die zeitlichen Grenzen einer ihr gewährten vorübergehenden Rückkehr in die Freiheit überschreitet. Zu denken ist etwa an eine unterbliebene Rückkehr nach einem gewährten Hafturlaub. Dabei sind tatbestandlich sowohl das verspätete Zurückkommen als auch das vollkommene Fernbleiben erfasst.

Es besteht Einigkeit darüber, dass das Entweichen aus einer Haft- oder Unterbringungsanstalt eine **Gefahr für die öffentliche Sicherheit** ist. Diskutiert wird gleichwohl, ob dadurch das Schutzgut der Rechtsordnung oder das des Bestands des Staates, seiner Einrichtungen und Institutionen betroffen ist. Letztlich sind beide Schutzgüter betroffen. Indem sich der

268 Vgl. Martell, SOG LSA, § 37 Rn. 21.

Häftling bzw. Untergebrachte der Haft bzw. Unterbringung entzieht, verstößt er gegen die einschlägigen Vorschriften der StPO, des JGG bzw. des StGB, die eine Freiheitsentziehung gerade fordern. Insofern liegt ein Verstoß gegen die Rechtsordnung vor. Zugleich wird aber der Straf- bzw. Unterbringungsvollzug als staatliche Einrichtung in seiner Funktionsfähigkeit beeinträchtigt. Vom Vollzug der Freiheitsentziehung soll nämlich eine sanktionierende bzw. schützende Wirkung ausgehen.

Dass der Häftling entwichen ist, oder sich sonst ohne Erlaubnis außerhalb der Einrichtung aufhält, wird der Polizei grundsätzlich von der Haftanstalt mitgeteilt. Auf § 88 JVollzGB I LSA kommt es für die Ingewahrsamnahme nicht an. § 37 Abs. 3 SOG LSA ermächtigt die Polizei auch dann dazu, den Gefangenen, der entwichen ist oder sich sonst ohne Erlaubnis außerhalb der Anstalt aufhält, in den Anstalts- bzw. Rückführungsgewahrsam zu nehmen, wenn noch keine Veranlassung zur Festnahme oder Rückbringung durch die Anstaltsleitung erfolgt ist. Zu denken ist etwa an Fälle, in denen die Polizei den Ausbruch zufällig in flagranti mitbekommt, die Anstaltsleitung von diesem aber noch gar keine Kenntnis erlangt hat. Sofern aber eine Veranlassung durch die Anstaltsleitung vorliegt, kann die Polizei die Ingewahrsamnahme neben § 38 Abs. 3 SOG LSA auch auf § 88 Satz 1 JVollzGB I LSA stützen. Insofern besteht zwischen diesen beiden Landesnormen Idealkonkurrenz. Das Landesrecht wird aber durch § 87 StVollzG verdrängt, der inhaltlich aber § 88 JVollzGB I LSA entspricht. Wenn die Polizei den entflohenen Häftling in Gewahrsam genommen hat, hat sie diesen in die JVA oder Anstalt zurückzubringen, aus der er geflohen ist.

In verfahrensrechtlicher Hinsicht ergibt sich beim Anstaltsgewahrsam eine Besonderheit, die es bei den übrigen Gewahrsamsarten nicht gibt. So stellt sich die Frage, ob der aus § 38 Abs. 1 Satz 1 SOG LSA folgende **Richtervorbehalt** auch für § 37 Abs. 3 SOG LSA gilt.[269] Der Wortlaut des § 38 Abs. 1 Satz 1 SOG LSA nimmt den ganzen § 37 SOG LSA in Bezug, sodass an sich kein Raum für eine Ausnahme vom Richtervorbehalt nach § 38 Abs. 1 Satz 1 SOG LSA für § 37 Abs. 3 SOG LSA gelten kann. Zu beachten ist aber, dass die Freiheitsentziehung, die durch den Anstalts- bzw. Rückführungsgewahrsam herbeigeführt wird, in den Fällen des § 37 Abs. 3 SOG LSA letztlich schon durch einen Richter angeordnet worden ist. Der Vollzug von Untersuchungshaft, Freiheitsstrafen oder freiheitsentziehenden Maßregeln der Besserung und Sicherung beruht auf einer richterlichen Entscheidung, die gerade auch schon Art. 104 Abs. 2 GG beachtet hat. Dass der Gesetzgeber des SOG LSA gesehen hat, dass es im Rahmen

269 Vgl. BeckOK PolR Bayern/Grünewald, PAG Art. 17 Rn. 87.

von § 37 Abs. 3 SOG LSA bereits zeitlich vor dem Anstaltsgewahrsam eine richterliche Entscheidung über die Freiheitsentziehung gab, wird durch die Formulierung „oder einer sonstigen durch richterliche Entscheidung angeordneten oder genehmigten Freiheitsentziehung" deutlich. Insofern wird derjenige, der über § 37 Abs. 3 SOG LSA in Gewahrsam genommen wird, nur dem Zustand zugeführt, dem er entflohen ist.[270] Der entflohene Häftling bedarf des erneuten Schutzes des Art. 104 Abs. 2 SOG LSA daher gerade nicht.

2.6 Der Verbringungsgewahrsam

Grundlegend umstritten ist die Behandlung des sog. „**Verbringungsgewahrsams**". Beim Verbringungsgewahrsam nehmen Polizeivollzugsbeamte einen Handlungs- oder Zustandsstörer in ihrem Streifenwagen mit und fahren mit diesem an einen Ort, an dem der Verantwortliche nicht mehr stören kann. An diesem Ort setzen die Polizeivollzugsbeamten den Verantwortlichen dann auf freien Fuß und überlassen ihn sich selbst. Sie setzen den Verantwortlichen also aus. Hier ist schon fraglich, ob es sich überhaupt um Gewahrsam i. S. d. § 37 SOG LSA handelt. Der Verbringungsgewahrsam stellt in den Fällen eine bloße Freiheitsbeschränkung dar, in denen das Verbringen nur kurzzeitig erfolgt und das Aussetzen an einem nahegelegenen Ort stattfindet. Auf eine zum Gewahrsam ermächtigende Befugnisnorm kommt es in diesem Fall also nicht an.

In aller Regel wird das Verbringen aber eine relativ lange Zeit andauern, und auch der Ort, an dem der Störer schließlich ausgesetzt wird, wird grundsätzlich relativ weit entfernt sein. In diesem Fall bestehen an einer Freiheitsentziehung und damit am Gewahrsam keine Zweifel. Der grundlegende Unterschied zwischen dem klassischen Gewahrsam und dem Verbringungsgewahrsam besteht aber darin, dass das eigentliche Ziel beim Verbringungsgewahrsam überhaupt nicht in der Freiheitsentziehung liegt, sondern in der zwangsweise durchgeführten Veränderung des Aufenthaltsorts. Der Gewahrsam ist damit gerade nicht das Ziel der Maßnahme, sondern nur ein Mittel zum Zweck. Vor diesem Hintergrund wird bisweilen vertreten, dass der Verbringungsgewahrsam schon tatbestandlich nicht auf § 37 SOG LSA gestützt werden könne.[271]

Beim Verbringungsgewahrsam soll es sich dann um einen **Durchsetzungsgewahrsam** der jeweiligen Befugnisnorm handeln. Dabei ist fraglich, ob auch § 13 SOG LSA als Generalklausel über einen Durchsetzungsgewahr-

270 Vgl. BeckOK PolR Bayern/Grünewald, PAG Art. 17 Rn. 87.
271 Siehe hierzu etwa Thiel, Polizeirecht, § 10 Rn. 148.

sam durchgesetzt werden kann, oder ob der Durchsetzungsgewahrsam nur für Standardmaßnahmen gelten soll. Andere stehen auf dem Standpunkt, dass es im Rahmen des Verbringungsgewahrsams zu einer klassischen Freiheitsentziehung komme und im Übrigen alle Anforderungen an den Gewahrsamsbegriff erfüllt seien, womit Gewahrsam anzunehmen sei und der Verbringungsgewahrsam auf die jeweilige Befugnisnorm für den Gewahrsam gestützt werden könne.[272]

Unabhängig von der Frage, auf welche Befugnisnorm der Verbringungsgewahrsam gestützt werden kann, stellt schließlich die **Verhältnismäßigkeit des Verbringungsgewahrsams** vor besondere Herausforderungen. Im Großen und Ganzen wird diese Maßnahme als zulässig betrachtet.[273] Der Verbringungsgewahrsam ist damit nicht automatisch unverhältnismäßig. Obwohl das Verbringen und anschließende Aussetzen eines Bürgers durch Hoheitsträger auf den ersten Blick eine Art rechtsstaatliches Störgefühl auslösen, können sie insbesondre das mildere Mittel und damit erforderlich sein. So wird eine halbstündige Fahrt im Streifenwagen mit anschließendem Aussetzen regelmäßig weniger eingriffsintensiv sein als etwa das stundenlange Eingesperrtsein in einer Polizeizelle. Es macht durchaus einen Unterschied, ob man sich nach einer Verbringung bei angenehm sommerlichen Temperaturen auf einem vom Heimatort fünf Kilometer entfernten Rastplatz an einer Landstraße mit Wanderwegen befindet oder ob man sich in einem Sammelgewahrsam mit anderen Menschen, für ungewisse Zeit und ohne unmittelbaren Zugriff auf Kontaktpersonen wiederfindet. Gerade die **Zeit**, die man in unmittelbarem polizeilichem Gewahrsam aushalten muss, lässt den Verbringungsgewahrsam im direkten Vergleich zum Zellengewahrsam oft als milderes Mittel erscheinen. Entscheidend ist allerdings, dass es der verbrachten Person mit angemessenem Aufwand möglich sein muss, ihren Heimatort wieder zu erreichen. Insofern wird es regelmäßig unverhältnismäßig sein, eine Person an einem 30 Kilometer entfernten Ort „irgendwo im Nirgendwo" sich selbst zu überlassen. Auch ist es sicherlich nicht das mildeste Mittel, eine Person nachts und bei Minusgraden an einer Landstraße auszusetzen. Sofern sich die Polizei aus Gründen der effektiven Gefahrenabwehr dazu veranlasst sieht, den Verantwortlichen an einen sehr weit entfernten Ort zu verbringen, wird sie ihm in gewissem Umfang Proviant zur Verfügung stellen müssen. Die Polizei muss sich in jedem Fall davon überzeugen, dass die zu verbringende Person **gesundheitlich in der Lage** ist, mit der Verbringung, der Aussetzung und vor allem der selbstständigen Rückkehr an den Heimatort fertig zu werden. Eine Ge-

272 So etwa Kingreen/Poscher, Polizei- und Ordnungsrecht, § 16 Rn. 5.
273 Ausführlich Leggereit, NVwZ 1999, 263 (263 ff.).

fahr für Leib, Leben oder Gesundheit darf für den Verbrachten nicht entstehen.

Angesichts der rechtlichen Schwierigkeiten hinsichtlich der einschlägigen Befugnisnorm und den Herausforderungen, die sich auf Rechtsfolgenseite stellen (können), sollte die Polizei vom Verbringungsgewahrsam nach hier vertretener Ansicht **äußerst zurückhaltend Gebrauch** machen.

2.7 Der Rückführungsgewahrsam

Demgegenüber bezeichnet der **Rückführungsgewahrsam** eine Maßnahme, bei der Personen in ihre Heimatstadt gebracht werden, nachdem sie in einer anderen Stadt gestört haben. Diese Maßnahme kann auf § 37 SOG LSA gestützt werden. Es handelt sich um einen klassischen Gewahrsam. Die rechtlichen Probleme des Verbringungsgewahrsams stellen sich hier unter anderem deshalb nicht, weil der Verantwortliche beim Rückführungsgewahrsam nach Hause bzw. die in die Heimatstadt gebracht und gerade nicht irgendwo ausgesetzt wird.

3. Verfahrensrechtliches

Die Polizei muss bei der Ingewahrsamnahme vielfältige verfahrensrechtliche Vorgaben beachten.

3.1 Richterliche Entscheidung

Die wohl zentralste Verfahrensvorschrift ist **§ 38 SOG LSA**, der die **Herbeiführung der richterlichen Entscheidung** regelt. Gem. § 38 Abs. 1 Satz 1 SOG LSA hat die Polizei unverzüglich eine richterliche Entscheidung über Zulässigkeit und Fortdauer der Freiheitsentziehung herbeizuführen, wenn sie eine Person auf Grund von § 37 SOG LSA festhält. Gleiches gilt, wenn die Person gem. § 20 Abs. 4 SOG LSA oder aber gem. § 30 Abs. 1 Satz 4 SOG LSA festgehalten wird. Grundsätzlich hat ein Richter in zeitlicher Hinsicht vor (!) dem Beginn der Freiheitsentziehung über diese zu entscheiden. Dies folgt aus Art. 104 Abs. 2 Satz 1 GG, wonach der Richter über die Zulässigkeit zu entscheiden hat. Gewissen Gefahrenlagen muss die Polizei aber mitunter sofort mittels Ingewahrsamnahme begegnen und kann nicht erst auf die Anordnung des Richters warten. Diesen Fall haben die Mütter und Väter des GG antizipiert und explizit in Art. 104 Abs. 2 Satz 2 GG aufgenommen. Bei jeder nicht auf richterlicher Anordnung beruhenden Freiheitsentziehung ist unverzüglich eine richterliche Entscheidung herbeizuführen. § 38 SOG LSA trägt Art. 104 Abs. 2 Satz 2 GG Rechnung. Die Polizei sollte sich gleichwohl bemühen, eine Entscheidung des Richters über die Ingewahrsamnahme vor ihrer Durchführung einzuholen. Von einem **Herbeiführen** der richterlichen Entscheidung durch die Polizei ist dann auszugehen, wenn die Sache beim zuständigen Gericht anhängig gemacht wird. Dies ist dann der Fall, wenn dem Amtsgericht der Sachverhalt vorgetragen wird und ein Antrag auf Entscheidung formuliert wurde. Die richterliche Entscheidung muss **unverzüglich** herbeigeführt werden. Da auch Art. 104 Abs. 2 Satz 2 GG von Unverzüglichkeit spricht, wird man hier aus Gründen der Normenhierarchie kaum mit der Definition aus § 121 Abs. 1 Satz 1 BGB arbeiten können. Das BVerfG definiert unverzüglich daher selbstständig als „ohne jede Verzögerung".[274] Durch die Schaffung richterlicher Bereitschaftsdienste sollte es für die Polizei möglich sein, einen Richter stets zu erreichen. In der Rechtsprechung wurde entschieden, dass für die Kontaktierung des Richters „tagsüber eine Zeit von zwei bis drei Stunden ausreichend sein sollte".[275] Obwohl es sich beim präventiven Eingriffsrecht i. S. d. SOG LSA um besonderes Verwaltungsrecht handelt, ist das **Amtsgericht** für die Entscheidung nach § 38 Abs. 1 SOG LSA zuständig, in dessen Bezirk die Person festgehalten wird.

Vom Grundsatz der Herbeiführung einer richterlichen Entscheidung gibt es aber eine **Ausnahme**. Der Herbeiführung der richterlichen Entscheidung bedarf es dann nicht, wenn anzunehmen ist, dass die Entscheidung des Richters erst nach Wegfall des Grundes der polizeilichen Maßnahme ergehen würde. § 38 Abs. 1 Satz 2 SOG LSA hat damit Sachverhalte im Blick in denen der Gewahrsam von derart kurzer Dauer ist, dass er schon beendet ist, bevor der Richter überhaupt entscheiden kann. Ohne die Regelung des § 38 Abs. 1 Satz 2 SOG LSA wäre die Polizei gezwungen, einen an sich schon beendeten Gewahrsam künstlich in die Länge zu ziehen, damit der Richter noch entscheiden kann. In zeitlicher Hinsicht hat die Polizei bei § 38 Abs. 1 Satz 2 SOG LSA eine Prognose dahingehend anzustellen, wann der Grund für die Ingewahrsamnahme wegfallen wird und wann mit der richterlichen Entscheidung zu rechnen ist. Dabei hat die Polizei unter anderem auch die Tageszeit, die Besetzung des Gerichts wegen eines Sonn- oder Feiertags, Dauer der Anfahrt und etwaige Wartezeiten im Gericht einzukalkulieren.[276] Dass eine Ketteningewahrsamnahme zur Umgehung der richterlichen Entscheidung rechtswidrig ist, versteht sich von selbst.

---

274 BVerfGE 105, S. 239 (249).
275 OLG Rostock, Beschl. v. 16.7.2007 – 3 W 79/07, NVwZ-RR 2008, S. 173 (177).
276 Treffend Martell, SOG LSA, § 38 Rn. 7.

Das weitere Verfahren richtet sich gem. § 38 Abs. 2 Satz 1 SOG LSA dann nach §§ 415 ff. FamFG. Hier ist vor allem die **persönliche Anhörung des Betroffenen durch das Gericht** gem. § 420 FamFG relevant. Das Gericht hat den Betroffenen vor der Anordnung der Freiheitsentziehung persönlich anzuhören. Dies erfordert dessen persönliche Vorführung. Die Anhörung dient zum einen der Wahrung des **Anspruchs auf rechtliches Gehör** und vermittelt dem Richter zum anderen einen persönlichen Eindruck des Betroffenen. Im Bereitschaftsdienst kann die Anhörung gem. § 38 Abs. 2 Satz 4 SOG LSA auch telefonisch durchgeführt werden. Das Gericht hat grundsätzlich auch die Polizei als handelnde Behörde und also Beteiligte i. S. d. § 420 Abs. 3 Satz 1 FamFG anzuhören. Von einer persönlichen Anhörung des Betroffenen kann in gewissen Fällen abgesehen werden.[277] So kann die richterliche Entscheidung gem. § 38 Abs. 2 Satz 3 SOG LSA ohne persönliche Anhörung der in Gewahrsam genommenen Person ergehen, wenn diese rauschbedingt außerstande ist, den Gegenstand der persönlichen Anhörung durch das Gericht ausreichend zu erfassen und in der Anhörung zur Feststellung der entscheidungserheblichen Tatsachen beizutragen. Eine nachträgliche Vorführung ist in diesen Fällen nicht zwingend. Grundsätzlich muss die richterliche Entscheidung **schriftlich** ergehen; ausnahmsweise kann sie im Bereitschaftsdienst aber auch mündlich ergehen. Im letzten Fall muss sie dann aber unverzüglich schriftlich niedergelegt und begründet werden. Die richterliche Entscheidung bedarf zu ihrer Wirksamkeit zwar nicht der Bekanntgabe an die in Gewahrsam genommene Person, sie muss aber de facto vorliegen.

3.2 Behandlung festgehaltener Personen

In § 39 SOG LSA wird dargelegt, wie die festgehaltene Person zu behandeln ist. Die Polizei hat der festgehaltenen Person gem. § 39 Abs. 1 SOG LSA **unverzüglich den Grund für die Freiheitsentziehung** bekannt zu geben. Sie ist damit zwingend über den Haftgrund zu belehren. Dies schließt eine Angabe des Sachverhalts, aufgrund dessen die Polizei die Ingewahrsamnahme veranlasst hat, sowie die Nennung der Befugnisnorm für den Gewahrsam ein. Ob die Belehrung i. S. d. § 39 Abs. 1 SOG LSA auch Angaben über mögliche Rechtsmittel enthalten muss, wird unterschiedlich betrachtet. Die Belehrung i. S. d. § 39 Abs. 1 SOG LSA ist aber jedenfalls nicht als klassische Rechtsbehelfsbelehrung i. S. d. § 58 VwGO zu verstehen. Die Belehrung hat **unverzüglich,** also spätestens zu Beginn der Freiheitsentziehung zu erfolgen. Es ist damit schon am Ort der Ingewahrsamnahme

277 Kingreen/Poscher, Polizei- und Ordnungsrecht, § 16 Rn. 9.

und nicht erst auf der Polizeidienststelle zu belehren. Sofern dies aus tatsächlichen Gründen nicht möglich ist, muss die Belehrung nachgeholt werden. Eine Belehrung ist aus tatsächlichen Gründen nicht möglich, wenn der Adressat allgemein intellektuell oder drogen- bzw. alkoholbedingt nicht in der Lage ist, die Belehrung zu verstehen. Die Belehrung ist **formfrei**.

Der festgehaltenen Person ist gem. § 39 Abs. 2 Satz 1 SOG LSA unverzüglich Gelegenheit zu geben, einen Angehörigen oder eine Person ihres Vertrauens zu **benachrichtigen**. Hiervon kann in den Fällen abgesehen werden, in denen durch die Benachrichtigung der Zweck der Freiheitsentziehung gefährdet wird. Zu denken ist etwa an das Warnen von Komplizen. Es bestehen unterschiedliche Auffassungen, was unter einem Angehörigen zu verstehen ist. Während manche auf § 11 Abs. 1 Nr. 1 StGB rekurrieren, gehen andere von einem weiten Verständnis aus und erfassen sämtliche familiären Beziehungen. Nach Sinn und Zweck der Vorschrift wird man beim Angehörigen ein ähnliches Nähe- und Vertrauensverhältnis verlangen müssen, wie bei der Person des Vertrauens. Wann eine Person eine solche des Vertrauens ist, kann nur der Betroffene entscheiden. Erfasst sind vor allem Rechtsanwälte, Seelsorger, Freunde und gute Arbeitskollegen. Wichtig ist, dass **der Betroffene selbst** die Benachrichtigung des Angehörigen oder einer Person seines Vertrauens vornehmen können soll. Zu beachten ist auch die Verwendung des Singulars. § 39 Abs. 2 Satz 1 SOG LSA sieht nicht etwa vor, dass der Betroffene nach und nach mit allen Familienangehörigen sprechen kann. Der Betroffene ist nicht verpflichtet von seinem Benachrichtigungsrecht Gebrauch zu machen. Die Polizei hat nur unverzüglich Gelegenheit zu geben, von dieser ist nicht unverzüglich auch Gebrauch zu machen.[278] Unberührt bleibt die Benachrichtigungspflicht bei einer richterlichen Freiheitsentziehung. Um dem Betroffenen die Gelegenheit zur Benachrichtigung überhaupt geben zu können, muss die Polizei entsprechende Kommunikationsmöglichkeiten bereitstellen. In aller Regel wird dies das klassische Diensttelefon sein. Über welches Kommunikationsmittel der Betroffene benachrichtigen kann, entscheidet die Polizei. Einen Anspruch auf die Nutzung eines ganz bestimmten Kommunikationsmittels hat der Betroffene nicht. Sein eigenes Mobiltelefon sollte der Betroffene nicht nutzen dürfen. Ob die Polizei auch darauf achten muss, dass der Betroffene sein **Benachrichtigungsrecht ernsthaft ausübt**, ist umstritten. Man wird nicht verlangen können, dass die Polizei überprüft, ob die vom Betroffenen so bezeichnete Vertrauensperson auch tatsächlich

278 Treffend BeckOK PolR Bayern/Grünewald, PAG Art. 19 Rn. 11.

eine solche ist. Sofern der Betroffene aber den Bundeskanzler, den Bundespräsidenten oder den Präsidenten des BVerfG kontaktieren will, ist ein polizeiliches Einwirken geboten.

Sofern die festgehaltene Person nicht in der Lage ist, sein Benachrichtigungsrecht selbst zu nutzen, soll die **Polizei die Benachrichtigung** gem. § 39 Abs. 2 Satz 3 SOG LSA übernehmen. Dies ist etwa der Fall, wenn der Betroffene unter Alkohol- oder Drogeneinfluss steht. Dabei hat die Polizei auch zu berücksichtigen, ob eine Benachrichtigung durch die Polizei dem mutmaßlichen Willen des Betroffenen widerspricht. Bisweilen wird vertreten, dass dies etwa dann anzunehmen sei, wenn der Betroffene dadurch bloßgestellt werden würde oder es an einem Interesse seitens der Angehörigen oder der Vertrauensperson fehlt.[279] Ob man in diesen Fällen tatsächlich niemanden benachrichtigen sollte, erscheint vor dem Hintergrund des Sinns und Zwecks des § 39 Abs. 2 SOG LSA sehr zweifelhaft. § 39 Abs. 2 SOG LSA will gerade sicherstellen, dass niemand spurlos im Polizeigewahrsam verschwindet. Insofern ist der Wortlaut „ihrem mutmaßlichen Willen nicht widerspricht“ sehr restriktiv zu verstehen.

In den Fällen, in denen die festgehaltene Person **minderjährig** ist oder unter Betreuung steht, ist gem. § 39 Abs. 2 Satz 4 SOG LSA unverzüglich derjenige zu benachrichtigen, dem die Sorge für die Person oder deren Betreuung nach dem ihm übertragenen Aufgabengebiet obliegt.

Des Weiteren ist das **Gebot der gesonderten Unterbringung** zu beachten. Die festgehaltene Person soll gem. § 39 Abs. 3 Satz 1 SOG LSA gesondert, insbesondere ohne ihre Einwilligung nicht in demselben Raum mit Straf- oder Untersuchungsgefangenen oder solchen Personen, von denen Gefährdungen für Leib oder Leben für die festgehaltene Person zu besorgen sind, untergebracht werden. Dabei sollen Männer und Frauen getrennt untergebracht werden.

Die festgehaltene Person kann ferner mittels **Bildaufnahmen** beobachtet werden, wenn tatsächliche Anhaltspunkte die Annahme rechtfertigen, dass diese Maßnahme zum Schutz der Person erforderlich ist. § 39 Abs. 4 SOG LSA dient damit dem Schutz des Betroffenen vor sich selbst. Die Erforderlichkeit ist dann gegeben, wenn eine Suizid- oder Verletzungsgefahr besteht. Die Gefahr der Verletzung an Leib und Leben kann sich aus dem Einfluss von Alkohol oder Drogen ergeben. Zu denken ist auch an Auseinandersetzungen mit anderen sich in der Zelle befindenden Personen.

279 Vgl. Martell, SOG LSA, § 38 Rn. 8.

3.3 Dauer der Freiheitsentziehung

Die festgehaltene Person ist gem. § 40 Abs. 1 SOG LSA zu entlassen,
- sobald der Grund für die Maßnahme der Sicherheitsbehörde oder der Polizei weggefallen ist,
- wenn die Fortdauer der Freiheitsentziehung durch richterliche Entscheidung für unzulässig erklärt wird oder
- in jedem Fall spätestens bis zum Ende des Tages nach dem Ergreifen, wenn nicht vorher die Fortdauer der Freiheitsentziehung durch richterliche Entscheidung angeordnet ist.

In der richterlichen Entscheidung ist die höchstzulässige Dauer der Freiheitsentziehung zu bestimmen. Diese darf nicht mehr als vier Tage betragen.

III. Freiheitsentziehende Maßnahmen nach der StPO

1. Allgemeines

Auch das repressive Polizeirecht kennt freiheitsentziehende Maßnahmen. Während im präventiven Polizeirecht die Ingewahrsamnahme bzw. der Gewahrsam als Oberbegriff für Maßnahmen der Freiheitsentziehung dienen, spricht man im Strafverfahrensrecht von der **Festnahme**. Hierbei ist begrifflich und inhaltlich streng zwischen der vorläufigen Festnahme und der Verhaftung zu unterscheiden.[280] Von einer **Verhaftung** spricht man immer dann, wenn die Freiheitsentziehung auf einem richterlichen Beschluss beruht. Dieser Beschluss wird Haftbefehl genannt. Maßgeblich sind dabei vor allem §§ 114, 114a StPO. Demgegenüber liegt eine **vorläufige Festnahme** vor, wenn die Freiheitsentziehung ohne vorherigen richterlichen Beschluss erfolgt. Die Zentralnorm ist § 127 Abs. 2 StPO.

Da die Verhaftung und die vorläufige Festnahme eine Straftat oder zumindest den dringenden Tatverdacht verlangen, können diese freiheitsentziehenden Maßnahmen nur bei solchen Personen durchgeführt werden, die sich überhaupt strafbar machen können. Insofern können **Kinder** unter 14 Jahren als sog. Strafunmündige i. S. d. § 19 StGB nicht festgenommen werden.[281] **Jugendliche** und Heranwachsende dürfen zwar vorläufig festgenommen werden, allerdings ist dabei der Grundsatz der Verhältnismäßigkeit in einem besonders strengen Maße zu beachten. Hinzu kommt, dass das JGG eigene Vorschriften und Anforderungen für die Haft bereithält, die dann zwingend zu beachten sind. Hier ist vor allem an §§ 71, 72 JGG zu denken.

280 Vgl. Nerlich, Eingriffsrecht Brandenburg, S. 215.
281 Vgl. Meyer-Goßner/Schmitt/Schmitt, StPO, § 127 Rn. 3a.

Ferner dürfen auch **Abgeordnete** des Bundestags grds. nicht festgenommen werden. Eine Ausnahme gilt hiervon aber gem. Art. 46 Abs. 2 GG dann, wenn sie bei Begehung der Tat oder im Laufe des folgenden Tages festgenommen werden.

Für Landtagsabgeordnete in Sachsen-Anhalt gilt Art. 58 Verfassung LSA, wonach jede Strafverfolgungsmaßnahme gegen ein Mitglied des Landtags, jede Haft oder jede sonstige Beschränkung seiner persönlichen Freiheit auf Verlangen des Landtags auszusetzen sind, wenn durch sie die parlamentarische Arbeit des Landtags beeinträchtigt wird. Im Übrigen dürfen auch **Diplomaten** nicht festgenommen werden.

Gemäß § 46 Abs. 3 Satz 1 OWiG ist eine auch nur sinngemäße Anwendung der freiheitsentziehenden Maßnahmen der StPO auf **Ordnungswidrigkeiten** eindeutig ausgeschlossen. Da Ordnungswidrigkeiten als Rechtsfolge keine Freiheitsentziehung vorsehen, kann ihretwegen, aus Gründen der Verhältnismäßigkeit, auch keine vorläufige Freiheitsentziehung möglich sein. § 46 Abs. 3 OWiG ist nötig, weil § 46 Abs. 1 OWiG alle Vorschriften der StPO sinngemäß auch für das Ordnungswidrigkeitenverfahren anwendbar erklärt. Ohne § 46 Abs. 3 OWiG wären daher auch die strafprozessualen Vorschriften über die Haft und vorläufige Festnahme anwendbar.

Für die polizeiliche Ausbildung und Praxis weist die **vorläufige Festnahme eine größere Relevanz** auf als die Verhaftung aufgrund eines Haftbefehls. Die vorläufige Festnahme ist für die Polizei zugleich aber auch hinsichtlich ihrer Anforderungen rechtlich anspruchsvoller. Dies liegt daran, dass im Falle der Verhaftung die eigentliche rechtliche Maßnahme, nämlich der Haftbefehl, von einem Richter, also einem Volljuristen, auf den Weg gebracht wurde, während im Falle des § 127 StPO die Polizei allein die rechtlichen Voraussetzungen prüfen muss. Angesichts des Adressatenkreises dieses Buchs fokussieren sich die nachfolgenden Ausführungen daher auf die vorläufige Festnahme.

2. Die vorläufige Festnahme

Die vorläufige Festnahme erfolgt vor Erlass eines Haftbefehls. Spielt der Haftbefehl in der polizeilichen Praxis schon eine große Rolle, so spielt die vorläufige Festnahme eine noch größere. Die effektive Strafverfolgung macht es erforderlich, dass die Staatsanwaltschaft und die Polizei als Strafverfolgungsbehörden auch ohne richterlichen Beschluss eine Freiheitsentziehung vornehmen können. Unter gewissen Umständen kann sogar jedermann eine vorläufige Festnahme durchführen. Dieses **Jedermann-Festnahmerecht** ist in § 127 Abs. 1 StPO normiert. § 127 Abs. 1 StPO berechtigt jeden Menschen zur Festnahme. Auf ein bestimmtes Alter oder die Geschäftsfähigkeit kommt es dafür nicht an.[282] Das Jedermann-Festnahmerecht gilt auch für Polizeivollzugsbeamte.

Die klassische Befugnisnorm zur vorläufigen Festnahme für die **Strafverfolgungsbehörden** findet sich gleichwohl in § 127 Abs. 2 StPO. Dieser dient unter anderem der Haftsicherung. Darüber hinaus ermöglicht § 127b StPO die vorläufige Festnahme im Falle eines beschleunigten Verfahrens. Sofern eine Straftat in einer Sitzung eines Gerichts begangen wird, kann der Richter gem. § 183 Satz 2 GVG i. V. m. § 127 StPO in geeigneten Fällen die vorläufige Festnahme des Täters verfügen.

Von § 127 StPO ist das amtliche Selbsthilferecht des **§ 164 StPO** zu unterscheiden. § 164 StPO erlaubt zwar die Festnahme und das Festhalten der störenden bzw. der sich einer getroffenen Anordnung widersetzenden Person, diese hat aber kurzfristig zu sein. Gerade dann, wenn zu erwarten ist, dass mit wiederholten oder dauernden Störungen zu rechnen ist, kann im Einzelnen auch die Verbringung zur nächsten Polizeidienststelle möglich sein. Die Unterbringung in einer Zelle dürfte dann aber die Grenzen des § 164 StPO überschreiten. Das Festhalten bzw. die Festnahme ist sofort zu beenden, wenn sich der Störer beruhigt hat und von ihm keine weiteren Störungen zu erwarten sind oder wenn die Amtshandlung ihrerseits beendet ist. § 164 StPO dient nämlich nur der störungsfreien Durchführung rechtmäßiger strafverfahrensrechtlicher Amtshandlungen vor Ort. § 164 StPO hat damit eine rein unterstützende Funktion.

Die Amtshandlung stört, wer vorsätzlich und rechtswidrig in aktiver oder passiver Weise auf die Durchführung der Maßnahme einwirkt und diese dadurch verzögert, erschwert oder sogar ganz unmöglich macht. Störungen sind etwa das Verwehren des Zutritts, Sitzblockaden, das Verstecken von Gegenständen oder auch starker Lärm. Bloße Belästigungen reichen indes nicht aus. Ein Widersetzen ist dann gegeben, wenn der Adressat einer strafverfolgungsbehördlichen Anordnung dieser nicht Folge leistet. Störer können etwa Nachbarn, Neugierige oder Schaulustige sein. Von § 164 StPO kann zwar auch gegenüber Vertretern der Presse und Rechtsbeiständen Gebrauch gemacht werden, sollte in diesen Fällen aber (eher) restriktiv angewendet werden.[283] Auch der von der eigentlichen strafprozessualen Amtshandlung unmittelbar Betroffene kann Adressat einer auf § 164 StPO gestützten Maßnahme sein. Dabei ist für § 164 StPO aber nur dann Raum, wenn sich der Betroffene nicht nur weigert, die Amtshand-

282 Vgl. Meyer-Goßner/Schmitt/Schmitt, StPO, § 127 Rn. 7.
283 Vgl. Müller, Strafverfahrensrecht, Rn. 294.

lung zu dulden, sondern sein Verhalten als Widerstand angesehen werden kann. Die Anwendung des unmittelbaren Zwangs bleibt unbenommen.

2.1 Die Tatbestandsvoraussetzungen des § 127 Abs. 1 StPO

Gem. § 127 Abs. 1 StPO ist jedermann befugt, eine Person auch ohne richterliche Anordnung vorläufig festzunehmen, wenn sie auf frischer Tat betroffen oder verfolgt und der Flucht verdächtig ist. Gleiches gilt für den Fall, dass die Identität der Person nicht sofort festgestellt werden kann. § 127 Abs. 1 StPO normiert das sog. Jedermann-Festnahmerecht oder Flagranzfestnahmerecht, das in seinem Grundverständnis und im Verhältnis zu § 127 Abs. 2 StPO primär den Privatpersonen zusteht. Es handelt sich um ein Recht und nicht um eine Pflicht. Die Privatperson muss sich also nicht einer im Rahmen einer Festnahme durchaus möglichen handgreiflichen Gemengelage aussetzen. Sofern sie aber trotzdem von § 127 Abs. 1 StPO Gebrauch macht, begeht sie tatbestandlich eine Nötigung i. S. d. § 240 StGB und eine Freiheitsberaubung i. S. d. § 239 StGB. § 127 Abs. 1 StPO ist jedoch ein **Rechtfertigungsgrund**. Sofern der Tatbestand des Jedermann-Festnahmerechts erfüllt ist, ist eine etwaige Nötigung bzw. Freiheitsberaubung gerechtfertigt.

Auch **Polizeivollzugsbeamte** können sich auf § 127 Abs. 1 Satz 1 StPO berufen. Wie sich aus § 127 Abs. 1 Satz 2 StPO ergibt, kann die Polizei eine vorläufige Festnahme gem. § 127 Abs. 1 Satz 1 StPO aber nur wegen Fluchtverdachts vornehmen.[284] Die Feststellung der Identität einer Person durch die Staatsanwaltschaft oder die Beamten des Polizeidienstes bestimmt sich nach § 163b Abs. 1 StPO. In jedem Fall muss der Zweck der vorläufigen Festnahme in der Zuführung zum Strafverfahren bestehen.[285] § 127 Abs. 1 StPO ermöglicht insbesondere nicht die Festnahme, um weiteren Straftaten vorzubeugen. Das Festnahmerecht endet, wenn die Polizei einschreitet. Festnahmeberechtigt ist jedermann unabhängig von Alter oder Opferrolle.

In tatbestandlicher Hinsicht muss jemand auf frischer Tat betroffen oder verfolgt werden. Unter einer **Tat** ist jedes Verhalten zu verstehen, das einen Straftatbestand erfüllt und rechtswidrig ist.[286] Auf die Schuld kommt es nicht an. Sofern der Versuch strafbar ist, kann auch der Versuch eine Tat i. S. d. § 127 Abs. 1 StPO sein.[287] Die Form der Beteiligung ist unerheblich. Auf Ordnungswidrigkeiten kann das Jedermann-Festnahmerecht nicht angewendet werden. Nicht abschließend entschieden ist, ob die festzunehmende

284 Vgl. Meyer-Goßner/Schmitt/Schmitt, StPO, § 127 Rn. 7.
285 Vgl. Meyer-Goßner/Schmitt/Schmitt, StPO, § 127 Rn. 8.
286 Meyer-Goßner/Schmitt/Schmitt, StPO, § 127 Rn. 3.
287 Meyer-Goßner/Schmitt/Schmitt, StPO, § 127 Rn. 3.

Person die Straftat tatsächlich begangen haben muss, also de facto und de iure als Täter anzusehen ist. Bisweilen wird auch das Vorliegen eines bloßen dringenden Tatverdachts für ausreichend erachtet. Die Frage, ob eine Tat oder nur ein dringender Tatverdacht vorliegen muss, ist mitnichten nur juristisches Glasperlenspiel, sondern hat für den Festnehmenden in den Fällen, in denen dieser sich über die Straftat irrt, schwerwiegende Konsequenzen. Er ist dann nämlich mit Blick auf § 239 StGB und § 240 StGB ggf. nicht über § 127 Abs. 1 StGB gerechtfertigt, sondern macht sich vielmehr strafbar.[288]

Was unter dem Tatbegriff zu verstehen ist, hat umgekehrt auch Auswirkungen auf das Notwehrrecht des Festgenommenen. Lässt man für § 127 Abs. 1 StPO den dringenden Tatverdacht ausreichen, so wird das Notwehrrecht in größerem Maße eingeschränkt, als wenn man es auf eine tatsächlich begangene Tat ankommen ließe. Gerade vor diesem Hintergrund ist es überzeugender, für § 127 Abs. 1 StPO eine tatsächlich begangene bzw. zumindest versuchte Straftat zu fordern. Die vorläufige Festnahme ermöglicht jedermann in schwerwiegender Weise in die Freiheitsgrundrechte eines anderen einzugreifen. Dieser Eingriff kann nur dann gerechtfertigt werden, wenn der Festnehmende weiß, dass der Festgenommene ein Straftäter ist. Der dringende Tatverdacht, der dann vorliegt, wenn aufgrund bestimmter Tatsachen eine große Wahrscheinlichkeit dafür besteht, dass der Beschuldigte als Täter oder Teilnehmer eine Straftat begangen hat, wird dem Interesse des zu Unrecht Festgenommenen an der auch körperlichen Verteidigung seiner Rechte gegenüber dem Festnehmenden nicht gerecht. Dies gilt gerade auch für übereifrig Festnehmende.

Man muss sich bei § 127 Abs. 1 StPO vor Augen führen, dass es sich beim Festnehmenden in aller Regel nicht um einen demokratisch legitimierten Hoheitsträger handelt, sondern um eine Privatperson. Es besteht also keine Pflicht zur Festnahme, sondern nur ein Recht. Von daher ist es nicht ersichtlich, weshalb der Festnehmende mehr Rechte haben soll als der Festgenommene. Sofern man für § 127 Abs. 1 StPO eine Straftat verlangt, so führt dies zu einem angemessenen Ausgleich der widerstreitenden Interessen zwischen Festnehmendem und Festgenommenem. Ist die Festnahme nämlich zu Unrecht erfolgt, so kann der Festgenommene sein Notwehrrecht ausüben. Zugleich aber muss der Festnehmende keine Angst vor einer Strafverfolgung haben, da dieser grundsätzlich einem Erlaubnistatbestandsirrtum unterlag.[289]

288 Vgl. Müller, Strafverfahrensrecht, Rn. 296.
289 Vgl. Müller, Strafverfahrensrecht, Rn. 296.

Klausurhinweis

In einer Klausur ist selbstverständlich auch die Ansicht vertretbar, die einen dringenden Tatverdacht ausreichen lässt. Als Argument hierfür ließe sich etwa anführen, dass derjenige, der sich als Festnehmender schon bewusst für die Rechtsordnung einsetzen möchte, in strafverfahrensrechtlicher Hinsicht nicht überfordert werden darf. Der Festnehmende, der oftmals kein Jurist ist, muss mit Blick auf § 127 Abs. 1 StPO innerhalb weniger Sekunden eine rechtliche Entscheidung treffen und darf deswegen nicht auch noch das Irrtumsrisiko tragen.

Auf frischer Tat betroffen ist derjenige, der bei Begehung der Straftat oder unmittelbar danach am Tatort oder in unmittelbarer Tatortnähe gesehen wird. Dabei muss zwischen Vollendung und Betroffenheit der Tat ein enger zeitlicher und räumlicher Zusammenhang bestehen. Die **Verfolgung auf frischer Tat** ist dann gegeben, wenn es unmittelbar nach der kurz zuvor begangenen Straftat zu ihrer Entdeckung kommt und die Verfolgung des Täters zwecks Ergreifung aufgenommen wird.

Die vorläufige Festnahme kann aber nicht ohne einschlägige **Fluchtgründe** erfolgen. So ist die Festnahme nach § 127 Abs. 1 StPO nur dann zulässig, wenn der Täter der Flucht verdächtig ist oder seine Identität nicht sofort festgestellt werden kann. Beim **Fluchtverdacht** muss der Festnehmende aus einer objektiven Ex-ante-Perspektive naheliegenderweise davon ausgehen können, dass es sich beim Fliehenden um einen Täter handelt, der sich durch die Flucht einem Strafverfahren entziehen wird, wenn er nicht alsbald festgenommen wird. Erforderlich ist dabei ein Verdachtsgrad. An diesen sind aber geringere Anforderungen als an die Fluchtgefahr i. S. d. § 112 Abs. 2 Nr. 2 StPO zu stellen.

Ein weiterer Festnahmegrund ist die **Identitätsfeststellung**. Die vorläufige Festnahme ist auch dann möglich, wenn die Identität desjenigen, der auf frischer Tat betroffen oder verfolgt wird, nicht sofort festgestellt werden kann. Zu denken ist etwa an die Weigerung, seine Identität preiszugeben, indem Angaben zur Person nicht gemacht oder Ausweispapiere nicht vorgezeigt werden. Das Vorzeigen des Führerscheins genügt nicht. Dieser ist ein Legitimations-, aber kein Identifikationspapier. Es besteht grundsätzlich keine Rechtspflicht, seine Identität gegenüber Privaten preiszugeben. Auch aus § 111 OWiG folgt nichts anderes. Ordnungswidrig handelt danach nur, wer einer zuständigen Behörde die dort genannten Angaben nicht macht.

Über § 127 Abs. 1 StPO wird die Privatperson nicht berechtigt, die Identitätsfeststellung selbst durchzuführen. Vielmehr ermächtigt § 127 Abs. 1 StPO die Privatperson nur dazu, den Täter bis zum Eintreffen der Polizeibeamten zwecks Identitätsfeststellung durch die Polizei festzuhalten. Sofern der Festnehmende die Identität des Täters aber schon kennt, ist für § 127 Abs. 1 StPO kein Raum mehr. Zur Verhinderung anderer Straftaten kann § 127 Abs. 1 StPO nicht herangezogen werden.

Die Festnahmehandlung muss **verhältnismäßig** sein. Das erfordert zuallererst, dass der Festnehmende dem Festzunehmenden gegenüber deutlich macht, dass und weshalb eine vorläufige Festnahme erfolgt. Es handelt sich um einen Realakt, bei dem es zur Anwendung von physischer Gewalt, also von Zwang kommt. Die Art und Weise der konkreten Festnahmehandlung ist von der begangenen Straftat abhängig. So ist mit dem Täter eines Bagatelldelikts anders umzugehen als mit dem einer Schwerststraftat. Die Festnahmehandlung muss vor allem erforderlich sein. Dies bedeutet, dass sie das mildeste unter gleich effektiven Mitteln sein muss. Eine erhebliche Gesundheitsverletzung des Täters oder gar dessen Tod sind niemals erforderlich.

Hinweis

Zulässige Festnahmehandlungen sind etwa: Festhalten des Täters am Arm, Wegnahme von für die Fortbewegung erforderlichen Sachen, Anspringen, auf zu Fall gebrachten Täter legen, kurzzeitiges Einsperren in einem Raum, Verbringung zur nächsten Polizeidienststelle.

Unzulässige Festnahmehandlungen sind etwa: lebensgefährdendes Würgen zur Überwindung des Fluchtwillens, das Schießen auf den fliehenden Täter, Gefährdung des Straßenverkehrs durch Abdrängen von der Fahrbahn.

Überschreitet der Festnehmende die Grenzen des § 127 Abs. 1 StPO, kann sich der Festgenommene auf sein Notwehrrecht berufen und sich gem. § 32 StGB zur Wehr setzen. Dabei entsteht die etwas skurrile Situation, dass es zu einem Rollentausch zwischen Straftäter und Opfer kommt. Dies liegt daran, dass die vermeintlich auf § 127 Abs. 1 StPO stützbare Festnahmehandlung plötzlich einen gegenwärtigen rechtswidrigen Angriff i. S. d. § 32 Abs. 2 StGB darstellt, gegen den sich der eigentliche Straftäter nun als Opfer verteidigen darf. Gerade bei Bagatelldelikten ist die Grenze der Unverhältnismäßigkeit der Festnahmehandlung nicht besonders hoch. Insofern kann es sein, dass die herbeigerufene Polizei zunächst tatsächlich gegen den Festnehmenden vorgehen muss und sich erst danach mit dem eigentlichen Straftäter befassen kann.

2.2 Die Tatbestandsvoraussetzungen des § 127 Abs. 2 StPO

Die Staatsanwaltschaft und die Polizei können eine vorläufige Festnahme zwar auch auf der Grundlage des Jedermann-Festnahmerechts i. S. d. § 127 Abs. 1 StPO durchführen; die originäre und vor allem umfassende Befugnisnorm zur vorläufigen Festnahme ist gleichwohl § 127 Abs. 2 StPO. Hiernach sind die Staatsanwaltschaft und die Beamten des Polizeidienstes bei Gefahr im Verzug auch dann zur vorläufigen Festnahme befugt, wenn die Voraussetzungen eines Haftbefehls oder eines Unterbringungsbefehls vorliegen.

2.2.1 Die Voraussetzungen eines Haftbefehls

2.2.1.1 Gefahr im Verzug

Gefahr im Verzug liegt dann vor, wenn die effektive und störungsfreie Festnahme des Beschuldigten in zeitlicher Hinsicht gefährdet wäre, wenn auf den richterlichen Haft- oder Unterbringungsbefehl gewartet werden müsste. Eine vorausgehende Hinzuziehung des Richters würde also ein Risiko für den Maßnahmenerfolg darstellen. Ob die Festnahme tatsächlich gefährdet wäre, ist unmaßgeblich. Es ist allein auf die Einschätzung des betroffenen Strafverfolgungsorgans aus der Ex-ante-Perspektive abzustellen. Dabei hat sich diese Einschätzung als das Ergebnis einer umfassenden und pflichtgemäß durchgeführten Gesamtwürdigung der Umstände des Einzelfalls darzustellen.[290]

2.2.1.2 Die Haftgründe

Die rechtliche Besonderheit der vorläufigen Festnahme gem. § 127 Abs. 2 StPO ist die zwingende Inzidentprüfung des Vorliegens der **Voraussetzungen eines Haftbefehls** i. S. d. §§ 112, 112a StPO bzw. der **Voraussetzungen eines Unterbringungsbefehls** i. S. d. § 126a StPO.

Hinweis

Ein Haftbefehl i. S. d. § 114 StPO i. V. m. §§ 112, 112a StPO setzt drei Elemente voraus:
- dringender Tatverdacht gegen den Beschuldigten
- Vorliegen zumindest eines Haftgrundes
- Wahrung der Verhältnismäßigkeit

Die auf §§ 112, 112a StPO beruhende Haft wird Untersuchungshaft genannt. Die Untersuchungshaft kann nur gegenüber einem Beschuldigten angeordnet werden. Die Strafverfolgungsbehörden dürfen also nur den Beschuldigten und nicht etwa auch Zeugen oder vollkommen Unbeteiligte vorläufig festnehmen. Als Beschuldigter wird die Person bezeichnet, gegen die sich das Ermittlungsverfahren richtet. Gegen Strafunmündige darf kein Ermittlungsverfahren eingeleitet werden. Sie können daher auch keine Be-

290 MüKoStPO/Böhm, StPO § 127 Rn. 22.

schuldigten sein, also auch nicht in Untersuchungshaft genommen werden. Eine vorläufige Festnahme Strafunmündiger ist damit nicht möglich.

Die Untersuchungshaft stellt einen empfindlichen Eingriff in die Grundrechte des Beschuldigten dar. Hier ist allen voran an die Freiheit der Person gem. Art. 2 Abs. 2 Satz 2 GG zu denken. Obwohl der sich in Untersuchungshaft befindende Beschuldigte (noch) gar nicht zu einer freiheitsentziehenden Strafe verurteilt worden ist, ist er Adressat einer freiheitsentziehenden Zwangsmaßnahme. Mit Blick auf Art. 2 Abs. 2 Satz 2 GG macht es keinen großen Unterschied, ob sich der Mensch aufgrund einer zu verbüßenden Haftstrafe oder aufgrund einer Untersuchungshaft nicht frei bewegen kann. Hinzu kommt, dass für den verhafteten Beschuldigten die Unschuldsvermutung gilt. Vor diesem Hintergrund wird die Untersuchungshaft auch als „Freiheitsberaubung gegenüber einem Unschuldigen" bezeichnet.[291] Nicht zuletzt auch deshalb darf die Untersuchungshaft nur unter ganz bestimmten Voraussetzungen angeordnet werden.

Erforderlich ist zunächst der **dringende Tatverdacht**. Dringender Tatverdacht ist dann gegeben, wenn nach dem bisherigen Stand der Ermittlungen eine große Wahrscheinlichkeit dafür besteht, dass der Beschuldigte als Täter oder Teilnehmer eine Straftat begangen hat. Hierfür genügt bereits das Vorliegen eines Versuchs. Ob man für die Annahme des dringenden Tatverdachts zudem verlangen muss, dass eine Verurteilung wahrscheinlich ist, ist umstritten. Der Streit betrifft auch den Grad der Wahrscheinlichkeit. Letztlich genügt es aber, wenn die Verurteilung zumindest möglich ist. Verfahrenshindernisse sind zu berücksichtigen und können der Annahme eines dringenden Tatverdachts je nach Einzelfall im Wege stehen. Gleiches gilt, wenn der Täter erkennbar gerechtfertigt oder entschuldigt ist.

§ 112 StPO und § 112a StPO führen die **Haftgründe** abschließend auf. Als Haftgründe kommen daher nur in Betracht:

- Flucht
- Fluchtgefahr
- Verdunkelungsgefahr
- Schwere der Tat
- Wiederholungsgefahr

Flucht

Der Haftgrund der **Flucht** liegt gem. § 112 Abs. 2 Nr. 1 StPO dann vor, wenn festgestellt wird, dass der Beschuldigte flüchtig ist oder sich verborgen hält. Der Beschuldigte ist **flüchtig**, wenn er sich von seinem regulären Le-

291 Hassemer, StV 1984, S. 38 (40).

bensmittelpunkt entfernt hat, um für die Organe der Strafverfolgung unerreichbar zu sein und sich dadurch bewusst ihrem Zugriff und ggf. einer drohenden Strafvollstreckung entzieht. Es ist nicht erforderlich, dass sich der Beschuldigte ins Ausland absetzt. Flüchtig ist der Beschuldigte auch dann, wenn er im Ausland Urlaub macht und aus diesem nicht mehr nach Deutschland zurückkehren will, weil er sich einem in Deutschland auf ihn wartenden Strafverfahren nicht aussetzen möchte. Flucht erfordert ein finales Handeln. Es muss aber nicht zu einem faktischen Fluchterfolg kommen. § 112 Abs. 2 Nr. 1 StPO ist schon dann eröffnet, wenn die Flucht zumindest versucht wird. Ob der Ausländer, der in Deutschland eine Straftat begangen hat und nun in sein Heimatland zurückkehrt, auch flüchtig ist, kann man unterschiedlich beurteilen. Aus strafverfahrensrechtlicher Sicht wird man auch in diesem Fall eine Flucht annehmen können. Je nach Staat können im Einzelnen aber völkerrechtliche Besonderheiten zu beachten sein. Hier stellt sich dann auch die Frage, ob der betroffene Staat den nach deutschem Recht flüchtigen Beschuldigten an die deutschen Strafverfolgungsorgane ausliefert. Gänzlich irrelevant ist eine postalische Erreichbarkeit. Demgegenüber hält sich der Beschuldigte **verborgen**, wenn er unangemeldet, unter falschem Namen oder an einem unbekannten Ort lebt, um sich dem Strafverfahren zu entziehen.[292]

Dass der in § 112 Abs. 2 Nr. 1 StPO enthaltene Haftgrund von großer polizeipraktischer Relevanz ist, darf bezweifelt werden.[293] Eine flüchtige Person kann von der Polizei naheliegenderweise nicht aus dem Stegreif festgenommen werden. Sinn und Zweck des § 127 Abs. 2 StPO liegen darin, dass der Polizei und der Staatsanwaltschaft aufgrund einer im Einzelfall bestehenden besonderen Eilbedürftigkeit ein Festnahmerecht zustehen muss. Diese Eilbedürftigkeit wird durch die erforderliche Gefahr im Verzug ausgedrückt. Wenn der Beschuldigte flüchtig ist, wird der Polizei in der Regel ausreichend Zeit für die Beantragung eines Haftbefehls beim zuständigen Richter bleiben. Etwas anderes gilt sicherlich dann, wenn der flüchtige Beschuldigte im Rahmen einer sofort eingeleiteten Fahndungsmaßnahme festgenommen wird. Hier ist vor allem an § 131 Abs. 2 StPO zu denken. Zu beachten ist dann aber, dass mit der Festnahme des flüchtigen Täters zugleich die Flucht beendet ist und damit der Haftgrund der Flucht wegfällt. Bisweilen wird in dieser Situation vertreten, dass sich mit Ergreifung des Beschuldigten der Haftgrund der Flucht in den Haftgrund der Fluchtgefahr wandelt.[294]

292 Vgl. Meyer-Goßner/Schmitt/Schmitt, StPO, § 112 Rn. 14.
293 Vgl. Nerlich, Eingriffsrecht Brandenburg, S. 219.
294 So etwa KK-StPO/Graf, StPO § 112 Rn. 15.

Fluchtgefahr

Von **Fluchtgefahr** i. S. d. § 112 Abs. 2 Nr. 2 StPO spricht man dann, wenn aufgrund einer tatsachenbasierten Gesamtwürdigung aller Umstände des Einzelfallfalls mit überwiegender Wahrscheinlichkeit davon ausgegangen werden kann, dass sich der Beschuldigte dem Strafverfahren entziehen wird. Ein bloß temporäres Entziehen ist ausreichend. Die Fluchtgefahr wird in § 112 Abs. 2 Nr. 2 StPO legaldefiniert. Hierbei ist auch § 113 Abs. 2 StPO zu beachten. Sofern die Straftat lediglich mit Freiheitsstrafe bis zu sechs Monaten oder mit Geldstrafe bis zu einhundertachtzig Tagessätzen bedroht ist, darf die Untersuchungshaft wegen Fluchtgefahr nur angeordnet werden, wenn der Beschuldigte sich dem Verfahren bereits einmal entzogen oder Anstalten zur Flucht getroffen hat, im Geltungsbereich dieses Gesetzes keinen festen Wohnsitz oder Aufenthalt hat oder sich über seine Person nicht ausweisen kann.

Ob Fluchtgefahr besteht, muss auf der Grundlage konkreter Tatsachen prognostiziert werden. Es genügt nicht, dass das Gericht oder die Strafverfolgungsbehörden eine Fluchtgefahr nur mutmaßen oder befürchten. Im Grundsatz ist eine Wahrscheinlichkeit erforderlich, die der des dringenden Tatverdachts entspricht.[295] Das Gericht und die Strafverfolgungsbehörden müssen in pflichtgemäßer Weise die für und gegen eine Fluchtgefahr sprechenden Umstände berücksichtigen und dabei insbesondere auch subjektiven Ansätzen Rechnung tragen.[296]

Hinweis 1

Für die Annahme einer Fluchtgefahr sprechen etwa folgende Indizien:
- Schwere der Straftat
- Straferwartung
- Vorstrafen
- fehlende familiäre/soziale Bindung
- keine feste Arbeit oder gänzliche Arbeitslosigkeit
- prekäre wirtschaftliche bzw. finanzielle Situation
- kein fester Wohnsitz
- Fluchtplanung bzw. -vorbereitung
- Auslandsbezug
- gute Fremdsprachenkenntnisse
- Abheben von großen Bargeldbeträgen
- Verwendung falscher Namen
- Flucht in bisherigen Strafverfahren
- Persönlichkeit des Beschuldigten

295 Vgl. Meyer-Goßner/Schmitt/Schmitt, StPO, § 112 Rn. 22.
296 Bialon/Springer, Eingriffsrecht, Kap. 24 Rn. 20f.

Hinweis 2

Gegen die Annahme einer Fluchtgefahr sprechen etwa folgende Indizien:
- feste familiäre/soziale Bindung
- feste Arbeitsstelle
- fester Wohnsitz
- eher leichte Straftat
- keine hohe Straferwartung
- keine Vorstrafen
- keine Beziehungen ins Ausland
- hohes Alter
- schlechter Gesundheitszustand
- Geständnis

Bei dieser Auflistung handelt es sich um Indizien, die für oder gegen eine Fluchtgefahr sprechen können, aber nicht müssen. Das Gericht und die Strafverfolgungsbehörden kommen nicht umhin, jeden Einzelfall genau zu prüfen und eine Abwägung vorzunehmen. Die Schwere der Straftat bzw. eine hohe Straferwartung kann für sich besehen regelmäßig noch keine Fluchtgefahr begründen. Hier müssen erst noch weitere Indizien hinzutreten. Zugleich können aber beispielsweise die Schwere der Tat und eine hohe Straferwartung durch andere Indizien derart entkräftet werden, dass vernünftigerweise nicht (mehr) von einer Fluchtgefahr ausgegangen werden kann. Dies ist etwa dann denkbar, wenn die Ehefrau und Mutter den gewalttätigen Ehemann und Vater umbringt, damit sie und ihre Kinder in Ruhe und ohne Angst in ihrem vertrauten sozialen Umfeld weiterleben können.

Verdunkelungsgefahr

In § 112 Abs. 2 Nr. 3 StPO ist der Haftgrund der **Verdunkelungsgefahr** normiert. Verdunkelungsgefahr liegt dann vor, wenn das Verhalten des Beschuldigten den dringenden Verdacht begründet, er werde Beweismittel vernichten, verändern, beiseiteschaffen, unterdrücken oder fälschen oder auf Mitbeschuldigte, Zeugen oder Sachverständige in unlauterer Weise einwirken oder andere zu solchem Verhalten veranlassen. Durch diese Handlungen muss die Gefahr drohen, dass die Ermittlung der Wahrheit erschwert wird. Anders als die Haftgründe der Flucht und der Fluchtgefahr verfolgt der Haftgrund der Verdunkelungsgefahr nicht die Sicherung bzw. Gewährleistung der Gegenwart des Beschuldigten im Strafverfahren.[297] Vielmehr will der Haftgrund des § 112 Abs. 2 Nr. 3 StPO die Ein-

297 Vgl. Müller, Strafverfahrensrecht, Rn. 277.

flussnahme auf persönliche und sachliche Beweismittel verhindern und so eine unverfälschte Sachverhaltsfeststellung ermöglichen. Das Verhalten des Beschuldigten begründet dabei dann einen dringenden Tatverdacht, wenn mit großer bzw. hoher Wahrscheinlichkeit von einer Einwirkung auf die relevanten Beweismittel zu rechnen ist.

Hinweis

Eine Verdunkelungsgefahr äußert sich etwa in folgenden Handlungen: Herbeiführung einer Falschaussage oder eines falschen Gutachtens durch Täuschung oder Bedrohung; Veräußerung, Zerstörung, Entstellung von Beweismitteln.

Gem. § 112 Abs. 2 Nr. 3c StPO reicht es für die Verdunkelungsgefahr schon aus, wenn der Beschuldigte andere Menschen zur Vornahme der eigentlichen Verdunkelungshandlung bewegt. Hierbei ist mit Blick auf einen Haftgrund nur auf den Beschuldigten abzustellen, der die tatbestandsmäßige Veranlassung vorsätzlich ausgelöst haben muss. Die Motivation der Person, die die eigentliche Verdunkelungshandlung letztlich vornimmt, ist unerheblich. Es spielt also für die Annahme des § 112 Abs. 2 Nr. 3c StPO keine Rolle, ob diese Person bös- oder gutgläubig handeln wird bzw. bei mehreren Beweismitteln schon gehandelt hat. Vermutungen bzw. Mutmaßungen, dass es zu einer Verdunkelungshandlung kommen könnte, genügen nicht.

Hinzu kommt, dass das Verhalten des Beschuldigten prozessordnungswidrig sein muss. Verhält sich der Beschuldigte prozessordnungsgemäß, ist für § 112 Abs. 2 Nr. 3 StPO kein Raum. Der Beschuldigte verhält sich rechtmäßig, wenn er schweigt, die Begehung der Tat bestreitet, sein Geständnis widerruft, Komplizen nicht verrät bzw. die Beute nicht herausgibt.[298] Selbstverständlich muss der Beschuldigte auch nicht an der eigenen Überführung mitwirken. So kann Verdunkelungsgefahr etwa nicht allein schon deshalb angenommen werden, weil sich der Beschuldigte einer aktiven Unterstützung etwa von Durchsuchungsmaßnahmen oder einer Blutprobenentnahme verweigert. Auch kann der Beschuldigte rechtmäßigerweise einen Zeugen darauf aufmerksam machen, dass diesem eine Zeugnisverweigerungsrecht zusteht und dieser jedenfalls vor Gericht auch zu wahrheitsgemäßen Angaben verpflichtet ist.

Von Verdunkelungsgefahr kann ferner in den Fällen nicht (mehr) ausgegangen werden, in denen das Gericht oder die Strafverfolgungsbehörden den Sachverhalt schon aufgeklärt haben.[299] Ob der Sachverhalt vollstän-

298 Vgl. BeckOK StPO/Krauß, StPO § 112 Rn. 34.
299 Vgl. Bialon/Springer, Eingriffsrecht, Kap. 24 Rn. 33.

dig oder nur überwiegend aufgeklärt worden sein muss, ist nicht abschließend entschieden. Gleiches gilt dann, wenn die maßgeblichen Beweismittel bereits durch die zuständige Stelle derart erhoben und gesichert wurden, dass der Beschuldigte auf diese keinerlei Möglichkeit zur Einwirkung hat.[300] Es ist nicht erforderlich, dass der Beschuldigte in dem anhängigen oder einem anderen Strafverfahren Verdunkelungshandlungen vorgenommen oder vorzunehmen versucht hat. Ähnlich wie bei der Fluchtgefahr genügen auch hier Indizien, die eine Verdunkelungshandlung alles in allem nahelegen. Diese Indizien können etwa aus einem erkennbaren Hang zur Vertuschung und Verschleierung folgen. Zu denken ist etwa an gemachte Falschaussagen, falsche Verdächtigungen, dem Vortäuschen einer Straftat, Bedrohungen, Nötigungen, Täuschungen im Rechtsverkehr etc.

Das Gericht bzw. die Strafverfolgungsbehörden müssen aber auch in diesen Fällen eine umfassende Gesamtwürdigung des Einzelfalls vornehmen. § 113 Abs. 1 StPO sperrt den Haftgrund der Verdunkelungsgefahr schließlich, sofern die Straftat nur mit Freiheitsstrafe bis zu sechs Monaten oder mit Geldstrafe bis zu einhundertachtzig Tagessätzen bedroht ist. In diesen Fällen darf die Untersuchungshaft wegen Verdunkelungsgefahr explizit nicht angeordnet werden.

Schwere der Tat

Die vorläufige Festnahme kann auch in Fällen sog. **Schwerstkriminalität** erfolgen. Dafür muss eine der in § 112 Abs. 3 StPO abschließend aufgeführten Straftaten vorliegen. Der Versuch reicht aus. Umfasst sind ferner sämtliche Beteiligungsformen des StGB. Die Besonderheit des § 112 Abs. 3 StPO besteht darin, dass die Untersuchungshaft aufgrund von Schwerstkriminalität auch dann angeordnet werden darf, wenn ein Haftgrund nach § 112 Abs. 2 StPO nicht besteht. Zur Schwerstkriminalität zählen neben gewissen Straftaten aus dem Völkerstrafrecht auch

- die Bildung terroristischer Vereinigungen gem. § 129a StGB,
- die Bildung krimineller und terroristischer Vereinigungen im Ausland gem. § 129b StGB,
- der schwere sexuelle Missbrauch von Kindern gem. 176c StGB,
- der sexuelle Missbrauch von Kindern mit Todesfolge gem. § 176d StGB,
- der Mord gem. § 211 StGB,
- der Totschlag gem. § 212 StGB,
- die schwere Körperverletzung gem. § 226 StGB,
- die besonders schwere Brandstiftung gem. § 306b StGB,
- die Brandstiftung mit Todesfolge gem. § 306c StGB und

300 Vgl. Bialon/Springer, Eingriffsrecht, Kap. 24 Rn. 33.

– das Herbeiführen einer Sprengstoffexplosion gem. § 308 StGB, soweit durch die Tat Leib oder Leben eines anderen gefährdet worden ist.

Es handelt sich bei diesen Delikten um **absolute Haftgründe**, bei denen die Notwendigkeit für eine freiheitsentziehende Zwangsmaßnahme, unabhängig von einem weiteren Verhalten des Beschuldigten, allein schon aus dem Ausmaß des strafwürdigen Unrechts dieser Straftaten folgt. Im Umkehrschluss kann § 112 Abs. 3 StPO angesichts der enumerativ-abschließenden Aufzählung dann nicht angewendet werden, wenn die Straftat nicht als Katalogtat bezeichnet ist.

Da eine Untersuchungshaft auf der Grundlage von § 112 Abs. 3 StPO ohne echten Haftgrund auskommt und bereits dann angeordnet werden kann, wenn dringender Tatverdacht hinsichtlich einer Katalogtat vorliegt, tritt § 112 Abs. 3 StPO in besonderem Maße in Konflikt mit der Unschuldsvermutung. Dies liegt daran, dass eine auf § 112 Abs. 3 StPO gestützte Freiheitsentziehung eine Art „vorweggenommene Strafvollstreckung" oder „Verdachtsstrafe" darstellt.[301] Die Untersuchungshaft bzw. die vorläufige Festnahme wäre dann unabhängig vom eigentlichen Sinn und Zweck des § 112 StPO, nämlich der Sicherung des Strafverfahrens, möglich. Wie im Dritten Reich käme es dann auf die durch den dringenden Tatverdacht ausgelöste Störung des Volksempfindens an.[302]

Das BVerfG verlangt daher eine verfassungskonforme Auslegung des § 112 Abs. 3 StPO.[303] Danach darf der Haftgrund der Schwerstkriminalität nicht isoliert, sondern nur gemeinsam mit der Flucht- bzw. Verdunkelungsgefahr gesehen werden. Die Schwere der Tat kann für sich allein keine Untersuchungshaft begründen. Nach Auffassung des BVerfG „müssen vielmehr auch hier stets Umstände vorliegen, die die Gefahr begründen, daß ohne Festnahme des Beschuldigten die alsbaldige Aufklärung und Ahndung der Tat gefährdet sein könnte."[304] Dabei ist es für die Gesamtschau nicht erforderlich, dass es konkrete Tatsachen für die Haftgründe des § 112 Abs. 2 StPO gibt. Es reicht schon aus, dass die zuständigen Stellen angesichts der Umstände des Einzelfalls ernstlich befürchten müssen, dass der Beschuldigte fliehen bzw. Verdunkelungshandlungen vornehmen wird.[305] An die echten Haftgründe sind in tatsächlicher Hinsicht also geringere Anforderungen zu stellen. Zu beachten ist aber, dass selbst dann immer noch Fälle denkbar sind, in denen trotz Schwerstkriminalität und der

301 Müller, Strafverfahrensrecht, Rn. 279.
302 Roxin/Schünemann, Strafverfahrensrecht, § 30 Rn. 10.
303 BVerfG, Beschl. v. 15.12.1965 – 1 BvR 513/65, NJW 1966, S. 243 (243 ff.).
304 BVerfG, Beschl. v. 15.12.1965 – 1 BvR 513/65, NJW 1966, S. 243 (244).
305 Vgl. Meyer-Goßner/Schmitt/Schmitt, StPO, § 112 Rn. 37.

verfassungskonformen Auslegung eine Untersuchungshaft bzw. vorläufige Festnahme unverhältnismäßig ist. So wird man in einem Ermittlungsverfahren wegen Totschlags den Beschuldigten, der kürzlich wegen eines Schlaganfalls körperlich und geistig irreversibel schwerstbehindert geworden ist, nicht aus der Spezialklinik in die Haftanstalt verlegen lassen können.

Die rechtspraktische Relevanz des § 112 Abs. 3 StPO kann spätestens seit der Entscheidung des BVerfG in Zweifel gezogen werden. Zum einen verliert der Haftgrund der Schwerstkriminalität seine eigenständige Bedeutung, wenn man – zweifelsohne richtigerweise – stets auch die Haftgründe der Flucht- und Verdunkelungsgefahr annehmen können muss.[306] Zum anderen fragt sich, ob wegen der in einer Katalogstraftat enthaltenen Tatschwere und der daraus folgenden hohen Straferwartung nicht ohnehin regelmäßig schon die für eine Fluchtgefahr erforderlichen Indizien vorliegen.[307] § 112 Abs. 3 StPO ist kein lex specialis zu § 112 Abs. 2 StPO und § 112a StPO. Das Gericht und die Strafverfolgungsbehörden müssen den Haftgrund des § 112 Abs. 3 StPO ihrem Haftbefehl bzw. der vorläufigen Festnahme von daher selbst dann nicht zugrunde legen, wenn dringender Tatverdacht hinsichtlich einer Katalogstraftat besteht. Trotz eingeleiteter Mordermittlungen gegen den Beschuldigten darf für die Freiheitsentziehung also durchaus auch ausschließlich § 112 Abs. 2 StPO angeführt werden.

Wiederholungsgefahr

Sofern die Haftgründe des § 112 Abs. 2 und 3 StPO nicht einschlägig sind, kann ein Haftbefehl auch auf die **Wiederholungsgefahr** i. S. d. § 112a StPO gestützt werden. Die Wiederholungsgefahr ist gem. § 112 Abs. 2 StPO subsidiär. Das bedeutet, dass dieser Haftgrund keine Anwendung findet, wenn die Voraussetzungen für den Erlass eines Haftbefehls nach § 112 StPO vorliegen. Die Haftgründe des § 112 StPO und der Haftgrund des § 112a StPO verfolgen unterschiedliche Ziele und sind daher nahezu kaum miteinander vergleichbar. Während § 112 StPO der Sicherung des Strafverfahrens dient, hat § 112a StPO einen präventiven Charakter, ermöglicht eine vorbeugende Haft und dient damit dem Schutz der Allgemeinheit vor mitunter sehr gefährlichen Straftätern.[308]

Der Haftgrund der Wiederholungsgefahr besteht dann, wenn der Beschuldigte

- dringend verdächtig ist,
- eine Anlasstat i. S. d. § 112a Abs. 1 Nr. 1 StPO oder

306 Vgl. Roxin/Schünemann, Strafverfahrensrecht, § 30 Rn. 10.
307 Vgl. Müller, Strafverfahrensrecht, Rn. 279.
308 Vgl. Bialon/Springer, Eingriffsrecht, Kap. 24 Rn. 36.

- eine Anlasstat i.S.d. § 112a Abs. 1 Nr. 2 StPO begangen zu haben und
- bestimmte Tatsachen die Gefahr begründen, dass er vor rechtskräftiger Verurteilung weitere erhebliche Straftaten gleicher Art begehen oder die Straftat fortsetzen wird, und
- die Haft zur Abwendung der drohenden Gefahr erforderlich ist und in den Fällen des § 112a Abs. 1 Nr. 2 StPO eine Freiheitsstrafe von mehr als einem Jahr zu erwarten ist.

Die in § 112a Abs. 1 StPO aufgeführten Straftatenkataloge sind abschließend. Die dort genannten Straftaten werden als Anlasstaten bezeichnet. Anlasstaten i.S.d. § 112a Abs. 1 Nr. 1 StPO sind ausschließlich solche Straftaten, die sich gegen die sexuelle Selbstbestimmung richten. Umfasst sind aber auch die besonders schwere Nachstellung i.S.d. § 238 Abs. 2 StGB und die Nachstellung mit Todesfolge i.S.d. § 238 Abs. 3 StGB. Im Falle des § 112a Abs. 1 Nr. 1 StPO müssen die Taten nicht wiederholt oder fortgesetzt begangen werden. Bereits die einmalige Begehung kann zumindest bei erwachsenen Straftätern derart gravierende Persönlichkeitsmängel offenbaren, dass in Zukunft mit ähnlichen Taten zu rechnen ist. Etwas anderes kann ausnahmsweise aber dann gelten, wenn die Straftaten gegen die sexuelle Selbstbestimmung und das Stalking ihren Grund in einer vorangegangenen Partnerschaft, Liebesbeziehung etc. haben.

§ 112a Abs. 1 Nr. 2 StPO enthält die Straftaten, die klassischerweise von Serientätern begangen werden. Umfasst sind etwa

- die Vorbereitung einer schweren staatsgefährdenden Gewaltstraftat gem. § 89a StGB,
- der besonders schwere Fall des Landfriedensbruchs gem. § 125a StGB,
- Körperverletzungsdelikte gem. §§ 224 bis 227 StGB,
- Diebstahls- und Vermögensdelikte gem. §§ 243, 244, 249 bis 255, 260, 263 StGB,
- gemeingefährliche Straftaten gem. §§ 306 bis 306c sowie 316a StGB,
- Betäubungsmitteldelikte gem. §§ 29 Abs. 1 Nr. 1, 4, 10 oder Abs. 3, 29a Abs. 1, 30 Abs. 1, 30a Abs. 1 BtmG.

Eine **wiederholte Begehung** ist dann gegeben, wenn der Beschuldigte **mindestens zweimal** durch rechtlich selbstständige Handlungen dieselbe Deliktsgruppe verletzt hat.[309] „Fortgesetzt" ist eine Tat dann, wenn eine fortgesetzte Handlung i.S.d. materiellen Strafrechts vorliegt, die aus mehreren Einzelhandlungen besteht.[310]

309 Vgl. Meyer-Goßner/Schmitt/Schmitt, StPO, § 112a Rn. 8.
310 Vgl. Meyer-Goßner/Schmitt/Schmitt, StPO, § 112a Rn. 8.

Erforderlich ist ferner eine **schwerwiegende Beeinträchtigung der Rechtsordnung**. Die Straften müssen in Art und Ausmaß geeignet sind, bei einem großen Anteil der Menschen das Gefühl des Vertrauens in rechtliche Sicherheit und Geborgenheit zu beschädigen.[311] Dabei sind beispielsweise der Unrechtsgehalt der Straftat, die Motivation des Beschuldigten, die Ausführung der Tat an sich sowie die Folgen der Tat zu berücksichtigen. Schließlich ist zu prognostizieren, ob in den Fällen des § 112a Abs. 1 Nr. 2 StPO eine **Freiheitsstrafe von mehr als einem Jahr** zu erwarten ist. Bei Serientätern wird man dies in der Regel annehmen können. Eine mögliche Aussetzung der Vollstreckung der Strafe zur Bewährung gem. § 56 StGB ist für die Prognose unschädlich. Auf einschlägige Vorstrafen kommt es zwar nicht mehr an, gleichwohl sind vorhandene (einschlägige) Vorstrafen für die Prognose der Wiederholungsgefahr relevant. Angesichts ihres Indizcharakters sind auch Verurteilungen im Ausland zu beachten.

2.2.1.3 Der Grundsatz der Verhältnismäßigkeit

Der **Grundsatz der Verhältnismäßigkeit** findet in § 112 Abs. 1 Satz 2 StPO ausdrücklich Erwähnung. Die Untersuchungshaft darf nicht angeordnet werden, wenn sie zu der Bedeutung der Sache und der zu erwartenden Strafe oder Maßregel der Besserung und Sicherung außer Verhältnis steht. Die Verhältnismäßigkeit ist dabei keine eigene Haft- bzw. Festnahmevoraussetzung. Die Festnahme muss nicht auf ihre Verhältnismäßigkeit hin überprüft werden. Es ist vielmehr umgekehrt nur erforderlich, dass die Festnahme nicht unverhältnismäßig sein darf. Ist dies der Fall, darf sie nicht erfolgen. Zu prüfen ist also eine etwaige Unverhältnismäßigkeit als **Haftausschließungsgrund**. Allein der Haftausschließungsgrund der Unverhältnismäßigkeit muss dann positiv festgestellt werden können. Was auf den ersten Blick juristische Wortklauberei zu sein scheint, ist letztlich von großer praktischer Relevanz. Da die Verhältnismäßigkeit nicht positiv festgestellt werden muss, stehen etwaige Zweifel an dieser einer Festnahme nicht im Wege. Der Grundsatz „in dubio pro reo" gilt hier nicht. Das Gericht und die Staatsanwaltschaft haben insbesondere bei Vergehen zu prüfen, ob ein Strafbefehlsverfahren gem. §§ 407 ff. StPO angezeigt ist.

Die Festnahme ist mit Blick auf strafverfahrenssichernde Maßnahmen subsidiär und Ultima Ratio. Aus der **Subsidiarität der Untersuchungshaft** folgt, dass die Freiheit des Beschuldigten nur dann entzogen werden darf, wenn das Ziel der Untersuchungshaft nicht auf mildere Weise erreicht werden kann.[312] Die freiheitsentziehende Maßnahme ist nur dann recht-

311 Vgl. BeckOK StPO/Krauß, StPO § 112a Rn. 7.
312 KK-StPO/Graf, StPO § 112 Rn. 52.

mäßig, wenn die Tataufklärung oder die Durchführung des Strafverfahrens nicht anders gewährleistet werden kann. Dies gilt nicht für § 112a StPO, da dieser gegenüber § 112 StPO ein anderes Ziel verfolgt. Zu berücksichtigen ist ggf. ferner, dass sich der Beschuldigte und Adressat einer vorläufigen Festnahme in seiner allgemeinen Handlungsfreiheit freiwillig derart einschränkt, dass dadurch der Haftgrund wegfällt. Zu denken ist etwa an die Abgabe des Reisepasses. Bei Sexualdelikten könnte eine Anstaltsbehandlung einer Freiheitsentziehung entgegenstehen.[313] Sofern Polizei und Staatsanwaltschaft schon seit Jahren gegen einen Beschuldigten ermitteln, kann es unverhältnismäßig sein, diesen kurz vor Erhebung der Anklage festzunehmen.

Im Rahmen der Verhältnismäßigkeitsprüfung einer vorläufigen Festnahme haben die Strafverfolgungsbehörden auch den **Gesundheitszustand** sowie andere **besondere Lebensumstände** des Beschuldigten zu berücksichtigen. Dabei ist zu beachten, dass auch ein schwerstkranker Beschuldigter grundsätzlich festgenommen werden darf. Auch geistige und körperliche Behinderungen stehen einer vorläufigen Festnahme nicht per se im Wege. Zu einer anderen Beurteilung kann man ggf. kommen, wenn der Beschuldigte allein einen pflegebedürftigen Angehörigen bei sich zu Hause versorgt. Hier ist aber bereits fraglich, ob es überhaupt einen Haftgrund gibt.

Von einer generellen Unverhältnismäßigkeit der vorläufigen Festnahme ist bei **Privatklagedelikten** auszugehen. Da bei diesen in § 374 StPO abschließend aufgeführten Delikten von Anfang an das öffentliche Interesse an der Strafverfolgung fehlt, ist für die strafverfahrenssichernde Funktion des § 112 Abs. 2 StPO kein Raum. Ferner unterfallen die Privatklagedelikte nicht den Anlasstaten des § 112a StPO. Für **Bagatelldelikte** ist § 113 StPO zu beachten, der die Anwendbarkeit der Untersuchungshaft einschränkt. Untersuchungshaft kann danach zwar sogar wegen Fluchtgefahr für zu erwartende Geldstrafen angeordnet werden; aus Gründen der Verhältnismäßigkeit wird man bei derart geringem Unrecht in der Regel aber keinen Haftbefehl erlassen können. Hier ist auch zu überlegen, ob nicht auf ein Strafbefehlsverfahren ausgewichen werden sollte.

Zu beachten ist für **Antragsdelikte** ferner § 127 Abs. 3 StPO. Die vorläufige Festnahme ist schon dann zulässig, wenn ein Antrag noch nicht gestellt ist. Dies gilt entsprechend, wenn eine Straftat nur mit Ermächtigung oder auf Strafverlangen verfolgbar ist.

313 Meyer-Goßner/Schmitt/Schmitt, StPO, § 112 Rn. 10.

2.2.2 Die Voraussetzungen eines Unterbringungsbefehls

Gem. § 127 Abs. 2 StPO können die Staatsanwaltschaft und die Beamten des Polizeidienstes bei Gefahr im Verzug eine Person auch dann vorläufig festnehmen, wenn die Voraussetzungen eines Unterbringungsbefehls i. S. d. § 126a StPO vorliegen. Eine einstweilige Unterbringung ist dann möglich, wenn dringende Gründe für die Annahme vorhanden sind, dass jemand eine rechtswidrige Tat im Zustand der Schuldunfähigkeit oder verminderten Schuldfähigkeit i. S. d. § 20 StGB oder § 21 StGB begangen hat und die Unterbringung des Adressaten in einem psychiatrischen Krankenhaus oder einer Entziehungsanstalt angeordnet werden wird.

Wenn überhaupt kann man den Sinn und Zweck einer auf § 127 Abs. 2 StPO i. V. m. § 126a StPO gestützten Festnahme mit § 112a StPO vergleichen. Auch bei der Festnahme zwecks einstweiliger Unterbringung soll die Allgemeinheit vor gefährlichen Beschuldigten geschützt werden. § 126a StPO soll also der öffentlichen Sicherheit dienen. Dies ist das klassische Schutzgut des Gefahrenabwehrrechts. Genau wie bei § 112a StPO spielen also auch bei § 126a StPO präventive Aspekte eine ganz zentrale Rolle.

2.3 Verfahrensrechtliches

Bei der Festnahme sind strafverfahrensrechtlich **zwei Wege** zu unterscheiden:
- Sofern es sich um eine vorläufige Festnahme handelt, sind §§ 128 und 129 StPO für das weitere Verfahren maßgebend.
- Sofern es sich um eine Festnahme aufgrund eines Haftbefehls handelt, sind §§ 115 und 115a StPO für das weitere Verfahren maßgebend.

Erfolgt eine Festnahme aufgrund von § 127 Abs. 1 StPO durch eine Privatperson, so ist der Festgenommene unverzüglich einem Strafverfolgungsorgan zu übergeben. Die Polizei wird beim zugeführten bzw. selbst vorläufig festgenommenen Beschuldigten zunächst eine Identitätsfeststellung gem. § 163b StPO machen. Erfolgt die Festnahme auf der Grundlage eines Haftbefehls, so ist die Feststellung der Identität schon deshalb zwingend erforderlich, um zu überprüfen, ob der Festgenommene tatsächlich derjenige ist, für den der Haftbefehl ausgestellt wurde.

Im Rahmen der vorläufigen Festnahme hat die Polizei dabei zu prüfen, ob sie die vorläufig festgenommene Person wieder frei lässt. Sofern der Festgenommene nicht wieder in Freiheit gesetzt wird, ist er gem. **§ 128 Abs. 1 Satz 1 StPO** unverzüglich, spätestens am Tage nach der Festnahme, dem Richter bei dem Amtsgericht, in dessen Bezirk er festgenommen worden ist, vorzuführen. Diese Frist entspricht der verfassungsrechtlich vorgegebenen

Frist des Art. 104 Abs. 2 Satz 3 GG. Die Polizei darf aus eigener Machtvollkommenheit **niemanden länger als bis zum Ende des Tages nach dem Ergreifen** in eigenem Gewahrsam halten. Das heißt, dass der polizeiliche Gewahrsam am nachfolgenden Tag um 24:00 Uhr enden muss.

Es ist unerheblich, um wie viel Uhr die Festnahme erfolgt ist. Maßgeblich ist nur das Ende des Tages nach der Festnahme. Das absolute zeitliche Maximum für den polizeilichen Gewahrsam ohne Vorführung vor den Richter beträgt damit rechnerisch **maximal 48 Stunden**. Die Frist endet auch dann mit Ablauf des Folgetages, wenn dieser ein Sonnabend, Sonn- oder Feiertag ist. Für die Einhaltung der Frist ist grundsätzlich der zuständige Revierleiter verantwortlich.

Wichtig

Das Verhältnis der beiden Zeiteinheiten „niemanden länger als bis zum Ende des Tages nach dem Ergreifen" und „48 Stunden" wird gerade von Studierenden in Prüfungen und in der praktischen Ausbildung immer wieder falsch verstanden.

Die Polizei nimmt den Beschuldigten am 15.01. um 23:45 Uhr vorläufig fest. Die Vorführung vor den zuständigen Richter muss bis spätestens zum 16.01. um 24:00 Uhr erfolgen. Dies liegt daran, dass die Polizei niemanden länger als bis zum Ende des Tages nach dem Ergreifen in eigenem Gewahrsam halten darf.

Sofern die Polizei den Beschuldigten am 15.01. um 0.00 Uhr vorläufig festnimmt, muss die Vorführung vor den Richter auch bis spätestens zum 16.01. um 24:00 Uhr erfolgen. Hier steht der Polizei aber die volle rechnerische Höchstfrist von 48 Stunden zur Verfügung. Dies folgt aus der Addition der 24 Stunden vom 15.01. mit den 24 Stunden vom 16.01.

Der Polizei steht innerhalb dieses zeitlichen Rahmens das Recht zu, zu prüfen und zu entscheiden, ob eine Vorführung vor den Richter zu erfolgen hat. Sie kann den Festgenommenen also etwa i. S. d. § 163a Abs. 4 StPO vernehmen und erforderliche Ermittlungsmaßnahmen einleiten. Insbesondere kann die Polizei den Beschuldigten, den sie in der Regel auf der Straße vorläufig festgenommen hat, auch zur nächsten Polizeiwache bringen. Die Frist des § 128 Abs. 1 Satz 1 StPO darf aber nicht beliebig ausgereizt werden.

Unter einer **Vorführung** ist das Verbringen des Festgenommenen in den „Machtbereich" des zuständigen Gerichts zu verstehen.[314] Die Polizei muss den Festgenommenen also nicht buchstäblich vor den Richter führen. Ist der Festgenommene krank oder kann aus anderen Gründen nicht persönlich vorgeführt werden, kann eine symbolische Vorführung erfolgen. Auf die

314 MüKoStPO/Böhm, StPO § 128 Rn. 7.

Vorführung kann der Festgenommene nicht verzichten. Die Vorführung dient der Wahrung des rechtlichen Gehörs des Festgenommenen und soll dem Richter die Möglichkeit eröffnen, sich einen persönlichen Eindruck von der Persönlichkeit des Beschuldigten zu machen. Der Richter hat dem Beschuldigten daher gem. Art. 104 Abs. 3 Satz 1 GG die Gründe der Festnahme mitzuteilen, ihn zu vernehmen und ihm Gelegenheit zu Einwendungen zu geben hat. Daran anschließend muss der Richter unverzüglich entweder einen mit Gründen versehenen schriftlichen Haftbefehl i. S. d. § 114 StPO erlassen oder die Freilassung anzuordnen.

Im Rahmen der vorläufigen Festnahme durch die Staatsanwaltschaft und die Polizei muss in verfahrensrechtlicher Hinsicht gem. § 127 Abs. 4 StPO ferner zwingend die entsprechende Anwendung der §§ 114a bis 114c StPO beachtet werden. Die Polizei muss also
- den Beschuldigten über den Grund der vorläufigen Festnahme unterrichten,
- den Beschuldigten i. S. d. § 114b StPO belehren,
- Angehörige benachrichtigen.

3. Die Hauptverhandlungshaft gem. § 127b StPO

Von gesteigerter Bedeutung für die Polizei ist die **vorläufige Festnahme bei beschleunigtem Verfahren** i. S. d. § 127b StPO. Sie soll daher nachfolgend kurz erläutert werden. Die Polizei kann einen auf frischer Tat Betroffenen oder Verfolgten auch dann vorläufig festnehmen, wenn eine unverzügliche Entscheidung im beschleunigten Verfahren wahrscheinlich ist und aufgrund bestimmter Tatsachen zu befürchten ist, dass der Festgenommene der Hauptverhandlung fernbleiben wird. Diese Festnahme wird auch als **Hauptverhandlungshaft** bezeichnet. Sinn und Zweck des § 127b StPO ist die vorläufige Festnahme des Täters auch in den Fällen, in denen die Voraussetzungen des § 127 StPO nicht vorliegen. Im Fokus der Hauptverhandlungshaft stehen solche Menschen, die aufgrund fehlenden festen Wohnsitzes im Inland mit hoher Wahrscheinlichkeit der (beschleunigt terminierten) Hauptverhandlung fernbleiben werden. Zu denken ist etwa an Obdachlose oder Ausländer.

§ 127b StPO soll eine intensivere Nutzung des in den §§ 417 ff. StPO angelegten beschleunigten Verfahrens ermöglichen. Ziel des beschleunigten Verfahrens ist die zügige Strafverfolgung und Verurteilung. Die Strafe folgt also „auf dem Fuße“.[315] Es muss sich um Straftaten handeln, die vor

315 Müller, Strafverfahrensrecht, Rn. 308.

dem Strafrichter oder dem Schöffengericht verhandelt werden dürfen. Sofern der Versuch unter Strafe steht, genügt der Versuch. Auf Ordnungswidrigkeiten ist § 127b StPO nicht anzuwenden. In der Praxis kommen vor allem folgende Straftaten in Betracht:[316]

- Sachbeschädigung gem. § 303 StGB
- Hausfriedensbruch gem. § 123 StGB
- Diebstahl gem. § 242 StGB (ggf. auch ein besonders schwerer Fall des Diebstahls gem. § 243 StGB)
- Beleidigung gem. § 185 StGB
- Körperverletzung gem. § 223 StGB (ggf. leichte Fälle der gefährlichen Körperverletzung gem. § 224 StGB)
- Betrug gem. § 263 StGB (aber wohl nur in einfachgelagerten Fällen)
- Fahren ohne Fahrerlaubnis gem. § 21 StVG

Eine höhere Strafe als eine Freiheitsstrafe von einem Jahr oder eine Maßregel der Besserung und Sicherung darf in diesem Verfahren nicht verhängt werden. Die Entziehung der Fahrerlaubnis ist zulässig. Aufgrund der Schnelligkeit und den damit einhergehenden Abweichungen vom regulären Strafverfahren ist das beschleunigte Verfahren **nicht gänzlich frei von Kritik**. Letztlich läuft es auf einen „kurzen Prozess“ hinaus, dem angesichts von Flüchtigkeitsfehlern und insbesondere nicht ausreichend abgewogenen Entscheidungen mit Blick auf das Rechtsstaatsprinzip nicht zu Unrecht erhebliche Bedenken entgegengebracht werden.[317] Die Bedenken gegen das Verfahren per se gelten natürlich auch im Hinblick auf die an sich nur sekundierende Maßnahme des § 127b StPO. Die vorläufige Festnahme beim beschleunigten Verfahren ist bei Jugendlichen gem. § 79 Abs. 2 JGG unzulässig.

Hinsichtlich der Voraussetzungen gibt es keinen großen Unterschied zu denen des § 127 Abs. 2 StPO. Der Täter muss auf frischer Tat betroffen oder verfolgt sein, und es muss für die Strafverfolgungsbehörden aus der Ex-ante-Perspektive hinsichtlich der Tat ein dringender Tatverdacht vorliegen. Dass die Hauptverhandlungshaft auch verhältnismäßig sein muss, ist eine rechtsstaatliche Selbstverständlichkeit.

Der **Anwendungsbereich** erstreckt sich gem. § 127b Abs. 1 Nr. 1 StPO auf solche Verfahren, bei denen eine unverzügliche Entscheidung im beschleunigten Verfahren wahrscheinlich ist. Dies ist dann gegeben, wenn die Fälle aufgrund eines einfachen Sachverhalts oder der klaren Beweislage zur sofortigen Verhandlung geeignet sind. Zu denken ist etwa an eine geständige Einlassung des Beschuldigten oder eindeutige Beweise. Der

316 Vgl. Bialon/Springer, Eingriffsrecht, Kap. 25 Rn. 8.
317 Meyer-Goßner/Schmitt/Schmitt, StPO, Vor § 417 Rn. 3ff.

Sachverhalt muss in tatsächlicher Hinsicht einfach gelagert sein. Ob dies auch in rechtlicher Hinsicht so sein muss, ist zweifelhaft. Hinsichtlich der Einschätzung der Einfachheit des Sachverhalts, jedenfalls aber der Beweislage, dürfte die Polizei wohl zwingend auf die Mitwirkung eines Richters angewiesen sein, da nur diesem die für § 127b StPO erforderliche Bewertung möglich sein dürfte. Auf einen Haftgrund i. S. d. §§ 112, 112a StPO, den auch die Polizei erkennen könnte, kommt es gerade nicht an.

Ferner muss gem. § 127b Abs. 1 Nr. 2 StPO aufgrund bestimmter Tatsachen zu befürchten sein, dass der Festgenommene der Hauptverhandlung fernbleiben wird. Eine Befürchtung stellt in rechtlicher Hinsicht nicht die Anforderungen an die Wahrscheinlichkeit, die beispielsweise für die Fluchtgefahr gem. § 112 Abs. 2 Nr. 2 StPO erforderlich sind. Es muss sich lediglich aus einer Gesamtwürdigung aller Umstände die Prognose ergeben, dass von einem Fernbleiben vernünftigerweise ausgegangen werden darf.

Derartige Tatsachen sind etwa:
- Fernbleiben in anderweitigen Strafsachen
- keine Möglichkeit der Zustellung
- Fehlen eines festen Wohnsitzes
- unklare Identität
- eindeutige Aussagen von Zeugen oder gar vom Beschuldigten selbst
- Reisender, Urlauber, Ausländer
- Unanwendbarkeit der §§ 127a, 132 StPO

Das beschleunigte Verfahren kommt demgegenüber nicht in Betracht, wenn Anlass besteht, die Person des Beschuldigten und sein Vorleben genau zu erforschen, oder wenn der Beschuldigte durch die Anwendung dieses Verfahrens in seiner Verteidigung beeinträchtigt werden würde.

In **verfahrensrechtlicher Hinsicht** ist weiter zu beachten, dass ein Haftbefehl i. S. d. § 128 Abs. 2 Satz 2 StPO gegen denjenigen, der der Tat dringend verdächtig ist, gem. § 127b Abs. 2 Satz 1 StPO nur dann ergehen darf, wenn die Durchführung der Hauptverhandlung binnen einer Woche nach der Festnahme zu erwarten ist. Der Haftbefehl ist dabei auf höchstens eine Woche ab dem Tage der Festnahme zu befristen. Gem. § 127 Abs. 3 StPO i. V. m. § 128 StPO soll der für die Durchführung des beschleunigten Verfahrens zuständige Richter über den Erlass des Haftbefehls entscheiden. Der für die Hauptverhandlung zuständige Richter entscheidet also auch schon über den Haftbefehl i. S. d. § 127b StPO. Die in den §§ 114a bis 114c StPO normierten Vorgaben über die Informations-, Belehrungs- und Benachrichtigungspflichten gelten für § 127b StPO entsprechend. Bei Antragsdelikten ist § 127 Abs. 3 StPO auf § 127b StPO anwendbar.

4. Weitere Festnahmen

Die vorläufige Festnahme gem. § 127 StPO sowie die Hauptverhandlungshaft gem. § 127b StPO sind schließlich von anderen Befugnisnormen zu unterscheiden, die ebenfalls eine Festnahme aus gefahrenabwehr- bzw. strafverfahrensrechtlichen Gründen ermöglichen. Weitere Befugnisnormen für vorläufige Festnahmen sind etwa:

- § 164 StPO (Störung von Amtstätigkeiten),
- § 183 GVG (Straftaten in der Sitzung),
- §§ 399 Abs. 1, 402 Abs. 1, 404 Satz 1 AO (Befugnis der Finanz- und Zollbehörden im Steuerstrafverfahren),
- § 229 BGB (Sicherung zivilrechtlicher Ansprüche).

5. Die Verhaftung

Unter einer Verhaftung versteht man die Freiheitsentziehung auf der Grundlage eines schriftlichen Haftbefehls. Genau wie die Festnahme verschiedene Arten kennt, gibt es auch unterschiedliche Arten von Haftbefehlen. Zu den für die polizeiliche Tätigkeit relevantesten zählen etwa:

- der Untersuchungshaftbefehl gem. § 114 StPO i. V. m. §§ 112, 112a StPO
- der Unterbringungshaftbefehl gem. § 126a StPO
- der Hauptverhandlungshaftbefehl gem. § 127b StPO
- der Vorführungshaftbefehl gem. § 230 Abs. 2 StPO und gem. § 236 StPO
- der Vollstreckungshaftbefehl gem. § 457 Abs. 2 StPO

Die aus dem Haftbefehl folgende Befugnis erstreckt sich nicht nur auf die eigentliche Freiheitsentziehung und die zwangsweise Durchsetzung des Haftbefehls. Umfasst sind beispielsweise auch die Befugnis zur Durchführung einer Identitätsfeststellung gem. § 163b Abs. 1 StPO sowie das Recht zur Durchsuchung der Wohnung und anderer Räume des Beschuldigten, seiner Person selbst und der ihm gehörenden Sachen zum Zweck seiner Ergreifung.

Während eine Durchsuchung i. S. d. § 102 StPO vom Haftbefehl ermöglicht wird, muss die Durchsuchung bei anderen Personen i. S. d. § 103 StPO gesondert angeordnet werden. Es ist nicht abschließend entschieden, ob die Nachtzeitschranke des § 104 StPO auch für Haftbefehle gilt. Nach wohl h. M. wird die Vollstreckung eines Haftbefehls nicht durch § 104 StPO beschränkt.[318] Das bedeutet, dass auch im Zeitraum von 21 Uhr bis 6 Uhr in die Wohnung des Beschuldigten eingedrungen und dieser verhaftet werden darf. Einer speziellen Anordnung bedarf es hier also nicht.

318 Meyer-Goßner/Schmitt/Köhler, StPO, § 105 Rn. 6; Gottschalk, NStZ 2002, S. 568 f.

Der Haftbefehl wird zwar von einem Richter erlassen, seine Vollziehung erfolgt aber durch die Polizei. Sofern der Beschuldigte aufgrund eines Haftbefehls festgenommen wird, richtet sich das von der Polizei einzuhaltende Verfahren nach §§ 114ff. StPO und insbesondere nach §§ 115 und 115a StPO. Das Recht zur Festnahme folgt dabei aus dem Haftbefehl selbst. Auf § 127 StPO kommt es also gerade nicht an. Für die Polizei hat ein vorhandener Haftbefehl den Vorteil, dass sie die Voraussetzungen eines Haftbefehls nicht selbst zu prüfen und insbesondere die mitunter anspruchsvolle Verhältnismäßigkeitsprüfung nicht selbst vorzunehmen hat. Die Polizei kann den Haftbefehl als gegeben hinnehmen und hat sich um dessen Rechtmäßigkeit nicht zu sorgen. Lediglich die offensichtliche Rechtswidrigkeit steht einem Vollzug entgegen, da die Verwaltung in einem Rechtsstaat nicht sehenden Auges rechtswidrige Maßnahmen vollziehen darf. Das Verfahren muss bei einer Verhaftung folgendermaßen eingehalten werden:

- § 114a StPO: Aushändigung des Haftbefehls und ggf. Übersetzung
- § 114b StPO: Belehrung des verhafteten Beschuldigten
- § 114c StPO: Benachrichtigung von Angehörigen
- § 115 StPO: Vorführung vor den zuständigen Richter
- Ggf. § 115a StPO: Vorführung vor den Richter des nächsten Amtsgerichts

6. Die Sicherheitsleistung gem. §§ 127a, 132 StPO

Stellt sich während der freiheitsentziehenden Zwangsmaßnahme heraus, dass ihr Grund zwischenzeitlich weggefallen ist, so hat die sofortige Freilassung des Beschuldigten zu erfolgen. Mit Blick auf die Verhaftung aufgrund eines Haftbefehls i. S. d. §§ 114ff. StPO oder der vorläufigen Festnahme i. S. d. § 127 Abs. 2 StPO ist dies dann der Fall, wenn es keine Haftgründe mehr gibt. Die Freilassung kann aber auch dann erfolgen, wenn zwar alle Voraussetzungen für eine Freiheitsentziehung vorliegen, der Beschuldigte aber eine **Freilassung gegen Sicherheitsleistung** erwirken kann. Es handelt sich um eine Freilassung gegen **Kaution**.

Die Freilassung gegen Sicherheitsleistung kann auf § 127a StPO oder auf § 132 StPO beruhen. In beiden Fällen ist es erforderlich, dass die festgenommene Person in Deutschland keinen festen Wohnsitz hat. Dies ist im Großen und Ganzen aber auch die einzige Gemeinsamkeit. Letztlich unterscheiden sich beide Normen nämlich grundlegend und stehen damit in einem Verhältnis der Alternativität. Das bedeutet, dass sich der Beschuldigte, wenn überhaupt, entweder auf die Vorgaben des § 127a StPO oder des § 132 StPO berufen kann.

6.1 Die Sicherheitsleistung gem. § 127a StPO

§ 127a StPO ermöglicht eine **Haftverschonung**. Es handelt sich um eine besondere Ausprägung des Grundsatzes der Verhältnismäßigkeit. § 127a StPO muss als Ergänzung zu § 127 Abs. 2 StPO und letztlich auch zu § 128 StPO verstanden werden. Die Besonderheit des § 127a StPO liegt darin, dass die Polizei den Beschuldigten, den sie auf der Grundlage von § 127 Abs. 2 StPO vorläufig festgenommen hat, ohne Mitwirkung des Richters von der Freiheitsentziehung verschonen kann, sofern der Beschuldigte seinerseits entsprechende Sicherheiten leistet. Sofern eine Vorführung vor den Richter gem. § 128 StPO bereits erfolgt ist, kann auch der Richter über § 127a StPO eine entsprechende Haftverschonung gewähren.

Diese ist aber nur dann möglich, wenn der Beschuldigte in Deutschland **keinen festen Wohnsitz oder Aufenthalt** hat und der Haftbefehl ausschließlich auf dem Haftgrund der **Fluchtgefahr** beruht. Durch die Sicherheitsleistung und anschließende Freilassung soll zwar nicht nur, letztlich aber vor allem **ausländischen Straftätern**, die in Deutschland nur kleinere Delikte begangen haben, die Abwendung der Freiheitsentziehung ermöglicht werden. Für **Deutsche** kann § 127a StPO dann relevant werden, wenn sie in Deutschland keinen festen Wohnsitz oder Aufenthalt haben. Einen Wohnsitz hat jemand dort, wo er eine Wohnung unter Umständen innehat, die darauf schließen lassen, dass er die Wohnung beibehalten und benutzen wird und dort also seinen räumlichen Lebensmittelpunkt hat. Unter Anlehnung an § 9 AO kann man unter einem Aufenthalt den Ort verstehen, an dem sich der Beschuldigte unter Umständen aufhält, die erkennen lassen, dass er an diesem Ort oder in diesem Gebiet nicht nur vorübergehend verweilt. In der Regel geht man dabei von einer Dauer von drei Monaten aus. Für **Obdachlose** gilt § 127a StPO nicht, da sie zwar keinen festen Wohnsitz haben, sich allerdings dauerhaft im Bundesgebiet aufhalten.

Gem. § 127a StPO kann in den Fällen davon abgesehen werden, die Festnahme des Beschuldigten anzuordnen oder aufrechtzuerhalten, wenn

- nicht damit zu rechnen ist, dass wegen der Tat eine Freiheitsstrafe verhängt oder eine freiheitsentziehende Maßregel der Besserung und Sicherung angeordnet wird,
- der Beschuldigte eine angemessene Sicherheit für die zu erwartende Geldstrafe und die Kosten des Verfahrens leistet.

Die geleistete Sicherheit soll für den Beschuldigten eine Art **Anreiz** darstellen, dem Strafverfahren nicht fernzubleiben. Sofern sich der Beschuldigte dem Strafverfahren dann dennoch entziehen sollte, kann die Kaution dem Staat zufallen. Aus diesem Grund muss die zu leistende Sicherheit derart empfindlich sein, dass dieser Anreiz auch wirklich gesetzt wird. Die Polizei oder das Gericht richtet sich bei der Bestimmung der Höhe der Kaution nach der gängigen Strafzumessungspraxis. Einzupreisen sind dabei die volle Höhe der Geldstrafe sowie die Kosten des Verfahrens i. S. d. § 464a Abs. 1 StPO. Der Beschuldigte muss die Sicherheit nicht selbst leisten. Auch Dritte sind zur wirksamen Hinterlegung der Kaution befugt. Hier ist vor allem an Bürgschaften von natürlichen, aber auch juristischen Personen zu denken. Die Sicherheit ist gem. § 116a Abs. 1 Satz 1 StPO durch Hinterlegung in barem Geld, in Wertpapieren, durch Pfandbestellung oder durch Bürgschaft geeigneter Personen zu leisten. Dabei wird die Sicherheit als gepfändete Sache angesehen.

Der Beschuldigte, der die Aussetzung des Vollzugs des Haftbefehls gegen Sicherheitsleistung beantragt und nicht im Geltungsbereich dieses Gesetzes wohnt, ist gem. § 127a Abs. 2 StPO i. V. m. § 116a Abs. 3 StPO verpflichtet, eine im Bezirk des zuständigen Gerichts wohnende Person zum Empfang von Zustellungen zu bevollmächtigen. Ein solcher Zustellungsbevollmächtigter kann ein Verwandter, Freund, Kollege oder Rechtsanwalt sein. Über diesen erfolgt die anfallende Korrespondenz. Von daher kann eine juristische Person kein Zustellungsbevollmächtigter sein.

Die Kaution kann **nur freiwillig geleistet** werden. Sofern der Beschuldigte also lieber in Haft genommen werden will, müssen Polizei und Gericht dies akzeptieren. Der Staat hat keinen Anspruch auf die Leistung der Sicherheit. Gerade aufgrund der Freiwilligkeit der Sicherheitsleistung stellt sich aber die Frage, ob hier überhaupt von einem Eingriff in das von Art. 14 GG geschützte Nutzungsrecht des Eigentums gesprochen werden kann.[319]

Für § 127a StPO ist jedoch nur bei **Fluchtgefahr** Raum. Sobald ein weiterer Haftgrund besteht, ist § 127a StPO unanwendbar. Fluchtgefahr besteht dabei nicht schon dann, wenn der straffällig gewordene Ausländer in seinen Heimatstaat zurückkehrt, weil der Grund für den Aufenthalt in Deutschland weggefallen ist. Es müssen vielmehr konkrete Anhaltspunkte dafür vorliegen, dass sich der Beschuldigte ganz bewusst in sein Heimatland begibt, um sich der deutschen Strafverfolgung zu entziehen. Im Übrigen müssen auch die weiteren Voraussetzungen eines Haftbefehls gegeben sein.

Auf das **Ordnungswidrigkeitenverfahren** ist § 127a StPO nicht anwendbar. § 46 Abs. 1 OWiG erklärt die Vorschriften über die StPO im Ordnungswidrigkeitenverfahren für sinngemäß anwendbar. Allerdings scheidet eine vorläufige Festnahme oder eine Verhaftung wegen Ordnungswidrigkeiten aus. Insofern ist § 127a StPO schon tatbestandlich nicht eröffnet.

319 So aber Bialon/Springer, Eingriffsrecht, Kap. 26 Rn. 4.

6.2 Die Sicherheitsleistung gem. § 132 StPO

Genau wie die Kaution i. S. d. § 127a StPO soll auch die Sicherheitsleistung i. S. d. § 132 StPO die Durchführung des Strafverfahrens und der Strafvollstreckung gegen den Beschuldigten garantieren. Der in Deutschland nicht ansässige Beschuldigte muss der Straftat dringend verdächtig sein. Er darf also im Bundesgebiet keinen festen Wohnsitz oder gewöhnlichen Aufenthalt haben. Hinsichtlich des dringenden Tatverdachts gelten die Grundsätze, die auch für die vorläufige Festnahme i. S. d. § 127 Abs. 2 StPO und den Haftbefehl i. S. d. §§ 112 ff. StPO gelten.

Der zentrale Unterschied zu § 127a StPO liegt darin, dass **im Falle des § 132 StPO gerade kein Haftbefehl erlassen werden kann**. An eine Sicherheitsleistung i. S. d. § 132 StPO ist immer dann zu denken, wenn die Voraussetzungen eines Haftbefehls nicht vorliegen. Dies kann daran liegen, dass kein Haftgrund ersichtlich oder aber eine Festnahme unverhältnismäßig ist. Konsequenterweise kann über § 132 StPO daher auch keine vorläufige Festnahme abgewendet werden, weil für diese die Voraussetzungen eines Haftbefehls erforderlich sind. Mithin ist in den Sachverhalten, in denen § 132 StPO relevant werden kann, eine vorläufige Festnahme schon gar nicht möglich. Regelmäßig kommt § 132 StPO bei ausländischen Kraftfahrern zur Anwendung, die Deutschland durchfahren.

Anders als § 127a StPO kommt § 132 StPO auch nur bei zu erwartenden **Geldstrafen** in Betracht. Sobald ernsthaft von einer Freiheitsstrafe als Hauptstrafe auszugehen ist, kann § 132 StPO nicht (mehr) herangezogen werden. Dies gilt auch dann, wenn nach dem bisherigen Ermittlungsstand zwar nur von einer Geldstrafe auszugehen war, aufgrund neuer Erkenntnisse nun aber doch ein Haftgrund vorliegt bzw. eine Freiheitsstrafe zu erwarten ist. Für die Sicherheitsleistung i. S. d. § 132 StPO ist es hingegen unschädlich, dass zusätzlich zur Geldstrafe etwa ein Fahrverbot o. Ä. verhängt wird. Die Sicherheitsleistung kann angeordnet werden. Der Beschuldigte hat insofern kein Wahlrecht. Auf die Freiwilligkeit der Sicherheitsleistung kommt es daher nicht an.

Die **Anordnungskompetenz** steht grundsätzlich nur dem Richter zu. Es handelt sich dabei um einen Richter am Amtsgericht, in dessen Bezirk sich der Beschuldigte aufhält oder die Sicherheit geleistet werden soll. Der Richter hat vor seiner Entscheidung die Staatsanwaltschaft bzw. die Polizei und den Beschuldigten anzuhören und ihnen dabei Gelegenheit zur Stellungnahme zu geben. Die Entscheidung ergeht dann durch Beschluss. Gem. § 132 Abs. 2 StPO dürfen bei Gefahr im Verzug ausnahmsweise auch die Staatsanwaltschaft und ihre Ermittlungspersonen eine entsprechende

Sicherheitsleistung anordnen. Sonstige Polizisten sind hierzu nicht ermächtigt. Mit Blick auf die strafverfahrensrechtliche Praxis ist hier aber die Ausnahme die Regel.[320]

Ob von § 132 StPO Gebrauch gemacht wird, ist eine Frage des Ermessens. Das Gericht bzw. die Strafverfolgungsbehörden müssen ihr Ermessen pflichtgemäß ausüben. Sofern der Tatbestand des § 132 StPO erfüllt ist, wird man von einer entsprechenden Anordnung aber nur schwerlich Abstand nehmen können. Die Anordnung kann auch mündlich ergehen. Sie sollte dann aber gerichtlich bestätigt werden. Sofern die Anordnung zur Leistung einer Sicherheit nicht auf einer richterlichen Entscheidung beruht, kann der Beschuldigte gem. § 98 Abs. 2 Satz 2 StPO jederzeit einen Antrag auf gerichtliche Entscheidung stellen.

Sofern der Beschuldigte der Anordnung nicht Folge und somit die Sicherheit nicht leistet, können Beförderungsmittel und andere Sachen, die der Beschuldigte mit sich führt und die ausschließlich ihm gehören, **beschlagnahmt werden**. Die Sachen müssen mithin im Alleineigentum des Beschuldigten stehen. Rein wirtschaftliches Eigentum genügt hier nicht. Die beschlagnahmten Gegenstände sind dann Surrogate für die Sicherheitsleistung. Das bedeutet, dass der Wert der beschlagnahmten Sachen den Wert der Sicherheitsleistung nicht übersteigen darf. In der Regel wird es sich dabei um Bargeld handeln.

Bei der Beschlagnahme müssen Beweismittel, von §§ 111b, 111c StPO erfasste Gegenstände und schließlich auch Führerscheine und Pässe bzw. Personalausweise außer Betracht bleiben. Ausweisdokumente sowie Führerscheine sind deshalb beschlagnahmefrei, da sie nicht zur Vollstreckung einer Geldstrafe verwertet werden können. Selbstverständlich muss die Beschlagnahme verhältnismäßig sein. Je nach Einzelfall kann es daher weitere Gegenstände geben, die nicht beschlagnahmt werden können, weil der Beschuldigte zwingend auf diese angewiesen ist. Im Großen und Ganzen wird man sich dabei an den Vorgaben des § 811 ZPO orientieren dürfen. Beschlagnahmefrei sind daher etwa Geh-, Hör- und Sehhilfen, Arbeitssicherheitskleidung, für die Rückreise ins Heimatland benötigtes Bargeld, ausgewählter Schmuck etc.

Sofern der Beschuldigte die Anordnung aber **vollumfänglich befolgt**, ist für eine Beschlagnahme kein Raum mehr. Der Beschuldigte kann sich frei im Inland aufhalten und dieses jederzeit verlassen. Gem. § 132 Abs. 3 Satz 2 StPO i. V. m. §§ 94 und 98 StPO gilt das für die Beschlagnahme zu beachtende Verfahren auch für § 132 StPO.

320 Meyer-Goßner/Schmitt/Schmitt, StPO, § 132 Rn. 12.

Die **Beschlagnahme endet**, wenn die Sicherheit später geleistet wird. Dabei ist es unerheblich, ob diese durch den Beschuldigten oder einen Dritten geleistet wird. Mit der nachträglichen Sicherheitsleistung ist der Grund für die Beschlagnahme weggefallen und die beschlagnahamten Gegenstände sind herauszugeben. Gleiches gilt für den Fall der Verfahrensbeendigung durch Freispruch oder Einstellung.

Es ist umstritten, nach welcher Vorschrift der Beschuldigte und seine Sachen zwecks Auffindens beschlagnahmefähiger Gegenstände i. S. d. § 132 Abs. 2 StPO auch **durchsucht** werden dürfen. Dass er durchsucht werden darf, ist unumstritten. Hier werden zwei Ansätze vertreten. Für die wohl h. M. folgt aus § 132 Abs. 3 Satz 1 StPO auch die Ermächtigung, den Beschuldigten und die von ihm mitgeführten Gegenstände zu durchsuchen.[321] Es handelt sich insofern um eine „Annexkompetenz".[322] Zur Auffindung möglicher Beschlagnahmegegenständen können daher der Beschuldigte selbst, sein Kfz, die auf seinem Lkw befindliche Ladung, sein Wohnwagen etc. durchsucht werden. Andere möchten § 102 StPO analog für die Durchsuchung heranziehen.[323]

Mit Blick auf § 132 Abs. 1 Nr. 2 StPO ist umstritten, ob die Anordnung zweiteilig, also hinsichtlich einer **Zustellungsbevollmächtigung** und der Leistung einer angemessenen Sicherheit erfolgen muss. Namhafte Stimmen in der Literatur sind diesbezüglich skeptisch.[324] Gleichwohl wird zu Recht überwiegend von einer zweiteiligen Anordnung ausgegangen, die sowohl die Anordnung der Sicherheitsleistung als auch die Erteilung einer Zustellungsbevollmächtigung verlangt.[325]

Zu beachten ist, dass § 132 StPO auch für **Ordnungswidrigkeiten** gilt. Gem. § 46 Abs. 1 OWiG gelten die Vorschriften der allgemeinen Gesetze über das Strafverfahren und namentlich die der StPO sinngemäß auch für das Bußgeldverfahren. Vor diesem Hintergrund ist § 46 Abs. 1 OWiG i. V. m. § 132 StPO die Ermächtigungsgrundlage für die Sicherheitsleistung im Ordnungswidrigkeitenverfahren.[326] Terminologisch ist dann aber vom Betroffenen, der Ordnungswidrigkeit und der Geldbuße zu sprechen.[327]

321 So etwa Meyer-Goßner/Schmitt/Schmitt, StPO, § 132 Rn. 19.
322 MüKoStPO/Gerhold, StPO § 132 Rn. 15 (im Original hervorgehoben).
323 SK-StPO/Paeffgen, StPO § 132 Rn. 11.
324 So etwa MüKoStPO/Gerhold, StPO § 132 Rn. 7.
325 BeckOK StPO/Niesler, StPO § 132 Rn. 10; Meyer-Goßner/Schmitt/Schmitt, StPO, § 132 Rn. 7 ff.
326 Bialon/Springer, Eingriffsrecht, Kap. 26 Rn. 35.
327 Zum Ganzen ausführlich Bialon/Springer, Eingriffsrecht, Kap. 26 Rn. 35.

Kapitel J Sicherstellung und Beschlagnahme

I. Allgemeines

Über die Rechtsinstitute der Sicherstellung und der Beschlagnahme werden Hoheitsträger dazu ermächtigt, auf die Sachen des Adressaten aus präventiven oder repressiven Gründen zuzugreifen. Es handelt sich in beiden Fällen um einen tatsächlichen Zugriff auf die Sache. Dabei wird die tatsächliche Sachherrschaft des Adressaten über die Sache beendet und eine neue Sachherrschaft durch den Hoheitsträger begründet. Es erfolgt also eine hoheitliche Inbesitznahme i. S. d. § 854 Abs. 1 BGB. Ob der Adressat Eigentümer oder nur Besitzer der Sache ist, ist für die Maßnahme ohne Bedeutung.

In jedem Fall ist zumindest das Nutzungsrecht über die Sache, das auch von Art. 14 GG geschützt wird, betroffen. Aus diesem Grund handelt es sich bei der Sicherstellung und der Beschlagnahme um rechtfertigungsbedürftige Grundrechtseingriffe in Art. 14 GG. Ein Hoheitsträger kann etwa die Polizei oder auch die Staatsanwaltschaft sein. Letztere zweifelsohne nur dann, wenn die Sicherstellung im Strafverfahren erfolgt. Die Sicherstellung ist der Ober- bzw. Ordnungsbegriff für die Übernahme der tatsächlichen Gewalt. Die Beschlagnahme ist eine besondere Form der Sicherstellung. Beide Maßnahmen sind eigenständige Maßnahmen. Man unterscheidet zwischen präventiver und repressiver Sicherstellung.

Die **präventive Sicherstellung i.S.d. § 45 SOG LSA** erfolgt zur Abwehr einer Gefahr für die öffentliche Sicherheit oder Ordnung.

Beispiel

Die Polizei trifft auf den stark alkoholisierten A, der gerade dabei ist, mit seinem Autoschlüssel das Türschloss seines Autos zu öffnen, um dann wegzufahren. Vorliegend kann die Polizei A seinen Autoschlüssel wegnehmen, um zu verhindern, dass er betrunken Auto fährt. Hier liegt eine präventive Sicherstellung zur Abwehr einer Gefahr vor. Es handelt sich um eine gegenwärtige Gefahr für die Rechtsordnung, da das Verhalten von A ohne polizeiliches Einschreiten § 24a StVG oder sogar § 316 StGB erfüllen könnte.

Die **präventive Sicherstellung kann mit und gegen den Willen** des Inhabers der tatsächlichen Sachherrschaft durchgeführt werden. Dass das SOG LSA den Begriff der Beschlagnahme nicht kennt, bedeutet nicht, dass

§ 45 SOG LSA nur bei Freiwilligkeit Anwendung finden kann. Erfolgt die Herausgabe nicht freiwillig, so wird diese i. S. d. §§ 53 ff. SOG LSA erzwungen bzw. durch eine hoheitliche Wegnahme ersetzt.[328]

Klausurhinweis

Trägt der Adressat einer Sicherstellung in einem Klausursachverhalt oder auch in der polizeilichen Praxis vor, dass er die Sache nicht herausgeben wolle, und das SOG LSA im Übrigen ja gar keine Befugnisnorm zur Beschlagnahme und somit zur Sicherstellung gegen den Willen des Inhabers der tatsächlichen Sachherrschaft habe, so muss erkannt werden, dass § 45 SOG LSA sowohl die Befugnisnorm für die freiwillige Sicherstellung als auch i. V. m. §§ 53 ff. SOG LSA für die unfreiwillige Sicherstellung ist. Die direkte oder analoge Anwendung von § 94 Abs. 2 StPO auf derartige Sachverhalte ist nicht möglich und stellt einen groben Fehler dar.

Die **repressive Sicherstellung i. S. d. § 94 Abs. 1 StPO** sowie die **repressive Beschlagnahme i. S. d. § 94 Abs. 2 StPO** zielen auf die Beweissicherung für das Strafverfahren. Während die Sicherstellung i. S. d. § 94 Abs. 1 StPO auch als formlose Sicherstellung bezeichnet wird, findet sich für die Beschlagnahme zuweilen der Begriff der förmlichen Sicherstellung.[329] Die Sicherstellung i. S. d. § 94 Abs. 1 StPO liegt vor, wenn Gegenstände freiwillig herausgegeben werden. Von einer Beschlagnahme i. S. d. § 94 Abs. 2 StPO spricht man, wenn Gegenstände nicht freiwillig herausgegeben werden.

Beispiel

Die Polizei findet am Tatort eines Tötungsdelikts ein blutüberströmtes Messer. Da die Polizei davon ausgehen muss, dass es sich dabei um die Tatwaffe, jedenfalls aber um ein Beweismittel handeln kann, nimmt sie das Messer mit. Hier liegt eine repressive Sicherstellung zwecks Beweissicherung vor.

Abwandlung: Die Polizei trifft am Tatort eines Tötungsdelikts einen Mann an, der ein blutüberströmtes Messer in der Hand hält. Die Polizei fordert den Mann auf, ihr das Messer zu geben. Dies macht der Mann aber nicht. Hier kann die Polizei dem Mann das Messer auch gegen dessen Willen wegnehmen. Es handelt sich dabei um eine repressive Beschlagnahme zwecks Beweissicherung.

In der polizeilichen Praxis wird die Sicherstellung bzw. die Beschlagnahme häufig als **Folgemaßnahme einer Durchsuchung** zur Anwendung gelangen. In einem ersten Schritt durchsucht die Polizei eine Person. In

328 Vgl. Martell, SOG LSA, § 45 Rn. 3.
329 So etwa bei BeckOK StPO/Gerhold, StPO § 94 Rn. 23.

einem zweiten Schritt stellt die Polizei die gefundenen Sachen dann ggf. sicher bzw. beschlagnahmt diese.

Beispiel

Am 22. Juni sieht die Polizei, wie ein Mann im Clownskostüm und mit einer großen Sporttasche unruhig vor einer Bankfiliale auf und ab geht. Dabei fasst er sich immer wieder nervös an den Hosenbund und blickt in die Bankfiliale hinein. Aufgrund der Gesamtsituation rechtfertigen Tatsachen die Annahme, dass der Mann im Hosenbund eine Waffe bei sich führt, mit der er die Bankfiliale überfallen wird. Die Polizei kann den Mann daher gem. § 41 Abs. 1 Nr. 1 SOG LSA durchsuchen und die tatsächlich gefundene Waffe gem. § 45 Nr. 4 SOG LSA sicherstellen.

Es ist nicht abschließend entschieden, ob das Ziel der Erlangung der tatsächlichen Sachherrschaft zwangsläufig auch in der **Versagung einer Zugriffs- bzw. Verfügungsmöglichkeit** anderer Personen auf die Sache besteht. Während die Zugriffs- bzw. Verfügungsmöglichkeit anderer im Falle von Waffen, Drogen, kinder- und jugendpornografischem Material etc. durch die Sicherstellung ganz offensichtlich abgeschnitten werden soll, ist dies gerade bei Abschleppfällen unklar. Diese Unklarheit resultiert aus dem Umstand, dass die Polizei ein Kfz nicht etwa deshalb abschleppen lässt, um dieses dem Halter oder Fahrer zu entziehen, sondern nur, weil das Kfz falsch geparkt wurde. Dieses Problem stellt sich aber nur dann, wenn man das Abschleppen überhaupt als Sicherstellung ansieht.[330]

Ähnlich unklar ist die **Rechtsnatur** der Sicherstellung. Hier lassen sich sowohl für die Annahme eines Verwaltungsakts als auch für die Bejahung eines Realakts jeweils Argumente finden. Die wohl vorherrschende Auffassung sieht in der Sicherstellung einen Verwaltungsakt.[331] Dieser enthalte das Gebot, die konkrete Sache herauszugeben bzw. die hoheitliche Inbesitznahme zu dulden.[332] Die Befugnisnorm zur Sicherstellung stellt die Anordnungsbefugnis dar, die dann im Wege des Vollstreckungsrechts durchgesetzt werden muss. Dabei muss insbesondere eine genaue Abgrenzung zur Ersatzvornahme erfolgen.

Andere sehen in der Sicherstellung einen Realakt, bei dem es allein auf den Entzug der Sachherrschaft ankomme.[333] So sei ein Abschleppen auch dann möglich, wenn Halter oder Fahrer gar nicht anwesend seien, es also

330 Zum Ganzen etwa Thiel, Polizeirecht, § 10 Rn. 189.
331 So etwa Gusy/Eichenhofer, Polizei- und Ordnungsrecht, Rn. 286.
332 Gusy/Eichenhofer, Polizei- und Ordnungsrecht, Rn. 286.
333 Vgl. Dietlein/Hellermann, Öffentliches Recht in Nordrhein-Westfalen, § 3 Rn. 198.

gar keine Herausgabepflicht bzw. Duldungspflicht gebe. Überdies enthalte die Sicherstellung neben der Anordnungs- auch eine Vollstreckungsbefugnis durch Realakt.[334]

II. Die Sicherstellung im SOG LSA

1. Die Tatbestandsvoraussetzungen des § 45 SOG LSA

Die Befugnisnorm für die präventive Sicherstellung ist § 45 SOG LSA. Dieser kennt vier Fallgruppen:

1. die Sicherstellung zur Abwehr einer gegenwärtigen Gefahr,
2. die Sicherstellung zum Schutz vor Verlust oder Beschädigung,
3. die Sicherstellung im Rahmen des Festhaltens,
4. die Sicherstellung zur Vorbeugung von Straftaten oder Ordnungswidrigkeiten.

1.1 Die Sicherstellung zur Abwehr einer gegenwärtigen Gefahr

Gem. § 45 Nr. 1 SOG LSA kann die Polizei eine Sache sicherstellen, um eine gegenwärtige Gefahr abzuwehren. Es muss sich mithin um eine Sachlage handeln, bei der das schädigende Ereignis bereits begonnen hat oder unmittelbar oder in allernächster Zeit mit einer an Sicherheit grenzenden Wahrscheinlichkeit bevorsteht.

> **Hinweis**
>
> Bei Polizeieinsätzen kommt es immer wieder zur Anfertigung von Fotografien und zur Aufnahme von Videos. Hier stellt sich dann regelmäßig die Frage, ob die Kameras, Mobiltelefone etc. sichergestellt werden dürfen. Grundsätzlich sind das Filmen und Fotografieren von Polizeieinsätzen zulässig. Eine gegenwärtige Gefahr i. S. d. § 45 Nr. 1 SOG LSA ist aber dann anzunehmen, wenn konkrete Hinweise dafür vorliegen, dass es zu einer unzulässigen Verbreitung der Fotografien oder Videos kommt.

Eine Sicherstellung i. S. d. § 45 Nr. 1 SOG LSA kann stets erfolgen, wenn der Besitz der Sache verboten ist. Dies kann etwa der Fall bei bestimmten Drogen oder pornografischen Dateien sein. Zu beachten ist dabei, dass in Anlage 2 Abschnitt 1 des WaffG eine Vielzahl von Waffen aufgeführt sind, deren Umgang verboten ist. Umgang mit einer Waffe oder Munition hat gem. § 1 Abs. 3 WaffG, wer diese erwirbt, besitzt, überlässt, führt, verbringt, mitnimmt, damit schießt, diese herstellt, bearbeitet, instand setzt

334 Gusy/Eichenhofer, Polizei- und Ordnungsrecht, Rn. 286.

oder damit Handel treibt. Umgang mit einer Schusswaffe hat auch, wer diese unbrauchbar macht. Es gibt also einige Waffen, deren bloßer Besitz verboten ist. Durch ebendiesen Besitz verstößt man gegen eine Rechtsvorschrift und stellt eine Gefahr dar. Exemplarisch seien hier nur Stahlruten, Totschläger, Schlagringe, gewisse Spring- und Fallmesser, Faustmesser und Butterflymesser genannt.

§ 45 Nr. 1 SOG LSA ist aber auch dann eröffnet, wenn der Inhaber der Sache nicht über das nötige Legitimationspapier verfügt. Aus polizeipraktischer Sicht ist hier vor allem an den Führerschein und spezielle Legitimationspapiere des Waffenrechts zu denken. Typische waffenrechtliche Legitimationspapiere sind etwa:
- die Waffenbesitzkarte i. S. d. § 10 Abs. 1, 2 WaffG;
- der Munitionserwerbsschein i. S. d. § 10 Abs. 3 WaffG;
- der Waffenschein i. S. d. § 10 Abs. 4 Satz 1 WaffG;
- der kleine Waffenschein i. S. d. § 10 Abs. 4 Satz 4 WaffG i. V. m. Anlage 2 Abschnitt 2 Unterabschnitt 3 Nr. 2/2.1.

Verfügt der Adressat der Maßnahme nicht über die erforderlichen Legitimationspapiere, tritt neben die Sicherstellung i. S. d. SOG LSA regelmäßig die Sicherstellung bzw. Beschlagnahme i. S. d. StPO. Dies liegt daran, dass das Fehlen eines entsprechenden Berechtigungsdokuments grds. zugleich eine Ordnungswidrigkeit bzw. eine Straftat darstellt. Exemplarisch sind hier etwa § 62 Abs. 1 Nr. 6 OWiG, § 21 Abs. 1 Nr. 1 StVG sowie §§ 37 ff. WaffG zu nennen.

Sofern der Fahrzeugführer keine Fahrerlaubnis besitzt und gleichwohl zu erwarten ist, dass er ein Kfz führen wird, kann die Polizei neben dem Fahrzeugschlüssel auch das Kfz selbst sicherstellen. Diese Maßnahme muss aus Gründen der Verhältnismäßigkeit aber stets Ultima Ratio sein.[335]

Hinweis

Generell ist zu beachten, dass die Gefahr nicht von der Sache selbst ausgehen muss. Es werden drei Fallgruppen unterschieden[336]:
1. Die Gefahr geht von der Sache selbst aus.
2. Die Gefahr geht vom Umgang mit der Sache aus.
3. Die Gefahr geht von der Lage der Sache im Raum aus.

Die Gefährlichkeit kann von der **Beschaffenheit oder Eigenschaft der Sache** selbst ausgehen. Dann begründet das bloße Vorhandensein dieser Sache ohne Weiteres eine Gefahr für die öffentliche Sicherheit oder Ord-

335 Vgl. BeckOK PolR NRW/Braun, PolG NRW § 43 Rn. 25.
336 Bialon/Springer, Eingriffsrecht, Kap. 27 Rn. 8 ff.

nung. Dies ist etwa anzunehmen bei bissigen Hunden, spitzen Gegenständen, Sprengstoff, Giftmüll etc.

Des Weiteren kann die Gefahr aber auch vom **Umgang mit der Sache** bzw. ihrem Einsatz durch den Besitzer ausgehen. Die Gefährlichkeit der Sache kann also auch aus der Art und Weise ihrer konkreten Verwendung folgen. Dabei können die Sachen an sich gänzlich harmlos sein. Da die Verwendung der Sache die Schwelle zur Gefährlichkeit überschreiten muss, wird man letztlich jeden Gegenstand als sicherstellungsfähig ansehen können. Als grobe Orientierung wird man hier an die Kasuistik des gefährlichen Werkzeugs i. S. d. § 224 Abs. 1 Nr. 2 Alt. 2 StGB anknüpfen können. So geht etwa in folgenden Fällen eine Gefahr allein durch den Umgang mit einer grundsätzlich ungefährlichen Sache aus: lautes nachtruhestörendes Musikabspielen über Stereoanlagen, Führen eines Kfz in alkoholisiertem Zustand, Werfen von Gegenständen aus dem Fenster.

Schließlich kann die Gefahr aber auch von der **Lage der Sache im Raum** ausgehen. Im Einzelnen kann es hierbei auch zu Überschneidungen mit der Gefährlichkeit der Sache an sich und der Gefährlichkeit aufgrund des Umgangs mit der Sache kommen. Die genaue Abgrenzung der drei Fallgruppen kann mitunter Schwierigkeiten bereiten. Der Klassiker ist das haltende Kfz an engen und unübersichtlichen Stellen. Hier geht die Gefahr von der Lage des Kfz im Raum aus. Zugleich aber wurde das Kfz in einer Art und Weise verwendet, dass es zu einem Verstoß gegen § 12 Abs. 1 Nr. 1 StVO gekommen ist.

Eine rechtlich interessante, zugleich aber auch nicht unproblematische **Korrelation** besteht **zwischen § 45 Nr. 1 SOG LSA und § 43 Abs. 2 Nr. 1 SOG LSA**. Die Wohnraumdurchsuchung ist nämlich gem. § 43 Abs. 2 Nr. 1 SOG LSA schon dann möglich, wenn Tatsachen die Annahme rechtfertigen, dass sich in ihr eine Sache befindet, die nach § 45 Nr. 1 SOG LSA sichergestellt werden darf. Die hierfür notwendige Prognoseentscheidung der Polizei, dass durch die Sicherstellung einer Sache, die sich in der Wohnung befindet, eine gegenwärtige Gefahr abgewendet werden kann, die nicht zwingend von der Sache selbst ausgehen muss, ist auf eine fundierte Tatsachengrundlage zu stützen. Um dem Schutz der Unverletzlichkeit der Wohnung i. S. d. Art. 13 GG gebührend Rechnung zu tragen, muss die Tatsachengrundlage so beschaffen sein, dass die Polizei im Grunde sicher sein kann bzw. sogar weiß, dass sich die Sache tatsächlich in der Wohnung befindet. Ob ein verbleibender Zweifel seitens der Polizei die Anwendbarkeit der § 45 Nr. 1 SOG LSA i. V. m. § 43 Abs. 2 Nr. 1 SOG LSA von vornherein sperrt, ist nicht abschließend geklärt.

Fraglich ist ferner, ob die Kombination aus § 43 Abs. 2 Nr. 1 SOG LSA und § 45 Nr. 1 SOG LSA in ihrer aktuellen Form verfassungsrechtlich überhaupt zulässig ist, was gegenwärtig zumindest zweifelhaft scheint.[337] § 45 Nr. 1 SOG LSA verlangt zwar eine gegenwärtige Gefahr und erhöht damit die Eingriffsschwelle in zeitlicher Hinsicht gegenüber einer bloß konkreten Gefahr. Auf diesen Umstand kommt es aber gem. Art. 13 Abs. 7 GG allein nicht an. Art. 13 Abs. 7 GG spricht von einer gemeinen bzw. dringenden Gefahr und erwähnt die gegenwärtige Gefahr noch nicht einmal. Auch mit Blick auf die Qualität der Gefahr müssen mithin höhere Anforderungen an Schadensumfang, aber auch an die Wahrscheinlichkeit der Schadenskonkretisierung gestellt werden, als es sonst üblich ist.[338] In jedem Fall ist § 45 Nr. 1 SOG LSA in den Fällen, in denen er als Grundlage für eine Wohnraumdurchsuchung herangezogen werden soll, verfassungskonform dahingehend auszulegen, dass die Sicherstellung zur Abwehr einer dringenden Gefahr erfolgen soll.

Soweit bisweilen vertreten wird, die Befugnisnorm der Wohnraumdurchsuchung zwecks Sicherstellung sei mit Blick auf die Gefahrenart verfassungskonform auszulegen, vermag dies für § 43 Abs. 2 Nr. 1 SOG LSA nicht zu überzeugen, da dieser tatbestandlich gar nicht auf eine Gefahr abstellt, sondern allein auf die Möglichkeit der Sicherstellung.[339] Es ist dann erst diese Sicherstellung, die an eine bestimmte Gefahr anknüpft, welche vor dem Hintergrund des Art. 13 Abs. 7 GG – zu Recht – als nicht ausreichend anzusehen ist. Ohne das Hinzutreten von Umständen, die im Einzelfall eine dringende Gefahr annehmbar machen, ist die Durchsuchung von Wohnraum zwecks Sicherstellung einer Sache zur Abwehr einer allein gegenwärtigen Gefahr angesichts des klaren Wortlauts des Art. 13 Abs. 7 SOG LSA verfassungsrechtlich nicht haltbar und bereits a priori gesperrt. Dieses Problem nur durch eine schärfere Prüfung der Verhältnismäßigkeit zu lösen bzw. zu umgehen, kann rechtsdogmatisch nicht überzeugen.[340]

1.2 Die Sicherstellung zum Schutz vor Verlust oder Beschädigung

Gem. § 45 Nr. 2 SOG LSA kann die Polizei eine Sache auch sicherstellen, um den Eigentümer oder den rechtmäßigen Inhaber der tatsächlichen Gewalt vor Verlust oder Beschädigung einer Sache zu schützen. Die Polizei hat grundsätzlich nicht die Aufgabe, darauf zu achten, dass Sachen nicht verloren gehen oder beschädigt werden. Dies ist genuine Aufgabe des Eigen-

337 Vgl. BeckOK PolR NRW/Braun, PolG NRW § 41 Rn. 55.
338 Vgl. BeckOK PolR NRW/Braun, PolG NRW § 41 Rn. 23.1.
339 Vgl. BeckOK PolR NRW/Braun, PolG NRW § 41 Rn. 23.1.
340 Vgl. hierzu BeckOK PolR Bayern/Schwabenbauer, PAG Art. 23 Rn. 64d (m. w. N.).

tümers. So kann der Eigentümer eines teuren Autos nicht erwarten, dass die Polizei dieses schützt. § 45 Nr. 2 SOG LSA stellt einen Spezialfall polizeilicher Befugnisse dar. Dies liegt nicht zuletzt daran, dass die Polizei hier ausschließlich im Interesse des Eigentümers bzw. des rechtmäßigen Besitzers tätig wird. Zweifelsohne muss die polizeiliche Maßnahme dann aber auch tatsächlich im Interesse des Berechtigten liegen. Der wirkliche oder zumindest mutmaßliche Wille des Berechtigten muss also als ungeschriebenes Tatbestandsmerkmal in § 45 Nr. 2 SOG LSA hineingelesen werden.[341]

Die Polizei handelt dann im Willen des Berechtigten, wenn die Sicherstellung von einer objektiven Nützlichkeit geprägt ist, also wenn sie „von einem besonnenen und vernünftigen Eigentümer als sachgerecht beurteilt worden wäre."[342] Insofern entspräche es etwa nicht dem mutmaßlichen Willen des Eigentümers eines durch Dritte beschädigten Kfz, legte man diesem die Kosten der Sicherstellung seines Kfz auf, obwohl dessen Restwert die Sicherstellungskosten weit unterschreiten würde. Damit handelt es sich bei der Sicherstellung zum Schutz vor Verlust oder Beschädigung um einen Fall der öffentlich-rechtlichen Geschäftsführung ohne Auftrag i. S. d. § 677 BGB analog.[343]

Beispiel

Nachdem A beim Juwelier ein wertvolles Collier gekauft und in ihre Handtasche gesteckt hat, wird sie auf der Straße von einem Autofahrer angefahren und stürzt. Dabei entgleitet ihr ihre Handtasche. Weil die Verletzungen schwerwiegend sind, wird sie vom herbeigerufenen Rettungswagen sofort ins Krankenhaus gebracht. Die ebenfalls herbeigerufene Polizei stellt die Handtasche gem. § 45 Nr. 2 SOG LSA sicher. Hier kann die Polizei davon ausgehen, dass es im Interesse von A ist, dass ihre Tasche nicht auf der Straße liegen bleibt und von fremden Menschen mitgenommen wird.

Für § 45 Nr. 2 SOG LSA ist kein Raum, wenn die Beute eines Eigentums- bzw. Vermögensdelikts sichergestellt wird und es einen entsprechenden Anfangsverdacht für eine Straftat gibt. Hier ist der Anwendungsbereich des Strafverfahrensrechts (§§ 94 ff. StPO) eröffnet. Etwas anderes kann gelten, wenn es keinen Anfangsverdacht gibt. Dem Schutzgedanken des § 45 Nr. 2 SOG LSA und insbesondere dem des § 46 SOG LSA trägt dann § 111b StPO Rechnung.[344]

341 Lisken/Denninger/Graulich, PolR-HdB, E Rn. 618.
342 BeckOK PolR NRW/Braun, PolG NRW § 43 Rn. 36.
343 Zum Ganzen Lisken/Denninger/Graulich, PolR-HdB, E Rn. 618.
344 BeckOK PolR NRW/Braun, PolG NRW § 43 Rn. 38.

1.3 Die Sicherstellung im Rahmen des Festhaltens

Die Polizei kann eine Sache ferner gem. § 45 Nr. 3 SOG LSA sicherstellen, wenn diese von einer Person mitgeführt wird, die nach diesem Gesetz oder anderen Rechtsvorschriften festgehalten wird, und sie oder ein anderer die Sache verwenden kann, um

- sich zu töten oder zu verletzen,
- Leben oder Gesundheit anderer zu schädigen,
- fremde Sachen zu beschädigen oder
- die Flucht zu ermöglichen oder zu erleichtern.

§ 45 Nr. 3 SOG LSA verfolgt mehrere Ziele. Allem voran dient die Sicherstellung hier dem Zweck, Polizeivollzugsbeamte vor Angriffen unter Verwendung der Sache zu schützen. Die Maßnahme kann also zwecks **Eigensicherung** durchgeführt werden. Ferner soll aber auch die festgehaltene Person vor sich selbst geschützt werden. Es geht also auch um die Vorbeugung von **Selbstgefährdung**. Schließlich hat § 45 Nr. 3 SOG LSA die Gewährleistung eines **störungsfreien Gewahrsams** im Blick.

Es ist nicht erforderlich, dass schon eine konkrete Gefahr besteht. Die Gefahr ist überhaupt kein Tatbestandsmerkmal des § 45 Nr. 3 SOG LSA. Es ist vielmehr ausreichend, dass die sichergestellten bzw. noch sicherzustellenden Sachen in gefährlicher Weise eingesetzt werden könnten. Maßgeblich ist damit allein die abstrakte Eignung der Sache, für die in § 45 Nr. 3 SOG LSA genannten Zwecke verwendet werden zu können. Es muss sich dabei mitnichten nur um die klassischen gefährlichen Sachen wie etwa Waffen handeln. Letztlich sind alle nur erdenklichen Sachen von § 45 Nr. 3 SOG LSA erfasst. Dies liegt daran, dass alle möglichen Sachen missbräuchlich und demnach gefährlich eingesetzt werden können.

Hinweis

Sicherstellungsfähige Sachen i. S. d. § 45 Nr. 3 SOG LSA sind etwa: Waffen, spitzer Bleistift, Regenschirm, Axt, Schraubendreher, Feuerzeug, Eisenstange, Kleiderbügel, Nadel, Schere, Messer und Gabel, Pfefferspray, Rasierklinge, Zigarette, Kfz, Gürtel, Spiritus, bissige Hunde, Injektionsspritze, Wanderschuh, Quarzhandschuh, Krücke, Besenstiel, Rohrzange, Steine, Elektroschockgerät etc.

In tatbestandlicher Hinsicht ist es zwingend, dass die Person nach diesem Gesetz oder anderen Rechtsvorschriften **festgehalten wird**. Das Festhalten muss also schon begonnen haben. Anders als bei der Durchsuchung i. S. d. § 41 Abs. 1 Nr. 1 SOG LSA ist es für den Beginn der Sicherstellung nicht ausreichend, dass die Person festgehalten werden kann. Es reicht mithin nicht aus, dass zwar die tatbestandlichen Voraussetzungen der Befugnisnorm vorliegen, die ein Festhalten ermöglicht, dieses Festhalten aber tatsächlich noch nicht erfolgt ist. Erst wenn die Person durch die Polizei tatsächlich festgehalten wird, dürfen Sachen sichergestellt werden.

Unter einem Festhalten i. S. d. § 45 Nr. 3 SOG LSA ist jede Freiheitsentziehung i. S. d. Art. 104 Abs. 2 GG sowie jede Freiheitsbeschränkung zu verstehen. Dabei ist es unerheblich, ob die freiheitsentziehende bzw. freiheitsbeschränkende Maßnahme auf einer präventiven oder einer repressiven Ermächtigungsgrundlage fußt. § 45 Nr. 3 SOG LSA ist damit klassischerweise in den Fällen der §§ 20 Abs. 4 SOG LSA, 30 Abs. 1 Satz 4 SOG LSA und 37 SOG LSA sowie im Rahmen von § 114 StPO, § 127 StPO und § 163b StPO anzuwenden. Sofern Maßnahmen explizit an das Anhalten anknüpfen, ist auch bei diesen Maßnahmen Raum für eine Sicherstellung i. S. d. § 45 Nr. 3 SOG LSA. Zu denken ist etwa an § 20 Abs. 3 Satz 2 SOG LSA sowie an § 14 Abs. 3 Satz 1 SOG LSA.

Das Festhalten kann sich aber auch als eine Annexmaßnahme zur eigentlichen Hauptmaßnahme darstellen. Wenn das Festhalten für die störungsfreie Durchführung der Hauptmaßnahme erforderlich ist, dann kann der damit einhergehende Grundrechtseingriff auf die Standardmaßnahme gestützt werden.[345] Dies ist regelmäßig bei erkennungsdienstlichen Maßnahmen, Identitätsfeststellungen, Prüfungen von Berechtigungsscheinen oder Personendurchsuchungen der Fall.

Umstritten ist dabei aber, ob das **Festhalten rechtmäßig** sein muss. Der Streit kreist um die Frage, ob es allein auf das rein tatsächliche Festhalten oder auf ein zusätzliches rechtliches Dürfen ankommt. Aufgrund „des Schutzzwecks der Ermächtigung" könne es nicht entscheidend sein, ob das Festhalten auch zulässigerweise erfolge.[346] Dieser Ansicht ist entgegenzuhalten, dass der Wortlaut des § 45 Nr. 3 SOG LSA durchaus auf die Rechtmäßigkeit des Festhaltens abstellt. So kann die Sicherstellung nur erfolgen, wenn die Person nach diesem Gesetz oder anderen Rechtsvorschriften festgehalten wird. Aus dieser Formulierung wird deutlich, dass die Voraussetzungen der jeweils einschlägigen Befugnisnormen zum Festhalten erfüllt sein müssen, „da die Person anderenfalls nicht nach, sondern entgegen dem [SOG LSA] oder anderen Gesetzen festgehalten wird."[347] Die Polizei muss die Person also auch festhalten dürfen.[348]

Von einem **Mitführen** i. S. d. § 45 Nr. 3 SOG LSA kann dann ausgegangen werden, wenn der Adressat auf die Sache ohne zeitliche und räumliche

345 Vgl. Nerlich, Eingriffsrecht Brandenburg, S. 112.
346 Nerlich, Eingriffsrecht Brandenburg, S. 111 f.
347 Nomos/BPolG/Wehr, BPolG § 47 Rn. 8.
348 Nimtz/Thiel, Eingriffsrecht NRW, Rn. 985.

Zäsur zugreifen kann und diese also selbst im Zustand des Festgehaltenwerdens einsetzen kann. Da die Person festgehalten wird und sie damit nicht über den gewöhnlichen Handlungs- und Bewegungsspielraum verfügt, dürfte das Mitführen sehr eng zu verstehen sein. Letztlich wird man ein Mitführen daher (wohl) nur annehmen können, wenn sich die Sache unmittelbar am Körper oder an bzw. in der Kleidung befindet.[349] Wann noch und wann nicht mehr von einem Mitführen gesprochen werden kann, ist sicherlich immer eine Frage des Einzelfalls, die die handelnden Polizeivollzugsbeamten pflichtgemäß zu beantworten haben. Sofern der Adressat einer festhaltenden Maßnahme aber vollkommen bewegungsunfähig ist, kann noch nicht einmal dann von einem Mitführen gesprochen werden, wenn sich die Sache unmittelbar am Körper befindet.

1.4 Die Sicherstellung zur Vorbeugung von Straftaten oder Ordnungswidrigkeiten

Die Polizei kann eine Sache schließlich gem. § 45 Nr. 4 SOG LSA auch dann sicherstellen, wenn tatsächliche Anhaltspunkte die Annahme rechtfertigen, dass sie zur Begehung einer Straftat oder Ordnungswidrigkeit gebraucht oder verwertet werden soll. Auf eine Gefahrenlage kommt es auch hierbei nicht an. Die Eingriffsbefugnis des § 45 Nr. 4 SOG LSA erfasst damit zeitlich die Vorgefahrenlage. Damit kann eine Sicherstellung auch eher erfolgen als etwa über § 45 Nr. 1 SOG LSA, da in diesem Fall eine gegenwärtige Gefahr vorliegen muss. Im Einzelnen kann es zu Überschneidungen beider Ermächtigungsgrundlagen kommen. Zeitlich betrachtet ist § 45 Nr. 4 SOG LSA aber weitreichender als § 45 Nr. 1 SOG LSA.

Es reicht aus, dass **tatsächliche Anhaltspunkte** dafür vorliegen, dass eine Straftat oder Ordnungswidrigkeit mit der sicherzustellenden Sache begangen werden soll. Ausgehend von einem vorgefundenen Sachverhalt muss die Polizei eine Bewertung hinsichtlich eines zukünftigen Sachverhalts vornehmen. Ausgehend von den tatsächlichen Anhaltspunkten (= von der Polizei vorgefundener Sachverhalt) muss die Polizei nun bewerten, ob mit der Sache eine Straftat oder Ordnungswidrigkeit begangen werden soll (= zukünftiger Sachverhalt). Hierfür muss eine tatsachenbasierte Prognose angestellt werden. Unter einer Tatsache wird jeder vergangene oder gegenwärtige Zustand, Umstand oder Vorgang der Außenwelt und der Innenwelt verstanden, der sinnlich wahrnehmbar nach außen in Erscheinung getreten ist und daher dem Beweis zugänglich ist. Die Polizei hat also zu beachten, ob es zu (einschlägigen) Verurteilungen gekommen ist,

349 Lisken/Denninger/Graulich, PolR-HdB, E Rn. 623.

ob aktuelle Ermittlungsverfahren geführt werden oder ob Straftaten vom Adressaten angekündigt wurden. Ferner kann auf die allgemeine Berufs- und Lebenserfahrung und auf kriminalistische Erkenntnisse rekurriert werden. Bloße Mutmaßungen ins Blaue hinein sind ebenso wie Vermutungen allerdings nicht ausreichend.

Es handelt sich um einen relativ schwerwiegenden Fehler, wenn man die tatsächlichen Anhaltspunkte des § 45 Nr. 4 SOG LSA mit dem strafverfahrensrechtlichen Anfangsverdacht gleichsetzt. Da § 45 Nr. 4 SOG LSA Straftaten im Blick hat, fällt es gerade Studierenden schwer, eine saubere Trennung zwischen Gefahrenabwehrrecht und Strafverfolgungsrecht zu ziehen. Zu beachten ist aber zwingend, dass die sicherzustellende Sache zur Straftatbegehung *verwendet werden soll* und gerade *noch nicht verwendet wird.* § 45 Nr. 4 SOG LSA erfasst in zeitlicher Hinsicht also maximal das noch straflose Vorbereitungsstadium.

Sobald ein unmittelbares Ansetzen i. S. d. § 22 StGB vorliegt, ist das SOG LSA für dieses versuchte Delikt gesperrt. In diesen Fällen muss dann § 94 StPO herangezogen werden. Mit Blick auf die zukünftig zu begehende Straftat ist zu beachten, dass diese lediglich tatbestandsmäßig und rechtswidrig sein muss. Auf die Schuld kommt es nicht an. Dem präventiven Polizeirecht ist ein Verschulden fremd.

Beispiel

Der zwölfjährige B ist ein polizeibekanntes, stark verhaltensauffälliges und aggressives Kind. B ist in der Vergangenheit immer wieder durch Sachbeschädigungen, Körperverletzungsdelikte und kleinere Erpressungen aufgefallen. Die Polizei beobachtet B nun, wie er laut schreiend, um sich schlagend und tretend auf dem Bürgersteig entlanggeht. Als B an einer nahegelegenen Baustelle vorbeikommt und eine dort herumliegende 30 cm lange Eisenstange aufhebt, greift die Polizei ein und stellt die Eisenstange gem. § 45 Nr. 4 SOG LSA sicher. Dass B mit seinen 12 Jahren gem. § 19 StGB noch strafunmündig ist und also rechtlich betrachtet gar keine Straftat begehen kann, ist für die Sicherstellung i. S. d. § 45 Nr. 4 SOG LSA unerheblich. Zwar spricht § 45 Nr. 4 SOG LSA von einer zukünftigen Straftat, auf ein schuldhaftes Begehen kommt es aber nicht an.

Zu beachten ist, dass Führerscheine nicht über § 45 Nr. 4 SOG LSA sichergestellt werden dürfen, da diese Legitimationspapiere keinen direkten Bezug zur Straftat haben.[350] So kommt es etwa bei der drohenden Trunkenheitsfahrt i. S. d. § 316 StGB, die über § 45 Nr. 4 SOG LSA abgewehrt

350 Vgl. Martell, SOG LSA, § 45 Rn. 13.

werden soll, nicht darauf an, ob die Person, die im Begriff ist, ins Auto zu steigen, einen Führerschein hat. Je nach Einzelfall kann aber der Fahrzeugschlüssel oder direkt das ganze Kfz sichergestellt werden. Hier kann es u.U. zur parallelen Anwendung des § 45 Nr. 1 SOG LSA kommen.

2. Verfahrensrechtliches

An die Sicherstellung knüpfen sich spezielle verfahrensrechtliche Regelungen. Dies liegt daran, dass § 45 SOG LSA nur regelt, wann eine Sache sichergestellt werden darf. Er gibt aber keine Antwort auf die Frage, wie die Sicherstellung zu erfolgen hat und was mit der Sache zu geschehen hat, nachdem diese sichergestellt worden ist. Die rechtlichen Anforderungen an den Umgang mit sichergestellten Sachen müssen von Polizeivollzugsbeamten in jedem Fall beherrscht werden. Hierbei spielen die Verwahrung, Verwertung und Herausgabe sichergestellter Sachen eine zentrale Rolle.

2.1 Bescheinigung

Nach erfolgter Sicherstellung ist der betroffenen Person gem. § 46 Abs. 2 Satz 1 SOG LSA eine **Bescheinigung** auszustellen, die den Grund der Sicherstellung erkennen lässt und die sichergestellten Sachen bezeichnet. § 46 Abs. 2 Satz 1 SOG LSA normiert eine Amtspflicht, die dem Schutz des Adressaten der Sicherstellung dient. Zugleich – und nicht weniger wichtig – soll hierüber aber auch der handelnde Polizeivollzugsbeamte vor dem Vorwurf des Diebstahls bzw. der Unterschlagung geschützt werden. Die sichergestellten Sachen sollten so präzise und detailliert wie nur möglich beschrieben werden, um Verwechslungen zu vermeiden. In der Bescheinigung sollten ferner die Sachen wahrnehmbarkeitsbezogen und nicht eigenschaftsbezogen angegeben werden.

Beispiel

Stellt die Polizei etwa einen goldenen Ring sicher, so sollte in der Bescheinigung von einem goldfarbenen und nicht von einem Goldring geschrieben werden, da die Polizei nicht sicher sagen kann, dass er wirklich aus dem Edelmetall Gold besteht. Handelt es sich nur um ein Imitat, nimmt die Polizei aber in der Bescheinigung auf das Edelmetall Bezug und bescheinigt die Sicherstellung eines Goldrings, so kann es seitens der Polizei zu Beweisproblemen kommen, wenn sie den Ring später wieder herausgibt und sich dieser „nur" als Imitat darstellt. Gleiches gilt für Diamanten. So sollte man die Sicherstellung eines blauen, roten oder grünen Steins bescheinigen und nicht die eines Saphirs, Rubins oder Smaragds.

Aus dem Begriff „Bescheinigung“ folgt, dass die Schriftform hier zwingend ist. Sofern eine solche Bescheinigung nicht ausgestellt werden kann, muss eine Niederschrift angefertigt werden. Dies ist immer dann nötig, wenn der Inhaber der tatsächlichen Sachherrschaft zum Zeitpunkt der Sicherstellung nicht anwesend ist. Gem. § 46 Abs. 2 Satz 2 SOG LSA muss die Niederschrift erkennen lassen, weshalb eine Bescheinigung nicht ausgestellt worden ist. Werden (vermeintlich) herrenlose Sachen sichergestellt, sollte gleichwohl eine Niederschrift angefertigt werden, da es möglich ist, dass sich etwaige Besitzer oder Eigentümer zu einem späteren Zeitpunkt noch melden. Der Eigentümer oder der rechtmäßige Inhaber der tatsächlichen Gewalt ist gem. § 46 Abs. 2 Satz 3 SOG LSA unverzüglich über die Sicherstellung zu unterrichten. Dabei meint „unverzüglich“ ohne schuldhaftes Zögern i. S. d. § 121 Abs. 1 BGB. Dies ist natürlich nur dann möglich, wenn die Polizei Kenntnis über die Person des Eigentümers oder Besitzers hat. Es ist nicht abschließend entschieden, ob und in welchem Umfang die Polizei nach dem Eigentümer bzw. dem berechtigten Inhaber suchen muss.[351]

2.2 Verwahrung

Nahtlos an die Sicherstellung knüpft die **Verwahrung** i. S. d. § 46 SOG LSA. Sichergestellte Sachen sind in Verwahrung zu nehmen. Unter der Verwahrung ist das Aufbewahren der sichergestellten Sache beim Hoheitsträger zu verstehen. Die Sicherstellung begründet ein öffentlich-rechtliches Verwahrungsverhältnis zwischen dem vormaligen Inhaber der tatsächlichen Sachherrschaft und der Polizei als Hoheitsträger. Die Verwahrung ist amtlich. Die Polizei wird den sichergestellten Gegenstand regelmäßig dadurch in Verwahrung nehmen, indem sie diesen asserviert. Das bedeutet, dass sie den Gegenstand in ihre Asservatenkammer verbringt und dort deponiert. Die Polizei übernimmt für sichergestellte Sachen eine Garantenstellung, aus der sich einige sog. verwahrungstypische Nebenpflichten ergeben.

So hat die Polizei zu gewährleisten, dass die Sachen auf geeignete Weise aufbewahrt werden. In räumlicher Hinsicht ist dabei grundsätzlich von den Diensträumen der Polizei auszugehen, die dann auch die Asservatenkammer umfassen. Lässt die Beschaffenheit der Sachen die Verwahrung in polizeilichen Diensträumen nicht zu oder erscheint die Verwahrung bei der Polizei unzweckmäßig, so sind die Sachen auf andere geeignete Weise aufzubewahren oder zu sichern. Die Verwahrung bei der Polizei ist stets unmöglich, wenn es sich um Räume, Wohnungen, Häuser oder sogar

351 Vgl. BeckOK PolR NRW/Braun, PolG NRW § 44 Rn. 16.

ganze Grundstücke handelt. § 46 Abs. 1 Satz 2 SOG LSA hat also vor allem Immobilen im Blick. Räume, Wohnungen und Häuser werden durch Versiegelung sichergestellt. Sofern es sich um Grundstücke handelt, wird man diese erst einzäunen müssen, da man für eine Sicherstellung ein faktisches Verhindern jedweden Betretens verlangen muss.[352] Sollen sehr große und schwere Sachen sichergestellt werden, wird die Polizei diese nicht in die Asservatenkammer bringen können. Hier kann die Polizei dann aber die Schlösser der Lagerhallen, Garagen etc. austauschen, um den Zugriff auf diese großen und schweren Sachen zu verhindern. Zu denken ist etwa an Landmaschinen, Kräne, Kfz etc. Aus dem Begriff der Unzweckmäßigkeit in § 46 Abs. 1 Satz 2 SOG LSA folgt ein großer Beurteilungsspielraum der Polizei. Sie kann also relativ frei darüber entscheiden, ob die Verwahrung bei ihr erfolgen soll oder nicht.

Geht die Polizei davon aus, dass eine Verwahrung bei ihr unzweckmäßig ist, kann die Verwahrung gem. § 46 Abs. 1 Satz 3 SOG LSA auch einem **Dritten** übertragen werden. Hier ist beispielsweise an Tiere zu denken, die nach der Sicherstellung einem Tierheim oder einem Zoo übergeben werden. Gerade bei großen und gefährlichen Tieren, wie etwa einem entflohenen Tiger oder Elefanten, wird die Sicherstellung aber in aller Regel schon von hinzugerufenen Veterinärmedizinern oder Mitarbeitern des Zoos durchgeführt werden. Das Verwahrungsverhältnis besteht aber auch dann, wenn ein Dritter die Verwahrung übernimmt, nur zwischen dem Hoheitsträger und dem vormaligen Inhaber der tatsächlichen Sachherrschaft. Dies ist nicht zuletzt mit Blick auf etwaige Beschädigungen oder gar der Zerstörung der Sache während der Dauer der Sicherstellung relevant. Schadensersatzansprüche sind gegenüber dem Hoheitsträger bzw. dessen Rechtsträger geltend zu machen.

Unklar ist, ob aus der Formulierung „kann die Verwahrung auch einem Dritten übertragen werden“ für den Dritten automatisch auch die Pflicht zur Übernahme der Verwahrung folgt. Eine solche unmittelbar aus § 46 Abs. 1 Satz 3 SOG LSA folgende Pflicht wird zu Recht abgelehnt.[353] Zu beachten ist aber, dass die Polizei einen Dritten im Falle eines polizeilichen Notstands ausnahmsweise über § 10 SOG LSA in Anspruch nehmen kann. Offen ist dann aber, ob die Inanspruchnahme des Dritten zwecks Verwahrung über § 10 SOG LSA i. V. m. § 46 Abs. 1 Satz 3 SOG LSA oder i. V. m. § 13 SOG LSA erfolgen soll.[354]

352 Vgl. Martell, SOG LSA, § 46 Rn. 3.
353 Treffend BeckOK PolR Bayern/Senftl, PAG Art. 26 Rn. 13.
354 Vgl. BeckOK PolR NRW/Braun, PolG NRW § 44 Rn. 11, der dann offenbar die Generalklausel heranzieht.

Wird eine sichergestellte Sache verwahrt, so hat die Polizei nach Möglichkeit **Wertminderungen vorzubeugen**. Sie hat also darauf zu achten, dass die Sache bei ihr nicht verkommt. Das betrifft aber nur die Sachsubstanz selbst. Eine ökonomische Wertminderung etwa aufgrund gesunkener Markt- oder Kurswerte hat die Polizei nicht zu vertreten. Die Differenz kann daher in der Regel auch nicht über § 280 BGB (analog) oder einen Staatshaftungsanspruch gem. § 839 BGB i. V. m. Art. 34 GG geltend gemacht werden. Ob sich diese Auffassung aber auch in den Fällen halten lässt, in denen der vormalige Inhaber der tatsächlichen Sachherrschaft die Polizei vorab explizit auf einen drohenden Kursabfall aufmerksam gemacht hat und die Polizei gleichwohl untätig geblieben ist, scheint sehr zweifelhaft. Der Wertminderung muss in jedem Fall pflichtgemäß vorgebeugt werden. Nach hier vertretener Auffassung darf die Polizei daher ökonomische Faktoren nicht gänzlich außer Acht lassen. Ausnahmsweise ist die Polizei von der Sorgfaltspflicht des § 46 Abs. 3 SOG LSA aber dann befreit, wenn die Sache durch einen Dritten auf Verlangen einer berechtigten Person verwahrt wird.

2.3 Verwertung und Vernichtung

Im Grunde soll eine Sicherstellung zu keiner dauerhaften Verschiebung der tatsächlichen Sachherrschaft auf die Polizei führen. Dies wird besonders an § 48 SOG LSA deutlich, der die Herausgabe der sichergestellten Sache an den früheren Besitzer regelt. Gleichwohl können sichergestellte Sachen unter bestimmten Voraussetzungen auch verwertet und sogar gänzlich vernichtet werden.

Die **Verwertung** der sichergestellten Sache erfolgt durch ihre öffentliche Versteigerung. Dabei tritt der Versteigerungserlös als Surrogat an die Stelle der sichergestellten Sache. Bleibt die Versteigerung erfolglos, erscheint sie von vornherein aussichtslos oder würden die Kosten der Versteigerung voraussichtlich den zu erwartenden Erlös übersteigen, so kann die Sache freihändig verkauft werden. Scheitert auch dieser freihändige Verkauf, weil sich beispielsweise innerhalb angemessener Frist kein Käufer finden lässt, dann kann die sichergestellte Sache einem gemeinnützigen Zweck zugeführt werden. Zu denken ist etwa an Kindergärten, Schulen, Kinder- und Jugendheime etc. Dies erfolgt in der Regel durch eine Schenkung.

Die betroffene Person, der Eigentümer und andere Personen, denen ein Recht an der Sache zusteht, sollen gem. § 47 Abs. 2 Satz 1 SOG LSA vor der Anordnung der Verwertung gehört werden. Die Anordnung sowie Zeit und Ort der Verwertung sind ihnen mitzuteilen, soweit die Umstände und der Zweck der Maßnahmen es erlauben.

Die Verwertung einer sichergestellten Sache ist gem. § 47 Abs. 1 SOG LSA zulässig, wenn

- ihr Verderb oder eine wesentliche Wertminderung droht,
- ihre Verwahrung, Pflege oder Erhaltung mit unverhältnismäßig hohen Kosten oder mit unverhältnismäßig großen Schwierigkeiten verbunden ist,
- sie in Folge ihrer Beschaffenheit nicht so verwahrt werden kann, dass weitere Gefahren für die öffentliche Sicherheit oder Ordnung ausgeschlossen sind,
- sie nach einer Frist von einem Jahr nicht an einen Berechtigten herausgegeben werden kann, ohne dass die Voraussetzungen der Sicherstellung erneut eintreten würden, oder
- der Berechtigte sie nicht innerhalb einer ausreichend bemessenen Frist abholt, obwohl ihm eine Mitteilung über die Frist mit dem Hinweis zugestellt worden ist, dass die Sache verwertet wird, wenn sie nicht innerhalb der Frist abgeholt wird.

§ 47 Abs. 4 SOG LSA regelt die Vernichtung bzw. Unbrauchbarmachung sichergestellter Sachen. Unter der **Vernichtung** i. S. d. § 47 Abs. 4 SOG LSA versteht man die vollständige Zerstörung der Sache, sodass sie de facto nicht mehr existiert. Dies kann beispielsweise durch Auflösen, Verbrennen, Verschrotten, Zersetzen etc. erfolgen. Demgegenüber liegt eine **Unbrauchbarmachung** vor, wenn die sichergestellte Sache bewusst derart beschädigt, verändert oder teilweise zerstört wird, dass sie nicht mehr dazu geeignet ist, eine Gefahr für die öffentliche Sicherheit oder Ordnung darzustellen. Die Beschädigung, Veränderung oder Teilzerstörung darf nicht ohne Weiteres reversibel sein. Die Unbrauchbarmachung muss also grundsätzlich dauerhaft sein. Ist eine Unbrauchbarmachung aufgrund der Art der Sache nicht möglich, ist diese zu vernichten.

Vernichtung und Unbrauchbarmachung sind *keine Synonyme*. Es handelt sich aber in beiden Fällen um einen Eingriff in Art. 14 GG. Aufgrund des Vorrangs und Vorbehalts des Gesetzes müssen daher die Tatbestandsvoraussetzungen der Befugnisnorm erfüllt sein.

Sichergestellte Sachen können mithin unbrauchbar gemacht oder vernichtet werden, wenn

- im Falle einer Verwertung die Gründe, die zu ihrer Sicherstellung berechtigen, fortbestehen oder Sicherstellungsgründe erneut entstehen würden oder
- die Verwertung aus anderen Gründen nicht möglich ist.

Die **Anordnungskompetenz** für Maßnahmen i. S. d. § 47 Abs. 2 bis 4 SOG LSA steht dem Behördenleiter zu. Dieser kann die Anordnungskompetenz aber übertragen.

2.4 Herausgabe

§ 48 SOG LSA regelt schließlich die **Herausgabe der sichergestellten Sache**. Sobald die Voraussetzungen für die Sicherstellung weggefallen sind, sind die Sachen an diejenige Person herauszugeben, bei der sie sichergestellt worden sind. Dies ist dann der Fall, wenn keiner der Tatbestände des § 45 SOG LSA mehr erfüllt ist. Im Einzelfall kann die sichergestellte Sache auch an eine andere Person herausgegeben werden, sofern diese ihre Berechtigung zur Entgegennahme der Sache glaubhaft macht. Die Kosten der Sicherstellung einschließlich der Kosten der Verwertung, Unbrauchbarmachung und Vernichtung sichergestellter Sachen fallen den Verantwortlichen i. S. d. § 7 SOG LSA und § 8 SOG LSA zur Last.

Die Herausgabe der Sache kann von der Zahlung der Kosten oder der voraussichtlichen Kosten abhängig gemacht werden. Der Polizei steht also ein Zurückbehaltungsrecht zu. § 48 Abs. 3 Satz 4 SOG LSA räumt der Polizei zugleich ein Ermessen ein, das pflichtgemäß ausgeübt werden muss. Von dem Zurückbehaltungsrecht darf also keineswegs nur zur bloßen Schikane Gebrauch gemacht werden. Dies würde dann auch einen Ermessensfehler darstellen. Im Falle einer Verwertung ist der Erlös als Surrogat herauszugeben.

III. Die Sicherstellung und Beschlagnahme in der StPO

1. Grundlagen

Genau wie das SOG LSA kennt auch die StPO das Institut der Sicherstellung. Auch in der StPO entsteht durch die Sicherstellung ein öffentlichrechtliches bzw. amtliches Verwahrungsverhältnis. Anders als das SOG LSA unterscheidet die StPO nicht nur inhaltlich, sondern auch begrifflich zwischen der freiwilligen und der unfreiwilligen Herausgabe. Von der **formlosen Sicherstellung** spricht man, wenn die Sache freiwillig herausgegeben wird. Demgegenüber liegt eine förmliche Sicherstellung, also eine **Beschlagnahme**, vor, wenn die Sache nicht freiwillig herausgegeben wird und der Gewahrsamswechsel gegen den Willen des Adressaten erfolgt.

Eine Beschlagnahme liegt aber auch dann vor, wenn das Verwahrungsverhältnis über die Sache in Abwesenheit des Gewahrsamsinhabers erfolgt. Sofern mehrere Personen die tatsächliche Sachherrschaft über einen Gegenstand innehaben, ist es für eine Sicherstellung erforderlich, dass alle zustimmen. Fehlt es an dieser Einmütigkeit, bleibt aber die Beschlagnahme. Die strafverfahrensrechtliche Sicherstellung und Beschlagnahme von Gegenständen dienen **ausschließlich Beweiszwecken**. Sofern eine Sicherstellung aus anderen als den in § 94 Abs. 1 StPO erwähnten Gründen erfolgen soll, muss auf das SOG LSA zurückgegriffen werden.

2. Die Tatbestandsvoraussetzungen

Abgesehen von der Freiwilligkeit knüpfen sowohl die Sicherstellung als auch die Beschlagnahme an die gleichen vier tatbestandlichen Voraussetzungen an. Erforderlich sind:
- der Verdacht einer Straftat,
- das Vorliegen von Gegenständen,
- eine Beweismitteltauglichkeit der Gegenstände und
- eine Bedeutung der Gegenstände als Beweismittel für die Untersuchung

Es muss ein **Verdacht** für eine Straftat vorliegen. Hierbei handelt es sich um ein ungeschriebenes Tatbestandsmerkmal, das aber aus dem Sinn und Zweck der StPO folgt, also in § 94 StPO hineingelesen werden muss. Ein Anfangsverdacht i.S.d § 152 Abs. 2 StPO ist ausreichend.[355]

Unter einem **Gegenstand** i.S.d. § 94 StPO sind alle beweglichen und unbeweglichen Sachen zu verstehen. Es ist ein denkbar weites Verständnis zugrunde zu legen. Die Körperlichkeit ist nicht maßgebend. So können etwa auch Daten und Flüssigkeit sichergestellt werden.

Hinweis

Sicherstellungsfähig sind beispielsweise: Akten, Diebesgut, E-Mails, Bild- und Tonträger, Festplatten, Leichen und Leichenteile, amputierte Gliedmaßen des menschlichen Körpers einschließlich Prothesen, Körperinhalte nach Trennung vom Körper (etwa: Blut, Sperma, Urin), Grundstücke, Räume, Häuser, Wohnungen, Speichermedien, (Mobil-)Telefone, Tiere, Urkunden, Waffen, Werkzeuge.

Diese Gegenstände müssen zumindest eine **Beweismitteltauglichkeit** haben. Als Beweismittel sind gemeinhin „alle beweglichen und unbeweglichen Sachen anzusehen, die unmittelbar oder mittelbar für die den Gegenstand des Straf- oder Ermittlungsverfahrens bildende Tat oder die Umstände ihrer Begehung potentiell Beweis erbringen können."[356]

Schließlich müssen diese **Gegenstände Bedeutung für die Untersuchung** haben.[357] Die StPO geht dabei von einer lediglich „potenzielle[n] Beweisbedeutung des Gegenstandes" aus.[358] Es reicht aus, dass jedenfalls „die nicht

355 Nerlich, Eingriffsrecht Brandenburg, S. 117.
356 MüKoStPO/Hauschild, StPO § 94 Rn. 15 (im Original hervorgehoben).
357 Vgl. Bialon/Springer, Eingriffsrecht, Kap. 28 Rn. 26.
358 Meyer-Goßner/Schmitt/Köhler, StPO, § 94 Rn. 6.

ganz fernliegende Möglichkeit besteht, dass er im Verfahren zu Untersuchungszwecken [herangezogen wird].“[359] Dies wird tatbestandlich durch die Verwendung der Formulierung „von Bedeutung sein können“ deutlich. Für § 94 Abs. 1 StPO genügt es, wenn die Strafverfolgungsbehörden aus einer Ex-ante-Perspektive heraus die Möglichkeit sehen, dass der konkrete Gegenstand im Strafverfahren bedeutsam sein kann und demnach Aufschluss über taterhebliche Umstände geben wird. Dies betrifft insbesondere Aspekte der Tat, des Tathergangs, der Rechtswidrigkeit, der Schuld oder auch der Strafzumessung.

Der Gegenstand kann aber auch in anderer Weise für den Fortgang der Ermittlungsmaßnahmen von Bedeutung sein. So können etwa aufgefundenes Bargeld in Fremdwährung und Briefe eines ausländischen Bekannten für die Begründung der Fluchtgefahr herangezogen werden. Auf welche Art und Weise der Gegenstand zu einem späteren Zeitpunkt verwendet wird, muss zum Zeitpunkt der Sicherstellung nicht definitiv feststehen. Dass er später gar nicht verwendet wird, macht die Sicherstellung bzw. Beschlagnahme nicht nachträglich rechtswidrig. Damit die Strafverfolgungsbehörden vor diesem Hintergrund Gegenstände nicht wahllos sicherstellen, verlangt § 94 Abs. 1 StPO eine potenzielle Bedeutung „für die Untersuchung“. Auf diese Weise wird ein konkreter Bezug zwischen der Beweiseignung des Gegenstands und dem Strafverfahren, aufgrund dessen die Behörden überhaupt tätig werden, hergestellt.[360]

3. Verfahrensrechtliches

Genau wie bei der präventiven Sicherstellung i. S. d. § 45 SOG LSA sind auch im Rahmen der repressiven Sicherstellung bzw. Beschlagnahme i. S. d. § 94 Abs. 1 und 2 StPO spezielle verfahrensrechtliche Aspekte zu beachten.

3.1 Anordnungskompetenz

Die Sicherstellung und die Beschlagnahme unterscheiden sich nicht nur hinsichtlich der Freiwilligkeit der Herausgabe, sondern auch bezüglich der Anordnungskompetenz. Während die formlose **Sicherstellung** i. S. d. § 94 Abs. 1 StPO sogar **von der Polizei angeordnet** werden darf, steht die **Beschlagnahme** i. S. d. § 94 Abs. 2 StPO gem. § 98 Abs. 1 Satz 1 StPO unter einem **Richtervorbehalt**. Die Anordnung ergeht im Beschlusswege schriftlich. Sie kann den Strafverfolgungsbehörden aber zwecks Vollstreckung i. S. d. § 36 Abs. 2 Satz 1 StPO schon vorab fernmündlich mitgeteilt werden.

359 Meyer-Goßner/Schmitt/Köhler, StPO, § 94 Rn. 6.
360 Vgl. Nerlich, Eingriffsrecht Brandenburg, S. 118.

Ausnahmsweise darf die Beschlagnahme bei **Gefahr im Verzug** auch durch die Staatsanwaltschaft und ihre Ermittlungspersonen angeordnet werden. Gefahr im Verzug liegt dann vor, wenn die richterliche Anordnung nicht eingeholt werden kann, ohne dass der Zweck der Maßnahme gefährdet wird. Es handelt sich um einen unbestimmten Rechtsbegriff, der gerichtlich voll überprüfbar ist. Bezogen auf die Beschlagnahme bedeutet Gefahr im Verzug, dass nicht abgewartet werden kann, bis der Richter entschieden hat und damit die richterliche Beschlagnahmeanordnung vorliegt, weil durch diese Zeitverzögerung mit einem Beweismittelverlust zu rechnen ist. Über die Anordnungskompetenz der Strafverfolgungsbehörden bei Gefahr im Verzug soll also verhindert werden, dass das Beweismittel beispielsweise zerstört, versteckt, beseitigt oder geändert wird, während man auf die richterliche Anordnung wartet. Die auf Gefahr im Verzug gestützte Anordnungskompetenz ist strafverfahrensrechtlich aber eine Ausnahme und sollte auch als solche behandelt werden.

Unterliegen die Strafverfolgungsbehörden bei der Annahme von Gefahr im Verzug einem Irrtum in tatsächlicher oder rechtlicher Hinsicht, so sind die beschlagnahmten Gegenstände gleichwohl verwertbar. Ein **Verwertungsverbot** besteht aber dann, wenn der Richtervorbehalt vorsätzlich umgangen wurde. Dies ist etwa anzunehmen, wenn die Strafverfolgungsbehörden den Richtervorbehalt sehenden Auges missachten oder aber ein bestimmtes Verhalten beim Betroffenen provozieren, aufgrund dessen dann (tatsächlich) von Gefahr im Verzug ausgegangen werden kann.

Sofern die Beschlagnahme wegen Gefahr im Verzug durchgeführt wurde, muss § 98 Abs. 2 Satz 1 StPO beachtet werden. Der Beamte, der einen Gegenstand ohne gerichtliche Anordnung beschlagnahmt hat, soll **binnen drei Tagen die gerichtliche Bestätigung beantragen**, wenn bei der Beschlagnahme weder der davon Betroffene noch ein erwachsener Angehöriger anwesend war oder wenn der Betroffene und, im Falle seiner Abwesenheit, ein erwachsener Angehöriger des Betroffenen gegen die Beschlagnahme ausdrücklichen Widerspruch erhoben hat. Die Frist von drei Tagen wird nach § 42 StPO berechnet. Die Frist beginnt also mit dem Ende der Durchführung der Beschlagnahme, wobei der Tag der Beschlagnahme bei der Berechnung nicht mitzuzählen ist. Sie gilt aber nur für den Bestätigungsantrag und nicht für den richterlichen Bestätigungsbeschluss. Da es sich bei § 98 Abs. 2 Satz 1 StPO um eine Soll-Vorschrift handelt, führt ein Verstoß gegen § 98 Abs. 2 Satz 1 StPO nicht zur Unwirksamkeit der Beschlagnahme. Etwas anders gilt nur, wenn die Strafverfolgungsbehörden den Richter bewusst umgehen möchten.

3.2 Sicherstellungs- und Beschlagnahmeverzeichnis

Gem. § 107 Satz 2 StPO ist dem Betroffenen auf Verlangen ein Verzeichnis der in Verwahrung oder in Beschlag genommenen Gegenstände und, falls nichts Verdächtiges gefunden wird, jedenfalls hierüber eine Bescheinigung zu geben. Sofern es einsatztechnisch möglich ist, sollte dieses Verzeichnis unmittelbar vor Ort angefertigt und übergeben werden. Die Polizei hat die sichergestellten bzw. beschlagnahmten Gegenstände so aufzulisten, dass diese später ohne Probleme identifiziert werden können und der Betroffene später genau überprüfen kann, ob er wirklich alle Gegenstände zurückerhalten hat. Die in Verwahrung oder in Beschlag genommenen Gegenstände sind gem. § 109 StPO also genau zu verzeichnen und zur Verhütung von Verwechslungen durch amtliche Siegel oder in sonst geeigneter Weise kenntlich zu machen. Das Aufnehmen der Gegenstände nach Gegenstandsart und Anzahl genügt. § 107 Satz 2 StPO ist anders als § 107 Satz 1 StPO dispositives Recht.

3.3 Belehrungspflicht

Der Betroffene ist gem. § 98 Abs. 2 Satz 5 StPO über seine Rechte zu belehren.[361] Diese Belehrung ist aber nur dann erforderlich, wenn die Beschlagnahme ohne gerichtliche Anordnung erfolgt, also von der Staatsanwaltschaft oder der Polizei angeordnet wurde. Dabei ist derjenige als Betroffener i. S. d. § 98 Abs. 2 Satz 5 StPO anzusehen, dessen tatsächliche Sachherrschaft durch die Sicherstellung bzw. Beschlagnahme aufgehoben wurde. Die Belehrung hat Folgendes zu umfassen:

- Der Betroffene kann jederzeit die gerichtliche Entscheidung beantragen.
- Der Betroffene kann den Antrag auch bei dem Amtsgericht einreichen, in dessen Bezirk die Beschlagnahme stattgefunden hat und welches den Antrag sodann dem zuständigen Gericht zuleitet.
- Der Betroffene kann ein Verzeichnis der in Verwahrung oder in Beschlag genommenen Gegenstände verlangen und, falls nichts Verdächtiges gefunden wird und deswegen kein Verzeichnis anzufertigen ist, eine entsprechende Bescheinigung hierüber einfordern.

3.4 Beschlagnahmeverbote

Im Rahmen der Beschlagnahme sind diverse **Beschlagnahmeverbote** zu beachten. Es kann Fälle geben, in denen ein Gegenstand zwar für die Strafverfolgung relevant und damit ein potenzielles Beweismittel ist, dieser

361 Vgl. hierzu Bialon/Springer, Eingriffsrecht, Kap. 28 Rn. 37.

Gegenstand aber gleichwohl nicht beschlagnahmt werden darf.[362] Beschlagnahmeverbote folgen vor allem aus § 96 StPO und § 97 StPO.

3.4.1 Die Sperrerklärung i. S. d. § 96 StPO

§ 96 StPO ermöglicht die Abgabe einer sog. „**Sperrerklärung**" und schränkt damit die sich aus Art. 35 Abs. 1 GG ergebende Pflicht zur Amtshilfe ein. Grundsätzlich leisten sich alle Behörden des Bundes und der Länder gegenseitig Rechts- und Amtshilfe. Von diesem Grundsatz kann nun aber abgewichen werden, wenn die Voraussetzungen des § 96 Satz 1 StPO vorliegen. Die Vorlegung oder Auslieferung von Akten oder anderen in amtlicher Verwahrung befindlichen Schriftstücken durch Behörden und öffentliche Beamte darf mithin dann nicht gefordert werden, wenn deren oberste Dienstbehörde erklärt, dass das Bekanntwerden des Inhalts dieser Akten oder Schriftstücke dem Wohl des Bundes oder eines deutschen Landes Nachteile bereiten würde.

Die Beschlagnahme von Akten oder anderen in amtlicher Verwahrung befindlichen Schriftstücken ist damit unzulässig, wenn eine wirksame Sperrerklärung abgegeben wird. Gleiches gilt für die Vorlegung oder Auslieferung entsprechender Unterlagen. Die oberste Dienstbehörde ist der konkret betroffene Fachminister.[363]

Die wirksame Sperrerklärung **verhindert eine Beschlagnahme** und **darf nicht umgangen werden**. Sie ist des Weiteren für das Gericht bindend. Mithin kann auch das Gericht die Sperrerklärung nicht umgehen oder sich über diese hinwegsetzen. Dies liegt daran, dass die staatlichen Gewalten zwar getrennt, rechtlich aber alle gleichwertig sind.[364] Sofern in der Hauptverhandlung durch die Staatsanwaltschaft oder die Verteidigung gleichwohl ein Beweisantrag über einen Beweisgegenstand erhoben wird, für den eine Sperrerklärung vorliegt, so muss das erkennende Gericht diesen Antrag gem. § 244 Abs. 3 Satz 3 Nr. 5 StPO wegen Unerreichbarkeit des Beweismittels ablehnen.[365] Das Gericht muss sich dann mit Beweissurrogaten zufriedengeben. Die Sperrerklärung selbst kann nur isoliert vom Strafverfahren vor einem VG angegriffen werden. Das Beanstandungsrecht hat jedoch ausschließlich der Angeklagte.[366] Die Strafverfolgungsbehörden können sich gegen eine solche Sperrerklärung nicht wehren.

Gründe für eine Sperrerklärung sind Nachteile für das Wohl des Bundes oder eines deutschen Landes. Zu denken ist damit etwa an geheimhal-

362 Vgl. Bialon/Springer, Eingriffsrecht, Kap. 28 Rn. 30.
363 Müller, Strafverfahrensrecht, Rn. 382.
364 Vgl. KK-StPO/Greven, StPO § 96 Rn. 10.
365 Vgl. Meyer-Goßner/Schmitt/Köhler, StPO, § 96 Rn. 10.
366 KK-StPO/Greven, StPO § 96 Rn. 33.

tungsbedürftige Unterlagen und Vorgänge wie etwa Staatsgeheimnisse, Informationen von ausländischen Nachrichtendiensten, Maßnahmen zum Schutz von Leib und Leben der Allgemeinheit oder von bestimmten Zeugen etc.

3.4.2 Das Beschlagnahmeverbot i. S. d. § 97 StPO

Von zentraler Bedeutung sind die **Beschlagnahmeverbote des § 97 StPO**. Es handelt sich um eine Vorschrift von hoher Praxisrelevanz, die in ihrer Ausgestaltung jedoch sperrig und gerade für Studierende schwer zugänglich ist. Dies liegt wohl nicht zuletzt auch daran, dass sie bisweilen sehr kleinteilige Verweise in andere Vorschriften der StPO enthält, und man daher für eine erfolgreiche Lektüre des § 97 StPO immer auch die Normen, Absätze und Nummern im Blick haben muss, auf die verwiesen wird.

§ 97 StPO knüpft an die Zeugnisverweigerungsrechte der §§ 52, 53 und 53a StPO an und soll verhindern, dass diese Rechte umgegangen und dadurch ausgehöhlt werden.[367] Der Betroffene muss sich nicht auf § 97 StPO berufen. § 97 StPO ist vielmehr von Amts wegen zu beachten. Der Betroffene kann aber die vom Beschlagnahmeverbot geschützten Gegenstände freiwillig herausgeben. Der Betroffene hat in diesen Fällen auf das Beschlagnahme- und Verwertungsverbot verzichtet.[368]

Liegt eine solche freiwillige Herausgabe vor, können die Strafverfolgungsbehörden diese Gegenstände sicherstellen. § 97 StPO regelt nämlich ausschließlich das Beschlagnahmeverbot und hat damit nur Fälle der unfreiwilligen Herausgabe im Blick. Ein Sicherstellungsverbot regelt § 97 StPO gerade nicht. Da § 97 StPO von einem bestehenden Zeugnisverweigerungsrecht abhängig ist, entfällt das Beschlagnahmeverbot dann, wenn das Zeugnisverweigerungsrecht weggefallen ist.

Klausurhinweis

§ 97 StPO ist eine komplizierte Vorschrift. Gerade Studierende sollten sich eine Methode angewöhnen, um § 97 StPO in einer Klausur in den Griff zu bekommen. Man kann sich dem Aufbau des § 97 StPO über verschiedene Herangehensweisen nähern. Hierbei haben sich vor allem zwei Methoden bewährt.

Zum einen kann man den Regelungsgehalt des § 97 StPO über das Zeugnisverweigerungsrecht und den Grund für das Zeugnisverweigerungsrecht erschließen.[369] Gründe für ein Zeugnisverweigerungsrecht sind etwa ein Verwandtschaftsverhältnis, ein bestimmter Beruf oder eine Zugehörigkeit zur Presse und zum Rundfunk.

367 Vgl. Meyer-Goßner/Schmitt/Köhler, StPO, § 97 Rn. 1.
368 Vgl. Müller, Strafverfahrensrecht, Rn. 383.
369 So etwa Bialon/Springer, Eingriffsrecht, Kap. 28 Rn. 31.

Zum anderen kann man methodisch an den sicherzustellenden Gegenständen anknüpfen und muss dann fragen, ob diese Gegenstände überhaupt § 97 StPO unterfallen.[370]

Hier wird folgendes Schema zugrunde gelegt:[371]

1. Beschlagnahmefreier Gegenstand
2. Ort des Auffindens
3. Keine Verstrickung des Zeugnisverweigerungsberechtigten
4. Keine Verstrickung des Gegenstands

Folgende Gegenstände dürfen gem. § 97 StPO nicht beschlagnahmt werden:

- **schriftliche Mitteilungen** zwischen dem Beschuldigten und den Personen, die gem. § 52 StPO oder gem. § 53 Abs. 1 Satz 1 Nr. 1 bis 3b StPO das Zeugnis verweigern dürfen (§ 97 Abs. 1 Nr. 1 StPO),
- **Aufzeichnungen**, welche die in § 53 Abs. 1 Satz 1 Nr. 1 bis 3b StPO Genannten über die ihnen vom Beschuldigten anvertrauten Mitteilungen oder über andere Umstände gemacht haben, auf die sich das Zeugnisverweigerungsrecht erstreckt (§ 97 Abs. 1 Nr. 2 StPO),
- **andere Gegenstände** einschließlich der ärztlichen Untersuchungsbefunde, auf die sich das Zeugnisverweigerungsrecht der in § 53 Abs. 1 Satz 1 Nr. 1 bis 3b StPO Genannten erstreckt (§ 97 Abs. 1 Nr. 3 StPO),
- **Gegenstände von Abgeordneten** des Bundestages, der Länderparlamente, der Bundesversammlung und des Europäischen Parlaments (§ 97 Abs. 4 StPO).

Zu § 97 Abs. 1 Nr. 1 StPO: Als **schriftliche Mitteilungen** i. S. d. § 97 Abs. 1 Nr. 1 StPO werden alle Gedankenäußerungen verstanden, die ein Absender einem Empfänger zur Kenntnisnahme zukommen lässt.[372] Dies sind etwa Briefe, E-Mails, Postkarten, Eintragungen in Büchern, Bilder, Skizzen, Mitteilungen auf sonstigen Bild- und Tonträgern. Gem. § 52 StPO oder § 53 Abs. 1 Satz 1 Nr. 1 bis 3b StPO steht etwa **folgenden Personen ein Zeugnisverweigerungsrecht** zu: Angehörigen des Beschuldigten, Geistlichen in ihrer Eigenschaft als Seelsorger, Verteidigern des Beschuldigten, Rechtsanwälten, Notaren, Wirtschaftsprüfern, Steuerberatern, Psychotherapeuten, Psychologischen Psychotherapeuten, Kinder- und Jugendlichenpsychotherapeuten, Mitgliedern und Beauftragten bestimmter Beratungsstellen. Zwischen der schriftlichen Mitteilung und dem sich aus beruflichen Gründen ergebenden Zeugnisverweigerungsrecht muss ein Konnex bestehen. Inhaltlich muss es also um das gehen, was den Zeugnisverwei-

370 So etwa Nerlich, Eingriffsrecht Brandenburg, S. 119 f.
371 Die Darstellung folgt Nerlich, Eingriffsrecht Brandenburg, S. 119 ff.
372 Meyer-Goßner/Schmitt/Köhler, StPO, § 97 Rn. 28.

gerungsberechtigten in ihrer jeweiligen beruflichen Eigenschaft anvertraut worden oder bekannt geworden ist.

Zu § 97 Abs. 1 Nr. 2 StPO: Als **Aufzeichnungen** werden alle auf Papier, Bild-, Ton- oder anderen Datenträgern festgehaltene anvertraute Mitteilungen oder Wahrnehmungen der zeugnisverweigerungsberechtigten Person bezeichnet.[373] Betroffen ist hier nur der in § 53 Abs. 1 Satz 1 Nr. 1 bis 3b StPO aufgeführte Personenkreis. § 52 StPO findet in § 97 Abs. 1 Nr. 2 StPO keine Erwähnung. Das Beschlagnahmeverbot gilt also nur für Aufzeichnungen bestimmter Berufsgeheimnisträger und gerade nicht auch für Aufzeichnungen von Angehörigen. Aufzeichnungen sind etwa: Krankenakten, Aktenvermerke, Karteien, Handakten.

Zu § 97 Abs. 1 Nr. 3 StPO: Eine abschließende Definition **anderer Gegenstände** gibt es nicht. Vielmehr behilft man sich hier – mehr noch als bei § 97 Abs. 1 Nr. 1 und 2 StPO – mit einer Einzelfallkasuistik. § 97 Abs. 1 Nr. 3 StPO stellt mithin einen **Auffangtatbestand** für solche Gegenstände dar, die weder als schriftliche Mitteilungen noch als Aufzeichnungen angesehen werden können, zugleich aber doch als derart schutzwürdig angesehen werden müssen, dass sie dem Beschlagnahmeverbot unterfallen.[374] Auch hier gilt, dass das Beschlagnahmeverbot mangels Erwähnung des § 52 StPO nicht für andere Gegenstände gilt, die sich bei einem Angehörigen befinden. Andere Gegenstände sind etwa: Fremdkörper, die ein Arzt aus dem Körper des Beschuldigten entfernt hat, Kardiogramme, Röntgenaufnahmen, Blutbilder, Fieberkurven, Sachverständigengutachten.[375]

Zu § 97 Abs. 4 StPO: **Gegenstände des Abgeordneten** sind schriftliche Mitteilungen, Aufzeichnungen und andere Gegenstände i. S. d. § 97 Abs. 1 Nr. 1 bis 3 StPO. Es ist nicht erforderlich, dass der Abgeordnete die tatsächliche Sachherrschaft über die Gegenstände hat. Nicht zuletzt aufgrund der herausragenden Funktion, die Abgeordnete für den demokratischen Rechtsstaat haben, ist § 97 Abs. 4 StPO in der Rechtsanwendung denkbar weit auszulegen. Die Wertungen des Art. 47 Satz 1 und 2 GG sind zu berücksichtigen.

Dem Beschlagnahmeverbot unterfallen gem. **§ 97 Abs. 5 StPO** schließlich auch Verkörperungen eines Inhalts von Personen, die bei der Vorbereitung, Herstellung oder Verbreitung von Druckwerken, Rundfunksendungen, Filmberichten oder der Unterrichtung oder Meinungsbildung dienenden Informations- und Kommunikationsdiensten berufsmäßig mitwirken oder mit-

373 Meyer-Goßner/Schmitt/Köhler, StPO, § 97 Rn. 29.
374 Vgl. MüKoStPO/Hauschild, StPO § 97 Rn. 15.
375 Vgl. Müller, Strafverfahrensrecht, Rn. 384.

gewirkt haben. Für den Begriff des Inhalts verweist § 97 Abs. 5 Satz 1 StPO auf § 11 Abs. 3 StGB. Inhalte i. S. d. § 11 Abs. 3 StPO sind solche, die in Schriften, auf Ton- oder Bildträgern, in Datenspeichern, Abbildungen oder anderen Verkörperungen enthalten sind oder auch unabhängig von einer Speicherung mittels Informations- oder Kommunikationstechnik übertragen werden.

Zu prüfen ist nun der **Ort des Auffindens** der nach § 97 Abs. 1 StPO beschlagnahmefreien Gegenstände.[376] Das Beschlagnahmeverbot gilt nämlich gem. § 97 Abs. 2 Satz 1 StPO in der Regel nur, wenn die Gegenstände im Gewahrsam der zur Verweigerung des Zeugnisses Berechtigten sind. Eine Ausnahme existiert für elektronische Gesundheitskarten. Gewahrsam ist das von einem natürlichen Herrschaftswillen getragene tatsächliche Herrschaftsverhältnis einer Person über eine Sache oder mehrere Sachen, dessen Grenzen nach der Verkehrsauffassung bestimmt werden müssen. Sobald sich der an sich beschlagnahmefreie Gegenstand nicht mehr im geschützten Gewahrsam des Zeugnisverweigerungsberechtigten befindet, findet § 97 StPO schon tatbestandlich keine Anwendung mehr.[377] Sobald Dritte Kenntnis von den schriftlichen Mitteilungen, Aufzeichnungen oder anderen Gegenständen erhalten, verlieren diese ihre Schutzwürdigkeit. Insofern gilt: Wenn Dritte die Möglichkeit der Kenntnisnahme erhalten, dann müssen auch die Strafverfolgungsbehörden die Möglichkeit zur Kenntnisnahme erhalten.

Ferner darf es gem. § 97 Abs. 2 Satz 2 Halbsatz 1 StPO **keine Verstrickung des Zeugnisverweigerungsberechtigten** geben.[378] Das Beschlagnahmeverbot gilt nicht, wenn bestimmte Tatsachen den Verdacht begründen, dass die zeugnisverweigerungsberechtigte Person an der Tat oder an einer Datenhehlerei, Begünstigung, Strafvereitelung oder Hehlerei beteiligt ist.

Schließlich greift das Beschlagnahmeverbot nur dann, wenn der **Gegenstand nicht selbst verstrickt** ist.[379] Es darf sich also gem. § 97 Abs. 2 Satz 2 Halbsatz 2 StPO nicht um Gegenstände handeln, die durch eine Straftat hervorgebracht oder zur Begehung einer Straftat gebraucht oder bestimmt sind oder die aus einer Straftat herrühren.

376 Vgl. Nerlich, Eingriffsrecht Brandenburg, S. 120.
377 Vgl. MüKoStPO/Hauschild, StPO § 97 Rn. 18.
378 Vgl. Nerlich, Eingriffsrecht Brandenburg, S. 120f.
379 Vgl. Nerlich, Eingriffsrecht Brandenburg, S. 121.

Hinweis

Ergänzend sei hier auf **§ 160a StPO** hingewiesen. Eine Ermittlungsmaßnahme, die sich gegen eine in § 53 Abs. 1 Satz 1 Nr. 1, 2 oder Nr. 4 StPO genannte Person, einen Rechtsanwalt oder einen Kammerrechtsbeistand richtet und voraussichtlich Erkenntnisse erbringen würde, über die diese das Zeugnis verweigern dürften, ist unzulässig. Gleichwohl erlangte Erkenntnisse unterliegen einem Verwertungsverbot. Etwaige angefertigte Aufzeichnungen sind unverzüglich zu löschen.

Das Verhältnis von § 160a StPO und § 97 StPO wird in § 160a Abs. 5 StPO verdeutlicht. Die Beschlagnahme bei Berufsgeheimnisträgern ist ausschließlich an den Vorgaben des § 97 StPO zu messen. § 97 StPO ist daher bezogen auf Beschlagnahmen lex specialis zu § 160a StPO. Verfassungsrechtlich ist dieses Spezialitätsverhältnis unschädlich.

3.4.3 Beschlagnahmeverbote aus dem GG

Beschlagnahmeverbote können sich auch aus dem GG ergeben. Hier ist vor allem an das **allgemeine Persönlichkeitsrecht** aus Art. 2 Abs. 1 GG i.V.m. Art. 1 Abs. 1 GG zu denken. Ein Beschlagnahmeverbot kann mithin für solche Gegenstände bestehen, die unmittelbar der Intimsphäre zuzurechnen sind. In diesen Fällen ist ein staatlicher Zugriff auf diese bereits a priori ausgeschlossen. Dies kann etwa bei Tagebucheintragungen der Fall sein. Das allgemeine Persönlichkeitsrecht wirkt aber nicht absolut. Das bedeutet, dass stets eine Prüfung der Verhältnismäßigkeit durchzuführen ist, in der analysiert werden muss, ob das Interesse des Betroffenen an der Geheimhaltung gegenüber dem staatlichen Interesse an der effektiven Strafverfolgung überwiegt.[380] Dabei ist auch auf die Schwere der Straftat abzustellen.

Die Abgeordneten sind überdies gem. **Art. 47 GG** berechtigt, über Personen, die ihnen in ihrer Eigenschaft als Abgeordnete oder denen sie in dieser Eigenschaft Tatsachen anvertraut haben, sowie über diese Tatsachen selbst das Zeugnis zu verweigern. Wenn dieses Zeugnisverweigerungsrecht gilt, ist die Beschlagnahme von Schriftstücken unzulässig. Abgeordnete werden also neben § 97 Abs. 4 StPO auch über Art. 47 GG geschützt.

3.5 Herausgabe

Sobald der Grund für die Sicherstellung bzw. für die Beschlagnahme weggefallen ist, sind die in Verwahrung genommenen Gegenstände herauszugeben. Die Herausgabe beweglicher Sachen richtet sich gem. § 94 Abs. 4 StPO nach § 111n und § 111o StPO. Spätestens mit dem rechtskräftigen Urteil, also dem Abschluss des Strafverfahrens, sind die Gegenstände herauszu-

380 Vgl. Müller, Strafverfahrensrecht, Rn. 389.

geben. Von diesem Grundsatz gibt es eine Ausnahme: Sofern das Gericht die Einziehung des Gegenstands angeordnet hat, kommt es zu keiner Herausgabe. Dabei hat die Herausgabe in der Regel an denjenigen zu erfolgen, der sie zuvor in Gewahrsam hatte. Etwas anderes gilt wenig überraschend dann, wenn der letzte Gewahrsamsinhaber ein Dieb, Räuber, Hehler etc. war.

Die **Kompetenz** zur Entscheidung über die Herausgabe hat im vorbereitenden Verfahren und nach rechtskräftigem Abschluss des Verfahrens die Staatsanwaltschaft. Im Übrigen entscheidet das mit der Sache befasste Gericht. Die Polizeibeamten als Ermittlungspersonen der Staatsanwaltschaft können eine Herausgabe nur dann vornehmen, wenn sie hierzu zuvor von der Staatsanwaltschaft ermächtigt wurde. Die Staatsanwaltschaft kann die Polizei aber generell zur Herausgabe ermächtigen.[381] Die Polizei ist ausnahmsweise auch dann für die Herausgabe zuständig, wenn sie die Sicherstellung bzw. Beschlagnahme wegen Gefahr im Verzug selbst angeordnet hat und die Herausgabe schon vor dem Informieren der Staatsanwaltschaft über die Inbesitznahme angezeigt ist.[382]

4. Die Sicherstellung und Beschlagnahme des Führerscheins

Der Führerschein ist eine amtliche Urkunde, mit der belegt werden kann, dass sein Inhaber in einer amtlichen Fahrprüfung seine Eignung zur Fahrerlaubnis unter Beweis gestellt hat. Der Führerschein ist also ein Legitimationspapier, das aufgrund der zugrunde liegenden Fahrerlaubnis zum Führen eines bestimmten Kfz legitimiert. Diese Fahrerlaubnis ist gem. § 4 Abs. 2 FeV durch eine gültige amtliche Bescheinigung nachzuweisen. Man muss mithin zwischen dem Führerschein als dem amtlichen Dokument und der Fahrerlaubnis als der materiell-rechtlichen und einen Verwaltungsakt i. S. d. § 35 Satz 1 VwVfG darstellenden Berechtigung zum Führen eines Kfz unterscheiden.[383] Während die Fahrerlaubnis gem. § 111a StPO entzogen werden kann, kann der Führerschein gem. § 94 Abs. 3 StPO eingezogen, also in amtliche Verwahrung genommen werden.

Hinweis

Die Fahrerlaubnis wird gem. § 111a StPO entzogen.
Der Führerschein wird gem. § 94 Abs. 3 StPO eingezogen.

Der Führerschein kann aus präventiven und repressiven Gründen in amtliche Verwahrung genommen werden. So kann der Führerschein etwa gem.

381 Vgl. BeckOK StPO/Huber, StPO § 111o Rn. 2.
382 Vgl. Nerlich, Eingriffsrecht Brandenburg, S. 126.
383 Vgl. Müller, Strafverfahrensrecht, Rn. 399.

§ 45 Nr. 1 SOG LSA sichergestellt werden, um einen stark alkoholisierten Fahrer an der Begehung einer Trunkenheitsfahrt zu hindern. Zweifelsohne ist hierbei im Rahmen der Verhältnismäßigkeit zu fragen, ob dieses Mittel wirklich geeignet ist, um die drohende Trunkenheitsfahrt zu verhindern. Je nach Sachverhalt ist die Sicherstellung des Fahrzeugschlüssels oder gleich des ganzen Kfz wohl eher angezeigt. Das SOG LSA regelt die Sicherstellung des Führerscheins aber nicht ausdrücklich, sondern eröffnet diese Maßnahme nur, um beispielsweise eine gegenwärtige Gefahr abzuwehren. Im Einzelfall können auch andere der in § 45 SOG LSA aufgeführten Sicherstellungstatbestände erfüllt sein.

Demgegenüber befasst sich **§ 94 Abs. 3 StPO** ausdrücklich mit der Sicherstellung und Beschlagnahme von Führerscheinen. § 94 Abs. 3 StPO verweist auf § 94 Abs. 1 und 2 StPO. Es gelten §§ 94 ff. StPO. Die Polizei und die Staatsanwaltschaft dürfen danach bei Gefahr im Verzug i. S. d. § 98 Abs. 1 Satz 1 StPO den Führerschein beschlagnahmen, sofern die Voraussetzungen des § 111a StPO und des § 69 StGB vorliegen. Von Gefahr im Verzug ist im Zusammenhang mit § 94 Abs. 3 StPO auszugehen, wenn zu erwarten ist, dass der Fahrer des Kfz ohne die Inbesitznahme des Führerscheins weitere verkehrsbezogene Straftaten oder Ordnungswidrigkeiten begehen wird. Hierbei kommt vor allem § 316 StGB in Betracht.

Die Fahrerlaubnis kann gem. § 111a Abs. 1 StPO vorläufig entzogen werden, wenn dringende Gründe für die Annahme vorhanden sind, dass die Fahrerlaubnis gem. § 69 StGB entzogen werden wird. § 111a StPO regelt also die vorläufige Entziehung. Die vorläufige Entziehung der Fahrerlaubnis wirkt gem. § 111a Abs. 3 Satz 1 StPO zugleich als Anordnung bzw. Bestätigung der Beschlagnahme des von einer deutschen Behörde ausgestellten Führerscheins. Die Staatsanwaltschaft und die Polizei dürfen die Fahrerlaubnis noch nicht einmal vorläufig entziehen.[384]

Die Befugnisnorm zur Sicherstellung bzw. Beschlagnahme des Führerscheins ist damit § 94 Abs. 3 StPO i.V.m § 111a StPO i. V. m. § 69 StGB. § 69 Abs. 1 StGB ermöglicht die Entziehung der Fahrerlaubnis, wenn sich jemand wegen einer rechtswidrigen Tat, die er bei oder im Zusammenhang mit dem Führen eines Kfz oder unter Verletzung der Pflichten eines Kraftfahrzeugführers begangen hat, als zum Führen von Kfz ungeeignet erweist. Von einer solchen Ungeeignetheit ist gem. § 69 Abs. 2 StPO in der Regel dann auszugehen, wenn es sich bei der rechtswidrigen Tat um
- eine Gefährdung des Straßenverkehrs i. S. d. § 315c StGB,
- ein verbotenes Kraftfahrzeugrennen i. S. d. § 315d StGB,

384 Vgl. MüKoStPO/Hauschild, StPO § 94 Rn. 42.

- eine Trunkenheit im Verkehr i. S. d. § 316 StGB,
- einen Vollrausch i. S. d. § 323a StGB oder
- ein unerlaubtes Entfernen vom Unfallort i. S. d. § 142 StGB handelt, obwohl der Täter weiß oder wissen kann, dass bei dem Unfall ein Mensch getötet oder nicht unerheblich verletzt worden oder an fremden Sachen bedeutender Schaden entstanden ist.

§ 69 Abs. 2 StGB führt damit Regelbeispiele auf. Eine Tat ist gem. § 11 Abs. 1 Nr. 5 StGB rechtswidrig, wenn sie den Tatbestand eines Strafgesetzes verwirklicht. In der Konsequenz ist § 69 StGB nicht auf Ordnungswidrigkeiten anwendbar ist. Der Täter muss diese rechtswidrige Tat mit einem Kfz i. S. d. § 1 Abs. 2 StVG begehen. Von einem **Zusammenhang mit dem Führen eines Kfz** kann dann gesprochen werden, wenn der Täter das Kfz zwecks Begehung der Straftat einsetzt. Wann genau dies der Fall ist, ist jedoch relativ umstritten.[385] Der Zusammenhang besteht jedenfalls bei den Straßenverkehrsstraftaten i. S. d. § 69 Abs. 2 StGB. Ob von diesem Zusammenhang aber auch dann gesprochen werden kann, wenn der zukünftige Dieb, Mörder oder Brandstifter mit einem Kfz zum Tatort fährt, um dann die Straftat zu begehen, ohne dass er dabei auch eine Verkehrsstraftat begeht, ist nicht abschließend entschieden.[386]

Der Fahrer muss zum Führen eines Kfz **ungeeignet** sein. Bei der Ungeeignetheit handelt es sich um einen unbestimmten Rechtsbegriff. Gemeint ist, dass beim Fahrer physische, psychische oder charakterliche Defizite vorliegen, die zu einer nicht tragbaren Gefährdung des Straßenverkehrs führen, sollte dieser Fahrer am Straßenverkehr teilnehmen. Von einer Ungeeignetheit ist dann auszugehen, wenn ein Fall des § 69 Abs. 2 StGB vorliegt. Zur Frage der fehlenden Geeignetheit muss im Gerichtsverfahren im Zweifel gleichwohl ein Sachverständigengutachten eingeholt werden. Die Polizei kann sich im Falle von Gefahr im Verzug ebenfalls an § 69 Abs. 2 StGB orientieren. Sofern die Polizei allerdings auf keines der in § 69 Abs. 2 StGB aufgeführten Regelbeispiele abstellen kann, muss sie für die Annahme einer Ungeeignetheit aufgrund konkreter Anhaltspunkte und ihrer eigenen kriminalistischen Erfahrung zu dem Schluss kommen, dass der Täter die Sicherheit des Straßenverkehrs aus eigennützigen Motiven zwecks Begehung einer Straftat gefährdet.[387]

385 Vgl. MüKoStGB/v. Heintschel-Heinegg/Huber, StGB § 69 Rn. 33 ff.
386 Siehe hierzu BGH, Beschl. v. 27.04.2005 – GSSt 2/04, NJW 2005, S. 1957 (1957 ff.).
387 Treffend Nerlich, Eingriffsrecht Brandenburg, S. 132.

5. Die Sicherstellung und Beschlagnahme von Einziehungsgegenständen

Die Vorschriften über die Sicherstellung und Beschlagnahme von Einziehungsgegenständen i. S. d. §§ 111b ff. StPO sind von erheblicher rechtspraktischer Bedeutung. Zugleich handelt es sich um eine rechtlich durchaus anspruchsvolle Materie.

5.1 Allgemeines

Die §§ 111b ff. StPO regeln die Sicherstellung und Beschlagnahme von Einziehungsgegenständen. Im Gegensatz zu der Sicherstellung i. S. d. §§ 94 ff. StPO dienen die §§ 111b ff. StPO nicht dem Erhalt von Beweismittel, sondern der Einziehung i. S. d. §§ 73 ff. StGB. Über dieses Rechtsinstitut soll sichergestellt werden, dass der Täter einer Straftat nicht durch diese bereichert wird. Wird die Einziehung eines Gegenstandes angeordnet, so geht das Eigentum an der Sache oder das Recht gem. § 75 Abs. 1 Satz 1 StGB mit der Rechtskraft der Entscheidung auf den Staat über. Hieran zeigt sich, dass die Beschlagnahme durch die Polizei nur temporär ist. Die §§ 111b ff. StPO dienen ferner der Vollstreckung i. S. d. §§ 459g ff. StPO, da sie als vorläufiges Sicherungsinstrument verhindern, dass die Gegenstände abhandenkommen und es nichts mehr gibt, das vollstreckt werden kann. Dieses vorläufige Sicherungsinstrument greift intensiv in die Grundrechte des Betroffenen ein. Je nach Einzelfall können verschiedene Grundrechte betroffen sein. Vor allem aber greift diese Sicherstellung in das von Art. 14 GG geschützte Nutzungsrecht ein, da es zu einem Besitzverlust kommt.

In systematischer Hinsicht muss zwischen der Beschlagnahme zur Sicherung der Einziehung oder Unbrauchbarmachung i. S. d. §§ 111b ff. StPO und dem Vermögensarrest zur Sicherung der Wertersatzeinziehung i. S. d. §§ 111e ff. StPO unterschieden werden. Die Vollziehung der Beschlagnahme eines Gegenstandes hat gem. § 111d Abs. 1 Satz 1 StPO die Wirkung eines Veräußerungsverbotes i. S. d. § 136 BGB. § 136 BGB stellt klar, dass ein behördliches Veräußerungsverbot einem gesetzlichen Veräußerungsverbot i. S. d. § 135 BGB gleichsteht. Verstößt die Verfügung über einen Gegenstand gegen ein behördliches bzw. gesetzliches Veräußerungsverbot, so ist sie unwirksam. Eine rechtsgeschäftliche Verfügung des Betroffenen über den Gegenstand ist damit rechtlich nicht mehr möglich. Die §§ 94 ff. StPO lösen diese zivilrechtliche Wirkung nicht aus. Je nach Gegenstand sind die §§ 94 ff. StPO und die §§ 111b ff. StPO aber auch gleichzeitig anwendbar.

5.2 Die Tatbestandsvoraussetzungen

Ist die Annahme begründet, dass die Voraussetzungen der Einziehung oder Unbrauchbarmachung eines Gegenstandes vorliegen, so kann er gem. § 111b Abs. 1 Satz 1 StPO zur Sicherung der Vollstreckung beschlagnahmt werden. Liegen dann sogar dringende Gründe für diese Annahme vor, so soll die Beschlagnahme angeordnet werden. § 111b Abs. 1 Satz 2 StPO reduziert das Ermessen auf ein intendiertes Ermessen. Die Einziehung ist dann die Regel. Dringende Gründe sind dann anzunehmen, „wenn die endgültige Anordnung einer dieser Maßnahmen in hohem Maße wahrscheinlich ist."[388] Die Sicherstellung ist also nur möglich, wenn die Voraussetzungen der Einziehung i. S. d. §§ 73 ff. StGB bzw. der Unbrauchbarmachung gegeben sind. Da es sich um eine repressive Maßnahme handelt, muss ein Anfangsverdacht i. S. d. § 152 Abs. 2 StPO dafür vorliegen, dass es sich bei den betroffenen Gegenständen um solche handelt, die der Einziehung bzw. der Unbrauchbarmachung unterfallen.

Damit ist zu prüfen, **ob die Gegenstände der Einziehung oder Unbrauchbarmachung unterfallen**. Eingezogen werden können Taterträge (§§ 73 ff. StGB), Tatprodukte (§ 74 Abs. 1 Alt. 1 StGB), Tatmittel (§ 74 Abs. 1 Alt. 2 StGB) und Tatobjekte (§ 74 Abs. 2 StGB).

- Als **Tatertrag** bezeichnet man alles, was der Täter oder der Teilnehmer durch eine rechtswidrige Tat oder für sie erlangt hat. Dies umfasst auch etwaige gezogene Nutzungen und entstandene Surrogate. Beispiele: Beute, hinterzogene Steuern, Entgelt für die Begehung einer Straftat etc.
- Als **Tatprodukt** bezeichnet man alle Gegenstände, die durch eine vorsätzliche Tat hervorgebracht wurden. Beispiele: Falschgeld, gefälschte Urkunden etc.
- Als **Tatmittel** bezeichnet man alle Gegenstände, die zur Begehung der Tat oder zur Vorbereitung der Tat gebraucht worden oder bestimmt gewesen sind. Beispiele: Tatwaffe, Tatwerkzeug, zur Begehung der Straftat benutztes Kfz etc.
- Als **Tatobjekt** bezeichnet man Gegenstände, auf die sich eine Straftat bezieht. Es handelt sich um Objekte, die für die Begehung der Tat an sich tatbestandlich notwendig sind. Das heißt, dass man ohne diese Objekte die Straftat gar nicht begehen kann. Beispiele: Tier einer Tierquälerei, Kfz einer Trunkenheitsfahrt, geschmuggelte Drogen, nach dem WaffG verbotene Waffe etc.

Das Gericht ordnet gem. **§ 73 Abs. 1 StGB** die Einziehung an, wenn der Täter oder Teilnehmer durch eine rechtswidrige Tat oder für sie **etwas erlangt** hat.

388 KK-StPO/Spillecke, StPO § 111b Rn. 10.

§ 73 StGB hat also Taterträge im Blick. Es ist allein eine rechtswidrige Tat maßgebend. Es ist damit unerheblich, ob der Täter mit Vorsatz oder in Fahrlässigkeit gehandelt hat. Auf die Schuld kommt es überhaupt nicht an. Dieser Umstand hat zur Folge, dass § 73 StGB sogar auf Taten anwendbar ist, die von schuldunfähigen, entschuldigten oder gar strafunmündigen Tätern begangen wurden. Dies ist nur logisch, denn § 73 StGB bezweckt die rechtswidrige Bereicherung zu verhindern bzw. rückgängig zu machen. Dafür ist es unerheblich, aus welchem Grund es zu dieser Bereicherung gekommen ist. Maßgeblich ist allein der dadurch geschaffene rechtswidrige Zustand.

Als „**etwas**" i. S. d. § 73 Abs. 1 StGB ist jeder Vermögenszuwachs anzusehen. Erfasst sind also bewegliche bzw. unbewegliche Sachen aller Art oder obligatorische bzw. dingliche Rechte aller Art anzusehen. Der Beteiligte hat diesen Vermögenszuwachs **erlangt**, wenn er die faktische Verfügungsgewalt über den Gegenstand erworben hat. Hat der Täter oder Teilnehmer Nutzungen aus dem Erlangten gezogen, so ordnet das Gericht gem. § 73 Abs. 2 StGB auch deren Einziehung an. Gleiches gilt gem. § 73 Abs. 3 StGB für Surrogate.

Anders als bei § 73 StGB kann gem. § 74 StGB die Einziehung von Tatprodukten, Tatmitteln und Tatobjekten bei Tätern und Teilnehmern nur bei einer **vorsätzlichen Tat** erfolgen. Nach vorherrschender Meinung geht § 74 StGB von einer vorsätzlichen, rechtswidrigen und schuldhaften Tat aus.[389] Die Einziehung ist gem. § 74 Abs. 3 Satz 1 StGB aber nur zulässig, wenn die Gegenstände zur Zeit der Entscheidung dem Täter oder Teilnehmer gehören oder zustehen. Damit ist in der Regel eine Eigentumslage zum Zeitpunkt der Einziehung erforderlich.

Davon abweichend regelt § 74a StGB die Einziehung von Tatprodukten, Tatmitteln und Tatobjekten bei anderen. Dann müssen die Gegenstände nicht im Eigentum des an der Straftat Beteiligten stehen. § 74b Abs. 1 StGB weicht in Nr. 1 schließlich vom Erfordernis der schuldhaft begangenen Straftat i. S. d. § 74 Abs. 1 StGB ab und ermöglicht über Nr. 2 die Einziehung auch solcher Gegenstände, die einem anderen als dem Täter oder Teilnehmer gehören oder zustehen.

Hinweis

Die §§ 73 ff. StGB und die §§ 74 ff. StGB regeln die Einziehung generalklauselartig. Die Rechtsordnung kennt aber Vorschriften, die jenseits des siebten Titels des StGB die Einziehung regeln.

389 MüKoStGB/Joecks/Meißner, StGB § 74 Rn. 5.

Für die Polizei sind vor allem die folgenden Einziehungsnormen relevant:[390]

- § 33 BtMG
- § 6 PflVG
- § 92b StGB
- § 150 StGB
- § 282 StGB
- § 286 StGB
- § 315f. StGB
- § 21 Abs. 3 StVG
- § 22a Abs. 2 StVG
- § 54 WaffG

5.3 Die Verhältnismäßigkeit

Schließlich muss die Einziehung **verhältnismäßig** sein. Die Verhältnismäßigkeit ist im Recht der Einziehung von besonderer Bedeutung, da es durch die Einziehung von Gegenständen und Vermögenswerten aller Art i. S. d. §§ 73 ff. StGB durch den Staat aufseiten des Betroffenen bisweilen zu erheblichen finanziellen bzw. ökonomischen Engpässen kommen kann. Über das Erfordernis der Verhältnismäßigkeit der Einziehung sollen unbillige Härten verhindert werden. Das Übermaßverbot folgt aus dem Rechtsstaatsprinzip i. S. d. Art. 20 Abs. 3 GG und muss vorliegend schon aus dem Grund beachtet werden, weil es sich bei der Einziehung um eine einen Grundrechtseingriff darstellende Maßnahme handelt.

§ 74f. StGB regelt den Grundsatz der Verhältnismäßigkeit für das Einziehungsrecht dann aber noch einmal einfachgesetzlich. Die Verhältnismäßigkeit der Einziehung ist ausnahmsweise bereits auf der Ebene des Tatbestands zu prüfen.[391] Sofern die Einziehung nicht vorgeschrieben ist, darf sie gem. § 74f. Abs. 1 StGB in den Fällen der §§ 74 und 74a StGB nicht angeordnet werden, wenn sie zur begangenen Tat und zum Vorwurf, der den von der Einziehung Betroffenen trifft, außer Verhältnis stünde. § 74f. Abs. 1 StGB verbietet unverhältnismäßige Einziehungsmaßnahmen damit nur für die sog. „**fakultative Einziehung**".[392] Es handelt sich bei § 74f. StGB um eine Konkretisierung des Übermaßverbots. § 74f. Abs. 1 Satz 1 StGB ist jedoch nicht dahingehend zu verstehen, dass der Grundsatz der Verhältnismäßigkeit nur im Rahmen der fakultativen Einziehung und nicht auch

390 Die nachfolgende Auflistung ist angelehnt an Bialon/Springer, Eingriffsrecht, Kap. 46 Rn. 26.
391 Bialon/Springer, Eingriffsrecht, Kap. 46 Rn. 32.
392 MüKoStGB/Joecks/Meißner, StGB § 74f. Rn. 3.

im Rahmen der vorgeschriebenen, also zwingenden Einziehung anzuwenden ist. Der Wortlaut des § 74f. Abs. 1 Satz 1 StGB ist diesbezüglich unglücklich geraten, da er nämlich genau dieses exklusive Verständnis nahelegt. Vollkommen zu Recht wird daher betont, dass der Verhältnismäßigkeitsgrundsatz selbstverständlich auch bei der vorgeschriebenen Einziehung zu beachten und einzuhalten ist.[393]

Die Verhältnismäßigkeit ist ohne Ansehung der zu erwartenden Hauptstrafe isoliert zu prüfen. Sofern die Einziehung unverhältnismäßig ist, darf das Gericht diese Unverhältnismäßigkeit nicht durch einen entsprechend angepassten Schuldspruch abzumildern versuchen.[394] Von einer Unverhältnismäßigkeit der Einziehung kann dann ausgegangen werden, wenn der Unrechtsgehalt der Tat gering ist.

Hinweis 1

So wurde die **Unverhältnismäßigkeit** etwa in folgenden Fällen angenommen:[395]
- Einziehung eines zum Schmuggel geringer Mengen von Zigaretten verwendeten Kfz
- Einziehung einer Funkanlage eines Jugendlichen zur Musikausstrahlung
- Einziehung eines wertvollen Beförderungsmittels wegen eines nur geringfügigen Vergehens
- Fälle, in denen die Einziehung zusätzlich zu einer schon für sich sehr empfindlichen (Freiheits-)Strafe zu einer faktischen Überbestrafung des Täters führen würde

Hinweis 2

Demgegenüber wurde eine **Verhältnismäßigkeit** in folgenden Fällen angenommen:[396]
- Einziehung eines zur Vergewaltigung benutzten Motorbootes
- Einziehung eines wertvollen Tatfahrzeuges, wenn gegen den Fahrer wegen zwei Straftaten im Straßenverkehr eine Freiheitsstrafe verhängt werden soll

5.4 Verfahrensrechtliches

Von zentraler Bedeutung ist die **Anordnungskompetenz** der Beschlagnahme zwecks Einziehung. Die Beschlagnahme wird gem. § 111j Abs. 1 Satz 1 StPO durch das Gericht angeordnet. Bei Gefahr im Verzug kann die Anordnung gem. § 111j Abs. 1 Satz 2 StPO aber auch durch die Staatsanwaltschaft erfolgen. Bei Gefahr im Verzug sind auch die Ermittlungspersonen der Staatsanwaltschaft zur Beschlagnahme einer beweglichen Sache befugt. Sofern die Staatsanwaltschaft die Beschlagnahme angeordnet hat, muss

393 So etwa Schönke/Schröder/Eser/Schuster, StGB § 74f. Rn. 2.
394 Vgl. Matt/Renzikowski/Altenhain/Fleckenstein, StGB § 74f. Rn. 2.
395 Zum Nachfolgenden MüKoStGB/Joecks/Meißner, StGB § 74f. Rn. 6.
396 Zum Nachfolgenden MüKoStGB/Joecks/Meißner, StGB § 74f. Rn. 6.

sie gem. § 111j Abs. 2 Satz 1 StPO in der Regel innerhalb einer Woche die gerichtliche Bestätigung der Anordnung beantragen. Etwas anderes gilt gem. § 111j Abs. 2 Satz 2 StPO allerdings in den Fällen, in denen die Beschlagnahme einer beweglichen Sache angeordnet ist.

Den **Vollzug der Beschlagnahme** regelt § 111k StPO. Die Beschlagnahme wird gem. § 111k Abs. 1 Satz 1 StPO durch die Staatsanwaltschaft vollzogen. Die Beschlagnahme beweglicher Sachen kann gem. § 111k Abs. 1 Satz 4 StPO aber auch durch die Ermittlungspersonen der Staatsanwaltschaft vollzogen werden. Die Beschlagnahme einer beweglichen Sache wird gem. § 111c Abs. 1 StPO dadurch vollzogen, dass die Sache in Gewahrsam genommen wird. Die Beschlagnahme kann auch dadurch vollzogen werden, dass sie durch Siegel oder in anderer Weise kenntlich gemacht wird. Die Beschlagnahme eines Grundstücks oder eines Rechts, das den Vorschriften über die Zwangsvollstreckung in das unbewegliche Vermögen unterliegt, wird gem. § 111c Abs. 3 Satz 1 StPO durch ihre Eintragung im Grundbuch vollzogen.

Die **Verwaltung von Gegenständen**, die nach § 111c StPO beschlagnahmt worden sind, obliegt gem. § 111m Abs. 1 StPO der Staatsanwaltschaft. Diese kann ihre Ermittlungspersonen oder aber auch den Gerichtsvollzieher mit der Verwaltung beauftragen. In geeigneten Fällen kann die Staatsanwaltschaft sogar eine andere Person mit der Verwaltung beauftragen.

Die **Herausgabe** einer nach § 111c Abs. 1 StPO beschlagnahmten Sache folgt den Vorgaben des § 111n StPO. Über die Herausgabe entscheidet im vorbereitenden Verfahren und nach rechtskräftigem Abschluss des Verfahrens die Staatsanwaltschaft, im Übrigen das mit der Sache befasste Gericht. Dies ergibt sich aus § 111o Abs. 1 StPO.

Sofern dem beschlagnahmten Gegenstand sein Verderb oder ein erheblicher Wertverlust droht oder seine Aufbewahrung, Pflege oder Erhaltung mit erheblichen Kosten oder Schwierigkeiten verbunden ist, so kann dieser Gegenstand gem. § 111p Abs. 1 Satz 1 StPO **notveräußert** werden.

6. Die Postbeschlagnahme

Art. 10 Abs. 1 GG gewährleistet, dass das Briefgeheimnis sowie das Post- und Fernmeldegeheimnis unverletzlich sind. Gleichwohl kann es für eine effektive Strafverfolgung erforderlich sein, dass die zuständigen Behörden in dieses Brief-, Post- und Fernmeldegeheimnis eingreifen können. Die Befugnisnorm für diesen Eingriff ist **§ 99 Abs. 1 StPO**. In dogmatischer Hinsicht ist die Postbeschlagnahme i. S. d. § 99 Abs. 1 StPO ein spezieller Fall der Beschlagnahme i. S. d. § 94 Abs. 2 StPO.

Zulässig ist die Beschlagnahme der an den Beschuldigten gerichteten Postsendungen und Telegramme, die sich im Gewahrsam von Personen oder Unternehmen befinden, die geschäftsmäßig Post- oder Telekommunikationsdienste erbringen oder daran mitwirken. Ebenso ist eine Beschlagnahme von Postsendungen und Telegrammen zulässig, bei denen aus vorliegenden Tatsachen zu schließen ist, dass sie von dem Beschuldigten herrühren oder für ihn bestimmt sind und dass ihr Inhalt für die Untersuchung Bedeutung hat. Mit § 99 Abs. 1 StPO kann also in Art. 10 Abs. 1 GG sowie in das einfachgesetzliche Postgeheimnis i. S. d. § 39 PostG eingegriffen werden. Dabei schützt das Postgeheimnis „die Vertraulichkeit des durch den Postdienstleister vermittelten Kommunikationsverkehrs".[397]

Für die Anwendbarkeit des § 99 Abs. 1 StPO ist es erforderlich, dass sich die Postsendungen und Telegramme im Gewahrsam von geschäftsmäßig Post- und Telekommunikationsdienste erbringenden Unternehmen befinden. Das bedeutet, dass weder der Absender noch der Empfänger Gewahrsam über die Briefe etc. haben darf. Sofern der Empfänger bereits Gewahrsam hat, ist für § 99 Abs. 1 StPO kein Raum mehr. Die Beschlagnahme der Briefe, Postsendungen, Telegramme etc. kann dann nur über §§ 94 Abs. 2, 98 StPO erfolgen. Gleiches gilt für den Fall, in dem der Absender noch Gewahrsam über diese Gegenstände hat.

Unter einer **Postsendung** i. S. d. § 99 Abs. 1 StPO sind gem. **§ 4 Nr. 5 PostG i. V. m. § 4 Nr. 1 PostG** Briefsendungen, adressierte Pakete sowie postalisch aufgegebene Bücher, Kataloge, Zeitungen oder Zeitschriften zu verstehen. Der Begriff der Postsendung ist weit zu verstehen.

Die **Anordnungskompetenz** einer Postbeschlagnahme hat gem. § 100 Abs. 1 StPO das Gericht. Es besteht also ein Richtervorbehalt. Allenfalls bei Gefahr im Verzug ist auch die Staatsanwaltschaft zur Anordnung befugt. Staatsanwaltschaftliche Anordnungen müssen dann aber gem. § 100 Abs. 2 StPO binnen drei Werktagen gerichtlich bestätigt werden. Die Durchführungsbefugnis hat die Staatsanwaltschaft. Das Postunternehmen hat die beschlagnahmten Postsendungen selbst herauszusuchen. Die Öffnung der ausgelieferten Postsendungen steht dem Gericht zu. Das Gericht kann die Öffnungsbefugnis der Staatsanwaltschaft übertragen, soweit dies erforderlich ist, um den Untersuchungserfolg nicht durch Verzögerung zu gefährden.

Bei der Postbeschlagnahme handelt es sich um eine sog. „**verdeckte Maßnahme**". In verfahrensrechtlicher Hinsicht ist daher ferner § 101 StPO zu beachten.

397 MüKoStPO/Schuster, StPO § 99 Rn. 4.

Kapitel K Observation

I. Allgemeines

Unter einer **Observation** versteht man gemeinhin „die systematische offene oder auch heimliche Beobachtung einer Person mit dem Ziel, einen umfassenden Einblick in ihre Lebensumstände und eine möglichst vollständige Kenntnis ihrer Lebensäußerungen zu bekommen."[398] Dies ist etwa beim Belauschen oder Beobachten anderer Personen anzunehmen. Die Observation von Personen dient letztlich der Erstellung eines Persönlichkeitsprofils. Die Observation ist **verdeckt**, wenn die betroffene Person von der Observation nach den Vorstellungen der Polizei keine Kenntnis erlangen soll. Zu denken ist etwa an Polizisten, die sich während der Observation verborgen halten, verkleiden oder sonst tarnen. Dass der Betroffene die Polizisten entdeckt, ist unschädlich. Die verdeckte Observation zielt auf einen Erkenntnisgewinn zwecks Gefahrenabwehr oder Strafverfolgung ab.

Demgegenüber soll der Betroffene im Falle einer **offenen** Observation nach dem Willen der Polizei Kenntnis über die Observationsmaßnahme haben. Hierdurch soll der Betroffene abgeschreckt werden. Über diese Abschreckung soll er daran gehindert werden, durch sein Verhalten eine Gefahrenschwelle zu überschreiten bzw. Straftaten zu begehen. Dem Betroffenen wird durch die offene Observation zugleich signalisiert, dass die Polizei jederzeit in der Lage ist, gegen ihn weitere Maßnahmen zu erlassen.[399]

Die Observation ist eine Maßnahme, die sowohl im präventiven Polizeirecht i. S. d. SOG LSA als auch im repressiven Polizeirecht i. S. d. StPO angewendet werden kann. Die Observation unterteilt sich in beiden Fällen in die kurzfristige und längerfristige Observation.

Hinweis

Die Befugnisnorm im Gefahrenabwehrrecht ist
- für die kurzfristige Observation **§ 17 Abs. 6a SOG LSA**;
- für die längerfristige Observation **§ 17 Abs. 2 SOG LSA**.

Die Befugnisnorm im Strafverfahrensrecht ist
- für die kurzfristige Observation **§§ 161 Abs. 3, 163 Abs. 1 StPO**;
- für die längerfristige Observation **§ 163f StPO**.

398 Lisken/Denninger/Graulich PolR-HdB, E Rn. 722 (Hervorhebungen im Original).
399 Vgl. Lisken/Denninger/Graulich PolR-HdB, E Rn. 723.

Die Observation ist begrifflich von der bloßen **Aufklärung** zu unterscheiden. Die Aufklärung stellt ein zielgerichtetes, systematisches Sammeln von Daten und Informationen, die nicht explizit personen- und objektsbezogen sind, dar und dient der polizeilichen Lagebeurteilung zwecks Gefahrenabwehr und Strafverfolgung. Eine Maßnahme zur Aufklärung ist typischerweise die Streifenfahrt und das Zeigen polizeilicher Präsenz an bestimmten Orten.[400] Maßnahmen der Aufklärung können direkt auf die polizeilichen Aufgabennormen des SOG LSA gestützt werden. Einer Befugnisnorm bedarf es hier nicht. Mit einer Aufklärung geht also kein Grundrechtseingriff einher.

Die Grenze zwischen der Aufklärung und der Observation ist jedoch fließend. Die Observation greift in das **Recht auf informationelle Selbstbestimmung** i.S.d. Art. 2 Abs. 1 GG i.V.m. Art. 1 Abs. 1 GG ein und muss auf eine Befugnisnorm gestützt werden können. Für die Annahme einer Observationsmaßnahme ist es mithin erforderlich, dass eine Person oder ein Objekt gezielt beobachtet wird. Ein allgemeines Beobachten von Personen, die zufällig in den Blick der Polizisten geraten, ist keine Observation und stellt keinen Eingriff in das allgemeine Persönlichkeitsrecht dar.[401]

Beispiel

In Magdeburg kommt es in einem bestimmten Stadtteil immer wieder zu Gewaltdelikten. Die Polizei beschließt daher, in diesem Stadtteil vermehrt Präsenz zu zeigen, um zukünftigen Straftaten vorzubeugen und ggf. Täter und Teilnehmer bereits begangener Straftaten zu finden. Dabei sehen die Polizeivollzugsbeamten vor einem Kiosk zufällig B, der sich auffällig um Unauffälligkeit bemüht. Hier handelt es sich um eine Maßnahme der Aufklärung. Dass die Polizisten B sehen, stellt nach überwiegender Auffassung noch keinen Grundrechtseingriff dar.[402]

Sofern die Polizei ab jetzt aber regelmäßig den Kiosk anfährt, um B zu sehen und zu beobachten, was er dort macht, wandelt sich die Aufklärungsmaßnahme zunehmend in eine Observationsmaßnahme. Die Polizei will durch die Beobachtung von B und seines Verhaltens am Kiosk nämlich planmäßig personenbezogene Daten von B erheben und richtet ihre Maßnahme daher ganz konkret nach B aus. Sobald die Polizei den Kiosk also nicht mehr nur anfährt, um dort Streife zu fahren und Präsenz zu zeigen, sondern vielmehr um B „ins Visier" zu nehmen, benötigt sie eine Befugnisnorm.[403]

400 Vgl. BeckOK PolR NRW/Kamp/Ebeling, PolG NRW § 16a Rn. 41.
401 Vgl. Bialon/Springer, Eingriffsrecht, Kap. 13 Rn. 3.
402 Vgl. Zähle, JuS 2014, S. 315 (316); Bialon/Springer, Eingriffsrecht, Kap. 13 Rn. 3.
403 Bialon/Springer, Eingriffsrecht, Kap. 13 Rn. 3.

II. Die Observation i. S. d. SOG LSA

1. Die längerfristige Observation gem. § 17 Abs. 2 SOG LSA

Die Polizei kann gem. § 17 Abs. 2 Satz 1 SOG LSA durch Observation oder den Einsatz technischer Mittel personenbezogene Daten nur erheben, wenn tatsächliche Anhaltspunkte die Annahme rechtfertigen, dass eine Straftat von erheblicher Bedeutung begangen werden soll. Die längerfristige Observation ist in § 17 Abs. 1 Nr. 1 SOG LSA definiert. Eine Observation ist die planmäßig angelegte Beobachtung, die innerhalb einer Woche länger als 24 Stunden oder über den Zeitraum einer Woche hinaus vorgesehen ist oder tatsächlich durchgeführt wird. Sie dient der Gefahrenabwehr in Form der vorbeugenden Bekämpfung von Straftaten. Technische Mittel sind gem. § 17 Abs. 1 Nr. 2 SOG LSA alle Mittel, deren Anwendung für die betroffene Person nicht erkennbar sind. Dies sind insbesondere technische Mittel zur Anfertigung von Bildaufnahmen oder -aufzeichnungen sowie zum Abhören oder Aufzeichnen des gesprochenen Wortes.

Tatbestandlich müssen tatsächliche Anhaltspunkte die Annahme rechtfertigen, dass eine **Straftat von erheblicher Bedeutung** begangen werden soll. Bloße Vermutungen oder Mutmaßungen reichen also nicht aus. Die Anhaltspunkte können sich beispielsweise aus konkreten Hinweisen, bereits begangenen erheblichen Straftaten oder kriminalistischer bzw. polizeilicher Ermittlungstätigkeit ergeben. Was unter einer Straftat von erheblicher Bedeutung zu verstehen ist, wird in § 3 Nr. 4 SOG LSA erläutert. Die Polizei kommt dabei nicht umhin, eine Prognose dahingehend anzustellen, ob der zukünftige Adressat der Observation eine solche Straftat von erheblicher Bedeutung begehen wird.

Die Polizei kann auf § 17 Abs. 2 Satz 1 SOG LSA allerdings keine Maßnahme stützen, die die zukünftige Verfolgbarkeit der begangenen Straftat i. S. d. § 3 Nr. 4 SOG LSA erleichtern soll.[404] Die Observation bzw. der Einsatz technischer Mittel ist nur dann zulässig, wenn die Verhütung der Straftat oder eine dafür wesentliche Aufklärung **auf andere Weise wesentlich erschwert** oder **entscheidend verzögert** werden würde.

Im Rahmen der Observation bzw. des Einsatzes technischer Mittel dürfen auch **personenbezogene Daten** erhoben werden. Dies ist aber nur in den in

404 Vgl. Martell, SOG LSA, § 17 Rn. 4.

§ 17 Abs. 3 Satz 1 Nr. 1 bis 3 SOG LSA genannten Fällen möglich. Es handelt sich um drei Personengruppen.

1. Personengruppe (**potenzielle Straftäter**): Personen, bei denen tatsächliche Anhaltspunkte die Annahme rechtfertigen, dass von ihnen Straftaten von erheblicher Bedeutung begangen werden;
2. Personengruppe (**Kontaktpersonen**): andere Personen, wenn tatsächliche Anhaltspunkte die Annahme rechtfertigen, dass sie mit einer der in § 17 Abs. 3 Satz 1 Nr. 1 SOG LSA genannten Personen in einer Weise in Verbindung stehen, die erwarten lässt, dass die Maßnahme zur Verhütung der Straftat beitragen wird;
3. Personengruppe (**Nichtverantwortliche**): jede Person, soweit dies zur Abwehr einer Gefahr für Leib, Leben oder Freiheit einer Person unerlässlich ist und die Voraussetzungen nach § 10 Abs. 1 Nr. 4 SOG LSA vorliegen.

Dass **dritte Personen** durch die Observation oder den Einsatz der technischen Mittel betroffen werden, macht die Maßnahme nicht rechtswidrig. Dritte Personen sind alle Personen, die nicht § 17 Abs. 3 Satz 1 Nr. 1 bis 3 SOG LSA unterfallen. Es gibt jedoch eine Einschränkung: Die dritte Person muss gem. § 17 Abs. 3 Satz 2 SOG LSA unvermeidbar betroffen sein. Die Polizei muss sich durchaus ernsthaft bemühen, dass sie die Observation der Zielperson oder des Zielobjekts ohne Involvierung unbeteiligter Dritter durchführen kann. Nur dann, wenn die Polizei keine andere Möglichkeit hat, um die Maßnahme i. S. d. § 17 Abs. 1, 3 SOG LSA effektiv und erfolgreich durchzuführen, muss sie im Rahmen der Durchführung der Maßnahme auf Dritte keine Rücksicht nehmen.

Beispiel

Die Polizei observiert einen Drogendeal und macht vom Drogendealer und dessen Kunden Bildaufnahmen.[405] Gerade als ein Päckchen übergeben wird, läuft eine Passantin am Drogendealer vorbei. Dass die Polizei auch die Passantin fotografiert hat, ist mit Blick auf § 17 Abs. 3 Satz 2 SOG LSA unschädlich.

Die **Anordnungskompetenz** liegt gem. § 17 Abs. 2 Satz 3 SOG LSA beim Behördenleiter oder einem von ihm Beauftragten. Dies gilt aber nur dann, wenn eine Anordnung des Richters nicht erforderlich ist. Wann die Anordnungskompetenz beim Richter liegt, bestimmt sich nach § 17 Abs. 5 SOG LSA. Sofern eine Observation länger als drei Monaten dauert, ist die Zustimmung des für öffentliche Sicherheit und Ordnung zuständigen Ministeriums oder einer von ihm benannten Stelle erforderlich. Aus der For-

405 Fallbeispiel angelehnt an Martell, SOG LSA, § 17 Rn. 10.

mulierung „Zustimmung“ folgt, dass sowohl eine vorherige Zustimmung i. S. e. Einverständnisses als auch eine nachträgliche Zustimmung i. S. e. Genehmigung möglich ist.[406]

In verfahrensrechtlicher Hinsicht ist weiter zu beachten, dass die Datenerhebung durch Observation oder Einsatz technischer Mittel gem. § 17 Abs. 4a Satz 1 SOG LSA nur angeordnet werden darf, soweit aufgrund tatsächlicher Anhaltspunkte anzunehmen ist, dass **Äußerungen, die dem Kernbereich privater Lebensgestaltung** zuzurechnen sind, nicht erfasst werden. Beim Kernbereich privater Lebensgestaltung handelt es sich nach h. M. „um einen Bereich höchstpersönlicher Privatheit, in den der Staat unter keinen Umständen eingreifen darf.“[407] Es wird ermöglicht, „innere Vorgänge wie Empfindungen und Gefühle sowie Überlegungen, Ansichten und Erlebnisse höchstpersönlicher Art ohne die Angst zum Ausdruck zu bringen, dass staatliche Stellen diese überwachen.“[408]

Dabei kann es sich beispielsweise um intime Gespräche, die Kundgabe von Emotionen und Sexualität handeln. Abzustellen ist insbesondere auf die Art der Räumlichkeiten und Orte und das Verhältnis der dort anwesenden Personen zueinander. Zu denken ist etwa an das Schlaf- oder Badezimmer. In oder aus Wohn- und Nebenräumen sowie Arbeits-, Betriebs- und Geschäftsräumen kann die Polizei ohne Kenntnis der betroffenen Person Daten ohnehin nur erheben, wenn dies zur Abwehr einer gegenwärtigen Gefahr für Leib oder Leben einer Person unerlässlich ist. Die Datenerhebung durch Observation oder Einsatz technischer Mittel sowie die Auswertung der erhobenen Daten durch die Polizei sind gem. § 17 Abs. 4b Satz 1 SOG LSA unverzüglich zu unterbrechen, sofern sich tatsächliche Anhaltspunkte dafür ergeben, dass Daten, die dem Kernbereich privater Lebensgestaltung zuzurechnen sind, erfasst werden.

2. Die kurzfristige Observation gem. § 17 Abs. 6a SOG LSA

Das SOG LSA unterscheidet zwischen der längerfristigen und der kurzfristigen Observation. **§ 17 Abs. 6a SOG LSA** enthält die Befugnisnorm für die kurzfristige Observation.[409] Durch eine planmäßig angelegte Beobachtung einer Person, die sich nicht über den in § 17 Abs. 1 Satz 1 Nr. 1 SOG LSA genannten Zeitraum erstreckt, darf die Polizei personenbezogene Daten nur erheben, soweit dies zum Zwecke der Gefahrenabwehr er-

406 Vgl. Martell, SOG LSA, § 17 Rn. 6.
407 Schneider, JuS 2021, S. 29 (29).
408 Schneider, JuS 2021, S. 29 (30).
409 Vgl. Martell, SOG LSA, § 17 Rn. 26.

forderlich ist und ohne diese Maßnahme die Erfüllung der polizeilichen Aufgabe gefährdet wird. Das SOG LSA grenzt die kurzfristige Observation mithin negativ von der längerfristigen Observation ab.[410]

Die tatbestandlichen Anforderungen an die kurzfristige Observation sind geringer als die an die längerfristige Observation. So kann eine kurzfristige Observation schon dann durchgeführt werden, wenn dies zum **Zwecke der Gefahrenabwehr** erforderlich ist. Auf eine Straftat von erheblicher Bedeutung kommt es hier also nicht an. § 17 Abs. 6a SOG LSA hat damit die klassische Aufgabe der Gefahrenabwehr i. S. d. § 1 Abs. 1 Satz 1 SOG LSA im Blick. § 17 Abs. 6a SOG LSA spricht von einer planmäßig angelegten Beobachtung und greift damit nur die Definition des § 17 Abs. 1 Nr. 1 SOG LSA auf. Der Einsatz technischer Mittel i. S. d. § 17 Abs. 1 Nr. 2 SOG LSA ist daher im Rahmen der kurzfristigen Observation nicht möglich.

Die kurzfristige Observation muss erforderlich sein. Dies ist als allgemeiner Hinweis auf die Verhältnismäßigkeit zu verstehen. Die ausdrückliche Erwähnung allein der Erforderlichkeit entbindet also nicht von der vollständigen Prüfung der Verhältnismäßigkeit. Die kurzfristige Observation muss einem legitimen Ziel dienen, geeignet, erforderlich und angemessen sein. Ferner muss ohne die konkrete Observationsmaßnahme die Erfüllung der polizeilichen Aufgabe gefährdet werden. Die kurzfristige Observation **muss nicht spontan erfolgen**, sondern kann durchaus das Ergebnis polizeilicher Maßnahmenplanung sein.[411]

Etwas unklar ist, was unter einer **Person** i. S. d. § 17 Abs. 6a SOG LSA zu verstehen sein soll. Konkret stellt sich die Frage, ob als Person nur Adressaten i. S. d. §§ 7 und 8 SOG LSA oder auch i. S. d. § 10 SOG LSA anzusehen sind.[412] Sofern dieses rechtliche Problem in der Literatur überhaupt gesehen wird, wird gemeinhin aber wohl davon ausgegangen, dass die Polizei im Rahmen der kurzfristigen Observation nicht an die engen Vorgaben des § 10 SOG LSA gebunden ist, da die Art der Verantwortlichkeit der observierten Person zu Beginn der Observation noch gar nicht eindeutig feststeht.[413]

Entgegen dem klaren Wortlaut kann die Polizei auch die kurzfristige Observation eines Objekts auf § 17 Abs. 6a SOG LSA stützen, um Erkenntnisse über eine bestimmte Person zu gewinnen.[414] So kann die Polizei etwa die Haustür, die Hofeinfahrt oder Fenster ins Visier nehmen, um Lebens-

410 Vgl. BeckOK PolR NRW/Kamp/Ebeling, PolG NRW § 16a Rn. 38.
411 Vgl. Bialon/Springer, Eingriffsrecht, Kap. 13 Rn. 23.
412 Vgl. Bialon/Springer, Eingriffsrecht, Kap. 13 Rn. 17.
413 So für NRW offenbar Bialon/Springer, Eingriffsrecht, Kap. 13 Rn. 17.
414 Vgl. BeckOK PolR Hessen/Bäuerle, HSOG § 15 Rn. 33.

abläufe einer Person zu erfassen. Dies darf zeitlich zweifelsohne nicht die Grenze zu § 17 Abs. 1 Nr. 1 SOG LSA überschreiten.

III. Die Observation i. S. d. StPO

Auch im Rahmen der Observation zum Zwecke der Strafverfolgung wird zwischen einer längerfristigen und einer kurzfristigen Observation unterschieden.

1. Die längerfristige Observation i. S. d. § 163f StPO

Die Ermächtigungsgrundlage für die repressive längerfristige Observation ist **§ 163f Abs. 1 StPO**. Sie ermöglicht den Strafverfolgungsbehörden, einen Beschuldigten planmäßig und über einen länger andauernden Zeitraum systematisch zu beobachten. Durch diese Art der Observation können sich die Strafverfolgungsbehörden ein sehr detailliertes Bild über die Lebensgewohnheiten, die Kontakte und das Verhalten des Observierten machen. Die StPO definiert die längerfristige Observation in § 163f Abs. 1 Satz 1 StPO selbst. Bei einer längerfristigen Observation handelt es sich um eine planmäßig angelegte Beobachtung des Beschuldigten, die durchgehend länger als 24 Stunden dauern oder an mehr als zwei Tagen stattfinden soll. Es ist ferner erforderlich, dass zureichende tatsächliche Anhaltspunkte dafür vorliegen, dass eine Straftat von erheblicher Bedeutung begangen worden ist.

Mit der längerfristigen Observation können die Strafverfolgungsbehörden unterschiedliche Ziele verfolgen. In der Regel wird es um die Auffindung inkriminierter Gegenstände und die Ermittlung von Tatbeteiligten und Aufenthaltsorten gehen.[415] Es kann aber auch um sonstige Erkenntnisse gehen, die nach der Ex-ante-Einschätzung eines pflichtgemäß handelnden Polizisten zur Aufklärung der Tat führen können. Gem. § 163f Abs. 1 Satz 3 StPO kann die Observation nicht nur gegenüber dem eigentlichen Beschuldigten durchgeführt werden. Gegen andere Personen ist die längerfristige Observation zulässig, wenn aufgrund bestimmter Tatsachen anzunehmen ist, dass sie mit dem Täter in Verbindung stehen oder eine solche Verbindung hergestellt wird, dass die Maßnahme zur Erforschung des Sachverhalts oder zur Ermittlung des Aufenthaltsortes des Täters führen wird und dies auf andere Weise erheblich weniger Erfolg versprechend oder wesentlich erschwert wäre. Vielmehr kann sie auch gegenüber Kon-

415 Vgl. MüKoStPO/Kölbel/Neßeler, StPO § 163f Rn. 2.

taktpersonen eingeleitet werden, die die Ermittlungsbehörden dann auf die Spur des eigentlich Beschuldigten bringen. Sofern den Ermittlungsbehörden der Beschuldigte bzw. dessen Aufenthaltsort unbekannt ist, ist die längerfristige Observation für die Ermittlung aus polizeipraktischer Sicht „das einzig verlässliche Ermittlungsinstrument“.[416]

In tatbestandlicher Hinsicht müssen zureichende tatsächliche Anhaltspunkte dafür vorliegen, dass eine **Straftat von erheblicher Bedeutung** begangen worden ist. Hier ergeben sich rechtliche Besonderheiten. Zunächst ist unklar, ob angesichts der Eingriffsintensität in die Grundrechte des Beobachteten für § 163f Abs. 1 StPO ein klassischer Anfangsverdacht für eine Straftat von erheblicher Bedeutung ausreichend sein kann. Nach h.M. sind keine qualifizierenden Anforderungen an den Anfangsverdacht zu stellen.[417] Die Strafverfolgungsbehörden können § 163f Abs. 1 StPO auf einen „normalen“ Anfangsverdacht stützen. Die eigentliche Herausforderung, vor die § 163f StPO die Strafverfolgungsbehörden und letztlich auch die Gerichte stellt, liegt aber im Erfordernis einer Straftat, die von erheblicher Bedeutung sein muss. Der Gesetzgeber lässt offen, was unter einer Straftat von erheblicher Bedeutung zu verstehen sein soll. Es fehlt insbesondere an einem Straftatenkatalog.

Unklar ist auch, ob es sich ausschließlich um vollendete Delikte oder aber auch um versuchte Straftaten handeln soll. Gleiches gilt für die Frage, ob neben vorsätzlich begangenen Straftaten auch lediglich fahrlässige in Betracht kommen können. Ein Rückgriff auf die Definition der Straftat von erheblicher Bedeutung, wie sie in § 3 Nr. 4 SOG LSA enthalten ist, ist jedenfalls nicht möglich. Dies liegt am hierarchischen Verhältnis von StPO und SOG LSA. Die StPO als Bundesrecht steht in der Normenpyramide über dem SOG LSA als Landesrecht. Vor dem Hintergrund der fehlenden Definition einer Straftat von erheblicher Bedeutung in der StPO, hat sich im rechtswissenschaftlichen Diskurs hierzu eine zunehmende Einzelfallkasuistik entwickelt.[418] Jedenfalls Ordnungswidrigkeiten und Bagatelldelikte sollen keine Straftat von erheblicher Bedeutung sein.[419] Das ist für Ordnungswidrigkeiten selbstverständlich, da diese ja noch nicht einmal Straftaten sind. Überzeugend ist der Ansatz, dass man sich für § 163f StPO an dem Straftatenkatalog des § 100a Abs. 2 StPO orientieren solle, um zumindest etwas Rechtssicherheit zu erlangen.[420] Nach Auffassung des BVerfG

416 MüKoStPO/Kölbel/Neßeler, StPO § 163f Rn. 2.
417 Zum Streitstand KK-StPO/Moldenhauer, StPO § 163f Rn. 14 (m.w.N.).
418 Anschaulich BeckOK StPO/von Häfen, StPO § 163f Rn. 8.
419 Vgl. MüKoStPO/Kölbel/Neßeler, StPO § 163e Rn. 6.
420 Vgl. MüKoStPO/Kölbel/Neßeler, StPO § 163e Rn. 6.

„muss eine Straftat von erheblicher Bedeutung mindestens dem Bereich der mittleren Kriminalität zuzurechnen sein, den Rechtsfrieden empfindlich stören und dazu geeignet sein, das Gefühl der Rechtssicherheit der Bevölkerung erheblich zu beeinträchtigen."[421] Letztlich müssen die Strafverfolgungsbehörden von Fall zu Fall selbst entscheiden, was eine Straftat von erheblicher Bedeutung ist.

Folgende Kriterien können für die Klassifizierung herangezogen werden:
- Schwere der Kriminalität
- Verbrechen oder nur Vergehen
- Organisierte Kriminalität bzw. Bandenkriminalität
- Serienstraftaten

Ausnahmsweise darf sich die längerfristige Observation gem. § 163f Abs. 1 Satz 3 StPO auch gegen eine **Kontaktperson** richten. Kontaktpersonen sind allesamt Nichtbeschuldigte. Für die Strafverfolgungsbehörden sind dabei vor allem Personen mit einer engen persönlichen Verbindung zum Beschuldigten relevant. Dass diese Personen ggf. ein Zeugnisverweigerungsrecht i. S. d. § 52 StPO haben, ist für die Durchführung der längerfristigen Observation unerheblich. Diese Personengruppe kann trotzdem gem. § 163f Abs. 1 Satz 3 StPO observiert werden. Sofern es sich aber um Berufsgeheimnisträger i. S. d. § 53 StPO handelt, müssen die Vorgaben des § 160a StPO beachtet werden.

Auch **Dritte** können (zufällig) von einer längerfristigen Observation betroffen sein. Als Dritte i. S. d. § 163f Abs. 2 StPO gelten alle Personen, die weder Beschuldigte i. S. d. § 163f Abs. 1 StPO noch Kontaktpersonen i. S. d. § 163f Abs. 1 Satz 3 StPO sind. Es handelt sich mithin um völlig Unbeteiligte. Dass Dritte unvermeidbar betroffen sind, ist gem. § 163f Abs. 2 StPO unerheblich. Die Regelung des § 163f Abs. 2 StPO ist erforderlich, weil es im Rahmen einer längerfristigen Observation immer wieder vorkommen kann, dass die Strafverfolgungsbehörden auch regelmäßig dieselben unbeteiligten Personen sehen. Dabei gilt § 100d Abs. 1 und 2 StPO.

Beispiel

Die Polizei observiert einen des Bankraubs Beschuldigten, um den Aufenthaltsort der weiteren Tatbeteiligten sowie das Versteck der Tatbeute zu erfahren. Zu diesem Zweck wird vor dem Mehrfamilienhaus, in dem der Beschuldigte wohnt, eine längerfristige Observation durchgeführt. Im Rahmen dieser Observation sehen die Polizisten zwangsläufig alle Personen, die in das Haus hineingehen und aus diesem herauskommen und als Unbeteiligte mit der Raubstraftat in keinerlei Verbindung stehen.

421 BVerfG, Beschl. v. 14.12.2000 – 2 BvR 1741/99, NJW 2001, S. 879 (880).

Die **Anordnungskompetenz** hat gem. § 163f Abs. 3 Satz 1 StPO das Gericht. Es besteht also ein Richtervorbehalt. Bei Gefahr im Verzug kann die längerfristige Observation auch durch die Staatsanwaltschaft und ihre Ermittlungspersonen i. S. d. § 152 GVG angeordnet werden. Zu beachten ist aber, dass die auf die Eilkompetenz gestützte Maßnahme gem. § 163f Abs. 3 Satz 2 StPO außer Kraft tritt, wenn sie nicht binnen drei Werktagen von dem zuständigen Gericht bestätigt wird. Die Frist beginnt bereits mit der Anordnung der längerfristigen Observation und nicht erst mit ihrer tatsächlichen Durchführung. Die Anordnung muss gem. § 163f Abs. 3 Satz 3 StPO i. V. m. § 100e Abs. 3 Satz 1 StPO schriftlich ergehen und ist auf höchstens drei Monate zu befristen. § 100e Abs. 3 Satz 4 StPO regelt die Möglichkeit der Verlängerung. Danach ist eine Verlängerung um jeweils nicht mehr als drei Monate zulässig, soweit die Voraussetzungen der Anordnung unter Berücksichtigung der gewonnenen Ermittlungsergebnisse fortbestehen. Der Wortlaut ist jedoch missverständlich, da nicht klar wird, wie viele Verlängerungen möglich sind. Zwar spricht § 100e Abs. 3 Satz 4 StPO von einer Verlängerung der Maßnahme, jedoch soll diese dann „jeweils“ um drei Monate verlängert werden. Nach h. A. sollen mehrmalige Verlängerungen möglich sein.[422]

Die längerfristige Observation enthält mehrere **Subsidiaritätsklauseln**. Die Ermittlungsmaßnahmen müssen auf andere Weise erheblich weniger Erfolg versprechend oder wesentlich erschwert sein. Was genau mit dieser sehr pauschalen Formulierung gemeint ist, ist nicht abschließend geklärt. Anerkannt ist jedenfalls, dass über die Subsidiarität der längerfristigen Observation Eingriffe in das allgemeine Persönlichkeitsrecht des Observierten auf ein Minimum begrenzt werden sollen.[423] Eine „wesentliche Erschwerung“ wird gemeinhin im drohenden Beweismittelverlust gesehen.[424] Für längerfristige Observationen von Kontaktpersonen sieht § 163f Abs. 1 Satz 3 StPO eine spezielle Subsidiaritätsklausel vor.

Sofern im Rahmen einer längerfristigen Observation **Zufallserkenntnisse** gewonnen werden, können diese gem. § 479 Abs. 2 Satz 1 StPO i. V. m. § 161 Abs. 3 StPO genutzt werden.

422 Vgl. BeckOK StPO/von Häfen, StPO § 163f Rn. 13.
423 Vgl. KK-StPO/Moldenhauer, StPO § 163f Rn. 16.
424 Vgl. KK-StPO/Moldenhauer, StPO § 163f Rn. 16.

2. Die kurzfristige Observation i. S. d. §§ 163a Abs. 3, 161 Abs. 1 StPO

Die Durchführung der kurzfristigen Observation i. S. d. §§ 163a Abs. 3, 161 Abs. 1 StPO stellt gemessen an § 163f. StPO vor keine großen Herausforderungen. Zunächst kann aus einem Umkehrschluss aus der Definition der längerfristigen Observation auf die der kurzfristigen Observation geschlossen werden. Die kurzfristige Observation darf mithin nicht länger als 24 Stunden durchgeführt werden und höchstens an zwei Tagen stattfinden. Für die kurzfristige Observation muss ein Anfangsverdacht für eine Straftat vorliegen. Es kommt nicht mehr darauf an, ob diese von erheblicher Bedeutung ist. Die Anordnungsbefugnis steht der Staatsanwaltschaft und ihren Ermittlungspersonen zu.

Kapitel L Gefährderansprache

I. Allgemeines

In der Dogmatik zum präventiven Polizeirecht findet sich seit einiger Zeit die Person des „Gefährders". Ein „Gefährder" ist eine Person, die eine Gefahr verursachen und daher auch als „Gefahrenverursacher" bezeichnet werden kann.[425] Der Gefährder ist ein potenzieller Handlungs- oder Zustandsstörer. Er hat die Schwelle zum Verantwortlichen i. S. d. §§ 7 oder 8 SOG LSA also noch nicht überschritten. Gleichwohl ist es aufgrund polizeilicher Erkenntnisse und Erfahrungen aus der Vergangenheit nicht unwahrscheinlich, dass aus dem Gefährder ein Verhaltens- bzw. ein Zustandsverantwortlicher wird. Um diesen Übergang zu verhindern und um vorzubeugen, dass aus dem Gefährder ein Verantwortlicher wird, kann die Polizei eine sog. „Gefährderansprache" oder ein sog. „Gefährderanschreiben" gegen den Gefährder richten. Die Gefährderansprache ergeht mündlich, das Gefährderanschreiben schriftlich. In der Sache handelt es sich aber in beiden Fällen um das Gleiche.

II. Begriff und Anwendung

Die Gefährderansprache[426] ist eine relativ junge Maßnahme auf dem Gebiet des präventiven Eingriffsrechts. Sie ist zwar mittlerweile fester Bestandteil des präventiven Eingriffsrechts, wird aber im SOG LSA nicht ausdrücklich erwähnt, geschweige denn definiert. Mit der Gefährderansprache wendet sich die Polizei an einen potenziellen Störer und ermahnt diesen, Störungen der öffentlichen Sicherheit oder Ordnung zu unterlassen. Die Gefährderansprache ist also eine polizeiliche **Ermahnung**. Zugleich wird dem Gefährder deutlich gemacht, dass er bereits polizeibekannt ist und aufgrund seines störenden Verhaltens in der Vergangenheit eine gewisse Wahrscheinlichkeit dafür besteht, dass er auch in Zukunft die Schwelle zum Störer überschreiten wird.

Ferner wird der Gefährder darauf hingewiesen, dass die Polizei bereits konkrete Maßnahmen gegen ihn geplant bzw. vorbereitet hat, die sie durchsetzen wird, sofern er sich an die Ermahnung nicht halten sollte. Die Gefährderansprache zielt also allem voran auf eine **Abschreckung** des Gefährders. Durch diese Maßnahme soll beim Gefährder einerseits die Ein-

425 Nimtz/Thiel, Eingriffsrecht NRW, Rn. 261.
426 Ausführlich Hebeler, NVwZ 2011, S. 1364 (1364 ff.).

sicht entstehen, sich normgemäß zu verhalten und andererseits die Angst geweckt werden, dass er bei Zuwiderhandlungen mit polizeirechtlichen Maßnahmen zu rechnen hat.

Die Gefährderansprache kann theoretisch in jedem eingriffsrelevanten Sachverhalt durchgeführt werden. In der Praxis kommt sie aber vor allem bei gewaltbereiten Teilnehmern von Großveranstaltungen zur Anwendung. Hier ist etwa an Risikofußballspiele oder Demonstrationen und Gegendemonstrationen politisch verfeindeter Blöcke zu denken.

Die Gefährderansprache ist ein zentraler Baustein im polizeitaktischen präventiven Stufenkonzept, bei dem zunächst Einsichtsbereitschaft bzw. Abschreckung erzeugt werden soll und erst nach Ausbleiben dieser Wirkungen auf die Durchführung einer klassischen polizeilichen Maßnahme zurückgegriffen wird, die dann ggf. sogar mit Zwang zu vollstrecken ist. Die Gefährderansprache kann ihrerseits grob in **drei Schritten** durchgeführt werden.[427]

- In einem ersten Schritt werden dem Gefährder grundlegende Informationen zum Anlass der Gefährderansprache bekannt gegeben.
- In einem zweiten Schritt erfolgt dann die eigentliche Ermahnung des Gefährders. Hier sagt die Polizei dem Gefährder, wie er sich zu verhalten hat.
- In einem dritten Schritt werden dem Gefährder dann die Konsequenzen aufgezeigt, die er tragen muss, sollte er der Ermahnung nicht Folge leisten.

III. Rechtscharakter

Die Gefährderansprache ist ein schlicht hoheitliches Handeln und damit ein **Realakt**. Dies liegt daran, dass sie keine Regelungswirkung hat und daher kein Verwaltungsakt i. S. d. § 35 Satz 1 VwVfG ist. Es fehlt hier an der Setzung von zwingenden Rechtsfolgen. Insbesondere kann die Ermahnung nicht als Regelung angesehen werden, da sie gegenüber dem Gefährder keine verbindliche Handlungsanweisung darstellt, sondern lediglich eine nachdrückliche Verhaltensempfehlung ist. Auch das Ankündigen weiterer polizeilicher Maßnahmen im Falle der Zuwiderhandlung ist keine Regelung.

Vor allem kann diese Ankündigung nicht mit der Androhung von Zwangsmitteln gleichgesetzt werden. In der Sache handelt es sich bei der Gefährderansprache um eine Mischung aus Informationen, Hinweisen, Empfehlungen, Warnungen und Drohungen, der aber jegliches imperative Element fehlt und damit gegenüber dem Gefährder kein Handeln, Dulden oder Unterlassen anordnet. Die Gefährderansprache ist letztlich lediglich ein **Appell**.

427 Bleckmann, SpuRt 2018, S. 6 (6). Vgl. auch Gloss, RdJB 2010, S. 323 (336 f.).

Dies führt zu der Frage, ob die Gefährderansprache überhaupt in **Grundrechte** eingreift. Hier muss konzediert werden, dass diese Frage uneinheitlich beantwortet wird.[428] Im Einzelnen ist hier vieles umstritten und schlicht unklar. Nach h.M. greift die Gefährderansprache (regelmäßig) allerdings zumindest in den Schutzbereich der allgemeinen Handlungsfreiheit i.S.d. Art. 2 Abs. 1 GG ein.[429] Dies ist dann der Fall, wenn der Appell derart nachdrücklich formuliert wird, dass sich der Adressat der Gefährderansprache aus Gründen der Vernunft für keine von der polizeilichen Empfehlung abweichende Handlungsalternative entscheiden kann und daher faktisch gezwungen wird, der Empfehlung Folge zu leisten. Sofern die Gefährderansprache im Vorfeld einer Großveranstaltung erfolgt, können auch die Meinungsäußerungsfreiheit i.S.d. Art. 5 Abs. 1 GG sowie die Versammlungsfreiheit i.S.d. Art. 8 Abs. 1 GG betroffen sein.

Da die Gefährderansprache also regelmäßig einen Grundrechtseingriff darstellt, muss der Hoheitsträger im Rahmen der Durchführung dieser Maßnahme den Vorrang und den Vorbehalt des Gesetzes beachten. Es stellt sich also die Frage, auf welche Befugnisnorm die Gefährderansprache gestützt werden kann. Die Gefährderansprache ist für das präventive Eingriffsrecht in Sachsen-Anhalt nicht ausdrücklich im SOG LSA normiert. Nach h.M. kann die Gefährderansprache nicht auf Standardmaßnahmen gestützt werden bzw. in diese hineingelesen werden.[430]

Die Gefährderansprache, die einem Gefährder nahelegt, sich einem bestimmten Ort nicht zu nähern, kann daher nicht auf § 36 Abs. 1 oder 2 SOG LSA gestützt werden. Es stellt auch einen Fehler dar, wenn die Gefährderansprache auf Befugnisnormen des Versammlungsrechts gestützt wird, da die Gefährderansprache im Vorfeld der Versammlung erfolgt. Die einschlägige Befugnisnorm für die Gefährderansprache ist vielmehr die **Generalklausel** des § 13 SOG LSA.[431]

IV. Tatbestandsvoraussetzungen

Die Gefährderansprache findet ihre Befugnisnorm in § 13 SOG LSA. Insofern ist in tatbestandlicher Hinsicht lediglich zu verlangen, dass die Tatbestandsvoraussetzungen der Generalklausel erfüllt sind. Es muss mithin eine konkrete Gefahr i.S.d. § 3 Nr. 3a SOG LSA vorliegen. Eine **konkrete Gefahr** ist eine Sachlage, bei der im einzelnen Falle die hinreichende Wahr-

428 Vgl. Dietlein/Hellermann, Öffentliches Recht in Nordrhein-Westfalen, § 3 Rn. 41.
429 Lisken/Denninger/Graulich, PolR-HdB, E. Rn. 289.
430 Lisken/Denninger/Graulich, PolR-HdB, E. Rn. 289.
431 Vgl. Hebeler, NVwZ 2011, S. 1364 (1366).

scheinlichkeit besteht, dass in absehbarer Zeit ein Schaden für die öffentliche Sicherheit oder Ordnung eintreten wird. Ferner muss sich die Maßnahme gegen einen **Verantwortlichen** richten.

Weitere tatbestandliche Voraussetzungen gibt es dann aber nicht. Es ist im Ausgangspunkt verfassungsrechtlich unbedenklich, dass die Gefährderansprache in tatbestandlicher Hinsicht derart geringe Anforderungen stellt, weil auch der durch sie herbeigeführte Grundrechtseingriff seinerseits als eher gering zu qualifizieren ist. Die Generalklausel kann unter verfassungsrechtlichen Aspekten daher als Befugnisnorm herangezogen werden.

Gleichwohl ist die Anwendung der Generalklausel als Befugnisnorm für die Gefährderansprache „nicht bruchlos" möglich.[432] Dies liegt daran, dass die Gefährderansprache zu einem Zeitpunkt erfolgt, zu dem es gerade noch keine Gefahr gibt. Es handelt sich um eine Maßnahme der Gefahrenvorsorge und nicht um eine der Gefahrenabwehr. Maßnahmen der Gefahrenvorsorge dürfen eigentlich aber gar nicht auf eine Befugnisnorm gestützt werden, die im Minimum von einer konkreten Gefahr ausgeht. Vor diesem Hintergrund muss man für eine Gefährderansprache verlangen, dass konkrete Anhaltspunkte dafür bestehen, dass der Gefährder eine Störung der öffentlichen Sicherheit oder Ordnung begehen wird.[433]

Im Ganzen sind hier relativ strenge Anforderungen an die konkreten Anhaltspunkte zu stellen. Die bloße Mitgliedschaft in einer polizeibekannten gewaltbereiten Gruppierung genügt z. B. noch nicht. Dieses Problem muss erkannt werden. (Klausur-)Fallbearbeitungen, die über dieses Problem einfach hinweggehen und die Generalklausel des § 13 SOG LSA ohne weitere Erläuterungen als Befugnisnorm für die Gefährderansprache zugrunde legen, überzeugen nicht wirklich. In der Rechtspraxis wird die Generalklausel aber vielfach einfach unreflektiert herangezogen und eine Gefahr, die ja de facto und de iure gar nicht vorliegt, schlicht und ergreifend als Prüfgegenstand angenommen. Ähnlich verhält es sich sodann mit dem Verantwortlichen i. S. d. §§ 7, 8 und 10 SOG LSA, den § 13 SOG LSA zwar tatbestandlich verlangt, den es bei einer Gefährderansprache aber ebenfalls gar nicht gibt. Letztlich muss man § 13 SOG LSA auf einen Gefährder anwenden.

Alles in allem ist die Heranziehung des § 13 SOG LSA als Befugnisnorm für die Gefährderansprache schief. Es ist dringend zu empfehlen, dass der Gesetzgeber des SOG LSA eine eigene Befugnisnorm für die Gefährderansprache schafft. Hierbei könnte sich etwa an der Vorschrift des § 12a NPOG orientiert werden.

432 Dietlein/Hellermann, Öffentliches Recht in Nordrhein-Westfalen, § 3 Rn. 41.
433 Vgl. OVG Magdeburg, Urt. v. 21.03.2012 – 3 L 341/11, NVwZ-RR 2012, S. 720 (721).

Kapitel M Der Einsatz von Bodycams

Das präventive Eingriffsrecht hält mit **§ 16 Abs. 3 SOG LSA** eine Befugnisnorm für den Einsatz von Bodycams bereit. Danach kann die Polizei im öffentlichen Verkehrsraum, an in § 43 Abs. 7 SOG LSA genannten Orten, in Dienstkraftfahrzeugen oder Dienstgebäuden der Polizei, ausgenommen Gewahrsamsräumen, bei der Durchführung von Maßnahmen zur Gefahrenabwehr oder zur Verfolgung von Straftaten oder Ordnungswidrigkeiten personenbezogene Daten einer Person durch den Einsatz technischer Mittel zur Anfertigung von Bild- und Tonaufzeichnungen kurzzeitig technisch erheben oder erheben, wenn tatsächliche Anhaltspunkte die Annahme rechtfertigen, dass dies zur Abwehr einer Gefahr für Leib oder Leben der Polizeibeamten oder Dritter erforderlich ist.

Der Einsatz von Bodycams kann also vor allem zur Aufgabenerfüllung, nicht zuletzt aber auch zur **Eigensicherung** erfolgen. Das eigentliche Ziel eines Einsatzes von Bodycams besteht in der **Deeskalation** einer Einsatzlage bzw. in der Vorbeugung einer möglichen Eskalation der Einsatzsituation.[434] Zu beachten ist dabei, dass ein anlassloser Einsatz von Bodycams nicht zulässig ist. Die Polizei darf also während einer Streifenfahrt die Bodycam nicht einfach einschalten. Vielmehr kann sie die Kamera erst dann aktivieren, wenn die Voraussetzungen des § 16 Abs. 3 SOG LSA erfüllt sind.

§ 16 Abs. 3 SOG LSA sieht für den Einsatz einer Bodycam einen denkbar weiten Anwendungsbereich vor. So kann die Polizei die Bodycam einsetzen
- im öffentlichen Verkehrsraum,
- in Arbeits-, Betriebs- und Geschäftsräumen sowie anderen Räumen und Grundstücken, die der Öffentlichkeit zugänglich sind oder zugänglich waren und den Anwesenden zum weiteren Aufenthalt zur Verfügung stehen,
- in Dienstkraftfahrzeugen oder Dienstgebäuden der Polizei, ausgenommen Gewahrsamsräumen,
- bei der Durchführung von Maßnahmen zur Gefahrenabwehr oder
- zur Verfolgung von Straftaten oder Ordnungswidrigkeiten.

Gerade die Erlaubnis zum Einsatz der Bodycam bei der Durchführung von Maßnahmen zur Gefahrenabwehr oder zur Verfolgung von Straftaten oder Ordnungswidrigkeiten ermöglicht es den handelnden Polizeivollzugsbeamten, die Kamera in den drei großen Aufgabenbereichen des Eingriffsrechts zu nutzen. Dabei ist ein **kurzzeitiges Erheben** personenbezogener Daten einer Person gem. § 16 Abs. 3 Satz 1 Nr. 1 SOG LSA stets mög-

434 Vgl. Bialon/Springer, Eingriffsrecht, Kap. 15 Rn. 2.

lich. Dies wird als sog. „Pre-Recording" bezeichnet. Diese Aufzeichnungen sind dann grds. automatisch nach höchstens zwei Minuten zu löschen. Des Weiteren ist ein Einsatz aber auch möglich, wenn tatsächliche Anhaltspunkte die Annahme rechtfertigen, dass dies zur **Abwehr einer Gefahr für Leib oder Leben der Polizeibeamten** oder Dritter erforderlich ist. Hierbei handelt es sich um das sog. „Recording".

Mit Blick auf § 16 Abs. 3 Satz 1 Nr. 2 SOG LSA stellt sich die Frage, ob durch die Verbindung der konkreten Gefahr mit der Formulierung „tatsächliche Anhaltspunkte die Annahme rechtfertigen" schon ein bloßer Gefahrenverdacht ausreichend ist.[435] Hier ist im Einzelnen vieles noch nicht abschließend entschieden. Fest steht jedenfalls, dass sich das Verhalten des vom Einsatz der Bodycam Betroffenen gegen das Leben oder die Gesundheit der Polizisten oder Dritter richten muss. Respektlosigkeiten und Beleidigungen eröffnen den Anwendungsbereich des § 16 Abs. 3 Satz 1 Nr. 2 SOG LSA noch nicht.

Unter einem öffentlichen Verkehrsraum kann man alle der Öffentlichkeit gewidmeten Einrichtungen verstehen.[436] Dies sind zwar vor allem dem Straßenverkehr dienende Einrichtungen, können aber auch sonstige Straßen, Wege, Plätze oder Parkanlagen sein.

In verfahrensrechtlicher Hinsicht ist zu beachten, dass auf den Einsatz technischer Mittel bei Erhebungen nach § 16 Abs. 3 SOG LSA stets hinzuweisen ist. Dies folgt aus § 16 Abs. 4 SOG LSA und entspricht dem deeskalierenden Sinn und Zweck des Einsatzes von Bodycams. Dabei dürfen im Zweifel auch personenbezogene Daten über andere Personen erhoben werden. Der Kernbereich privater Lebensgestaltung darf indes nicht berührt werden. Sofern sich beim Einsatz der Bodycam tatsächliche Anhaltspunkte dafür ergeben, dass Daten, die dem Kernbereich privater Lebensgestaltung zuzurechnen sind, aufgezeichnet werden, ist der Einsatz sofort zu unterbrechen.

Unklar ist, ob die Polizei die Bodycam auch in einer Wohnung einschalten darf. Eine klarstellende Regelung, wie sie etwa in § 31a Abs. 2 Satz 2 BbgPolG zu finden ist, ist im SOG LSA erkennbar nicht vorhanden. Angesichts der entsprechenden Geltung der § 17 Abs. 4a bis 4d SOG LSA stellt sich die Frage, ob eine Wohnung pauschal als Ort angesehen werden kann, in dem Äußerungen des Kernbereichs privater Lebensgestaltung getätigt werden. Da der Kernbereich privater Lebensgestaltung einen Rückzugsraum höchstpersönlicher Privatheit gewährleisten soll, ist es überzeugend, die Wohnung im Ganzen einem möglichen Einsatz der Bodycam zu entziehen. Eine Differenzierung nach Räumen innerhalb der Wohnung ist nicht sachgerecht und liefe auch den Wertungen des Art. 13 GG zuwider.

435 Vgl. BeckOK PolR NRW/Arzt, PolG NRW § 15c Rn. 22.
436 Vgl. BeckOK PolR Hessen/Bäuerle, HSOG § 14b Rn. 21 f.

Kapitel N Zwang

I. Allgemeines

In den bisherigen Kapiteln wurden die wichtigsten Maßnahmen des präventiven und repressiven Eingriffsrechts behandelt. Durch diese polizeilichen Verfügungen wurde dem Adressaten die Pflicht zum Handeln, Dulden oder Unterlassen auferlegt. In den obigen Ausführungen wurde jedoch vollkommen ignoriert, wie sich die Polizei zu verhalten hat, wenn der Adressat der polizeilichen Verfügung und also der Handlung-, Duldungs- oder Unterlassungspflicht gar nicht nachkommt. Die Polizei ist nicht darauf angewiesen, dass der Adressat die Maßnahme befolgt und also „mitspielt". Sofern der Adressat der Verfügung nicht freiwillig Folge leistet, kann die Polizei diese Verfügungen auch gegen den Willen des Adressaten **mit Zwang durchsetzen**. Sowohl die präventiven als auch die repressiven Maßnahmen können mit Zwang durchgesetzt werden. Die zwangsweise Durchsetzung einer Verfügung bedeutet, dass diese **vollstreckt** wird. Vollstreckung ist mithin die Anwendung von Zwang. Sofern es sich um eine Vollstreckung im präventiven Eingriffsrecht handelt, spricht man vom Verwaltungsvollstreckungsrecht.

Unter einer Vollstreckung i. S. d. Verwaltungsvollstreckungsrechts wird die zwangsweise Durchsetzung von aus dem öffentlichen Recht folgenden Pflichten verstanden. Man unterscheidet dabei zwischen der Vollstreckung von (öffentlich-rechtlichen) Geldforderungen und der Vollstreckung von Verwaltungsakten. Die Vollstreckung von Geldforderungen erfolgt im sog. „**Beitreibungsverfahren**". Die Vollstreckung von Verwaltungsakten erfolgt im sog. „**Zwangsverfahren**". Setzt die Polizei ihre Maßnahme mit Zwang durch, so wird speziell von polizeilichem Zwang oder allgemein von Verwaltungszwang gesprochen. Diese beiden Begriffe werden im Polizeirecht nicht ganz einheitlich verwendet.

Die zwangsweise Durchsetzung einer Verfügung stellt ihrerseits einen **Grundrechtseingriff** dar. Damit sind für das Zwangsrecht Befugnisnormen erforderlich. Während man gemeinhin davon ausgeht, dass die Befugnisnormen im repressiven Zwangsrecht in den Befugnisnormen der eigentlichen Grundverfügung der StPO angelegt sind, gibt es im präventiven Zwangsrecht einen eigenen Teil im SOG LSA, der sich nur mit dem Zwangsrecht befasst. Das Zwangsrecht ist in den §§ 53 ff. SOG LSA und also im vierten Teil normiert.

Hinweis

Das Polizeirecht ist zweistufig aufgebaut:
1. Stufe: Grundverfügung
2. Stufe: Vollstreckungsmaßnahme(n) zur Durchsetzung der Grundverfügung (Zwang)

II. Der Zwang im Gefahrenabwehrrecht

1. Einführung

Das Zwangsrecht des SOG LSA ist ein durchaus kompliziertes Teilrechtsgebiet des präventiven Gefahrenabwehrrechts. Den §§ 53 ff. SOG LSA liegt eine gänzlich andere Systematik zugrunde als dem Recht der Grundverfügungen. Zudem wird man mit relativ langen Normenketten und Inzidentprüfungen konfrontiert. Das Vollstreckungsrecht der allgemeinen Verwaltung ist im VwVG geregelt. Das polizeiliche Vollstreckungsrecht ist ausdrücklich im SOG LSA enthalten.

In der verwaltungsrechtlichen Praxis besteht ein Unterschied zwischen der Vollstreckung allgemeinverwaltungsrechtlicher und polizeiverwaltungsrechtlicher Verwaltungsakte. In der Regel greift der Adressat eines allgemeinverwaltungsrechtlichen Verwaltungsaktes (also der Grundverfügung) diesen zunächst mittels Widerspruchs- oder Anfechtungsklage an. Die Vollstreckung der Grundverfügung kann dann nur nach Abschluss des Widerspruchs- bzw. Klageverfahrens erfolgen – und dies auch nur dann, wenn die Widerspruchsbehörde bzw. das VG den Verwaltungsakt nicht aufgehoben hat. Die allgemeinverwaltungsrechtliche Grundverfügung wird im Widerspruchsverfahren und im Klageverfahren einer umfassenden Rechtmäßigkeitsprüfung unterzogen. Demgegenüber werden polizeiverwaltungsrechtliche Grundverfügungen in aller Regel sofort vollzogen (§ 80 Abs. 2 Satz 1 Nr. 2 VwGO).

Hinweis

Das allgemeine Verwaltungsvollstreckungsrecht sieht ein dreistufiges Vollstreckungsverfahren vor:
1. Stufe: **Androhung** des Zwangsmittels
2. Stufe: **Festsetzung** des Zwangsmittels
3. Stufe: **Anwendung** des Zwangsmittels

Im polizeilichen Vollstreckungsrecht wird aufgrund der Effektivität der Gefahrenabwehr von diesem Dreischritt in der überwiegenden Mehrzahl der Fälle abgewichen. Die Polizei wird sich in der Praxis in der Regel für den Sofortvollzug entscheiden. Hierbei gibt es weder eine Grundverfügung noch eine Androhung noch eine Festsetzung. Es kommt vielmehr direkt zur Anwendung des Zwangsmittels.

Die zentrale Norm, die bei jeder Zwangsmaßnahme Erwähnung finden muss, ist **§ 53 SOG LSA**. Dieser Paragraf regelt die allgemeine Zulässigkeit des Verwaltungszwanges für das SOG LSA.

Im Rahmen der Anwendung des polizeilichen Zwangs sind im Ausgangspunkt nur zwei Fallkonstellationen denkbar:
- In der ersten Fallkonstellation erlässt die Polizei zunächst eine Grundverfügung, die die Polizei dann mit Zwangsmitteln durchsetzt (**§ 53 Abs. 1 SOG LSA**).
- In der zweiten Fallkonstellation erlässt die Polizei keine Grundverfügung, sondern wendet direkt den Verwaltungszwang an (**§ 53 Abs. 2 SOG LSA**).

Die **erste Fallkonstellation** bereitet keine großen Verständnisschwierigkeiten. Hier erlässt die Polizei einen Verwaltungsakt, dem der Adressat nicht Folge leistet. Aus diesem Grund entschließt sich die Polizei zur Durchsetzung des Verwaltungsaktes durch die Anwendung von Zwang. Die von § 53 Abs. 1 SOG LSA umfasste Konstellation nennt man „**gestrecktes Verfahren**". Das Vollstreckungsverfahren wird durch die vorherige Grundverfügung gestreckt.

Beispiel

Die Polizei verweist den gewalttätigen Ehemann gem. § 36 Abs. 3 SOG LSA der gemeinsam mit seiner Ehefrau bewohnten Wohnung. Der Ehemann weigert sich, der Wohnungsverweisung nachzukommen und bleibt im Sessel im Wohnzimmer der Wohnung sitzen. Hier kann die Polizei nun gestützt auf § 53 Abs. 1 SOG LSA die auf § 36 Abs. 3 SOG LSA basierende Grundverfügung zwangsweise durchsetzen. Sie kann den Ehemann zur Not also mit Zwang aus der Wohnung entfernen.

Die **zweite Fallkonstellation** wird dann relevant, wenn die Polizei sofort und unmittelbar eingreifen muss, um eine Gefahr abzuwehren. In dieser Fallkonstellation ist für den Erlass einer vorherigen Grundverfügung (also eines vorherigen Verwaltungsakts) aus Gründen der Effektivität der Gefahrenabwehr kein Raum. Dies ist dann der Fall, wenn
- schon kein Adressat ersichtlich ist,
- eine Grundverfügung keinen Erfolg versprechen würde oder
- keine Zeit für den Erlass einer Grundverfügung bleibt.

In diesen Fällen kann die Polizei den Zwang anwenden, wenn die Zwangsanwendung für die Gefahrenabwehr erforderlich ist. Die von § 53 Abs. 2 SOG LSA umfasse Konstellation wird als „**Sofortvollzug**", „gekürztes Verfahren“, „sofortige Vollziehung“ oder „unmittelbare Zwangsausführung“ bezeichnet. Für die Fallkonstellation des § 53 Abs. 2 SOG LSA gibt es also verschiedene Begriffe. Die Termini können synonym verwendet werden.

Zu beachten ist aber, dass der Sofortvollzug i. S. d. § 53 Abs. 2 SOG LSA nicht mit der Anordnung der sofortigen Vollziehung i. S. d. § 80 Abs. 2 Nr. 4 VwGO verwechselt werden darf. Auch muss man den Sofortvollzug, der auf eine unmittelbare Anwendung des Verwaltungszwangs gerichtet ist, streng vom Zwangsmittel des unmittelbaren Zwangs unterscheiden. Im Rahmen der Prüfung der materiellen Rechtmäßigkeit eröffnen sich dann aber einige (umstrittene) dogmatische und prüfungstechnische Fragen, die den Sofortvollzug rechtlich nicht unkompliziert machen. Beim Sofortvollzug handelt es sich um eine Ausnahme vom Grundsatz, dass die Verwaltungsvollstreckung im gestreckten Verfahren durchzuführen ist.

Die Polizei kann die Grundverfügung nicht beliebig durchsetzen. Sie ist vielmehr an die von **§ 54 Abs. 1 SOG LSA** abschließend aufgeführten **Zwangsmittel** gebunden. Insgesamt gibt es drei Zwangsmittel:
- die Ersatzvornahme i. S. d. § 55 SOG LSA,
- das Zwangsgeld i. S. d. § 56 SOG LSA,
- der unmittelbare Zwang i. S. d. § 58 SOG LSA.

2. Befugnisnorm

Hinsichtlich des Prüfungsaufbaus handelt es sich sowohl beim gestreckten Verfahren als auch beim Sofortvollzug um bekanntes Terrain. Man prüft in den bekannten drei Schritten zunächst die Befugnisnorm, dann die formelle Rechtmäßigkeit und schließlich die materielle Rechtmäßigkeit.

Die **Befugnisnormen im gestreckten Verfahren** lauten
- für die Durchsetzung der Grundverfügung durch eine Ersatzvornahme:
  § 53 Abs. 1 SOG LSA i. V. m. § 54 Abs. 1 Nr. 1 SOG LSA i. V. m. § 55 SOG LSA;
- für die Durchsetzung der Grundverfügung durch das Zwangsgeld:
  § 53 Abs. 1 SOG LSA i. V. m. § 54 Abs. 1 Nr. 2 SOG LSA i. V. m. § 56 SOG LSA;
- für die Durchsetzung der Grundverfügung durch den unmittelbaren Zwang:
  § 53 Abs. 1 SOG LSA i. V. m. § 54 Abs. 1 Nr. 3 SOG LSA i. V. m. § 58 SOG LSA.

Hinweis

Ob man zusätzlich zu den Befugnisnormen im gestreckten Verfahren auch die jeweilige Befugnisnorm der zu vollstreckenden Grundverfügung angibt, ist eine Frage des Geschmacks. Es ist weder erforderlich noch falsch.

Die Befugnisnorm für die Vollstreckung einer Wohnungsverweisung durch physische Einwirkungen auf den Adressaten ist damit:

§ 53 Abs. 1 SOG LSA i. V. m. § 54 Abs. 1 Nr. 3 SOG LSA i. V. m. § 58 SOG LSA i. V. m. § 36 Abs. 3 SOG LSA.

Die **Befugnisnormen im Sofortvollzug** lauten

- für eine Ersatzvornahme:
  § 53 Abs. 2 SOG LSA i. V. m. § 54 Abs. 1 Nr. 1 SOG LSA i. V. m. § 55 SOG LSA;
- für das Zwangsgeld:
  § 53 Abs. 2 SOG LSA i. V. m. § 54 Abs. 1 Nr. 2 SOG LSA i. V. m. § 56 SOG LSA;
- für den unmittelbaren Zwang:
  § 53 Abs. 2 SOG LSA i. V. m. § 54 Abs. 1 Nr. 3 SOG LSA i. V. m. § 58 SOG LSA.

3. Formelle Rechtmäßigkeit

Im Rahmen der formellen Rechtmäßigkeit sind im Grunde wie gewohnt die Zuständigkeit, das Verfahren und die Form zu prüfen. Im Recht der Verwaltungsvollstreckung gilt der Grundsatz der Selbstvollstreckung.[437] Das bedeutet, dass aus der Zuständigkeit der Behörde zum Erlass der Grundverfügung auch die Zuständigkeit zur Vollstreckung dieser Grundverfügung folgt. **§ 53 Abs. 3 Satz 1 SOG LSA** greift diesen Grundsatz auf. Für die Anwendung von Zwangsmitteln ist die Polizeibehörde zuständig, die für den Erlass des Verwaltungsaktes zuständig ist. Im **gestreckten Vollstreckungsverfahren** ist also die Behörde für die Zwangsmaßnahme zuständig, die den mit Zwang durchzusetzenden Verwaltungsakt erlassen hat.

Hiervon macht § 53 Abs. 3 Satz 2 SOG LSA eine wichtige Ausnahme. Soweit Verwaltungsakte von obersten Landesbehörden oder von besonderen Sicherheitsbehörden erlassen werden, wird das für öffentliche Sicherheit und Ordnung zuständige Ministerium ermächtigt, im Einvernehmen mit dem Fachministerium durch Verordnung die Zuständigkeit abweichend zu regeln.

437 Kingreen/Poscher, Polizei- und Ordnungsrecht, § 24 Rn. 22.

Sofern eine Maßnahme im **Sofortvollzug** i. S. d. § 53 Abs. 2 SOG LSA zu prüfen ist, ist § 53 Abs. 3 SOG LSA mangels vorhandener Grundverfügung nicht anwendbar. In diesen Fällen folgt die Zuständigkeit aus § 1 Abs. 1 SOG LSA. Zu prüfen ist dann, ob eine Gefahr für die öffentliche Sicherheit oder Ordnung vorliegt, die im Wege des Sofortvollzugs abgewehrt werden soll.

Mit Blick auf die **allgemeinen Verfahrens- und Formvorschriften** sind im polizeilichen Zwangsrecht im Großen und Ganzen keine Besonderheiten zu beachten. In der Verwaltungsvollstreckung ist eine Anhörung vor dem Hintergrund des § 28 Abs. 2 Nr. 5 VwVfG jedoch entbehrlich. Es dürfte auch vertretbar sein, die Verwaltungsvollstreckungsmaßnahme als Realakt zu klassifizieren.[438] Damit wäre der Anwendungsbereich des § 28 Abs. 1 VwVfG, der nur für (belastende) Verwaltungsakte eröffnet ist, in der Verwaltungsvollstreckung gerade nicht eröffnet.[439]

Die **Androhung** i. S. d. §§ 59, 63 SOG LSA und die **Festsetzung** i. S. d. § 56 Abs. 2 SOG LSA sind keine Elemente der formellen Rechtmäßigkeit, sondern unterfallen als Regelungen zur ordnungsgemäßen Anwendung des Zwangsmittels nach hier vertretener Auffassung der materiellen Rechtmäßigkeit. Es wäre aber nicht falsch, erörterte man Androhung und Festsetzung bereits in der formellen Rechtmäßigkeit.

Es ist ferner möglich, im Anschluss an die Prüfung der formellen Rechtmäßigkeit und vor der Prüfung der materiellen Rechtmäßigkeit einen eigenständigen Prüfungspunkt zur ordnungsgemäßen Zwangsmittelanwendung einzuschieben. Bei der Verortung der Prüfung der Androhung und Festsetzung handelt es sich letztlich um eine Aufbaufrage. Entscheidend ist, dass Androhung und Festsetzung überhaupt geprüft bzw. beachtet werden. In einer Klausur und in der polizeipraktischen Arbeit kommt es daher weniger auf das „Wo“, sondern vielmehr auf das „Ob“ an.

4. Materielle Rechtmäßigkeit

Im Rahmen der Prüfung der materiellen Rechtmäßigkeit muss zwischen
- den Fällen, in denen dem Zwang ein Verwaltungsakt vorausgegangen ist, und
- den Fällen, in denen dem Zwang kein Verwaltungsakt vorausgegangen ist,

unterschieden werden.

438 Vgl. BeckOK PolR NRW/Ogorek, PolG NRW § 50 Rn. 16.
439 Vgl. BeckOK PolR NRW/Ogorek, PolG NRW § 50 Rn. 16.

4.1 Zwang nach vorausgegangenem Verwaltungsakt

Zwang nach vorausgegangenem Verwaltungsakt bedeutet, dass die Polizei den Verwaltungsakt mit den Zwangsmitteln des SOG LSA durchsetzen will. Die Befugnisnorm ist **§ 53 Abs. 1 SOG LSA**. Danach kann der polizeiliche Verwaltungsakt, der auf die Vornahme einer Handlung oder auf Duldung oder Unterlassung gerichtet ist, mit Zwangsmitteln durchgesetzt werden, wenn der Verwaltungsakt unanfechtbar ist oder wenn ein Rechtsbehelf keine aufschiebende Wirkung hat. Grundlegende Voraussetzung für das Zwangsrecht ist also das Vorliegen eines Verwaltungsakts i. S. d. § 35 Satz 1 VwVfG.

Inhaltlich muss es sich bei diesem Verwaltungsakt um einen imperativen oder befehlenden Verwaltungsakt handeln, der eine bestimmte Rechtspflicht des Adressaten bestimmt. Diese Rechtspflicht besteht in einem Handeln („Tu das!"), einem Dulden („Dulde das!") oder einem Unterlassen („Unterlasse das!").[440] Es darf sich mithin nicht um bloß feststellende oder rechtsgestaltende Verwaltungsakte handeln.

Beispiel

Ein befehlender polizeirechtlicher Verwaltungsakt ist beispielsweise die Aufforderung, stehen zu bleiben, sich auszuweisen, die Durchsuchung der eigenen Person oder der eigenen Sachen zu dulden, einen gewissen räumlichen Bereich zu verlassen etc.

Aus dem Vorstehenden ergibt sich, dass § 53 Abs. 1 SOG LSA in tatbestandlicher Hinsicht einen Verwaltungsakt verlangt, der

- befehlend und
- vollstreckbar ist.

An dieser Stelle muss man sich vergegenwärtigen, dass alle Verwaltungsakte nur dann rechtlich relevant sind, wenn sie **wirksam** sind. Ein Verwaltungsakt wird gem. § 41 Abs. 1 Satz 1 VwVfG gegenüber demjenigen, für den er bestimmt ist oder der von ihm betroffen wird, in dem Zeitpunkt wirksam, in dem er ihm bekannt gegeben wird. § 53 Abs. 1 SOG LSA erwähnt dieses Erfordernis der Wirksamkeit nicht ausdrücklich, sondern setzt es vielmehr stillschweigend voraus. Bei einem **schriftlichen Verwaltungsakt** kann man von Bekanntgabe sprechen, wenn dieser dem Adressaten i. S. d. § 130 Abs. 1 BGB zugegangen ist und der Adressat tatsächlich Kenntnis nimmt bzw. ihm die nach der Verkehrsauffassung zumutbare Möglichkeit der Kenntnis-

440 Bialon/Springer, Eingriffsrecht, Kap. 36 Rn. 11.

nahme eingeräumt wurde.[441] Eine tatsächliche Kenntnisnahme durch den Adressaten ist für eine erfolgreiche Bekanntgabe aber nicht erforderlich. Im Falle eines mündlichen Verwaltungsakts erfolgt die Bekanntgabe dann, wenn der Adressat den Verwaltungsakt sinnlich wahrnehmen kann.

Der Verwaltungsakt wird dabei gem. § 43 Abs. 1 Satz 1 VwVfG mit dem Inhalt wirksam, mit dem er bekannt gegeben wird. Die zentrale Konsequenz eines einmal bekannt gegebenen Verwaltungsakts besteht in seiner dauerhaften Wirksamkeit. Ein Verwaltungsakt bleibt wirksam, solange und soweit er nicht zurückgenommen, widerrufen, anderweitig aufgehoben oder durch Zeitablauf oder auf andere Weise erledigt ist. Ist der Verwaltungsakt also erst einmal bekannt gegeben, so ist er „in der Welt" und verlässt diese Welt ohne behördliches Zutun nicht wieder.[442] Dies gilt insbesondere auch für rechtswidrige Verwaltungsakte.

Nichtige Verwaltungsakte können nicht wirksam werden. Dies folgt aus § 43 Abs. 3 VwVfG. Sie sind nicht existent und lösen keine rechtlichen Wirkungen aus. Ein Verwaltungsakt ist gem. § 44 Abs. 1 VwVfG nichtig, soweit er an einem besonders schwerwiegenden Fehler leidet und dies bei verständiger Würdigung aller in Betracht kommenden Umstände offensichtlich ist. Die weiteren Gründe für eine Nichtigkeit sind in § 44 Abs. 2 VwVfG aufgeführt.

Hinweis

Die Bekanntgabe eines Verwaltungsaktes führt unabhängig von seiner Rechtmäßigkeit zu dessen Wirksamkeit. Das bedeutet, dass die Bekanntgabe eines rechtswidrigen Verwaltungsaktes dazu führt, dass er trotz seiner Rechtswidrigkeit wirksam und für den Adressaten bindend ist. Der Adressat muss selbst rechtzeitig, also fristwahrend (!), aktiv werden und den rechtswidrigen Verwaltungsakt durch Widerspruch bzw. Anfechtungsklage angreifen. Die Verwaltung kann einen rechtswidrigen Verwaltungsakt aufheben – sie muss es aber nicht.

Dies führt zu der im Verwaltungsvollstreckungsrecht umstrittenen Frage, ob die Verwaltung einen **rechtswidrigen Verwaltungsakt vollstrecken darf**. Es fragt sich also konkret, ob trotz der rechtswidrigen Grundverfügung ihr rechtmäßiger Vollzug möglich sein kann. Hierzu werden zwei Ansichten vertreten:[443]
- der zu vollstreckende Verwaltungsakt muss nur wirksam sein;
- der zu vollstreckende Verwaltungsakt muss wirksam und rechtmäßig sein.

441 Vgl. Nerlich, Eingriffsrecht Brandenburg, S. 235.
442 Nerlich, Eingriffsrecht Brandenburg, S. 236.
443 Siehe zum Streitstand BeckOK PolR NRW/Ogorek, PolG NRW § 50 Rn. 12 ff. (m. w. N.).

Das zentrale Argument für die zwingende Rechtmäßigkeit des zu vollstreckenden Verwaltungsakts ist die Gesetzmäßigkeit der Verwaltung, die gem. Art. 20 Abs. 3 GG an Gesetz und Recht gebunden ist. Die Vollstreckung eines rechtswidrigen Verwaltungsaktes verstoße dann aber gegen die Gesetzmäßigkeit der Verwaltung, so die Argumentation.

Die besseren Argumente sprechen aber dafür, es **auf die Rechtmäßigkeit der Grundverfügung gerade nicht ankommen zu lassen**.[444] Hier ist zum einen der Wortlaut des § 53 Abs. 1 SOG LSA heranzuziehen, der lediglich von einem vollstreckbaren Verwaltungsakt spricht. Zum anderen kann in systematischer Sicht auch mit § 53 Abs. 2 SOG LSA argumentiert werden. Immerhin heißt es in § 53 Abs. 2 SOG LSA ausdrücklich, dass die Polizei im Sofortvollzug innerhalb ihrer Befugnisse, also rechtmäßig handeln muss. Ein solcher Bezug auf die Rechtmäßigkeit fehlt aber in § 53 Abs. 1 SOG LSA. Dagegen kann auch nicht eingewendet werden, dass rechtmäßiges Verwaltungshandeln in einem Rechtsstaat selbstverständlich ist und damit unausgesprochen immer vorliegen muss. Als Argument verfängt dies schon deshalb nicht, weil es sich nicht sinnvoll erklären lässt, weshalb § 53 Abs. 2 SOG LSA dann aber die doch angeblich so selbstverständliche Rechtmäßigkeit expressis verbis als zwingende Tatbestandsvoraussetzung aufführt.

Letztlich kann man auch aufgrund der **Titelfunktion** des zu vollstreckenden Verwaltungsakts davon ausgehen, dass es nur auf die Existenz des Titels und somit auf die Wirksamkeit ankommt. Die Titelfunktion des Verwaltungsaktes ermöglicht es der Behörde, über den Erlass eines Verwaltungsaktes selbstständig ein Mittel zur zwangsweisen Rechtsdurchsetzung zu erlassen. Ein Gericht muss sie hierfür nicht bemühen. Dies ist das Besondere an der Verwaltungsvollstreckung. Sofern zivilrechtliche Ansprüche mit Zwang durchgesetzt werden sollen, muss hierfür ein gerichtlicher Titel i. S. d. §§ 704, 794 ZPO erwirkt werden. Für die Zwangsvollstreckung im Zivilrecht ist es also in aller Regel erforderlich, dass vorab ein gerichtliches Erkenntnisverfahren durchgeführt wird. Dies ist im Strafvollstreckungsrecht (§§ 449 ff. StPO) genauso.

Insbesondere ist der Adressat der Vollstreckung einer rechtswidrigen Grundverfügung mit Blick auf **Rechtsbehelfe** und etwaiger Staatshaftungsansprüche **auch nicht schutzbedürftig**. Hinzukommt ferner, dass es für die Polizei in ihrem täglichen Wirkbereich auf der Straße nicht immer klar erkennbar ist, ob eine Maßnahme rechtmäßig oder (ausnahmsweise) rechtswidrig ist. Vor allem die Verhältnismäßigkeitsprüfung einer polizeilichen Maßnahme

444 Vgl. Kingreen/Poscher, Polizei- und Ordnungsrecht, § 24 Rn. 32.

kann bisweilen Anlass geben, zu unterschiedlichen Auffassungen über die Rechtmäßigkeit des Grundrechtseingriffs zu gelangen. Aus Gründen der Effektivität der Gefahrenabwehr wird man es Polizeivollzugsbeamten aber schon zeitlich nicht zumuten können, eine bis in kleinste Abwägungen verästelte Rechtmäßigkeitsprüfung und insbesondere Verhältnismäßigkeitsprüfung ihrer Maßnahmen vorzunehmen. In juristischer Hinsicht wird die von Polizisten durchgeführte Rechtmäßigkeitsprüfung ohnehin nicht das Niveau einer rechtlichen Prüfung durch das VG erreichen.

Für die polizeiliche Praxis hat dieser Streit wohl keine allzu große Relevanz. Nach hier vertretener Auffassung handelt es sich um ein Rechtsproblem, das zwar zweifellos besteht, mit dem sich letztlich aber erst die Verwaltungsgerichte im Erkenntnisverfahren befassen müssen. Streng genommen verbietet es das Verwaltungsrecht nicht, rechtswidrige Verwaltungsakte zu erlassen. Das VwVfG sieht rechtswidrige Verwaltungsakte nicht als inexistent an. Vielmehr kann aufgrund der Regelungen des § 43 Abs. 1 Satz 2, Abs. 2 VwVfG davon ausgegangen werden, dass die bloße Wirksamkeit des Verwaltungsaktes für das Verwaltungsverfahren i. S. d. § 9 VwVfG ausreichend ist.

Hinweis

Für die zwangsweise Durchsetzung einer Grundverfügung genügt es, wenn die Grundverfügung wirksam ist. Auf ihre Rechtmäßigkeit kommt es nicht an. Das bedeutet, dass auch rechtswidrige Grundverfügungen mit Zwang durchgesetzt werden können und das Verwaltungsvollstreckungsverfahren trotzdem rechtmäßig sein kann.

Der durchzusetzende Verwaltungsakt muss aber **vollstreckbar** sein. Er ist gem. § 53 Abs. 1 SOG LSA vollstreckbar, wenn
- er unanfechtbar ist oder
- wenn ein Rechtsbehelf keine aufschiebende Wirkung hat.

Ein Verwaltungsakt ist **unanfechtbar**, wenn er vom Adressaten aus zeitlichen Gründen nicht mehr angegriffen werden kann. Der Adressat kann sich gegen einen Verwaltungsakt wehren, indem er bei der Behörde Widerspruch einlegt oder beim VG Anfechtungsklage erhebt. Das Besondere an diesen beiden Rechtsbehelfen ist, dass sie gem. § 80 Abs. 1 Satz 1 VwGO einen Suspensiveffekt auslösen. Widerspruch und Anfechtungsklage haben nämlich aufschiebende Wirkung. Dieser Suspensiveffekt bewirkt, dass der Verwaltungsakt so lange nicht vollzogen werden kann, bis die Widerspruchsbehörde über den Widerspruch bzw. das VG über die Anfechtungsklage entschieden hat, und auch im Übrigen keine weiteren Rechtsmittel mehr eingelegt werden können.

Der Adressat des Verwaltungsaktes kann sich jedoch nicht beliebig lang gegen diesen zur Wehr setzen. Er muss sich vielmehr an die gesetzlich vorgegebenen Rechtsbehelfsfristen halten. Die Rechtsbehelfsfrist beträgt gem. §§ 70 und 74 VwGO grds. einen Monat. Das fristauslösende Ereignis ist die Bekanntgabe des Verwaltungsaktes i. S. d. § 41 Abs. 1 Satz 1 VwVfG. Die Rechtsbehelfsfrist kann aber ausnahmsweise ein Jahr betragen, wenn die stets erforderliche Rechtsbehelfsbelehrung i. S. d. § 58 Abs. 2 Satz 1 VwGO unterblieben oder unrichtig erteilt worden ist. Ein unanfechtbarer Verwaltungsakt ist bestandskräftig. Bestandskraft kann auch dadurch eintreten, dass gegen eine verwaltungsgerichtliche Entscheidung in der Hauptsache, die den angegriffenen Verwaltungsakt bestätigt hat, keine Rechtsmittel mehr eingelegt werden können.

Definition

Rechtsbehelf ist der Oberbegriff für alle Gesuche, mit denen behördliche oder gerichtliche Entscheidungen angegriffen werden können.

Man unterscheidet formlose und förmliche Rechtsbehelfe:

- **Formlose Rechtsbehelfe** sind solche, die keine zwingende Wirkung haben. Dies sind vor allem die Petition und die Dienstaufsichtsbeschwerde. Wird eine solche eingelegt, dann kann sich die Behörde bzw. das Gericht mit dieser befassen, muss es aber nicht. Formlose Rechtsbehelfe sind zudem nicht an Fristen gebunden. Formlose Rechtsbehelfe sind eher schwache Rechtsbehelfe. Von daher hat sich das Bonmot verfestigt, sie seien „formlos, fristlos und fruchtlos".
- **Förmliche Rechtsbehelfe** lösen eine zwingende Wirkung aus. Sie sind an eine bestimmte Form und Frist gebunden.

Auch das **Rechtsmittel** ist ein förmlicher Rechtsbehelf. Rechtsmittel haben einen Suspensiveffekt und Devolutiveffekt. Der Suspensiveffekt bewirkt, dass der Eintritt der formellen Rechtskraft durch das Rechtsmittel gehemmt wird. Der Devolutiveffekt führt dazu, dass sich die nächsthöhere Instanz mit der Sache befassen muss bzw. das Verfahren im höheren Rechtszug anhängig wird.

Der Verwaltungsakt ist damit immer dann unanfechtbar, wenn er mit Widerspruch oder Anfechtungsklage nicht mehr angefochten werden kann.

Praxishinweis

In der gefahrenabwehrrechtlichen Praxis wird die Vollstreckung eines unanfechtbaren Verwaltungsaktes eher die Ausnahme sein.

Gem. § 53 Abs. 1 kann ein Verwaltungsakt auch dann mit Zwangsmitteln durchgesetzt werden, wenn ein **Rechtsbehelf keine aufschiebende Wirkung** hat. Die Vollstreckbarkeit ist also in diesem Fall nicht an die Unanfechtbarkeit gebunden. Vielmehr ist sie auch dann möglich, wenn der Suspensiveffekt nicht eintritt. Diese Konstellation, dass die Polizei einen Verwaltungsakt vollstrecken will, der zwar noch nicht unanfechtbar ist, gegen den Rechtsbehelfe aber keine aufschiebende Wirkung haben, ist sehr praxisrelevant.

Hierbei muss man sich verdeutlichen, dass der Suspensiveffekt eines Widerspruchs bzw. einer Anfechtungsklage für den Adressaten eines Verwaltungsaktes gerade deshalb von Vorteil ist, weil die Vollziehung des Verwaltungsaktes gehemmt wird. Für die Polizei und eine effektive Gefahrenabwehr ist eine solche Vollziehungshemmung allerdings nachteilig. Dies liegt daran, dass die Polizei oftmals nicht warten kann, bis über einen Widerspruch bzw. eine Anfechtungsklage gegen die erlassene polizeiliche Maßnahme entschieden ist. Die Ziele des § 80 Abs. 1 VwGO kollidieren daher mit den Zielen des SOG LSA.

Es gibt Fälle, in denen die Verwaltung sofort handeln muss. Für die Polizei ist dabei sofortiges Handeln sogar die Regel und nicht bloß die Ausnahme. Der Gesetzgeber hat daher in § 80 Abs. 2 VwGO enumerativ Fallgruppen aufgeführt, in denen der Grundsatz, dass Widerspruch und Anfechtungsklage aufschiebende Wirkung haben, nicht gilt.

Für die Polizei sind dabei vor allem zwei Fallgruppen relevant:

- **§ 80 Abs. 2 Satz 1 Nr. 2 VwGO**: Die aufschiebende Wirkung entfällt nur bei unaufschiebbaren Anordnungen und Maßnahmen von Polizeivollzugsbeamten.
- **§ 80 Abs. 2 Satz 1 Nr. 4 VwGO**: Die aufschiebende Wirkung entfällt nur in den Fällen, in denen die sofortige Vollziehung im öffentlichen Interesse oder im überwiegenden Interesse eines Beteiligten von der Behörde, die den Verwaltungsakt erlassen oder über den Widerspruch zu entscheiden hat, besonders angeordnet wird.

§ 80 Abs. 2 Satz 1 Nr. 2 VwGO trägt dem Umstand Rechnung, dass polizeiliche Maßnahmen keine Verzögerung dulden. Es geht um Sachverhalte, bei denen die Polizei aus Gründen der Effektivität der Gefahrenabwehr sofort tätig werden und in Grundrechte eines Verantwortlichen eingreifen muss. Der Adressat des polizeilichen Verwaltungsaktes kann sich zwar nach wie vor gegen diesen wehren, es tritt aber (ausnahmsweise) kein Suspensiveffekt ein.[445]

445 Vgl. Nerlich, Eingriffsrecht Brandenburg, S. 238.

§ 80 Abs. 2 Satz 1 Nr. 2 VwGO stellt jedoch drei Voraussetzungen auf, die kumulativ erfüllt sein müssen, damit der Suspensiveffekt nicht eintritt:[446]

- Bei der polizeilichen Maßnahme muss es sich um einen Verwaltungsakt handeln.
- Es muss sich um eine Maßnahme der Vollzugspolizei handeln.
- Die polizeiliche Maßnahme muss unaufschiebbar sein.

4.2 Zwang ohne vorausgegangenen Verwaltungsakt

Die Polizei kann den Verwaltungszwang allerdings gem. § 53 Abs. 2 SOG LSA auch ohne vorausgehenden Verwaltungsakt anwenden, wenn dies zur Abwehr einer Gefahr erforderlich ist. Dies ist insbesondere in den Fällen möglich, in denen Maßnahmen gegen Personen nach §§ 7 bis 10 SOG LSA nicht oder nicht rechtzeitig möglich sind oder keinen Erfolg versprechen. Zu beachten ist aber, dass die Polizei hierbei innerhalb ihrer Befugnisse handeln muss. Das Handeln innerhalb der Befugnisse wird von § 53 Abs. 2 SOG LSA ausdrücklich verlangt. Zu beachten ist weiterhin, dass die Polizei im Falle des § 53 Abs. 2 SOG LSA gleichwohl gedanklich nicht ohne eine zu vollstreckende Grundverfügung auskommt. Sie setzt daher eine hypothetische bzw. fiktive Grundverfügung durch.[447] Es handelt sich um einen Verwaltungsakt, den die Polizei hätte erlassen dürfen, wenn sie mit Blick auf die abzuwehrende Gefahr nur genug Zeit dafür gehabt hätte.

Das bedeutet, dass bei § 53 Abs. 2 SOG LSA tatbestandlich kein Verwaltungsakt zugrunde liegt. Es fehlt also an einer bereits erlassenen Grundverfügung. Dies ist im Falle des § 53 Abs. 1 SOG LSA genau anders. § 53 Abs. 2 SOG LSA hat damit Sachverhalte im Blick, in denen die Polizei aufgrund einer besonderen Eilbedürftigkeit sofort handeln und ein Zwangsmittel unmittelbar anwenden muss. Im polizeilichen Alltag gibt es immer wieder Situationen, in denen der Erlass einer der Zwangsanwendung vorausgehenden Grundverfügung aus Gründen der Effektivität der Gefahrenabwehr nicht angezeigt ist. Ein gestrecktes Verfahren würde schlicht und ergreifend zu lange dauern.

§ 53 Abs. 2 SOG LSA normiert damit den sog. „**Sofortvollzug**", das unmittelbare Zwangsverfahren bzw. die unmittelbare Ausführung. § 53 Abs. 2 SOG LSA als unmittelbare Ausführung zu bezeichnen, ist mit Blick auf § 9 SOG LSA jedoch misslich. Es handelt sich dabei um ein „einaktiges" Handeln zur Abwehr von Gefahren.[448] Der Sofortvollzug i. S. d. § 53 Abs. 2 SOG LSA darf nicht mit der sofortigen Vollziehung i. S. d. § 80 Abs. 2 Nr. 4

446 BeckOK VwGO/Gersdorf, VwGO § 80 Rn. 56.
447 Vgl. Nerlich, Eingriffsrecht Brandenburg, S. 239.
448 Thiel, Polizeirecht, § 13 Rn. 16.

VwGO verwechselt werden.[449] Anders als in anderen Bundesländern knüpft der Sofortvollzug nicht an eine besondere Gefahrenart an. Die unmittelbare Ausübung des Zwanges ist bereits dann möglich, wenn nur eine konkrete Gefahr i. S. d. § 3 Nr. 3a SOG LSA vorliegt. Eine gegenwärtige Gefahr ist nicht erforderlich.

Hinweis

In tatbestandlicher Hinsicht setzt § 53 Abs. 2 SOG LSA
- eine fiktive bzw. hypothetische Grundverfügung,
- eine konkrete Gefahr
- und die Erforderlichkeit des Verwaltungszwanges zur Abwehr dieser Gefahr

voraus.

Mit Blick auf die fiktive Grundverfügung müssen die Polizeibeamten prüfen, ob sie die Grundverfügung bei ausreichender Zeit zur Gefahrenabwehr gegenüber einem Adressaten erlassen dürften. Der große Unterschied zur Vollstreckung einer Grundverfügung im gestreckten Verfahren besteht beim Sofortvollzug darin, dass die hypothetische Grundverfügung zwingend rechtmäßig sein muss. Zur Erinnerung: Im gestreckten Verfahren muss diese bloß wirksam sein. Dass die hypothetische Grundverfügung i. S. d. § 53 Abs. 2 SOG LSA rechtmäßig sein muss, ergibt sich aus dem Wortlaut des § 53 Abs. 2 SOG LSA. Der Gesetzgeber des SOG LSA verlangt, dass die Polizei bei der Anwendung des Sofortvollzugs „innerhalb ihrer Befugnisse handelt". Daraus folgt, dass die gesetzlichen Voraussetzungen eines Verwaltungsaktes, der auf ein Handeln, Dulden oder Unterlassen gerichtet ist, erfüllt sein müssen.[450] Zu prüfen ist dann, ob die hypothetische Grundverfügung auf eine Befugnisnorm gestützt werden kann und ihre formelle und materielle Rechtmäßigkeit gegeben ist.

Der Sofortvollzug i. S. d. § 53 Abs. 2 SOG LSA muss zur Abwehr der Gefahr **erforderlich** sein. Die ausdrückliche Erwähnung der Erforderlichkeit kann nur als unmissverständlicher Hinweis auf die Einhaltung der Verhältnismäßigkeit verstanden werden. Zwar findet sich in der polizeirechtlichen Literatur bisweilen auch der Standpunkt, dass die Erforderlichkeit „nicht wie üblich zu prüfen" sei.[451] Es ist jedoch zu beachten, dass in anderen Bundesländern – so etwa in § 50 Abs. 2 PolG NRW – von der Notwendigkeit und gerade nicht von der Erforderlichkeit des Sofortvollzugs die Rede ist. In der Verwendung des Begriffs der Notwendigkeit ist eine Auslegungsbedürftigkeit des Begriffs angelegt, die letztlich in die Gleichsetzung von Notwen-

449 Vgl. Martell, SOG LSA, § 53 Rn. 14.
450 Vgl. Martell, SOG LSA, § 53 Rn. 17.
451 Bialon/Springer, Eingriffsrecht, Kap. 36 Rn. 19.

digkeit und Erforderlichkeit mündet.[452] Indem das SOG LSA direkt auf die Erforderlichkeit abstellt, bedarf es hier keiner Auslegung mehr, da die Erforderlichkeit als Element der Verhältnismäßigkeit rechtsdogmatisch als bereits hinreichend definiert angesehen werden kann. Der Sofortvollzug muss sich daher als das mildeste unter gleich geeigneten Mitteln darstellen.

Hierbei hat § 53 Abs. 2 SOG LSA drei Fallkonstellationen im Blick, in denen der Sofortvollzug zur Abwehr einer Gefahr insbesondere erforderlich ist. In rechtsmethodischer Hinsicht wird aufgrund der Verwendung des Wortes „insbesondere" deutlich, dass diese Aufzählung der Fälle nicht abschließend zu verstehen ist. In rechtspraktischer Hinsicht dürfte es jedoch keinen Sachverhalt geben, der nicht zumindest einem der in § 53 Abs. 2 SOG LSA genannten Fälle zuzuordnen wäre. Der Sofortvollzug kann mithin dann durchgeführt werden, wenn dies zur Abwehr einer Gefahr erforderlich ist, insbesondere weil Maßnahmen gegen Personen nach §§ 7 bis 10 SOG LSA **nicht** oder **nicht rechtzeitig möglich** sind oder **keinen Erfolg versprechen**.

Unklar ist dabei, was unter Maßnahme zu verstehen ist. Hier kommt einerseits die Grundverfügung selbst in Betracht, andererseits kann aber auch die Zwangsmittelanwendung gemeint sein. Auch die Zwangsmittelanwendung ist nämlich eine Maßnahme gegen Personen. Es ist jedoch näherliegend, davon auszugehen, dass mit der Maßnahme i. S. d. § 53 Abs. 2 SOG LSA die Grundverfügung gemeint ist.

Die **erste Fallgruppe**[453] hat damit Sachverhalte im Blick, in denen Maßnahmen (also Grundverfügungen) gegen Personen nach §§ 7 bis 10 SOG LSA nicht möglich sind. Dies ist etwa dann anzunehmen, wenn die Polizei am Ort der abzuwehrenden Gefahr gar keine Person antrifft. In Betracht kommt aber auch der Fall, in dem die Polizei zwar eine Person vor Ort antrifft, eine Bekanntgabe der Grundverfügung gegenüber dieser Person aber aus tatsächlichen Gründen nicht möglich ist, weil die Person etwa bewusstlos oder physisch bzw. psychisch derart beeinträchtigt ist, dass eine wirksame Bekanntgabe i. S. d. § 41 Abs. 1 Satz 1 VwVfG ihr gegenüber nicht möglich ist. Dass der Adressat der deutschen Sprache nicht mächtig ist, hindert die Bekanntgabe angesichts § 23 Abs. 1 VwVfG jedoch nicht.

Die **zweite Fallgruppe**[454] hat Sachverhalte im Blick, in denen Maßnahmen gegen Personen nach §§ 7 bis 10 SOG LSA nicht rechtzeitig möglich sind. Dies sind Fälle, in denen zwecks Gefahrenabwehr in besonderem Maße Eile geboten ist. Die Polizei trifft vor Ort zwar auf Personen, die sie als

452 Vgl. Dietlein/Hellermann, Öffentliches Recht in Nordrhein-Westfalen, § 3 Rn. 254.
453 Nachfolgend angelehnt an Bialon/Springer, Eingriffsrecht, Kap. 36 Rn. 21.
454 Nachfolgend angelehnt an Bialon/Springer, Eingriffsrecht, Kap. 36 Rn. 21.

Adressaten in Anspruch nehmen könnte, der Erlass einer Grundverfügung und das anschließende Warten, bis der Adressat die Grundverfügung umgesetzt hat, würden aber mit Blick auf den (drohenden) Schadenseintritt zu lange dauern. Zu denken ist an Fälle, in denen die angetroffene Person angesichts des drohenden Schadens hysterisch oder schlicht überfordert ist und es zu lange dauern würde, darauf zu warten, dass sich die Person wieder beruhigt. Denkbar sind aber auch Situationen, in denen die Polizei ganz unmittelbar bevorstehende Gewalttätigkeiten verhindern muss und nur die sofortige Anwendung von körperlicher Gewalt oder sogar der Gebrauch der Schusswaffe die Gefahr abwehren kann.

Die **dritte Fallgruppe**[455] hat schließlich Sachverhalte im Blick, in denen Maßnahmen gegen Personen nach §§ 7 bis 10 SOG LSA keinen Erfolg versprechen. In diesen Fällen trifft die Polizei vor Ort mögliche Adressaten an und könnte ihnen gegenüber auch in zeitlicher Hinsicht ohne Probleme eine Grundverfügung erlassen. Allerdings muss die Polizei angesichts der Umstände des Einzelfalls davon ausgehen, dass die Gefahr durch den Erlass der Grundverfügung nicht abgewehrt werden wird.

Hier sind vor allem zwei Konstellationen denkbar:

- In der ersten Konstellation ist seitens der Polizei davon auszugehen, dass der potenzielle Adressat der (hypothetischen) Grundverfügung die Befolgung des in der Grundverfügung enthaltenen Befehls verweigert, sich der polizeilichen Inanspruchnahme bewusst entzieht oder seitens der Polizei zu befürchten steht, dass die Situation durch den Erlass einer Grundverfügung nur noch weiter eskaliert, und der Störer daher von den Polizeivollzugsbeamten aus Gründen der Effektivität der Gefahrenabwehr direkt mit unmittelbarem Zwang angegangen werden muss.
- In der zweiten Konstellation ist seitens der Polizei davon auszugehen, dass der potenzielle Adressat der (hypothetischen) Grundverfügung schon rein faktisch keinen Einfluss mehr auf die Gefahrenlage nehmen kann. Dies ist etwa der Fall, wenn sich die Gefahrenlage derart verselbstständigt hat, dass ohne hoheitliches Eingreifen die Gefahr nicht mehr abgewehrt werden kann.

Spezialfall

Zu beachten ist, dass der Sofortvollzug i. S. d. § 53 Abs. 2 SOG LSA auch dann ausgeübt werden kann, wenn vorab eine Grundverfügung erlassen wurde.[456] Der Sofortvollzug ist also nicht etwa deshalb gesperrt, weil die Polizei bereits einen

455 Nachfolgend angelehnt an Bialon/Springer, Eingriffsrecht, Kap. 36 Rn. 21.
456 Zum Ganzen Thiel, Polizeirecht, § 13 Rn. 17.

Verwaltungsakt erlassen hat, der nun vollstreckt werden soll. Dies folgt aus einem sog. „Erst-recht-Schluss". Es handelt sich rechtsmethodisch um ein sog. „argumentum a maiore ad minus". Ein Verstoß gegen das Analogieverbot besteht nicht. Wenn die Polizei schon ohne Grundverfügung in die Vollstreckung gehen kann, dann muss dies in jedem Fall auch dann möglich sein, wenn der Vollstreckung sogar ein zu vollstreckender Verwaltungsakt zugrunde liegt.

Es mag auf den ersten Blick verwundern, dass sich die Polizei im Falle einer bestehenden Grundverfügung doch für § 53 Abs. 2 SOG LSA und den Sofortvollzug entscheidet und nicht das hier eigentlich näherliegende gestreckte Vollstreckungsverfahren des § 53 Abs. 1 SOG LSA befolgt.

Der Grund für die Wahl des Sofortvollzugs trotz bestehender Grundverfügung liegt im Verfahren, das im Rahmen der Androhung und der Festsetzung des Zwangsmittels im gestreckten Verfahren gewahrt werden muss. Im gestreckten Verfahren muss die Polizei das Zwangsmittel androhen und festsetzen bzw. etwaige Dispense prüfen. Im Sofortvollzug ist die Androhung und Festsetzung des Zwangsmittels jedoch per se nicht vorgesehen.[457] Die Polizei kann sich also für den Sofortvollzug trotz Grundverfügung entscheiden, um die Androhung und die Festsetzung des Zwangsmittels zu umgehen.

Das gefahrenabwehrrechtliche Vollstreckungsverfahren wird durch die Grundverfügung nicht zum gestreckten Verfahren i. S. d. § 53 Abs. 1 SOG LSA. Wenn sich die Polizeibeamten für den Weg über den Sofortvollzug entscheiden, müssen sie den Voraussetzungen des § 53 Abs. 2 SOG LSA auch im Übrigen entsprechen. Eine beliebige Kombination der für die Polizei im Einzelfall günstigsten Voraussetzungen des § 53 Abs. 1 SOG LSA und des § 53 Abs. 2 SOG LSA ist dabei nicht möglich. Die Polizei kann sich also nicht die redensartlichen Rosinen aus den beiden Absätzen herauspicken und die Voraussetzungen beliebig kombinieren.

Die Entscheidung für den Sofortvollzug trotz Grundverfügung stellt die Polizeibeamten dann aber vor eine rechtliche Herausforderung. Es stellt sich nämlich die Frage, ob es bei der Prüfung der Rechtmäßigkeit der Vollstreckungsmaßnahme auf die Rechtmäßigkeit der tatsächlich bestehenden Grundverfügung oder aber allein auf die von § 53 Abs. 2 SOG LSA vorgesehene hypothetische Grundverfügung ankommen soll. Im Ergebnis ist beides vertretbar.[458] Gleichwohl ist es nach hier vertretener Auffassung näherliegend, auf die hypothetische Grundverfügung abzustellen. Gerade weil es auf effektives und schnelles Polizeihandeln ankommt, sollte die Polizei nicht mehr an die erlassene Grundverfügung gebunden sein.

457 Vgl. Martell, SOG LSA, § 53 Rn. 18.
458 Vgl. Dietlein/Hellermann, Öffentliches Recht in Nordrhein-Westfalen, § 3 Rn. 256.

4.3 Androhung und Festsetzung

Androhung und Festsetzung sind als Elemente einer ordnungsgemäßen Zwangsmittelanwendung nur für das gestreckte Verfahren vorgesehen. Der Sofortvollzug kommt ohne Grundverfügung, ohne Androhung und ohne Festsetzung aus. Sowohl Androhung als auch Festsetzung sind Beugemittel. Es handelt sich bei beiden also gerade nicht um Strafen oder sonstige Sanktionen.

Gem. **§ 59 Abs. 1 Satz 1 SOG LSA** sind Zwangsmittel vor ihrer Anwendung anzudrohen. Die **Androhung** selbst ist ein Verwaltungsakt i. S. d. § 35 Satz 1 VwVfG und kann als „Kernstück des bei der Zwangsanwendung einzuhaltenden rechtsstaatlichen Verfahrens“ bezeichnet werden.[459] Sinn und Zweck der Androhung bestehen darin, dem Adressaten eine letzte Gelegenheit zu geben, dem Befehl der Grundverfügung aus eigenem Antrieb freiwillig nachzukommen und damit die Anwendung des Zwangsmittels entbehrlich zu machen.[460] Sie ist damit metaphorisch ausgedrückt der berühmte „Schuss vor den Bug“. Die Androhung ist ein Appell an die Rechtstreue des Adressaten. Das BVerwG schreibt der Androhung ferner seit Langem und zu Recht auch eine Warnfunktion zu.[461] Dem Adressaten soll über die Androhung des Zwangsmittels unmissverständlich verdeutlicht werden, dass der Befehl der Grundverfügung in jedem Fall umgesetzt werden wird, und es zum gegenwärtigen Zeitpunkt noch ganz beim Adressaten liegt, ob dies freiwillig oder zwangsweise geschehen wird.

Dem Adressaten ist dabei zur Erfüllung der Verpflichtung gem. § 59 Abs. 1 Satz 3 SOG LSA eine **angemessene Frist** zu bestimmen, innerhalb derer er dem Befehl der Grundverfügung entsprechen muss. Über die einzelfallabhängige angemessene Frist soll sichergestellt werden, dass der Adressat genügend Zeit hat, um solche Vorbereitungen treffen zu können, die für eine erfolgreiche Vornahme der befohlenen Handlung erforderlich sind.[462] Bei der Bestimmung der Frist müssen Aspekte wie Eilbedürftigkeit, gefährdete Rechtsgüter und drohendes Schadensausmaß beachtet werden. Eine Frist braucht allerdings in den Fällen nicht bestimmt zu werden, in denen eine Duldung oder Unterlassung erzwungen werden soll. Zum einen kann mit einer gefahrenabwehrrechtlich als gefährlich zu klassifizieren-

459 Martell, SOG LSA, § 59 Rn. 1.
460 Vgl. Martell, SOG LSA, § 59 Rn. 1.
461 BVerwG, Urt. v. 04.10.1988 – 1 C 1/88, NVwZ 1989, S. 762 (765): „Das alles entspricht dem Zweck der Zwangsmittelandrohung. Sie soll den Betr. warnen und ihn ggf. veranlassen, die durch den Verwaltungsakt, dem sie beigefügt ist, ausgelöste Verpflichtung freiwillig und rechtzeitig zu erfüllen. Sie soll demnach vorbeugend dahin wirken, daß Zwangsmaßnahmen nicht angewendet werden müssen.“
462 Vgl. BeckOK PolR NRW/Ogorek, PolG NRW § 56 Rn. 7.

den Handlung jederzeit aufgehört werden, zum anderen kann man es der Rechtsgemeinschaft nicht zumuten, dass eine solche Handlung noch bis zum Ablauf einer Frist weiter ausgeübt wird.

Die Androhung soll gem. § 59 Abs. 1 Satz 2 SOG LSA möglichst schriftlich erfolgen. Die Verwendung des Wortes „möglichst" zeigt, dass die Androhung je nach Sachverhalt nicht zwingend schriftlich ergehen muss. Sie kann also auch mündlich oder in anderer Weise erfolgen. I. d. R. wird die Androhung nur dann schriftlich ergehen, wenn auch die Grundverfügung schriftlich ergeht.[463] Nur die schriftliche Androhung ist dann gem. § 59 Abs. 6 Satz 1 SOG LSA zuzustellen. Obwohl es sich bei der Androhung um einen Verwaltungsakt handelt, ist die Anhörung gem. § 28 Abs. 2 Nr. 5 VwVfG entbehrlich. Die Androhung kann gem. § 59 Abs. 2 Satz 1 SOG LSA mit der Grundverfügung verbunden werden. Die Androhung muss sich auf **bestimmte Zwangsmittel** beziehen. Mit dieser Regelung entspricht § 59 Abs. 3 Satz 1 SOG LSA dem allgemeinen aus § 37 Abs. 1 VwVfG folgenden Bestimmtheitsgebot für Verwaltungsakte. Sofern mehrere Zwangsmittel angedroht werden, ist gem. § 59 Abs. 3 Satz 2 SOG LSA anzugeben, in welcher Reihenfolge sie angewandt werden sollen.

Die Androhung muss ferner gem. § 39 Abs. 1 VwVfG begründet werden. Für die Ersatzvornahme macht § 59 Abs. 4 SOG LSA besondere Vorgaben für die Androhung. Mit Blick auf die Androhung des Zwangsgeldes ist § 59 Abs. 5 SOG LSA zu beachten. Für die Androhung des unmittelbaren Zwanges sind in § 63 SOG LSA zusätzlich zu § 59 SOG LSA Sonderregelungen vorgesehen.

Von der **Androhung kann abgesehen werden**, wenn die Umstände sie nicht zulassen, insbesondere wenn die sofortige Anwendung des Zwangsmittels zum Zwecke der Gefahrenabwehr notwendig ist. § 59 Abs. 1 Satz 4 SOG LSA ist damit zwar auch, aber nicht nur mit Blick auf den Sofortvollzug i. S. d. § 53 Abs. 2 SOG LSA relevant.[464] Durch die Verwendung des Wortes „insbesondere" wird gerade deutlich, dass von der Androhung nicht nur in dem genannten Fall, sondern auch in anderen Fällen abgesehen werden kann.

Die **Festsetzung des Zwangsmittels** ist die rechtsverbindliche Erklärung der Behörde, dass aufgrund der erfolglosen Androhung das entsprechende Zwangsmittel nunmehr angewendet wird.[465] Es ist bisher nicht abschließend entschieden, ob die Festsetzung auch ein Verwaltungsakt i. S. d. § 35 Satz 1 VwVfG ist.[466] Es dürfte gleichwohl naheliegender sein, in der Fest-

463 So auch BeckOK PolR NRW/Ogorek, PolG NRW § 56 Rn. 5.
464 Vgl. Martell, SOG LSA, § 59 Rn. 3.
465 Vgl. Gusy/Eichenhofer, Polizei- und Ordnungsrecht, Rn. 453.
466 Siehe zum Streit Gusy/Eichenhofer, Polizei- und Ordnungsrecht, Rn. 453.

setzung einen belastenden Verwaltungsakt zu sehen. Diese Frage ist für das Polizeirecht jedoch von geringer Relevanz, da die Festsetzung ohnehin nur für das Zwangsgeld vorgesehen ist.

Hinweis

Das **gestreckte Vollstreckungsverfahren** läuft damit folgendermaßen:
1. Anordnung der Grundverfügung
2. Androhung des Zwangsmittels
3. Festsetzung des Zwangsmittels
4. Anwendung des Zwangsmittels

5. Die Zwangsmittel

§ 53 Abs. 1 SOG LSA und § 53 Abs. 2 SOG LSA zeigen auf, unter welchen Voraussetzungen die Polizei Zwangsmaßnahmen durchführen kann. Sie regeln also die Zulässigkeit des Vollstreckungsverfahrens, geben jedoch keine Antwort auf die Frage, welche Zwangsmittel die Polizei für die Durchführung des Vollstreckungsverfahrens anwenden kann.[467] Die Rechtsfolge des § 53 SOG LSA besteht demnach in der Befugnis der Polizei, Zwangsmittel zu wählen und anzuwenden.

Die Polizei kann die Grundverfügung nicht beliebig durchsetzen. Sie ist vielmehr an die von § 54 Abs. 1 SOG LSA abschließend aufgeführten Zwangsmittel gebunden. Insgesamt gibt es **drei Zwangsmittel**:
- Ersatzvornahme i. S. d. § 55 SOG LSA,
- das Zwangsgeld i. S. d. § 56 SOG LSA,
- der unmittelbare Zwang i. S. d. § 58 SOG LSA.

Der Polizei stehen nur diese drei Zwangsmittel zur Verfügung. An die Prüfung der Zulässigkeit des Verwaltungszwanges schließt sich daher die Prüfung der Voraussetzungen des jeweiligen Zwangsmittels an. Die Zwangsmittel können auch neben einer Strafe oder Geldbuße angewandt und gem. § 54 Abs. 3 SOG LSA so lange wiederholt und gewechselt werden, bis der Verwaltungsakt befolgt worden ist oder sich auf andere Weise erledigt hat.

5.1 Die Ersatzvornahme

Die Ersatzvornahme ist in **§ 55 SOG LSA** geregelt. Wird die Verpflichtung, eine Handlung vorzunehmen, deren Vornahme durch einen anderen möglich ist, nicht erfüllt, so kann die Polizei gem. § 55 Abs. 1 Satz 1 SOG LSA auf Kosten der betroffenen Person die Handlung selbst oder durch einen

467 Bialon/Springer, Eingriffsrecht, Kap. 36 Rn. 25.

beauftragten Dritten ausführen. Die Ersatzvornahme ist die Vornahme einer **vertretbaren Handlung**. Vertretbare Handlungen sind Handlungen, die an Stelle des Adressaten auch von anderen Menschen ausgeübt werden können.

Diese sind von höchstpersönlichen Handlungen zu unterscheiden. Höchstpersönliche Handlungen sind etwa das Geben einer Auskunft im Falle einer Auskunftspflicht i. S. d. § 14 Abs. 2 SOG LSA, das Befolgen einer Vorladung i. S. d. § 35 Abs. 1 SOG LSA, das Befolgen einer Meldeauflage i. S. d. § 35a SOG LSA oder das Verlassen eines Platzes nach einer Platzverweisung i. S. d. § 36 Abs. 1 SOG LSA.

Hinweis

Bei der Ersatzvornahme unterscheidet man
- die Ersatzvornahme in Form der **Selbstvornahme** und
- die Ersatzvornahme in Form der **Fremdvornahme**.

Sofern die Ersatzvornahme als Selbstvornahme erfolgt, nimmt die Polizei die Ersatzvornahme selbst vor. Im Falle der Fremdvornahme wird die Ersatzvornahme von Dritten vorgenommen, die von der Polizei zur Vornahme beauftragt werden. Dritte i. S. d. § 55 Abs. 1 Satz 1 SOG LSA können etwa Beliehene oder auch Private sein. Es ist aber letztlich immer die Polizei, die die Ersatzvornahme einleitet und diese dann unmittelbar bzw. mittelbar vornimmt. Private können sich selbstverständlich nicht auf § 55 SOG LSA berufen. Die Anordnung der Ersatzvornahme und ihre Androhung i. S. d. § 59 SOG LSA sind Verwaltungsakte i. S. d. § 35 Satz 1 VwVfG.

Die Ersatzvornahme ist jedoch nicht in allen Fällen der Verwaltungsvollstreckung anwendbar. Dies wird schon tatbestandlich deutlich. Die Ersatzvornahme hat nämlich ausschließlich die Vornahme einer Handlung im Blick und ist damit auf die Durchsetzung einer **Handlungspflicht** gerichtet.[468] Die Handlungspflicht besteht in einem aktiven Tun. Der polizeirechtliche Klassiker ist die Aufforderung: „Aufmachen, Polizei!“ Sofern der Adressat dieser sich aus der Grundverfügung ergebenden Handlungspflicht nicht nachkommt, also die Tür, das Fenster etc. nicht aufmacht, so kann die Polizei die Tür im Wege der Ersatzvornahme entweder selbst öffnen oder aber durch Dritte öffnen lassen.

Sofern die Pflicht allerdings in einem Dulden oder Unterlassen besteht, ist die Ersatzvornahme nicht anwendbar. Duldungs- und Unterlassungspflichten sind mit der Ersatzvornahme also nicht durchsetzbar. Dass die Duldungs- und Unterlassungspflicht nicht im Wege einer Ersatzvornahme durchgesetzt werden können, liegt schon an ihrem jeweils höchstpersönlichen Charakter.

468 Vgl. Nerlich, Eingriffsrecht Brandenburg, S. 242.

Hinweis

Die Ersatzvornahme ist zulässig, wenn
- eine Handlungspflicht besteht,
- dieser Handlungspflicht nicht nachgekommen wird und
- die Handlung vertretbar ist.[469]

Beachtung verdient das Verhältnis von Ersatzvornahme und unmittelbarem Zwang. Sofern die Polizei im Wege der Selbstvornahme vorgeht, muss diese Handlung von der Handlung abgegrenzt werden, mit der die Polizei den unmittelbaren Zwang ausübt. Diese Unterscheidung hat nicht nur polizeirechtsdogmatische Relevanz, sondern ist auch von kostenrechtlicher Bedeutung. Wie sich aus § 55 Abs. 1 Satz 1 SOG LSA ergibt, kann die Polizei **auf Kosten der betroffenen Person** die Handlung selbst oder durch einen beauftragten Dritten ausführen. In § 55 Abs. 2 SOG LSA finden sich weitere kostenrechtliche Regelungen zur Ersatzvornahme. So kann etwa gem. § 55 Abs. 2 Satz 1 SOG LSA bestimmt werden, dass die betroffene Person die voraussichtlichen Kosten der Ersatzvornahme im Voraus zu zahlen hat.

Die Bedeutung dieser Vorschrift für die polizeiliche Praxis dürfte jedoch gering sein. Wichtiger dürfte § 55 Abs. 2 Satz 2 SOG LSA sein. Danach können die Kosten der Ersatzvornahme im Verwaltungsvollstreckungsverfahren beigetrieben werden, wenn der Adressat diese nicht fristgerecht zahlt.

Sofern es um die Durchsetzung von unvertretbaren Handlungen geht, ist die Differenzierung zwischen Ersatzvornahme und unmittelbarem Zwang unproblematisch. Dies liegt daran, dass die Ersatzvornahme auf unvertretbare Handlungen schon begrifflich nicht anwendbar ist. In diesen Fällen bleibt der Polizei ohnehin regelmäßig nur der unmittelbare Zwang. Es handelt sich dann um höchstpersönliche Handlungspflichten. Weigert sich der Adressat einer Wohnungsverweisung i. S. d. § 36 Abs. 3 SOG LSA, die Wohnung zu verlassen, kann die Polizei logischerweise nicht mit der Ersatzvornahme gegen den Adressaten vorgehen. Ihr bleibt hier nur der unmittelbare Zwang. Je nach Sachverhalt kann sich die Polizei allerdings auch für das Zwangsgeld entscheiden. **Polizeiliche Gewalt gegenüber einem Adressaten**, der eine Maßnahme nicht befolgt, kann daher niemals eine Ersatzvornahme sein.

Davon ist die **polizeiliche Gewalt gegenüber Sachen** abzugrenzen. Hier liegt dann auch der eigentliche Kern des Abgrenzungsproblems von Ersatzvornahme und unmittelbarem Zwang. Gem. § 58 Abs 2 SOG LSA ist körperliche Gewalt jede unmittelbare körperliche Einwirkung auf Personen oder

469 Vgl. Nerlich, Eingriffsrecht Brandenburg, S. 242.

Sachen. Sofern Demonstranten eine Straßenbarrikade aufbauen, die die Polizei wieder abbaut, ist von außen nicht erkennbar, ob die Polizei hier im Wege der Ersatzvornahme oder im Wege des unmittelbaren Zwangs vorgeht. Die Polizei wirkt durch das Abbauen der Straßenbarrikade körperlich auf diese ein. Um sicher bestimmen zu können, ob die Polizei i. S. d. § 55 SOG LSA oder aber i. S. d. § 58 SOG LSA handelt, muss geprüft werden, ob Adressaten über eine polizeiliche Maßnahme dazu verpflichtet werden könnten, das Abbauen der Straßenbarrikade vorzunehmen. Besteht zwischen der Handlung der Polizei und der eigentlichen Handlungspflicht des Adressaten **Identität**, so handelt es sich um eine Ersatzvornahme. Liegt die polizeiliche Handlung allerdings jenseits dessen, was vom Adressaten verlangt werden kann bzw. konnte, so handelt es sich bei der Vornahme der Handlung durch die Polizei um die Anwendung unmittelbaren Zwangs.

Insofern kann diesem Abgrenzungsproblem jedenfalls dadurch richtungsweisend beigekommen werden, dass man prüft, ob der Adressat genauso gehandelt hätte wie die Polizei. Für die Ersatzvornahme muss also Handlungsidentität bestehen.

Beispiel

Die Polizei klingelt an einer Wohnungstür und befiehlt dem in der Wohnung befindlichen A, die Tür zu öffnen. A, der die Tür mit dem Wohnungsschlüssel öffnen könnte, macht diese jedoch nicht auf. Die Tür bleibt für die Polizei somit verschlossen. Die Polizei entschließt sich daher, die Wohnungstür aufzubrechen. Fraglich ist nun, ob dieses Aufbrechen eine Ersatzvornahme oder unmittelbarer Zwang ist.

Zur Antwort dieser Frage gelangt man, wenn man sich die weitere Frage stellt, ob die Polizei hier anstelle des Adressaten gehandelt hat. Sofern die Polizei nämlich eine Handlung vornimmt, mit der allgemein auch vom Adressaten hätte gerechnet werden dürfen, handelt es sich um eine Ersatzvornahme. Fallen die polizeiliche Handlung und die nach der Lebenserfahrung erwartbare hypothetische Handlung des Adressaten aber auseinander, so handelt es sich bei der polizeilichen Handlung um unmittelbaren Zwang gegenüber einer Sache. Im vorliegenden Fall hätte A seine Wohnungstür nicht aufgebrochen, sondern diese mit dem Schlüssel geöffnet. Beim Aufbrechen der Wohnungstür durch die Polizei handelt es sich daher um die Anwendung unmittelbaren Zwangs.

Um eine Ersatzvornahme handelte es sich etwa dann, wenn der Adressat zwar den Wohnungsschlüssel hätte, das Schloss aber derart verrostet wäre, dass der Schlüssel das Schloss nicht mehr öffnen könnte und demnach auch der Adressat die Tür hätte aufbrechen müssen.

Auch in den Fällen, in denen die Polizei einen Schlüsseldienst kommen lässt, um die Wohnungstür öffnen zu lassen, handelt die Polizei im Wege der Ersatzvornahme. Diese Lösung ist sicherlich sachgerecht. Sie ist aber nicht gänzlich widerspruchsfrei. Der Adressat, der zwar im Besitz des Schlüssels ist, der der Polizei aber den Zugang zur Wohnung verwehren will, würde die Tür nicht über den Schlüsseldienst öffnen müssen, da er ja gerade im Besitz des Schlüssels ist. Insofern handelt die Polizei im Falle der Wohnungsöffnung mittels Schlüsseldienstes gerade nicht anstelle des Adressaten.

Sofern die Ersatzvornahme angedroht wird, sollen in der Androhung gem. **§ 59 Abs. 4 SOG LSA** die voraussichtlichen Kosten angegeben werden.

5.2 Das Zwangsgeld und die Zwangshaft

Das Zwangsmittel „Zwangsgeld" ist in **§ 56 SOG LSA** geregelt. Das Zwangsgeld ist auf alle Maßnahmen, die auf ein Handeln, Dulden oder Unterlassen gerichtet sind, anwendbar. Anders als die Ersatzvornahme ist das Zwangsgeld also auch ein taugliches Zwangsmittel für die Durchsetzung unvertretbarer Handlungen und insbesondere für die Durchsetzung von Duldungs- und Unterlassungspflichten. Das Zwangsgeld ist keine Geldstrafe oder Geldbuße. Es handelt sich beim Zwangsgeld daher nicht um ein Sanktionsmittel zur Ahndung von straf- oder verwaltungsrechtlichem Fehlverhalten.

Das Zwangsgeld ist ein verwaltungsvollstreckungsrechtliches **Beugemittel**, das zur Durchsetzung der Grundverfügung eingesetzt werden kann. Es handelt sich daher um **vis compulsiva**. Es zielt auf die Beugung des Willens des Adressaten des polizeilichen Verwaltungsaktes. Gerade beim Zwangsgeld ist zu beachten, dass es so lange wiederholt festgesetzt werden kann, bis der Adressat der Grundverfügung nachkommt. Der Betrag des Zwangsgeldes kann dabei jeweils erhöht werden. Wie oft das Zwangsgeld festgesetzt werden kann, und wie hoch die Gesamtsumme maximal sein darf, ist im SOG LSA nicht geregelt. Dies ist rechtlich indes nicht bedenklich, da der Adressat den (jeweiligen) Leistungsbescheid letztlich angreifen und so einer gerichtlichen Überprüfung zuführen kann.

Überdies ist es auch möglich, dass sich der Adressat wegen des Zwangsgeldes dem polizeilichen Willen zunächst beugt – also dem Befehl der Grundverfügung Folge leistet – und sich anschließend gegen die Maßnahme gerichtlich wehrt. Das Zwangsgeld kann in der polizeilichen Praxis etwa bei der Vorladung (§ 35 SOG LSA), beim Platzverweis (§ 36 Abs. 1 SOG LSA) oder bei der Wohnungsverweisung (§ 36 Abs. 3 SOG LSA) eine Rolle spielen.[470] Die polizeipraktische Relevanz des Zwangsgeldes dürfte alles in allem aber als eher gering zu bewerten sein.[471]

Dies liegt nicht zuletzt daran, dass das Zwangsgeld gem. § 56 Abs. 1 SOG LSA schriftlich festgesetzt werden muss. Die Festsetzung des Zwangsgeldes erfolgt in Form eines „**Leistungsbescheids**".[472] Für die unmittelbare polizeiliche Arbeit „auf der Straße" ist dieses Schriftformerfordernis hinderlich und macht das Zwangsgeld als Zwangsmittel unpraktisch. Bei der polizeilichen Arbeit „am Schreibtisch" ist die Festsetzung des Leistungsbescheides natürlich kein Problem. Da das Zwangsgeld diesen Leistungsbescheid zwingend voraussetzt, ist ein Sofortvollzug i. S. d. § 53 Abs. 2 SOG LSA nicht möglich.

Das Zwangsgeld ist dabei gem. **§ 59 Abs. 5 SOG LSA** in **bestimmter Höhe anzudrohen**. Es muss also ein konkreter Geldbetrag genannt werden. Damit das Zwangsgeld seine Wirkung als Beugemittel entfalten kann, muss es so hoch sein, dass von ihm für den Adressaten eine gewisse „Empfindlichkeit" ausgeht. In welcher Höhe das Zwangsgeld angedroht wird, damit es für den Adressaten empfindlich ist, ist eine Frage des jeweiligen Einzelfalles. Die Polizei kann dabei Faktoren wie die Sachrelevanz, den Widerstand des Adressaten und seine Leistungsfähigkeit heranziehen.[473] Hierbei muss die Verhältnismäßigkeit beachtet werden. Dies ist zwar selbstverständlich, muss an dieser Stelle für das SOG LSA allerdings besonders betont werden: Die Höhe des Zwangsgeldes beträgt gem. § 56 Abs. 1 SOG LSA nämlich **mindestens fünf und höchstens 500.000 Euro**. Zum Vergleich sei hier auf das Polizeirecht in NRW hingewiesen, nach dem das jeweilige Zwangsgeld gem. § 53 Abs. 1 PolG NRW höchstens zweitausendfünfhundert Euro betragen darf.

Die solchermaßen in § 56 Abs. 1 SOG LSA gezogenen Grenzen des Zwangsgeldes sind von der Polizei zwingend einzuhalten. Innerhalb dieser Grenzen hat die Polizei ihr Ermessen pflichtgemäß auszuüben. Sofern die Polizei ein Zwangsgeld i. H. v. drei Euro androht, handelt es sich um eine Ermessensunterschreitung; droht sie ein Zwangsgeld i. H. v. 1.000.000 Euro an, liegt eine Ermessensüberschreitung vor. In beiden Fällen ist die Zwangsgeldandrohung rechtswidrig. Mit der Festsetzung des Zwangsgeldes ist der betroffenen Person gem. § 56 Abs. 2 SOG LSA eine **angemessene Frist** zur Zahlung einzuräumen. Zahlt die betroffene Person das Zwangsgeld

470 Vgl. Bialon/Springer, Eingriffsrecht, Kap. 36 Rn. 40.
471 Vgl. Nerlich, Eingriffsrecht Brandenburg, S. 241.
472 Martell, SOG LSA, § 56 Rn. 3.
473 Martell, SOG LSA, § 56 Rn. 2.

nicht fristgerecht, so wird es gem. § 56 Abs. 3 Satz 1 SOG LSA im Verwaltungsvollstreckungsverfahren beigetrieben. Die Beitreibung unterbleibt jedoch, sobald die betroffene Person die gebotene Handlung ausführt oder die zu duldende Maßnahme gestattet. Dies folgt aus § 56 Abs. 3 Satz 2 SOG LSA. Sofern das Zwangsgeld beigetrieben wird, zeigt sich darin „ein Fehlschlag der Verwaltungsvollstreckung, weil der Adressat nicht zum eigentlich gewünschten Handeln bewegt werden konnte."[474] Sofern sich der Adressat einer polizeilichen Grundverfügung verweigert hat und eine weitere Verweigerung wegen Erledigung der Grundverfügung nicht mehr möglich ist, kann dennoch ein weiteres Zwangsgeld angedroht und festgesetzt werden.[475]

Ist das Zwangsgeld uneinbringlich, so kann das VG auf Antrag der Polizei gem. § 57 Abs. 1 Satz 1 SOG LSA **Ersatzzwangshaft** anordnen, wenn bei Androhung des Zwangsgeldes hierauf hingewiesen worden ist. Die Ersatzzwangshaft beträgt mindestens einen Tag, höchstens sechs Monate. Die Ersatzzwangshaft ist kein eigenständiges Zwangsmittel, da sie nicht in § 54 Abs. 1 SOG LSA aufgeführt ist. Es handelt sich bei ihr um einen Ersatz für das uneinbringliche Zwangsgeld.

Ersatzzwangshaft ist möglich, wenn der Adressat über keine Vermögenswerte verfügt, die gepfändet werden könnten. Genau wie das Zwangsgeld ist auch die Ersatzzwangshaft keine Strafe oder sonstige Sanktion. Zu beachten ist, dass die Ersatzzwangshaft nicht dazu dient, das Zwangsgeld einzubringen bzw. beizutreiben. Hier liegt dann auch der Unterschied zur sog. „Erzwingungshaft" i. S. d. § 96 OWiG. Die Ersatzzwangshaft zielt darauf ab, dass die Grundverfügung durchgesetzt werden kann. Auch sie ist ein Beugemittel. Gem. § 57 Abs. 2 SOG LSA ist die Ersatzzwangshaft auf Antrag der Polizei von der Justizverwaltung nach den Bestimmungen der § 802g Abs. 2 ZPO und § 802h ZPO zu vollstrecken.

5.3 Der unmittelbare Zwang

Der Polizei steht schließlich auch der unmittelbare Zwang zu. Der unmittelbare Zwang ist ein Zwangsmittel, das von besonderer Relevanz für die polizeiliche Tätigkeit ist. Gem. **§ 58 Abs. 1 SOG LSA** ist unmittelbarer Zwang die Einwirkung auf Personen oder Sachen durch körperliche Gewalt, durch ihre Hilfsmittel und durch Waffen. Man unterscheidet also drei Erscheinungsformen des unmittelbaren Zwangs, die in den Abs. 2 bis 4 dann näher definiert werden.[476] So ist gem. § 58 Abs. 2 SOG LSA unter **körperlicher Gewalt** jede unmittelbare körperliche Einwirkung auf Per-

474 Thiel, Polizeirecht, § 12 Rn. 9.
475 Siehe hierzu Thiel, Polizeirecht, § 12 Rn. 10.
476 Bialon/Springer, Eingriffsrecht, Kap. 36 Rn. 44.

sonen oder Sachen zu verstehen. **Hilfsmittel der körperlichen Gewalt** sind gem. § 58 Abs. 3 SOG LSA insbesondere Fesseln, Wasserwerfer, technische Sperren, Diensthunde, Dienstpferde, Dienstfahrzeuge, Reiz- und Betäubungsstoffe sowie Sprengmittel (also zum Sprengen bestimmte explosionsfähige Stoffe). Die Aufzählung der Hilfsmittel ist beispielhaft und gerade nicht abschließend. Dies ergibt sich begrifflich aus dem Wort „insbesondere".

Als **Waffen** sind gem. § 58 Abs. 4 Satz 1 SOG LSA schließlich Schlagstock, Pistole, Revolver, Gewehr und Maschinenpistole zugelassen. Dabei ist aber zu beachten, dass die Polizei zur Abwehr einer gegenwärtigen Gefahr für Leib oder Leben erforderlichenfalls auch andere Waffen, die eine geringere Wirkung als Schusswaffen haben, einsetzen kann. Die Aufzählung des § 58 Abs. 4 SOG LSA ist abschließend. Die Nennung der in § 58 Abs. 1 bis 4 SOG LSA zu findenden Arten des unmittelbaren Zwanges ist ebenfalls abschließend.

Der Aufbau des § 58 Abs. 1 bis 4 SOG LSA ist als eine stufenartige Steigerung des unmittelbaren Zwanges zu verstehen. Auf der ersten Stufe steht die Anwendung körperlicher Gewalt i. S. d. § 58 Abs. 2 SOG LSA. Es handelt sich dabei um die schwächste Form des unmittelbaren Zwanges. Die Anwendung von Hilfsmitteln i. S. d. § 58 Abs. 3 SOG LSA befindet sich auf der zweiten Stufe und kann als mittlere Form des unmittelbaren Zwanges verstanden werden. Auf der dritten Stufe steht dann der unmittelbare Zwang mit Anwendung von Waffen i. S. d. § 58 Abs. 4 SOG LSA. Hierbei handelt es sich um „die schärfste Form des unmittelbaren Zwanges".[477] Wird unmittelbarer Zwang gegen eine Person angewendet, so handelt es sich dabei um einen Eingriff in die körperliche Unversehrtheit i. S. d. Art. 2 Abs. 2 Satz 1 GG. Zur Ersatzvornahme ergeben sich bisweilen Abgrenzungsschwierigkeiten, auf die weiter oben bereits eingegangen wurde.

Im Gegensatz zu den anderen beiden Zwangsmitteln müssen bei der Anwendung unmittelbaren Zwangs je nach Form bestimmte weitere Voraussetzungen beachtet werden. Hier ist allem voran **§ 60 Abs. 1 SOG LSA** zu beachten. Danach gelten für die Art und Weise der Anwendung unmittelbaren Zwangs die §§ 61 bis 68 SOG LSA und, soweit sich aus diesen nicht Abweichendes ergibt, die übrigen Vorschriften des SOG LSA. Im Zusammenhang mit den jeweiligen Formen des unmittelbaren Zwanges sind daher die in § 61 Abs. 1 SOG LSA genannten weiteren Vorschriften von der Polizei zwingend zu beachten.

477 Martell, SOG LSA, § 58 Rn. 2.

Hinweis

Mit Blick auf § 60 Abs. 1 SOG LSA und die §§ 61 bis 68 SOG LSA ergibt sich folgende Systematik:[478]

- § 60 SOG LSA
  Grundnorm der Vorschriften über die Voraussetzungen der Anwendung des unmittelbaren Zwanges
- §§ 61, 62 SOG LSA
  Allgemeine Vorschriften über die Anwendung des unmittelbaren Zwanges
- § 63 SOG LSA
  Vorschrift über die Androhung des unmittelbaren Zwanges
- § 64 SOG LSA
  Vorschrift über die Fesselung von Personen
- §§ 65 bis 67 SOG LSA
  Vorschriften über den Schusswaffengebrauch
- § 68 SOG LSA
  Vorschrift über die Anwendung von Sprengmitteln

Vom unmittelbaren Zwang ist die **unmittelbare Ausführung i.S.d. § 9 SOG LSA** sowohl begrifflich als auch inhaltlich streng zu unterscheiden. Von einer unmittelbaren Ausführung spricht man dann, wenn die Polizei eine Maßnahme selbst oder durch einen beauftragten Dritten unmittelbar ausführt, weil der Zweck der Maßnahme durch Inanspruchnahme der nach §§ 7 oder 8 SOG LSA Verantwortlichen nicht oder nicht rechtzeitig erreicht werden kann. Es handelt sich um eine andere hoheitliche Maßnahme i.S.d. § 35 Satz 1 VwVfG. Die unmittelbare Ausführung kann in Form von unmittelbarem Zwang erfolgen, sie kann aber auch als Ersatzvornahme durchgeführt werden. Die unmittelbare Ausführung ist keine Grundverfügung. Der zentrale Unterschied zum unmittelbaren Zwang besteht darin, dass der Betroffene im Falle der unmittelbaren Ausführung nicht handeln kann, während der Betroffene im Falle des unmittelbaren Zwanges nicht handeln will.[479]

5.3.1 Allgemeine Voraussetzungen für die Anwendung unmittelbaren Zwanges

Die Polizei kann unmittelbaren Zwang anwenden, wenn andere Zwangsmittel nicht in Betracht kommen oder keinen Erfolg versprechen oder unzweckmäßig sind. Dies regelt § 58 Abs. 6 SOG LSA. Von diesem Grundsatz macht § 58 Abs. 7 SOG LSA eine wichtige Ausnahme. Unmittelbarer

478 Angelehnt an die anschauliche Darstellung bei Nerlich, Eingriffsrecht Brandenburg, S. 244.
479 Treffend Martell, SOG LSA, § 9 Rn. 9.

Zwang zur Abgabe einer Erklärung ist danach nämlich ausgeschlossen. Der Begriff der Erklärung ist weit zu verstehen und erfasst neben Aussagen auch Auskünfte oder sonstige Angaben. § 58 Abs. 7 SOG LSA trägt damit dem schon in Art. 104 Abs. 1 Satz 2 GG zum Ausdruck kommenden Folterverbot in Deutschland Rechnung.

Der unmittelbare Zwang ist als letztes Zwangsmittel anzuwenden. Dies liegt daran, dass er stets auf die Einwirkung auf Sachen oder Menschen durch körperliche Gewalt gerichtet ist und daher im Gegensatz zu den anderen beiden Zwangsmitteln besonders grundrechtseingriffsintensiv ist. Die Anwendung des unmittelbaren Zwanges ist daher stets **Ultima Ratio**.

5.3.2 Die Fesselung von Personen

Die Fesselung von Personen ist eine Form der Anwendung des unmittelbaren Zwanges. Sie ist in **§ 64 SOG LSA** näher geregelt. Die Anwendung der Fesselung zielt auf die teilweise Beschränkung oder vollständige Entziehung der Bewegungsfreiheit des Gefesselten, indem seine Glieder gebunden werden. Als Glieder zählen Arme und Beine. In tatbestandlicher Hinsicht darf eine Person überhaupt nur dann gefesselt werden, wenn sie aufgrund einer Befugnisnorm des SOG LSA oder anderen Rechtsvorschrift **festgehalten** wird.

Unter einem Festhalten i. S. d. § 64 SOG LSA sind alle freiheitsentziehenden Maßnahmen zu verstehen. Zu denken ist etwa an § 20 Abs. 4 SOG LSA, § 30 Abs. 1 Satz 4 SOG LSA oder § 37 SOG LSA oder auch an § 127 StPO, § 127b StPO bzw. §§ 112 ff. StPO. Die Fesselung einer Person ist darüber hinaus aber nur dann gerechtfertigt, wenn Tatsachen die Annahme rechtfertigen, dass sie

- Polizeibeamte oder Dritte angreifen, Widerstand leisten oder Sachen beschädigen wird,
- fliehen wird oder befreit werden soll oder
- sich töten oder verletzen wird.

Die Polizei muss dabei eine tatsachengestützte Gefahrenprognose vornehmen. Das bedeutet, dass sie auf der Grundlage von Tatsachen, also belegbaren und nachprüfbaren Informationen, davon ausgehen kann, dass sich die zu fesselnde Person dem Festhalten durch Angriffe auf die Polizei oder Dritte oder Sachbeschädigung, durch Flucht oder durch Selbstverletzung bzw. -tötung widersetzt. Diese Tatsachen können sich etwa aus dem früheren Verhalten des zu Fesselnden, aus polizeilichem Erfahrungswissen oder einer Lagebeurteilung ergeben. Gerade hinsichtlich der Gefahrenprognose einer Selbsttötung oder -verletzung kann die Polizei auf entsprechende Äußerungen und eine bekannte suizidale „Veranlagung“

zurückgreifen.[480] Ist der Adressat schon bei Bekanntgabe der Grundverfügung aggressiv gewesen oder geworden, wird man mit Blick auf § 64 Nr. 1 SOG LSA eine entsprechende „positive" Gefahrenprognose annehmen können. Gerade mit Blick auf die Eigensicherung der Polizeivollzugsbeamten, die den Adressaten festhalten, sind an § 64 Nr. 1 Alt. 1 SOG LSA nach hier vertretener Auffassung ohnehin keine allzu hohen Anforderungen zu stellen. Bloße Annahmen oder Mutmaßungen, dass sich der Adressat i. S. d. § 64 Nr. 1, 2 oder 3 SOG LSA verhalten könnte, genügen für eine rechtmäßige Fesselung freilich jedoch nicht.

Fesseln sind gem. § 58 Abs. 3 SOG LSA Hilfsmittel der körperlichen Gewalt. Die Fesseln sind zu lösen, sobald die Polizei angesichts des einsichtigen Verhaltens des Adressaten zu einer „negativen" Gefahrenprognose gelangt. Aus Gründen der Verhältnismäßigkeit muss die Fesselung in zeitlicher Hinsicht so kurz wie möglich sein. Die Fesseln dürfen ferner nicht so stramm- bzw. festgezogen werden, dass sie in das Fleisch des Gefesselten schneiden. Die Polizei hat ferner nach Möglichkeit dafür zu sorgen, dass der Gefesselte nicht von Dritten gesehen wird, da dies „entwürdigend" wirken kann.[481] Das SOG LSA macht keine Angaben dazu, mit welchen Mitteln die Fesselung als Hilfsmittel i. S. d. § 58 Abs. 3 SOG LSA zu erfolgen hat. Als Fesselungsmittel kommen jedoch naheliegenderweise primär die Handfesseln in Betracht. Aber auch eine Fesselung mittels Kabelbinder, Stricken, Seilen etc. ist möglich.

5.3.3 Der Gebrauch der Schusswaffe

Der Gebrauch der Schusswaffe ist in **§§ 65 ff. SOG LSA** geregelt. In rechtlicher Hinsicht ist er als durchaus anspruchsvoll zu bewerten. Der Schusswaffengebrauch ist der Gebrauch einer der in § 58 Abs. 4 SOG LSA aufgeführten Schusswaffen, also von Pistole, Revolver, Gewehr und Maschinenpistole. Das SOG LSA unterscheidet dabei zwischen dem Schusswaffengebrauch **gegen Personen** (§§ 65, 66, 67 SOG LSA) und einem **gegen Sachen** (§ 65 SOG LSA). Der Schusswaffengebrauch gegen Personen ist die schwerwiegendste Maßnahme des unmittelbaren Zwangs.

Schusswaffen dürfen gem. § 65 Abs. 1 Satz 1 SOG LSA nur in den Fällen gebraucht werden, in denen andere Maßnahmen des unmittelbaren Zwanges bereits erfolglos angewendet worden sind oder offensichtlich keinen Erfolg versprechen. Unter den verschiedenen Formen des unmittelbaren Zwanges ist der Schusswaffengebrauch daher **Ultima Ratio**. Gegen Personen ist der Schusswaffengebrauch überdies nur zulässig, wenn der Zweck

480 Vgl. Nerlich, Eingriffsrecht Brandenburg, S. 247.
481 Martell, SOG LSA, § 64 Rn. 4.

nicht durch Schusswaffengebrauch gegen Sachen erreicht werden kann. Dass ein Schusswaffengebrauch gegen eine Sache dazu führt, dass ein Schusswaffengebrauch gegen eine Person entbehrlich wird, dürfte in der polizeilichen Praxis die Ausnahme sein.[482]

Hinweis

- § 65 SOG LSA regelt allgemein den Gebrauch der Schusswaffe gegen Personen und Sachen.
- §§ 66 und 67 SOG LSA regeln speziell den ausschließlichen Gebrauch der Schusswaffe gegen Personen.

In diesem Kontext sei auf einen Aspekt besonders hingewiesen: Besteht die Wahrscheinlichkeit, dass durch den Schusswaffengebrauch gegen eine Sache eine Person geschädigt wird, liegt kein Schusswaffengebrauch gegen Sachen vor, sondern einer gegen Personen. Hier sind dann die Voraussetzungen der §§ 66 bzw. 67 SOG LSA zu prüfen. Hauptanwendungsfall ist der Schuss auf ein Kfz.

In **Ziff. 65.1. AB SOG LSA** heißt es dazu:

> *„Der Schußwaffengebrauch gegen Kraftfahrzeuge ist nur zulässig, wenn die Verletzung von Personen unwahrscheinlich ist oder die Voraussetzungen des Schußwaffengebrauchs gegen Personen vorliegen. Diese Voraussetzungen müssen gegenüber jeder im Fahrzeug befindlichen Person erfüllt sein. Der Schußwaffengebrauch gegen ein Kraftfahrzeug muß geeignet sein, den Zweck der Maßnahme, nämlich die Festnahme oder Ingewahrsamnahme des Rechtsbrechers bzw. den Schutz des Polizeibeamten, erreichen zu lassen. Deshalb ist grundsätzlich auf die Bereifung, den Motor oder den Kühler zu zielen. Da jedoch auch die Abgabe von Schüssen auf diese Ziele in der Regel nicht zur Fahruntüchtigkeit des Kraftfahrzeugs führt, sollte von einem Schußwaffengebrauch gegenüber fahrenden Fahrzeugen grundsätzlich abgesehen werden. Vom Schußwaffengebrauch ist abzusehen, wenn das Fahrzeug erkennbar explosive oder ähnlich gefährliche Stoffe befördert oder nach seiner Kennzeichnung zur Beförderung solcher Güter bestimmt ist. Diese Einschränkung gilt nicht, wenn durch die Weiterfahrt größere Gefahren zu entstehen drohen als durch den Schußwaffengebrauch.“*

Die zum Gebrauch von Schusswaffen berechtigten Personen i.S.d. § 58 Abs. 8 Satz 2 SOG LSA müssen vor diesem Hintergrund vor jedem Schusswaffengebrauch die Rechtmäßigkeit und Verhältnismäßigkeit einer beson-

482 So auch Bialon/Springer, Eingriffsrecht, Kap. 36 Rn. 91.

ders sorgfältigen Prüfung unterziehen (Ziff. 65.1. AB SOG LSA). Bestehen die geringsten rechtlichen oder tatsächlichen Zweifel, ob die Voraussetzungen für den Schusswaffengebrauch erfüllt sind, ist von der Schusswaffe kein Gebrauch zu machen (Ziff. 65.1. AB SOG LSA).

Schusswaffen dürfen gem. § 65 Abs. 2 Satz 1 SOG LSA gegen Personen ohnehin nur gebraucht werden, um diese angriffs- oder fluchtunfähig zu machen. Um eine Person fluchtunfähig zu machen, ist nach Möglichkeit auf die Beine zu zielen. Um eine Person angriffsunfähig zu machen, ist ebenfalls nach Möglichkeit auf die Beine oder Arme und nicht auf Körperteile zu zielen, deren Verletzung eine Lebensgefahr bedeuten könnte (Ziff. 65.2. AB SOG LSA). Das SOG LSA kennt auch den **finalen Rettungsschuss**. Gem. § 65 Abs. 2 Satz 2 SOG LSA ist ein Schuss, der mit an Sicherheit grenzender Wahrscheinlichkeit tödlich wirken wird, nur zulässig, wenn er das einzige Mittel zur Abwehr einer gegenwärtigen Lebensgefahr oder der gegenwärtigen Gefahr einer schwerwiegenden Verletzung der körperlichen Unversehrtheit ist.

Mit § 65 Abs. 2 Satz 2 SOG LSA enthält das präventive Eingriffsrecht eine Vorschrift, die regelt, wann der Rettungsschuss möglich ist. Grds. wird die Anwendung des finalen Rettungsschusses nur bei Geiselnahmen und vergleichbaren polizeilichen Lagen gerechtfertigt und nur durch Angehörige von für solche Einsätze speziell geschulten Polizeieinheiten abzugeben sein. Der Polizei darf es dabei nicht auf den Tod des Adressaten, sondern ihr muss es auf die Rettung des Opfers ankommen. § 65 Abs. 2 Satz 2 SOG LSA rechtfertigt keinen Todesschuss, sondern einen Rettungsschuss. Diese Unterscheidung ist nicht nur eine begriffliche. Sie drückt vielmehr auch das Bekenntnis des Staates und seiner Hoheitsträger zur Wahrung der Menschenwürde und des Rechts auf Leben aus. Es zeigt sich, dass der deutsche Rechtsstaat selbst denjenigen nicht töten will, der in einer konkreten Situation so gefährlich ist, dass man ihm bzw. seiner Handlung nur mit einem mit an Sicherheit grenzender Wahrscheinlichkeit tödlich wirkenden Schuss Einhalt gebieten kann. Das Ziel des Rettungsschusses ist daher nie der Tod, sondern immer die Beendigung bzw. Verhinderung der Gefahr.[483] Es ist ein klares Bekenntnis zu Würde und Leben als den höchsten Rechtsgütern überhaupt.

Ein **Schusswaffenverbot** besteht gem. § 65 Abs. 3 SOG LSA grds. gegenüber Personen, die dem äußeren Eindruck nach noch nicht 14 Jahre alt sind, und gegen erkennbar Schwangere. Ausnahmsweise ist der Schusswaffengebrauch aber auch in diesen Fällen möglich. Dann muss er aber gem. § 65

483 Vgl. Bialon/Springer, Eingriffsrecht, Kap. 36 Rn. 95.

Abs. 3 Satz 2 SOG LSA das einzige Mittel zur Abwehr einer gegenwärtigen Lebensgefahr sein. Der Schusswaffengebrauch ist ferner unzulässig, wenn für den Polizeibeamten erkennbar Unbeteiligte mit hoher Wahrscheinlichkeit gefährdet werden. Dies ergibt sich aus § 65 Abs. 4 Satz 1 SOG LSA. Wenn der Schusswaffengebrauch allerdings das einzige Mittel zur Abwehr einer gegenwärtigen Gefahr für Leib oder Leben ist, dann gilt das Schusswaffenverbot nicht.

I. d. R. ist auch der Schusswaffengebrauch gegen Personen in einer Menschenmenge unzulässig, wenn für den Polizeibeamten erkennbar Unbeteiligte mit hoher Wahrscheinlichkeit gefährdet werden (§ 67 Abs. 1 SOG LSA). Von einer Menschenmenge kann ab einer Anzahl von 10 bis 15 Menschen gesprochen werden.[484] Etwas anderes gilt auch hier nur dann, wenn der Gebrauch der Schusswaffe das einzige Mittel zur Abwehr einer gegenwärtigen Lebensgefahr ist.

Auch gegen **Tiere** ist der Schusswaffengebrauch zulässig, sofern von diesen eine Gefahr ausgeht. Dies ist regelmäßig dann der Fall, wenn sie Menschen bedrohen. Aber auch hier muss der Schusswaffengebrauch das letzte Mittel sein. Die von den Tieren ausgehende Gefahr darf also gerade nicht auf andere Weise abgewehrt werden können.

§ 66 Abs. 1 SOG LSA regelt ausführlich und abschließend, wann Schusswaffen gegen Personen gebraucht werden dürfen. Man kann **fünf Fallgruppen** unterscheiden. Schusswaffen dürfen gegen Personen nur gebraucht werden,

1. um eine gegenwärtige Gefahr für Leib oder Leben abzuwehren. Dies dürfte in der polizeilichen Praxis der relevanteste und häufigste Grund für einen Schusswaffengebrauch gegen eine Person sein. Lebensgefahr liegt dann vor, wenn der Tod einer Person droht. Eine gegenwärtige Gefahr ist gem. § 3 Nr. 3b SOG LSA eine Gefahr, bei der das schädigende Ereignis bereits begonnen hat oder unmittelbar oder in allernächster Zeit mit einer an Sicherheit grenzenden Wahrscheinlichkeit bevorsteht. Zudem muss es sich vor dem Hintergrund des § 3 Nr. 3d SOG LSA um eine Gefahr handeln, bei der eine nicht nur leichte Körperverletzung oder der Tod einzutreten droht. Von einer Leibesgefahr wird gesprochen, wenn eine (besonders) schwere körperliche Schädigung droht. Im Umkehrschluss bedeutet dies, dass ein Schusswaffengebrauch nicht zulässig ist, wenn eine „nur“ leichte Körperverletzung droht. § 66 Abs. 1 Nr. 1 SOG LSA dient selbstverständlich auch der Eigensicherung der Polizeibeamten.

484 Vgl. Nerlich, Eingriffsrecht Brandenburg, S. 249.

2. um eine unmittelbar bevorstehende Begehung oder Fortsetzung eines Verbrechens oder eines Vergehens unter Anwendung oder Mitführung von Schusswaffen oder Explosivmitteln zu verhindern. Verbrechen sind gem. § 12 Abs. 1 StGB rechtswidrige Taten, die im Mindestmaß mit Freiheitsstrafe von einem Jahr oder darüber bedroht sind. Demgegenüber sind Vergehen gem. § 12 Abs. 2 StGB rechtswidrige Taten, die im Mindestmaß mit einer geringeren Freiheitsstrafe oder die mit Geldstrafe bedroht sind. Hierbei ist nur der Regelstrafrahmen maßgebend. Schärfungen und Milderungen nach dem Allgemeinen Teil des StGB oder für besonders schwere oder minder schwere Fälle werden nicht berücksichtigt. Neben der vorbeugenden Bekämpfung von Straftaten ermöglicht § 66 Abs. 1 Nr. 2 SOG LSA den Schusswaffengebrauch zur Verhinderung der Fortsetzung der bereits begonnenen Straftat. Dies gilt auch für Dauerdelikte.
3. um eine Person anzuhalten, die sich der Festnahme oder Identitätsfeststellung durch Flucht zu entziehen versucht, wenn sie eines Verbrechens dringend verdächtig ist oder eines Vergehens dringend verdächtig ist und Tatsachen die Annahme rechtfertigen, dass sie Schusswaffen oder Explosivmittel mit sich führt. Der Adressat muss mit der Flucht bereits begonnen haben. Der Schusswaffengebrauch zwecks Anhaltens einer Person ist nicht unumstritten.[485] Da gem. § 65 Abs. 1 Satz 1 SOG LSA Schusswaffen nur gebraucht werden dürfen, wenn andere Maßnahmen des unmittelbaren Zwanges erfolglos angewendet worden sind oder offensichtlich keinen Erfolg versprechen, dürfte für § 66 Abs. 1 Nr. 3 SOG LSA nur sehr selten Raum sein.[486] Insbesondere der zwecks Identitätsfeststellung auf § 66 Abs. 1 Nr. 3a SOG LSA gestützte Schusswaffengebrauch ist nach hier vertretener Ansicht mit Blick auf die Verhältnismäßigkeit und die widerstreitenden Interessen schon im Ansatz nicht über jeden Zweifel erhaben.
4. zur Vereitelung der Flucht oder zur Ergreifung einer Person, die in amtlichem Gewahrsam zu halten oder ihm zuzuführen ist, auf Grund richterlicher Entscheidung wegen eines Verbrechens oder auf Grund des dringenden Verdachts eines Verbrechens oder Vergehens oder auf Grund des dringenden Verdachts eines Vergehens, sofern Tatsachen die Annahme rechtfertigen, dass sie Schusswaffen oder Explosivmittel mit sich führt. § 66 Abs. 1 Nr. 4 SOG LSA dient der Strafverfolgung und Strafvollstreckung. Der Adressat muss in amtlichem Gewahrsam zu halten oder ihm zuzuführen sein. Dies setzt eine richterliche Entscheidung voraus. Umstritten ist dabei, ob der Gewahrsam auch auf einer präven-

485 Vgl. Bialon/Springer, Eingriffsrecht, Kap. 36 Rn. 109.
486 Vgl. Nerlich, Eingriffsrecht Brandenburg, S. 250.

tiven Ermächtigungsgrundlage (also § 37 SOG LSA) oder nur auf einer repressiven Befugnisnorm beruhen kann.[487] Besondere Beachtung verdient § 66 Abs. 2 SOG LSA. Danach dürfen Schusswaffen nach § 66 Abs. 1 Nr. 4 SOG LSA nicht gebraucht werden, wenn es sich um den Vollzug eines Jugendarrestes oder eines Strafarrestes handelt oder wenn die Flucht aus einer offenen Anstalt verhindert werden soll. Der Jugendarrest ist gem. § 16 Abs. 1 JGG Freizeitarrest, Kurzarrest oder Dauerarrest. Der Strafarrest kann unter bestimmten in § 12 WStG näher geregelten Voraussetzungen gegen Soldaten anstelle einer Freiheitsstrafe verhängt werden.

5. um die gewaltsame Befreiung einer Person aus amtlichem Gewahrsam zu verhindern oder in sonstigen Fällen des § 96 Abs. 5 Satz 1 Nr. 1 und 2 sowie Abs. 6 JVollzGB LSA. Der Schusswaffengebrauch richtet sich in dem § 66 Abs. 1 Nr. 5 SOG LSA zugrunde liegenden Sachverhalt gegen den Befreier und nicht gegen den Festgenommenen. Amtlicher Gewahrsam ist sowohl präventiver Gewahrsam i. S. d. § 37 SOG LSA als auch repressiver Gewahrsam i. S. d. § 127 StPO oder § 163b StPO. Eine Befreiung aus einer Zelle ist gemeinhin nicht erforderlich.[488] So ist für § 66 Abs. 1 Nr. 5 SOG LSA etwa auch Raum, wenn eine Person im Streifenwagen oder am Arm festgehalten wird. Zwingend ist jedoch, dass die Befreiung bzw. der Befreiungsversuch gewaltsam erfolgt.[489] Mit Blick auf § 96 Abs. 5 Nr. 1 und 2 JVollzGB dürfen Schusswaffen aber auch gegen den Gefangenen gebraucht werden. Damit sind die Fälle gemeint, in denen der Gefangene eine Waffe oder ein anderes gefährliches Werkzeug trotz wiederholter Aufforderung nicht ablegt. Gleiches gilt, wenn der Gefangene eine Meuterei nach § 121 StGB unternimmt.

5.3.4 Das Sprengmittel

Sprengmittel dürfen gem. § 68 SOG LSA nicht gegen Personen angewandt werden. Dies liegt daran, dass das Ausmaß und der Effekt der Sprengung nicht exakt prognostiziert werden können. Was unter Sprengmitteln zu verstehen ist, ergibt sich aus § 58 Abs. 3 SOG LSA. Danach sind Sprengmittel Hilfsmittel der körperlichen Gewalt. Sprengmittel dürfen daher nur gegen Sachen angewendet werden. In derartig gelagerten Fällen werden allerdings oftmals zugleich die Voraussetzungen für den Schusswaffengebrauch i. S. d. § 66 Abs. 1 Nr. 1 bis 4 SOG LSA erfüllt sein.

487 Vgl. BeckOK PolR Bayern/Buggisch, PAG Art. 84 Rn. 29; BeckOK PolR NRW/Thiel, PolG NRW § 64 Rn. 21. Siehe auch Nerlich, Eingriffsrecht Brandenburg, S. 251.
488 Vgl. Bialon/Springer, Eingriffsrecht, Kap. 36 Rn. 112.
489 Vgl. Nerlich, Eingriffsrecht Brandenburg, S. 252.

5.3.5 Die Androhung des unmittelbaren Zwanges

Für die Androhung des unmittelbaren Zwanges finden sich in § 63 SOG LSA spezielle Vorschriften. Im Verhältnis zu den allgemeinen Regelungen zur Androhung von Zwangsmitteln des § 59 SOG LSA ist § 63 SOG LSA lex specialis.[490] Gem. § 63 Abs. 1 Satz 1 SOG LSA ist unmittelbarer Zwang vor seiner Anwendung anzudrohen. Wie die Androhung im Einzelnen zu erfolgen hat, ist eine Frage des Einzelfalles. Die Androhung muss dabei allerdings stets unmissverständlich sein. Sofern im Falle des § 63 Abs. 1 Satz 1 SOG LSA eine Androhung unterbleibt, ist die Zwangsmaßnahme rechtswidrig.

Etwas anderes kann nur mit Blick auf einen möglichen Androhungsdispens gelten. Von der Androhung kann nämlich ausnahmsweise in den Fällen abgesehen werden, in denen die Umstände dies nicht zulassen. Dies ergibt sich aus § 63 Abs. 1 Satz 2 SOG LSA. Das SOG LSA führt dabei beispielhaft auf, dass die Androhung des unmittelbaren Zwanges insbesondere dann entbehrlich ist, wenn die sofortige Anwendung des Zwangsmittels zur Abwehr einer Gefahr notwendig ist. Damit sind Sachverhalte gemeint, in denen die Gefahrenabwehr derart eilbedürftig ist, dass die Polizei keine Zeit mit der Vornahme der Androhung verlieren darf, also sofort zur Tat schreiten muss. Zu beachten ist, dass mit Blick auf den Wortlaut des § 63 Abs. 1 Satz 2 SOG LSA an sich eine konkrete Gefahr für den Dispens der Androhung i. S. d. § 63 Abs. 1 Satz 2 SOG LSA ausreichend ist.

Bisweilen wird in der Literatur jedoch verlangt, dass eine gegenwärtige Gefahr i. S. d. § 3 Nr. 3b SOG LSA vorliegt.[491] Dies überzeugt allerdings nicht. Wie sich aus § 63 Abs. 2 SOG LSA ergibt, hat der Gesetzgeber des SOG LSA durchaus gesehen, dass das Absehen von der Androhung an eine qualifizierte Gefahr gebunden werden kann. Schusswaffen dürfen nur dann ohne Androhung gebraucht werden, wenn dies zur Abwehr einer gegenwärtigen Gefahr für Leib oder Leben erforderlich ist. Eine solche qualifizierte Gefahr in § 63 Abs. 1 Satz 2 SOG LSA hineinzulesen, verstößt nach hier vertretener Auffassung gegen den Wortlaut der Vorschrift. Wie sich aus Ziff. 63.2. AB SOG LSA ergibt, sehen auch die Ausführungsbestimmungen zum SOG LSA keine Notwendigkeit zur Restriktion des § 63 Abs. 1 Satz 2 SOG LSA.

Gegenüber einer Menschenmenge ist die Anwendung unmittelbaren Zwanges gem. § 63 Abs. 3 Satz 1 SOG LSA möglichst so rechtzeitig anzudrohen, dass sich Unbeteiligte noch entfernen können. Die Anwendung von tech-

490 Vgl. BeckOK PolR NRW/Thiel, PolG NRW § 61 Rn. 1.
491 So etwa Martell, SOG LSA, § 63 Rn. 4.

nischen Sperren und der Einsatz von Dienstpferden zu Absperrzwecken brauchen gem. § 63 Abs. 4 SOG LSA nicht angedroht zu werden.

5.3.6 Die Androhung des Schusswaffengebrauchs

Für die Androhung des Schusswaffengebrauchs gelten über die schon speziellen Vorschriften zur Androhung des unmittelbaren Zwanges hinaus noch speziellere Vorgaben. Auch der Schusswaffengebrauch ist vorab anzudrohen. Als Androhung des Schusswaffengebrauchs gilt gem. § 63 Abs. 1 Satz 3 SOG LSA auch die Abgabe eines Warnschusses.

Umstritten ist, ob die Abgabe eines Warnschusses mit einer (i. d. R. mündlichen) Androhung zu verbinden ist.[492] Dies ist jedoch abzulehnen. Der Warnschuss ermöglicht die Androhung auch in solchen Fällen, in denen eine mündliche Androhung, die bekanntermaßen unmissverständlich sein, also vom Adressaten auch verstanden werden muss, gar nicht möglich ist. Zu denken ist etwa an Lärm oder fehlende Sprachkenntnisse beim Betroffenen.[493] Sofern es für die Rechtmäßigkeit des Schusswaffengebrauchs aber auf das kumulative Vorliegen von Warnschuss und mündlicher Androhung ankommen sollte, sind Fälle denkbar, in denen die Polizei die Androhung schon im Ansatz nicht rechtmäßig durchführen könnte. Ob in diesen Fällen dann zugleich stets der die Maßnahme rettende Dispens des § 63 Abs. 2 SOG LSA vorliegt, darf bezweifelt werden. Der Knall des Geschosses spricht daher für sich.

Letztlich ergibt sich auch aus Ziff. 63.1. AB SOG LSA nichts anderes. Hier heißt es:

> *„Der Schußwaffengebrauch wird in der Regel mündlich angedroht durch den vernehmlichen Ruf: ‚Polizei! Keine Bewegung oder ich schieße!‘, oder – vor allem gegenüber Fliehenden –: ‚Polizei! Halt oder ich schieße!‘ oder eine ähnliche Aufforderung. Das Wort ‚Polizei‘ kann im Anruf unterbleiben, wenn ohne weiteres erkennbar ist, daß es sich um den Einsatz von Polizeibeamten handelt. Wenn die Umstände es zulassen oder wenn Zweifel bestehen, ob die Person den Anruf verstanden hat, ist er zu wiederholen. Der Schußwaffengebrauch kann auch durch Lautsprecher angedroht werden. Ist eine mündliche Androhung nicht möglich, weil z. B. die Entfernung zu groß ist oder weil aus anderen Gründen anzunehmen ist, daß der Anruf nicht verstanden wird, so können ein Warnschuß oder mehrere Warnschüsse abgegeben werden. Warnschüsse dürfen jedoch nur abgegeben werden, wenn auch die Voraussetzungen für*

492 Siehe zum Streitstand Nerlich, Eingriffsrecht Brandenburg, S. 254 m. w. N.
493 Treffend BeckOK PolR Bayern/Buggisch, PAG Art. 81 Rn. 9.

den Schußwaffengebrauch selbst gegeben sind. Warnschüsse sind nach Möglichkeit steil in die Luft zu richten. Der Alarmschuß (Signalschuß), der andere außer Rufweite befindliche Polizeibeamte alarmieren soll, ist nicht als Schußwaffengebrauch im Sinne des Gesetzes anzusehen. Wegen der Verwechslungsgefahr mit Warnschüssen oder mit Schüssen eines Rechtsbrechers kommt er nur in Betracht, wenn eine Verwechslungsgefahr nicht besteht, eine Alarmierung unbedingt erforderlich und auf andere Weise nicht möglich ist.“

Schusswaffen dürfen gem. § 63 Abs. 2 SOG LSA nur dann ohne Androhung gebraucht werden, wenn dies zur Abwehr einer gegenwärtigen Gefahr für Leib oder Leben erforderlich ist. Zu beachten ist aber, dass der Gebrauch von Schusswaffen gegen Personen in einer Menschenmenge gem. § 63 Abs. 3 Satz 2 SOG LSA stets anzudrohen ist. Die Androhung ist vor dem Gebrauch zu wiederholen.

5.3.7 Spezialfälle

Die zur Anwendung unmittelbaren Zwanges befugten Personen sind gem. § 61 Abs. 1 Satz 1 SOG LSA verpflichtet, unmittelbaren Zwang anzuwenden, der von einem Weisungsberechtigten angeordnet wird. Es handelt sich um eine Spezialvorschrift des Beamtenrechts.[494] Die Polizei hat hier auch Anweisungen der Staatsanwaltschaft zu befolgen, da die Vorschriften zum unmittelbaren Zwang auch i. R. d. Strafverfolgung gelten.[495] Weisungsberechtigt sind alle Vorgesetzten. Vorgesetzter ist gem. § 3 Abs. 4 LBG LSA, wer dem Beamten für die dienstliche Tätigkeit Anordnungen erteilen kann. Wer Dienstvorgesetzter bzw. Vorgesetzter ist, richtet sich nach dem Aufbau der öffentlichen Verwaltung.

Der Polizeibeamte muss der Anordnung allerdings gem. § 61 Abs. 1 Satz 2 SOG LSA dann nicht nachkommen, wenn die Anordnung die Menschenwürde verletzt oder nicht zu dienstlichen Zwecken erteilt worden ist. Selbstverständlich darf sich der Polizeibeamte nicht strafbar machen. Eine Anordnung darf daher nicht befolgt werden, wenn dadurch eine Straftat begangen würde (§ 61 Abs. 2 Satz 1 SOG LSA). Befolgt der zur Anwendung unmittelbaren Zwanges befugte Polizist die Anordnung trotzdem, so trifft ihn gem. § 61 Abs. 2 Satz 2 SOG LSA eine Schuld nur dann, wenn er erkennt oder wenn es nach den ihm bekannten Umständen offensichtlich ist, dass dadurch eine Straftat begangen wird. Sofern der Polizist Bedenken gegen die Rechtmäßigkeit der Anordnung hat, muss er diese dem

494 Martell, SOG LSA, § 61 Rn. 1.
495 Vgl. Nerlich, Eingriffsrecht Brandenburg, S. 256.

Anordnenden gegenüber vorbringen, soweit dies nach den Umständen möglich ist (§ 61 Abs. 3 SOG LSA).

Wird unmittelbarer Zwang angewendet, ist Verletzten, soweit die Lage es zulässt, gem. § 62 SOG LSA der nötige Beistand zu leisten und ärztliche Hilfe zu verschaffen. Dass die Polizei einer verletzten Person i.R.d. ihr Möglichen helfen muss, folgt schon aus ihrer allgemeinen Aufgabe der Gefahrenabwehr aus § 1 Abs. 1 SOG LSA. Was der Polizei mit Blick auf die Beistands- und Hilfeleistungspflicht zugemutet werden kann, ist eine Frage des Einzelfalles. Die Bedeutung des § 62 SOG LSA sollte nicht überbewertet werden. Letztlich hat er gerade, weil die Beistands- und Hilfeleistungspflicht schon aus der allgemeinen Aufgabennorm folgt, nur deflatorischen Charakter.[496]

Überdies macht § 62 SOG LSA selbst deutlich, dass die Hilfeleistung nur auf das Nötige beschränkt ist. Bei nur leichten Verletzungen wird man von der Polizei daher überhaupt keine Hilfe verlangen dürfen. Aus § 62 SOG LSA folgt insbesondere nicht etwa die Verpflichtung der Polizei, der durch den unmittelbaren Zwang verletzten Person vorrangig vor anderen – womöglich sogar noch von ihr selbst – verletzten Personen zu helfen. In medizinischer Hinsicht werden von der Polizei Maßnahmen auf dem Niveau der Ersten Hilfe erwartet. Kommt der Polizeibeamte den Anforderungen des § 62 SOG LSA nicht nach, besteht die Möglichkeit einer Strafbarkeit durch Unterlassen gem. § 13 StGB i.V.m. dem einschlägigen Straftatbestand.[497] I.d.R. wird es sich um eine Körperverletzung durch Unterlassen handeln. Die Garantenstellung folgt dabei nicht etwa aus Ingerenz, sondern aus der allgemeinen „Berufspflicht des Polizeibeamten".[498]

III. Der Zwang im Strafverfolgungsrecht

Während das präventive Polizeirecht ein eigenes Zwangsrecht mit speziellen Ermächtigungsgrundlagen für spezielle Zwangsmittel kennt, ist dem **repressiven Polizeirecht der StPO** ein solcher Regelungskomplex fremd. Es ist anerkannt, dass die formell und materiell rechtmäßige Grundverfügung von der Polizei mit Zwang durchgesetzt werden darf und somit die strafprozessuale Befugnisnorm zugleich als Ermächtigungsgrundlage für die Grundverfügung und ihre zwangsweise Durchsetzung dient.[499]

496 Vgl. BeckOK PolR Bayern/Buggisch, PAG Art. 80 Rn. 7.
497 Vgl. BeckOK PolR Bayern/Buggisch, PAG Art. 80 Rn. 17.
498 BeckOK PolR Bayern/Buggisch, PAG Art. 80 Rn. 17.
499 Vgl. Bialon/Springer, Eingriffsrecht, Kap. 37 Rn. 1.

Als Zwangsmittel für die Polizei kommt im strafverfahrensrechtlichen Eingriffsrecht allein der unmittelbare Zwang in Betracht. Zwar kennt die StPO auch andere Zwangsmittel – zu denken ist etwa an das Ordnungsgeld, die Ersatzordnungshaft oder die Erzwingungshaft –, allerdings stehen diese Beugemittel nur der Staatsanwaltschaft bzw. dem Gericht zu.

Zu beachten ist dabei, dass sich aus der StPO nur die Befugnis zur Zwangsanwendung ergibt. Die StPO enthält mit Blick auf die Art und Weise der Anwendung des Zwangsmittels dann aber eine Regelungslücke.[500] Diese Regelungslücke wird durch das jeweilige präventive Polizeirecht geschlossen. In Sachsen-Anhalt wird die Regelungslücke durch § 4 Abs. 2 SOG LSA geschlossen. Danach sind bei der Erforschung und Verfolgung von Straftaten und Ordnungswidrigkeiten die Vorschriften des § 35 Abs. 5 SOG LSA über die Entschädigung von Personen und der §§ 61 bis 68 SOG LSA über die Art und Weise der Anwendung unmittelbaren Zwanges anzuwenden, soweit die StPO keine abschließenden Regelungen enthält.

Mit Blick auf die Anwendung von Zwang im **Ordnungswidrigkeitenverfahren** gelten die obigen Ausführungen zur StPO sinngemäß. Zu Recht wird jedoch betont, dass angesichts des regelmäßig deutlich geringeren Unrechtsgehaltes einer Ordnungswidrigkeit in einem gesteigerten Maße auf die Wahrung der Verhältnismäßigkeit zu achten sei.[501]

500 Vgl. Bialon/Springer, Eingriffsrecht, Kap. 37 Rn. 3.
501 So etwa Nerlich, Eingriffsrecht Brandenburg, S. 258.

Definitionen

Tatbestandsmerkmal	Bedeutung
Abstrakte Gefahr	Eine nach allgemeiner Lebenserfahrung oder den Erkenntnissen fachkundiger Stellen mögliche Sachlage, die im Falle ihres Eintritts eine konkrete Gefahr darstellt.
Allgemeinverfügung	Eine Allgemeinverfügung ist gem. § 35 Satz 2 VwVfG ein Verwaltungsakt, der sich an einen nach allgemeinen Merkmalen bestimmten oder bestimmbaren Personenkreis richtet oder die öffentlich-rechtliche Eigenschaft einer Sache oder ihre Benutzung durch die Allgemeinheit betrifft. Anders als beim Verwaltungsakt i. S. d. § 35 Satz 1 VwVfG handelt es sich bei der Allgemeinverfügung um eine konkret-generelle Maßnahme. Das klassische Beispiel ist das Verkehrszeichen.
Androhung	Erklärung der Gefahrenabwehrbehörde, dass bei Nichtbefolgung einer Verfügung ein bestimmtes Zwangsmittel angewandt werden wird.
Anscheinsgefahr	Eine Anscheinsgefahr liegt dann vor, wenn sich der konkrete Sachverhalt bei verständiger Würdigung aus der Ex-ante-Perspektive eines ordnungs- und pflichtgemäß handelnden Amtswalters angesichts der Umstände zwar als eine Gefahr darstellt, diese „Gefahr" aber in Wirklichkeit, also aus der Ex-post-Perspektive, gar nicht besteht. Die Anscheinsgefahr ist eine Gefahr i. S. d. SOG LSA. Sofern polizeiliche Maßnahmen also auf die Anscheinsgefahr gestützt werden, sind diese jedenfalls nicht schon wegen der Anscheinsgefahr rechtswidrig.
Dringende Gefahr	Gefahr, bei der der Schadenseintritt bereits erfolgt ist bzw. unmittelbar bevorsteht, oder für ein besonders hochrangiges Rechtsgut.
Durchsuchung	Planmäßiges und zielgerichtetes Suchen nach Personen und/oder verborgenen Sachen. Man unterscheidet die Durchsuchung von Personen, Sachen und Wohnungen.
Erhebliche Gefahr	Eine Gefahr für ein bedeutsames Rechtsgut, wie Leben, Gesundheit, Freiheit, wesentliche Vermögenswerte oder der Bestand des Staates.
Ersatzvornahme	Vornahme einer vertretbaren Handlung durch die Polizei oder einen Dritten anstelle des Verantwortlichen.
Festsetzung	Die Festsetzung des Zwangsmittels ist die rechtsverbindliche Erklärung der Behörde, dass aufgrund der erfolglosen Androhung das entsprechend angedrohte Zwangsmittel nunmehr angewendet wird.

Tatbestandsmerkmal	Bedeutung
Gefahr	Eine konkrete Gefahr, das heißt eine Sachlage, bei der im einzelnen Falle die hinreichende Wahrscheinlichkeit besteht, dass in absehbarer Zeit ein Schaden für die öffentliche Sicherheit oder Ordnung eintreten wird.
Gefahr für Leib oder Leben	Eine Gefahr, bei der eine nicht nur leichte Körperverletzung oder der Tod einzutreten droht.
Gefahr im Verzuge	Sachlage, bei der der Erfolg der polizeilichen Maßnahme gefährdet wird, wenn auf das Tätigwerden der eigentlich zuständigen Stelle gewartet wird und die Polizei nicht ausnahmsweise sofort selbst handelt.
Gegenwärtige Gefahr	Eine Gefahr, bei der das schädigende Ereignis bereits begonnen hat oder unmittelbar oder in allernächster Zeit mit einer an Sicherheit grenzenden Wahrscheinlichkeit bevorsteht.
Gewahrsam	Zustand der Festnahme und somit der Freiheitsentziehung durch die Gefahrenabwehrbehörde aus präventiven Gründen.
Ingewahrsamnahme	Handlung, die auf die Festnahme und demnach auf die Begründung des Gewahrsams gerichtet ist.
Körperliche Gewalt	Körperliche Gewalt ist jede unmittelbare körperliche Einwirkung auf Personen oder Sachen (§ 58 Abs. 2 SOG LSA).
Latente Gefahr	Sachverhalt, der zum gegenwärtigen Zeitpunkt noch nicht die Schwelle zur Gefahr überschritten hat, der allerdings später durch eine Veränderung der Umstände die Gefahrenschwelle überschreiten kann.
Öffentliche Ordnung	Die Gesamtheit der im Rahmen der verfassungsmäßigen Ordnung liegenden ungeschriebenen Regeln für das Verhalten des Einzelnen in der Öffentlichkeit, deren Beachtung nach den jeweils herrschenden Anschauungen als unerlässliche Voraussetzung eines geordneten staatsbürgerlichen Zusammenlebens betrachtet wird.
Öffentliche Sicherheit	Die Unverletzlichkeit der Rechtsordnung, der subjektiven Rechte und Rechtsgüter des Einzelnen sowie des Bestandes, der Einrichtungen und Veranstaltungen des Staates oder sonstiger Träger der Hoheitsgewalt.
Platzverweisung	An eine bestimmte Person gerichtetes Gebot, einen bestimmten Ort für eine vorübergehende Zeit zu verlassen.
Putativgefahr	Bei einer Putativgefahr liegt weder aus der Ex-ante-Perspektive noch aus der Ex-post-Perspektive eine Gefahr vor. Die Putativgefahr ist keine Gefahr i. S. d. SOG LSA. Sofern eine polizeiliche Maßnahme auf eine Putativgefahr gestützt wird, ist diese Maßnahme schon deshalb rechtswidrig.
Rechtsverordnung	Eine Rechtsverordnung ist abstrakt-generelle Rechtsnorm, die ein Organ der Exekutive erlässt.

Tatbestandsmerkmal	Bedeutung
Satzung	Satzungen sind Rechtsnormen einer juristischen Person des öffentlichen Rechts, die diese i. R. ihrer Satzungsautonomie erlässt. Satzungen binden die Personen, die der juristischen Person angehören bzw. unterstehen.
Sicherstellung	(Vorübergehende) Beendigung der bisherigen tatsächlichen Sachherrschaft des bisherigen Besitzers über eine bestimmte Sache und gleichzeitige (vorübergehende) Begründung der neuen tatsächlichen Sachherrschaft über diese Sache durch die Behörde.
Unmittelbarer Zwang	Unmittelbarer Zwang ist die Einwirkung auf Personen oder Sachen durch körperliche Gewalt, durch ihre Hilfsmittel und durch Waffen (§ 58 Abs. 1 SOG LSA).
Verwaltung	Die Verwaltung im organisatorischen Sinne umfasst alle staatlichen Stellen, die in irgendeiner Art Verwaltungsaufgaben wahrnehmen. Die Verwaltung im formellen Sinne umfasst die Handlungen der Verwaltungsbehörden. Die Verwaltung im materiellen Sinne betrifft den konkreten Inhalt der staatlichen Handlungen. Es geht also um die Frage, ob die staatliche Tätigkeit eine Verwaltungsangelegenheit betrifft.
Verwaltungsakt	Ein Verwaltungsakt ist gem. § 35 Satz 1 VwVfG jede Verfügung, Entscheidung oder andere hoheitliche Maßnahme, die eine Behörde zur Regelung eines Einzelfalls auf dem Gebiet des öffentlichen Rechts trifft und die auf unmittelbare Rechtswirkung nach außen gerichtet ist.
Verwaltungsverfahren	Das Verwaltungsverfahren ist gem. § 9 VwVfG die nach außen wirkende Tätigkeit der Behörden, die auf die Prüfung der Voraussetzungen, die Vorbereitung und den Erlass eines Verwaltungsaktes oder auf den Abschluss eines öffentlich-rechtlichen Vertrags gerichtet ist. Dabei schließt es den Erlass des Verwaltungsaktes oder den Abschluss des öffentlich-rechtlichen Vertrags ein.
Verantwortlicher	Das SOG LSA unterscheidet zwischen dem Handlungsverantwortlichen (§ 7 SOG LSA), dem Zustandsverantwortlichen (§ 8 SOG LSA) und dem Nichtverantwortlichen (§ 10 SOG LSA).
Vorladung	Aufforderung an den Adressaten, bei einer Behörde bzw. an einem von der Behörde festgelegten Ort persönlich zu erscheinen, um dort sachdienliche Angaben zu machen bzw. vernommen zu werden.
Wohnung	Die Wohnung umfasst die Wohn- und Nebenräume, Arbeits-, Betriebs- und Geschäftsräume sowie anderes befriedetes Besitztum, das mit diesen Räumen in Verbindung steht.

Stichwortverzeichnis

Literaturverzeichnis

Beck'scher Online-Kommentar Polizei- und Sicherheitsrecht Bayern, hrsg. v. Markus Möstl/Thomas Schwabenbauer, Stand: 23. Edition (01.10.2023), München 2023.

Beck'scher Online-Kommentar Polizei- und Ordnungsrecht Hessen, hrsg. v. Markus Möstl/Michael Bäuerle, Stand: 32. Edition (01.03.2024), München 2024.

Beck'scher Online-Kommentar Polizei- und Ordnungsrecht Nordrhein-Westfalen, hrsg. v. Markus Möstl/Dieter Kugelmann, Stand: 28. Edition (01.02.2024), München 2024.

Beck'scher Online-Kommentar StPO mit RiStBV und MiStra, hrsg. v. Jürgen Graf, Stand: 51. Edition (01.04.2024), München 2024.

Beck'scher Online-Kommentar VwGO, hrsg. v. Herbert Posser/Heinrich Amadeus Wolff, Stand: 68. Edition (01.10.2023), München 2023.

Bialon, Jörg/Springer, Uwe, Eingriffsrecht. Eine praxisorientierte Darstellung, 7. Aufl., München 2022.

Bleckmann, Felix, Grundrechtsverletzung durch Gefährderansprache am Arbeitsplatz?, SpuRt 2018, S. 6–10.

Bolecke, Tim/Wagner, Philipp, Polizeivollzugsbeamte und das Allgemeine Persönlichkeitsrecht – eine straf- und zivilrechtliche Betrachtung, PIR 2024, Heft 2, S. 9–12.

Detterbeck, Steffen, Allgemeines Verwaltungsrecht mit Verwaltungsprozessrecht, 21. Aufl., München 2023.

Dietlein, Johannes, Nachfolge im öffentlichen Recht. Staats- und verwaltungsrechtliche Grundfragen, Habil., Berlin 1999.

Dietlein, Johannes/Hellermann, Joachim, Öffentliches Recht in Nordrhein-Westfalen. Verfassungsrecht, Kommunalrecht, Polizei- und Ordnungsrecht, Öffentliches Baurecht, 7. Aufl., München 2019.

Gloss, Werner, Zum Verhältnis von Polizei- und Jugendrecht in Deutschland – die Rolle der Behörden am Beispiel der Gefährderansprache, RdjB 2010, S. 323–338.

Gottschalk, Eckart, Kann ein Haftbefehl zur Nachtzeit in der Wohnung des Beschuldigten vollstreckt werden?, NStZ 2002, S. 568–569.

Götz, Volkmar/Geis, Max-Emanuel, Allgemeines Polizei- und Ordnungsrecht. Ein Studienbuch, 17. Aufl., München 2022.

Gusy, Christoph/Eichenhofer, Johannes, Polizei- und Ordnungsrecht, 11. Aufl., Tübingen 2023.

Hebeler, Timo, Die Gefährderansprache, NVwZ 2011, S. 1364–1366.

Karlsruher Kommentar zur StPO, hrsg. v. Christoph Barthe, Jan Gericke, 9. Aufl., München 2023.

Kingreen, Thorsten/Poscher, Ralf, et al., Polizei- und Ordnungsrecht mit Versammlungsrecht, 12. Aufl., München 2022.

Kluth, Winfried, Das Recht der öffentlichen Sicherheit (Polizeirecht), in: Landesrecht Sachsen-Anhalt. Studienbuch, hrsg. v. Kluth, Winfried, 2. Aufl. Baden-Baden 2010.

Krugmann, Michael, Gefahrbegriff und Grundrechte im Rahmen der polizeilichen „Wegweisung“, NVwZ 2006, S. 152–157.

Kugelmann, Dieter, Polizei- und Ordnungsrecht, 2. Aufl., Berlin et al. 2012.

Leggereit, Rainer, Der Verbringungsgewahrsam – ein generell rechtswidriges Instrumentarium der Vollzugspolizei?, NVwZ 1999, S. 263–265.

Lisken, Hans/Denninger, Erhard, Handbuch des Polizeirechts. Gefahrenabwehr, Strafverfolgung, Rechtsschutz, 7. Aufl., München 2021.

Martell, Jörg, Gesetz über die öffentliche Sicherheit und Ordnung des Landes Sachsen-Anhalt – SOG LSA – mit Erläuterungen, Kommentar, 5. Auflage, Stuttgart et al. 2018.

Maurer, Hartmut/Waldhoff, Christian, Allgemeines Verwaltungsrecht, 21. Aufl., München 2024.

Meyer-Goßner, Lutz/Schmitt, Bertram, Strafprozessordnung. Gerichtsverfassungsgesetz, Nebengesetze und ergänzende Bestimmungen. Kommentar, 67. Aufl., München 2023.

Müller, Kai, Strafverfahrensrecht für Polizeistudium und -praxis, München 2023.

Münchener Kommentar zur StPO, hrsg. v. Christoph Knauer, Hans Kudlich, Hartmut Schneider, Band 1, 2. Aufl., München 2022; Band 2, 2. Aufl., München 2024.

Nerlich, Viktor, Eingriffsrecht Brandenburg, 2. Aufl., Stuttgart 2021.

Nimtz, Holger/Thiel, Markus, Eingriffsrecht Nordrhein-Westfalen. Polizeiliche Maßnahmen, Prüfungsschemata, Definitionen, 2. Aufl., Hilden 2020.

Park, Tido, Durchsuchung und Beschlagnahme, 5. Aufl., München 2022.

Roxin, Claus/Schünemann, Bernd, Strafverfahrensrecht. Ein Studienbuch, 30. Aufl., München 2022.

Schenke, Wolf-Rüdiger, Polizei- und Ordnungsrecht, 12. Aufl., München 2023.

Schneider, Franziska, Kernbereich privater Lebensgestaltung, JuS 2021, S. 29–34.

Stelkens, Paul/Bonk, Heinz Joachim/Sachs, Michael (Hrsg.), Verwaltungsverfahrensgesetz. Kommentar, 10. Aufl., München 2023.

Thiel, Markus, Polizei- und Ordnungsrecht, 5. Aufl., Baden-Baden 2023.

Wehr, Matthias, Nomos-Kommentar Bundespolizeigesetz, 3. Online-Aufl., Baden-Baden 2021.

Will, Martin, Staatsrecht I, Staatsorganisationsrecht mit Bezügen zum Verfassungsprozessrecht und Anleitung zur Falllösung. Ein Studienbuch, München 2021.

Zähle, Kai, Originäre und übertragene Aufgaben der Polizei, JuS 2014, S. 315–319.